本書由國家古籍整理出版基金資助出版

上海市檔案館 編

清代
江南機器製造局檔案彙編

三

上海交通大學出版社
SHANGHAI JIAO TONG UNIVERSITY PRESS

江南製造總局

十六、江南製造局購買仁記公司高昌廟地産契據及田單等有關文書

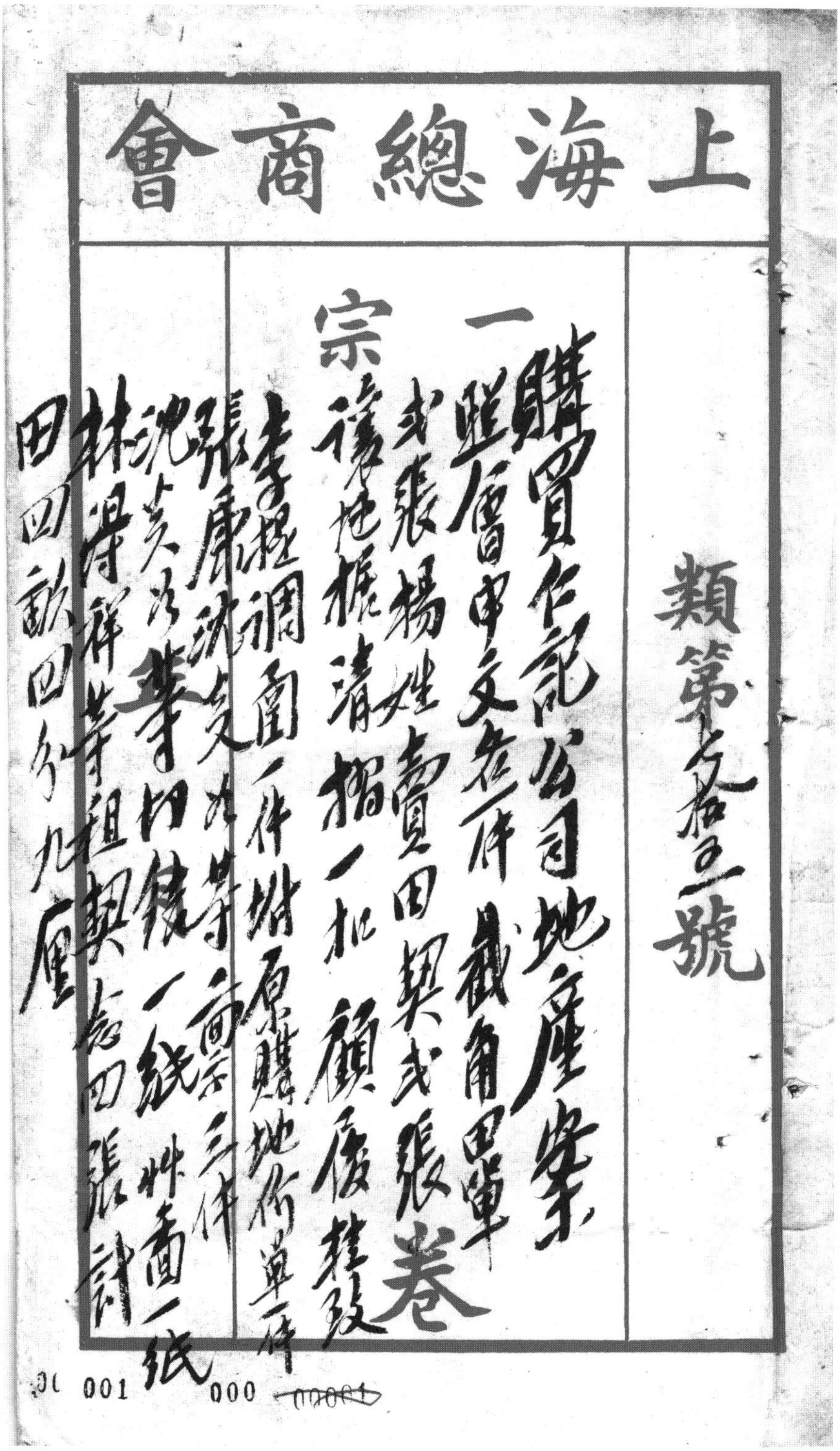

上海總商會

類第七十五號

一宗

購買仁記公司地產案

一照會中文各件 截角田單

一張楊姓賣田契弍張

議地據清摺一扣 顧履桂致

李提調函一件 附原購地价單一件

張康沈受之等商字三件

沈芝泉等收錢一紙 卅畝一紙

林得祥等租契各四張計

田四畝四分九厘

卷

001 000

上海總商會第七十五號購買仁記公司地產案卷封面（時間不詳）

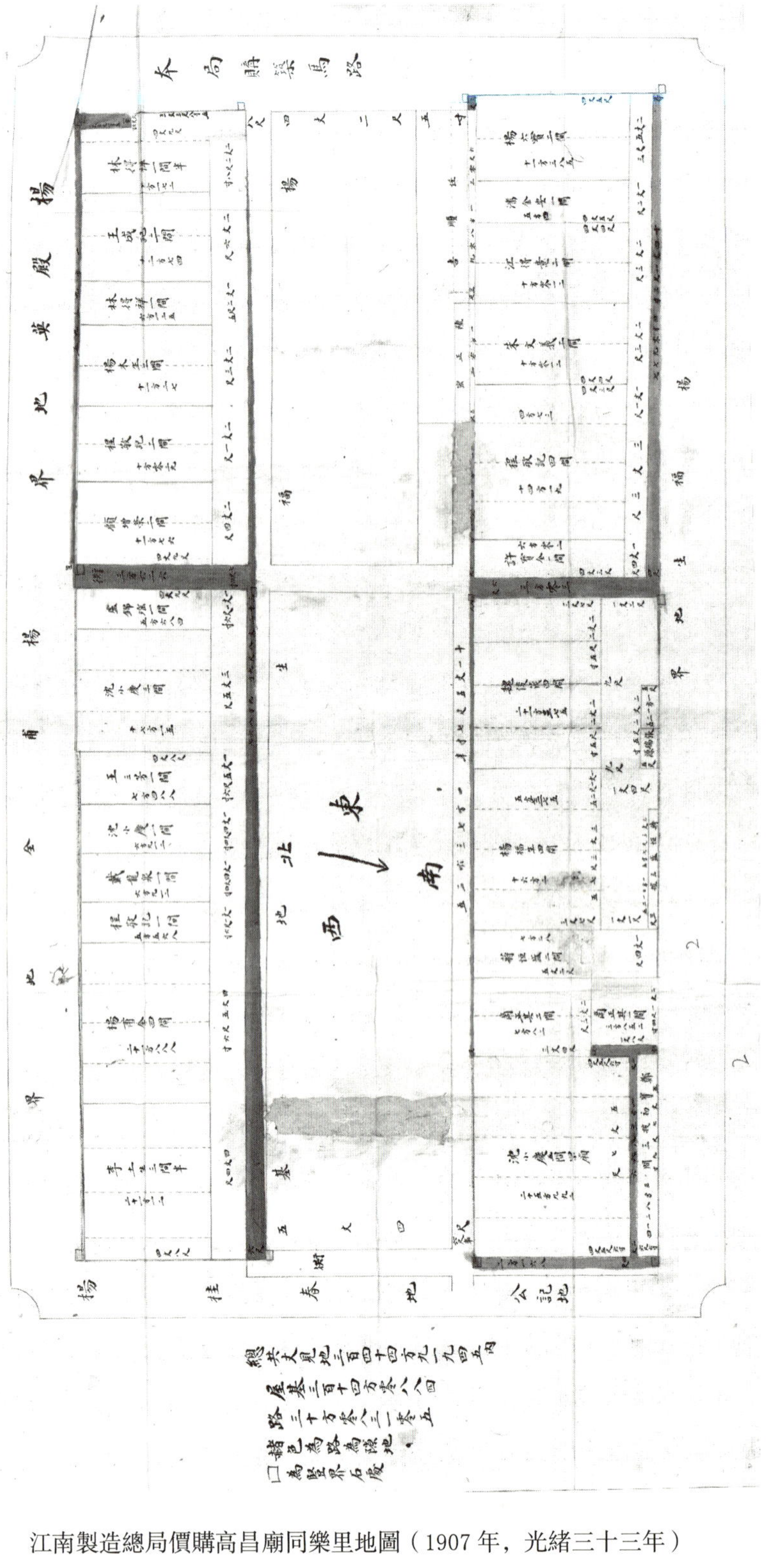

江南製造總局價購高昌廟同樂里地圖（1907 年，光緒三十三年）

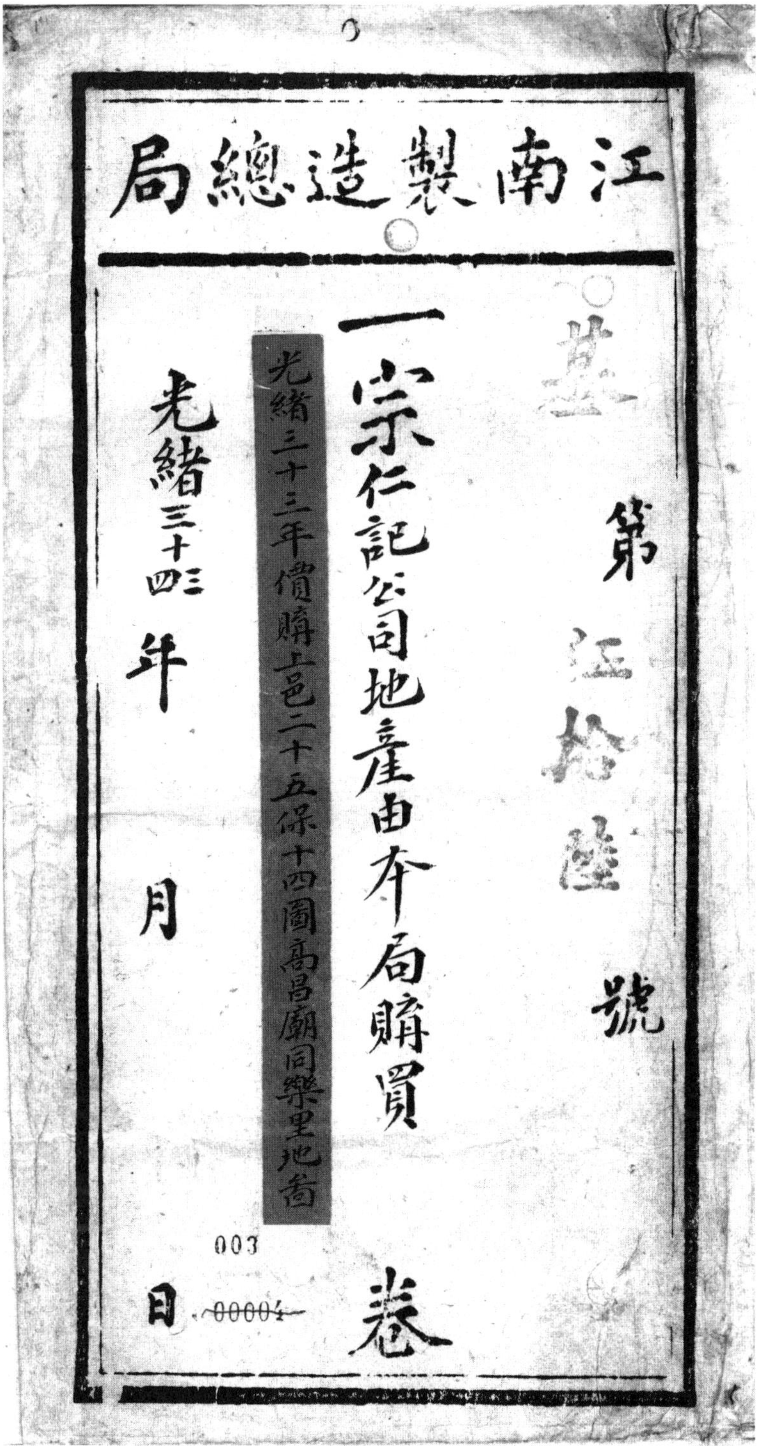

江南製造總局基字第五十六號仁記公司地產由本局購買卷封面（1907—1908 年，光緒三十三年—光緒三十四年）

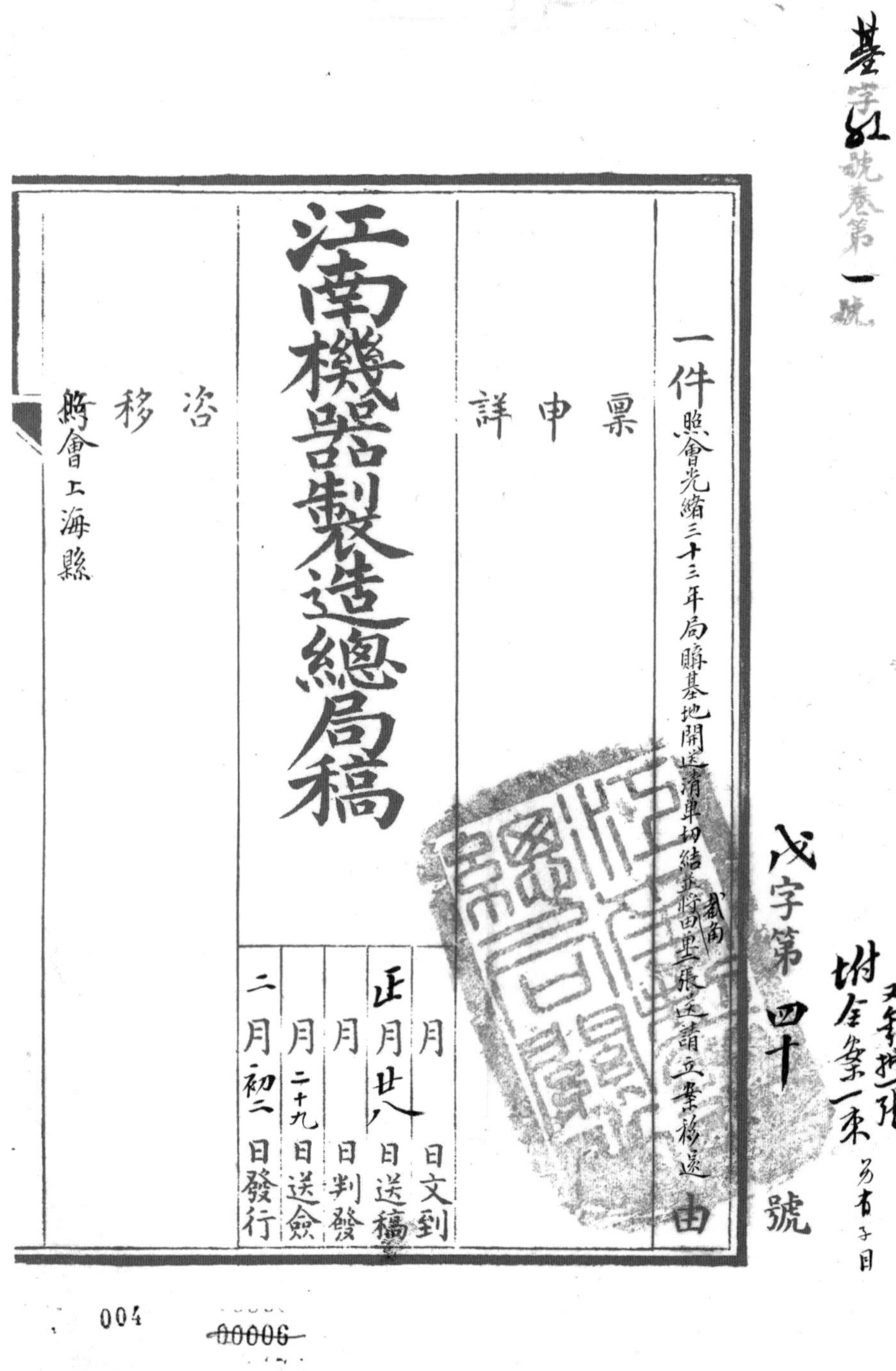
基字红號卷第一號

一件照會光緒三十三年局購基地開送清單切結並將截角田單二張送請立案移還由

稟 申 詳

江南機器製造總局稿

咨 移 照會上海縣

月 日文到
正月廿八日送稿
月 日判發
月二十九日送僉
二月初二日發行

戊字第四十號

附全案一本 又手批一張 另有子目

004 00006

江南機器製造總局爲照會光緒三十三年局購基地開送清單切結並將截角田單二張送請立案移還事致上海縣知縣李超瓊照會稿封面（1908 年 2 月 29 日，光緒三十四年正月二十八日）

三品銜監督江南海關蘇松太兵備道梁

行

頭品頂戴軍機處存記答省補用道張

行

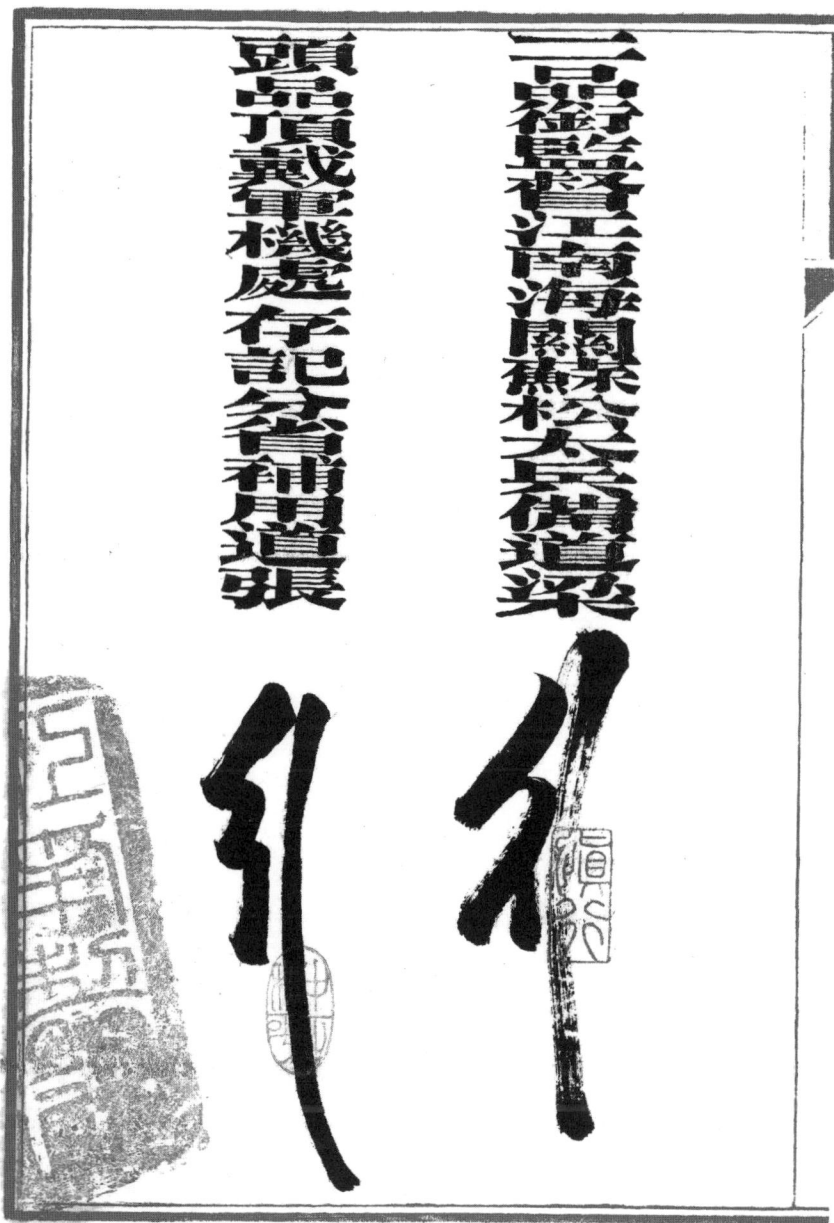

江南機器製造總局爲照會光緒三十三年局購基地開送清單切結並將截角田單二張送請立案移還事致上海縣知縣李超瓊照會稿（1908 年 2 月 29 日，光緒三十四年正月二十八日）

為照會事、案照本局歷次添建廠屋、修築馬路、陸續購買基地、均經開單照會
貴縣查核、收作機器局新户在案、兹查本局於光緒三十三年十二月在
貴治二十五保十四圖恃字圩第七號、仁記公司怡經堂王原賣楊桂春等祖遺原单楊
順英上則田二畝二分四厘五毫（又同号同上則田二畝二分四釐五毫）、因該田地與敝局砲廠相連、商請讓購、共發
價洋五千零九十一元七角、公具讓地據清摺一扣、隨繳上手賣契兩紙、截角
方单兩紙、業經派員丈量繪圖劃交局用、並將應發價洋按數分給祗領外、相應開
单並檢齊截角田单二紙、仁記公司怡經堂王公立讓地據清摺一扣、備文照會、為此
照會
貴縣、請煩查照、將該田收作機器局新户、開示科則數目、以憑完粮、並希將田

005　00007

江南機器製造總局爲照會光緒三十三年局購基地開送清單切結並將截角田單二張送請立案移還事致上海縣知縣李超瓊照會稿（1908年2月29日，光緒三十四年正月二十八日）

单查核、讓據加蓋印信、移送過局、俾便存案、具紉

公誼、須至照會者、

計粘单、並截角田单二張、仁記公司 詒經堂王 讓地據十張、清摺一扣、

計開、

二十五保十四圖恃字圩第七號、仁記公司 詒經堂王 則田二畝二分四厘五毫、共發價

又付標田二畝二分四厘五毫

洋五千九十一元七角正、

光緒三十四年正月廿八日

江南機器製造總局爲照會光緒三十三年局購基地開送清單切結並將截角田單二張送請立案移還事致上海縣知縣李超瓊照會稿（1908 年 2 月 29 日，光緒三十四年正月二十八日）

基字五十六
仁記公司地產由本局購買卷

照會 上海縣光緒三十三年續購（廿五保十四圖情字圩七號）仁記公司田（四畝四分九厘）開送單結清摺立案由（并該通戶執照）
諮總堂王
傳牌 五千四百九十九七八

稿一件 卅年 二月 二日

上海縣李 申繳續購仁記公司田單清摺遵飭冊書過戶由 三月廿日

申文一件 截角田單兩張 讓地據清摺一扣

楊桂春仝弟阿弟賣田契兩張 顧履桂致李提調函一件

原購地價單一紙

又 仁發地產公司張康稟一件

租戶沈炎如等稟一件

職董蔣濟川等稟一件

沈炎如等切結一紙

巡防局稟復事由抄一件

附 光緒三十四年四月十八日高昌廟巡防局送來地圖租契開後

006

00008

江南製造總局基字第五十六號仁記公司地產由本局購買卷目録（1907—1908年，光緒三十三年—光緒三十四年）

高昌廟同樂里地圖一紙

林得祥等租契二十四紙

巡防局抄送稟抚一紙

007

江南製造總局基字第五十六號仁記公司地產由本局購買卷目録（1907—1908年，光緒三十三年—光緒三十四年）

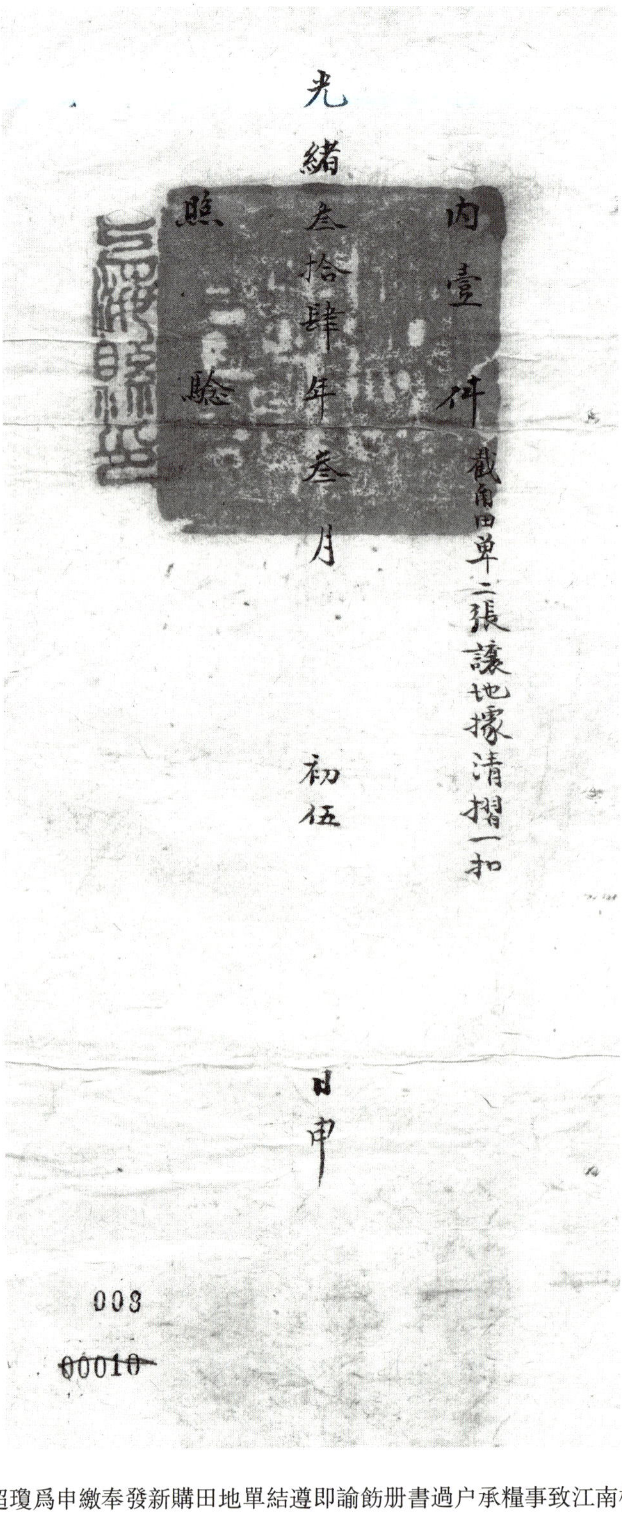
內壹件 截角田单二張讓地據清摺一扣
光緒叁拾肆年叁月初伍日申
照驗
003
~~00010~~

上海縣知縣李超瓊爲申繳奉發新購田地單結遵即諭飭册書過户承糧事致江南機器製造局總辦申文（1908年4月6日，光緒三十四年三月初五日）

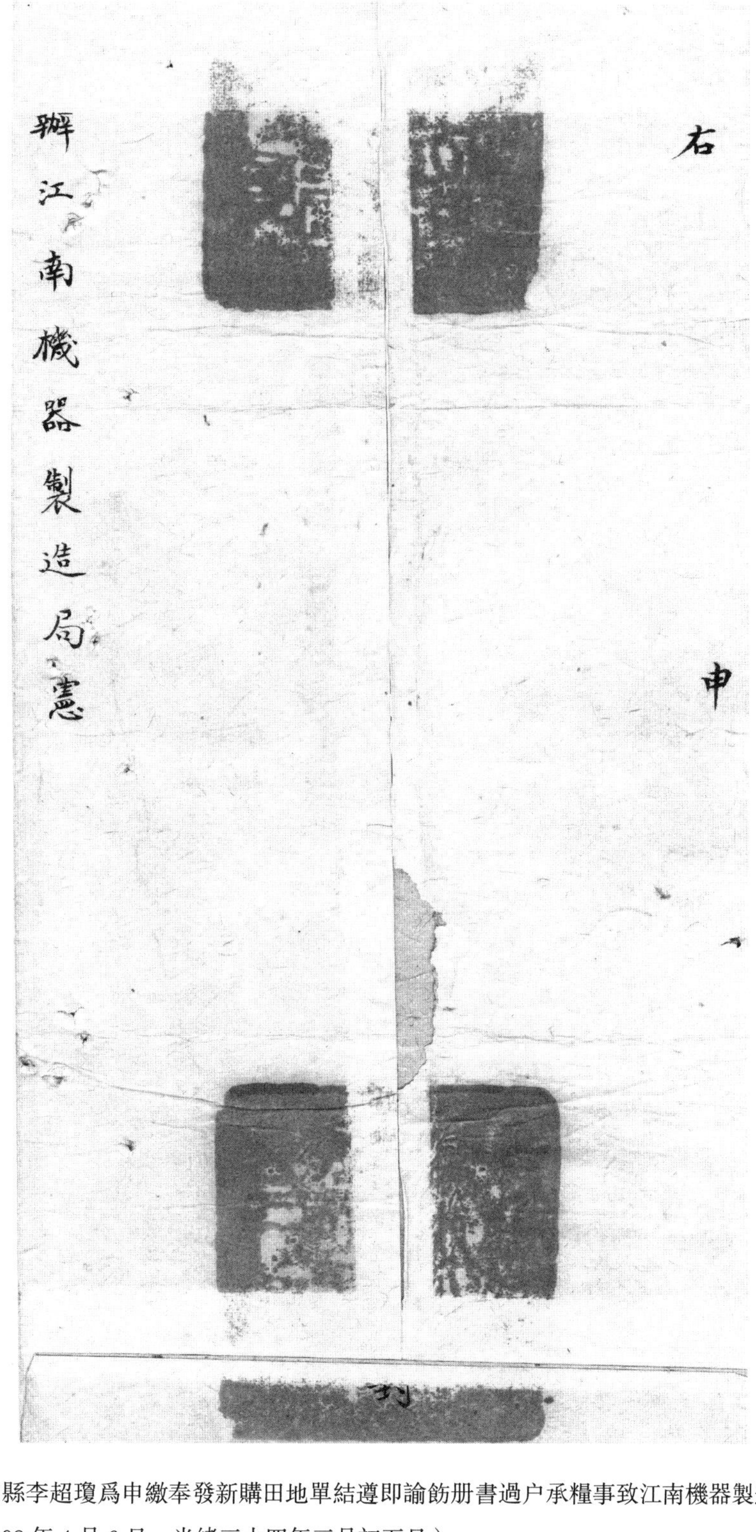
右
申
辦江南機器製造局憲
封

上海縣知縣李超瓊爲申繳奉發新購田地單結遵即諭飭册書過户承糧事致江南機器製造局總辦申文（1908 年 4 月 6 日，光緒三十四年三月初五日）

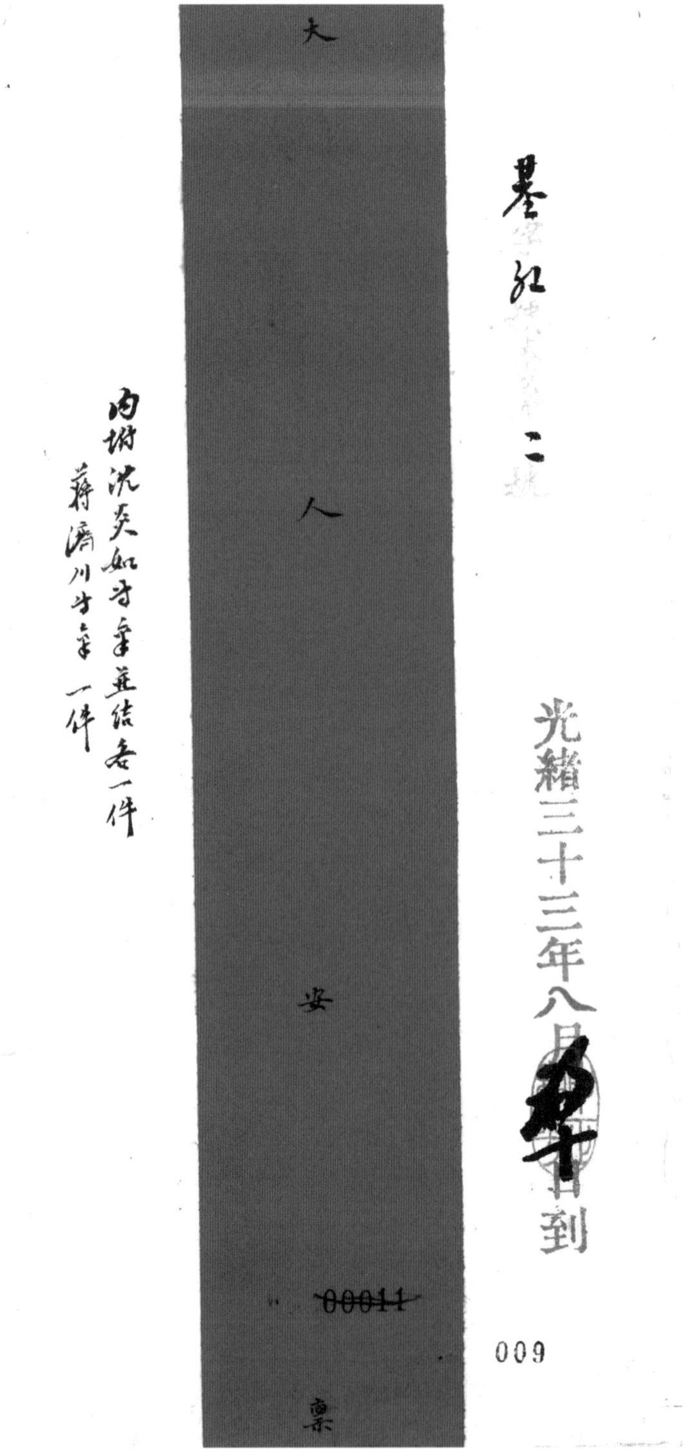
墨紅 二

光緒三十三年八月初十日到

大人安稟

内附沈奕如寸稟並結各一件
蔣濟川寸稟一件

00011

009

仁發地産公司經理張康爲局匠租地霸占結黨把持懇請傳飭拆讓事致江南機器製造總局禀文并附租地各匠姓名清單（1907 年 9 月 5 日，光緒三十三年八月初十日）

基字弘號

光緒三十三年八月初十日到

具禀仁發地産公司經理職商張康

禀為局匠租地霸佔結黨把持懇請傳飭拆讓事竊商等興辦仁發地産公司於上年柒月間憑中價買高昌廟念伍保拾肆圖揚挂春揚阿弟自産基地肆畝肆分玖厘既買之後本擬於冬間起造房屋緣該地内有揚挂春從前出租造屋各户延不拆讓以致遲遲未能興工查各該租户租地大都在同治及光緒初年已逾二三十年之久早經期滿其中租户以

憲局生鐵廠工匠沈慶生暨現充街董開設蔣恒盛肉舖之蔣姓最為强横該两户原欲貶價勒買所租之地因原業主不允未遂其欲於是挾恨聳動各租户結黨把持霸不拆讓業經禀蒙高昌廟巡防局傳訊各户再三開導願拆者酌給貼費不願拆者照官匠頭估計之數外加價收買實已格外遷就而各該租户係在

憲局做工者居多自以為有恃無恐仍復抗不遵讓商等以重價購地事懸一載尚不能造屋營業儲料以待受虧甚大不得已開單具禀懇求

大人鑒核俯賜飭由 提調傳諭該匠沈慶生等遵照巡防局所斷或拆或賣從速了結倘蒙

飭由

憲局 提調酌量公斷該匠等自更心服只要公司吃虧不鉅不妨格外優予津貼俾可早日營業尤所感戴但得沈匠等遵斷則蔣姓諸户無所倚恃亦必一律照辦矣冒昧瀆陳伏乞

恩准成全不勝悚切叩禱之至謹禀

70

仁發地産公司經理張康爲局匠租地霸占結黨把持懇請傳飭拆讓事致江南機器製造總局稟文并附租地各匠姓名清單（1907 年 9 月 5 日，光緒三十三年八月初十日）

計呈租地各匠姓名清單

光緒叁拾叁年捌月 日

020-2

仁發地産公司經理張康爲局匠租地霸占結黨把持懇請傳飭拆讓事致江南機器製造總局禀文并附租地各匠姓名清單（1907年9月5日，光緒三十三年八月初十）

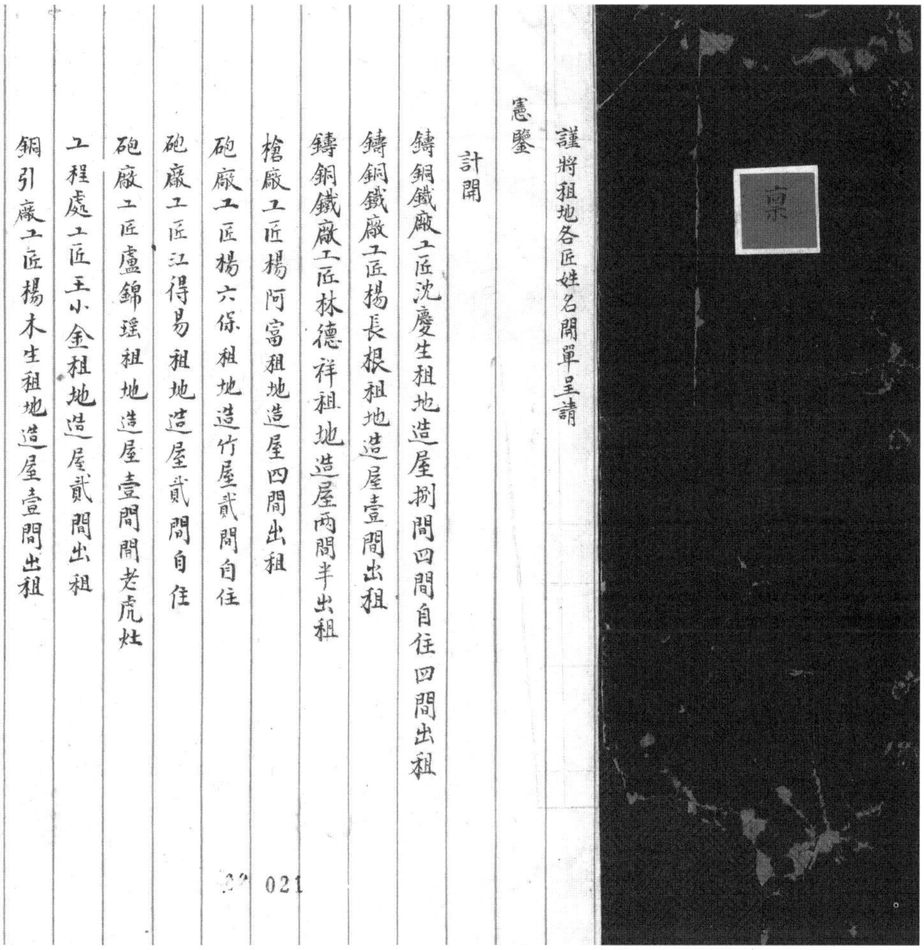
謹將租地各匠姓名開單呈請
憲鑒
計開
鑄銅鐵廠工匠沈慶生租地造屋捌間四間自住四間出租
鑄銅鐵廠工匠楊長根租地造屋壹間出租
鑄銅鐵廠工匠林德祥租地造屋兩間半出租
槍廠工匠楊阿富租地造屋四間出租
砲廠工匠楊六保租地造竹屋貳間自住
砲廠工匠江得易租地造屋貳間自住
砲廠工匠盧錦瑶租地造屋壹間開老虎灶
工程處工匠王小金租地造屋貳間出租
銅引廠工匠楊木生租地造屋壹間出租

仁發地産公司經理張康爲局匠租地霸占結黨把持懇請傳飭拆讓事致江南機器製造總局稟文并附租地各匠姓名清單（1907年9月5日，光緒三十三年八月初十日）

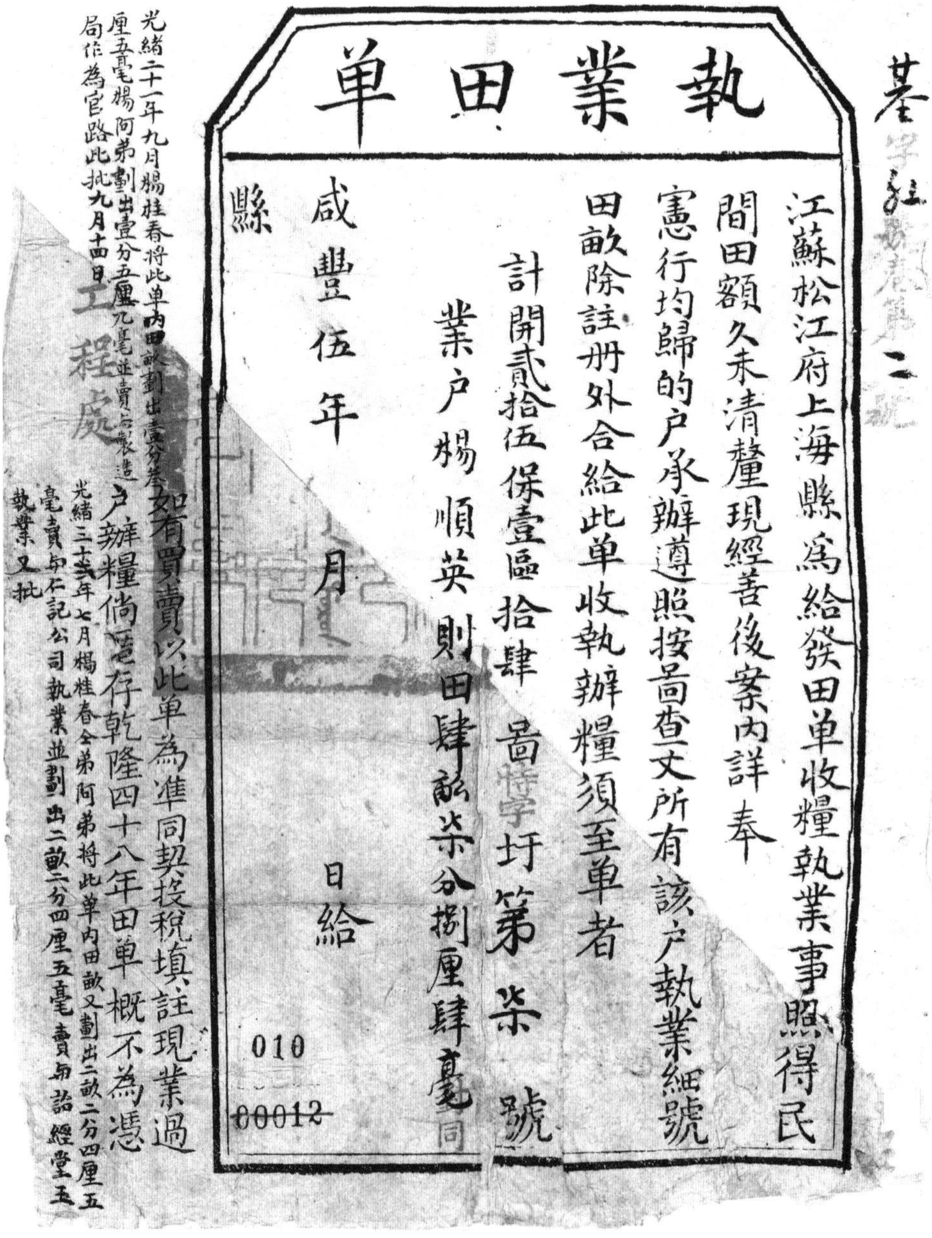
執業田单
江蘇松江府上海縣爲給發田单收糧執業事照得民
間田額久未清釐現經善後案内詳奉
憲行均歸的户承辦遵照按啚查丈所有該户執業細號
田畝除註册外合給此单收執辦糧須至单者
計開貳拾伍保壹區拾肆　啚特字圩第柒　號
業户楊順英　則田肆畝柒分捌厘肆毫
咸豐伍年　月　日給
縣
010
00012
如有買賣以此单為準同契投稅填註現業過户辦糧倘仍存乾隆四十八年田单概不為憑
光緒二十一年九月楊桂春將此单内田畝劃出壹分叁厘五毫楊阿弟劃出壹分五厘九毫並賣與製造局作為官路此批九月十四日
工程處
光緒三十六年七月楊桂春仝弟阿弟將此单内田畝又劃出二畝二分四厘五毫賣與不記公司執業並劃出二畝二分四厘五毫賣與諮經堂
執業又批

楊順英執業田單（1855 年，咸豐五年）

執業田單

江蘇松江府上海縣為給發田单收糧執業事照得民
間田額久未清釐現經善後案內詳奉
憲行均歸的户承辦遵照按啚查丈所有該户執業細號
田畝除註册外合給此单收執辦糧須至单者
計開貳拾伍保壹區拾肆啚特字圩第柒號
業户楊順英則田肆畝柒分捌厘肆毫
咸豐伍年 月 日給
縣

011
00013

如有買賣以此单為準同契投税填註現業過户辦糧倘匿存乾隆四十八年田单慨不為憑

光緒二十一年九月楊桂春將此单內田畝劃出壹分叁
厘五毫楊阿弟劃出壹分五厘九毫並賣與製造
局作為官路此批九月十四日

工程處

光緒三十弍年七月楊桂春仝弟阿弟將此单內田畝又劃出
二畝二分四厘五毫賣與仁記公司執業並劃出二畝二分
四厘五毫賣與詒經堂王執業又批

楊順英執業田單（1855 年，咸豐五年）

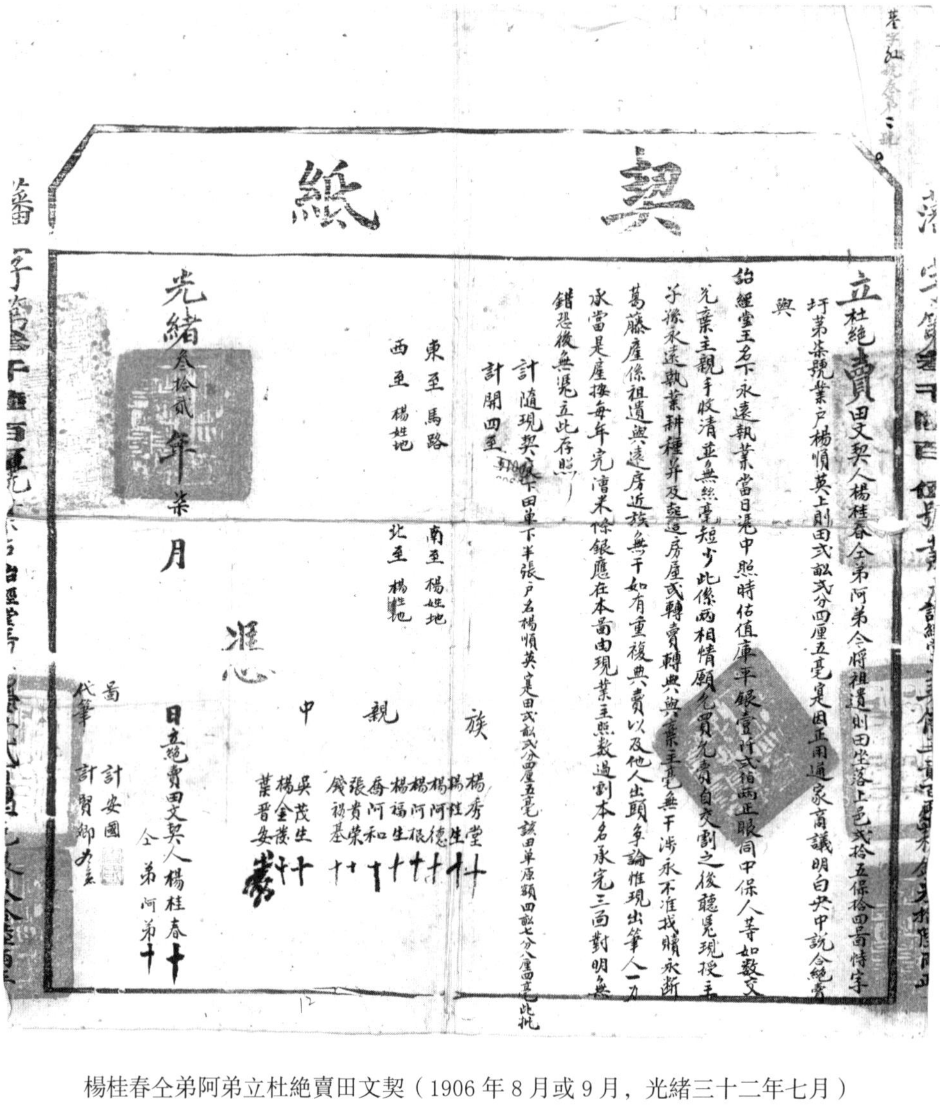

契紙

立杜絶賣田文契人楊桂春仝弟阿弟仝將祖遺則田坐落上邑弍拾五保拾四啚恃字圩第柒號業户楊順英上則田弍畝弍分四厘五毫寔因正用邇家商議明白央中說合絶賣與
治經堂王名下永遠執業當日憑中照時估值庫平銀壹仟弍佰兩正眼同中保人等如數交兑業主親手收清並無絲毫短少此係兩相情願允買允賣自交割之後聽憑現授主子孫永遠執業耕種并及起造房屋或轉賣轉典與業主無干涉永不准找贖永斷葛藤產係祖遺與遠房近族無干如有重複典賣以及他人出頭爭論惟現出筆人一力承當是產按每年完漕米條銀應在本啚由現業主照數過割本名承完三面對明無錯恐後無憑立此存照

計開四至

計隨現契入□田單下半張户名楊順英寔田弍畝弍分四厘五毫該田單原額四畝七分八厘四毫 此批

東至馬路　南至楊姓地

西至楊姓地　北至楊姓地

族　楊秀堂　楊桂生　楊阿德　楊阿根　楊福生

親　蔣阿和　張貴榮　錢福基

中　吳茂生　楊全發　葉晉安

滙心

光緒叁拾弍年柒月　日立絶賣田文契人楊桂春

仝弟阿弟

代筆　許安國

畫　許賀卿

楊桂春仝弟阿弟立杜絶賣田文契（1906 年 8 月或 9 月，光緒三十二年七月）

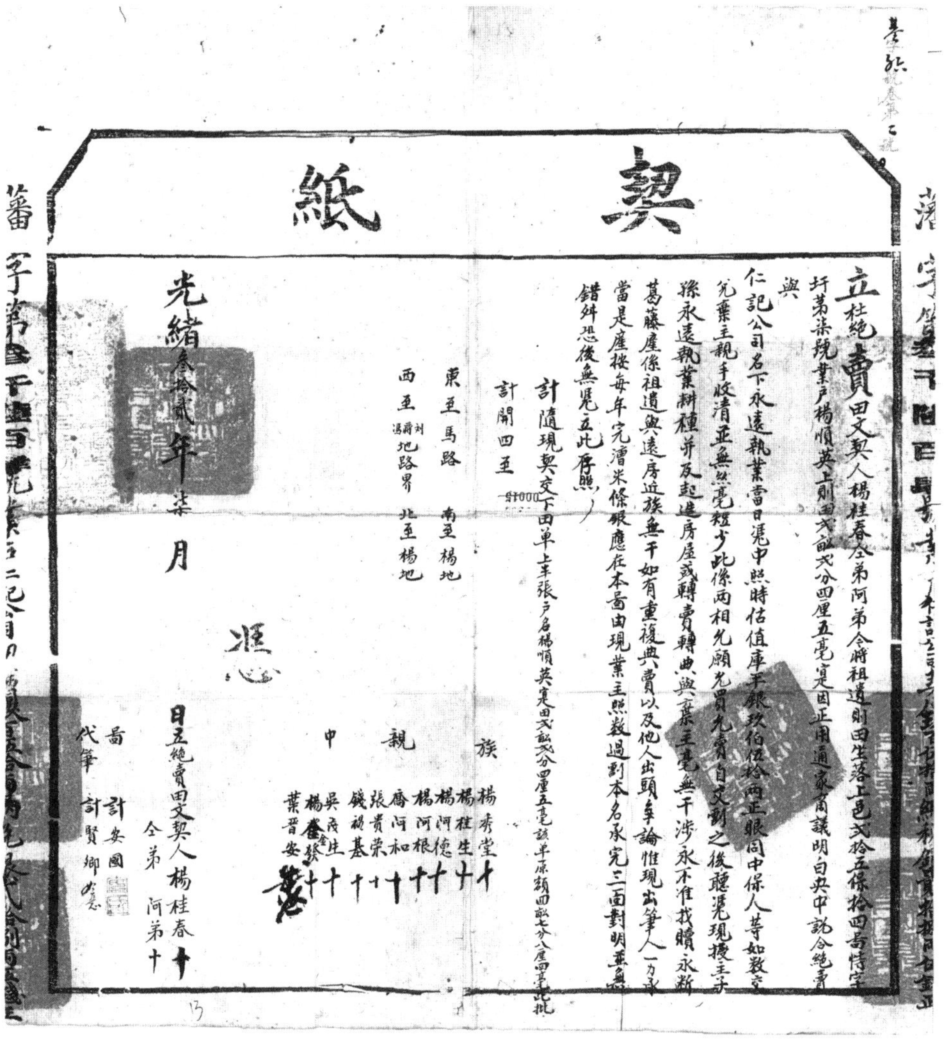

契紙

立杜絶賣田文契人楊桂春仝弟阿弟今將祖遺則田坐落上邑念五保拾四啚情字圩第柒號業戶楊順英上則田弍畝弍分四釐五毫正因正用通家商議明白央中説合絶賣與

仁記公司名下永遠執業當日憑中照時估值庫平銀玖佰伍拾兩正銀同中保人等如數交允業主親手收清並無絲毫短少此係兩相允願先買允賣自文到之後聽憑現業主子孫永遠執業耕種并及起造房屋或轉賣轉典與原業主毫無干涉永不準找贖永斷葛藤產係祖遺與遠房近族無干如有重複典賣以及他人出頭爭論惟現出筆人一力承當是產按每年完漕米條銀應在本啚由現業主照數過割本名承完三面對明並無錯誤恐後無憑立此存照

計隨現契交下田單上年張戶名楊順英寔田弍畝弍分四釐五毫該單原額四畝七分八釐四毫此批

計開四至

東至馬路　南至楊地

西至馮蔣劉地路界　北至楊地

光緒叁拾弍年柒月　日立絶賣田文契人楊桂春十

仝弟阿弟十

族　楊秀堂十　楊桂生十　楊阿德十

親　楊阿根十　喬阿和十　張貴榮十

中　錢福基十　吳茂生十　楊金發十　葉晉安

啚　許安國

代筆　許賢卿

楊桂春仝弟阿弟立杜絶賣田文契（1906 年 8 月或 9 月，光緒三十二年七月）

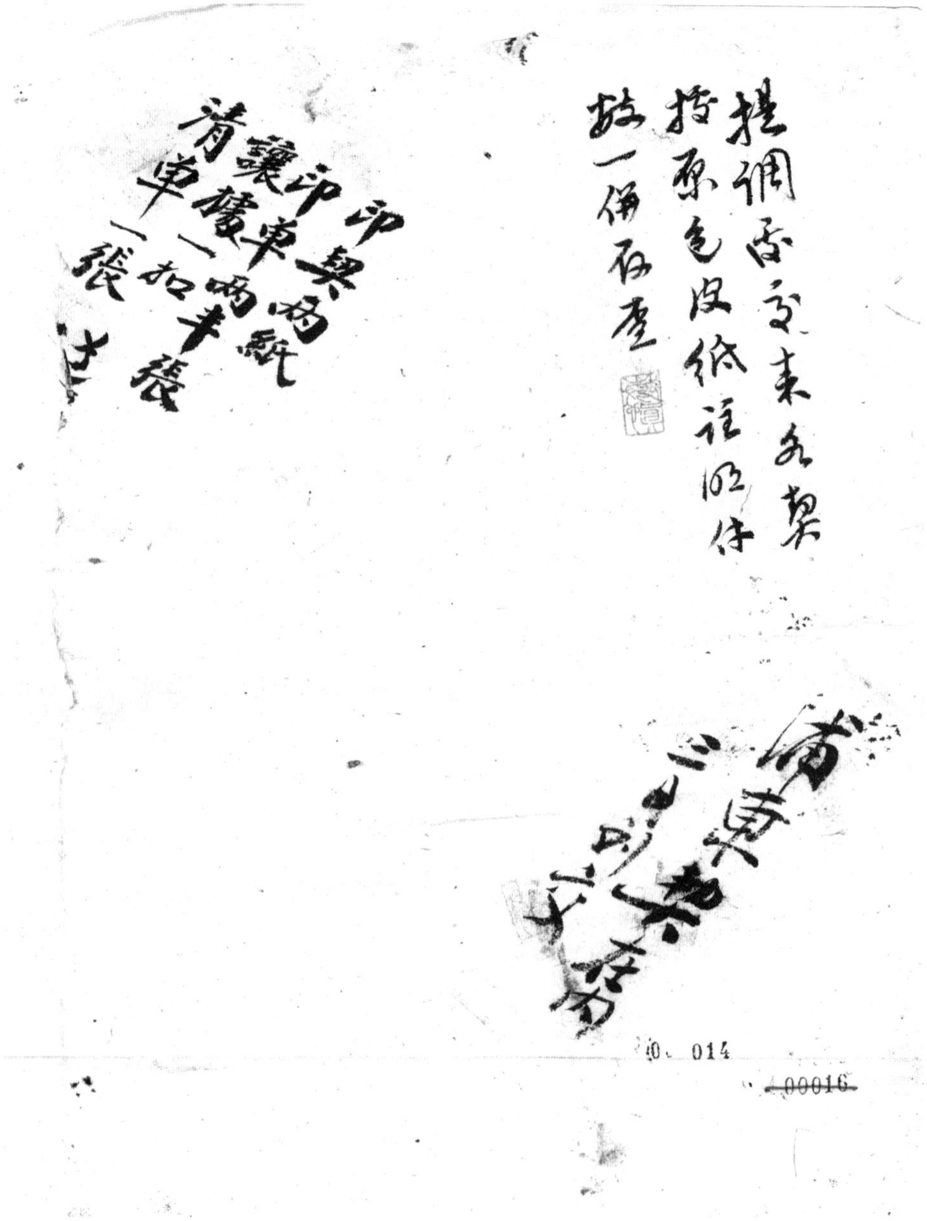

仁記公司地産各契据清單（時間不詳）

仁記公司地產各契据清單（時間不詳）

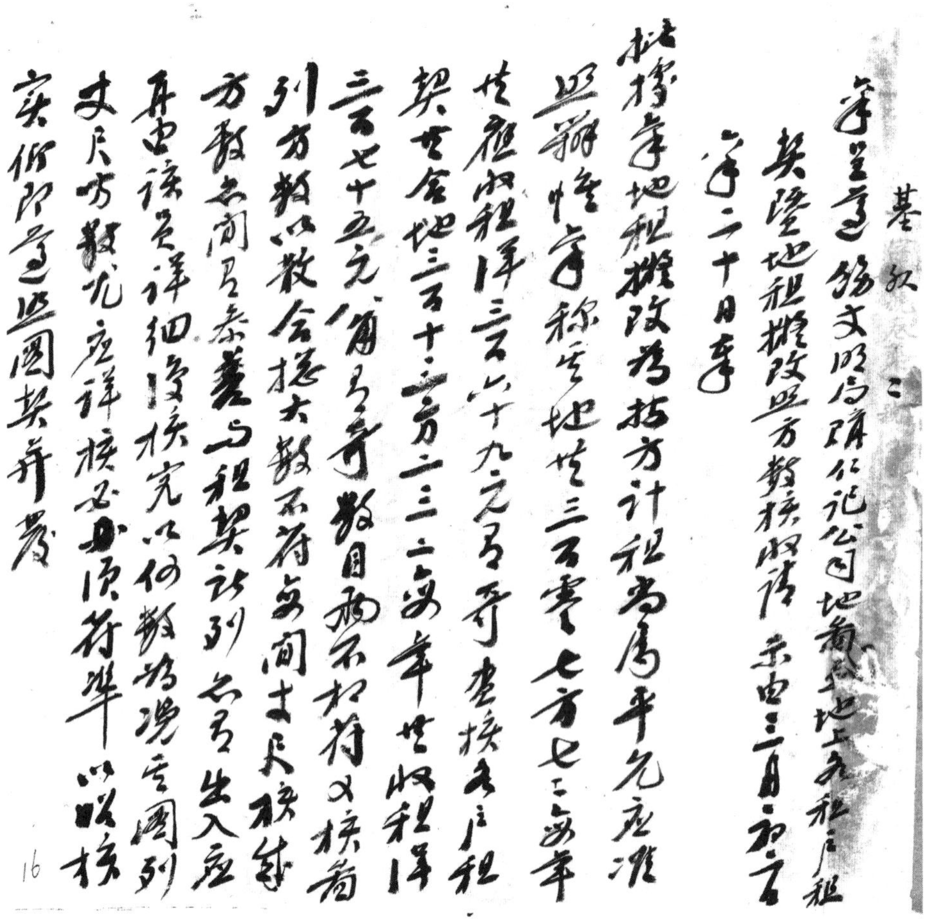

江南機器製造局關於高昌廟巡防局爲稟呈遵飭文明局購仁記公司地圖并地上各租户租契暨地租擬改照方數核收請示事稟文的批文抄件（1908 年 4 月 20 日，光緒三十四年三月二十日）

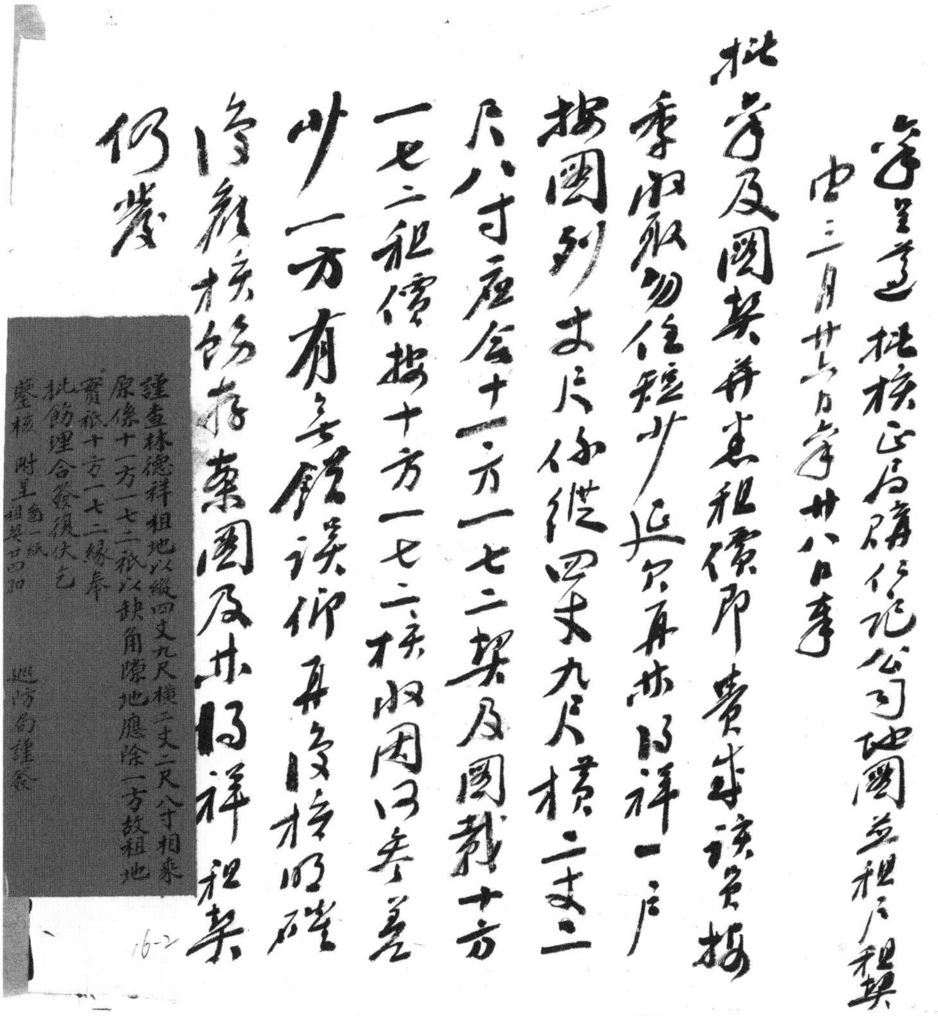

稟呈遵批核正局購仁記公司地圖并租户租契

由三月廿六日稟廿八日奉

批稟及圖契并悉租價即責成該員按季收取毋任短少惟契内林德祥一户按圖列丈尺係從四丈九尺横二丈二尺八寸應合十一方一七二契及圖載十方一七二租價按十方一七二核收因何參差少一方有無錯誤仰再復核明確候飭核示粘單圖及林德祥租契仍發

謹查林德祥租地以縱四丈九尺横二丈二尺八寸相乘原係十一方一七二祇以缺角隙地應除一方故租地實祇十方一七二緣奉

批飭理合簽復伏乞

鑒核　附呈圖一紙　租契廿四扣

巡防局謹簽

16-2

江南機器製造總局關於高昌廟巡防局爲稟呈遵批核正局購仁記公司地圖并租户租契事稟文的批文抄件及巡防局簽復（1908 年 4 月 28 日、5 月 17 日，光緒三十四年三月二十八日、四月十八日）

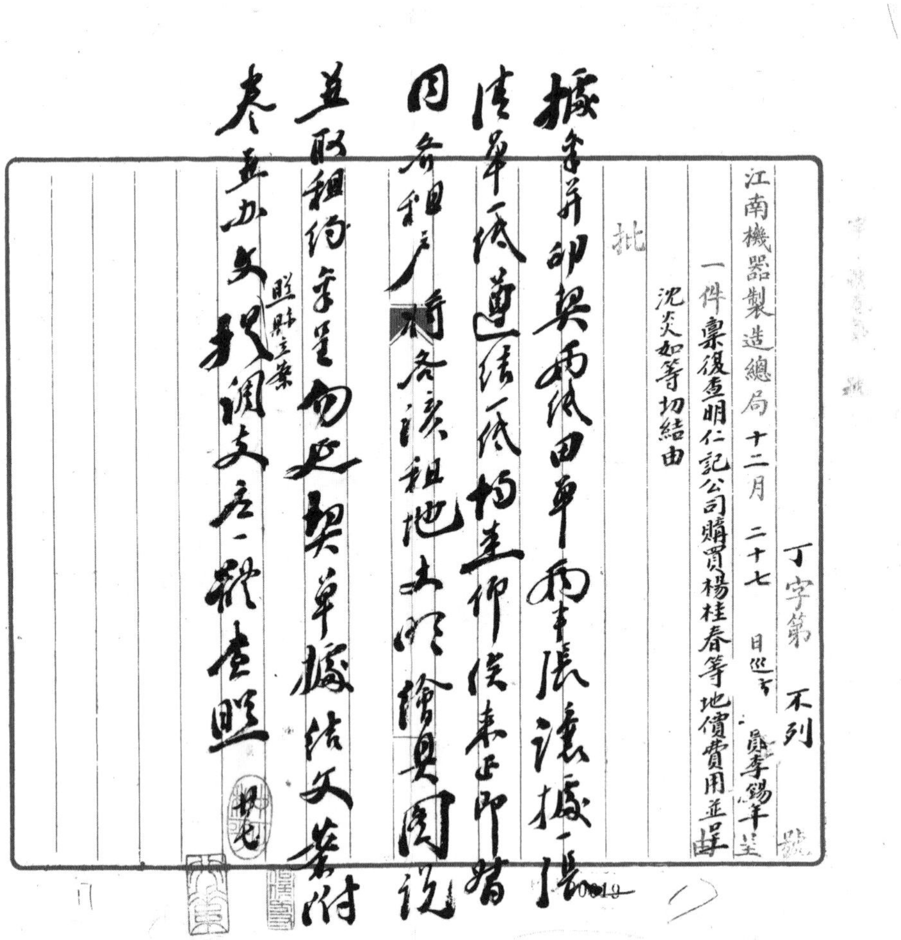

江南機器製造局關於巡防委員李錫年爲稟復查明仁記公司購買楊桂春等地價費用並呈沈炎如等切結事稟文的批文（1908 年 1 月 30 日，光緒三十三年十二月二十七日）

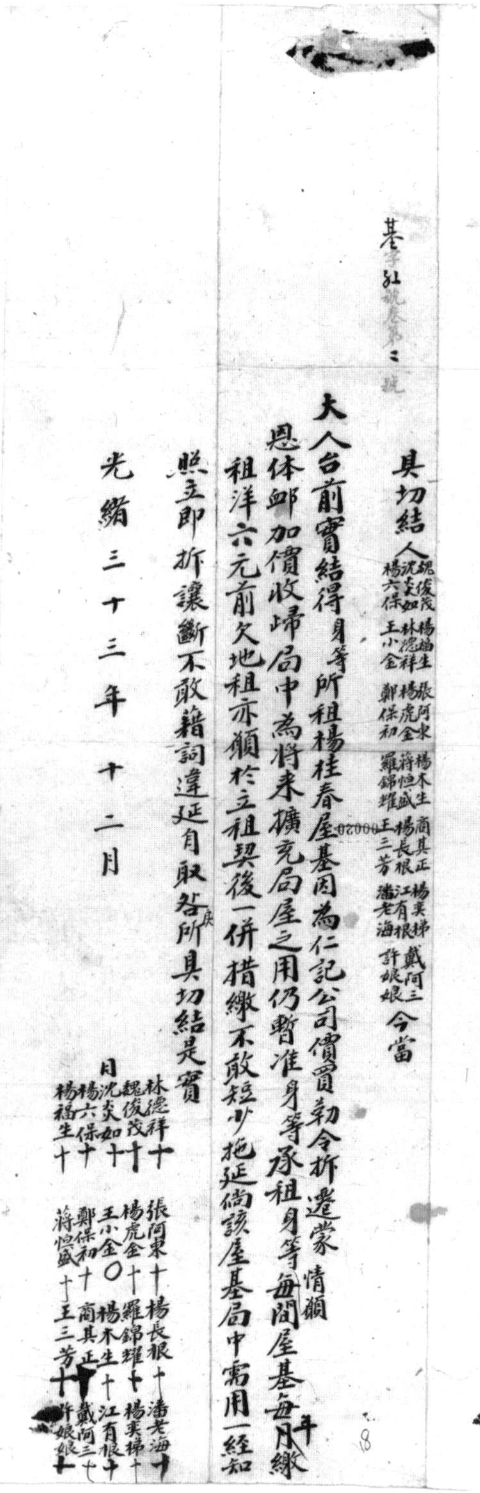

基字弘號卷第二號

具切結人魏俊茂 沈炎如 楊六保 楊福生 林德祥 王小金 張阿東 楊虎金 鄭保初 楊木生 蔣恒盛 羅錦耀 商其正 楊長根 王三芳 楊奕棣 江有根 潘老海 戴阿三 許娘娘今當

大人台前實結得身等所租楊桂春屋基因為仁記公司價買勒令拆遷蒙

恩体卹加價收歸局中為將來擴充局屋之用仍暫准身等承租身等每間屋基每月繳

租洋六元前欠地租亦願於立租契後一併措繳不敢短少拖延倘該屋基局中需用一經知

照立即拆讓斷不敢藉詞違延自取咎戾所具切結是實

光緒三十三年十二月　日

林德祥十 魏俊茂十 沈炎如十 楊六保十 楊福生十

張阿東十 楊虎金十 王小金〇 鄭保初十 蔣恒盛十

楊長根十 羅錦耀十 楊木生十 商其正十 王三芳十

潘老海十 楊奕棣十 江有根十 戴阿三十 許娘娘十

沈炎如等具切結（1908年1月或2月，光緒三十三年十二月）

發局張康業　稟悉。據稱局所租地蓋屋霸佔把持等情，查是否實有其別項葛藤，候飭把調處會同地方局查明察辦核奪。

019

江南機器製造局關於仁發地產公司經理張康稟文的批文（1907年9月，光緒三十三年八月）

敬啟者：上年十二月廿七日
貴局會同查明仁記公司購買楊桂春等地價
費用並呈沉吉如等切結一案，奉批辦文通移在
案，乞將稟稿
抄示為荷。此頌
高昌廟巡防局
李大老爺升　　正月廿日　文案處具

未留底稿，請簽注
局案前閱本稿，請

20-3

江南機器製造局文案處爲請將稟稿抄示事致高昌廟巡防局函稿（1908年2月21日，光緒三十四年正月二十日）

沈炎如等稟

基字江號卷第二號

租地蓋屋必憑中立約定有期限或期滿立約接租或期滿拆讓給價如果地主出售租戶願買亦可邀中妥商價值兩全其美地主如售屋先儘蓋屋之租戶詢緣租戶亦斷無強佔之理據稟租契期限尚有未滿又係上年九月地主楊桂春索價三千元出售該租戶等照數價購約日成交楊姓忽悔議等語是否屬實候飭撥綢廠巡防局查明稟復核奪

1022

00022

江南機器製造局關於沈炎如等稟文的批文（1907年10月，光緒三十三年九月）

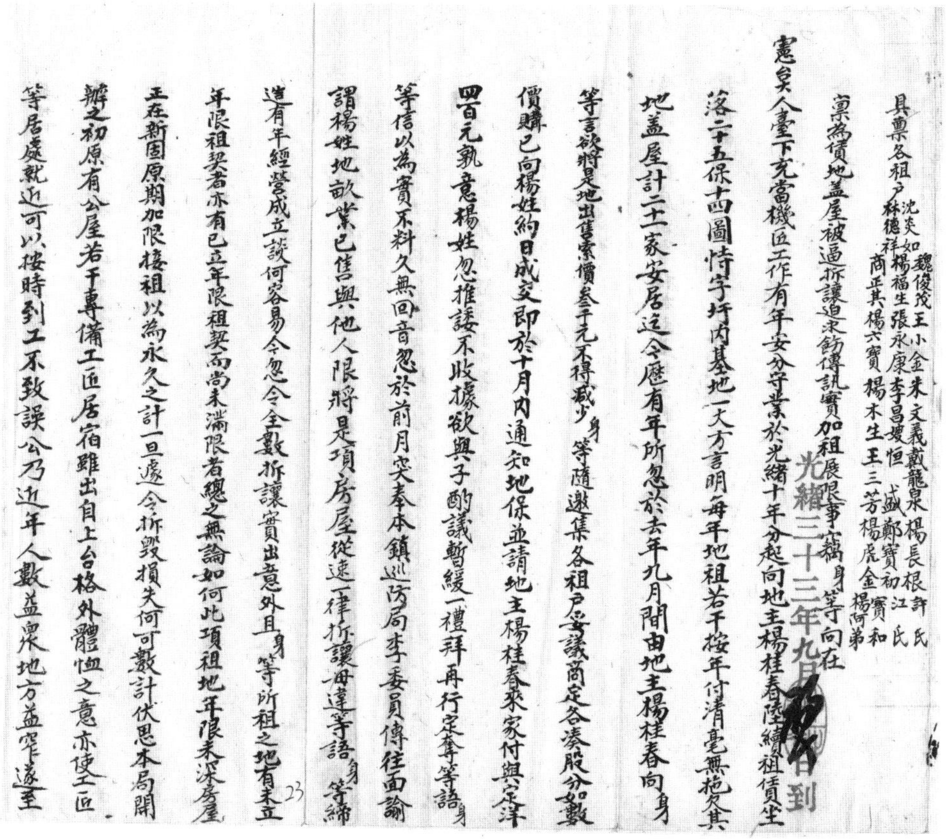
具稟各租户沈炎如 林德祥 魏俊茂 楊福生 商正其 王小金 張永康 楊六寶 朱文義 李昌嫂 楊木生 戴龍泉 恒盛 王三芳 楊長根 鄭寶初 楊虎金 許氏 江氏 寶和 楊阿弟
稟為賃地蓋屋被逼拆讓迫求飭傳訊實加租展限事竊身等向在
憲臺下充當機匠工作有年安分守業於光緒十年分起向地主楊桂春陸續租賃坐
落二十五保十四圖恃字圩内基地一大方言明每年地租若干按年付清毫無拖欠其
地蓋屋計二十一家安居迄今歷有年所忽於去年九月間由地主楊桂春向身
等言欲將是地出售索價叁千元不得減少身等隨邀集各租户妥議商定各湊股分如數
價購已向楊姓約日成交即於十月内通知地保並請地主楊桂春來家付與定洋
四百元孰意楊姓忽推諉不收據欲與子酌議暫緩一禮拜再行定奪等語身
等信以為實不料久無回音忽於前月突奉本鎮巡防局李委員傳往面諭
謂楊姓地畝業已售與他人限將是項房屋從速一律拆讓毋違等語身等締
造有年經營成立談何容易今忽令全數拆讓實出意外且身等所租之地有未立
年限租契者亦有已立年限租契而尚未滿限者總之無論如何此項租地年限未深房屋
正在新固原期加限接租以為永久之計一旦遽令拆毀損失何可數計伏思本局開
辦之初原有公屋若干專備工匠居宿雖出自上台格外體恤之意亦使工匠
等居處就近可以按時到工不致誤公乃近年人數益衆地方益窄遂至

各租户沈炎如等爲賃地蓋屋被逼拆讓迫求飭傳訊實加租展限事致江南機器製造局稟文（1907年10月16日，光緒三十三年九月初十日）

無地可容身等不得已將數十年工作辛苦之餘所積微資孤注一擲爲此租地造
屋之舉計身等二十一家共有男女人口何止一二百名惟此房屋是賴性命身家全係
於此此屋一拆是身等數十年積苦之資二十一家一二百人之生計皆斷送此一舉矣
不但無力遷地另造即有餘力而就近一帶地方亦絕無如此曠基可爲身等另租
遷造者倘遷地較遠則每日到廠工作勢必延誤時刻於公事更多妨碍雖聞
楊地主之悔變另售他人者係由本局報銷處司事程柏蓀從中煽惑並糾合外股將此
基地謀攫而去然後以強硬手段迫令拆讓以便另蓋房屋爲居奇牟利之計
身等受此迫脅進退無地呼籲無門惟有環求
大人俯鑒下情開一綫
鴻慈存半生鼠積
賞傳報銷處司事程柏蓀並地主楊桂春訊實
諭飭酌增租價加限若干年期俾獲安居而便工作感戴
高厚曷其有極爲此瀝情上稟不勝迫切待
命批示之至
光緒叁拾叁年九月　日　謹稟

各租户沈炎如等爲賃地蓋屋被逼拆讓迫求飭傳訊實加租展限事致江南機器製造局稟文（1907年10月16日，光緒三十三年九月初十日）

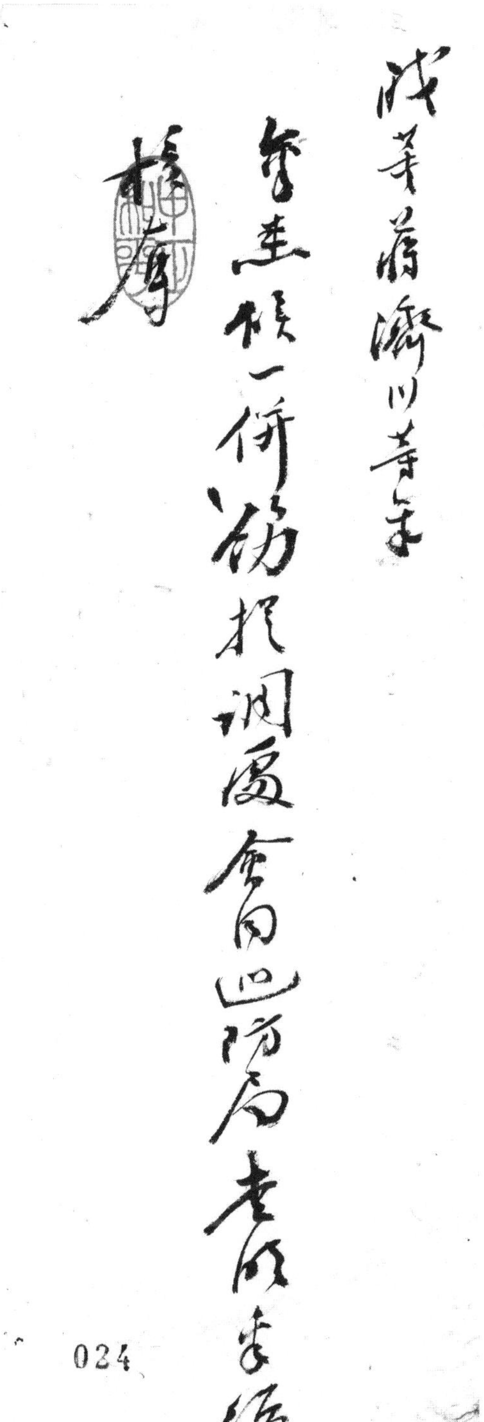

據職董蔣濟川等稟

暨連摺一併飭機關處會同巡防局查明核復

楊

江南機器製造局關於職董蔣濟川等稟文的批文（1907 年 10 月，光緒三十三年九月）

具稟 職董 蔣濟川 魏作仁 劉竹溪 顧亮時

光緒三十三年九月十九日到

基字弘號卷第二號

爲地産轇轕叩請給價收購而便公益以杜後患事竊 職 等久居於斯安分守業素不妄預外務爰於日前突來局中工匠十餘人訴稱昔年承租楊姓基地一方蓋屋居住取其附局較近便於工作歷年以來相安無異近日是項地畝遽被仁發公司購買迫將該地房屋一律拆讓若是是傾吾巢矣奈何 職 等聞諸咄咄大爲怪事竊維 製造局剏建以來向以軍火要重而就近一帶地産或租或賣悉由局中專主不准外人鑽取寸土防生意外妨碍情事伏查光緒二十三年大局門外基地一大方南迄江濱方圓不下數十畝向爲首善堂管業經前 局憲大人思患預防備價租入即行興工造屋備招司事工匠人等租居又浦東沿濱一帶有地百叁

職董蔣濟川等爲地産轇轕叩請給價收購而便公益以杜後患事致江南機器製造局稟文（1907 年 10 月 25 日，光緒三十三年九月十九日）

拾餘畝適與局對於光緒二十四年業由地主賣與洋人經前　局憲大人
謀深慮遠勒令取贖由局照價收購重重案積歷歷可稽詎今仁發公司竟
具輕率之心在局咫尺之間重價購地迫令在地房屋全數拆讓以致匠衆
失所日夜號苦男女悲泣誠爲情殊可憫該公司居心何在殊不可測且局
中委員司事以及工匠人等在局附近一帶租地造屋者指不勝屈有
年限未滿者亦有年限已滿者設此拆屋之風一開將來一倡百和貽患何堪設想　職等
萬分躊躇多方討議惟有仰懇
大人鑒核或令原業主備價取贖由局照價收買或由局中向公司租入轉租各户庶於
大局無意外顧慮而於各户亦均沾實惠事關公益何敢緘默毋任悚惶
叩禱之至上禀

光緒叁拾叁年九月　日謹禀

職董蔣濟川等爲地産轇轕叩請給價收購而便公益以杜後患事致江南機器製造局禀文（1907年10月25日，光緒三十三年九月十九日）

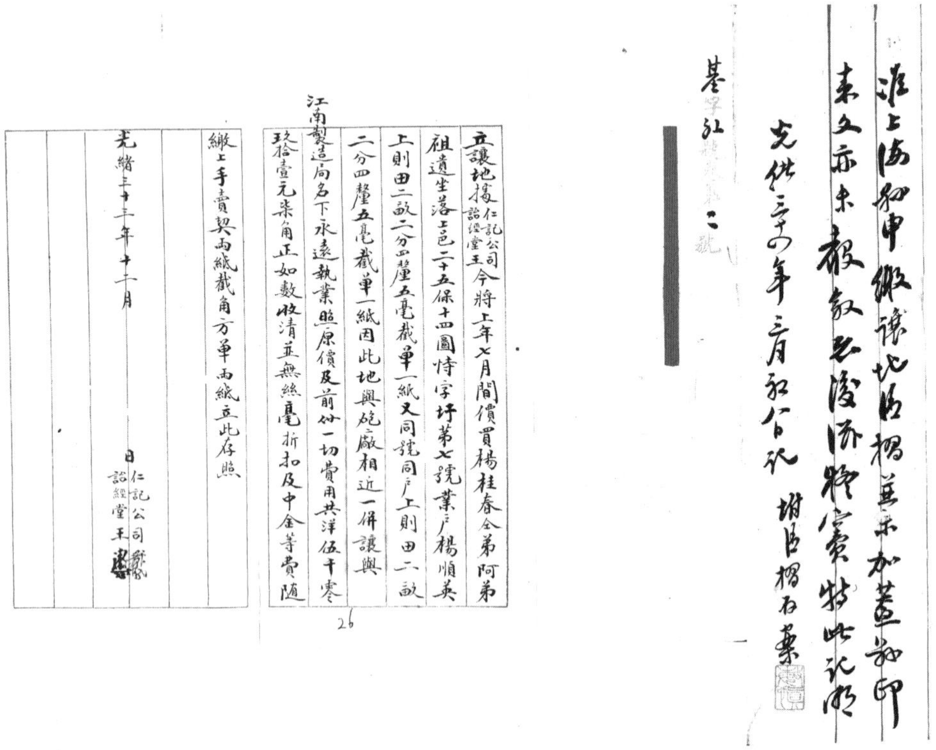

准上海紳申繳讓地約據並未加蓋私印
來文亦未報叙恐滋流弊特此訊明
光緒三十四年二月初八日
謝臣楊右禀

基字弍號
二

立讓地據仁記公司詒經堂王今將上年七月間價買楊桂春仝弟阿弟
祖遺坐落上邑二十五保十四圖恃字圩第七號業户楊順英
上則田二畝二分四釐五毫截單一紙又同號同户上則田二畝
二分四釐五毫截單一紙因此地與砲廠相近一併讓與
江南製造局名下永遠執業照原價及前後一切費用共洋伍千零
玖拾壹元柒角正如數收清並無絲毫折扣及中金等費隨
繳上手賣契兩紙截角方單兩紙立此存照
光緒三十三年十二月　日
仁記公司
詒經堂王
26

仁記公司、詒經堂王立讓地據（1908年1月或2月，光緒三十三年十二月）

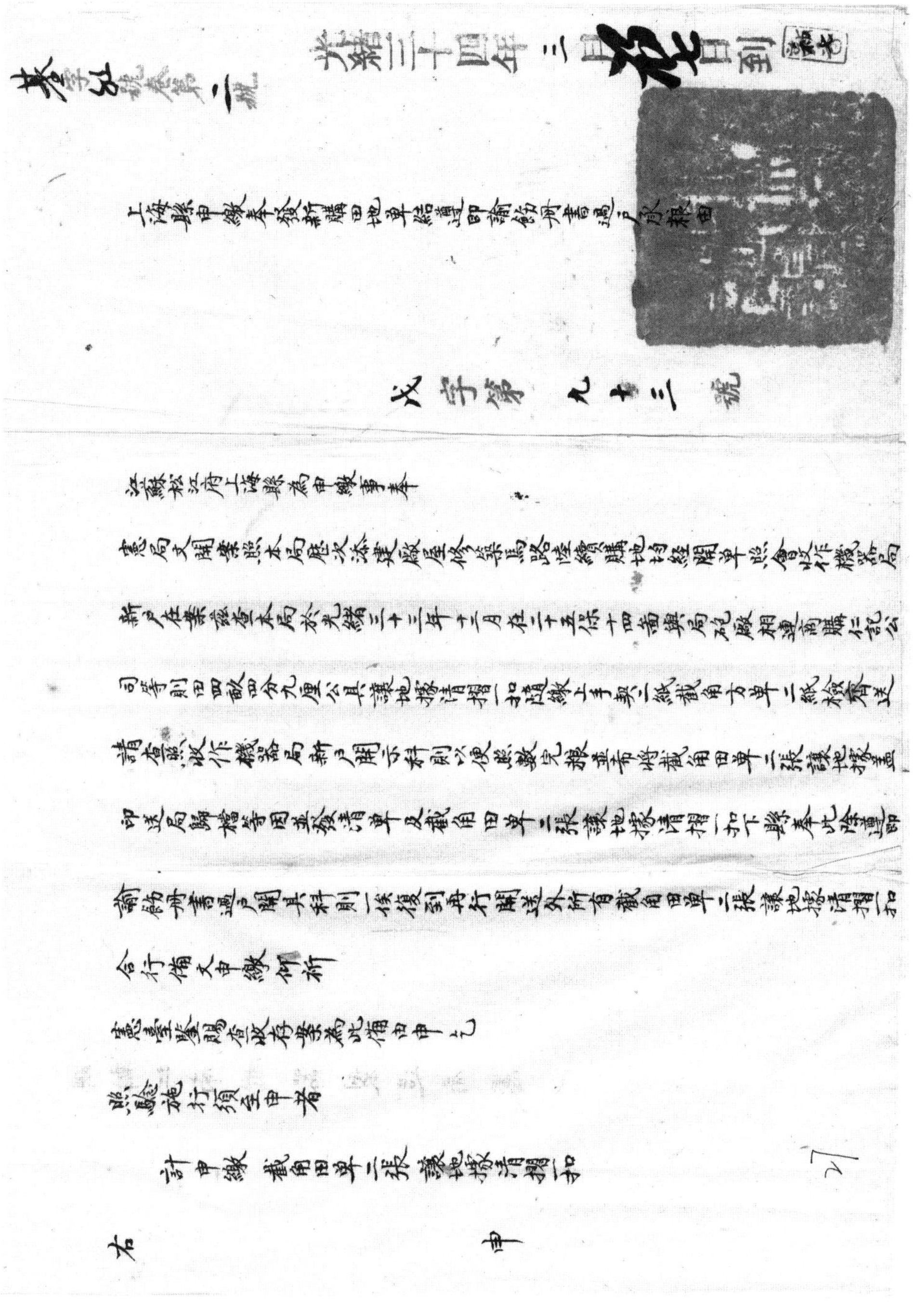

光緒三十四年三月初五日到

上海縣申繳奉發新購田地單結遵即諭飭册書過户承糧由

戊字第九十三號

江蘇松江府上海縣爲申繳事。奉

憲局文開：案照本局歷次添建廠屋、修築馬路，陸續購地，均經開單照會收作機器局

新户在案。茲查本局於光緒三十三年十二月在二十五保十四圖與局毗廠相連，向購仁記公

司等則田四畝四分九厘，公具議地據清摺一扣，隨繳上手契二紙、截角方單二紙，檢齊送

請爲照收作機器局新户，開示科則，以便照數完糧。並希將截角田單二張、議地據壹

扣送局歸檔等因，並發清單及截角田單二張、議地據清摺一扣下縣。奉此，除遵即

諭飭册書過户，開具科則，俟復到再行開送外，所有截角田單二張、議地據清摺一扣

合行備文申繳，伏祈

憲臺鑒賜查收存案。爲此備由申乞

照驗施行。須至申者。

計申繳 截角田單二張、議地據清摺一扣

右　申

上海縣知縣李超瓊爲申繳奉發新購田地單結遵即諭飭册書過户承糧事致江南機器製造局總辦申文（1908 年 4 月 5 日，光緒三十四年三月初五日）

總辦江南機器製造局憲

光緒叁拾肆年叁月初伍日知縣李超瓊

上海縣知縣李超瓊爲申繳奉發新購田地單結遵即諭飭册書過户承糧事致江南機器製造局總辦申文（1908年4月5日，光緒三十四年三月初五日）

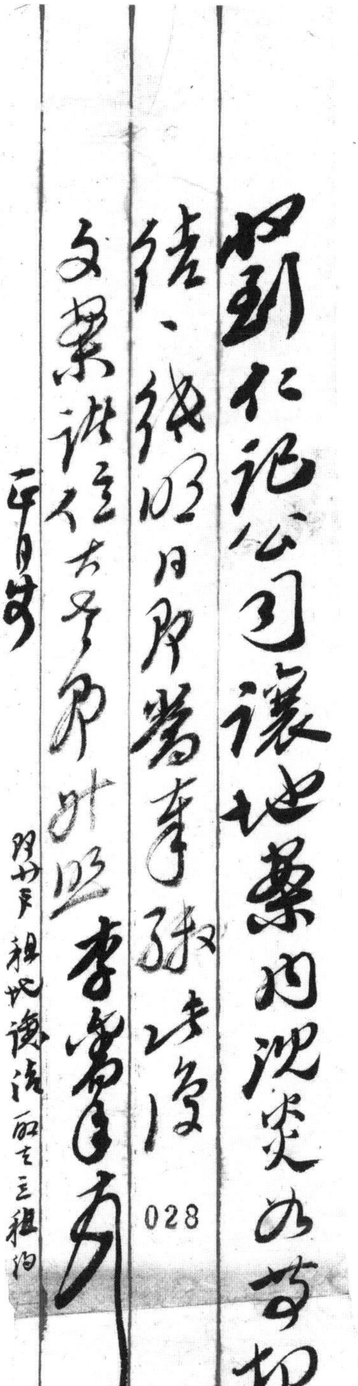
收到仁記公司讓地案內沈炎如等切
結一紙
正月廿日

江南機器製造局關於收到仁記公司讓地案內沈炎如等切結一紙的收據（1908 年 2 月 21 日，光緒三十四年正月二十日）

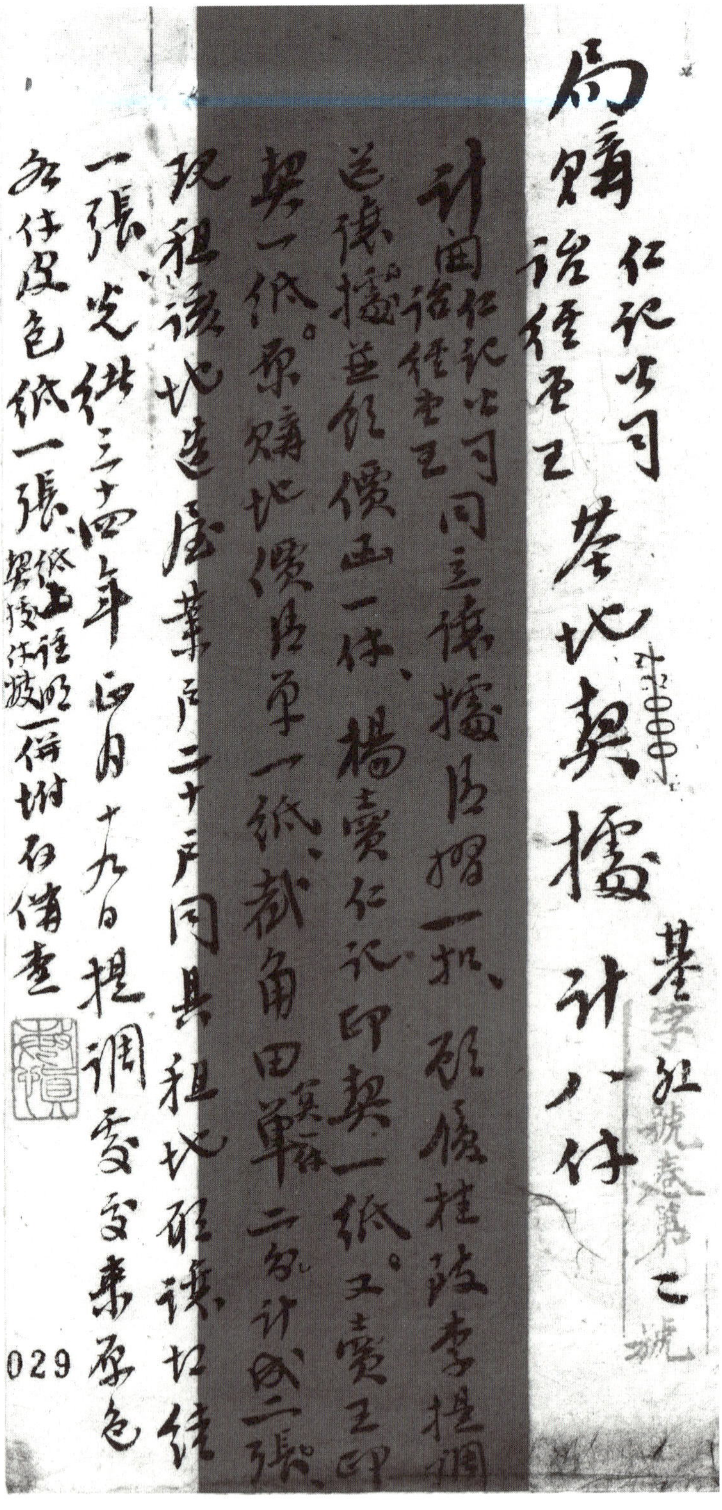

江南機器製造局購仁記公司、詒經堂王基地契據清單（1908 年，光緒三十四年）

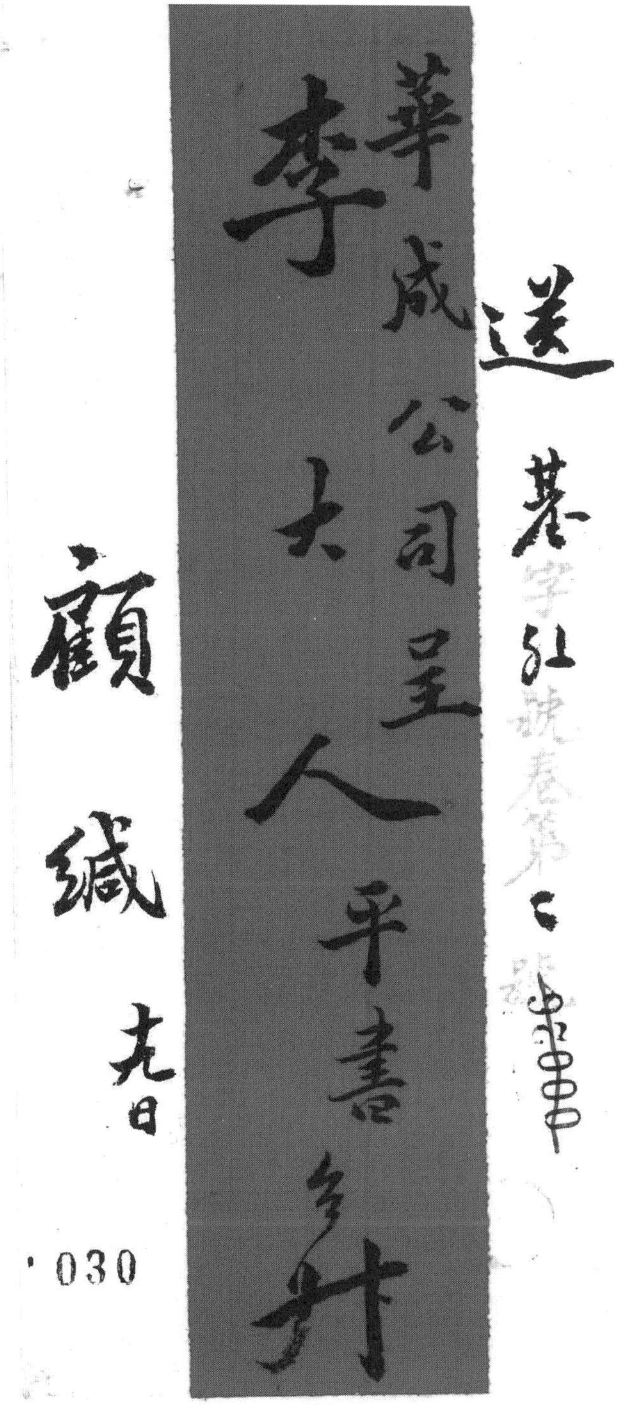
送
華成公司呈
李大人 平書 升
顧緘
030

華成公司顧履桂爲送讓據並領價事致江南機器製造局提調李平書函（1908 年 1 月 22 日，光緒三十三年十二月十九日）

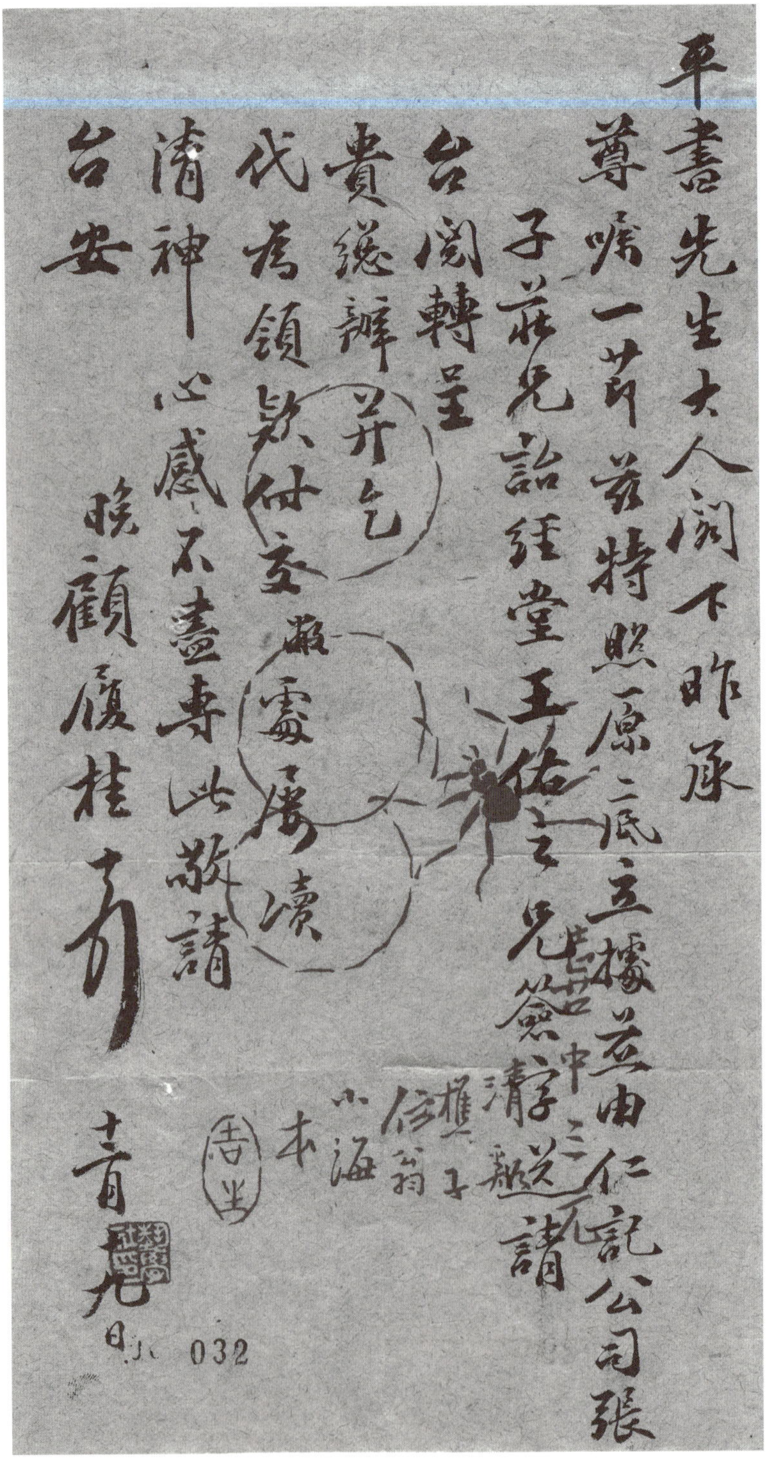

平書先生大人閣下昨承
尊囑一節茲特照原底立據並由仁記公司張
子莊兄詒經堂王佑之兄簽字清繳遞請
台閣轉呈
貴總辦并乞
代爲領款付交敝處謹瀆
清神心感不盡專此敬請
台安
晚顧履桂頓首 十二月十九日

華成公司顧履桂爲送讓據並領價事致江南機器製造局提調李平書函（1908 年 1 月 22 日，光緒三十三年十二月十九日）

今將購買楊地已經付出各款細數開呈

鈞鑒

計開

地基正價　洋叁千壹百伍拾元

中用加一　洋叁百拾伍元

寫紙一厘　圖書四厘　酒席六桌　洋壹百玖拾肆元

完納契稅每千兩陸拾陸元　油火費每千兩拾元　冊房費每畝貳拾元　洋貳百伍拾柒元貳角

丈地繪圖立界石車飯等費　洋壹百伍拾陸元陸角

收買舊屋虧折　洋貳百肆拾貳元貳角

計收買舊屋玖間半洋四百三十二元二角　內瓦屋五間連搬費洋二百九十七元二角　舊屋只值價一百五十元　又破爛竹屋四間半連搬費洋一百三十五元只有瓦片值洋四十元

利息　洋柒百柒拾陸元柒角

自上年七月底立契成交起至本年十月底止計十五个月照本年莊息每月扯一分二厘計算

共洋伍千零玖拾壹元柒角

貼償作頭購辦房料一切虧耗　約洋伍百元

本年一年地租　約洋肆百數拾元

統共洋陸千餘元

仁發公司具

031

仁發公司開呈購買楊地已經付出各款細數清單（時間不詳）

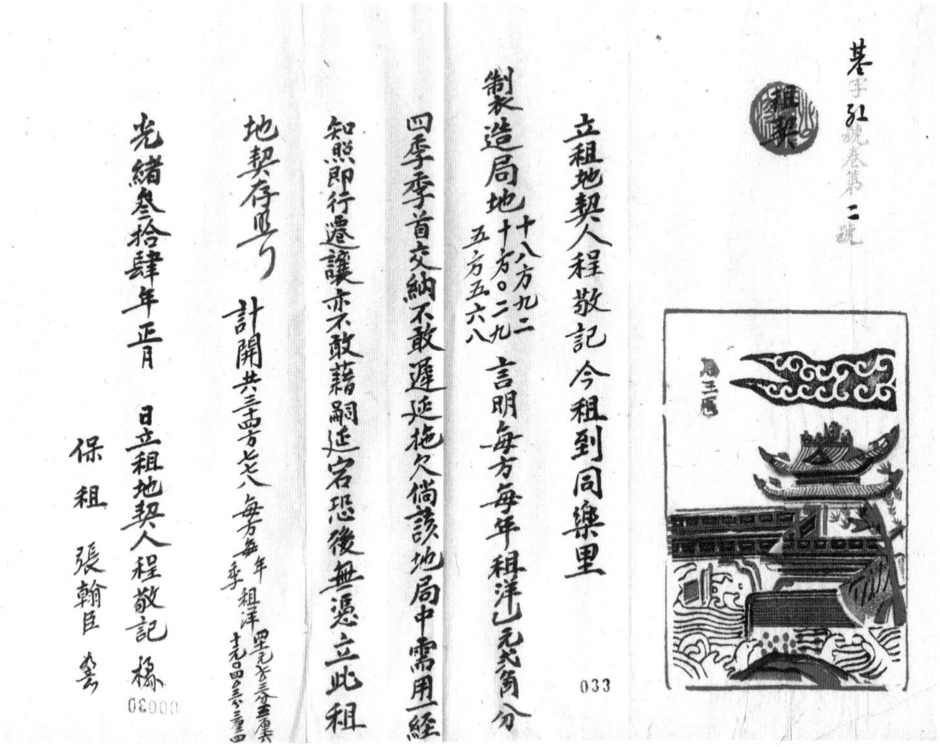

基字弘號卷第二號

租契

立租地契人程敬記今租到同樂里

製造局地十八方九二 十方〇二九 五方五六八 言明每方每年租洋山元六角[illegible]分

四季季首交納不敢遲延拖欠倘該地局中需用一經

知照即行遷讓亦不敢藉詞延宕恐後無憑立此租

地契存照 計開共三十四方七八 每方每年 季 租洋[illegible]

光緒叁拾肆年正月 日立租地契人程敬記（押）

保租 張翰臣（押）

033

000030

程敬記立租地契（1908 年 2 月或 3 月，光緒三十四年正月）

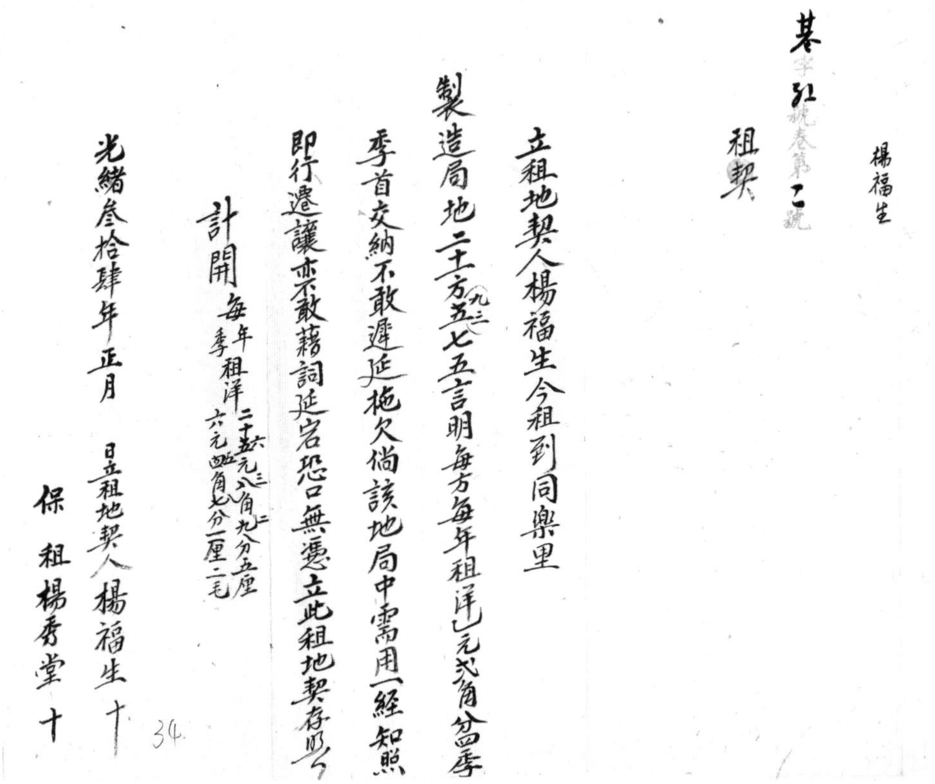
楊福生

基字江號卷第二號

租契

立租地契人楊福生今租到同樂里

製造局地二十方五七五(九三)言明每方每年租洋一元弍角分四季

季首交納不敢遲延拖欠倘該地局中需用一經知照

即行遷讓亦不敢藉詞延宕恐口無憑立此租地契存照

計開 每年季租洋二十五(六)元八(三)角九(二)分五厘 六元四角七分一厘二毛

光緒叁拾肆年正月 日立租地契人楊福生 十

保租 楊秀堂 十

34

楊福生立租地契（1908 年 2 月或 3 月，光緒三十四年正月）

許寶全即許書氏

基字紅號卷第二號

租契

立租契人許寶全今租到同樂里

製造局地六方〇二 言明每方每年租洋〡元弍角分四季季首

交納不敢遲延拖欠倘該地局中需用一經知照即行遷讓亦不

敢藉詞延宕恐口無憑立此租地契存照

00032

035

計開 租地六方〇二每年租洋七元二角二分四 季租洋〡元捌角零六厘

光緒叁拾肆年正月 日立租地契人許寶全 十

保租 蔣恒盛

00033

許寶全立租地契（1908年2月或3月，光緒三十四年正月）

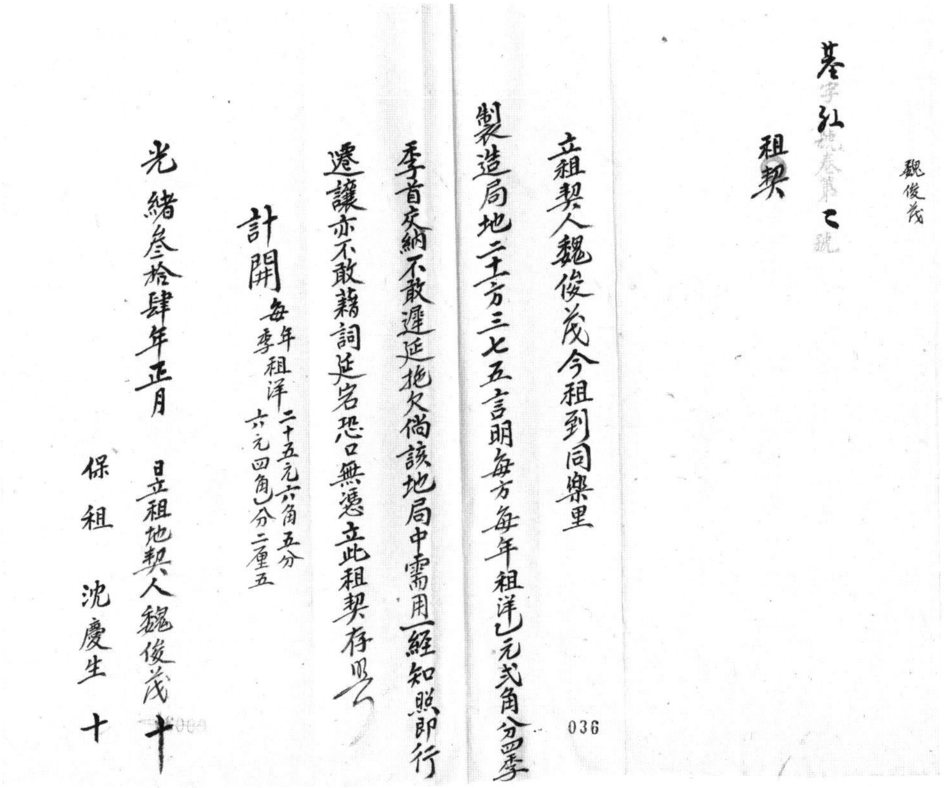

魏俊茂

基字弘號叁第乙號

租契

立租契人魏俊茂今租到同樂里
製造局地二十方三七五言明每方每年租洋乙元弍角分四季
季首交納不敢遲延拖欠倘該地局中需用一經知照即行
遷讓亦不敢藉詞延宕恐口無憑立此租契存照
計開 每年租洋二十五元六角五分
每季租洋六元四角乙分二厘五
光緒叁拾肆年正月 日立租地契人魏俊茂 十
保租 沈慶生 十

036

魏俊茂立租地契（1908年2月或3月，光緒三十四年正月）

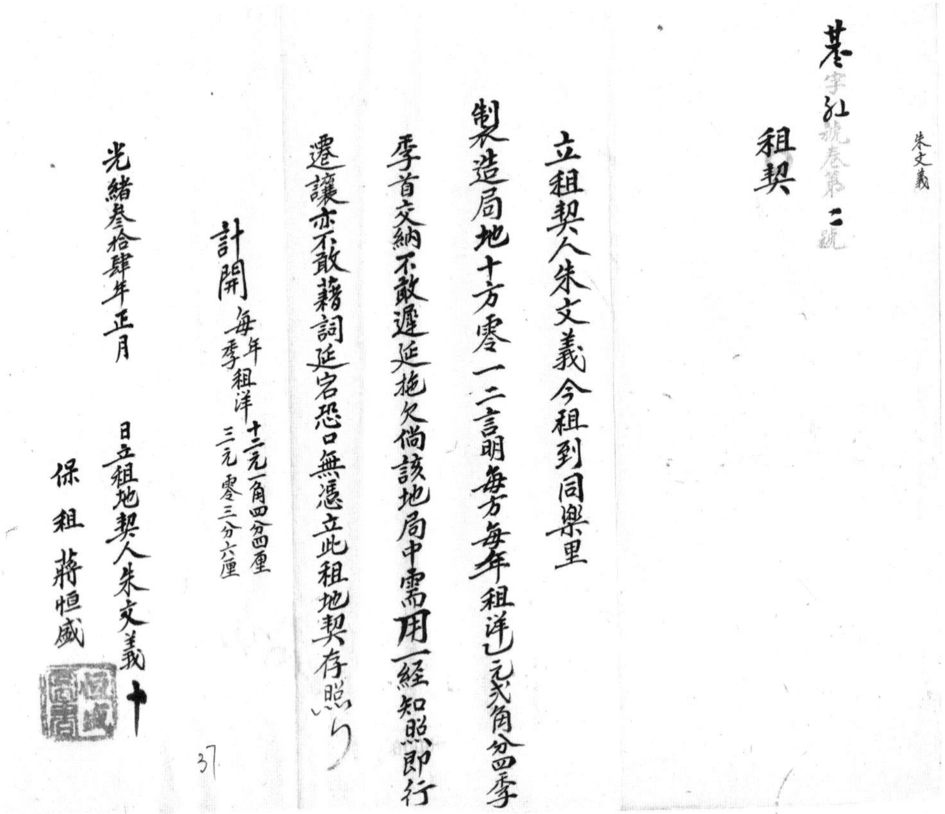
朱文義

基字弘號卷第二號

租契

立租契人朱文義今租到同樂里
製造局地十方零一二言明每方每年租洋乙元弍角分四季
季首交納不敢遲延拖欠倘該地局中需用一經知照即行
遷讓亦不敢藉詞延宕恐口無憑立此租地契存照

計開　每年租洋十二元一角四分四厘
　　　每季租洋三元零三分六厘

光緒叁拾肆年正月　日立租地契人朱文義　十
保租　蔣恒盛

37

朱文義立租地契（1908 年 2 月或 3 月，光緒三十四年正月）

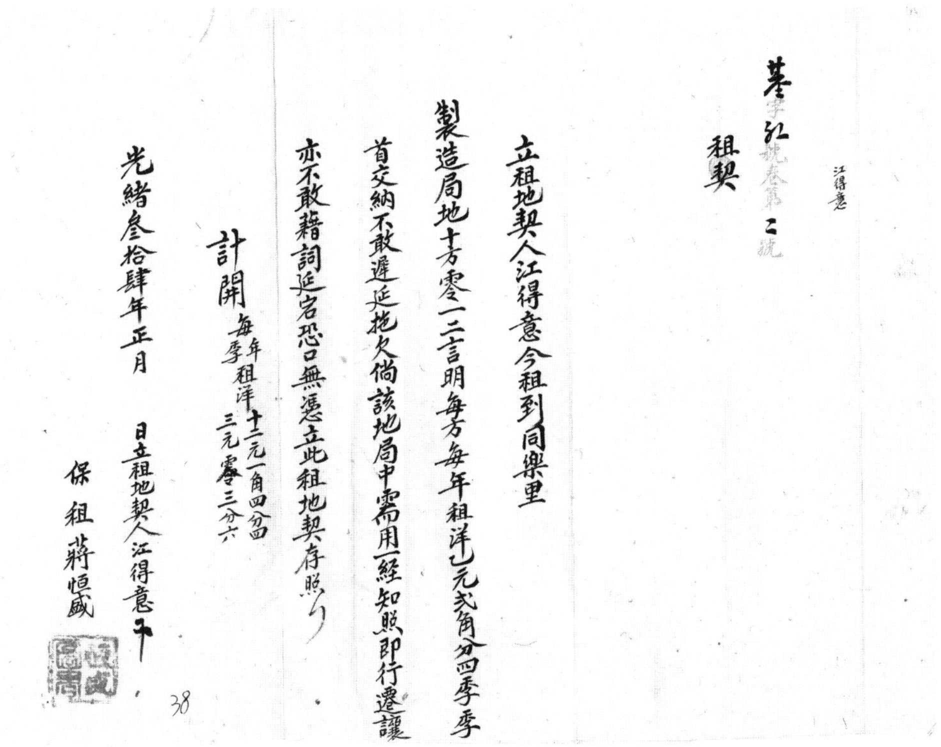
江得意

基字江 第二號

租契

立租地契人江得意今租到同樂里

製造局地十方零一二言明每方每年租洋乙元弍角分四季季

首交納不敢遲延拖欠倘該地局中需用一經知照即行遷讓

亦不敢藉詞延宕恐口無憑立此租地契存照

計開 每年每季租洋十二元一角四分四 三元零三分六

光緒叁拾肆年正月 日立租地契人江得意十

保租 蔣恒盛

38

江得意立租地契（1908 年 2 月或 3 月，光緒三十四年正月）

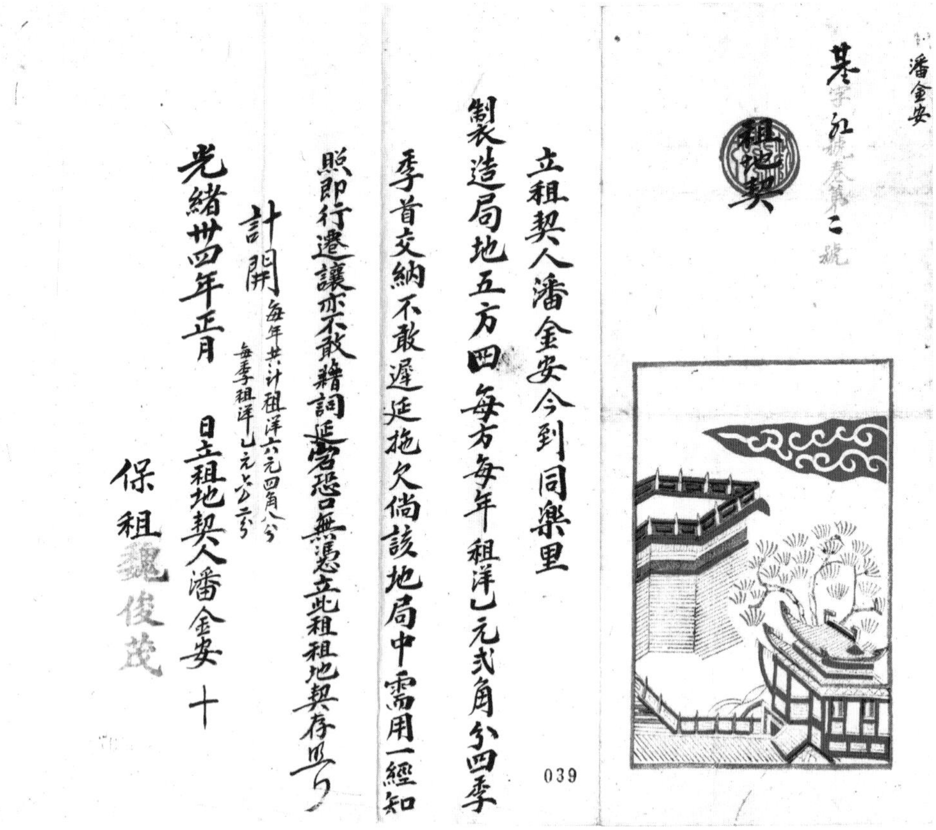
潘金安

基字第二號

租地契

立租契人潘金安今到同樂里製造局地五方四每方每年租洋〡元弍角〤分四季季首交納不敢遲延拖欠倘該地局中需用一經知照即行遷讓亦不敢藉詞延宕恐口無憑立此租地契存照

計開每年共計租洋六元四角八分

每季租洋〡元〦角二分

光緒卅四年正月　日立租地契人潘金安　十

保租　魏俊茂

039

潘金安立租地契（1908年2月或3月，光緒三十四年正月）

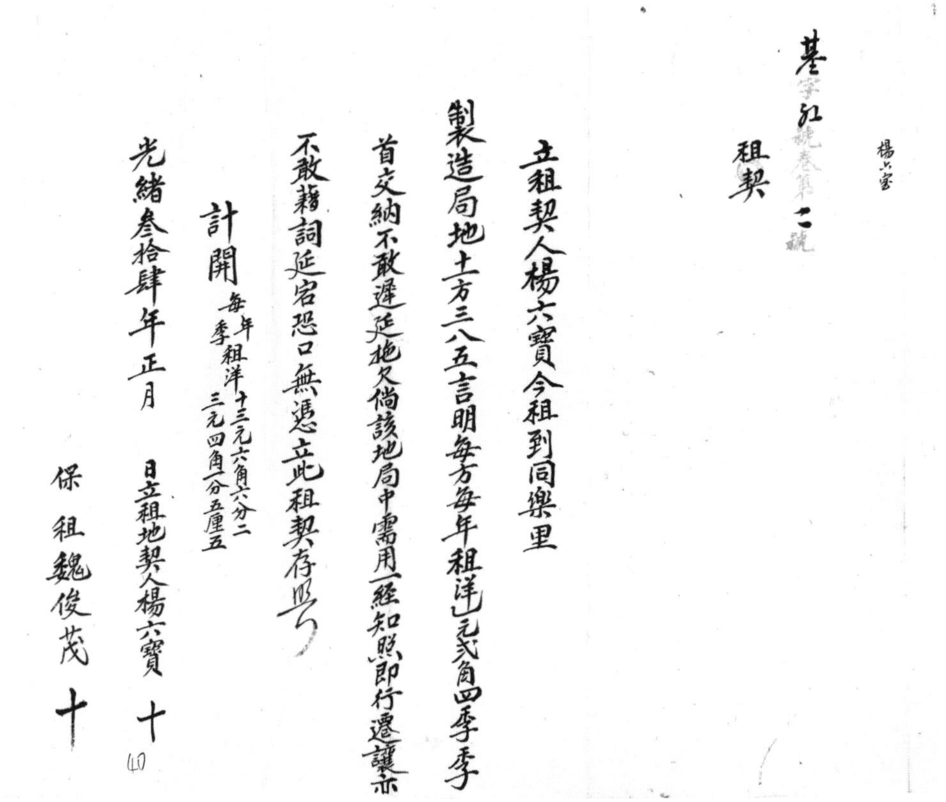

楊六寶

基字江號卷第二號

租契

立租契人楊六寶今租到同樂里

製造局地土方三八五言明每方每年租洋〡元弍角四季季

首交納不敢遲延拖久倘該地局中需用一經知照即行遷讓亦

不敢藉詞延宕恐口無憑立此租契存照

計開 每年租洋十三元六角六分二 每季三元四角一分五厘五

光緒叁拾肆年正月 日立租地契人楊六寶 十

保租 魏俊茂 十

(41)

楊六寶立租地契（1908年2月或3月，光緒三十四年正月）

李土生
李金海

基字紅號卷第二號

租契

立租契人李土生 李金海 今租到同樂里

製造局地二十方一二言明每方每年租洋乙元弍角分四季季首

交納不敢遲延拖欠倘該地局中需用一經知照即行遷讓

亦不敢藉詞延宕恐口無憑立此租契存照

計開每年每季租洋二十五元二角二分外 六元二角三分 李土生每年繳洋十三元 李金海每年繳洋十二元三分

光緒叁拾肆年正月 日立租契李土生十

保租王小金十

041

李土生、李金海立租地契（1908 年 2 月或 3 月，光緒三十四年正月）

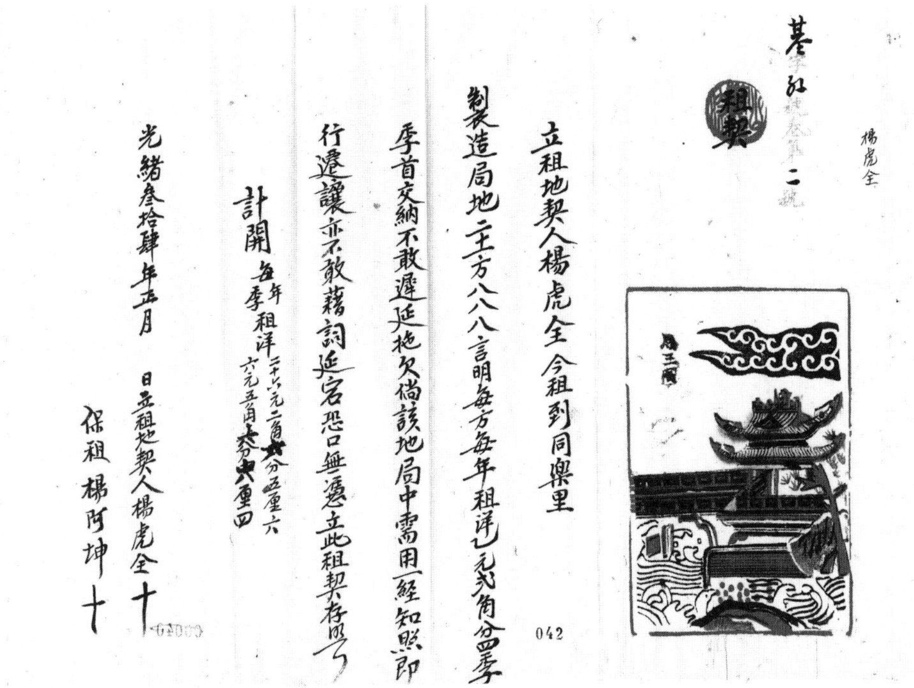
楊虎全

基字……第二號

租契

立租地契人楊虎全今租到同樂里

製造局地二千方八八八言明每方每年租洋乙元式角分四季

季首交納不敢遲延拖欠倘該地局中需用一經知照即

行遷讓亦不敢藉詞延宕恐口無憑立此租契存照

計開 每年租洋二十六元二角六分五厘六
每季租洋六元五角六分六厘四

光緒叁拾肆年正月 日立租地契人楊虎全 十

保租 楊阿坤 十

042

楊虎全立租地契（1908 年 2 月或 3 月，光緒三十四年正月）

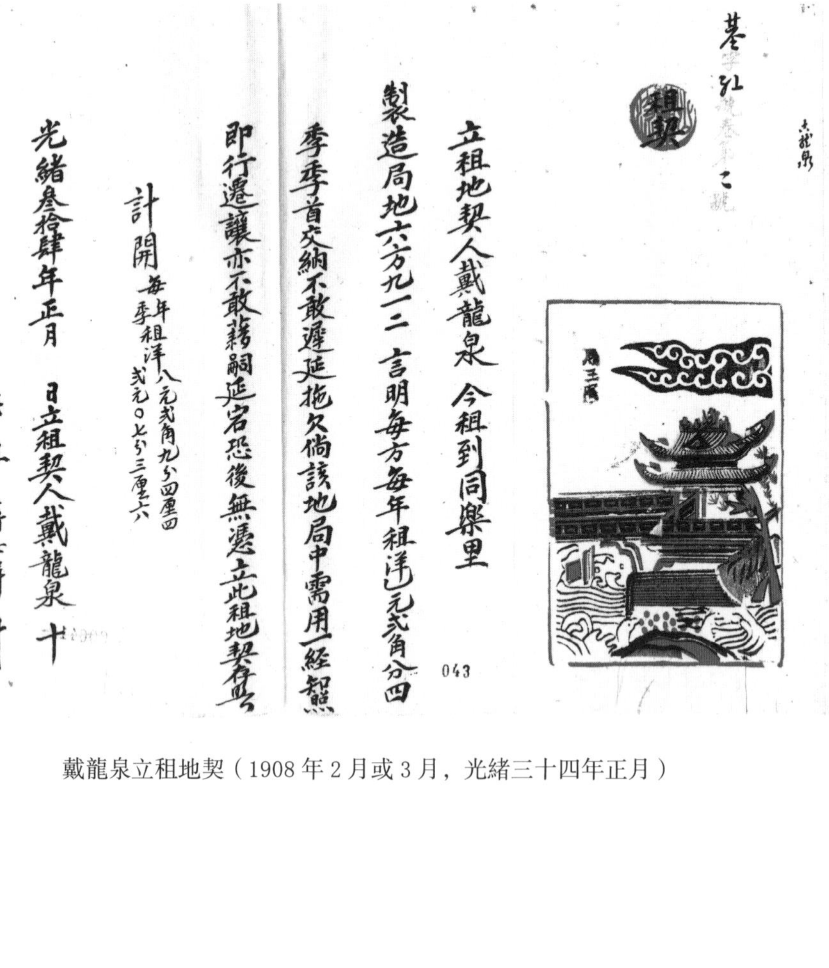
立租地契人戴龍泉 今租到同樂里製造局地六方九一二 言明每方每年租洋一元弍角分四季季首交納不敢遲延拖欠倘該地局中需用一經知照即行遷讓亦不敢藉詞延宕恐後無憑立此租地契存照

計開 每年租洋八元弍角九分四厘四
每季租洋弍元〇七分三厘六

光緒叁拾肆年正月 日立租契人戴龍泉 十

保租 蔣汝楫 十

戴龍泉立租地契（1908年2月或3月，光緒三十四年正月）

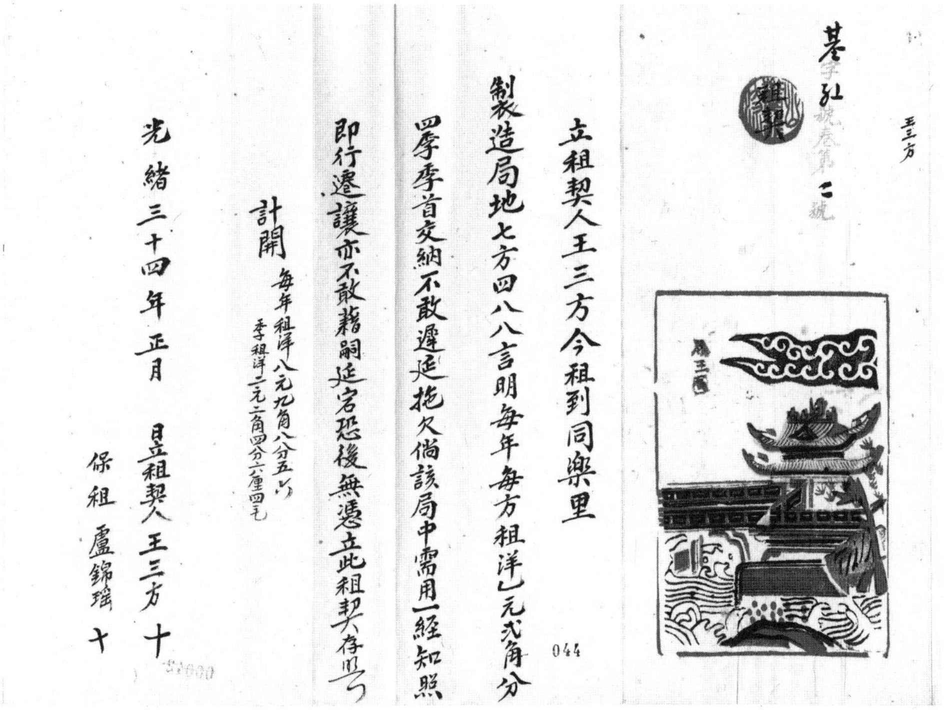
王三方
基字弘號卷第二號
租契
立租契人王三方今租到同樂里
製造局地七方四八八言明每年每方租洋〡元弍角分
四季季首交納不敢遲延拖欠倘該局中需用一經知照
即行遷讓亦不敢藉詞延宕恐後無憑立此租契存照
計開 每年租洋八元九角八分五厘
季租洋二元二角四分六厘四毛
光緒三十四年正月 日立租契人王三方 十
保租 盧錦瑶 十
044

王三方立租地契（1908 年 2 月或 3 月，光緒三十四年正月）

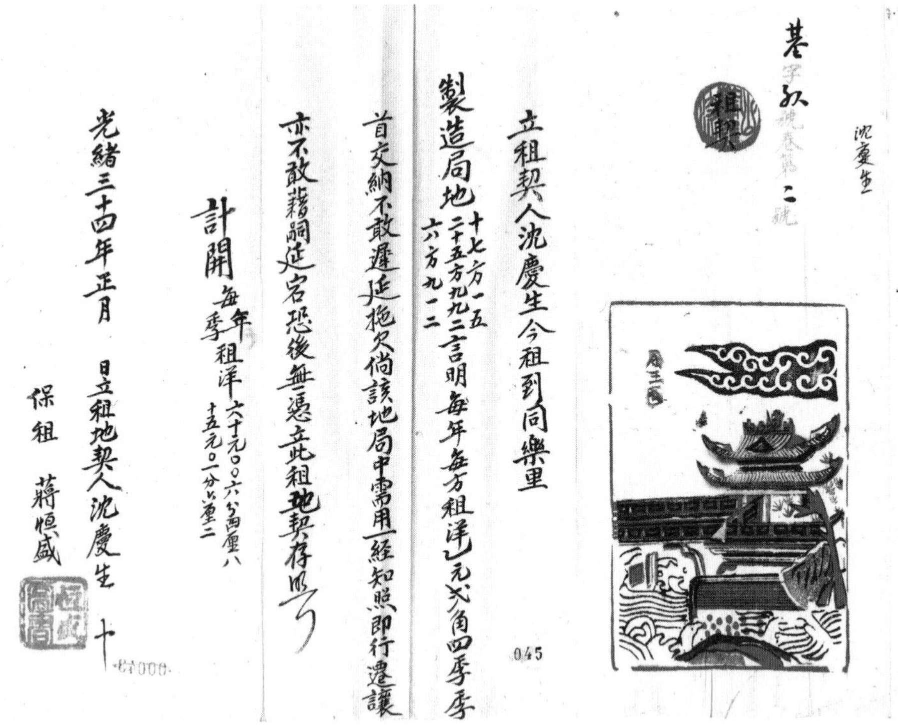

沈慶生

甚字玖號卷第二號

租契

立租契人沈慶生今租到同樂里

製造局地十七方一五 二十五方九九二 六方九一二 言明每年每方租洋〡元〢角四季季

首交納不敢遲延拖欠倘該地局中需用一經知照即行遷讓

亦不敢藉詞延宕恐後無憑立此租地契存照

計開 每年每季租洋 六十元〇六分四厘八 十五元〇一分六厘二

光緒三十四年正月 日立租地契人沈慶生 十

保租 蔣恒盛

045

沈慶生立租地契（1908年2月或3月，光緒三十四年正月）

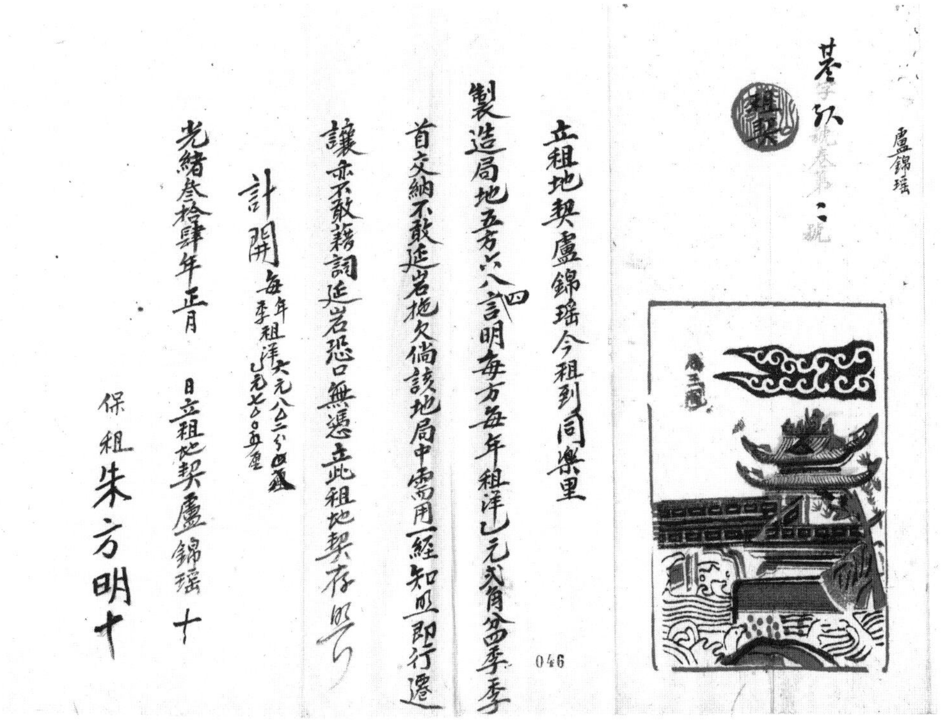

盧錦瑤

基字玖號卷第二號

租契

立租地契盧錦瑤今租到同樂里

製造局地五方六八四言明每方每年租洋〡元〢角〤分四季季

首交納不敢延宕拖欠倘該地局中需用一經知照即行遷

讓亦不敢藉詞延宕恐口無憑立此租地契存照

計開 每年租洋 季租洋

光緒叁拾肆年正月　日立租地契盧錦瑤 十

保租 朱方明 十

046

盧錦瑤立租地契（1908 年 2 月或 3 月，光緒三十四年正月）

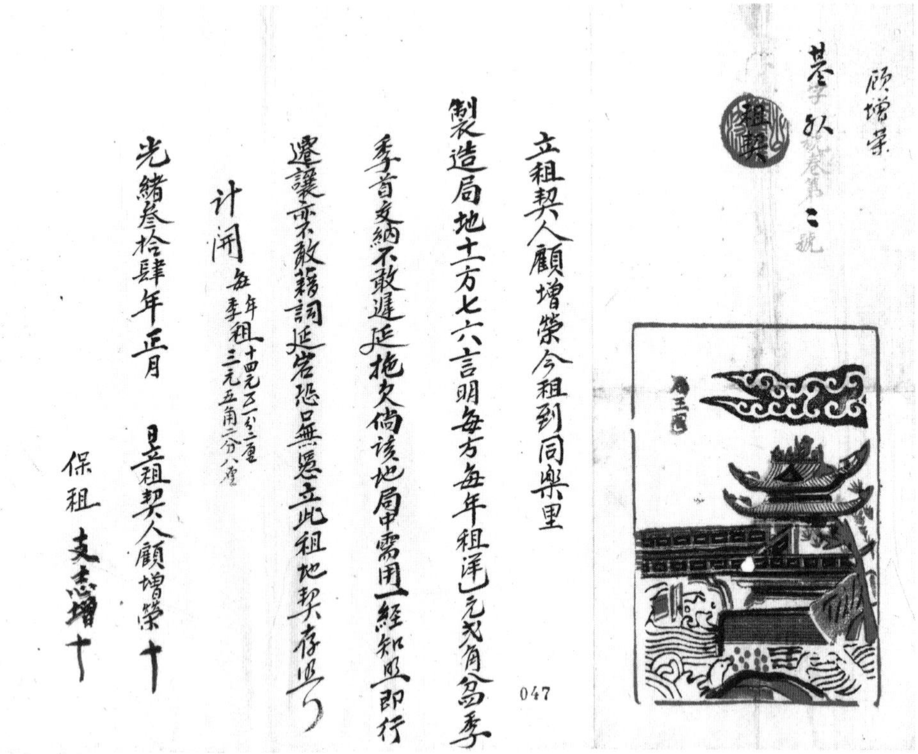

顾增荣
基字 號 二號

立租契人顧增榮今租到同樂里
製造局地十一方七六言明每方每年租洋[illegible]元[illegible]角[illegible]分[illegible]季
季首支納不敢遲延拖欠倘該地局中需用一經知照即行
遷讓亦不敢藉詞延宕恐口無憑立此租地契存照
計開 每年租十四元乙一分二厘 每季租三元五角二分八厘
光緒叁拾肆年正月 立租契人顧增榮十
保租 支志增十

047

顧增榮立租地契（1908年2月或3月，光緒三十四年正月）

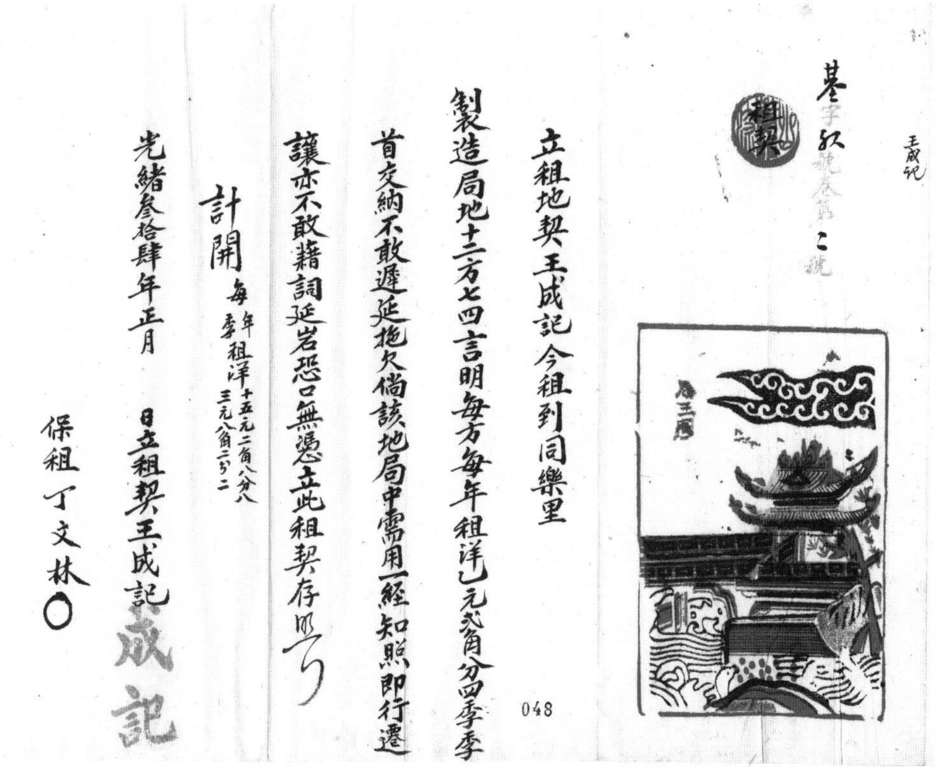

王成記

基字叭號第二號

立租地契王成記今租到同樂里
製造局地十二方七四言明每方每年租洋乚元弍角分四季季
首交納不敢遲延拖欠倘該地局中需用一經知照即行遷
讓亦不敢藉詞延宕恐口無憑立此租契存照

計開 每年租洋十五元二角八分八 每季租洋三元八角二分二

光緒叁拾肆年正月 日立租契王成記

保租 丁文林〇

048

王成記立租地契（1908年2月或3月，光緒三十四年正月）

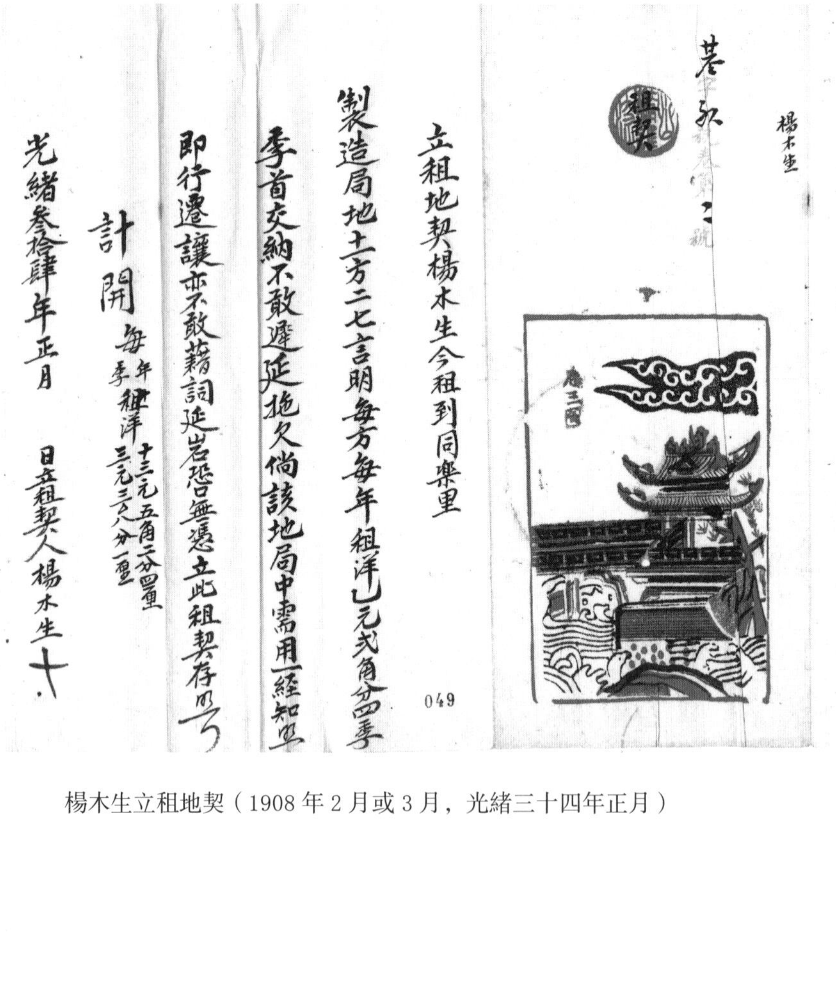

楊木生

甚字第二號

立租地契楊木生今租到同樂里

製造局地十一方二七言明每方每年租洋一元弍角分四季

季首交納不敢遲延拖欠倘該地局中需用一經知照

即行遷讓亦不敢藉詞延宕恐口無憑立此租契存照

計開 每年租洋十三元五角二分四釐 每季租洋三元三角八分一釐

光緒叁拾肆年正月 日立租契人楊木生十

保租 楊長根十

049

楊木生立租地契（1908 年 2 月或 3 月，光緒三十四年正月）

鄭寶初

基字玖號卷第二號

租契

立租契人鄭寶初今租到同樂里

製造局地三方八二一四言明每方每年租洋〡元弍角按季

季首交納不敢遲延拖欠倘該地局中需用一經知照即

行遷讓亦不敢藉詞延宕恐口無憑立此租契存照

計開 每年租洋四元五角八分五厘六 每季租洋〡元〇角四分六厘四

光緒叁拾肆年正月　日立租契人鄭寶初十

保租黄國泰押

050

鄭寶初立租地契（1908年2月或3月，光緒三十四年正月）

陸正宏

基字玖執卷第二號

租契

051

立租地契人陸正宏今租到同樂里
製造局地一方〇二言明每方每年租洋乚元弍角分四季
季首交納不敢遲延拖欠倘該地局中需用一經知照
即行遷讓亦不敢藉詞延宕恐口無憑立此租地
契存照

計開 每年租洋乚元二角二分四
季租洋三角零六厘

光緒三十四年正月 日立租地契陸正宏 十

保租 張德昌 十

陸正宏立租地契（1908年2月或3月，光緒三十四年正月）

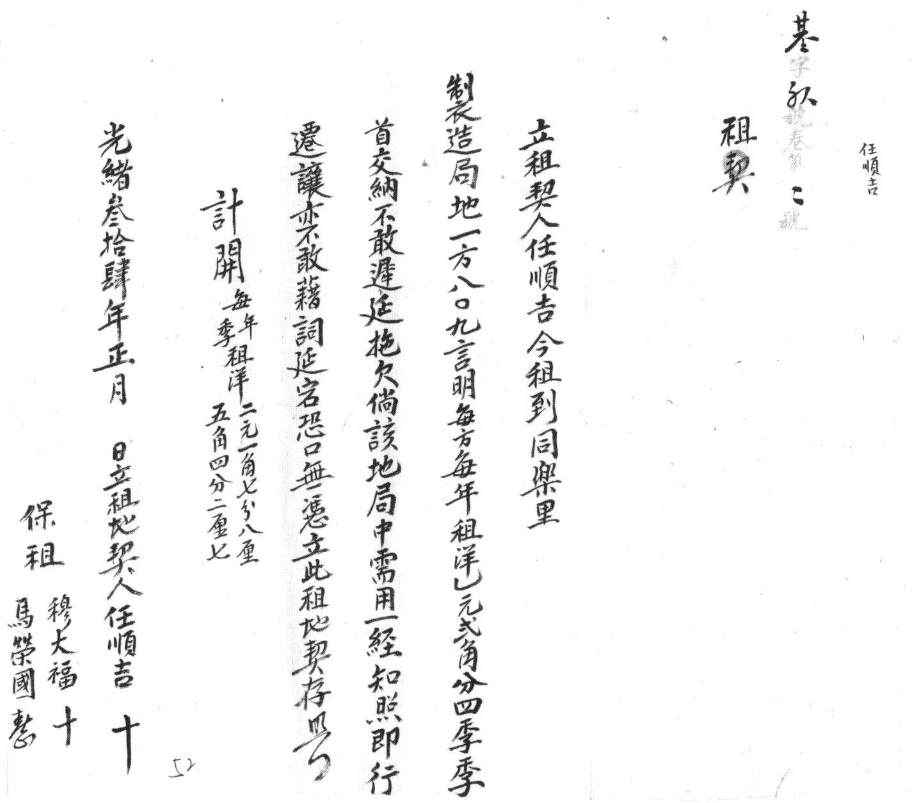
任順吉

基字叭號卷第二號

租契

立租契人任順吉今租到同樂里

製造局地一方八〇九言明每方每年租洋乚元弍角分四季季

首交納不敢遲延拖欠倘該地局中需用一經知照即行

遷讓亦不敢藉詞延宕恐口無憑立此租地契存照

計開 每年季租洋二元一角七分八厘 五角四分二厘七

光緒叁拾肆年正月 日立租地契人任順吉 十

保租 穆大福 十

馬榮國 [押]

52

任順吉立租地契（1908 年 2 月或 3 月，光緒三十四年正月）

基字玖號卷第二號　商正其

租契

立租地契人商正其今租到同樂里
製造局地十方六七二言明每方每年租洋〥元弍角〥分四季季
首交納不敢遲延拖欠倘該地局中需用一經知照即行還
讓亦不敢藉詞延宕恐口無憑立此租地契存照

計開　每年租洋十四元〇〇六厘四
　　　每季三元五角〇一厘六

光緒叁拾肆年正月　　日立租契人商正其十

保租　蔣恒盛

53

商正其立租地契（1908 年 2 月或 3 月，光緒三十四年正月）

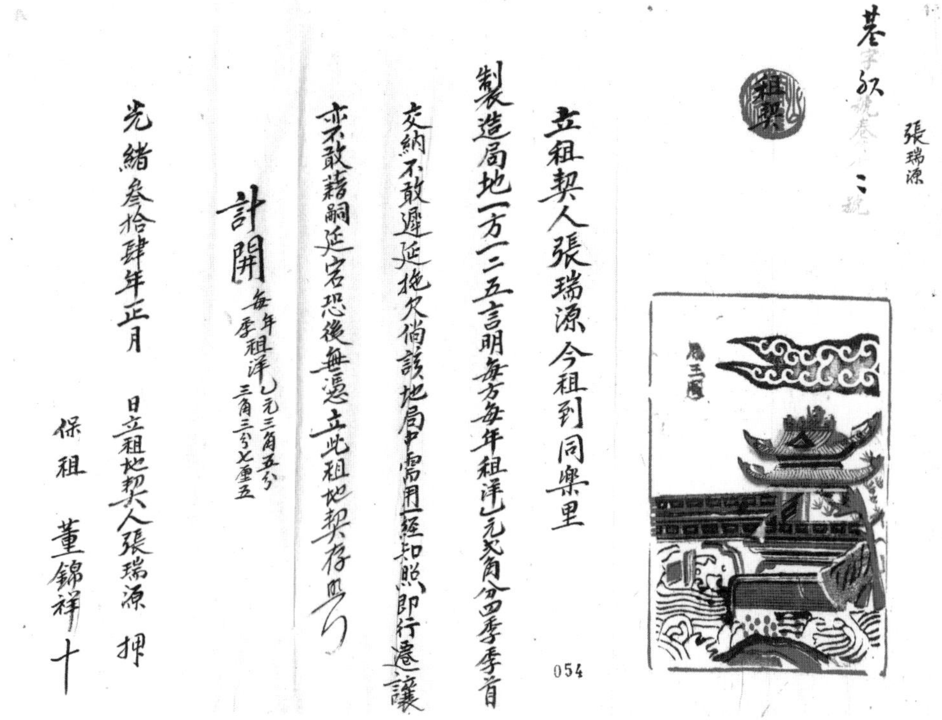

基字弍號卷二號

張瑞源

租契

立租契人張瑞源今租到同樂里

製造局地一方一二五言明每方每年租洋乙元弍角〇分四季季首

交納不敢遲延拖欠倘該地局中需用一經知照即行遷讓

亦不敢藉詞延宕恐後無憑立此租地契存照

計開 每年季租洋乙元三角五分 三角三分七厘五

光緒叁拾肆年正月 日立租地契人張瑞源 押

保租 董錦祥 十

054

張瑞源立租地契（1908 年 2 月或 3 月，光緒三十四年正月）

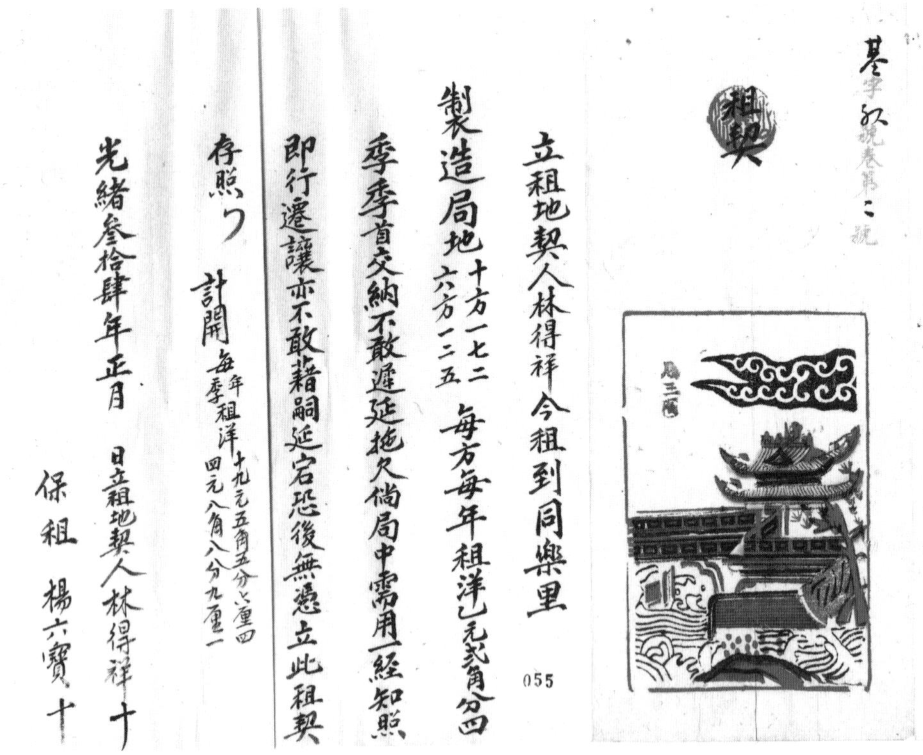
租契

立租地契人林得祥今租到同樂里
製造局地十方一七二 六方一二五 每方每年租洋乙元弍角一分四
季季首交納不敢遲延拖欠倘局中需用一經知照
即行遷讓亦不敢藉詞延宕恐後無憑立此租契
存照 計開每年租洋十九元五角五分七厘四 每季租洋四元八角八分九厘一
光緒叁拾肆年正月 日立租地契人林得祥十
保租 楊六寶十

055

林得祥立租地契（1908年2月或3月，光緒三十四年正月）

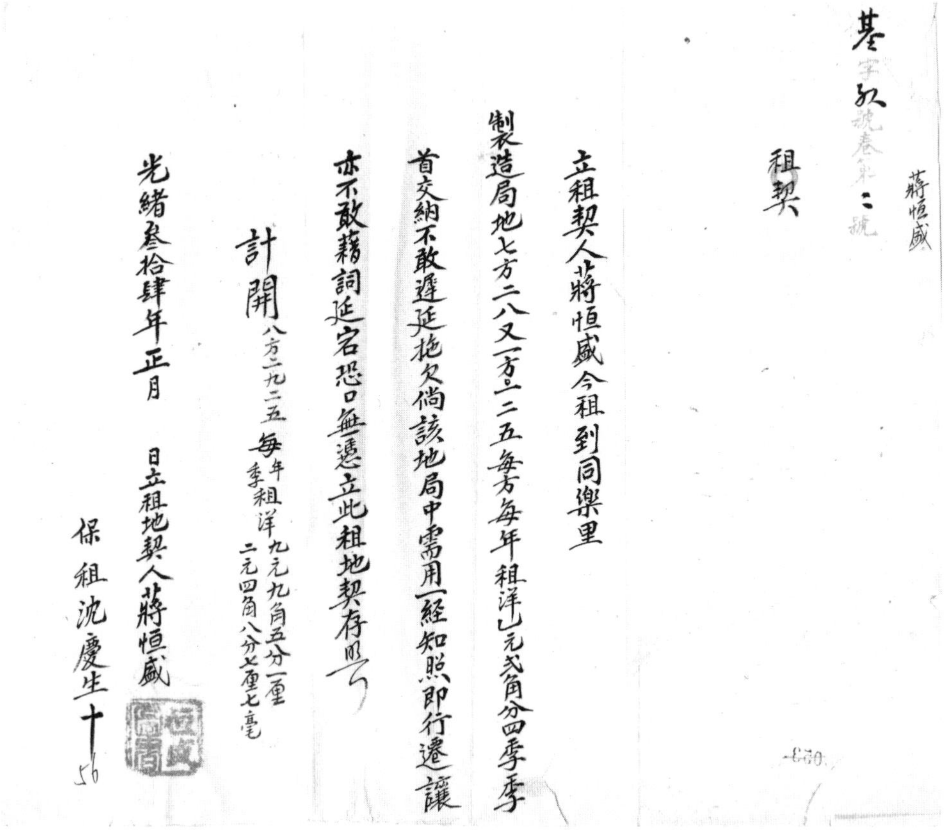

蔣恒盛
基字玖號卷第二號
租契
立租契人蔣恒盛今租到同樂里
製造局地七方二八又一方三二五每方每年租洋〡元弍角分四季季
首交納不敢遲延拖欠倘該地局中需用一經知照即行遷讓
亦不敢藉詞延宕恐口無憑立此租地契存照
計開八方二九二五每年季租洋九元九角五分一厘
二元四角八分七厘七毫
光緒叁拾肆年正月　日立租地契人蔣恒盛
保租沈慶生十
56

蔣恒盛立租地契（1908 年 2 月或 3 月，光緒三十四年正月）

江南製造總局

十七、江南製造局購買高昌廟地基的契據及田單等有關文書

甚字號　現卷第　號

具結狀地保趙竹芳今當具到

製造總局憲大人臺下竊查二十五保十二圖短字圩陳家港毛家宅地方業戶陸志鄉、毛炳福准田每戶伍分共田壹畝憑保絕賣與

製造總局應用惟此田向係鈔泥局撥納錢粮致無田單附交今帶同業戶陸志鄉、毛炳福赴鈔泥局查明屬實將來如有異言或

另有田單皆作廢紙無用一切均係地保承當甘具切結呈請備案除具結狀呈

縣備案外所具切結是實

同治六年八月　　日立結狀地保趙竹芳　十

業戶陸志鄉　毛炳福　十十

中　鈔泥局

地保趙竹芳具結狀（1867年8月或9月，同治六年八月）

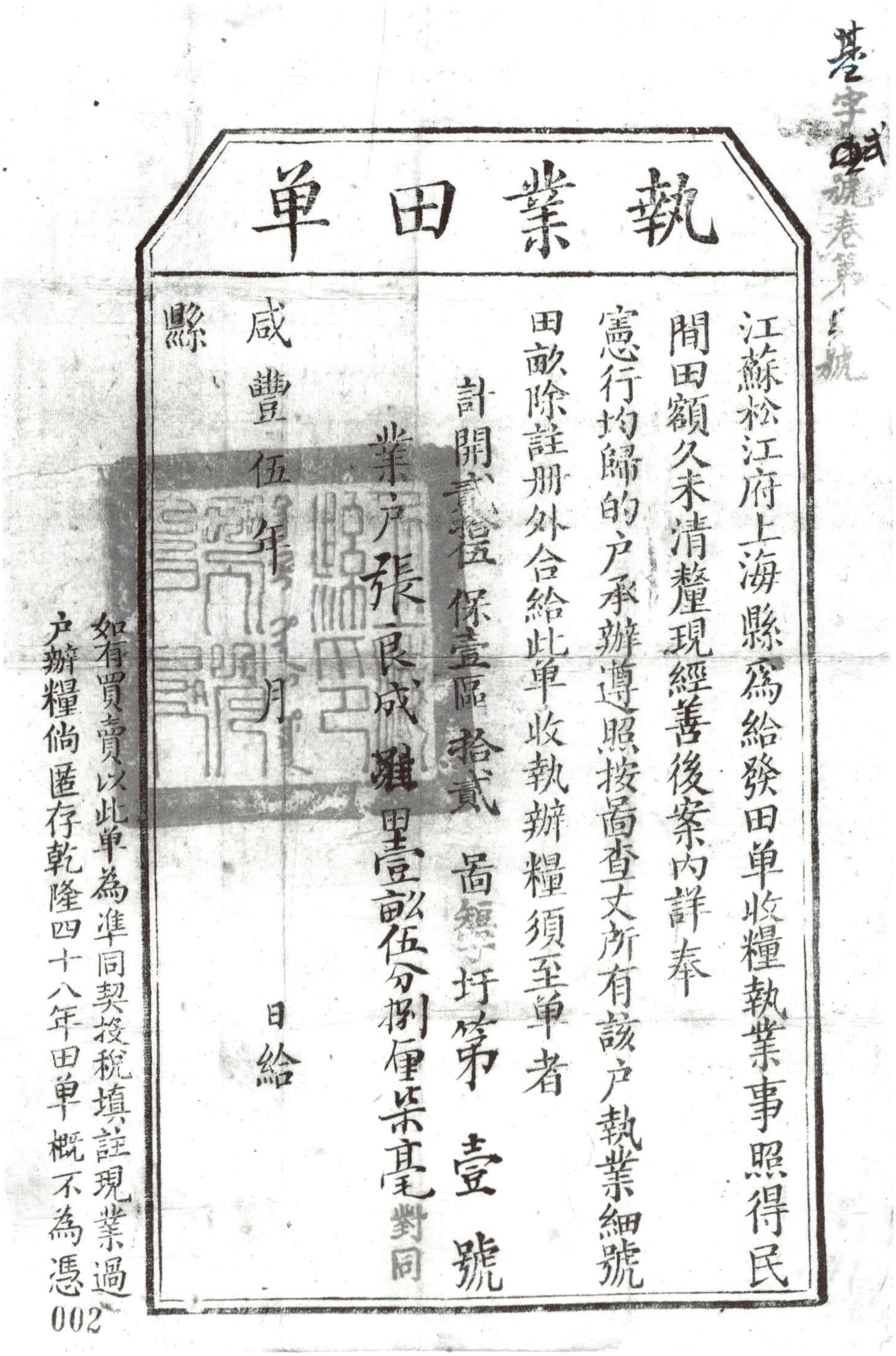

執業田單

江蘇松江府上海縣爲給發田单收糧執業事照得民
間田額久未清釐現經善後案内詳奉
憲行均歸的户承辦遵照按啚查丈所有該户執業細號
田畝除註册外合給此单收執辦糧須至单者
計開貳拾伍保壹區拾貳啚圩第壹號
業户張良成田壹畝伍分捌厘柒毫 對同
咸豐伍年　月　日給
縣
如有買賣以此单為準同契投稅填註現業過
户辦糧倘匿存乾隆四十八年田单概不為憑
002

張良成執業田單（1855 年，咸豐五年）

基字[illegible]號叁第[illegible]號

具結狀地保趙竹芳今當結到

製造總局憲大人臺下窃因二十五保十二啚短字圩陳家港包家宅地方業戶張良成准田執照單開一畝

五分八厘七毫今業戶偕同地保丈見實地二畝一分七厘計多田五分八厘三毫又徐景咸、景海准田執照單開

三分九厘九毫 二分九厘六毫 共六分九厘五毫今丈見實地一畝計多田三分零五毫兩戶計共多田八分八厘八毫查其地亦

係陸姓原主向來所多之地俱附鈔泥局撥納錢糧現因出賣丈見實在畝數與田單未符理合分別

申明恐另有田單查出皆作廢紙或有别項異言亦係地保一面承當合具切結備案除具結狀呈

縣備案外所具切結是實

同治六年七月　　日立結狀地保趙竹芳 十

業戶張良成 十

中　鈔泥局 十

業戶徐景咸 十 景海 十

003

地保趙竹芳具結狀（1867年7月或8月，同治六年七月）

具領狀張良成　今當具到
製造總局憲大人臺下實領得身出賣淮田二畝一分七厘議定每畝地價並補給培地種花工本等項共
計足錢五十八千文總共計錢壹伯念五千八百六十文現蒙
縣委康　如數當堂發給身照數收訖中無剋扣浮冒除另具領狀呈
縣存案外合具領狀是實

同治六年七月　　日立押領狀張良成　十
　　　　　　　　地保　趙竹芳　十

張良成具押領狀（1867 年 7 月或 8 月，同治六年七月）

基字壹號卷第貳號

具結狀地保趙竹芳今當具到
製造總局憲大人臺下竊查二十五保十二圖短字圩陳家港已家宅地方業户陸志卿淮田壹畝現已憑保絶賣與
製造總局應用惟此田向係釘泥局撥納錢粮故無田单附交今帶同業户陸志卿赴釘泥局查明屬實將
來如有異言或另有田单皆作廢紙無用一切均係地保承當甘具切結呈請備案除具結狀呈
縣備案外合具切結是實

同治六年七月　日立結狀地保趙竹芳　十
業户陸志卿　十
中　釘泥局　十

地保趙竹芳具結狀（1867年7月或8月，同治六年七月）

立絶賣田地文契陸志卿包炳福今將祖遺坐落二十五保十二圖陳家港包家宅地方正田内撥出准田每
户伍分共田壹畆凭同地保絶賣到
製造總局應用議定每畆地價並補給培地種花工本等項共計足錢伍拾捌千文當日一併收足另具
押領呈
案此地係本業户各自情願出賣並無抑勒情事自賣之後聽凭開塘取泥等用一切過户
完粮等事皆與志卿炳福無涉族中人等倘有異言均歸出筆人自行理值今欲有凭立此絶賣
田地文契存照

計開陸志卿田伍分包炳福田伍分俱附鈔泥局完粮改無田單附交並奉　飭查理合會保另具結狀呈請
備案并照
四址東至陳家蘆蕩　南至包田　西至陸田　北至製造總局界

同治六年八月　日立絶賣田地文契陸志卿十　包炳福十
畝　趙竹芳十
中　鈔泥局（押）
代筆趙豐山（押）

實收契價制錢俱足

陸志卿、包炳福立絶賣田地文契（1867年8月或9月，同治六年八月）

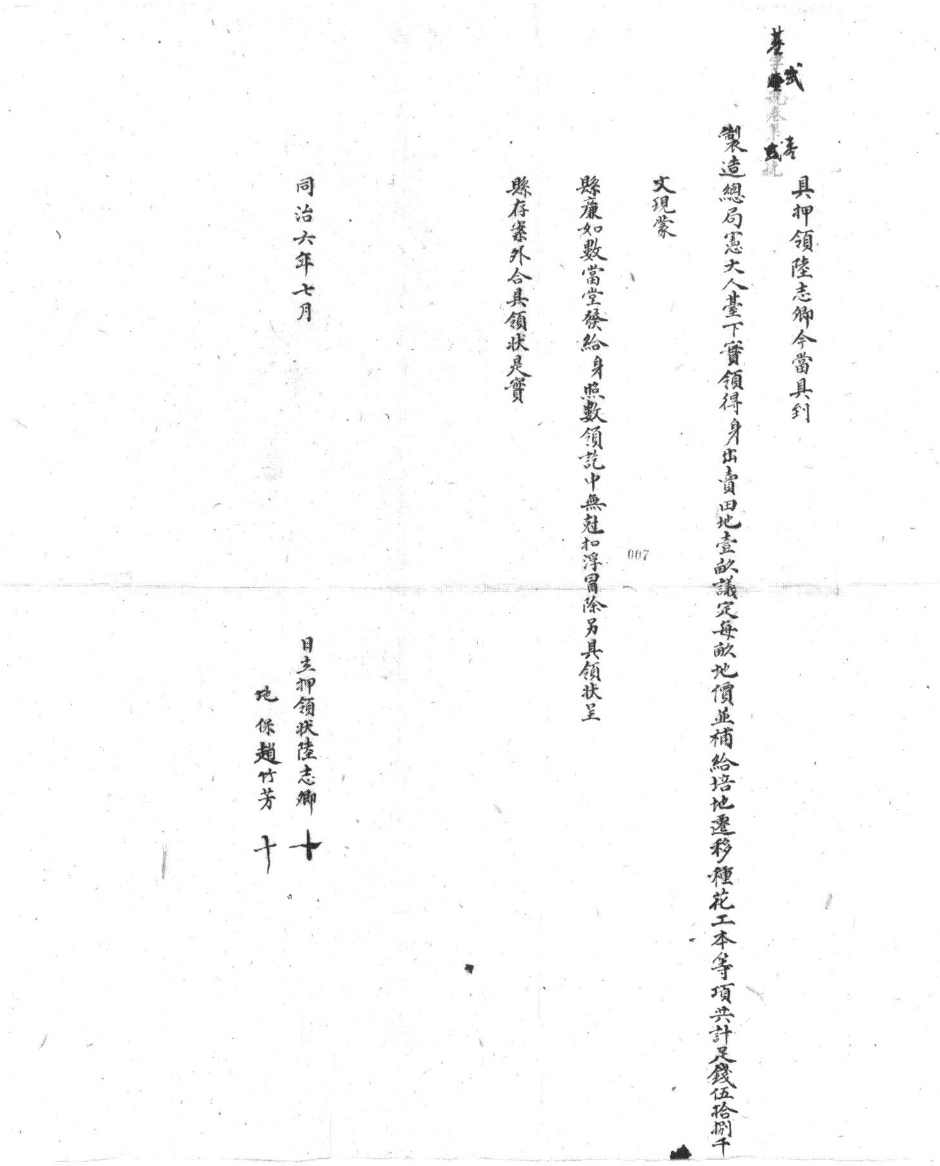
具押領陸志卿今當具到
製造總局憲大人臺下實領得身出賣田地壹畝議定每畝地價並補給培地遷移種花工本等項共計足錢伍拾捌千
文現蒙
縣廉如數當堂發給身照數領訖中無短扣浮冒除另具領狀呈
縣存案外合具領狀是實
同治六年七月　日立押領狀陸志卿 十
地保趙竹芳 十

陸志卿具押領狀（1867年7月或8月，同治六年七月）

基字貳號卷第貳拾貳號

具押領狀陸志卿、包炳福今當具到

製造總局憲大人臺下，實領得身等出賣准田每户伍分，共田壹畝，議定每畝地價並補給培地種花工本等項，共計足錢

伍拾捌千文現紮。

縣委廉如數當堂發給，身等照數領訖，中無短扣浮冒，除另具領狀呈

縣存案外，合具領狀是實。

同治六年八月　日立押領狀陸志卿 十、包炳福 十

地保趙竹芳 十

陸志卿、包炳福具押領狀（1867年8月或9月，同治六年八月）

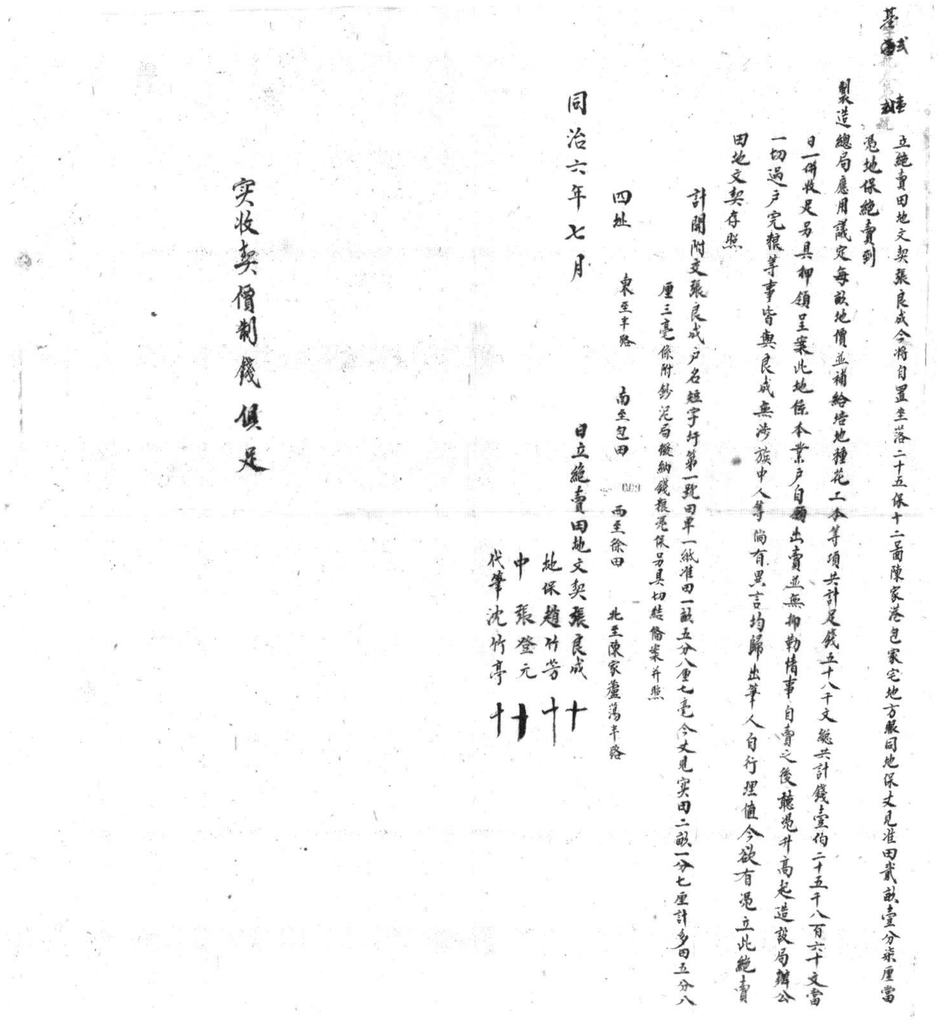

立絕賣田地文契張良成今將自置圭落二十五保十二啚陳家巷包家宅地方報同地保丈見准田貳畝壹分柒厘當
憑地保絕賣到
製造總局應用議定每畝地價並補給培地種花工本等項共計足錢五十八千文 總共計錢壹伯二十五千八百六十文當
日一併收足另具押領呈案此地係本業戶自願出賣並無抑勒情事自賣之後聽憑升高起造設局辦公
一切過戶完粮等事皆與良成無涉族中人等倘有異言均歸出筆人自行理值今欲有憑立此絕賣
田地文契存照
計開附文張良成户名題字圩第一號田串一紙准田一畝五分八厘七毫今丈見實田二畝一分七厘計多田五分八
厘三毫係附鈔泥局繳納錢粮憑保另具切結備案并照
四址 東至半路 南至包田 西至徐田 北至陳家灶濠半路
同治六年七月 日立絕賣田地文契張良成 十
地保趙竹芳 十
中 張登元 十
代筆沈竹亭 十
实收契價制錢 俱足

張良成立絶賣田地文契（1867 年 7 月或 8 月，同治六年七月）

甚字[illegible]號叁佰弍拾貳號

具押領徐景景同弟咸海今當具到

製造總局憲大人臺下實領得身出賣田地壹畝議定每畝地價並補給培地遷移種花工本等項共計足錢伍拾捌千文

現蒙

縣廉如數當堂發給身照數領訖中無短扣浮冒除另具領狀呈

縣存案外合具領狀是實

同治六年七月　日立押領狀徐景景

同弟咸海

地保趙竹芳

+++

徐景景同弟咸海具押領狀（1867年7月或8月，同治六年七月）

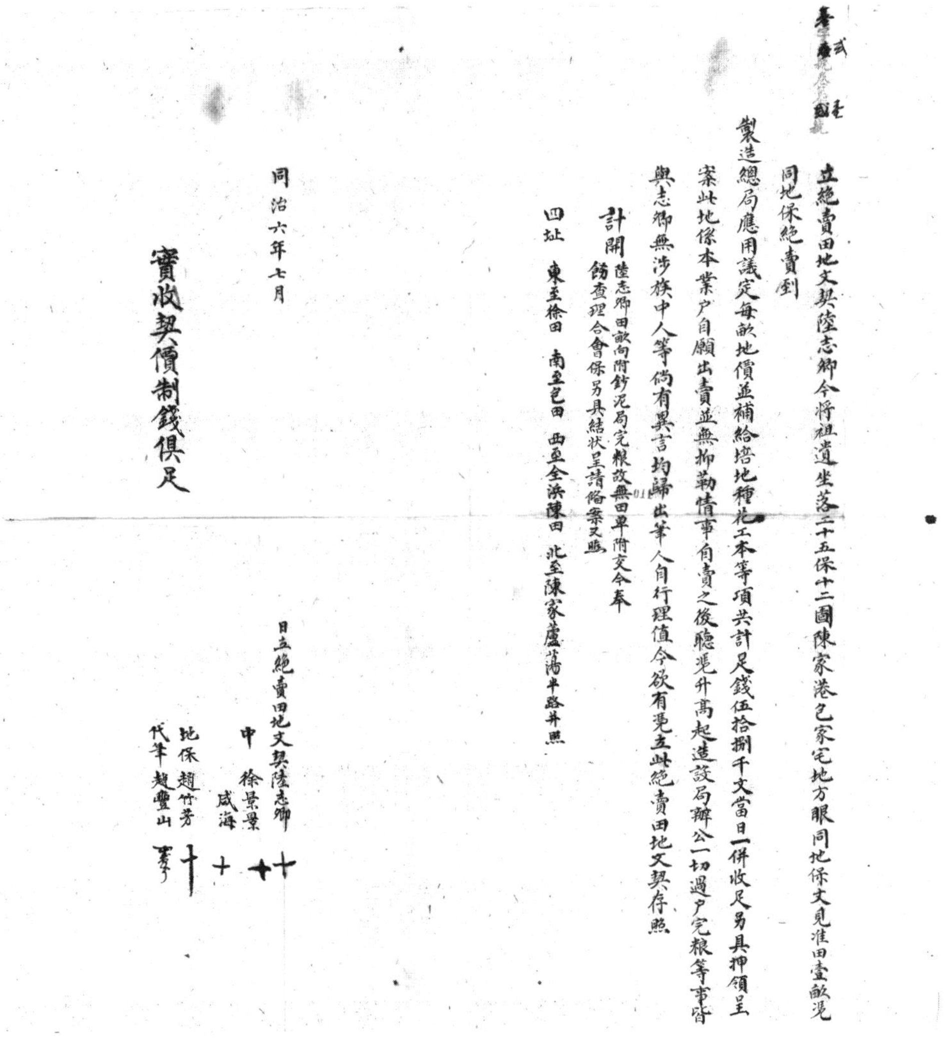

立絶賣田地文契陸志卿今将祖遺坐落二十五保十二圖陳家港包家宅地方眼同地保丈見准田壹畝滉
同地保絶賣到
製造總局應用議定每畝地價並補給培地種花工本等項共計足錢伍拾捌千文當日一併收足另具押領呈
案此地係本業户自願出賣並無抑勒情事自賣之後聽憑升高起造設局辦公一切過户完粮等事皆
與志卿無涉族中人等倘有異言均歸出筆人自行理值今欲有憑立此絶賣田地文契存照
計開 陸志卿田畝向附鈔泥局完粮故無田单附交今奉
飭查理合會保另具結状呈請備案又照
四址 東至徐田 南至包田 西至全浜陳田 北至陳家盧墓蕩半路并照

同治六年七月 日立絶賣田地文契陸志卿 十
中 徐景景 十
咸海 十
地保 趙竹芳 十
代筆 趙豐山 押

實收契價制錢俱足

陸志卿立絶賣田地文契（1867 年 7 月或 8 月，同治六年七月）

基字貳號卷第貳[illegible]號

執業田单

江蘇松江府上海縣爲給發田单收糧執業事照得民
間田額久未清釐現經善後案内詳奉
憲行均歸的户承辦遵照按啚查丈所有該户執業細號
田畝除註册外合給此单收執辦糧須至单者
計開貳拾伍保壹區拾貳啚學圩第壹號
業户徐景景[illegible]田叁分玖釐玖毫對同

咸豐伍年　月　日給

縣

如有買賣以此单爲準同契投稅填註現業過
户辦糧倘匿存乾隆四十八年田单概不爲憑

012

徐景景執業田單（1855年，咸豐五年）

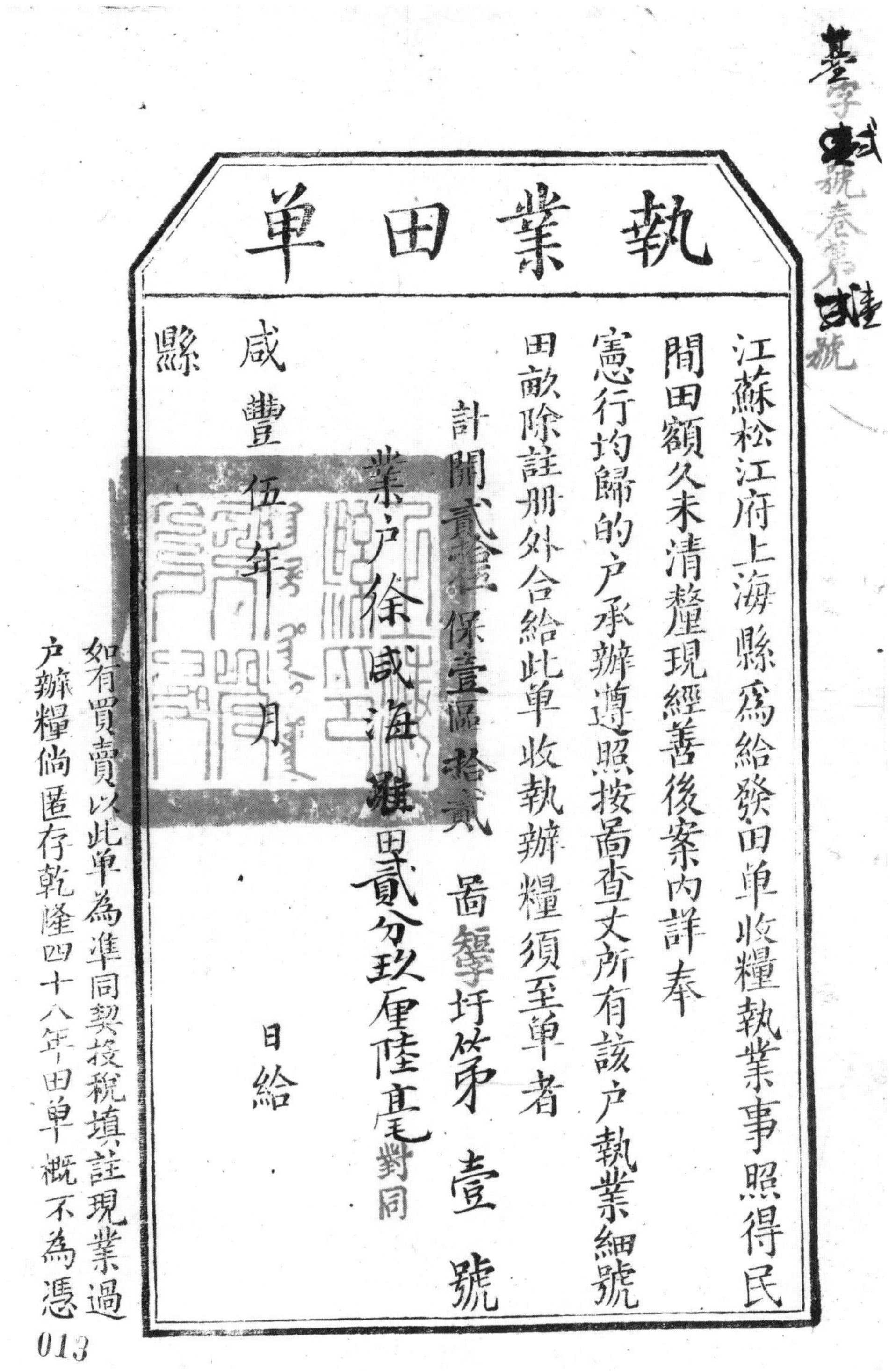

基字貳號卷第[illegible]號

執業田單

江蘇松江府上海縣爲給發田单收糧執業事照得民
間田額久未清釐現經善後案内詳奉
憲行均歸的户承辦遵照按啚查丈所有該户執業細號
田畝除註册外合給此单收執辦糧須至单者

計開貳拾保壹區拾貳啚[illegible]圩第壹號

業户徐咸海 田貳分玖厘陸毫 對同

咸豐伍年　月　日給

縣

如有買賣以此单為準同契投稅填註現業過户辦糧倘匿存乾隆四十八年田单概不為憑

013

徐咸海執業田單（1855年，咸豐五年）

基字第貳號卷宗

第　號移上海道建造南廠局新屋基地之保切結

並各業户押領詳費縣備案由　同治六年九月十三日

附賣契四紙　徐景之、徐咸海賣一畝計一紙　張良咸賣二畝一分七厘計一紙　張叁卿一畝計一紙　張叁卿色炳福一畝計一紙

領收四紙　徐景之、咸海一紙　張良咸一紙　張叁卿一紙　張叁卿色炳福一紙

田單三紙　徐景之、徐咸海、張良咸各一紙

結收三紙

015

江南製造總局基字第二號建立火箭廠購買地基卷目録（1867年，同治六年）

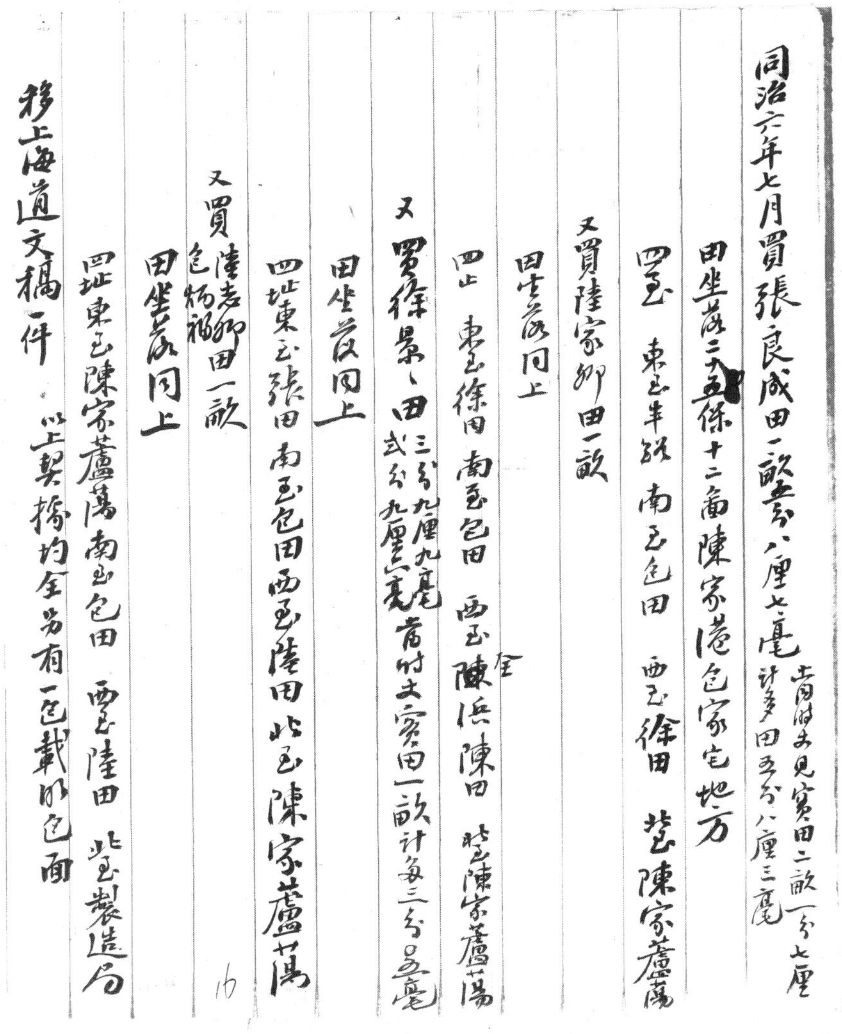
同治六年七月買張良成田一畝五分八厘七毫 內有墳地見實田二畝一分七厘 計多田五分八厘三毫
田坐落二十五保十二圖陳家港包家宅地方
四至 東至半塍 南至包田 西至徐田 北至陳家蘆蕩
又買陸家卿田一畝
田坐落同上
四止 東至徐田 南至包田 西至陳全浜陳田 北至陳家蘆蕩
又買徐景景田 三分九厘九毫 貳分九厘六毫 當附丈實田一畝計多三分五毫
田坐落同上
四址東至張田 南至包田 西至陸田 北至陳家蘆蕩
又買陸志卿 包炳福 田一畝
田坐落同上
四址東至陳家蘆蕩 南至包田 西至陸田 北至製造局
以上契據均全另有一包載明包面
移上海道文稿一件
16

江南製造總局基字第二號建立火箭廠購買地基卷目録（1867 年，同治六年）

立絶賣田地文契徐景景同弟咸海今將祖遺坐落二十五保十二圖陳家港包家宅地方眼同地保丈見准田壹畝

當憑地保絶賣到

製造總局應用議定每畝地價並補給培地種花工本等項共計足錢伍拾捌千文當日一併收足另具押領呈案此地

係本業户自願出賣並無抑勒情事自賣之後聽憑升高起造設局辦公一切過户完粮等事皆與景景等

無涉族中人等倘有異言均歸出筆人自行理值今欲有憑立此絶賣田地文契存照

計開 附丈 徐景景 咸海户名短字圩第壹號田單兩紙准田叁分玖厘玖毫 貳分玖厘陸毫 今丈見實田壹畝計共多田叁分零伍毫係附

鈔泥局撥納錢粮憑保另具切結備案 又計開下添註附丈兩字并照

四址 東至張田 南至包田 西至陸田 北至陳家蘆蕩并照

同治六年七月 日立絶賣田地文契徐景景

同弟咸海

中 陸志卿

地保 趙竹芳

代筆 趙豐山

實收契價制錢俱足

徐景景同弟咸海立絶賣田地文契（1867年7月或8月，同治六年七月）

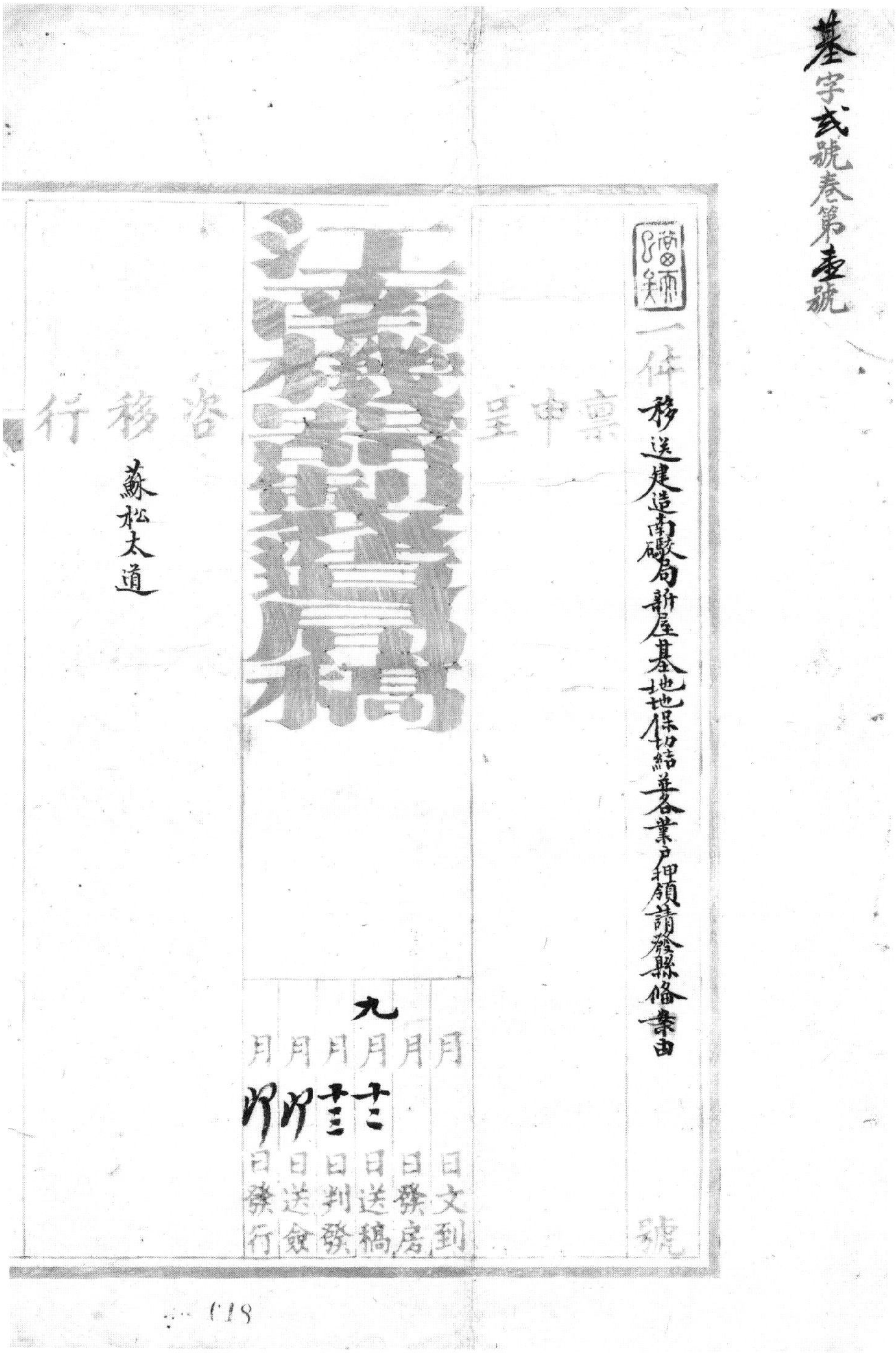
基字弍號卷第壹號

一件

移送建造南礮局新屋基地地保切結並各業户押領請發縣備案由

號

稟 申 呈

江南機器製造局稿

咨 移 行

蘇松太道

月 日文到

月 日發房

九月十二日送稿

月十三日判發

月四日送僉

月四日發行

江南機器製造局爲移送建造南礮局新屋基地地保切結並各業户押領請發縣備案事致蘇松太道移文稿（1867 年 10 月 9 日，同治六年九月十二日）

爲移送事、案准
貴道衙門移開、南礮局歸併鐵廠、擬在高昌廟另行擇地、籌建新屋等
因、並據丁令惠安禀商請籌辦前來、當即勘定二十五保十二圖陳家港色家
宅地方業户張良成等基地共五畝一分七厘、會同葛令繩孝、丁令惠安、傳
集該圖地保業户人等、當面議價、連補給培地種花工本、每畝給錢五十八千
文、統共計錢二百九十九千八百六十文、照數給發各業户收領、惟查張良成基
地田单内開一畝五分八厘七毫、今丈見實地二畝一分七厘、徐景景基地田单
内開三分九厘九毫、徐咸海基地田单内開二分九厘六毫、兩共六分九厘五毫
今丈見實地乙畝丄分七厘、共多地八分、厘八毫、向附鐵泥局納糧至陸志卿

江南機器製造局爲移送建造南礮局新屋基地地保切結並各業户押領請發縣備案事致蘇松太道移文稿（1867 年 10 月 9 日，同治六年九月十二日）

色炳福二户共地二畝亦係鈔泥局撥納錢糧是以該業户並無田單呈繳當令該啚
地保分别出具切結六紙並取各業户賣契四紙押領八紙田單三紙除將地
保切結三紙並張良成等賣契四紙押領四紙田單三紙存局備案外合將該
圖地保及各業户呈縣之切結押領備文移送為此合移
貴道請煩查照即希發縣備案施行須至移者
計移送 地保結狀三紙 押領四紙

江南機器製造局爲移送建造南礮局新屋基地地保切結並各業户押領請發縣備案事致蘇松太道移文稿（1867 年 10 月 9 日，同治六年九月十二日）

同治六年九月十二日

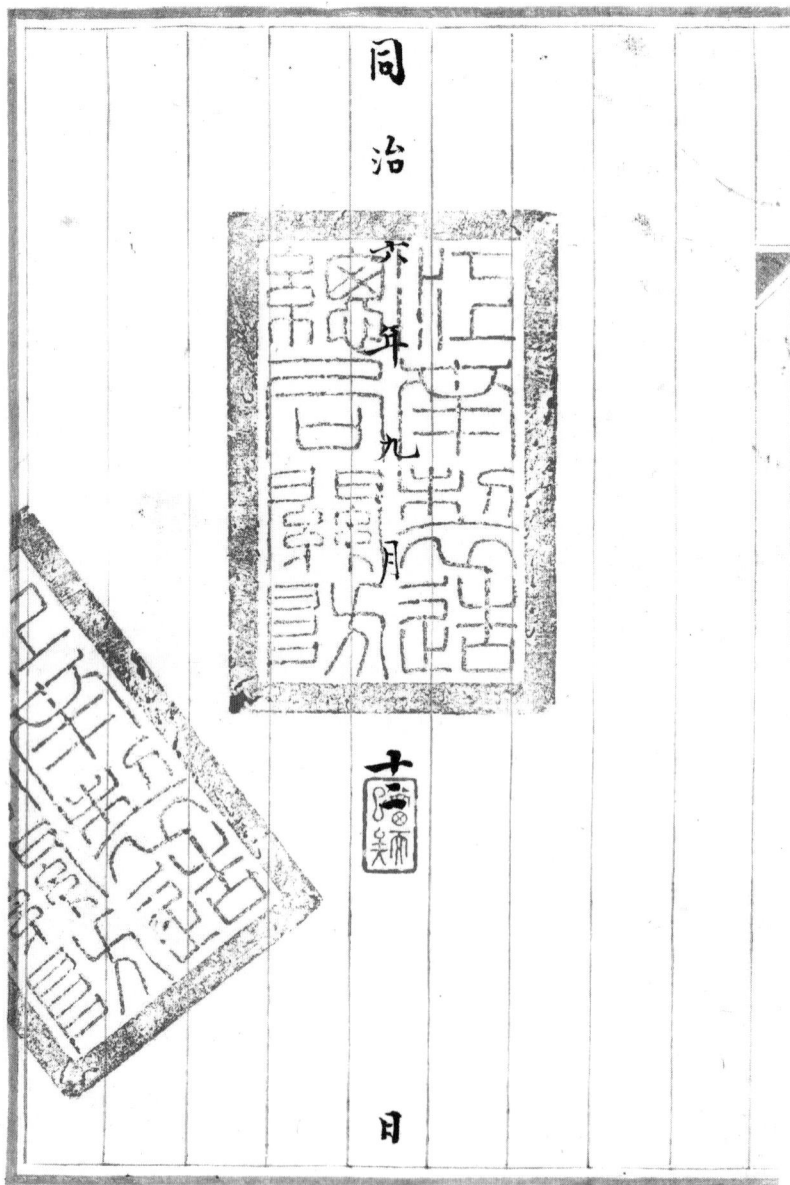

江南機器製造局爲移送建造南礮局新屋基地地保切結並各業户押領請發縣備案事致蘇松太道移文稿（1867 年 10 月 9 日，同治六年九月十二日）

遇缺即選府正堂沈

按察使銜分巡蘇松太道應

分缺補用府正堂馮

江南機器製造局爲移送建造南礮局新屋基地地保切結並各業户押領請發縣備案事致蘇松太道移文稿（1867 年 10 月 9 日，同治六年九月十二日）

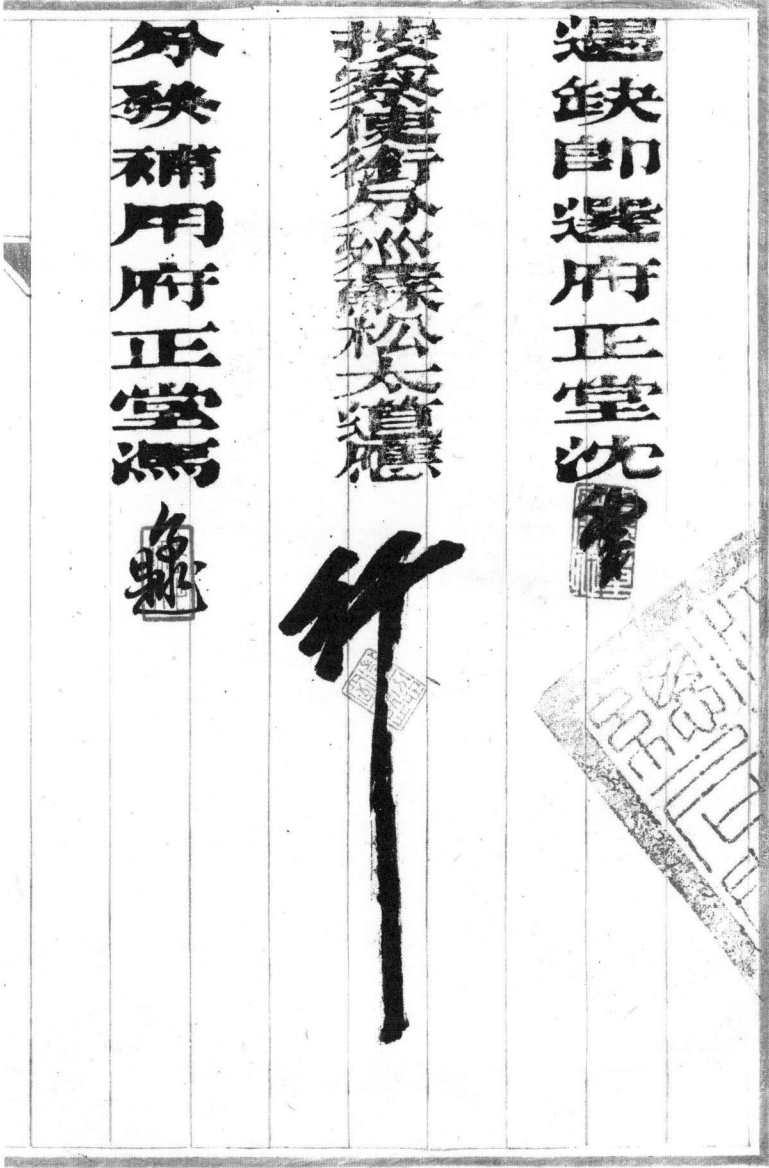

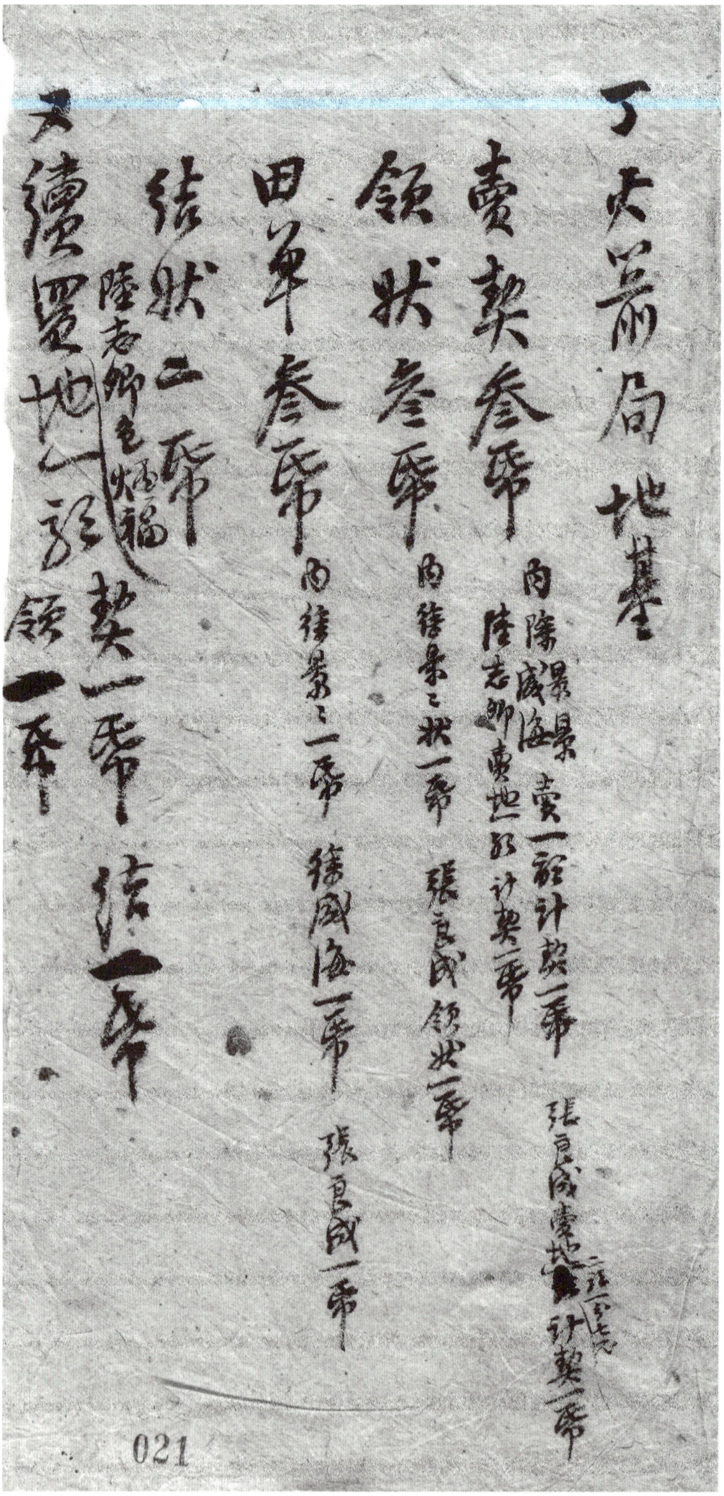
火箭局地基
賣契叁帋 内陳景景、陳咸海賣一畝計契一帋；陸志卿賣地一畝計契一帋；張良成賣地二畝六分七厘計契一帋
領狀叁帋 内徐景之狀一帋；張良成領狀一帋
田單叁帋 内徐景之一帋；徐咸海一帋；張良成一帋
結狀二帋 陸志卿 包炳福
又續買地一畝 契一帋 結一帋 領一帋
021

火箭局地基各契據清單（1867 年，同治六年）

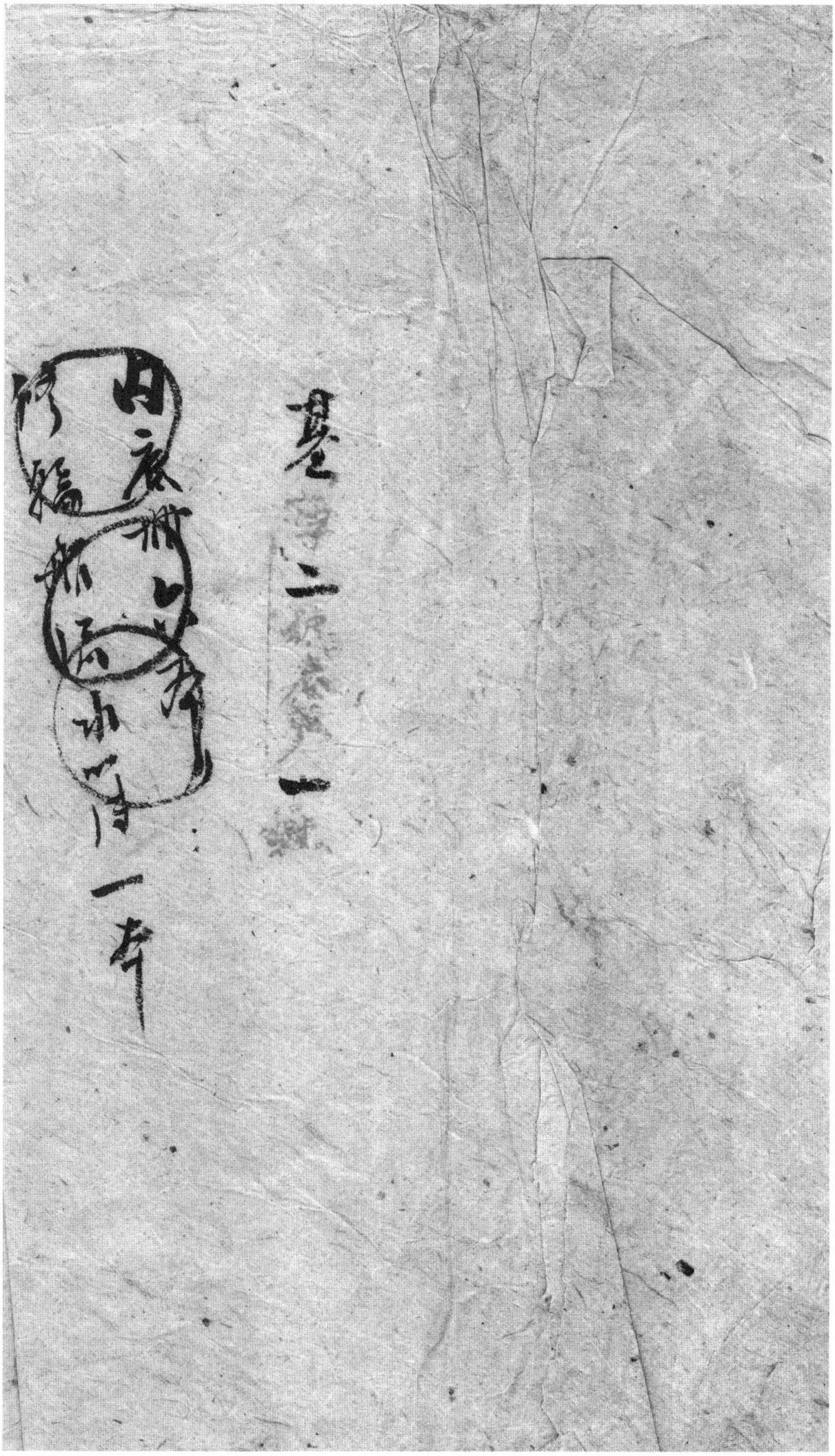

火箭局地基各契據清單（1867 年，同治六年）

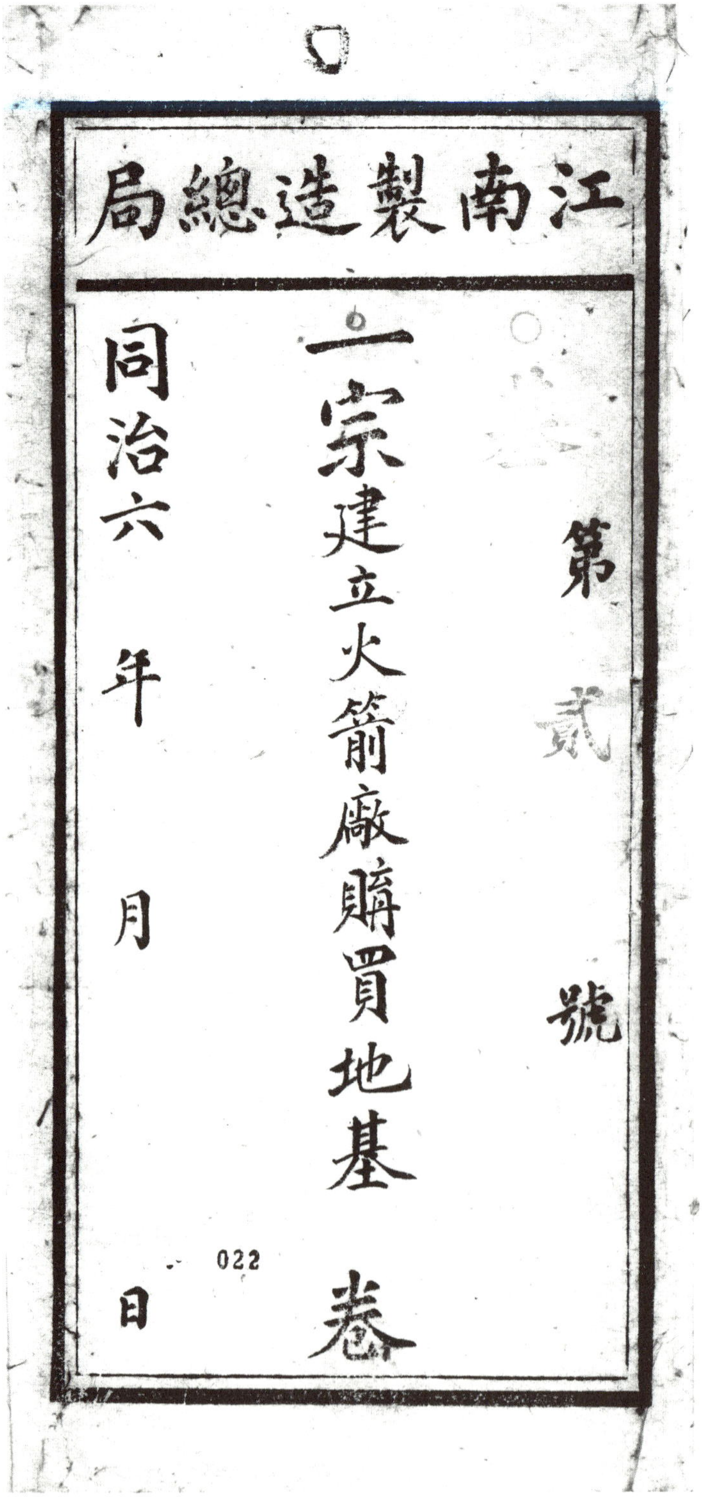

江南製造總局

第貳號

一宗建立火箭廠購買地基卷

同治六年　月　日

022

江南製造總局基字第二號建立火箭廠購買地基卷封面（1867年，同治六年）

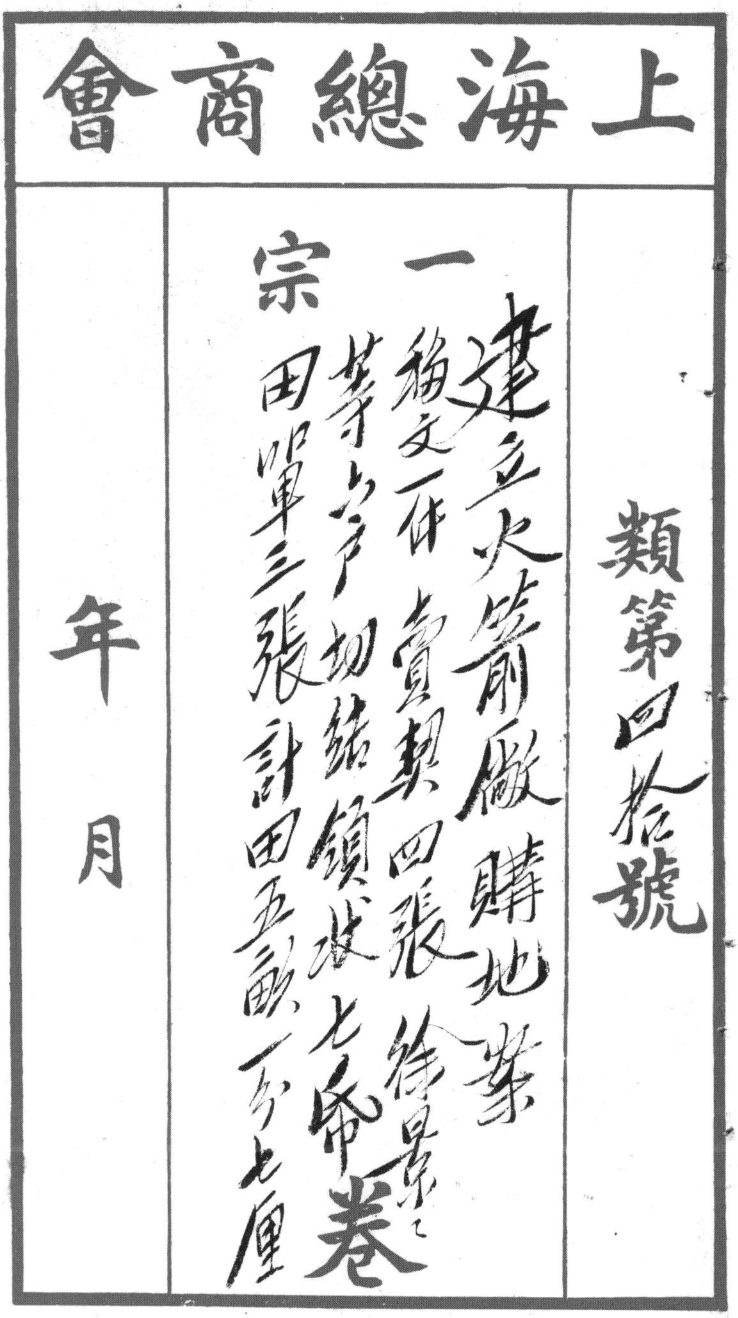
上海總商會

類第四拾號

一宗
建立火箭廠購地案
移文一件 賣契四張 繪圖乙
某等六戶切結領狀七紙
田單三張計田五畝一分七厘
卷

年 月

023

上海總商會第四十號建立火箭廠購地案卷封面（時間不詳）

江南製造總局

十八、江南製造局購買高昌廟地基的契據及田單等有關文書

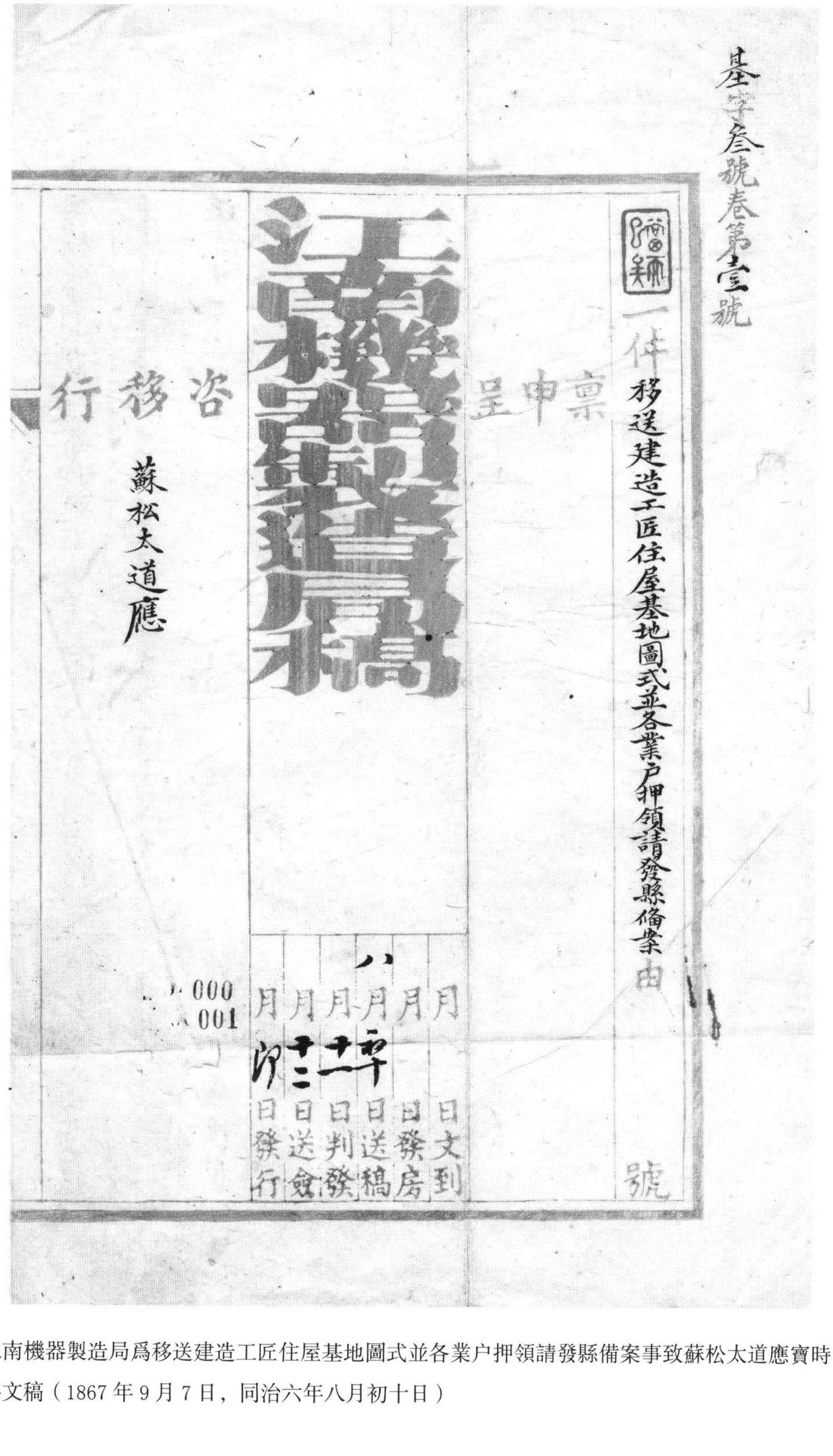

基字叁號卷第壹號

一件 移送建造工匠住屋基地圖式並各業户押領請發縣備案由 號

稟 申 呈

江南機器製造局稿

咨 移 行

蘇松太道應

月 日文到
月 日發房
八月初十日送稿
月十一日判發
月十二日送僉
月 日發行

江南機器製造局爲移送建造工匠住屋基地圖式並各業户押領請發縣備案事致蘇松太道應寶時移文稿（1867 年 9 月 7 日，同治六年八月初十日）

為移送事案照敝局移建新廠業經勘定高昌廟前後一帶基地先後由縣飭保

造送清册按户給價開工興造各在案茲查局廠房屋工程將次告竣即須遷移

惟所有中外工匠約有二百餘名之多且現在興造輪船工匠尚須添雇不得不

酌建房屋俾資棲止現又勘得林上聲等三户田地共五畝七分六厘七毫會

同葛令繩孝傳集該圖地保亭者業户人等當面議價連補給培地種花

工本每畝給錢五十八千文統共計錢三百二十四千四百八十六文照數給發各

業户收領取有該業户林上聲等總押領二紙田單四紙亭者孫樹春呈送

圖式二紙除將田單四紙並林上聲等總押領及圖式各一紙存局備案外合

將各業户呈縣之押領圖式備文移送為此合移

江南機器製造局爲移送建造工匠住屋基地圖式並各業户押領請發縣備案事致蘇松太道應寶時移文稿（1867 年 9 月 7 日，同治六年八月初十日）

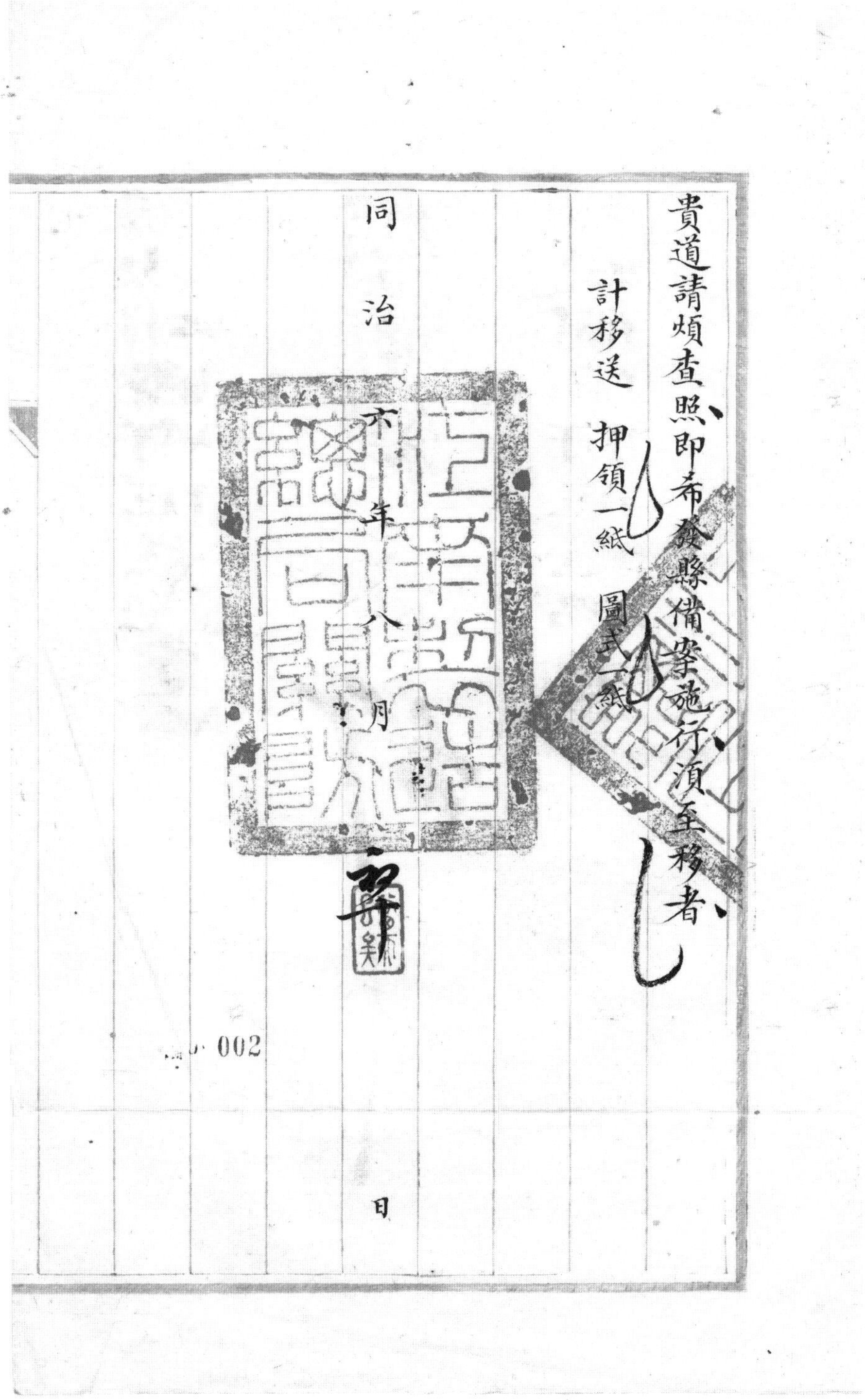

貴道請煩查照即希發縣備案施行須至移者
計移送 押領一紙 圖式一紙
同治六年八月 日

江南機器製造局爲移送建造工匠住屋基地圖式並各業户押領請發縣備案事致蘇松太道應寶時移文稿（1867 年 9 月 7 日，同治六年八月初十日）

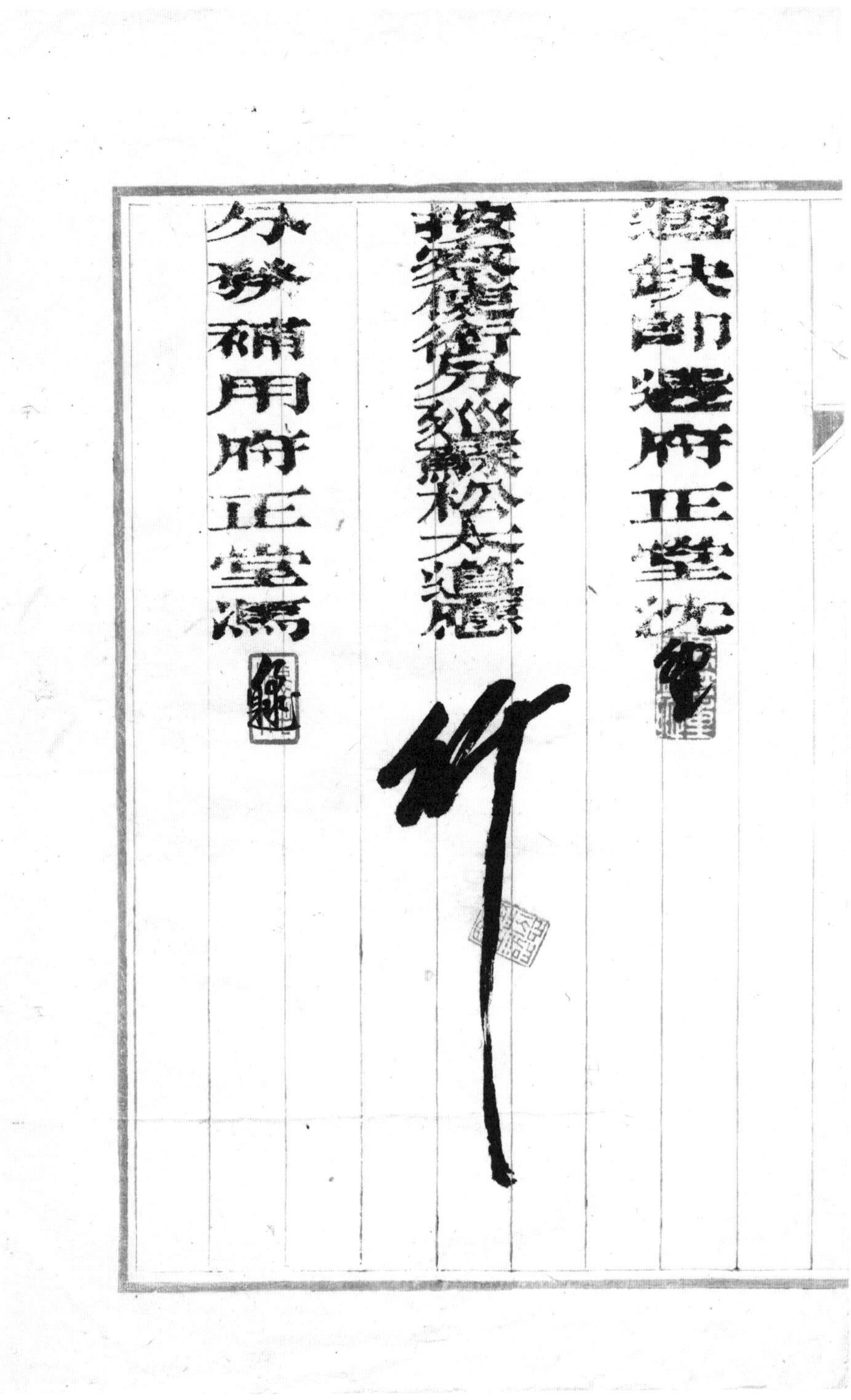
[illegible]大部選府正堂沈
按察使銜分巡蘇松太道應
分發補用府正堂馮

江南機器製造局爲移送建造工匠住屋基地圖式並各業户押領請發縣備案事致蘇松太道應寳時移文稿（1867年9月7日，同治六年八月初十日）

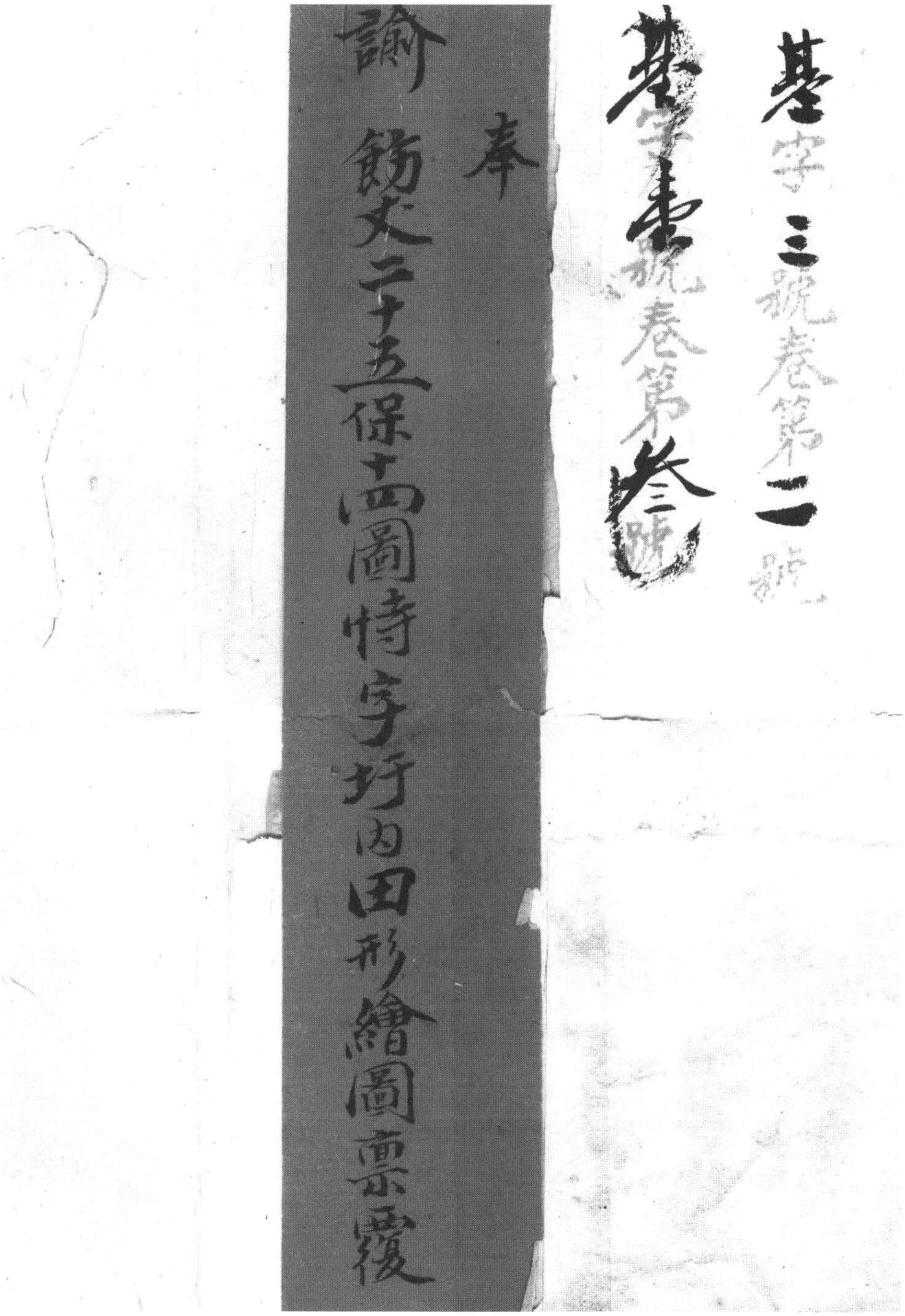
碁字三號卷第二號
碁字壹號卷第叁號
奉
諭飭丈二十五保十四圖恃字圩內田形繪圖禀覆

奉諭飭丈二十五保十四圖恃字圩內田形繪圖禀覆（1867 年，同治六年）

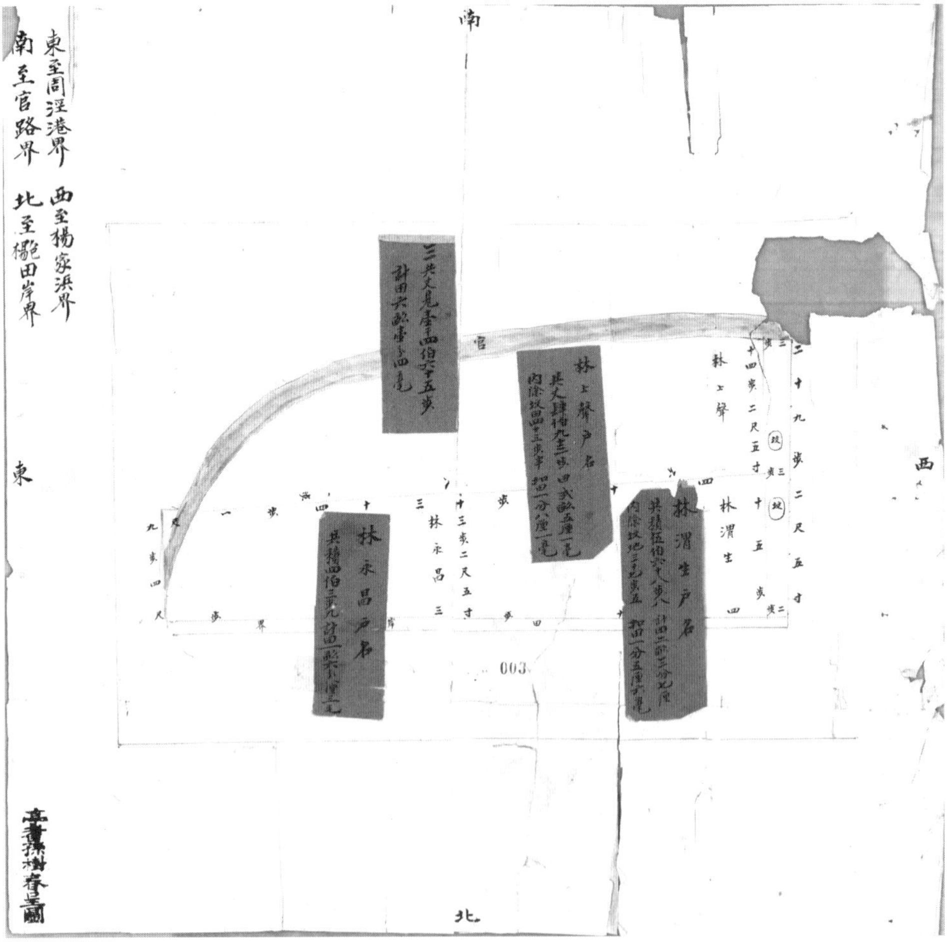

奉諭飭丈二十五保十四圖恃字圩内田形繪圖稟覆（1867年，同治六年）

同治六年六月買林上聲等三戶田五畝七分六厘七毫

田坐落二十五保十四啚恃字圩

四址 東至周涇港 南至官路 西至林上青坟地出入岸路

北至包楊田岸路

019

奉諭飭丈二十五保十四圖恃字圩内田形繪圖禀覆（1867年，同治六年）

基字叁號卷第叁號

附入買廠地契內存查

又知購田查係公産無須給價由

製造總局

馮
沈

大老爺升啓

六年十二月卅到

004

葛繩孝爲函知購地查係公産無須給價事致江南製造局總辦馮焌光、沈保靖函（1868 年 1 月 22 日，同治六年十二月二十八日）

上海市顏料商業同業公會文書股箋

竹品翁太守大人閣下日前飽飫郇厨謝謝別後即將契領底稿携至輔元堂內面致扯價一切囑即與諸君議定後即行立契具領茲接書院董事賈雲翁來片以此田既為便民所用公議稟縣查顏歸公請批移交內除租戶樹苗應償價本外此田無須給價並將契領底繳還囑為轉致云云用特將原片及原稿奉上祈查核示復以便轉致可也肅泐敬請

均安

葛繩孝頓首

十弍月廿八日

附上原片及底稿共兩紙

第

007

葛繩孝爲函知購地查係公産無須給價事致江南製造局總辦馮焌光、沈保靖函（1868 年 1 月 22 日，同治六年十二月二十八日）

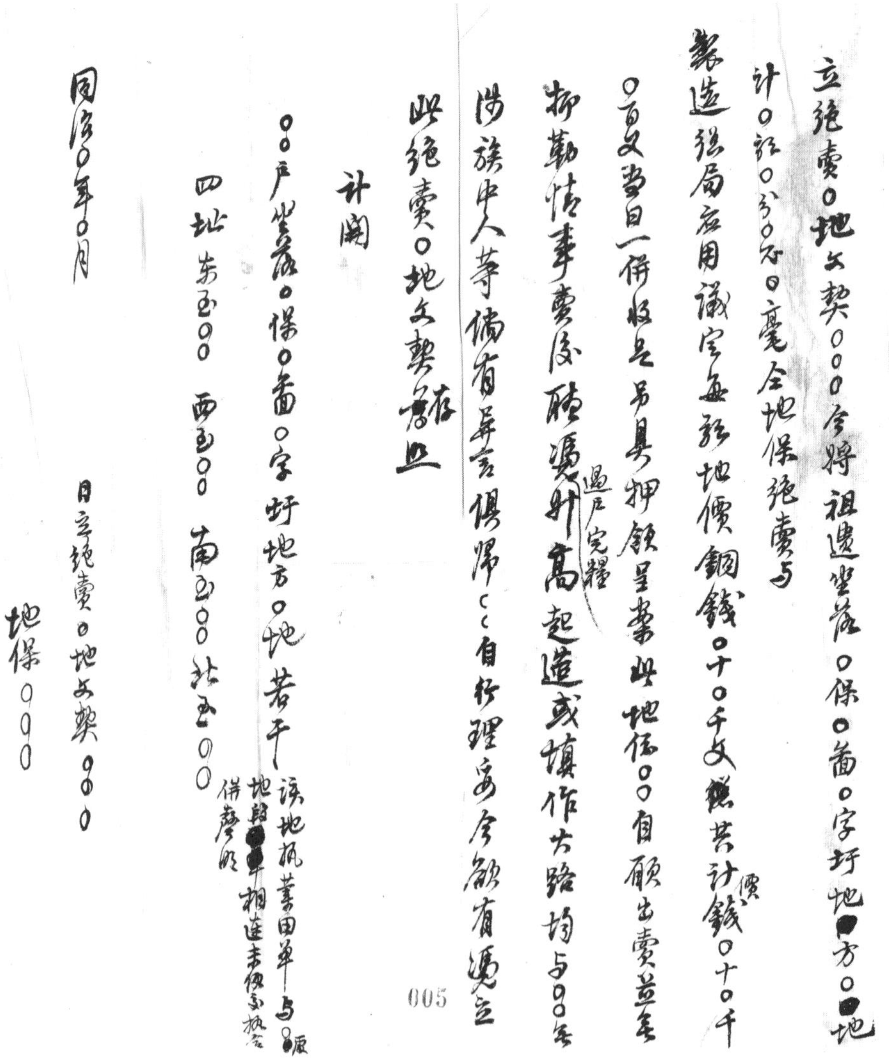
立絶賣〇地文契〇〇〇，今將祖遺坐落〇保〇圖〇字圩地〇方〇〇地
計〇畝〇分〇厘〇毫，今地保絶賣与
製造總局應用，議定每畝地價銅錢〇十〇千文，總共計價錢〇十〇千
〇百文，當日一併收足，另具押領呈案。此地任〇〇自願出賣，並無
抑勒情事。賣後聽憑（過戶完糧）升高起造，或填作大路，均与〇〇無
涉。族中人等倘有異言，俱歸〇〇自行理處。今欲有憑，立
此絶賣〇地文契存照。
計開
〇〇戶坐落〇保〇圖〇字圩地方〇地若干（該地執業田單一与〇張，地與〇〇相連，未便分執，合併聲明）
四址　東至〇〇　西至〇〇　南至〇〇　北至〇〇
同治〇年〇月　日立絶賣〇地文契〇〇〇
地保〇〇〇
005

立絶賣地文契底稿、具押領狀底稿（1867年，同治六年）

具押領〇〇今當具到
製造機局憲
憲大人臺下實領得〇〇出賣〇地〇畝〇分〇厘〇毫議定每
畝
該地價銅錢〇十〇千文共計價錢〇十〇千〇百文現蒙
製造機局
委畝廣方數按戶當衆發給〇〇照數領訖中集劃押清冊
除另具領狀呈
鈞憲存案外合具領狀是實
製造機局
日主押領狀〇〇
地保〇〇
同治〇年〇月

立絶賣地文契底稿、具押領狀底稿（1867 年，同治六年）

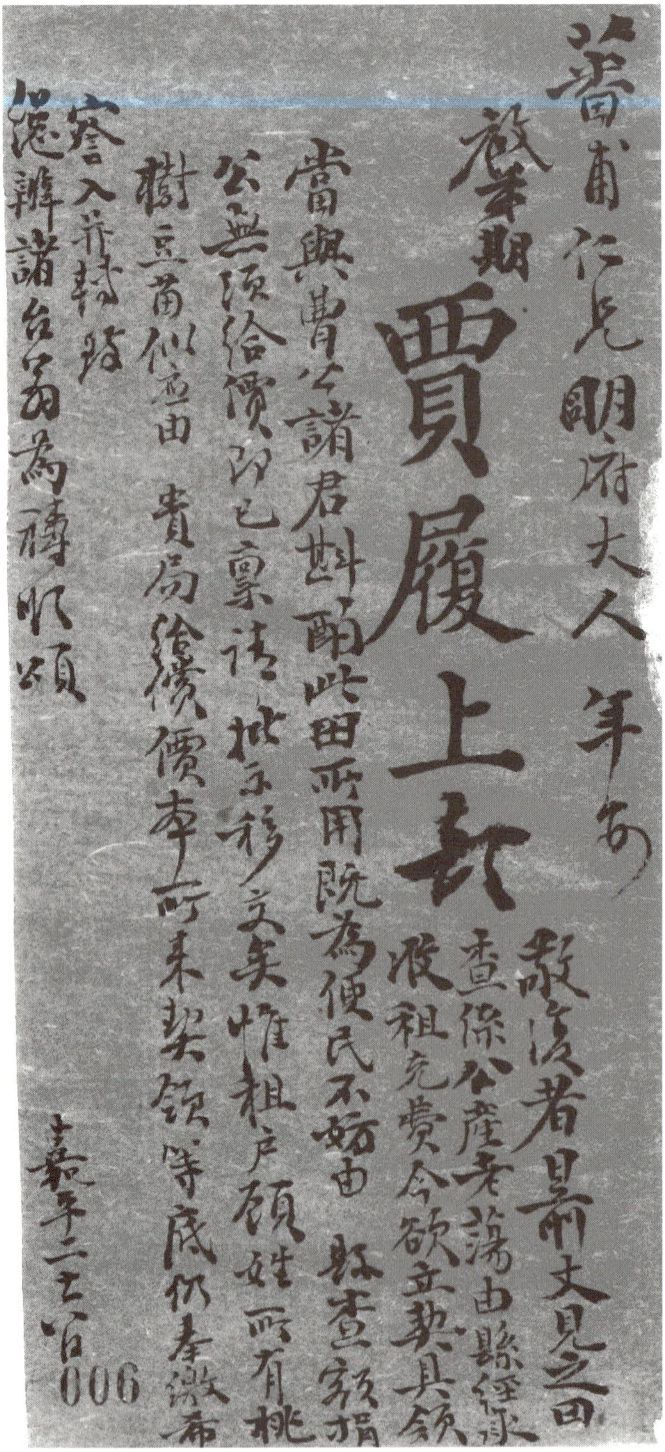
蕃甫仁兄明府大人年安
愚期賈履上啟
敬復者日前丈見之田
查係公產者蕩由縣經承
收租充費今欲立契具領
當與貴公諸君斟酌此田所用既為便民不妨由 貴查款捐
公無須給價即已禀請批示移文矣惟租户顧姓所有挑
樹豆苗似應由 貴局給價奉所未契領等底仍奉繳希
答入并特陳
知照辦諸台為禱順頌
公頌
十二月廿八日
006

書院董事賈履上爲告知日前丈見之田查係公產事致葛繩孝（蕃甫）片（1868 年 1 月 22 日，同治六年十二月二十八日）

建造工匠住房購買地基卷

林上聲等賣田地文契一紙

林上聲等押領一紙

林上聲等田形圖一紙

林上聲 林永昌 林上聲 林渭生 四戶田單四張

移蘇松太道應 移送建造工匠住屋基地圖式並各業戶押領請發縣備案由 稿一件

蘇松太道應 移復押領圖式已發縣備案由 文一件

葛函一封 內附信片並稿共兩件

008

江南機器製造局基字第三號建造工匠住房購買地基卷目録（1867年，同治六年）

基字第叁號卷

第壹號 移蘇松太道 移送建造工匠住屋基地畝式並各業戶押領請書縣稟覆案由 同治六年八月十二發

第貳號 蘇松太道來移 移覆押領畝式正書縣稟覆案由 八月廿二到

附林工聲等賣田地文契一紙

押領一紙

田形畝一紙

田單四紙

第叁號 葛委來函 函接書院員董專開前日丈見之田況係公產產即查錄

歸工坿匠底稿兩紙改來函由 十二月廿八到

009

江南機器製造局基字第三號建造工匠住房購買地基卷目録（1867年，同治六年）

執業田单

江蘇松江府上海縣爲給發田单收糧執業事照得民
間田額久未清釐現經善後案内詳奉
憲行均歸的户承辦遵照按啚查丈所有該户執業細號
田畝除註册外合給此单收執辦糧須至单者
計開貳拾伍保壹區拾肆啚符字圩第叁號
業户林渭生則田貳畝叁分柒厘正 對同
咸豐伍年 月 日給
縣
如有買賣以此单為凖同契投稅塡註現業過
户辦糧倘匿存乾隆四十八年田单概不為憑
010

林渭生執業田單（1855 年，咸豐五年）

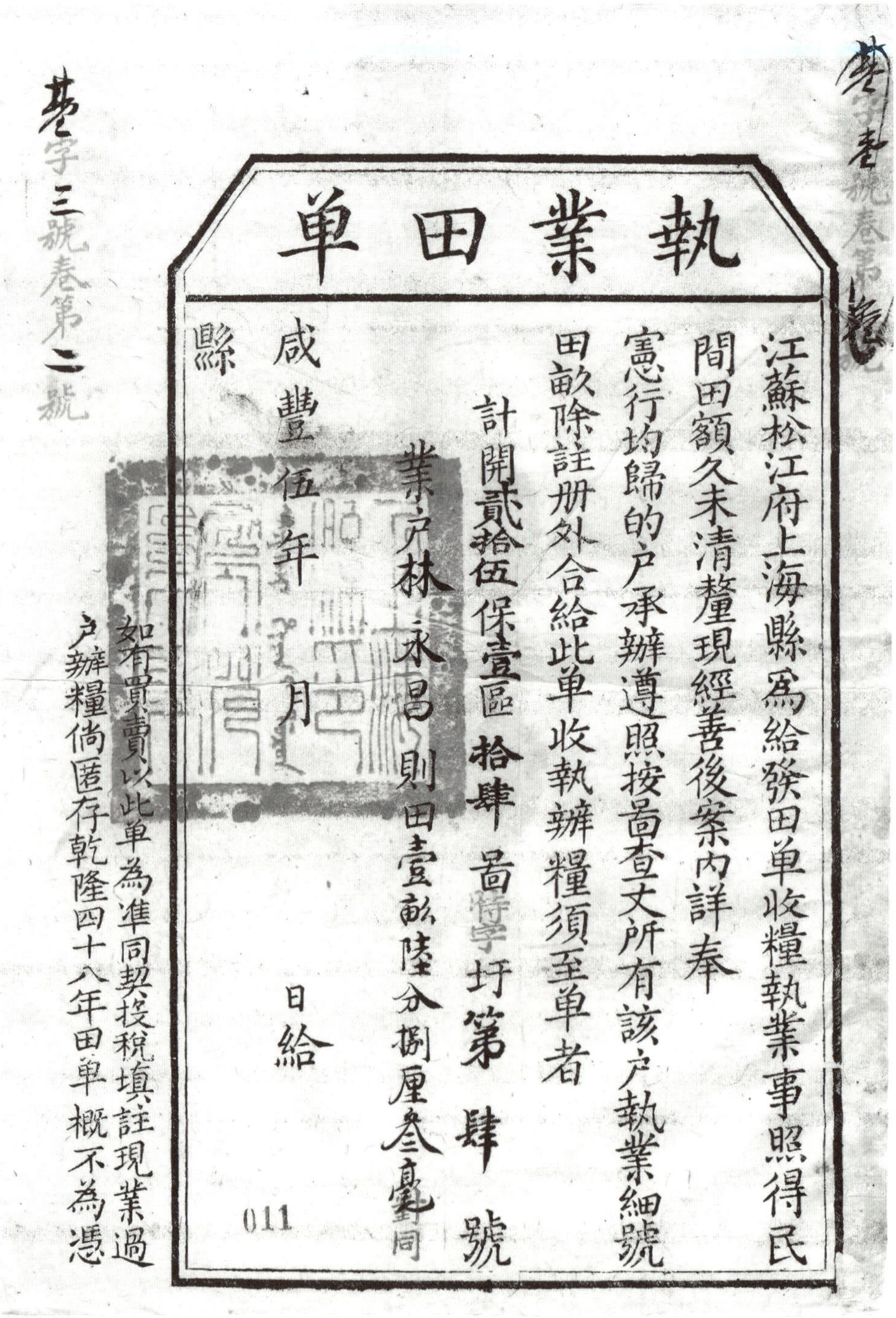
字三號卷第二號

執業田单

江蘇松江府上海縣爲給發田单收糧執業事照得民
間田額久未清釐現經善後案内詳奉
憲行均歸的户承辦遵照按啚查丈所有該户執業細號
田畝除註册外合給此单收執辦糧須至单者
計開貳拾伍保壹區 拾肆 啚 得字 圩第 肆 號
業户林永昌則田壹畝陸分捌厘叁毫 劉同
咸豐伍年 月 日給
縣
如有買賣以此单為準同契投稅填註現業過户辦糧倘匿存乾隆四十八年田单概不為憑

011

林永昌執業田單（1855年，咸豐五年）

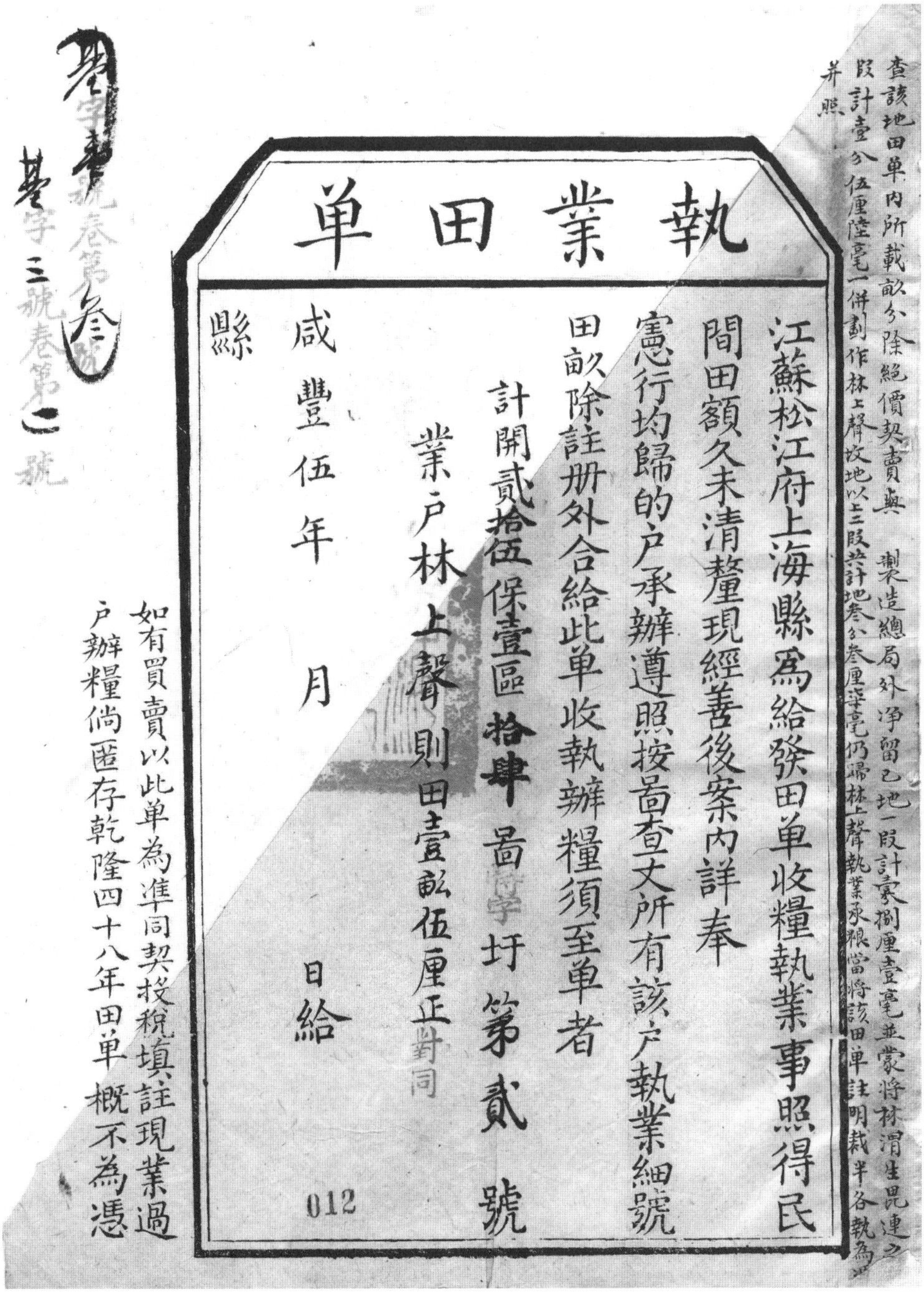

字號卷第叁號

字三號卷第二號

執業田單

江蘇松江府上海縣爲給發田单收糧執業事照得民
間田額久未清釐現經善後案内詳奉
憲行均歸的户承辦遵照按啚查丈所有該户執業細號
田畝除註册外合給此单收執辦糧須至单者
計開貳拾伍保壹區拾肆啚府字圩第貳號
業户林上聲則田壹畝伍厘正對同

咸豐伍年　月　日給

縣

012

如有買賣以此单為準同契投税填註現業過
户辦糧倘匿存乾隆四十八年田单概不為憑

查該地田單内所載畝分除絕價契賣與
製造總局外淨留己地一段計豪捌厘壹毫並蒙將林渭生毘連之
段計壹分伍厘陸毫一併劃作林上聲坟地以上二段共計地叁分叁厘柒毫仍歸林上聲執業承粮當將該田單註明裁半各執為
并照。

林上聲執業田單（1855年，咸豐五年）

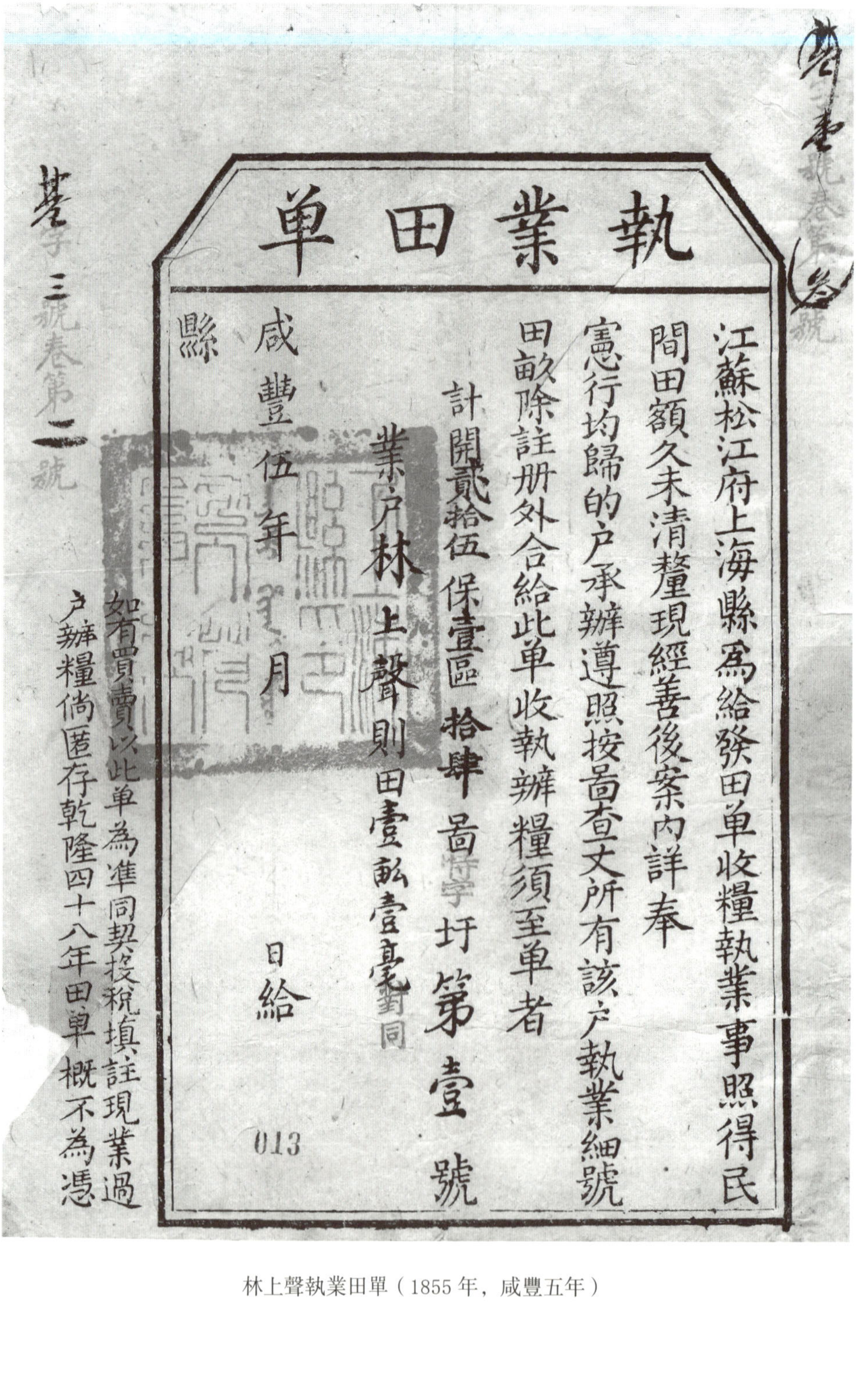

執業田单

江蘇松江府上海縣為給發田单收糧執業事照得民
間田額久未清釐現經善後案内詳奉
憲行均歸的户承辦遵照按啚查丈所有該户執業細號
田畝除註册外合給此单收執辦糧須至单者
計開貳拾伍保壹區拾肆啚特字圩第壹號
業户林上聲則田壹畝壹毫 對同
縣
咸豐伍年 月 日給

013

如有買賣以此单為準同契投稅填註現業過
户辦糧倘匿存乾隆四十八年田单概不為憑

林上聲執業田單（1855 年，咸豐五年）

君字叁號
基字三號卷第二號

具總押領 林渭生 林上聲 陳炳觀 今當具到

製造總局憲大人台下寔領得身等三戶出賣田地共計五畝七分六厘七毫議定每畝地價並補給苗地種花工本每畝共計錢五十

八千文統共計錢二百三十四千四百八十六文現蒙

縣 委 廣和數按戶當堂發給身等照數領訖中無短扣浮冒除另具領狀呈

縣存案外合具領狀是實

同治六年六月　日立總押領狀 林渭生 十 林上聲 十 陳炳觀 十

地保 張克奎 十

014

林渭生、林上聲、陳炳觀具總押領狀（1867 年 7 月，同治六年六月）

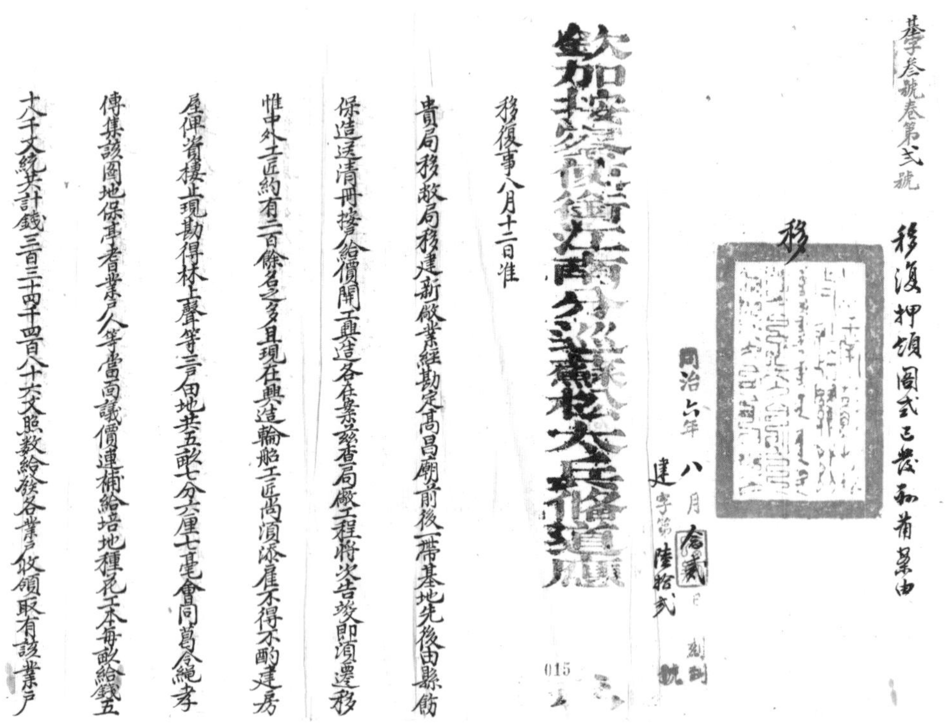
基字叁號卷第弍號
移復押領圖式已發知備案由
移
同治六年八月 日
建字第陸拾弍號
欽加按察使銜江南分巡蘇松太兵備道應
移復事八月十二日准
貴局移敝局移建新廠業經勘定高昌廟前後一帶基地先後由縣飭
保造送清冊撥給價開工興造各在案茲查局廠工程將次告竣即須遷移
惟中外工匠約有二百餘名之多且現在興造輪船工匠尚須添雇不得不酌建房
屋俾資棲止現勘得林上馨等三戶田地共五畝七分六厘七毫會同葛令繩孝
傳集該圖地保亭耆業戶人等當面議價連補給培地種花工本每畝給錢五
十八千文統共計錢三百三十四千四百八十六文照數給發各業戶收領取有該業戶

蘇松太道爲移復押領圖式已發縣備案事致江南機器製造局移文（1867 年 9 月 18 日，同治六年八月二十一日）

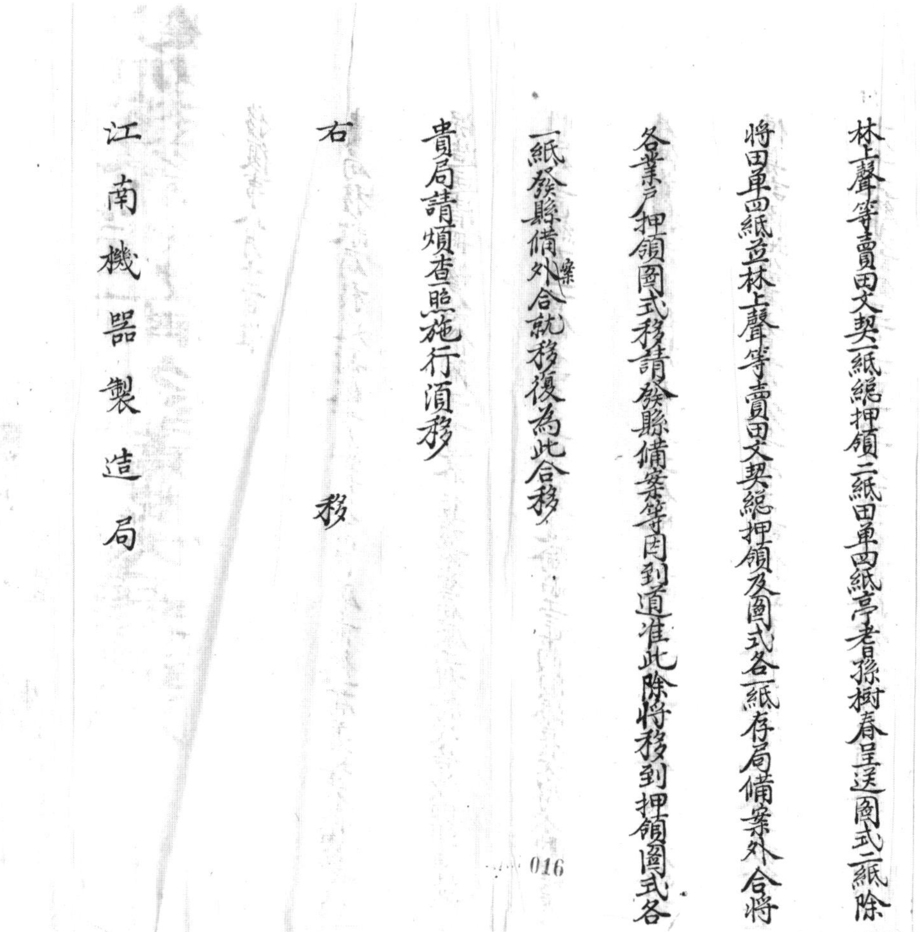
林上聲等賣田文契一紙總押領二紙田單四紙亭耆孫樹春呈送圖式二紙除
將田單四紙並林上聲等賣田文契總押領及圖式各一紙存局備案外合將
各業戶押領圖式移請發縣備案等因到道准此除將移到押領圖式各
一紙發縣備案外合就移復爲此合移
貴局請煩查照施行須移
右　移
江南機器製造局

蘇松太道爲移復押領圖式已發縣備案事致江南機器製造局移文（1867 年 9 月 18 日，同治六年八月二十一日）

同治六年八月廿一日移

017

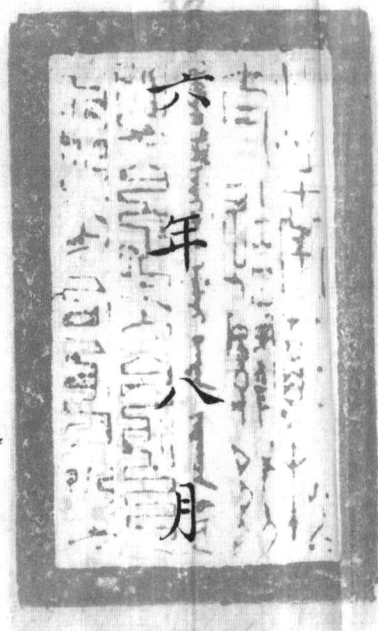

蘇松太道爲移復押領圖式已發縣備案事致江南機器製造局移文（1867 年 9 月 18 日，同治六年八月二十一日）

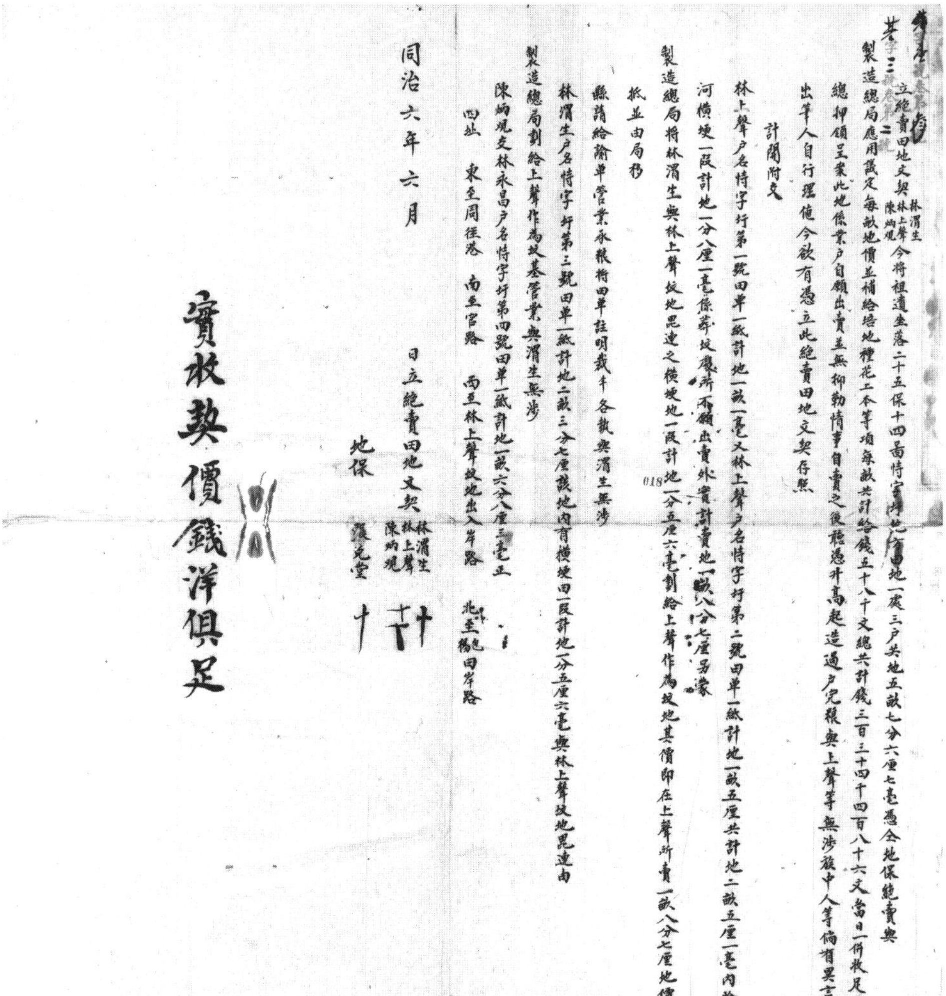

著字三[illegible]第二號

立絕賣田地文契林渭生 林上聲 陳炳觀今將祖遺坐落二十五保十四啚特字圩[illegible]田地一處三戶共地五畝七分六厘七毫憑仝地保絕賣與

製造總局應用議定每畝地價並補給培地種花工本等項每畝共計給錢五十八千文總共計錢三百三十四千四百八十六文當日一併收足另具

總押領呈案此地係業戶自願出賣並無抑勒情事自賣之後聽憑升高起造過戶完粮與上聲等無涉族中人等倘有異言均歸

出筆人自行理值今欲有憑立此絕賣田地文契存照

計開附文

林上聲戶名特字圩第一號田單一紙計地一畝一毫又林上聲戶名特字圩第二號田單一紙計地一畝五厘共計地二畝五厘一毫內除沿

河横埂一段計地一分八厘一毫係葬坟處所不願出賣外實計賣地一畝八分七厘另豪

製造總局將林渭生與林上聲坟地毘連之横埂地一段計地一分五厘六毫劃給上聲作為坟地其價即在上聲所賣一畝八分七厘地價內扣

抵並由局移

縣請給諭單管業承粮將田單註明裁半各執與渭生無涉

林渭生戶名特字圩第三號田單一紙計地二畝三分七厘該地內有横埂田一段計地一分五厘六毫與林上聲坟地毘連由

製造總局劃給上聲作為坟基管業與渭生無涉

陳炳觀支林永昌戶名特字圩第四號田單一紙計地一畝六分八厘三毫正

四址 東至周徑港 南至官路 西至林上聲坟地出入岸路 北至[illegible]田岸路

同治六年六月 日立絕賣田地文契 林渭生 林上聲 陳炳觀 十 十 十

地保 □允堂 十

賣收契價錢洋俱足

林渭生、林上聲、陳炳觀立絶賣田地文契（1867 年 7 月，同治六年六月）

上海總商會

類第四十一號

建造工匠住房購地案卷

一 務文契件葛園一封田單四張計田五畝七分六厘七

宗 林上舜等押領一紙

年 月

20

上海總商會第四十一號建造工匠住房購地案卷目録（時間不詳）

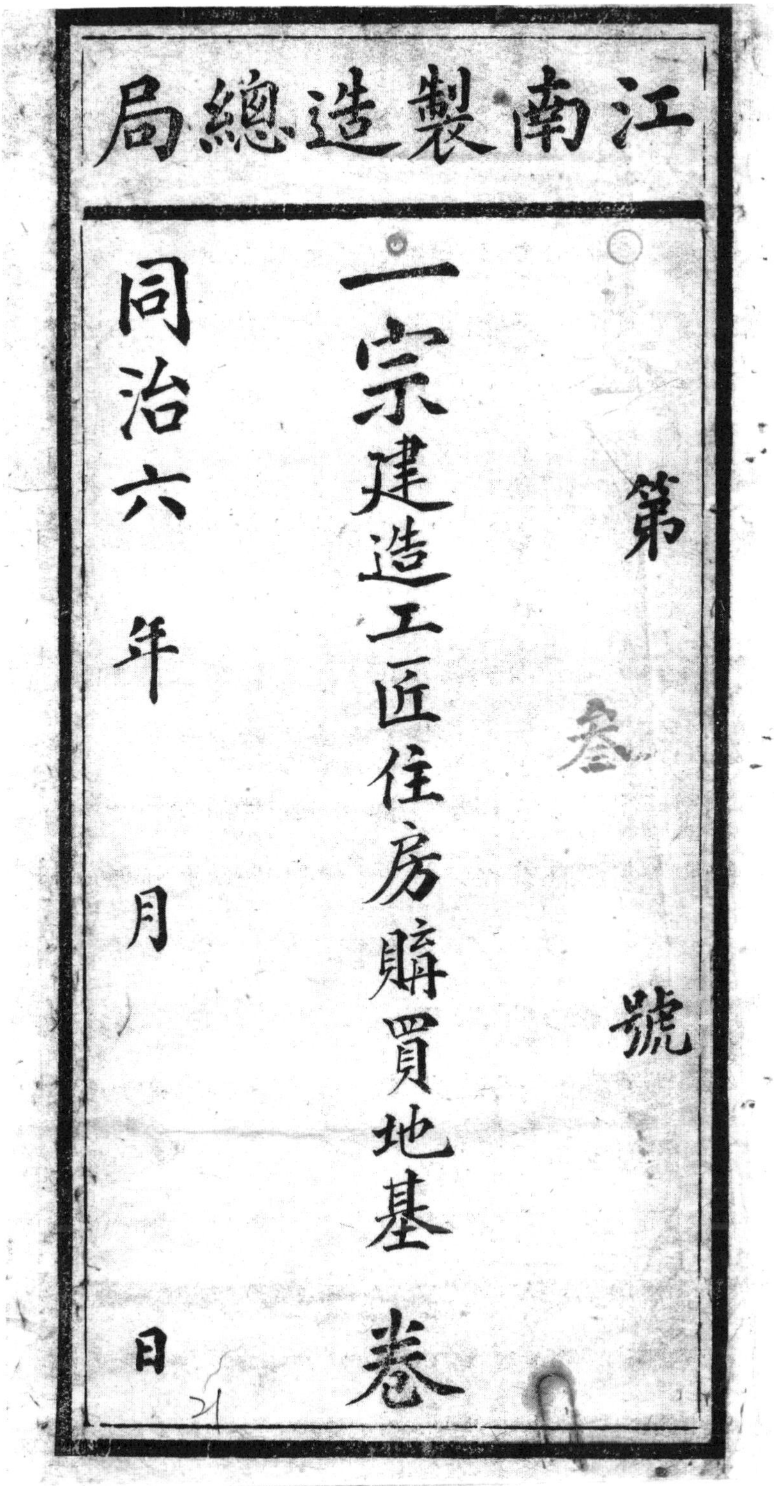
江南製造總局

第叁號

一宗建造工匠住房購買地基卷

同治六年　月　日

江南製造總局基字第三號建造工匠住房購買地基卷封面（1867 年，同治六年）

江南製造總局

十九、江南製造局購買高昌廟地基的契據及田單等有關文書

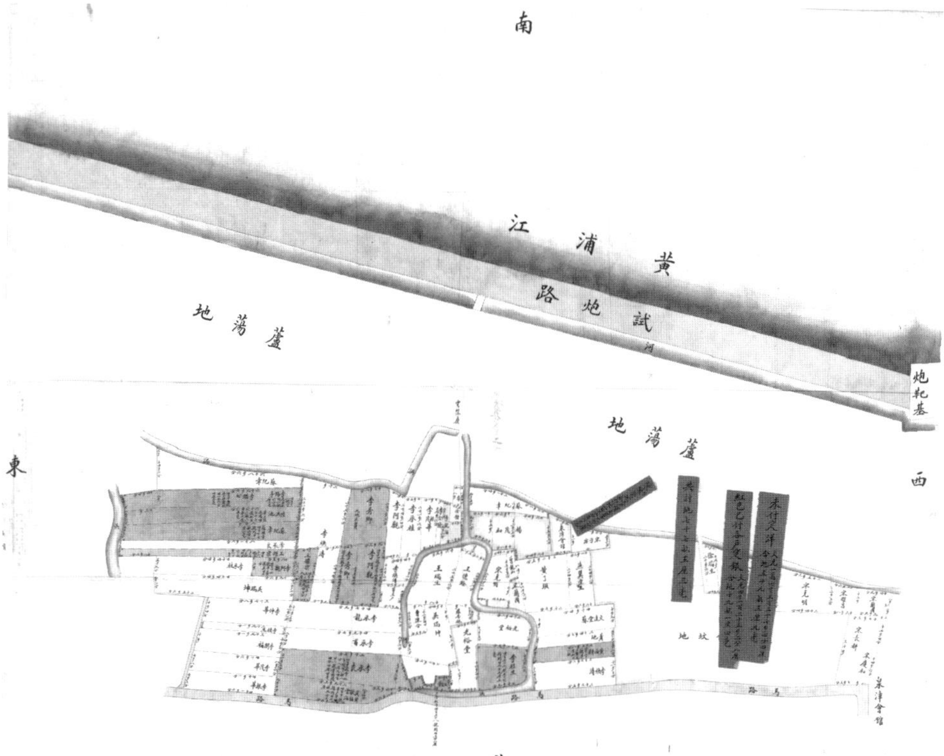

江南機器製造局新買試炮靶處地基圖樣（1907年1月或2月，光緒二十二年十二月）

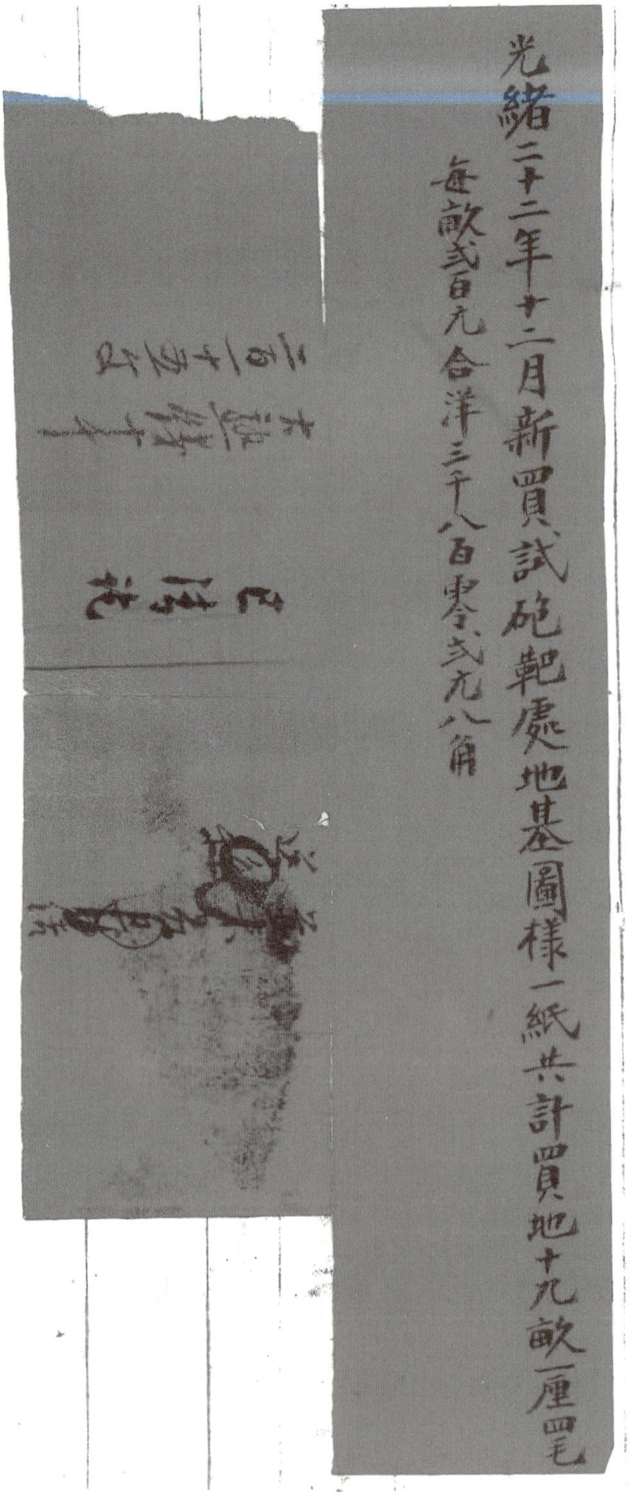
光緒二十二年十二月新買試砲靶處地基圖樣一紙共計買地十九畝一厘四毛
每畝弍百元合洋三千八百零、弍元八角
已清訖

江南機器製造局新買試炮靶處地基圖樣（1907 年 1 月或 2 月，光緒二十二年十二月）

繪呈製造局憲購置二十五保十四圖内陳維榮等地圖説（1896 年 9 月或 10 月，光緒二十二年八月）

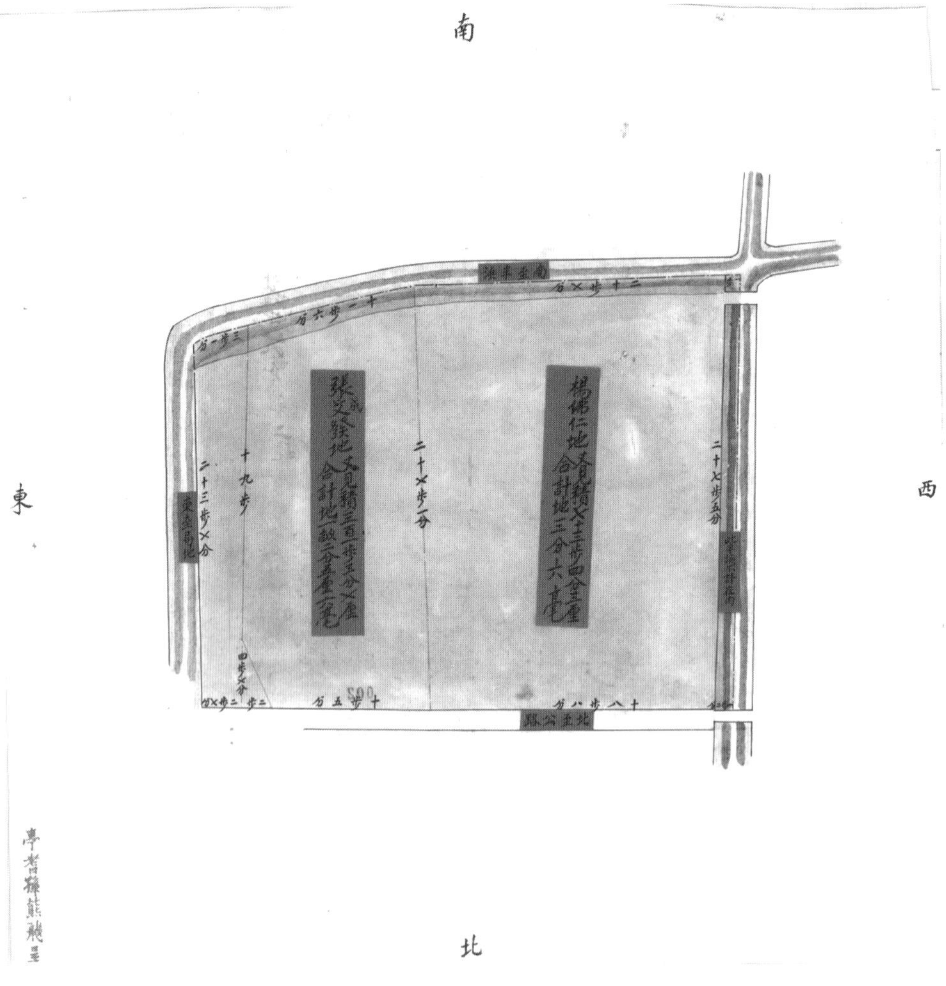

繪呈製造局憲購置二十五保十四圖内陳維榮等地圖説（1896年9月或10月，光緒二十二年八月）

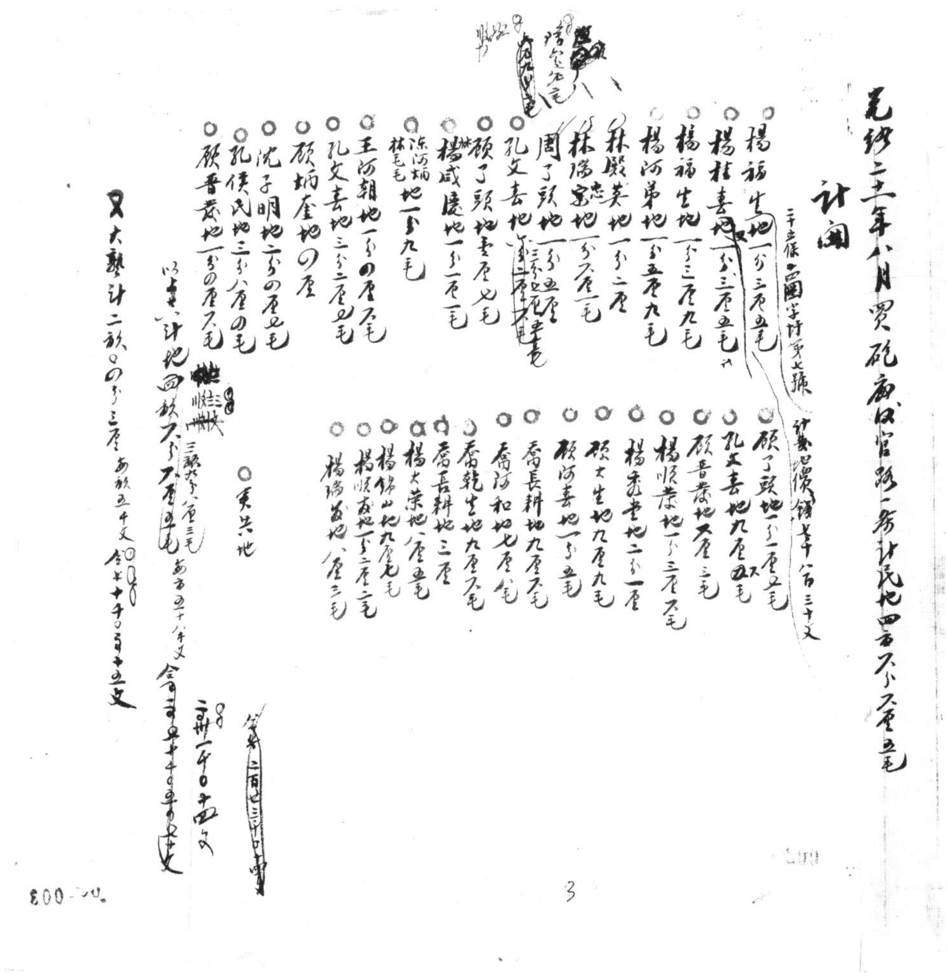

江南機器製造局買炮廠後官路一條民地清單（1895 年 9 月或 10 月，光緒二十一年八月）

新買民地原單卅弍戶共計錢參八十千〇百八十五文現退去
三戶改少一戶因已繫提案上未能更改於前月廿日
張水落收繳還四戶共計錢六十二千三百〇六文其改少一戶收
繳還於張水另出收條

支應處

004

江南機器製造局支應處爲新買民地原單改動事簽條（1895年9月或10月，光緒二十一年八月）

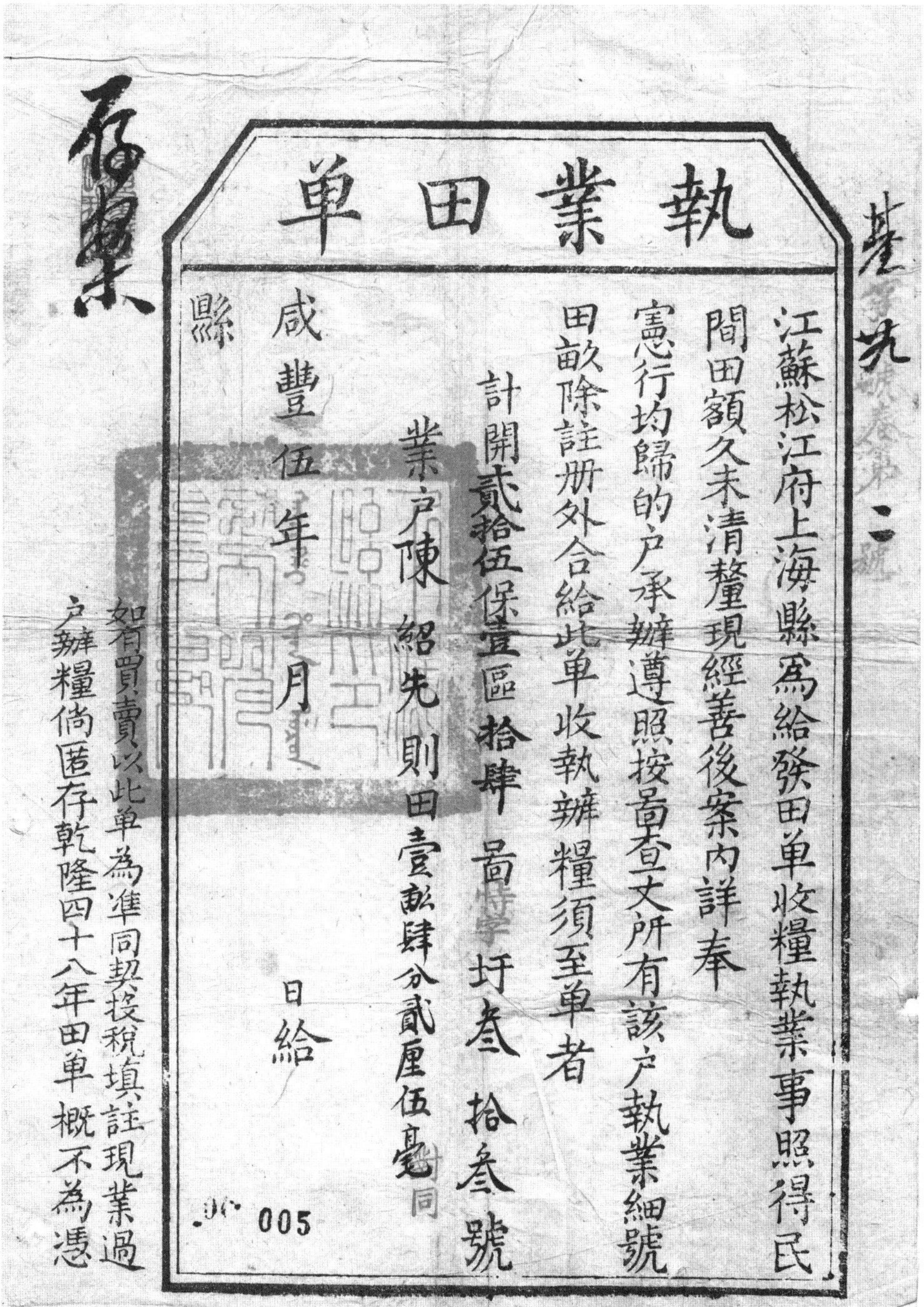

執業田單

江蘇松江府上海縣爲給發田单收糧執業事照得民
間田額久未清釐現經善後案内詳奉
憲行均歸的户承辦遵照按啚查丈所有該户執業細號
田畝除註册外合給此单收執辦糧須至单者
計開貳拾伍保壹區拾肆 啚 圩叁 拾叁號
業户陳 紹先則田壹畝肆分貳厘伍毫
咸豐伍年 月 日給
縣
如有買賣以此单為準同契投稅填註現業過
户辦糧倘匿存乾隆四十八年田单概不為憑

005

陳紹先執業田單（1855年，咸豐五年）

敬禀者前買妥鍊鋼廠北面相連之民地陳維榮貳畝貳分肆厘柒毫張成發壹畝貳分伍厘陸毫楊佛仁叁分陸毫價付之後當追各戶交付田單據地保張慶華稱張成發楊佛仁二戶田單久已遺失惟陳維榮一戶有一田單茲陳維榮同地保送交前來計田單壹張內係陳紹先名則田壹畝肆分貳厘伍毫較此刻量見漲出捌分貳厘貳毫合併聲明謹將此

基字 號卷第二號

單呈請

憲鑒伏乞

批交文案處存案

附呈田單壹張

交文案處存案

十月二十九日 工程處 謹呈

006

江南機器製造局工程處爲呈送陳維榮一户田單事致該局總辦禀文（1896 年 12 月 3 日，光緒二十二年十月二十九日）

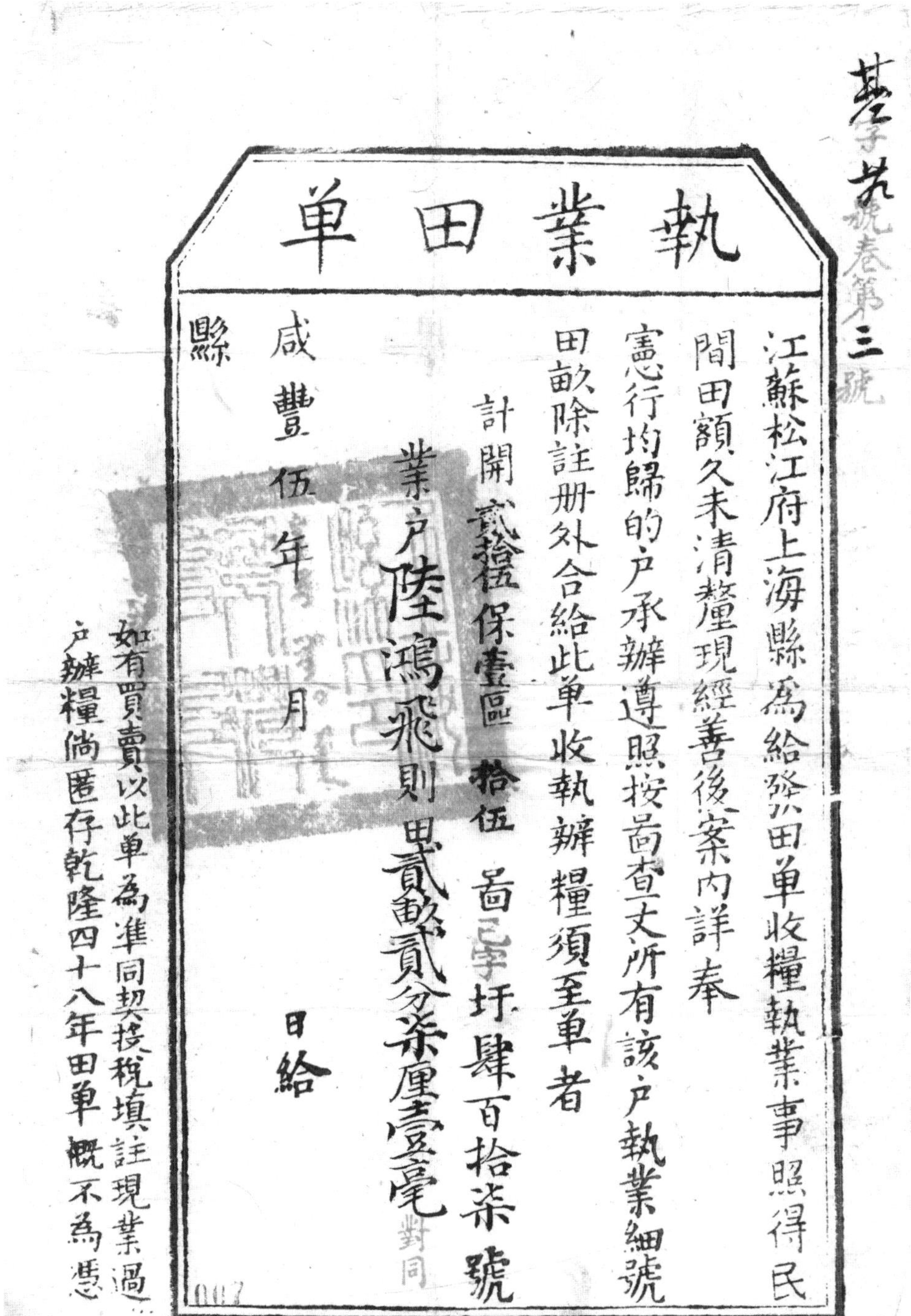
基字芥號卷第三號

執業田單

江蘇松江府上海縣為給發田單收糧執業事照得民
間田額久未清釐現經善後案內詳奉
憲行均歸的戶承辦遵照按啚查丈所有該戶執業細號
田畝除註册外合給此單收執辦糧須至單者
計開　貳拾伍保壹區　拾伍　啚　己字圩肆百拾柒號
業戶陸鴻飛則田貳畝貳分柒厘壹毫
對同
咸豐伍年　月　日給
縣
如有買賣以此單為準同契投稅填註現業過
戶辦糧倘匿存乾隆四十八年田單概不為憑

陸鴻飛執業田單（1855年，咸豐五年）

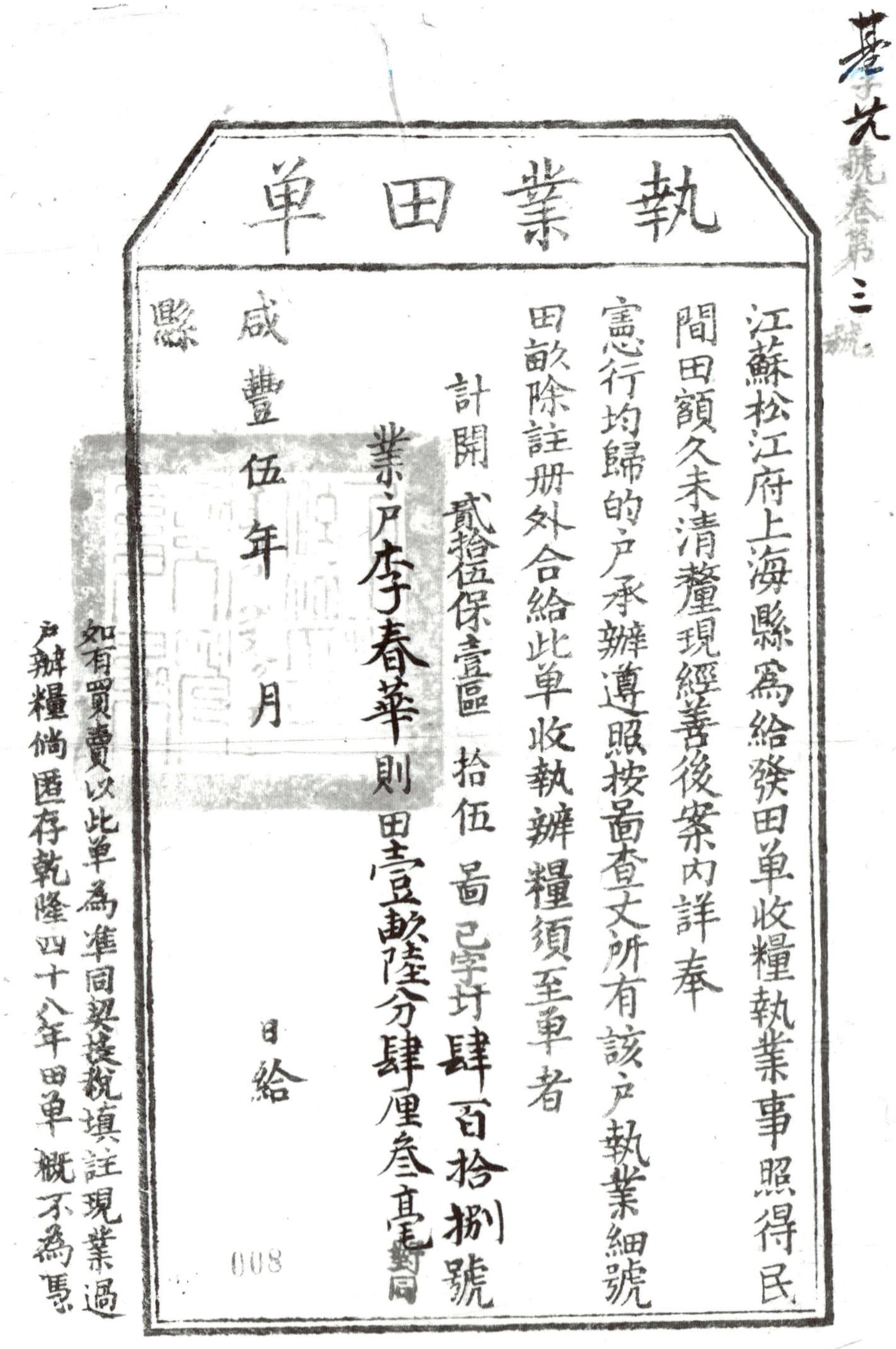
基字先號春第三號

執業田單

江蘇松江府上海縣爲給發田單收糧執業事照得民
間田額久未清釐現經善後案内詳奉
憲行均歸的户承辦遵照按啚查丈所有該户執業細號
田畝除註册外合給此單收執辦糧須至單者
計開 貳拾伍保壹區 拾伍 啚 己字圩 肆百拾捌號
業户李春華 則 田壹畝陸分肆厘叁毫 對同
咸豐伍年 月 日給
縣

如有買賣以此單爲準同契投稅填註現業過
户辦糧倘匿存乾隆四十八年田單概不爲憑

008

李春華執業田單（1855年，咸豐五年）

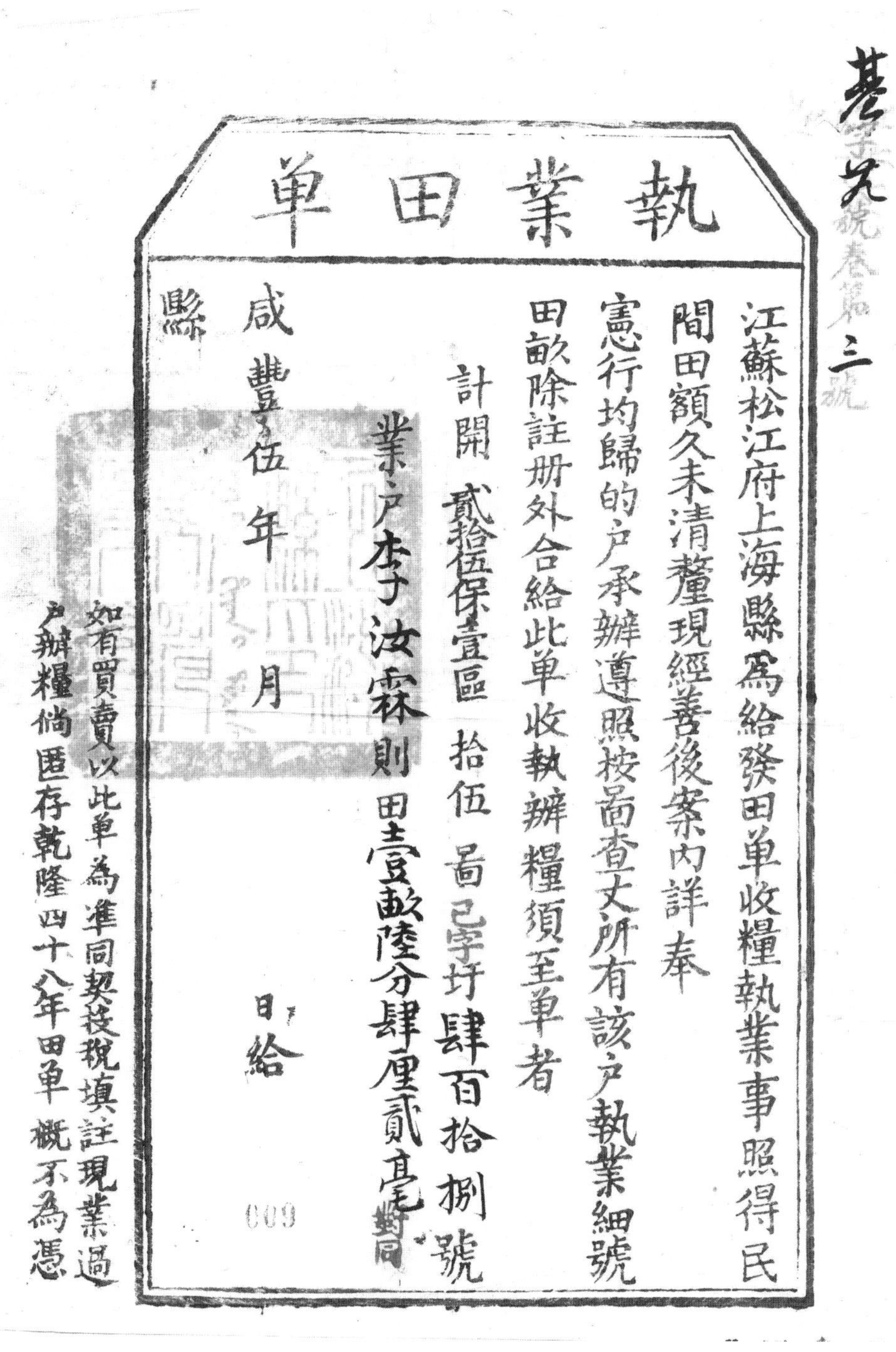
執業田单

江蘇松江府上海縣爲給發田单收糧執業事照得民
間田額久未清釐現經善後案內詳奉
憲行均歸的户承辦遵照按啚查丈所有該户執業細號
田畝除註册外合給此单收執辦糧須至单者
計開 貳拾伍保壹區 拾伍 啚 己字圩肆百拾捌號
業户李汝霖則 田壹畝陸分肆厘貳毫
咸豐伍年 月 日給
縣
如有買賣以此单爲準同契投稅填註現業過
户辦糧倘匿存乾隆四十八年田单概不爲憑

李汝霖執業田單（1855年，咸豐五年）

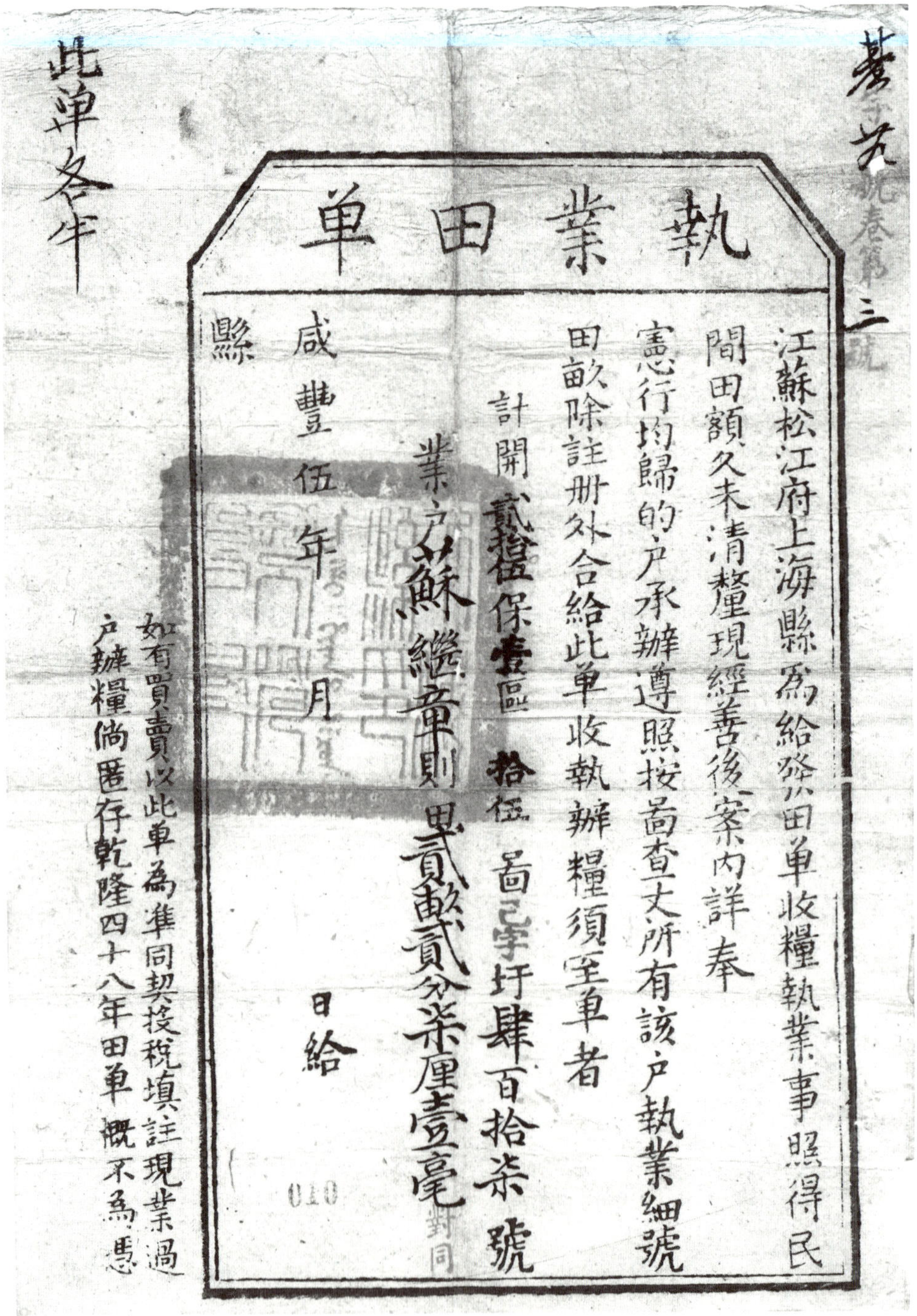

荅字號春第三號

執業田单

江蘇松江府上海縣爲給發田单收糧執業事照得民
間田額久未清釐現經善後案內詳奉
憲行均歸的户承辦遵照按啚查丈所有該户執業細號
田畝除註册外合給此单收執辦糧須至单者

計開　貳拾保壹區　拾伍　啚　己字圩肆百拾柒號

業户蘇繼章則田貳畝貳分柒厘壹毫

對同

咸豐伍年　月　日給

縣

如有買賣以此单爲準同契投稅塡註現業過
户辦糧倘匿存乾隆四十八年田单概不爲憑

此单冬牛

010

蘇繼章執業田單（1855 年，咸豐五年）

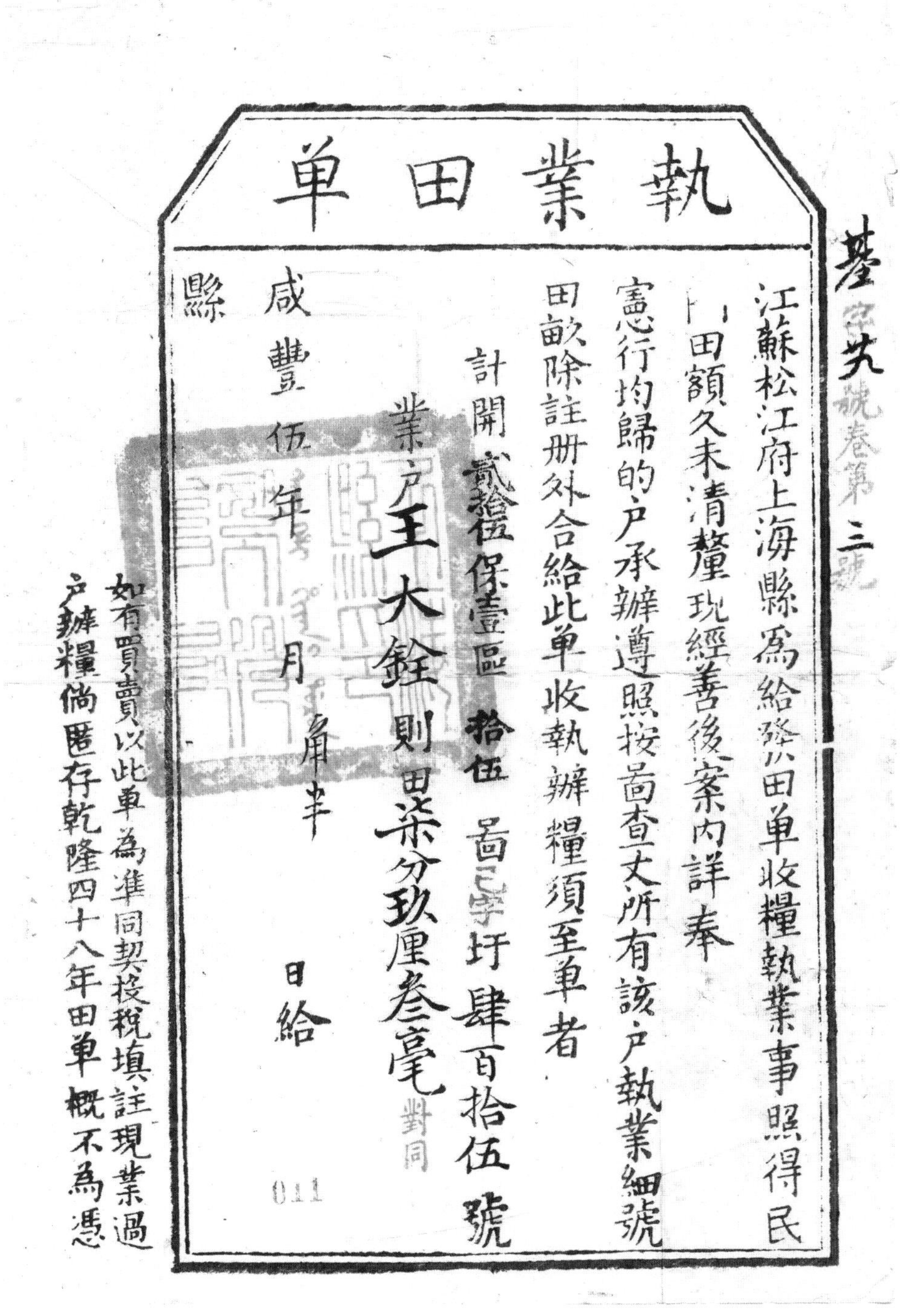
基字大號卷第三號

執業田单

江蘇松江府上海縣爲給發田单收糧執業事照得民
間田額久未清釐現經善後案内詳奉
憲行均歸的户承辦遵照按啚查丈所有該户執業細號
田畝除註册外合給此单收執辦糧須至单者
計開 貳拾保壹區 拾伍 啚 已字 圩 肆百拾伍 號
業户 王大銓 則田 柒分玖厘叁毫
對同
咸豐伍年 月 日給
縣
如有買賣以此单為準同契投税填註現業過
户辦糧倘匿存乾隆四十八年田单概不為憑
011

王大銓執業田單（1855 年，咸豐五年）

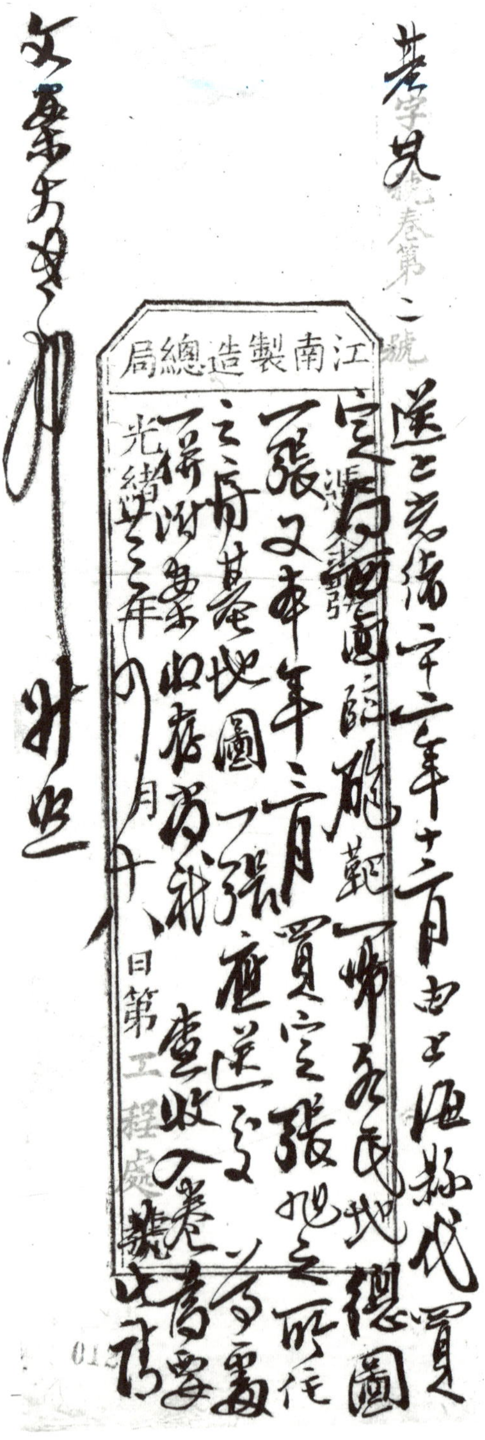

江南機器製造局工程處爲送交購地地圖两張事致該局文案處憑條（1897 年 5 月 19 日，光緒二十三年四月十八日）

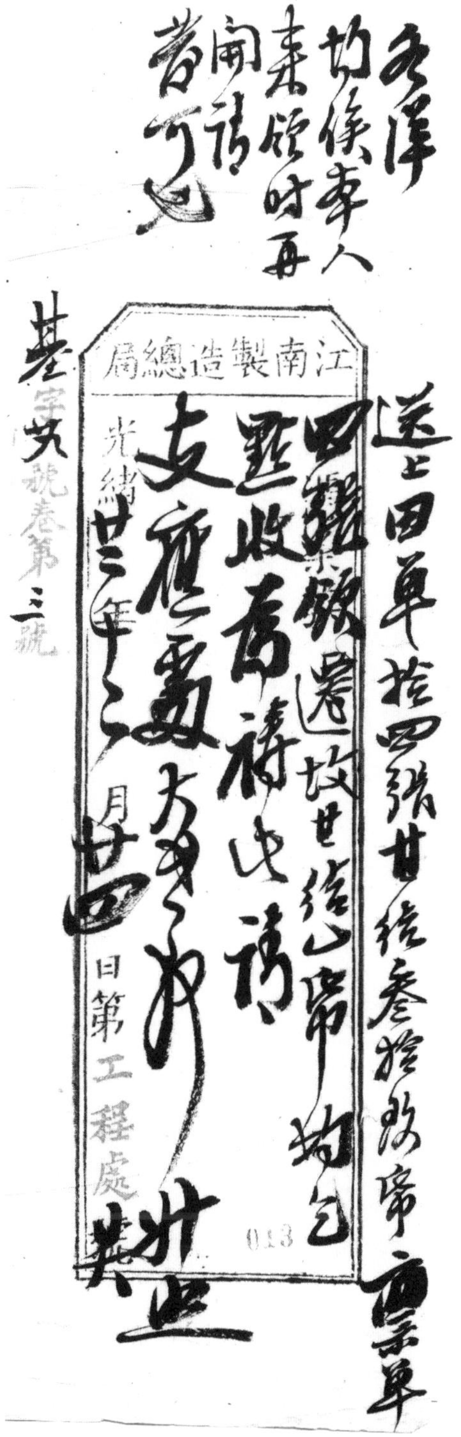

江南機器製造局工程處爲送交田單、甘結、稟單、領還墳甘結事致該局支應處憑條（1897 年 1 月 26 日，光緒二二年十二月二四日）

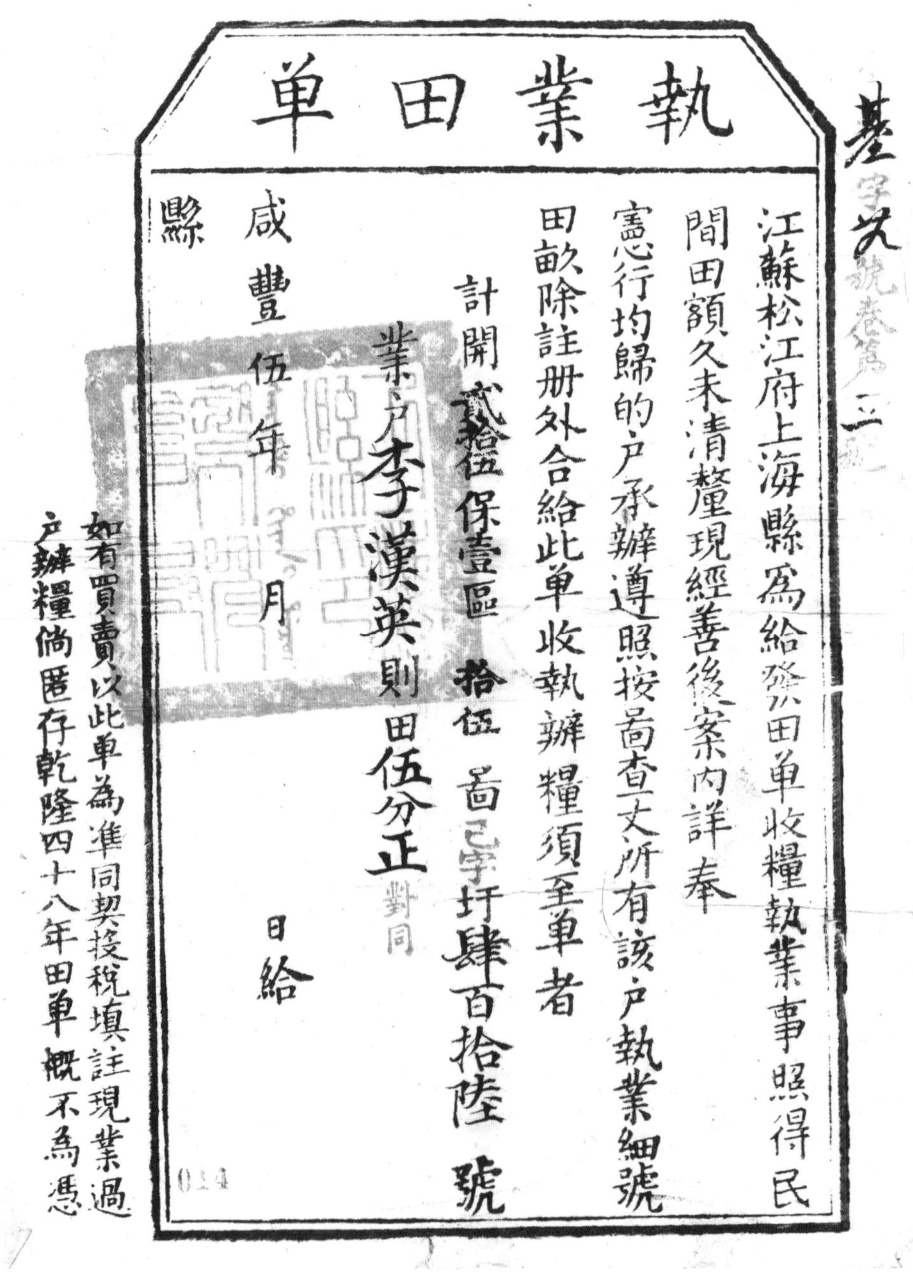
執業田單

基字六號叁啚三號

江蘇松江府上海縣爲給發田单收糧執業事照得民
間田額久未清釐現經善後案内詳奉
憲行均歸的户承辦遵照按啚查丈所有該户執業細號
田畝除註册外合給此单收執辦糧須至单者
計開貳拾伍保壹區拾伍啚己字圩肆百拾陸號
業户李漢英則田伍分正 對同

咸豐伍年　月　日給

縣

如有買賣以此单爲準同契投税填註現業過
户辦糧倘匿存乾隆四十八年田单概不爲憑

李漢英執業田單（1855 年，咸豐五年）

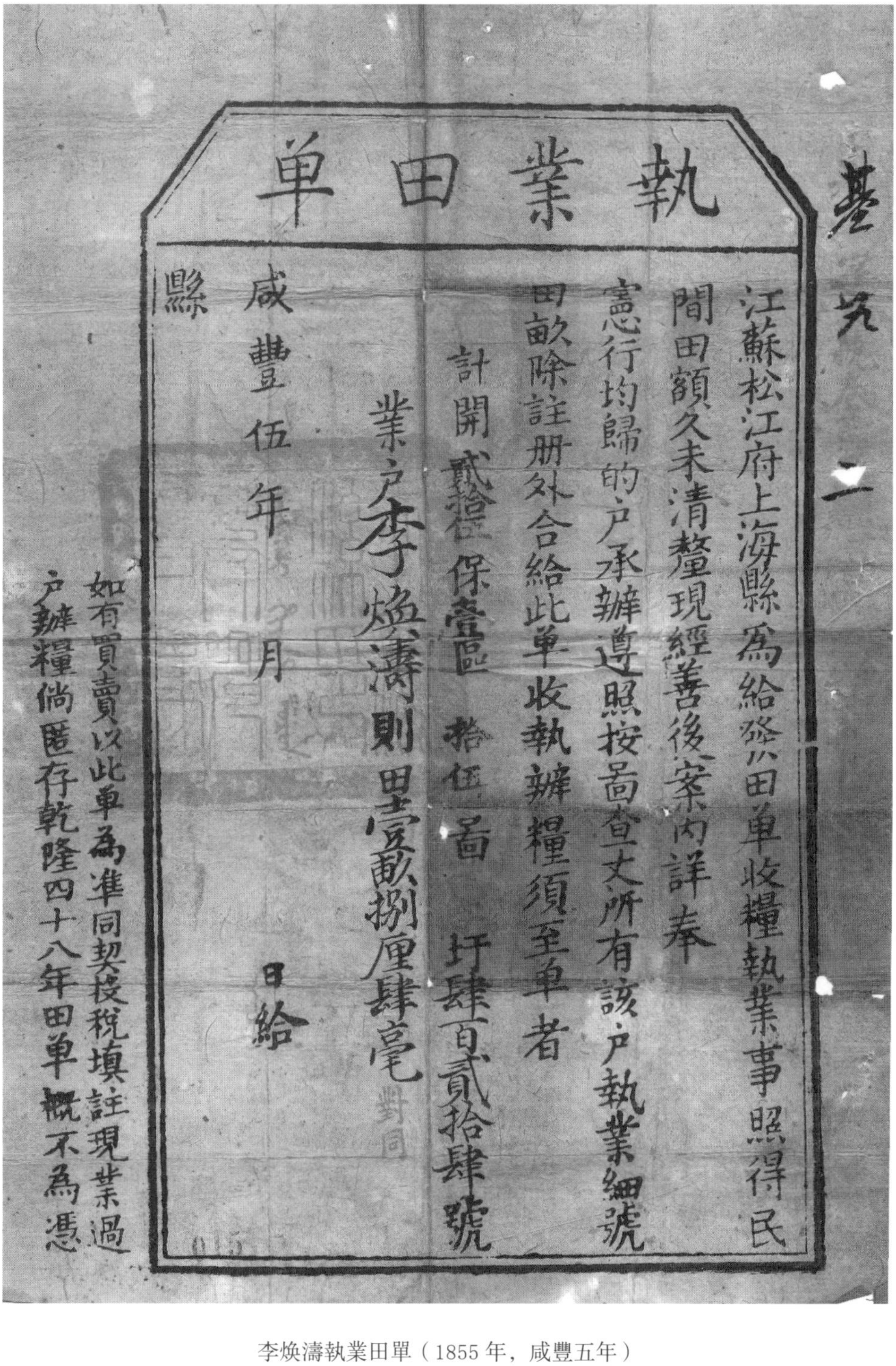

執業田單

江蘇松江府上海縣爲給發田單收糧執業事照得民
間田額久未清釐現經善後案内詳奉
憲行均歸的户承辦遵照按啚查丈所有該户執業細號
田畝除註册外合給此單收執辦糧須至單者
計開 貳拾保壹區 拾伍啚 圩肆百貳拾肆號
業户李煥濤則田壹畝捌厘肆毫
咸豐伍年 月 日給
縣
如有買賣以此單爲準同契投稅填註現業過
户辦糧倘匿存乾隆四十八年田單概不爲憑

李焕濤執業田單（1855 年，咸豐五年）

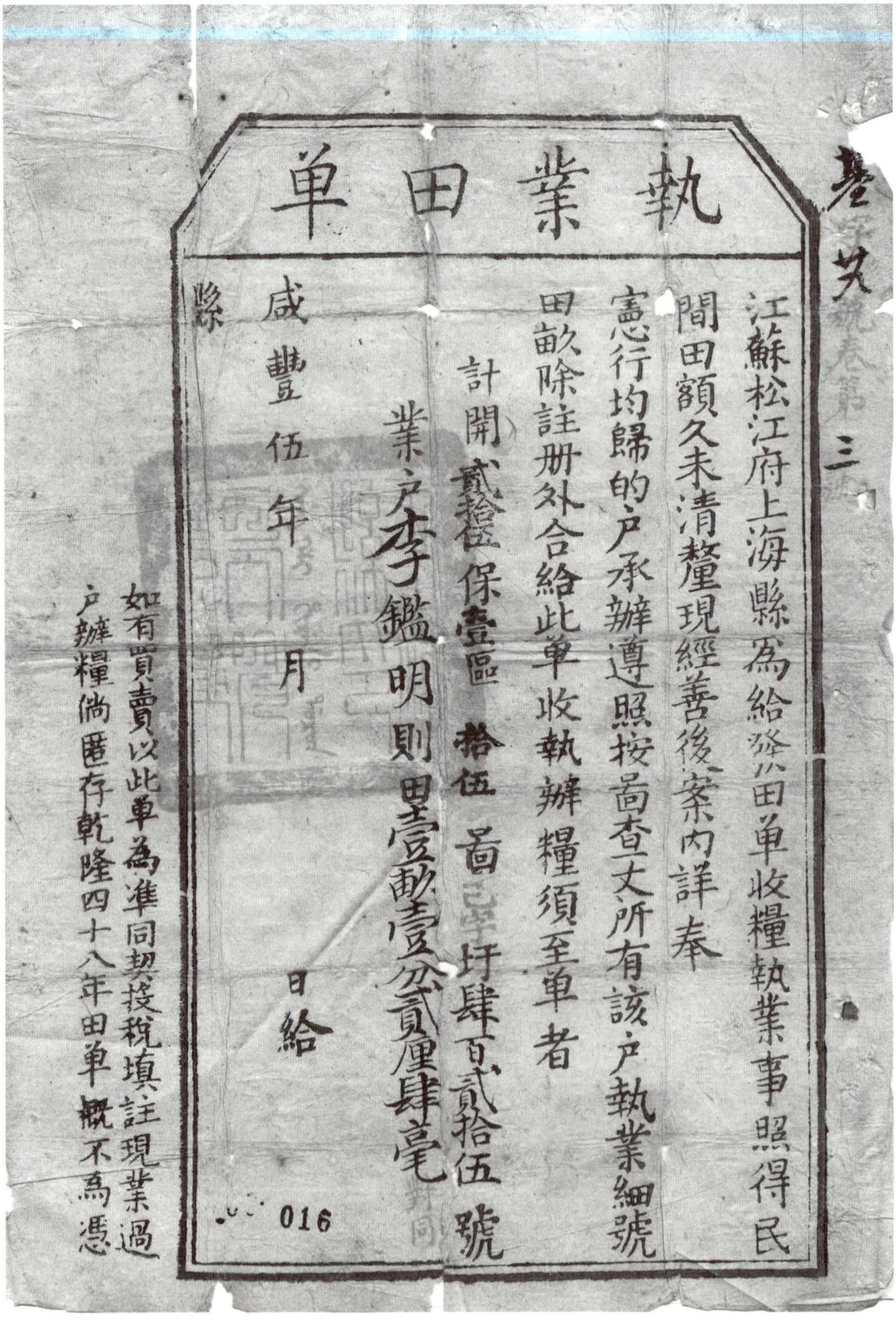

執業田單

江蘇松江府上海縣為給發田單收糧執業事照得民
間田額久未清釐現經善後案内詳奉
憲行均歸的户承辦遵照按畝查丈所有該户執業細號
田畝除註册外合給此單收執辦糧須至單者
計開貳拾保壹區 拾伍 啚 巳字圩肆百貳拾伍號
業户李鑑明則田壹畝壹分貳釐肆毫

咸豐伍年 月 日給

縣

016

如有買賣以此單為準同契投稅填註現業過
户辦糧倘匿存乾隆四十八年田單槪不為憑

李鑑明執業田單（1855 年，咸豐五年）

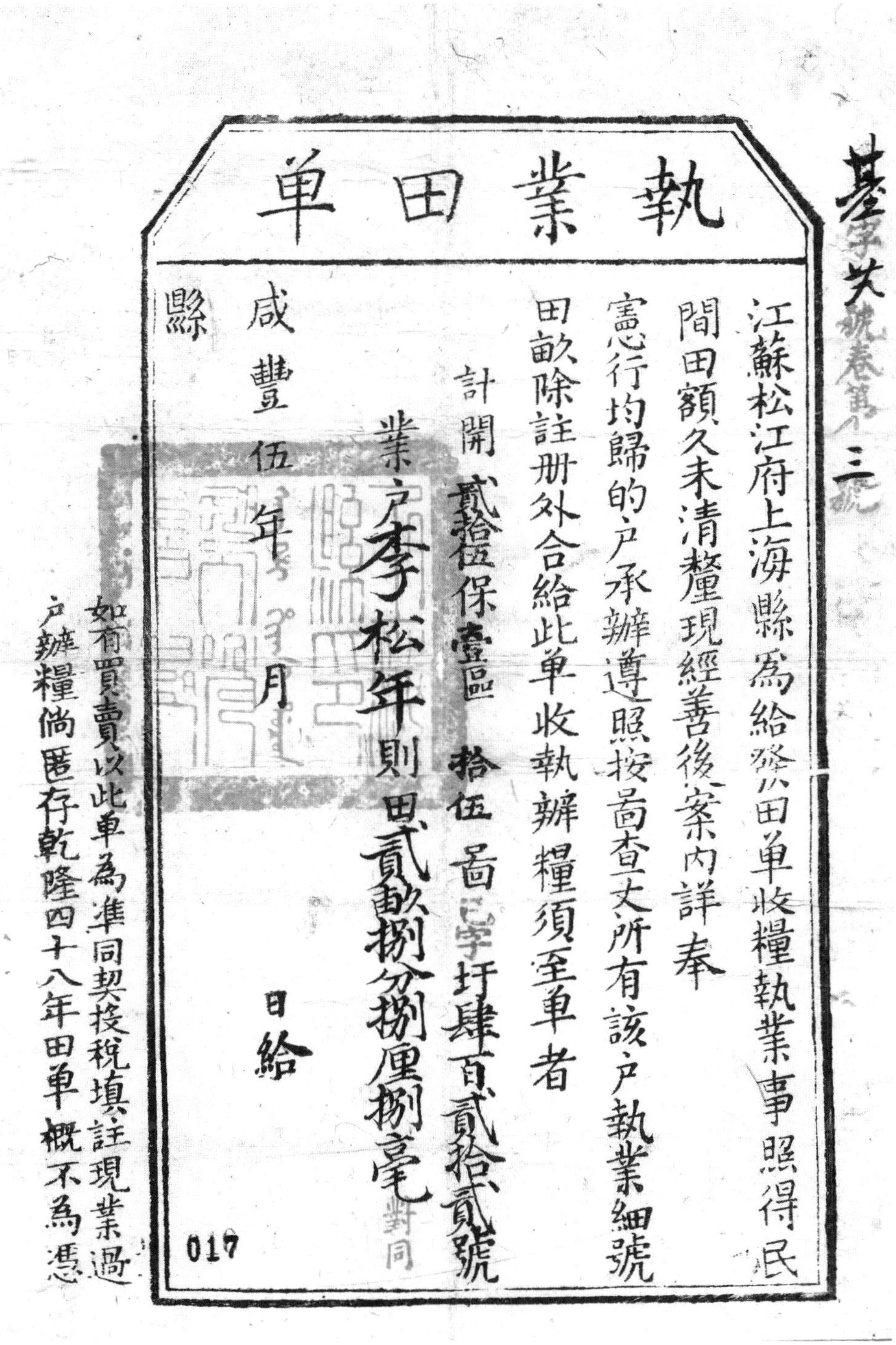
執業田單

江蘇松江府上海縣為給發田單收糧執業事照得民
間田額久未清釐現經善後案內詳奉
憲行均歸的户承辦遵照按啚查丈所有該户執業細號
田畝除註册外合給此单收執辦糧須至单者
計開 貳拾保壹啚 拾伍啚 已字圩肆百貳拾貳號
業户李松年 則田貳畝捌分捌厘捌毫
對同
咸豐伍年 月 日給
縣
017

如有買賣以此单為準同契投稅填註現業過
户辦糧倘匿存乾隆四十八年田单概不為憑

李松年執業田單（1855 年，咸豐五年）

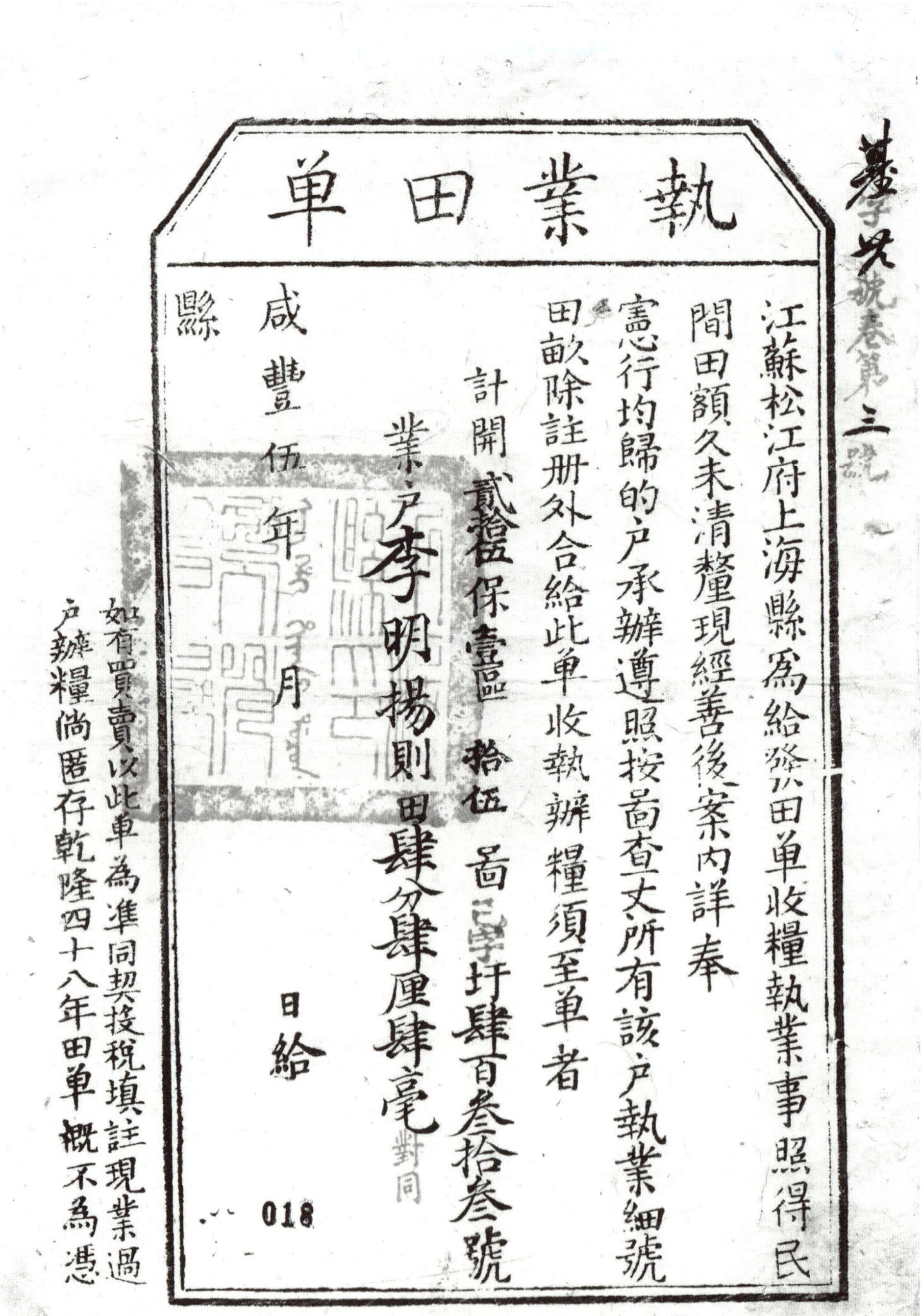
執業田単

基字叧號巷第三號

江蘇松江府上海縣爲給發田単收糧執業事照得民
間田額久未清釐現經善後案内詳奉
憲行均歸的户承辦遵照按畝查丈所有該户執業細號
田畝除註册外合給此単收執辦糧須至単者
計開 貳拾保壹區 拾伍 啚 已字圩肆百叁拾叁號
業户李明揚則田肆分肆釐肆毫 對同
咸豐伍年 月 日給
縣
018

如有買賣以此単爲準同契投税填註現業過
户辦糧倘匿存乾隆四十八年田単概不爲憑

李明揚執業田單（1855 年，咸豐五年）

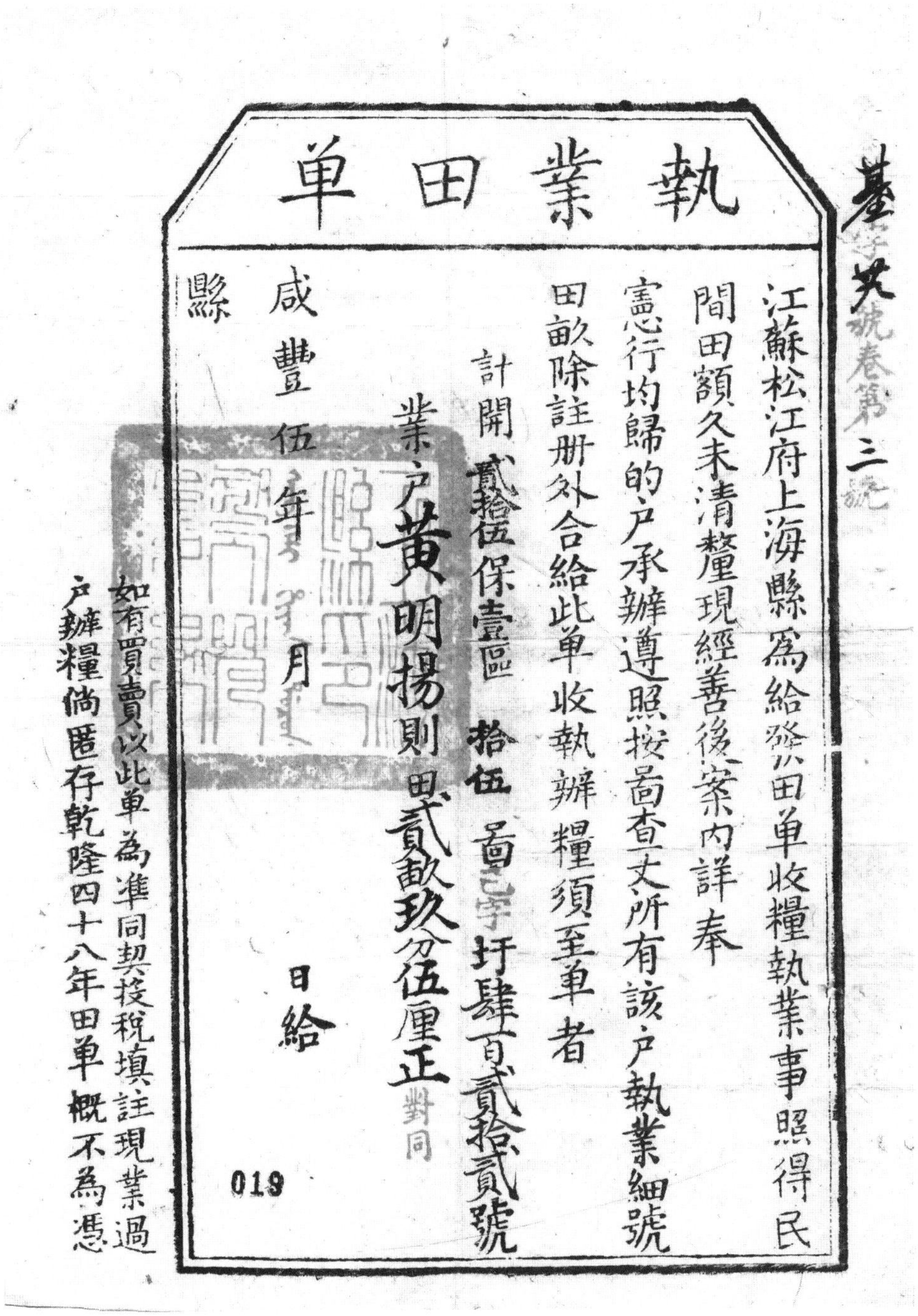

基字共號卷第三號

執業田单

江蘇松江府上海縣爲給發田单收糧執業事照得民
間田額久未清釐現經善後案内詳奉
憲行均歸的户承辦遵照按啚查丈所有該户執業細號
田畝除註册外合給此单收執辦糧須至单者
計開 貳拾伍保壹區 拾伍 啚 己字 圩肆百貳拾貳號
業户黄明揚則田貳畝玖分伍厘正 對同
咸豐伍年 月 日給
縣
如有買賣以此单為準同契投税塡註現業過
户辦糧倘匿存乾隆四十八年田单概不為憑

019

黄明揚執業田單（1855年，咸豐五年）

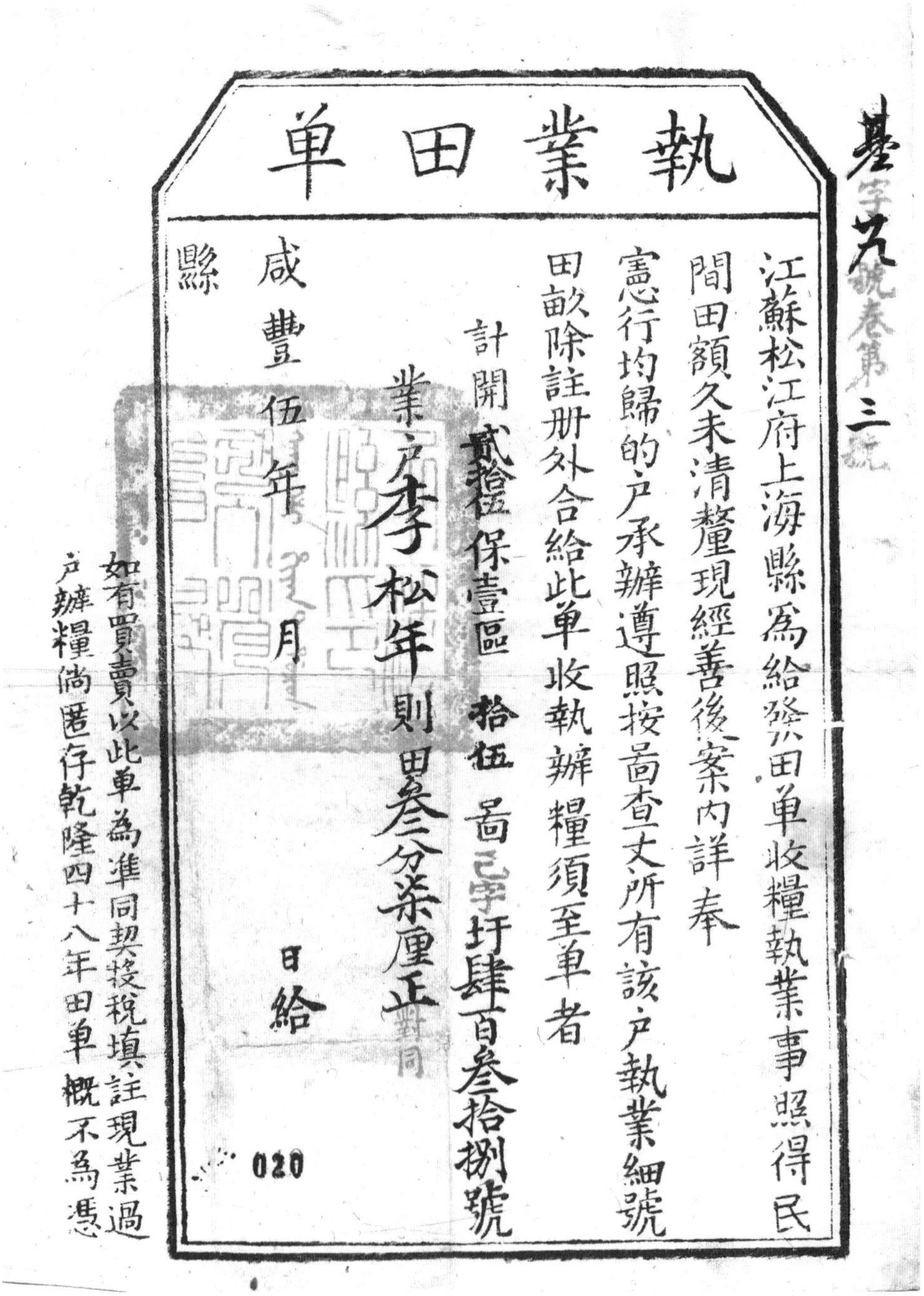
基字九號卷第三號

執業田単

江蘇松江府上海縣爲給發田単收糧執業事照得民
間田額久未清釐現經善後案内詳奉
憲行均歸的户承辦遵照按啚查丈所有該户執業細號
田畝除註册外合給此単收執辦糧須至単者

計開 貳拾保壹區 拾伍 啚 己字圩肆百叁拾捌號
業户李松年 則田叁分柒厘正 對同

咸豐伍年 月 日給

縣

如有買賣以此単為準同契投稅填註現業過
户辦糧倘匿存乾隆四十八年田単概不為憑

020

李松年執業田單（1855年，咸豐五年）

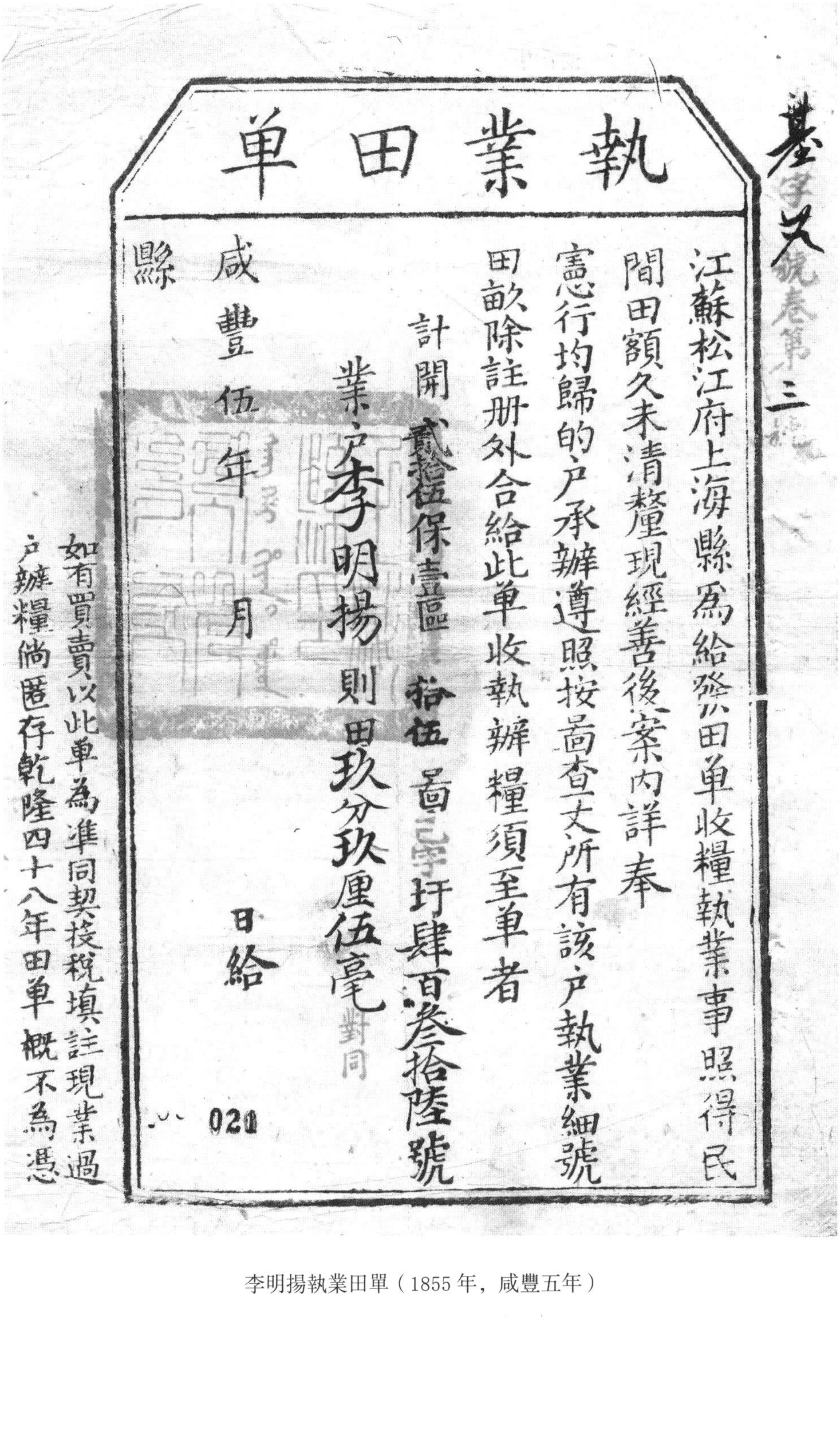

基字尖號卷第三

執業田单

江蘇松江府上海縣爲給發田单收糧執業事照得民
間田額久未清釐現經善後案内詳奉
憲行均歸的户承辦遵照按啚查丈所有該户執業細號
田畝除註册外合給此单收執辦糧須至单者
計開 貳拾伍保壹區 拾伍 啚 己字圩肆百叁拾陸號
業户李明揚 則田玖分玖厘伍毫 對同
咸豐伍年 月 日給
縣
021
如有買賣以此单為準同契投稅填註現業過
户辦糧倘匿存乾隆四十八年田单槪不為憑

李明揚執業田單（1855 年，咸豐五年）

江南製造總局

臺字又號春第三

執業田单

江蘇松江府上海縣爲給發田单收糧執業事照得民
間田額久未清釐現經善後案内詳奉
憲行均歸的户承辦遵照按啚查丈所有該户執業細號
田畝除註册外合給此单收執辦糧須至单者

計開 貳拾伍保壹區 拾伍 啚 己字圩 肆百伍拾壹號

業户 黄春奎 則田 壹畝正 對同

咸豐伍年 月 日給

縣

022

如有買賣以此单爲準同契投税填註現業過
户辦糧倘匿存乾隆四十八年田单概不爲憑

黄春奎執業田單（1855 年，咸豐五年）

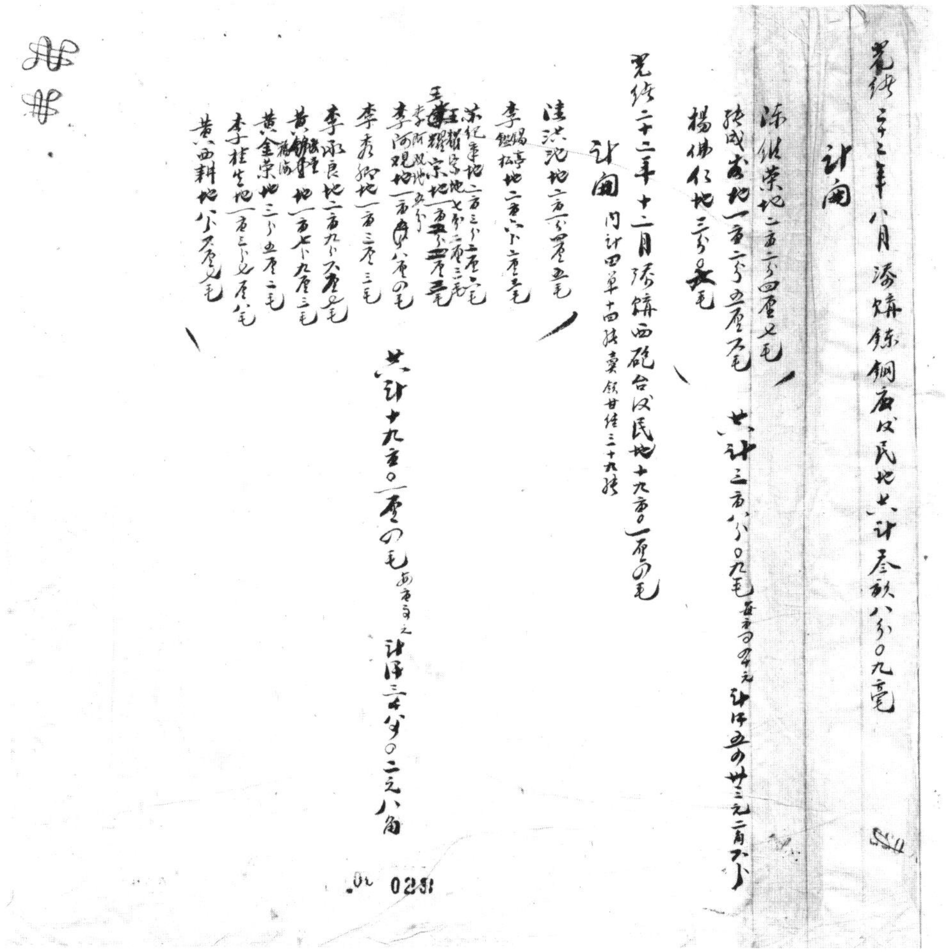
光緒二十二年八月添購煉鋼廠後民地共計叁畝八分〇九毫

計開

陳仲榮地二畝二分四厘七毛

張成[illegible]地一畝二分五厘八毛

楊佛仁地三分[illegible]毛

共計三畝八分〇九毛 每畝[illegible] 計洋[illegible]

光緒二十二年十二月添購西砲台後民地十九畝〇一厘〇毛

計開 內計田單十四張 粵領廿結三十九張

淩洪池地二畝一分四厘五毛

李錫亭 鑑松地二畝六分二厘二毛

苏纪年地二畝三分二厘[illegible]毛

王耀宗地[illegible]

李河观地一畝[illegible]八厘〇毛

李秀卿地一畝三厘三毛

李永良地二畝九分[illegible]厘[illegible]毛

黄镜[illegible]地一畝七分九厘三毛

黄金荣地三分五厘二毛

李桂生地一畝三分七厘八毛

黄西耕地八分[illegible]厘[illegible]毛

共計十九畝〇一厘〇毛 每畝[illegible] 計洋三千[illegible]〇二元八角

江南機器製造局添購煉鋼廠後民地、西炮臺後民地清單（1896年9月或10月、1897年1月或2月，光緒二十二年八月、十二月）

基字弍號卷第二號

具賣地切結人楊佛仁今具到

製造局憲大人臺下窃身有自業則田坐落二十五保拾四啚恃字圩第叁拾弍號現已量見叁分陸毫正情愿出具切結賣與

憲局作為公用每畝議定價洋壹百四拾元正合計英洋四拾弍元捌角四分正業經親投

憲局如數領收清訖並無分文短少混冒情弊除另具切結呈報本縣衙門存案辦理外合具賣與切結是實

光緒念貳年　月　日具賣地切結人楊佛仁　十

本啚地保　張慶華　十

楊佛仁具賣地切結（1896年，光緒二十二年）

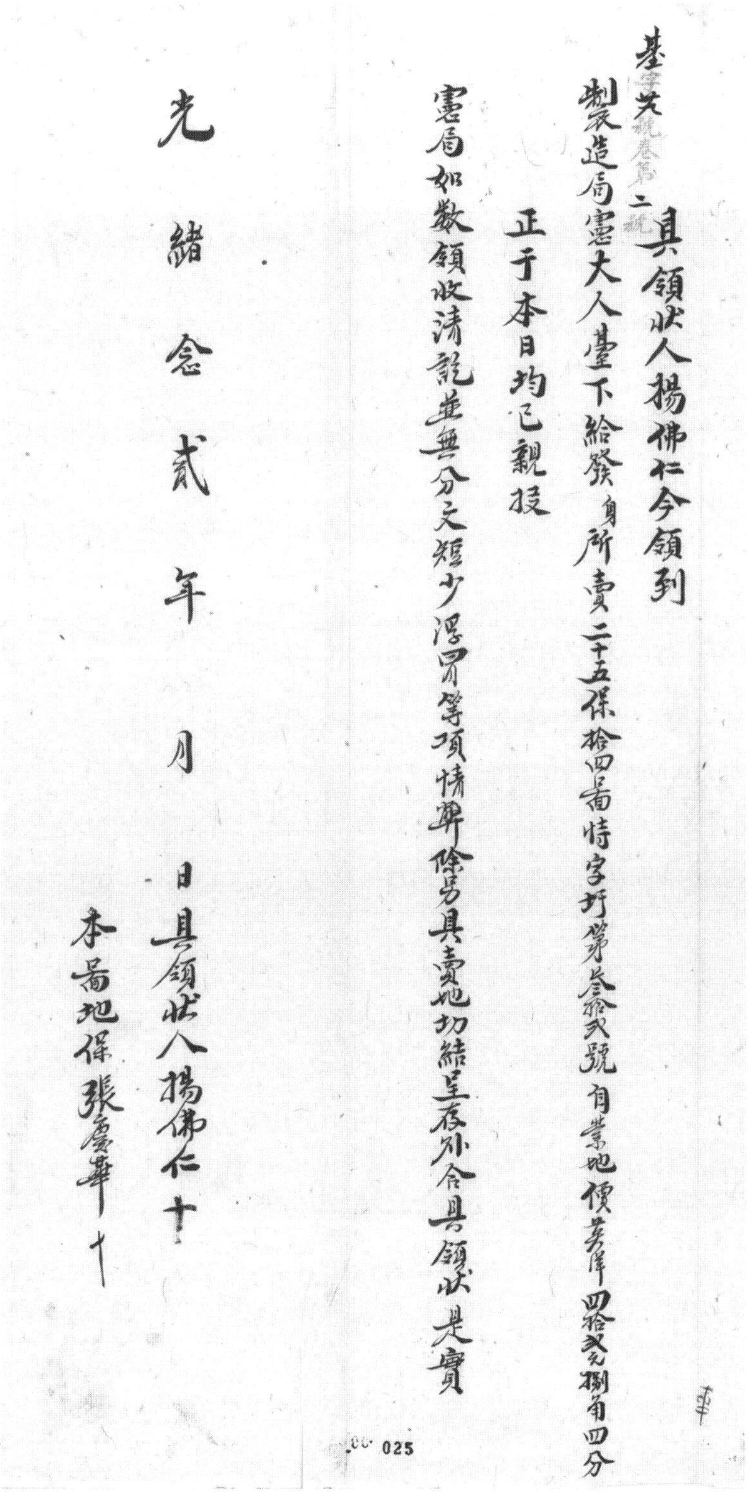

基字六號卷第二號

具領狀人楊佛仁今領到

製造局憲大人臺下給發身所賣二十五保拾四啚特字圩第叁拾弍號自業地價英洋四拾弍元捌角四分

正于本日均已親投

憲局如數領收清訖並無分文短少浮冒等項情弊除另具賣地切結呈存外合具領狀是實

光緒念弍年　月　日具領狀人楊佛仁十

本啚地保張慶華十

楊佛仁具領狀（1896 年，光緒二十二年）

基字光號卷第二號

具領狀人張成發今領到

製造局憲大人臺下給發身所賣二十五保拾四啚特字圩第叁拾弍號自業地價英洋壹百柒拾五元捌角

四分正于本日均已親投

憲局如數領收清訖並無分文短少浮冒等項情弊除另具賣地切結呈存外合具領狀是實

光緒念貳年　月　日具領狀人 張成發十

本啚地保 張慶華十

026

張成發具領狀（1896 年，光緒二十二年）

基字廿九號卷第二號

具賣地切結人張成發今具到

製造局憲大人臺下竊身有自業則田坐落二十五保拾四啚恃字圩第叁拾叉號現已量見壹畝叉分五厘六毫正情愿出具切結賣與

憲局作為公用每畝議定價洋壹百四拾元正合計英洋　元捌角四分正業經親投

憲局如數領收清訖並無分文短少浮冒情弊除另具切結呈報本縣衙門存案辦查外合具賣與切結是實

光緒念貳年　月　日具賣地切結人張成發十

本啚地保張慶華十

張成發具賣地切結（1896年，光緒二十二年）

基字又號卷第二號

具領狀人陳維榮今領到

製造局憲大人臺下給發身所賣二十五保拾四啚侍字圩第叁拾叁號自業地價英洋叁百拾四元

五角捌分正于本日均已親收

憲局如數領收請訖並無分文短少混冒等項情弊除另具賣地切結呈存外合具領狀是實

028

光緒念貳年　月　日具領狀人陳維榮十

本啚地保張慶華十

陳維榮具領狀（1896年，光緒二十二年）

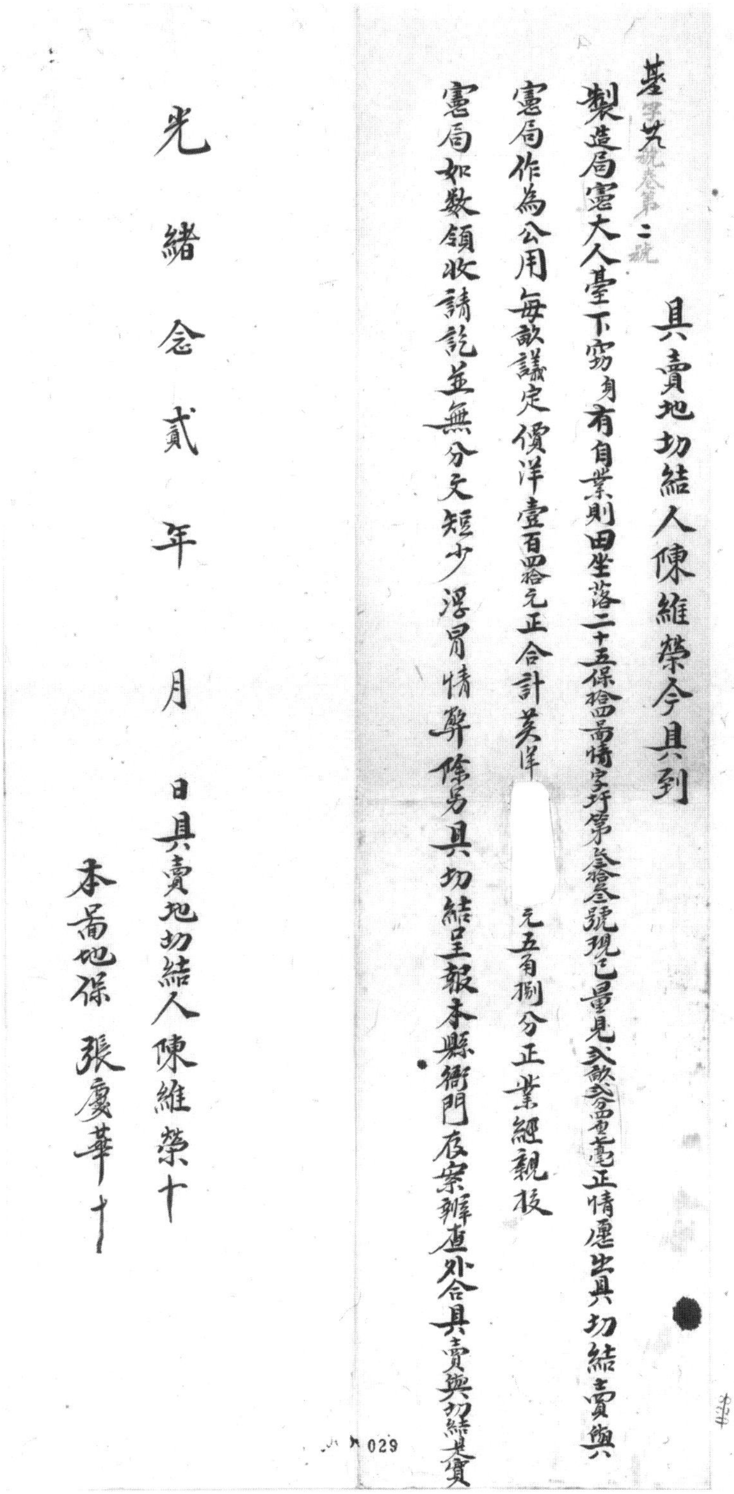
基字先號卷第二號

具賣地切結人陳維榮今具到

製造局憲大人臺下竊身有自業則田坐落二十五保拾四啚情字圩第叁拾叁號現已量見貳畝貳分四厘七毫正情愿出具切結賣與

憲局作為公用每畝議定價洋壹百四拾元正合計英洋[illegible]元五角捌分正業經親收

憲局如數領收請訖並無分文短少浮冒情弊除另具切結呈報本縣衙門备案辦查外合具賣與切結是實

光緒念貳年　月　日具賣地切結人陳維榮十

本啚地保張慶華十

陳維榮具賣地切結（1896年，光緒二十二年）

墓字艾號卷第二號

具領狀人陳維榮今當

製造局憲大人台前 小的實領得煉鋼廠後面遷移陳姓祖墓挖出磚包杉棺四具遷費磚包每

具錢拾弍千文合計足制錢四拾捌千文今日親從

憲局如數領收清訖並無分文短少浮冒情弊所具領狀是實

光緒貳拾貳年拾貳月 日具領狀人陳維榮

地保張鳳生

陳維榮具領狀（1897年1月或2月，光緒二十二年十二月）

基字先號卷第三號

具賣地切結人黃金榮今具到

製造局憲大人台下竊身有自業則田坐落二十五保十五啚已字圩四伯二十八號現已

丈見地叁分五厘二毫正情愿出具結賣與

憲局作爲公用每畝議定價洋貳伯元正合計洋柒拾元四角業經親赴

憲局如數領收清訖並無分文短少浮冒情弊除另具切結呈報本縣衙門存

案備查外合具賣與切結是實

光緒二十二年十二月　日　立具賣地切結人黃金榮十

地保顧隆基

黃金榮具賣地切結（1897 年 1 月或 2 月，光緒二十二年十二月）

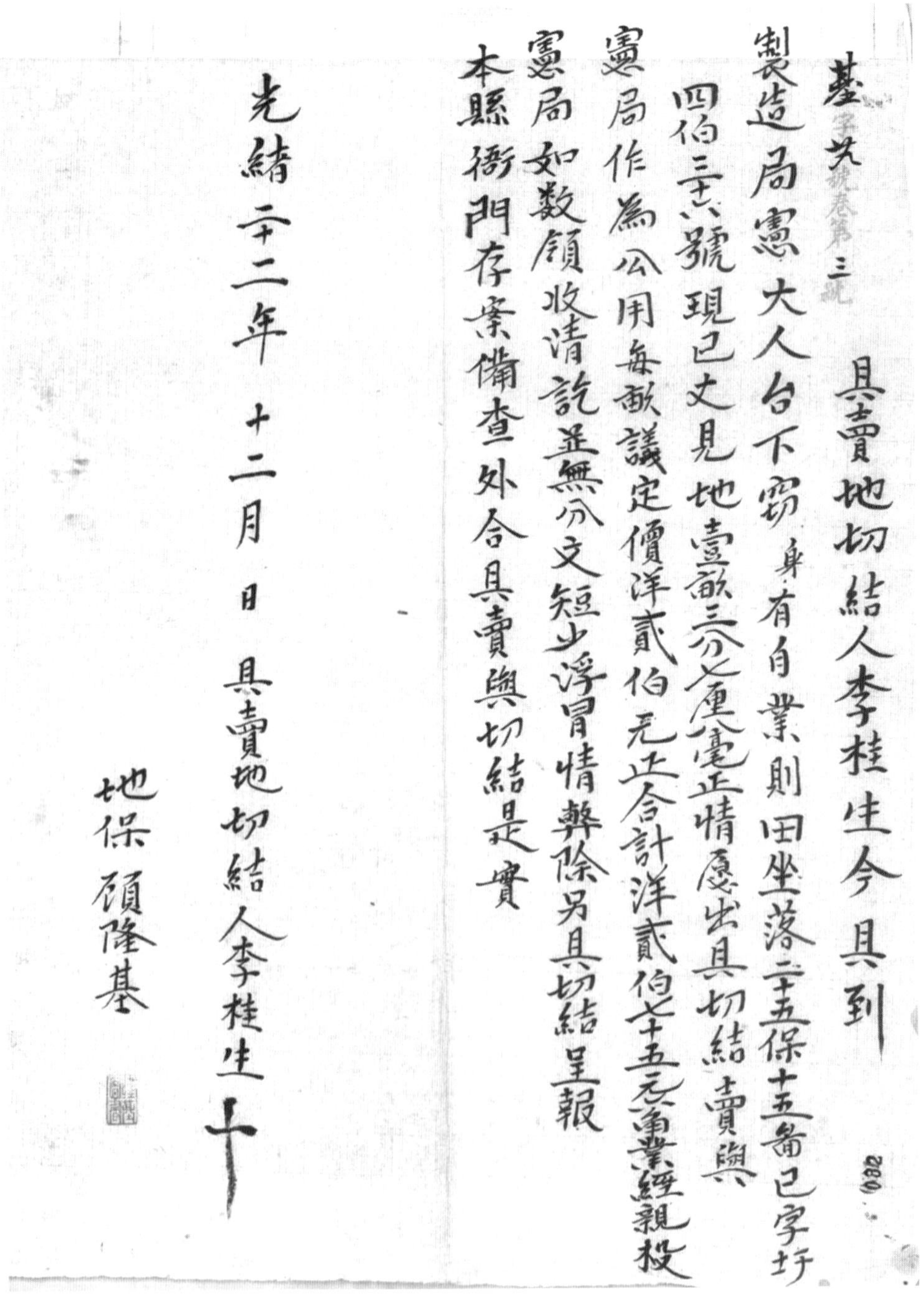
基字共號卷第三號　具賣地切結人李桂生今具到
製造局憲大人台下竊身有自業則田坐落二十五保十五啚巳字圩
四伯三十六號現已丈見地壹畝三分七厘毫正情愿出具切結賣與
憲局作為公用每畝議定價洋貳伯元正合計洋貳伯七十五元六角業經親投
憲局如數領收清訖並無分文短少浮冒情弊除另具切結呈報
本縣衙門存案備查外合具賣與切結是實
光緒二十二年十二月　日　具賣地切結人李桂生十
地保顧隆基
0080

李桂生具賣地切結（1897 年 1 月或 2 月，光緒二十二年十二月）

基字艾號卷第三號

具賣地切結人李承良今具到

製造局憲大人台下竊身有自業則田坐落二十五保十五啚已字圩四伯廿二、二十三號現已

丈見地貳畝玖分六厘七毫正情愿出具結賣與

憲局作為公用每畝議定價洋貳伯元正合計洋伍伯玖拾叁元四角業經親赴

憲局如數領收清訖並無分文短少浮冒情弊除另具切結呈報本縣衙門存

案備查外合具賣與切結是實

光緒二十二年十二月　日　立具賣地切結人李承良　十

地保　顧隆基

李承良具賣地切結（1897 年 1 月或 2 月，光緒二十二年十二月）

基字文號卷第三號

具領狀人李秀卿今領到

製造局憲大人臺下給發身所賣二十五保十五圖巴字圩第四佰廿五號自業地價通足計洋貳佰零陸元陸角正

于本日均已親收

憲局如數領收清訖並無分文短少浮冒等項情弊除另具賣地切結呈存外合具領是實

光緒二十二年十二月　日

具領狀人李秀卿　十

地保　顧隆基

李秀卿具領狀（1897年1月或2月，光緒二十二年十二月）

基字九號卷第三號

具賣地切結人李秀卿今具到

製造局憲大人台下竊身有自業則田坐落二十五保十五啚已字圩四佰二十五號現已丈見地壹畝叁厘叁毫正

情愿出具切結賣與憲局作為公用每畝議定價洋貳佰元正合計洋貳佰零陸元陸角正業經親投

憲局如數領收清訖並無分文短少浮冒情弊除另具切結呈報本縣衙門存案備查外合具賣與切結是實

035

光緒二十二年十二月　日具賣地切結人李秀卿十

地保顧隆基

李秀卿具賣地切結（1897 年 1 月或 2 月，光緒二十二年十二月）

基字光號卷第三

具領狀人李阿囗今領到

製造局憲大人臺下給發身所賣二十五保十五畐己字圩第四伯卅四號自業地價通足計洋貳伯十六元八角正

于本日均已親投

憲局如數領收清訖並無分文短少浮冒等項情弊除另具賣地切結呈存外合具領是實

光緒二十二年十二月　日具領狀人　李阿囗　十

地保　顧隆基

李阿囗具領狀（1897年1月或2月，光緒二十二年十二月）

基字光號卷第三號

具賣地切結人李阿丸今具到

製造局憲大人台鑒 身有自業則田坐落二十五保十五圖巳字圩四佰十六號現已丈見

地五分正情愿出具切結賣與

憲局作爲公用每畝議定價洋貳佰元正合計洋壹佰元正業經親收

憲局如數領收清訖並無分文短少浮冒情弊除另具切結呈報本縣衙門存

案備查外合具賣與切結是實

光緒二十二年十二月 日具賣地切結人李阿丸 十

地保 顧隆基

030

李阿丸具賣地切結（1897年1月或2月，光緒二十二年十二月）

基字大號卷第三號

具賣地切結人王耀宗今具到
制造局憲大人台下竊身有自業則田坐落二十五保十五啚己字圩四伯廿六號現已丈見
地壹畝二分二厘三毫正情愿出具切結賣與
憲局作爲公用每畝議定價洋貳伯元正合計洋貳伯四十四元六角正業經親投
憲局如數領收清訖並無分文短少浮冒情弊除另具切結呈報本縣衙門存案備
查外合具賣與切結是實

光緒二十二年十二月　日具賣地切結人王耀宗十

地保顧隆基

038

王耀宗具賣地切結（1897年1月或2月，光緒二十二年十二月）

基字光號卷第三一號

具賣地切結人王耀宗今具到

製造局憲大人台下竊卑有自業則田坐落二十五保十五啚巳字圩四伯十五號現巳

丈見地七分二厘三毫正情愿出具切結賣與

憲局作為公用每畝議定價洋貳伯元正合計洋壹伯四十四元六角正業經親投

憲局如數領收清訖並無分文短少浮冒情弊除另具切結呈報本縣衙門

存案備查外合具賣與切結是實

光緒二十二年　十二月　日　具賣地切結人王耀宗十

地保　顧隆基

王耀宗具賣地切結（1897 年 1 月或 2 月，光緒二十二年十二月）

基字九號卷第三號

具賣地切結人蘇繼章今具到

製造局憲大人台下竊身有自業則田坐落二十五保十五圖巳字圩四伯七十七號現已丈見

地貳畝三分二厘六毫正情願出具切結賣與

憲局作為公用每畝議定價洋貳伯元正合計洋四伯六十五元二角正業經親投

憲局如數領收清訖並無分文短少浮冒情弊除另具切結呈報本縣衙門存案備查

外合具賣與切結是實

光緒二十二年　十二月　日具賣地切結人蘇繼章　十

地保　顧隆基

0020

蘇繼章具賣地切結（1897 年 1 月或 2 月，光緒二十二年十二月）

基字丈號卷第三號

具賣地切結人李錫亭、李鑑松今具到

製造局憲大人台下竊身有自業則田坐落二十五保十五啚己字圩四伯十八號現

已丈見地貳畝陸分二厘三毫正情愿出具切結賣與

憲局作為公用每畝議定價洋貳伯元正合計洋五伯式拾四元六角業經親投

憲局如數領收清訖並無分文短少浮冒情弊除另具切結呈報本縣衙門存案備

查外合具賣與切結是實

040

光緒二十二年十二月　日　具賣地切結人李錫亭、李鑑松　十　十

地保　顧隆基

李錫亭、李鑑松具賣地切結（1897 年 1 月或 2 月，光緒二十二年十二月）

042

基字芜號卷第三號

具賣地切結人陸洪池今具到

製造局憲大人台下竊身有自業則田坐落二十五保十五啚己字圩四伯十七號現已丈見

地貳畝壹分四厘五毫正情愿出具切結賣與

憲局作為公用每畝議定價洋貳伯元正合計洋四伯二十九元正業經親投

憲局如數領收清訖並無分文短少浮冒情弊除另具切結呈報本縣衙門存案

備查外合具賣與切結是實

光緒二十二年　十二月　日具賣地切結人陸洪池　十

地保　顧隆基

陸洪池具賣地切結（1897年1月或2月，光緒二十二年十二月）

具賣地切結人黃西耕今具到

基字廿號卷第三號

製造局憲大人台下竊身　有自業則田坐落二十五保十五畚已字圩四佰五十三號現已丈見地八分六厘七毫情愿出具切結賣與憲局作為公用每畝議定價洋貳伯元正合計洋壹伯七十三元四角業經親領憲局如數領收清訖並無分文短少浮冒情弊除另具切結呈報本縣衙門存案備查外合具賣與切結是實

光緒二十二年十二月　日具賣地切結人黃西耕　十

地保　顧隆基

黃西耕具賣地切結（1897年1月或2月，光緒二十二年十二月）

基字先號卷第三號

具領狀人黃西耕今領到

製造局憲大人臺下給發身所賣二十五保十五啚已字圩第四伯五十一號自業地價通足計洋壹佰七十三元四角正

于本日均已親收

憲局如數領收清訖並無分文短少浮冒等項情弊除另具賣地切結呈存外合具領足是實

光緒二十二年十二月　　日具領狀人黃西耕十

地保顧隆基

黃西耕具領狀（1897年1月或2月，光緒二十二年十二月）

基字號卷第三號

具領狀人陸洪池今領到

製造局憲大人臺下給發身所賣二十五保十五啚已字圩第四伯十七號自業地價通足計洋四伯二十九元正

于本日均已親授

憲局如數領收清訖並無分文短少浮冒等項情弊除另具賣地切結呈存外合具領是實

光緒二十二年十二月　日具領狀人　陸洪池　十

地保　顧隆基

陸洪池具領狀（1897 年 1 月或 2 月，光緒二十二年十二月）

基字九號卷第三號

具領狀人李錫亭、李鑑松今領到

製造局憲大人臺下給發身所賣二十五保十五啚巳字圩第四佰十八號自業地價通足計洋五佰二十四元六角正

于本日均已親投

憲局如數領收清訖並無分文短少浮冒等項情弊除另具賣地切結呈存外合具領是實

020

光緒二十二年十二月　日具領狀人李錫亭十、李鑑松十

地保顧隆基

李錫亭、李鑑松具領狀（1897年1月或2月，光緒二十二年十二月）

基字號卷第三號

具領狀人蘇繼章今領到

製造局憲大人臺下給發身所賣二十五保十五圖巳字圩第四伯十七號自業地價通足計洋四伯六十五元二角正

于本日均已親投

憲局如數領收清訖並無分文短少浮冒等項情弊除另具賣地切結呈存外合具領是實

光緒二十二年十二月　日具領狀人蘇繼章　十

地保顧隆基

蘇繼章具領狀（1897年1月或2月，光緒二十二年十二月）

基字大號卷第三號

具領狀人王耀宗今領到

製造局憲大人臺下給發身所賣二十五保十五啚已字圩第四佰十五號自業地價通足計洋壹佰四十四元六角正

于本日均已親投

憲局如數領收清訖並無分文短少浮冒等項情弊除另具賣地切結呈存外合具領是實

光緒二十二年十二月　日具領狀人黃耀宗　十

地保　顧隆基

王（黃）耀宗具領狀（1897年1月或2月，光緒二十二年十二月）

基字失號卷第三號

具領狀人王耀宗今領到

製造局憲大人臺下給發身所賣二十五保十五啚已字圩第四伯十六號自業地價通足計洋貳伯四十四元六角正

于本日均已親投

憲局如数領收清訖並無分文短少浮冒等項情弊除另具賣地切結呈存外合具領是實

光緒二十二年十二月日具領狀人黃耀宗十

地保顧隆基

王（黃）耀宗具領狀（1897年1月或2月，光緒二十二年十二月）

甚字头號卷第三號

具領狀人李阿丸今領到

製造局憲大人臺下給發身所賣二十五保十五啚已字圩第四佰廿六號自業地價通足計洋壹佰元正

于本日均已親投

憲局如數領收清訖並無分文短少浮冒等項情弊除另具賣地切結呈存外合具領是實

0950

光緒二十二年十二月　日具領狀人李阿丸　十

地保　顧隆基

李阿丸具領狀（1897 年 1 月或 2 月，光緒二十二年十二月）

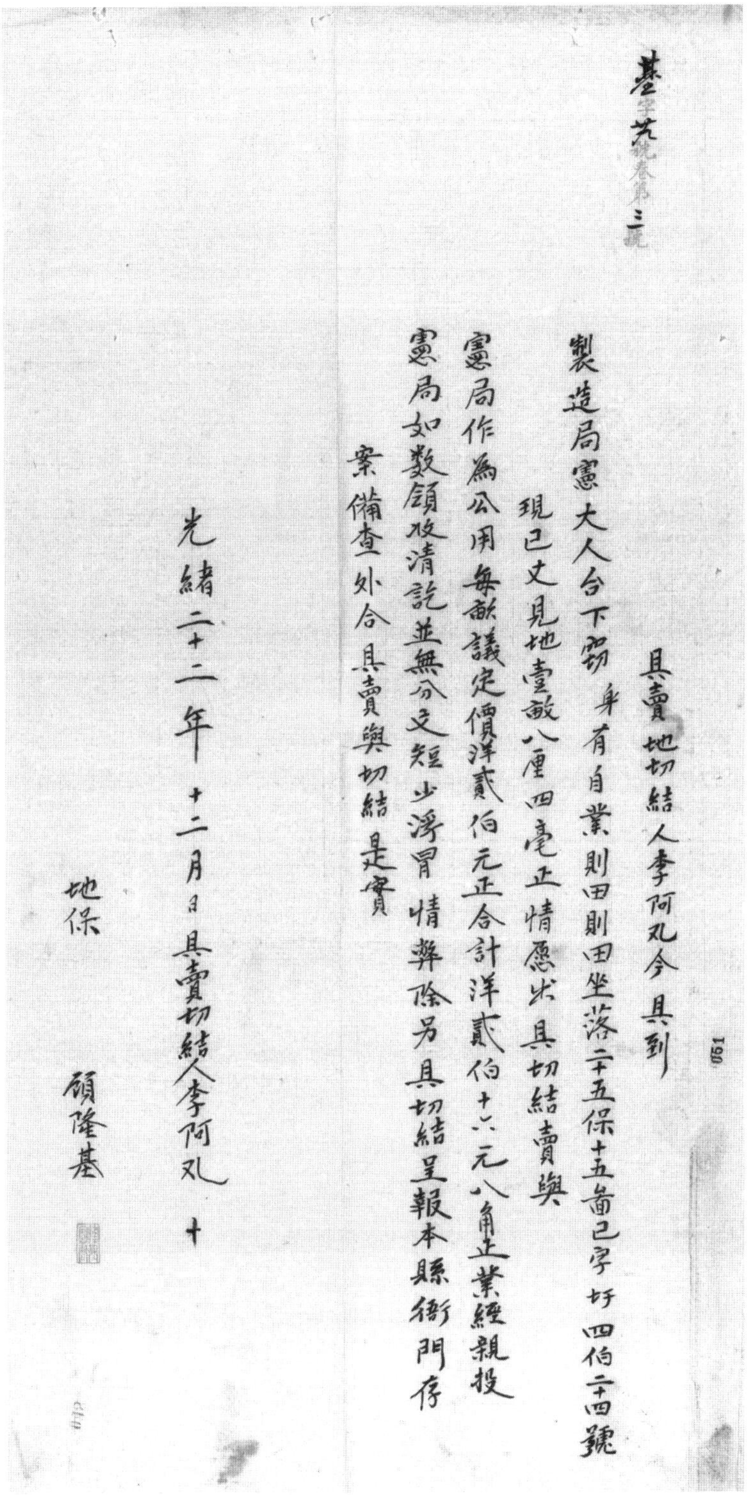

基字光緒叁第三號

具賣地切結人李阿兦今 具到

製造局憲大人台下竊 身有自業則田則田坐落二十五保十五畬已字圩四伯二十四號

現已丈見地壹畝八厘四毫正情愿出 具切結賣與

憲局作爲公用每畝議定價洋貳伯元正合計洋貳伯十六元八角正業經親投

憲局如數領收清訖並無分文短少浮冒情弊除另具切結呈報本縣衙門存

案備查外合 具賣與切結 是實

光緒二十二年十二月 日 具賣切結人李阿兦 十

地保 顧隆基

李阿兦具賣地切結（1897 年 1 月或 2 月，光緒二十二年十二月）

基字大號卷第三號

具領狀人李承良今領到

製造局憲大人臺下給發身所賣二十五保十五圖巳字圩第四佰廿三號自業地價通足計洋伍佰玖拾叁元四角正

于本日均已親投

憲局如數領收清訖並無分文短少浮冒等項情弊除另具賣地切結呈存外合具領是實

光緒二十二年十二月　日具領狀人　李承良　十

地保　顧隆基

李承良具領狀（1897年1月或2月，光緒二十二年十二月）

基字六九號卷第三號

具領狀人黃敬堂福海今領到

製造局憲大人臺下給發身所賣二十五保十五畝己字圩第四佰六十二號自業地價通足計洋叁佰五十八元六角正

于本日均已親投

憲局如數領收清訖並無分文短少浮冒等項情弊除另具賣地切結呈存外合具領是實

光緒二十二年十二月　日具領狀人黃敬堂福海十十

地保顧隆基

0053

黃敬堂、黃福海具領狀（1897年1月或2月，光緒二十二年十二月）

基字艾號卷第三號

具賣地切結人黃敬堂、福海，今具到
製造局憲大人台下，竊身有自業則田坐落二十五保十五圖已字圩四伯念二號，現已
文見地壹畝七分九厘三毫正，情愿出具結賣與
憲局作為公用，每畝議定價洋貳伯元正，合計洋叁伯伍拾捌元六角，業經親赴
憲局如數領收清訖，並無分文短少浮冒情弊，除另具切結呈報本縣衙門存
案備查外，合具賣與切結是實。

光緒二十二年十二月　日　具賣地切結人黃敬堂十
福海十

054

黃敬堂、黃福海具賣地切結（1897年1月或2月，光緒二十二年十二月）

基字先號卷第三號

具領狀人黃金榮今領到

製造局憲 大人臺下 給發身 所賣廿五保十五啚 已字圩第四伯三十八號 自業地價通足計洋七十元四角正

于本日 均已親授

憲局 如數領收清訖並無分文短少浮冒 等項情弊除另具賣地切結呈存 外合具領是實

光緒二十二年十二月 日 具領狀人黃金榮 十

地保 顧隆基

黃金榮具領狀（1897年1月或2月，光緒二十二年十二月）

基字兆號卷第三號

具領狀人李桂生今領到

制造局憲大人臺下給發身所賣二十五保十五圖巳字圩第四佰三十六號自業地價通足計洋貳佰七十五元六角正

于本日均已親投

憲局如數領收清訖並無分文短少浮冒等項情弊除另具賣地切結呈存外合具領是實

光緒二十二年十二月　日具領狀人　李桂生　十

地保　顧隆基

李桂生具領狀（1897年1月或2月，光緒二十二年十二月）

具賣地切結人楊福生今具到

製造局憲大人臺下竊身有自業則田坐落二十五保十四圖字圩第柒號現已量見壹分叁厘五毫正

情愿出具切結賣與憲局作為官路公用每畝議定價錢五拾捌千文合計足制錢柒千捌百叁拾文業經

親投憲局如數領收清訖並無分文短少浮冒情弊所具切結是實

0562

光緒貳拾壹年捌月　日具賣地切結人楊福生　十

本圖地保張慶華　十

楊福生具賣地切結（1895年9月或10月，光緒二十一年八月）

具賣地切結人楊桂春今具到

製造局憲大人臺下竊身有自業則田坐落二十五保十四圖字圩第柒號現已量見壹分叁厘五毫正

情愿出具切結賣憲局作為官路公用每畝議定價錢五拾捌千文合計足制錢柒千捌百叁拾文業

經親投憲局如數領收清訖並無分文短少浮冒情弊除另具切結是實

基字艾號卷第一號

光緒貳拾壹年捌月　　日具賣地切結人楊桂春十

本圖地保張夔華十

057

楊桂春具賣地切結（1895 年 9 月或 10 月，光緒二十一年八月）

具賣地切結人楊福生今具到

製造局憲大人臺下竊 身有自業則田坐落二十五保十四圖字圩第柒號現已量見壹分叁厘九毫正情愿出具切結賣與憲局作為官路公用每畝議定價錢五拾捌千文合計足制錢捌千另六拾貳文業經親投憲局如數領收清訖並無分文短少浮冒情弊除另具切結是實

[illegible]字收號卷第一號

光緒貳拾壹年捌月　日具賣地切結人楊福生十

本圖地保張慶華十

058

楊福生具賣地切結（1895年9月或10月，光緒二十一年八月）

甚字先號卷第一號

具賣地切結人楊阿弟今具到

製造局憲大人臺下竊身有自業則田坐落二十五保十四圖字圩第柒號現已量見壹分五釐九毫

正情愿出具切結賣與憲局作為官路公用每畝議定價錢五拾捌千文合計足制錢九千八百念乂文業

經親投憲局如數領收清訖並無分文短少浮冒情弊除另具切結是實

光緒貳拾壹年捌月　日具賣地切結人楊阿弟十

本圖地保張慶華十

059

楊阿弟具賣地切結（1895年9月或10月，光緒二十一年八月）

上時

具賣地切結人孔文春今具到

製造局憲大人臺下竊身有自業則田坐落二十五保十四圖字圩第捌號現已量見叁分柒厘五毫正情愿出具切結賣與憲局作為官路公用每畝議定價錢五拾捌千文合計足制錢念壹千柒百叁拾文業經親投憲局如數領收清訖並無分文短少潛冒情弊除另具切結是實

基字孔文春第一號

光緒貳拾壹年捌月　日　具賣地切結人孔文春十

本圖地保張慶華十

孔文春具賣地切結（1895年9月或10月，光緒二十一年八月）

具賣地切結人顧了頭今具到
製造局憲大人臺下竊身有自業則田坐落二十五保十四圖字圩第拾號現已量見壹厘柒毫正情愿
出具切結賣與憲局作爲官路公用每畝議定價錢五拾捌千文合計足制錢九百捌拾六文業經
親投憲局如數領收清訖並無分文短少浮冒情弊除另具切結是實

基字六號卷第一號

光緒貳拾壹年捌月　日具賣地切結人顧了頭十
本圖地保張慶華十

顧了頭具賣地切結（1895年9月或10月，光緒二十一年八月）

具賣地切結人林咸慶今具到

製造局憲大人臺下竊身有自業則田坐落二十五保十四圖現已量見壹分壹厘壹毫正情願出具切

結賣與憲局作為官路公用每畝議定價錢五拾捌千文合計足大制錢六千四百叁拾捌文業經親投憲局如

數領收清訖並無分文短少浮冒情弊除另具切結是實

甚字光號卷第一號

光緒貳拾壹年捌月　　日具賣地切結人林咸慶十

本圖地保張震華十

062

林咸慶具賣地切結（1895年9月或10月，光緒二十一年八月）

具賣地切結人陳阿炳 林毛毛今具到

製造局憲大人臺下竊身有自則田坐落二十五保十四圖字圩第拾壹號現已量見壹分九毫正情愿

出具切結賣與憲局作為官路公用每畝議定價錢五拾捌千文合計足制錢六千叁百念弍文業經親投

憲局如數領收清訖並無分文短少浮冒情弊除另具切結是實

茬字元號卷第一號

光緒貳拾壹年捌月　日具賣地切結人陳阿炳 林毛毛 十十

本圖地保張秀華 十

063

陳阿炳、林毛毛具賣地切結（1895年9月或10月，光緒二十一年八月）

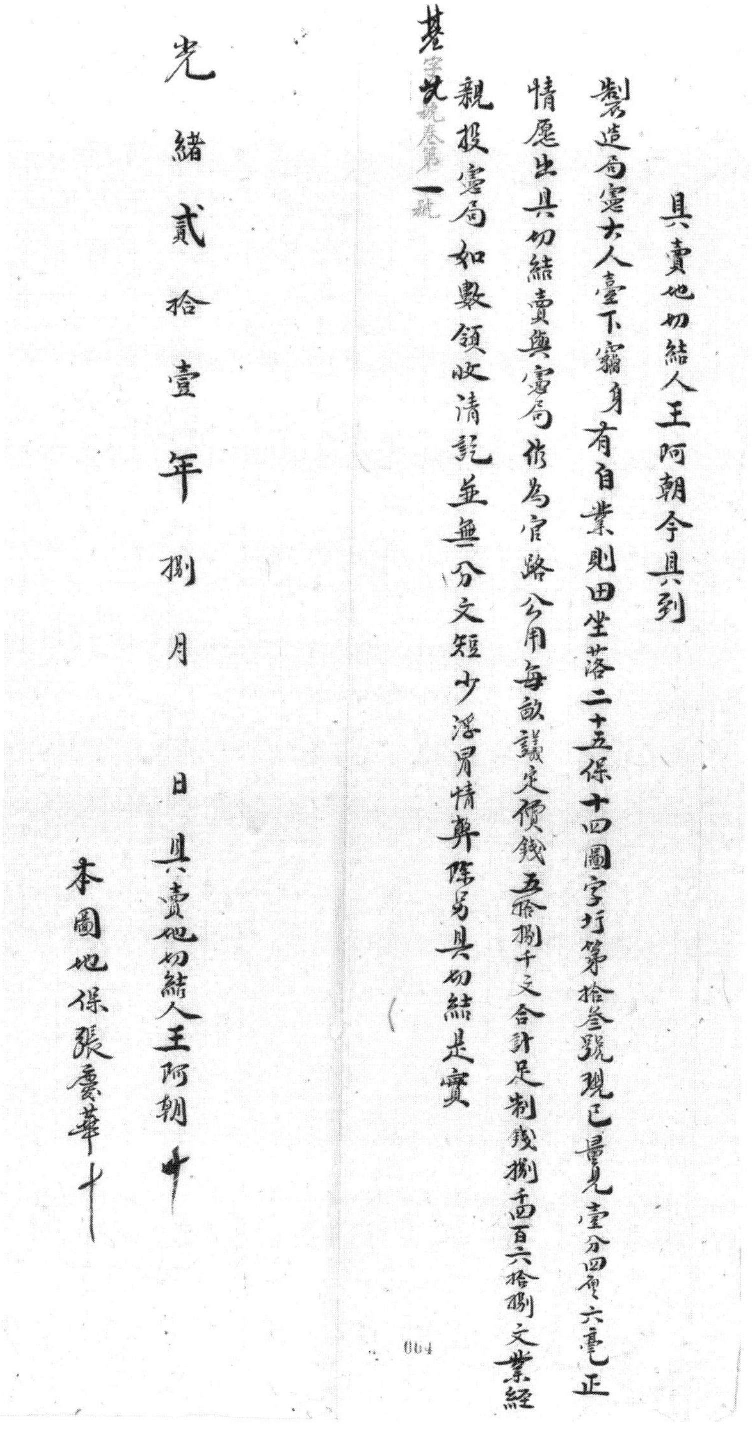
具賣地切結人王阿朝今具到
製造局憲大人臺下竊身有自業則田坐落二十五保十四圖字圩第拾叁號現已量見壹分四厘六毫正
情愿出具切結賣與憲局作為官路公用每畝議定價錢五拾捌千文合計足制錢捌千四百六拾捌文業經
親投憲局如數領收清訖並無分文短少浮冒情弊除另具切結是實
基字卅號卷第一號
光緒貳拾壹年捌月 日具賣地切結人王阿朝 十
本圖地保張慶華 十

王阿朝具賣地切結（1895年9月或10月，光緒二十一年八月）

具賣地切結人孔文春今具到

製造局憲大人臺下竊身有自業則田坐落二十五保十四圖宇圩第叁拾柒號現已量見叁分弍厘柒毫正

情愿出具切結賣與憲局作為官路公用每畝議定價錢五拾捌千文合計足制錢拾捌千九百六拾六文業

經親投憲局如數領收清訖並無分文短少浮冒情弊除另具切結是實

甚字文號春第一號

光緒貳拾壹年捌月　　日具賣地切結人孔文春十

本圖地保張慶華十

孔文春具賣地切結（1895 年 9 月或 10 月，光緒二十一年八月）

具賣地切結人顧炳奎今具列
製造局憲大人臺下竊身有自業則田坐落二十五保十四圖字圩第四拾九號現已量見四畝正
情愿出具切結賣與憲局作為官路公用每畝議定價錢五拾捌千文合計足制錢貳千叁百念文
業經親投憲局如數領收清訖並無分文短少浮冒情弊除另具切結是實
巷字尭號卷第一號
光緒貳拾壹年捌月　日具賣地切結人顧炳奎　十
本圖地保張慶華　十

顧炳奎具賣地切結（1895 年 9 月或 10 月，光緒二十一年八月）

甚字九號卷第一號

具賣地切結人沈子明今具到

製造局憲大人臺下竊身有自業則田坐落二十五保十四圖字圩第四拾九號現已量見弍分四厘七毫正情愿出具切結賣與憲局作為官路公用每畝議定價錢五拾捌千文合計足人制錢拾四千叁百念六文業經親投憲局如數領收清訖並無分文短少浮冒情弊除另具切結是實

光緒貳拾壹年捌月　日具賣地切結人沈子明　十

本圖地保張[illegible]華　十

067

沈子明具賣地切結（1895 年 9 月或 10 月，光緒二十一年八月）

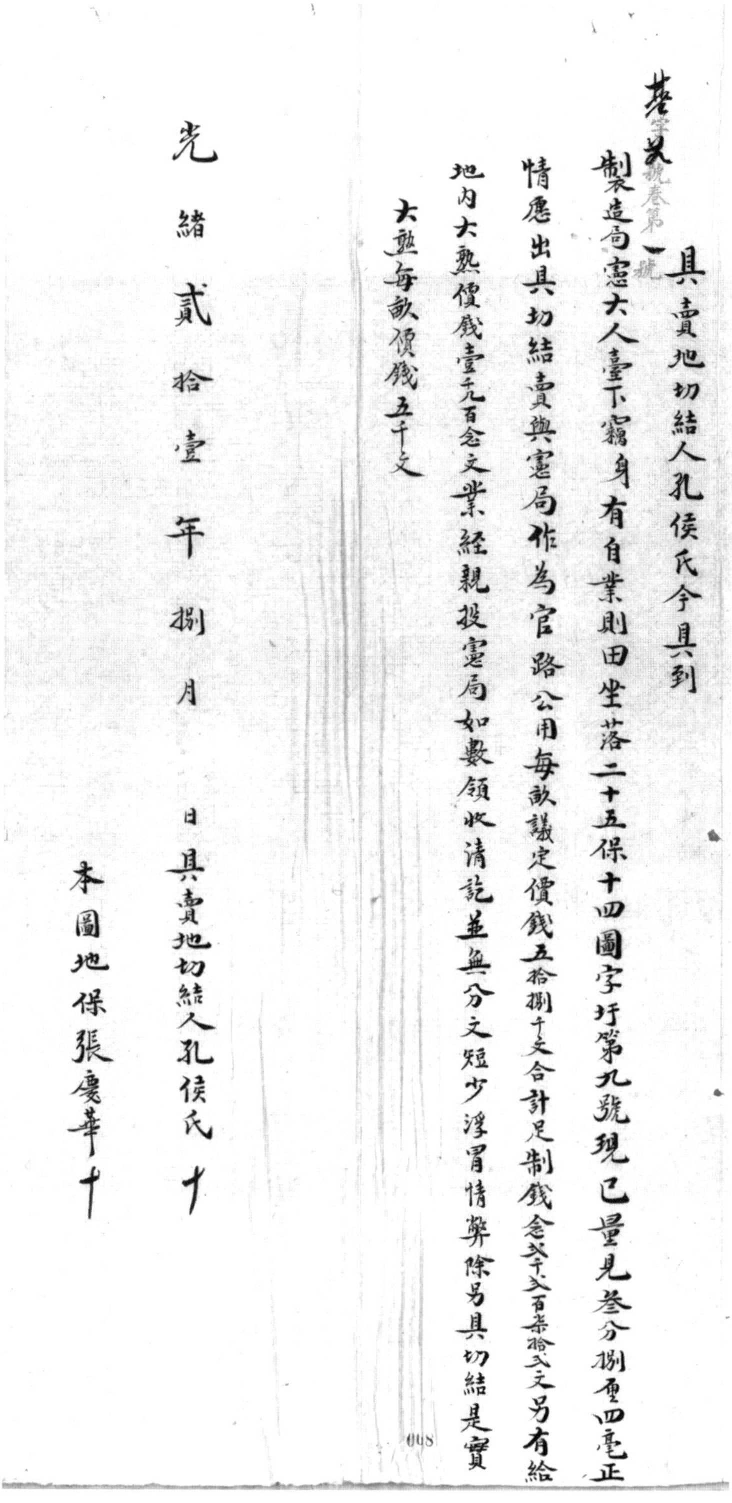

埜字叁號卷第一號

具賣地切結人孔侯氏今具到

製造局憲大人臺下竊身有自業則田坐落二十五保十四圖字圩第九號現已量見叁分捌厘四毫正

情愿出具切結賣與憲局作為官路公用每畝議定價錢五拾捌千文合計足制錢念弍千弍百柒拾弍文另有給

地內大熟價錢壹千九百念文業經親投憲局如數領收清訖並無分文短少浮冒情弊除另具切結是實

大熟每畝價錢五千文

光緒貳拾壹年捌月　　日具賣地切結人孔侯氏　十

本圖地保張慶華　十

008

孔侯氏具賣地切結（1895 年 9 月或 10 月，光緒二十一年八月）

甚大

具賣地切結人楊錦山今具到

製造局憲大人臺下竊身有自業則田坐落二十五保十四圖字圩第叁拾六號現已量見九厘柒毫正情

願出具切結賣與憲局作爲官路公用每畝議定價錢五拾捌千文合計足制錢五千六百念六文另有絲

地內大熟每畝價錢五千文合計足制錢四百捌拾五文業經親投憲局如數領收請訖並無分文短少

浮冒情弊除另具切結是實

光緒貳拾壹年捌月　日具賣地切結人楊錦山十

本圖地保張慶華十

069

楊錦山具賣地切結（1895 年 9 月或 10 月，光緒二十一年八月）

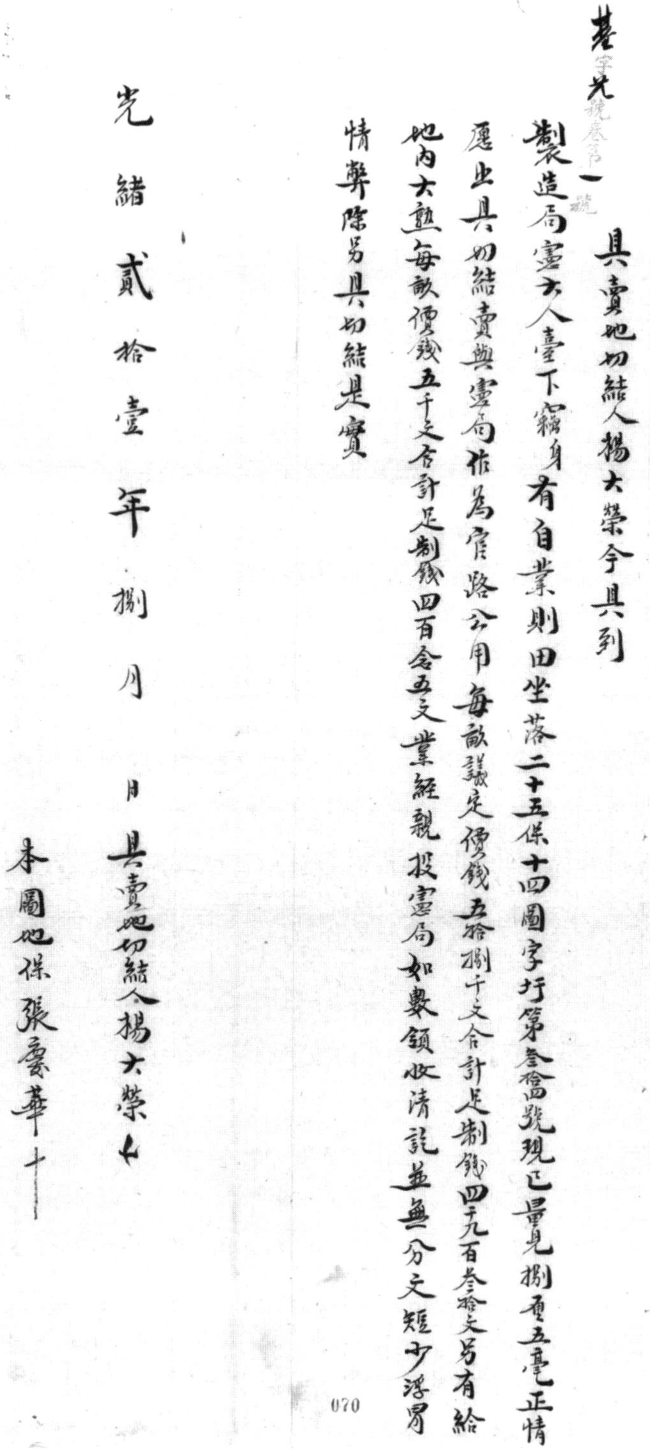
甚字先號卷第一號
具賣地切結人楊大榮今具到
製造局憲大人臺下竊身有自業則田坐落二十五保十四圖字圩第叁拾四號現已量見捌厘五毫正情
願出具切結賣與憲局作為官路公用每畝議定價錢五拾捌千文合計足制錢四千九百叁拾文另有給
地內大塹每畝價錢五千文合計足制錢四百念五文業經親投憲局如數領收清訖並無分文短少浮冒
情弊除另具切結是實
光緒貳拾壹年捌月　日具賣地切結人楊大榮 十
本圖地保張慶華 十
070

楊大榮具賣地切結（1895年9月或10月，光緒二十一年八月）

具賣地切結人楊瑞發今具到

廿光字號卷第　號

製造局大人臺下，竊身有自業則田坐落二十五保十四圖字圩第叁拾捌號，現已量見捌厘叁毫正，情願出具切結賣與憲局作為官路公用，每畝議定價錢五拾捌千文，合計足制錢四千捌百拾四文，另有給地內大熟每畝價錢五千文，合計足制錢四百拾五文，業經親投憲局如數領收清訖，並無八分文短少，浮冒情弊，除另具切結是實。

光緒貳拾壹年捌月　日具賣地切結人楊瑞發十

本圖地保張慶華十

071

楊瑞發具賣地切結（1895年9月或10月，光緒二十一年八月）

荅字光號春第一號

具賣地切結人楊順發今具列

製造局憲大人臺下竊身有自業則田坐落二十五保十四圖字圩第叁拾捌號現已量見壹分弍厘弍毫正

情愿出具切結賣與憲局作為官路公用每畝議定價錢五拾捌千文合計足制錢柒千另叁拾六文另有給

地内大墳每畝價錢五千文合計足制錢六百拾文業經親投憲局如數領收清訖並無分文短少浮

冒情弊除另具切結是實

光緒貳拾壹年捌月　日具賣地切結人楊順發十

本圖地保張慶華十

072

楊順發具賣地切結（1895 年 9 月或 10 月，光緒二十一年八月）

基字號卷第一號

具賣地切結人喬長耕今具到

製造局憲大人臺下竊身有自業則田坐落二十五保十四圖字圩第叁拾九號現已量見叁畝正情

愿出具切結賣與憲局作為官路公用每畝議定價錢五拾捌千文合計足制錢壹千柒百四拾文另有給

地内大熟每畝價錢五千文合計足制錢壹百五拾文業經親投憲局如數領收清訖並無分文短少

浮冒情弊除另具切結是實

光緒貳拾壹年捌月　日具賣地切結人喬長耕十

本圖地保張慶華十

073

喬長耕具賣地切結（1895 年 9 月或 10 月，光緒二十一年八月）

基字卅號卷第一號

具賣地切結人喬乾生今具到

製造局憲大人臺下竊身有自業則田坐落二十五保十四圖字圩第四拾號現已量見九厘六毫正情愿出具切結賣與憲局作為官路公用每畝議定價錢五拾捌千文合計足制錢五千五百六拾捌文另有給地內大墳每畝價錢五千文合計足制錢四百捌拾文業經親投憲局如數領收清訖並無分文短少浮冒情弊隱另具切結是實

光緒貳拾壹年捌月　日具賣地切結人喬乾生　十

本圖地保張慶華　十

074

喬乾生具賣地切結（1895年9月或10月，光緒二十一年八月）

甚字光號卷第一號

具賣地切結人顧晋發今具到

製造局憲大人臺下竊身有自業則田坐落二十五保十四圖字圩第九號現已量見壹分四厘六毫正

情愿出具切結賣與憲局作為官路公用每畝議定價錢五拾捌千文合計足制錢捌千四百六拾捌文另

有給地内大熟價錢柒百叁拾文業經親投憲局如數領收清訖並無分文短少浮冒情弊除另具切結是實

大熟每畝價錢五千文

光緒貳拾壹年捌月　日具賣地切結人顧晋發十

本圖地保張慶華十

顧晋發具賣地切結（1895年9月或10月，光緒二十一年八月）

基字號叁第一號

具賣地切結人喬阿和今具到

製造局憲大人臺下竊身有自業則田坐落二十五保十四圖字圩第叁拾九號現已量見辛亩捌毫正

情愿出具切結賣與憲局作為官路公用每畝議定價錢五拾捌千文合計足制錢四千五百念四文另有給

地內大墳每畝價錢五千文合計足制錢叁百九拾文業經親投憲局如數領收清訖並無分文短少

浮冒情弊除另具切結是實

光緒貳拾壹年捌月　日具賣地切結人喬阿和十

本圖地保張慶華十

076

喬阿和具賣地切結（1895 年 9 月或 10 月，光緒二十一年八月）

基字光號卷第一號

具賣地切結人喬長耕今具到

製造局憲大人臺下竊身有自業則田坐落二十五保十四圖字圩第四拾號現已量見九厘六毫正情

願出具切結賣與憲局作為官路公用每畝議定價錢五拾捌千文合計足制錢五千五百六拾捌文另

有給地內大盤每畝價錢五千文合計足制錢四百捌拾文業經親投憲局如數領收清訖並無分文短

少浮冒情弊除另具切結是實

光緒貳拾壹年捌月　日具賣地切結人喬長耕十

本圖地保張㝅華十

077

喬長耕具賣地切結（1895年9月或10月，光緒二十一年八月）

甚字戊號卷第一號

具賣地切結人顧阿春今具到

製造局憲大人臺下竊身有自業則田坐落二十五保十四圖字圩第叁拾九號現已量見壹分五毫正

情愿出具切結賣與憲局作為官路公用每畝議定價錢五拾捌千文合計足制錢六千另九拾文另有給

地內大熟每畝價錢五千文合計足制錢五百念五文業經親投憲局如數領收清訖並無分文短少浮冒

情弊除另具切結是實

光緒貳拾壹年捌月　日具賣地切結人顧阿春　十

本圖地保張慶華　十

078

顧阿春具賣地切結（1895年9月或10月，光緒二十一年八月）

甚字叉號卷第一號

具賣地切結人楊順發今具到

製造局憲大人臺下竊身有自業則田坐落二十五保十四圖字圩第拾叁號現已量見壹分叁厘六毫正

情愿出具切結賣與憲局作為官路公用每畝議定價錢五拾捌千文合計足制錢柒千捌百捌拾捌文另有

給大熟每畝價錢五千文合計足制錢六百捌拾文業經親投憲局如數領收請訖並無分文短少浮冒

情弊除另具切結是實

光緒貳拾壹年捌月　日具賣地切結人楊順發十

本圖地保張慶華十

079

楊順發具賣地切結（1895 年 9 月或 10 月，光緒二十一年八月）

巷字大號卷第一號

具賣地切結人楊秀堂今具到

製造局憲大人臺下竊身有自業則田坐落二十五保十四圖字圩第叁拾九號現已量見弍分壹厘〻正

情愿出具切結賣與憲局作為官路公用每畝議定價錢五拾捌千文合計足制錢拾叁千壹百捌拾文另

有給地内大麥每畝價錢五千文合計足制錢壹千另五拾文業經親投憲局如數領收清訖並無分文短

少滲冒情弊除另具切結是實

光緒貳拾壹年捌月　日具賣地切結人楊秀堂 十

本圖地保張豪華 十

080

楊秀堂具賣地切結（1895年9月或10月，光緒二十一年八月）

甚字光號卷第一號

具賣地切結人顧晋發今具到

製造局憲大人臺下竊身有自業則田坐落二十五保十四圖字圩第拾號現已量見六畝叁毫正情

願出具切結賣與憲局作爲官路公用每畝議定價錢五拾捌千文合計足制錢叁千六百五拾四文另有給地內大

熟價錢叁百拾五文業經親投憲局如數領收清訖並無分文短少浮冒情弊除另具切結是實

大熟每畝價錢五千文

光緒貳拾壹年捌月　日具賣地切結人顧晋發　十

本圖地保張桑華　十

081

顧晉發具賣地切結（1895年9月或10月，光緒二十一年八月）

整字大號卷第一號

具賣地切結人顧大生今具到

製造局憲大人臺下竊身有自業則田坐落二十五保十四圖字圩第叁拾九號現已量見九分九毫正情愿出具切結賣與憲局作為官路公用每畝議定價錢五拾捌千文合計足制錢五千柒百四拾弍文另有給地內大墊每畝價錢五千文合計足制錢四百九拾五文業經親投憲局如數領收請並無分文短少浮冒情弊除另具切結是實

光緒貳拾壹年捌月　日具賣地切結人顧大生 十

本圖地保張慶華 十

082

顧大生具賣地切結（1895 年 9 月或 10 月，光緒二十一年八月）

老字关號春第一號

具賣地切結人孔文春今具到

製造局憲大人臺下竊身有自業則田坐落二十五保十四圖字圩第九號現已量見九厘六毫正情愿出具切結賣與憲局作為官路公用每畝議定價錢五拾捌千文合計足制錢五千五百六拾捌文另有給地內大熟價錢四百捌拾文業經親投憲局如數領收清訖並無分文短少浮冒情弊除另具切結是實

大熟每畝價錢五千文

光緒貳拾壹年捌月　日具賣地切結人孔文春　十

本圖地保張慶華　十

083

孔文春具賣地切結（1895 年 9 月或 10 月，光緒二十一年八月）

基字花號卷第一號

具賣地切結人顧了頭今具到

製造局憲大人臺下竊身有自業則田坐落二十五保十四圖字圩第九號現已量見壹分壹釐柒毫正

情願出具切結賣與憲局作為官路公用每畝議定價錢五拾捌千文合計足制錢六千柒百捌拾六文另有給

地內大墳價錢五百捌拾五文業經親投憲局如數領收清訖並無分文短少浮冒情弊除另具切結是實

大墳每畝價錢五千文

光緒貳拾壹年捌月　日具賣地切結人顧了頭十

本圖地保張慶華十

084

顧了頭具賣地切結（1895年9月或10月，光緒二十一年八月）

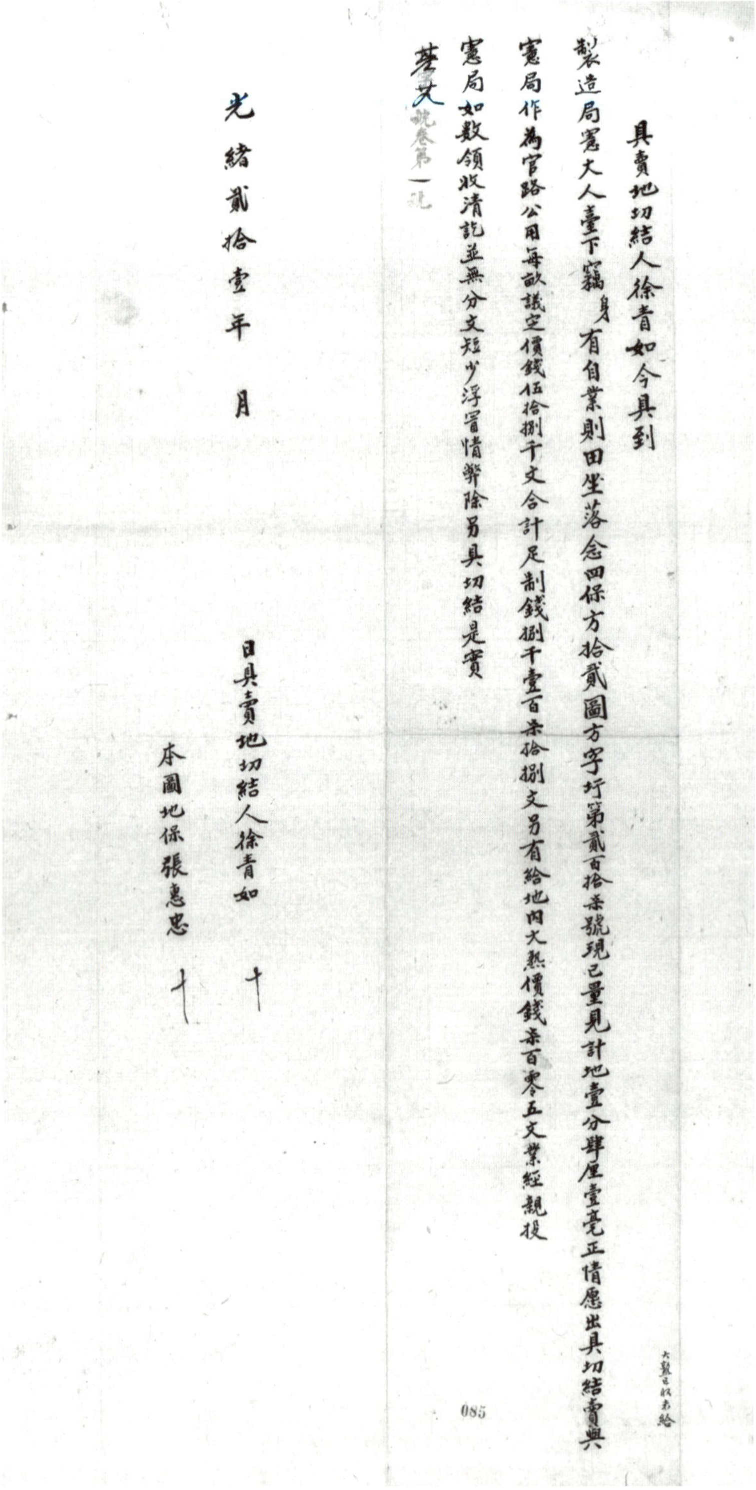

具賣地切結人徐青如今具到

製造局憲大人臺下竊身有自業則田坐落念四保方拾貳圖方字圩第貳百拾柒號現已量見計地壹分肆厘壹毫正情愿出具切結賣與

憲局作為官路公用每畝議定價錢伍拾捌千文合計足制錢捌千壹百柒拾捌文另有給地内大熟價錢柒百零五文業經親投

憲局如數領收清訖並無分文短少浮冒情弊除另具切結是實

茎字號卷第一號

光緒貳拾壹年　　月　　日具賣地切結人徐青如　十

本圖地保張惠忠　十

085

徐青如具賣地切結（1895 年，光緒二十一年）

具賣地切結人王漢生今具到
製造局憲大人臺下竊身有自業則田坐落念四保方拾貳圖方字圩第貳百拾捌號現已量見計地貳分正情愿出具切結賣與
憲局作為官路公用每畝議定價錢伍拾捌千文合計足制錢拾壹千陸百文另有給地內大熟價錢壹千文業經親投
憲局如數領收清訖並無分文短少浮冒情弊除另具切結是實

老字文號卷第一號

光緒貳拾壹年　月　日具賣地切結人王漢生　十

本圖地保　張惠忠　十

大熟已收未給

086

王漢生具賣地切結（1895 年，光緒二十一年）

大熟已收未給

具賣地切結人王松華今具到

製造局憲大人臺下竊身 有自業則田坐落念四保方拾貳圖方字圩第貳百拾柒號現已量見計地五厘叁毫正情愿出具切結賣與

憲局作為官路公用每議定價錢伍拾捌千文合計足制錢叁千零柒拾肆文另有給地内大熟價錢貳百陸拾五文業經親投

憲局如數領收清訖並無分文短少浮冒情弊除另具切結是實

甚字文號卷第一號

光緒貳拾年 月 日具賣地切結人王松華 十

本圖地保張惠忠 十

007

王松華具賣地切結（1895 年，光緒二十一年）

具賣地切結人楊桂山今具到

製造局憲大人臺下竊身有自業則田坐落念四保方拾貳圖方字圩第貳百拾陸號現已量見計地肆厘九毫正情愿出具切結賣與

憲局作為官路公用每畝議定價錢伍拾捌千文合計足制錢貳千捌百肆拾貳文另有給地內大熟價錢貳百肆拾五文業經親投

憲局如數領收清訖並無分文短少浮冒情弊除另具切結是實

茬字九號卷第一號

光緒貳拾壹年　月　日具賣地切結人楊桂山 十

本圖地保　張惠忠 ｜

楊桂山具賣地切結（1895年，光緒二十一年）

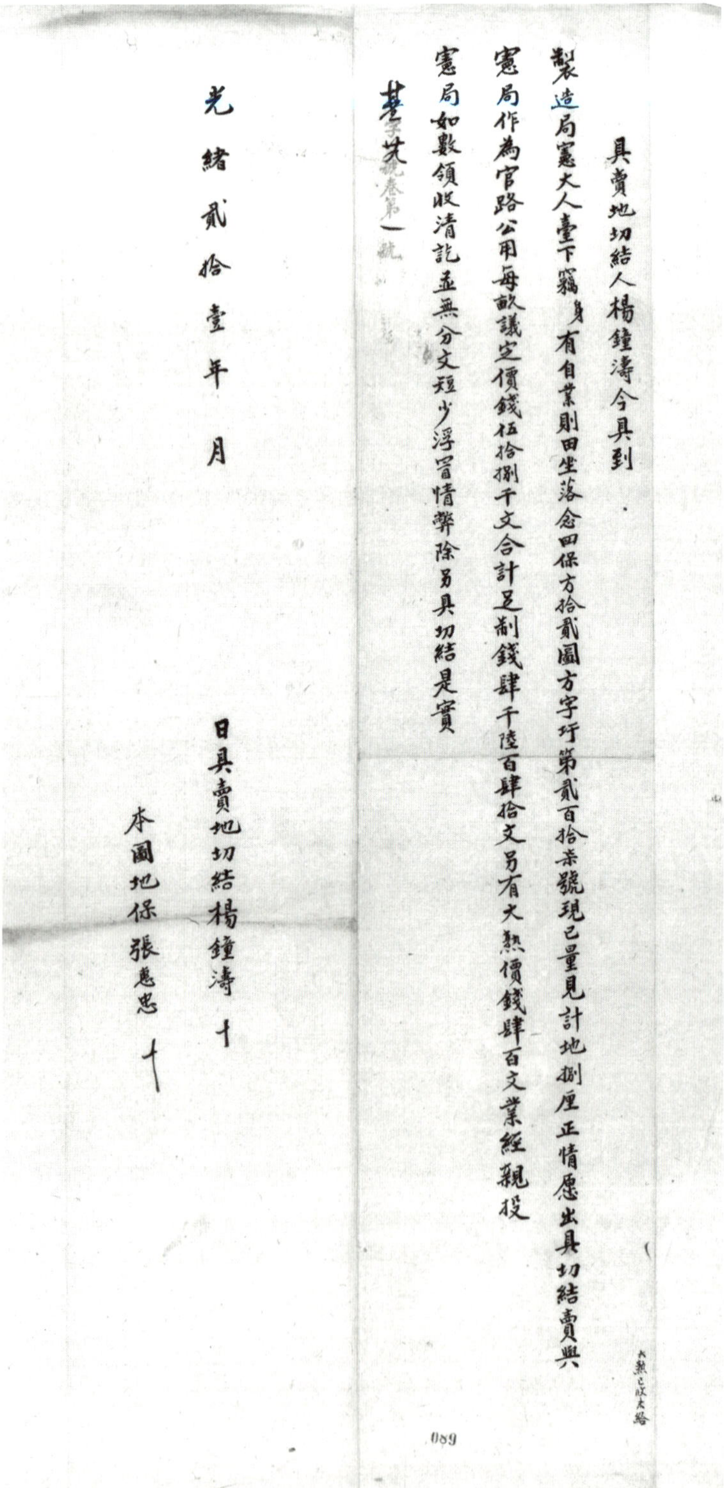
具賣地切結人楊鐘濤今具到
製造局憲大人臺下竊身有自業則田坐落念四保方拾貳圖方字圩第貳百拾柒號現已量見計地捌厘正情愿出具切結賣與
憲局作為官路公用每畝議定價錢伍拾捌千文合計足制錢肆千陸百肆拾文另有大熟價錢肆百文業經親投
憲局如數領收清訖並無分文短少浮冒情弊除另具切結是實
甚字芃號卷第一號
光緒貳拾壹年　月　日具賣地切結楊鐘濤　十
本圖地保張惠忠　十
大熟已收去路
089

楊鐘濤具賣地切結（1895 年，光緒二十一年）

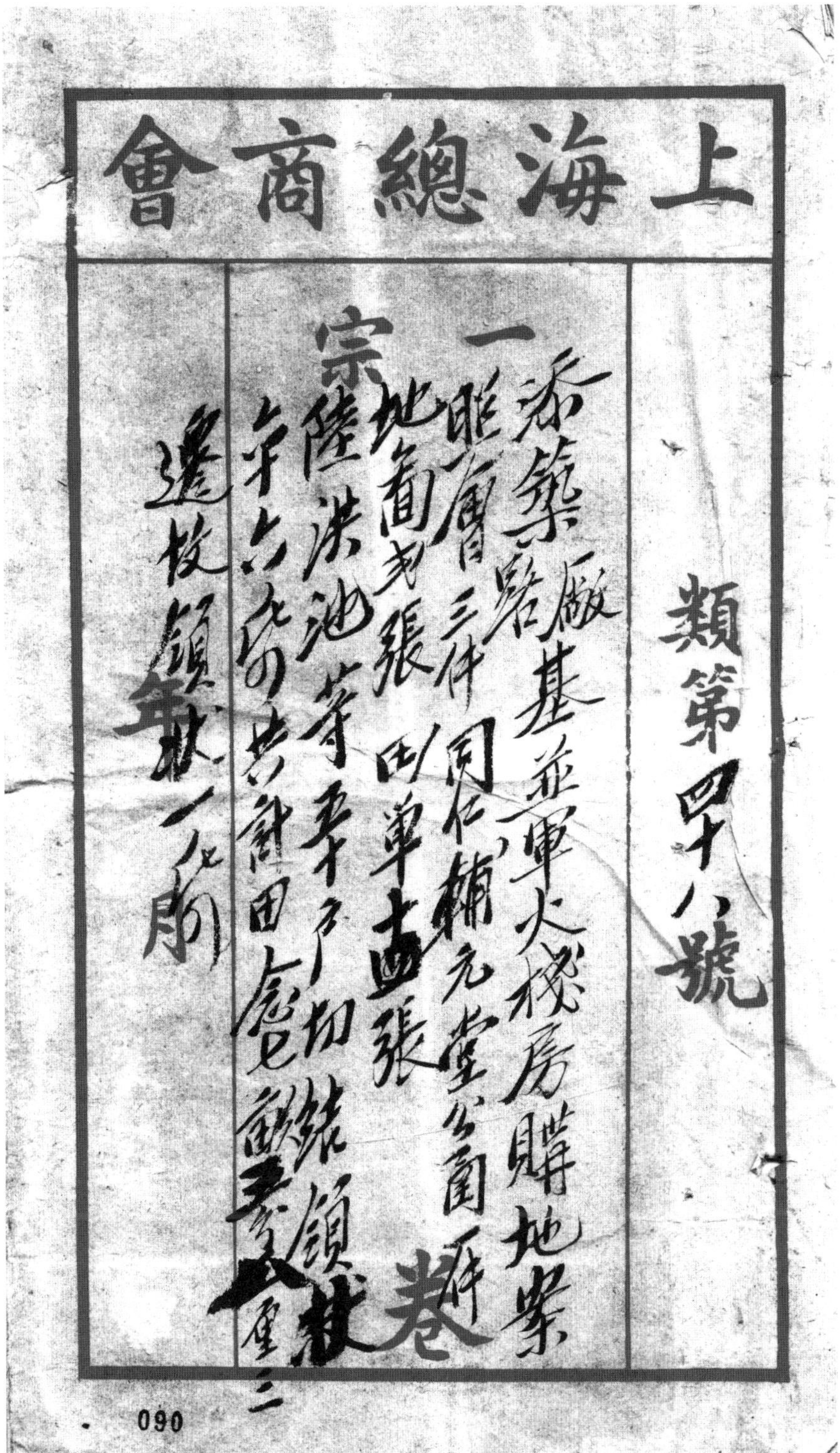
上海總商會
類第四十八號
添築廠基路基並軍火棧房購地案
[illegible] 三件 同仁輔元堂公函存
地圖式張 田單十四張
一宗
陸洪池等[illegible]切結領狀
[illegible]
卷

上海總商會第四十八號添築廠基路基並軍火棧房購地案卷封面（時間不詳）

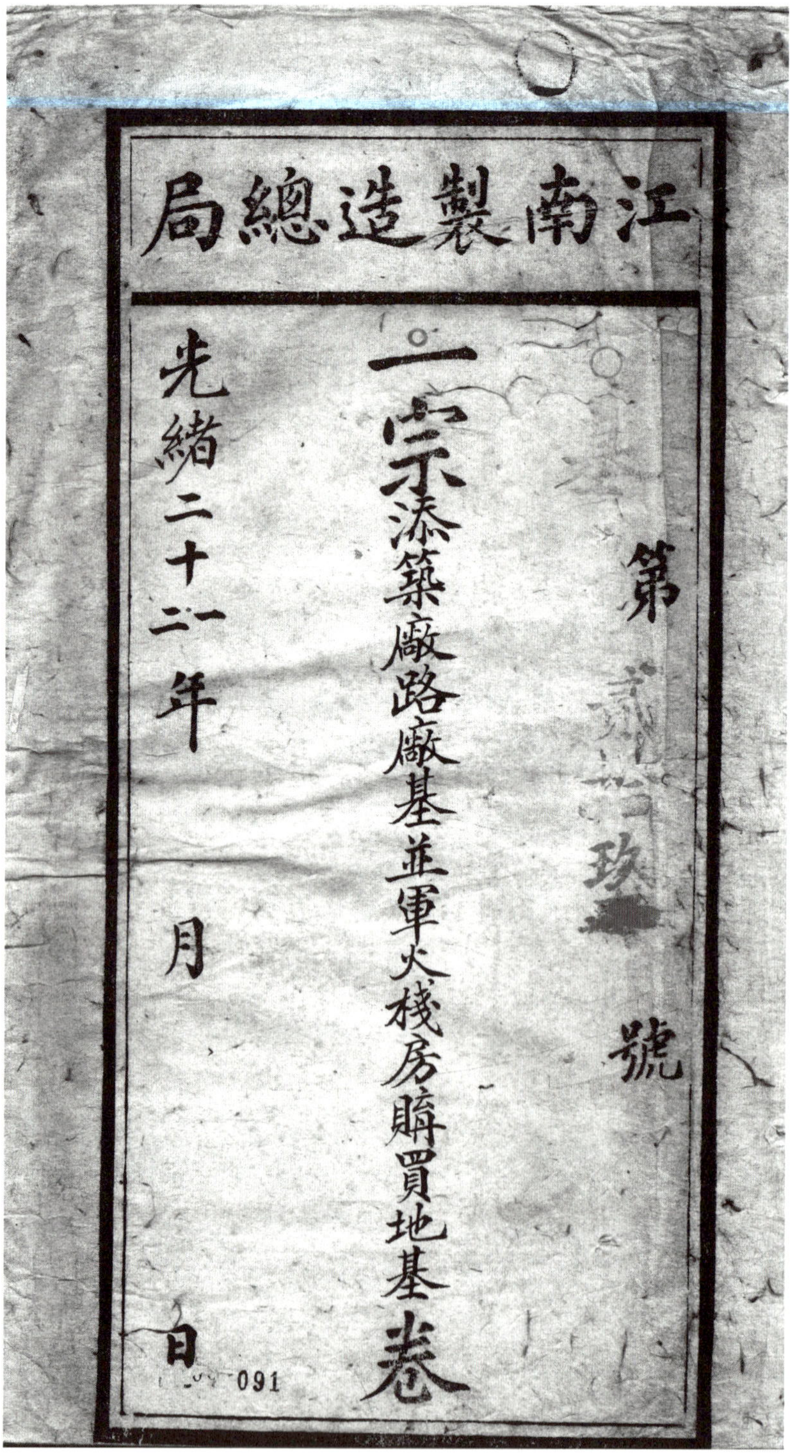

江南製造總局

第貳拾玖號

一宗添築廠路廠基並軍火棧房購買地基卷

光緒二十二年　月　日

091

江南製造總局基字第二十九號添築廠路廠基並軍火棧房購買地基卷封面（1895—1896 年，光緒二十一年—光緒二十二年）

添築廠路廠基購地卷

一照会上海縣　照會購地開送清單切結文稿三件

另楊福生等三十四户　賣結三十四紙

同仁輔元堂來信一件

又陳惟榮等三户　结狀六紙　田單一紙

又陸洪池等十三户　结狀二十六紙　田單十四紙

江南製造總局基字第二十九號添築廠路廠基並軍火棧房購買地基卷目録（1895—1896年，光緒二十一年—光緒二十二年）

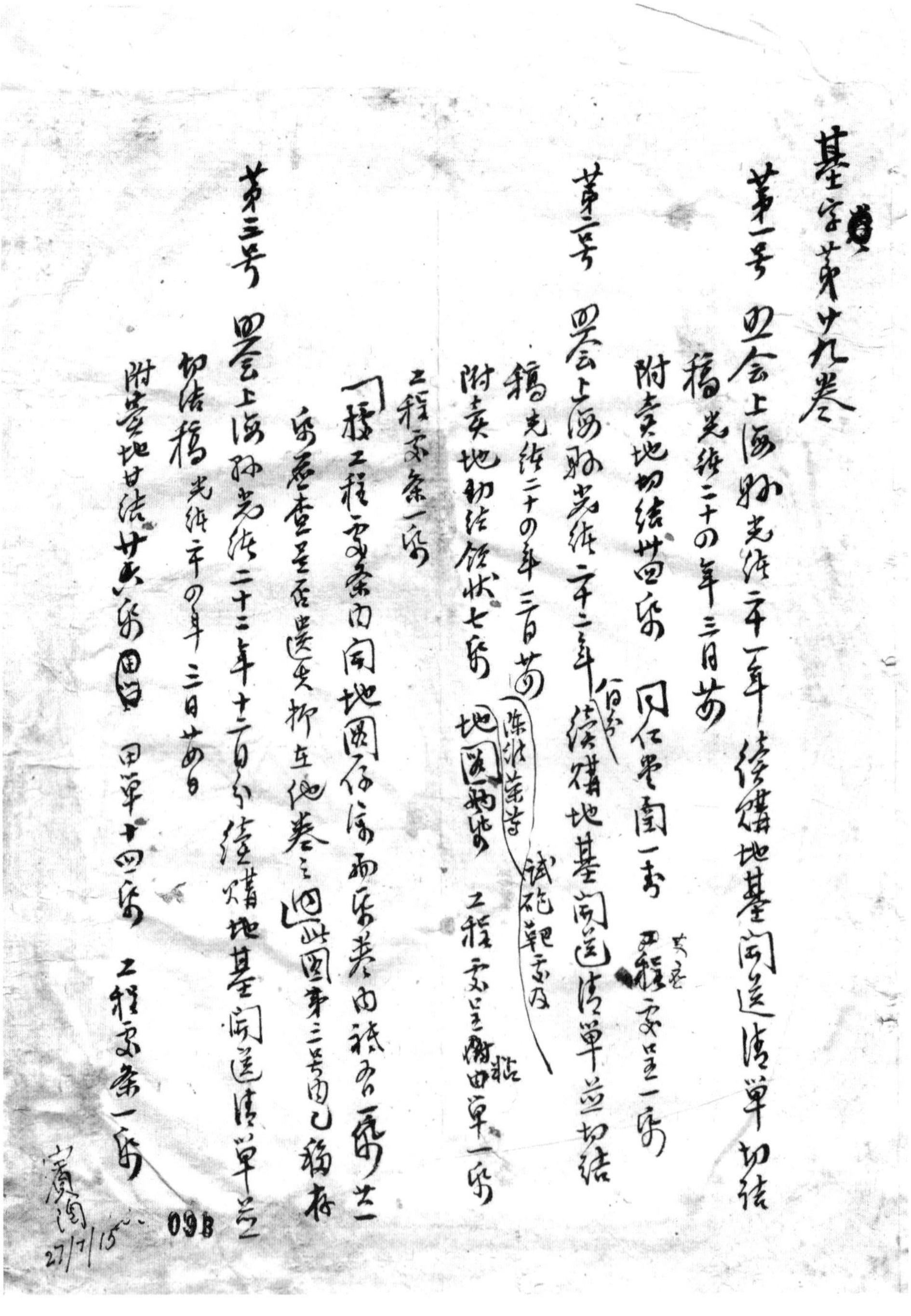

基字第廿九卷

第一号　照会上海縣光緒二十一年　添購地基開送清單切結

稿　光緒二十四年三月　日　同仁堂園一方

附粘地切結廿四紙　工程處呈一紙

第二号　照会上海縣光緒二十二年　添購地基開送清單並切結

稿　光緒二十四年三月　日

附粘地切結領狀七紙　地圖一紙　工程處呈附田單一紙

工程處条一紙

同移工程處条內開地圖存處兩紙卷內祇存一紙　共二

第三号　照会上海縣光緒二十二年十二月　添購地基開送清單並

切結稿　光緒二十四年三月　日

附粘地切結廿八紙四紙　田單十四紙　工程處条一紙

賓閱　27/7/15　098

江南製造總局基字第二十九號添築廠路廠基並軍火棧房購買地基卷目録（1895—1896 年，光緒二十一年—光緒二十二年）

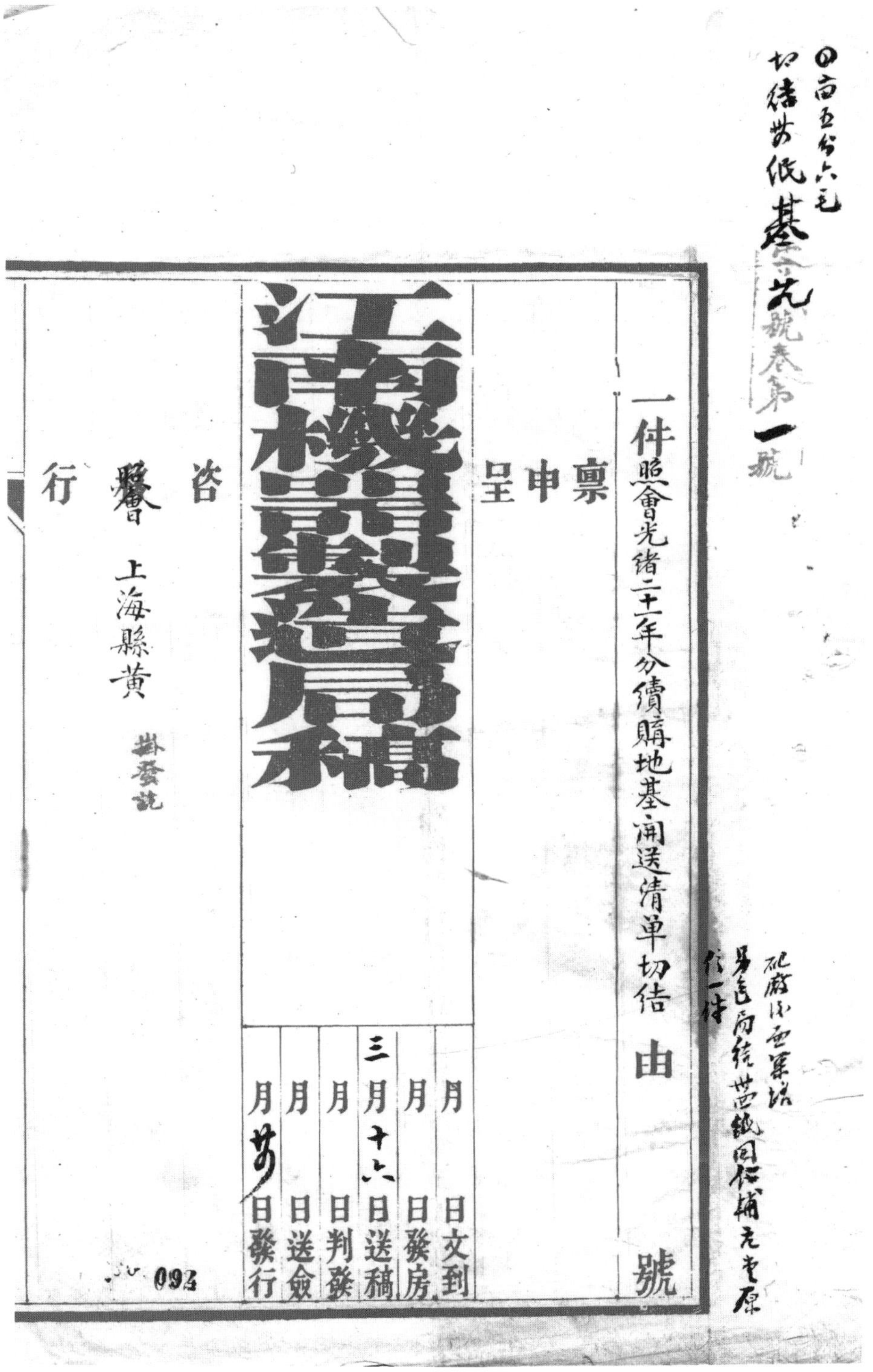

江南機器製造局稿
一件照會光緒二十一年分續購地基開送清單切結 由 號
稟
申
呈
咨
照會 上海縣黃
行
月日文到
月日發房
三月十六日送稿
月日判發
月日送僉
月廿日發行

江南機器製造局爲照會光緒二十一年份續購地基開送清單切結事致上海縣知縣黃承暄照會稿

（1898 年 4 月 6 日，光緒二十四年三月十六日）

為照會事案查本局歷次購買建造廠屋地基均経開單照會
貴縣查核收作機器局新户各在案兹查本局高昌廟地方添築廠路續購
民地四畝五分陸毫每畝地價五十八千文核共錢二百六十一千三百四十八文均経派員督
率該圖地保會同業户丈量明白當將地價錢文先後照數發給並貼大熟
錢一千二百一十五文一併發交各該業户收領取具切結除將各業户具領本局
所發地價大熟錢文各領結存檔備查外相應開單照會並將各户具呈
貴衙门切结三十四紙轉送為此照會
貴縣煩為查照收作機器局新户開示科則數目移送過局以便照數完粮
並希將切结留存備案望切施行再該圖内有同仁輔元堂公地沿邊尖角一

江南機器製造局爲照會光緒二十一年份續購地基開送清單切結事致上海縣知縣黄承暄照會稿
（1898年4月6日，光緒二十四年三月十六日）

條計一分二厘三毫，詢據該堂董曹基善、汪濤等覆稱：築寬道路，亦屬公事，

自應即讓用，無須請領地價等語，並覆在案。合行聲明，須至照會者。

計粘單一紙，切結三十四紙。

今將本局高昌廟廠路添購地基畝數並發給地價等項錢文開單送請

查核

計開

楊福生 二十五保十五圖宇圩 第七號田地一分三厘五毫 計發地價足制錢七千八百三十文

楊桂春 又 又第七號田地一分三厘五毫 計發地價足制錢七千八百三十文

楊福生 又 又第七號田地一分三厘九毫 計發地價足制錢八千六十二文

江南機器製造局爲照會光緒二十一年份續購地基開送清單切結事致上海縣知縣黄承暄照會稿
（1898 年 4 月 6 日，光緒二十四年三月十六日）

楊阿第 二十五保十四圖宇字圩 第七號田地一分五厘九毫 計發地價足制錢九千二百二十二文

孔文春 又 又第八號田地三分七厘五毫 計發地價足制錢二十一千七百五十文

顧了頭 又 又第十號田地一厘七毫 計發地價足制錢九百八十六文

林咸慶 又 又第九號田地一分一厘一毫 計發地價足制錢六千四百三十八文

陳阿炳
林毛毛 又 又第十二號田地一分九毫 計發地價足制錢六千三百二十二文

王阿朝 又 又第十三號田地一分四厘六毫 計發地價足制錢八千四百六十八文

孔文春 又 又第三十七號田地三分二厘七毫 計發地價足制錢一十八千九百六十六文

顧炳奎 又 又第四十九號田地四厘 計發地價足制錢二千三百二十文

沈子明 又 又第四十九號田地二分四厘七毫 計發地價足制錢一十四千三百二十六文

江南機器製造局爲照會光緒二十一年份續購地基開送清單切結事致上海縣知縣黃承暄照會稿

（1898 年 4 月 6 日，光緒二十四年三月十六日）

孔倈氏 又 又第九號田地三分八厘四毫 計發地價足制錢二十二千二百七十二文 另給地內大熟錢一千九百二十文

顧晋發 又 又第九號田地一分四厘六毫 計發地價足制錢八千四百六十八文 另給地內大熟錢七百三十文

顧丫頭 又 又第九號田地一分一厘七毫 計發地價足制錢六千七百八十六文 另給地內大熟錢五百八十五文

孔文春 又 又第九號田地九厘六毫 計發地價足制錢五千五百六十八文 另給地內大熟錢四百八十文

顧晋發 又 又第十號田地六厘三毫 計發地價足制錢三千六百五十四文 另給地內大熟錢三百一十五文

楊順發 又 又第十三號田地一分三厘六毫 計發地價足制錢七千八百八十八文 另給地內大熟錢六百八十文

楊秀堂 又 又第三十九號田地二分一厘 計發地價足制錢一十二千一百八十文 另給地內大熟錢一千五十文

顧大生 又 又第三十九號田地九厘九毫 計發地價足制錢五千七百四十二文 另給地內大熟錢四百九十五文

顧阿春 又 又第三十九號田地一分五毫 計發地價足制錢六千九十文 另給地內大熟錢五百二十五文

096

江南機器製造局爲照會光緒二十一年份續購地基開送清單切結事致上海縣知縣黄承暄照會稿
（1898年4月6日，光緒二十四年三月十六日）

喬長耕　又　又第四十號田地九厘六毫　計發地價足制錢五千五百六十八文　另給地内大熟錢四百八十文

喬阿和　又　又第三十九號田地七厘八毫　計發地價足制錢四千五百二十四文　另給地内大熟錢三百九十文

喬乾生　又　又第四十號田地九厘六毫　計發地價足制錢五千五百六十八文　另給地内大熟錢四百八十文

喬長耕　又　又第三十九號田地三厘　計發地價足制錢一千七百四十文　另給地内大熟錢一百五十文

楊大榮　又　又第三十四號田地八厘五毫　計發地價足制錢四千九百三十文　另給地内大熟錢四百二十五文

楊錦山　又　又第三十六號田地九厘七毫　計發地價足制錢五千六百二十六文　另給地内大熟錢四百八十五文

楊順發　又　又第三十八號田地一分二厘二毫　計發地價足制錢七千七十六文　另給地内大熟錢六百一十文

楊瑞發　又　又第三十八號田地八厘三毫　計發地價足制錢四千八百一十四文　另給地内大熟錢四百一十五文

楊鍾濤　二十四保方十二圖方字圩第二百十七號田地八厘　計發地價足制錢四千六百四十文

江南機器製造局爲照會光緒二十一年份續購地基開送清單切結事致上海縣知縣黄承暄照會稿
（1898年4月6日，光緒二十四年三月十六日）

徐青如又　又第二百十七號田地一分四厘一毫　計發地價足制錢八千一百七十八文

王漢生又　又第二百十八號田地二分　計發地價足制錢十一千六百文

王松華又　又第二百十七號田地五厘三毫　計發地價足制錢三千七十四文

楊桂山又　又第二百十六號田地四厘九毫　計發地價足制錢二千八百四十二文

以上楊福生等三十四戶共賣田地四畝五分六毫共發地價錢二百六十一千三百四十八文並另給

地內大熟錢一千二百一十五文係於光緒二十一年分添築廠路購買應用

江南機器製造局爲照會光緒二十一年份續購地基開送清單切結事致上海縣知縣黄承暄照會稿

（1898 年 4 月 6 日，光緒二十四年三月十六日）

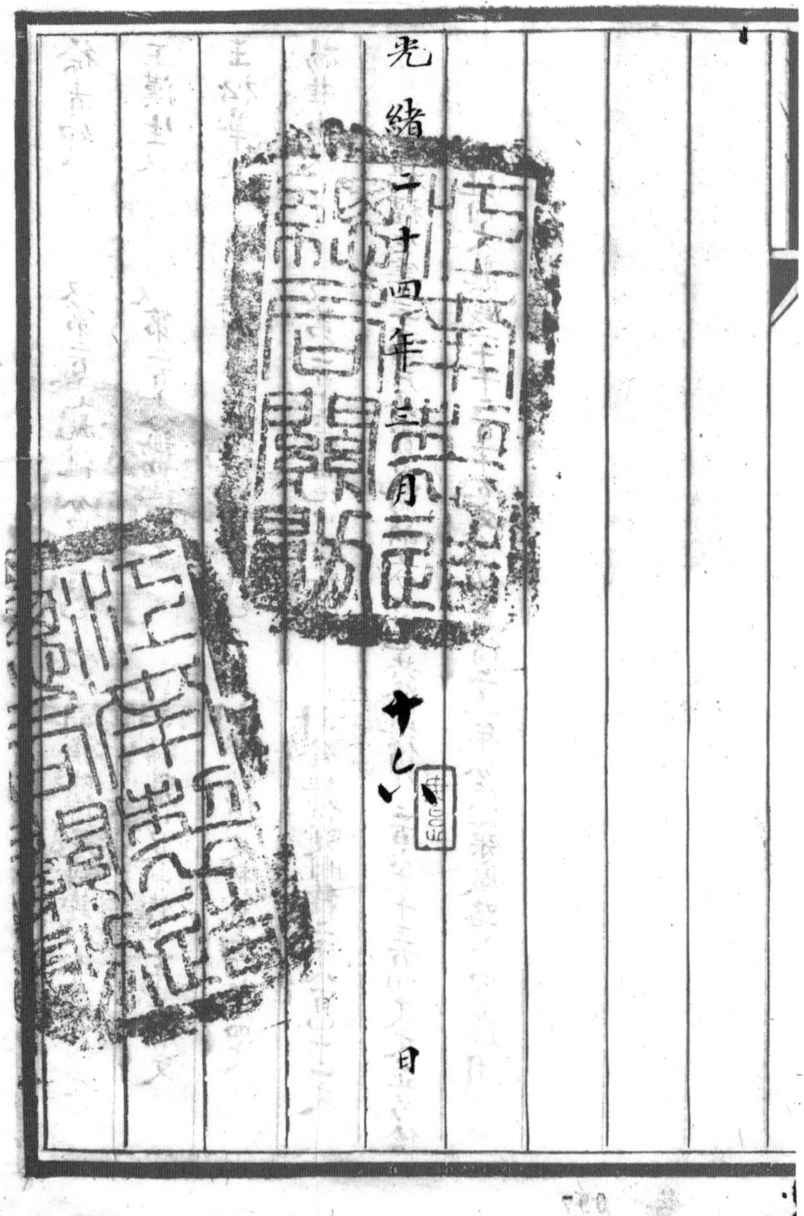
光緒二十四年三月十六日

江南機器製造局爲照會光緒二十一年份續購地基開送清單切結事致上海縣知縣黃承暄照會稿
（1898年4月6日，光緒二十四年三月十六日）

二品頂戴直隸候補道林

賞戴花翎補用參將魏

三品頂戴候選道將

補用道江蘇儘先補用知府王

098

江南機器製造局爲照會光緒二十一年份續購地基開送清單切結事致上海縣知縣黄承暄照會稿

（1898 年 4 月 6 日，光緒二十四年三月十六日）

基字 号卷第二号

一件照會光緒二十二年八月分續購買地基開送清單並切結由　號

稟
申
呈

江南機器製造局稿

咨
照會 上海縣黃
行

掛發號

月　日文到	月　日發房	三月十六日送稿	月　日判發	月　日送僉	月廿六日發行

徐鋼
唐以先地

097

江南機器製造局爲照會光緒二十二年八月份續購地基開送清單並切結事致上海縣知縣黃承暄照會稿（1898年4月6日，光緒二十四年三月十六日）

為照會事案查本局歷次購買建造廠屋地基均經開單照會
貴縣查核收作機器局新户各在案茲查本局高昌廟地方添築廠基續購民地
三畝八分九毫每畝一百四十元核共地價洋五百三十三元二角六分均經派員督率該圖地保
會同業户丈量明白當將地價洋先後照數發給各該業户收領取具切結除將各
業户具領本局所發地價洋元各領結存檔備查外相應開單照會並將各業户
具呈
貴衙门切結三紙轉送為此照會
貴縣煩為查照收作機器局新户開除科則數目移送過局以便照數完粮並希
將切結留存備案望切施行須至照會者

江南機器製造局爲照會光緒二十二年八月份續購地基開送清單並切結事致上海縣知縣黄承暄照會稿（1898年4月6日，光緒二十四年三月十六日）

計粘單並切結三紙

今將本局高昌廟增築廠基添購地畝數目並發給地價洋元開单送請

查核

計開

陳維榮 二十五保十四圖特字圩 第三十三號田地二畝二分四厘七毫 計發地價洋三百十四元五角八分

張成發 又 又第三十二號田地一畝二分五厘六毫 計發地價洋一百七十五元八角四分

楊佛仁 又 又第三十二號田地三分六毫 計發地價洋四十二元八角四分

以上陳維榮等三戶共賣田地三畝八分九毫共發地價洋五百三十三元二角六分係於

光緒二十二年分添購築廠基購買應用

409

江南機器製造局爲照會光緒二十二年八月份續購地基開送清單並切結事致上海縣知縣黄承暄照會稿（1898年4月6日，光緒二十四年三月十六日）

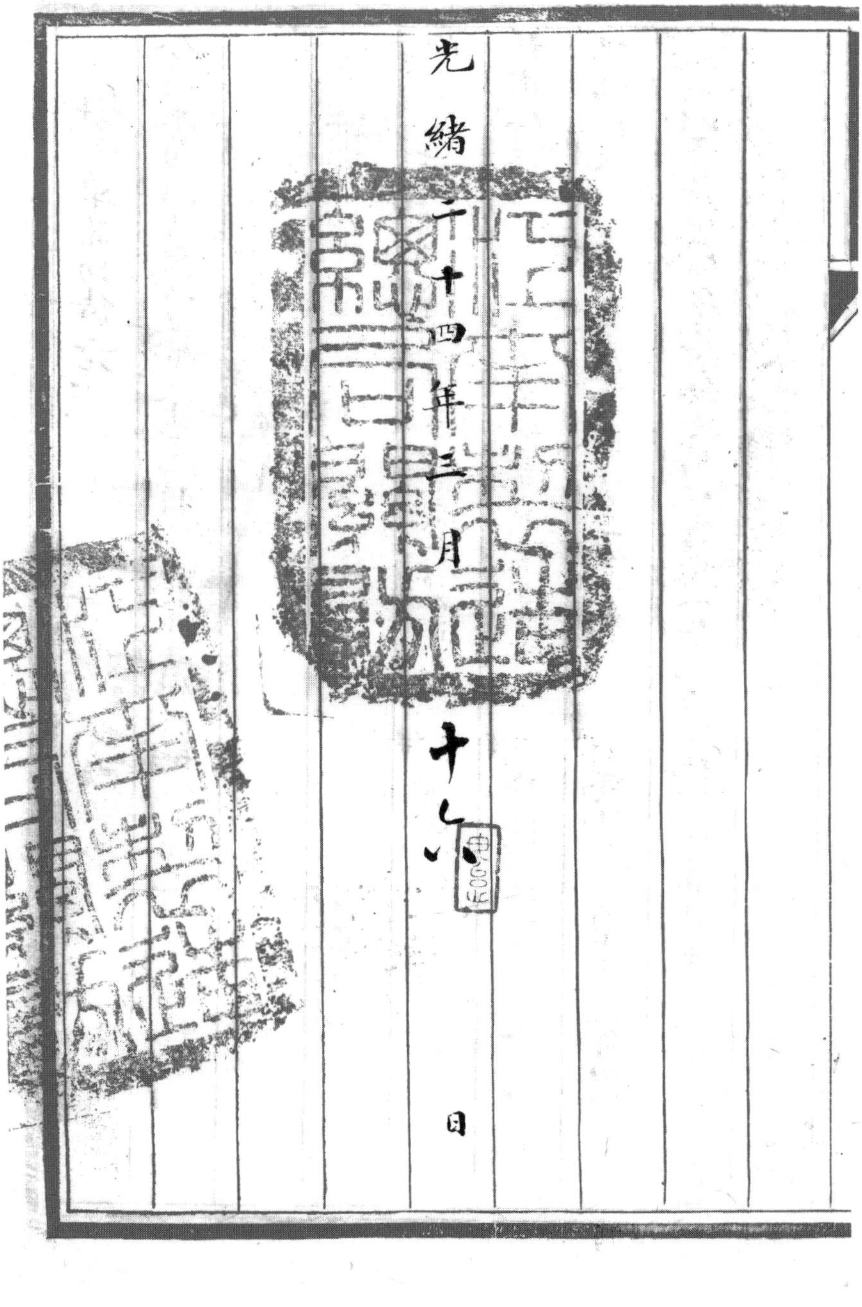
光緒二十四年三月十六日

江南機器製造局爲照會光緒二十二年八月份續購地基開送清單並切結事致上海縣知縣黃承暄照會稿（1898 年 4 月 6 日，光緒二十四年三月十六日）

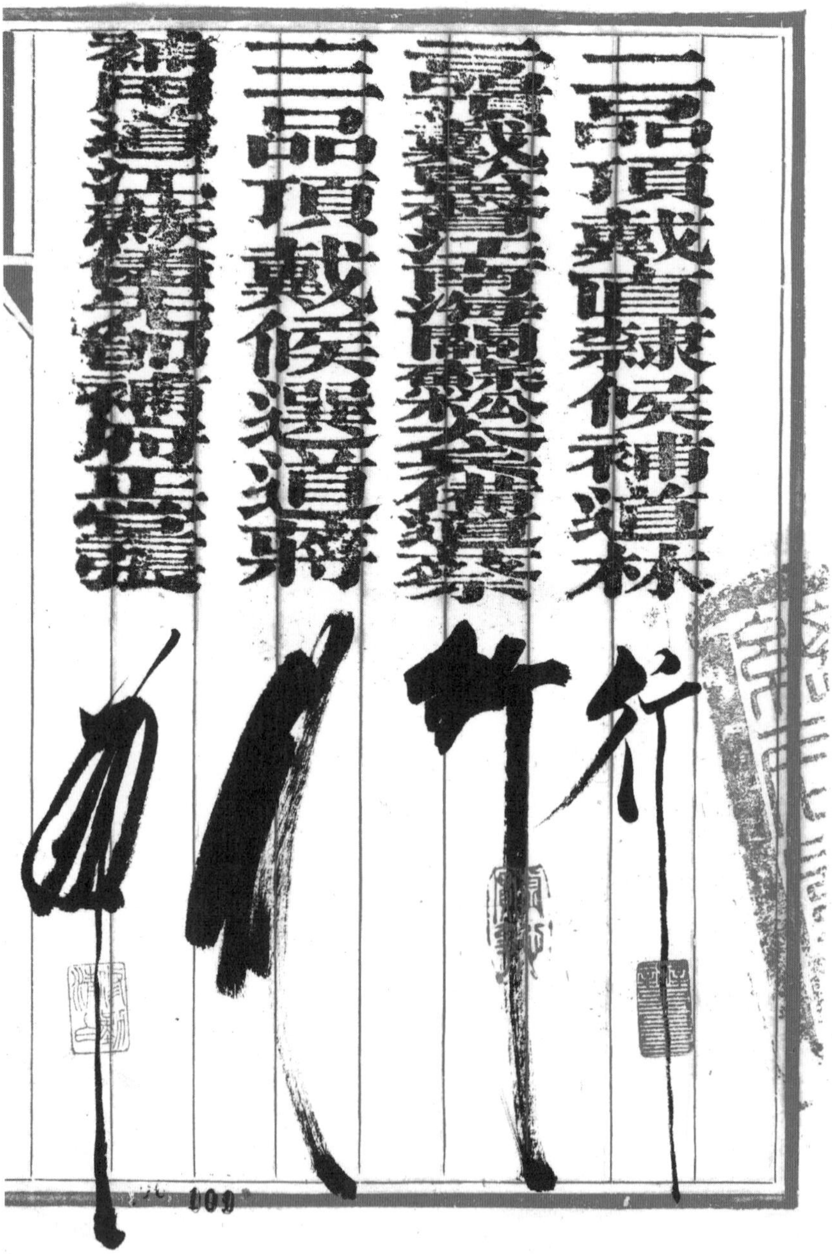

江南機器製造局爲照會光緒二十二年八月份續購地基開送清單並切結事致上海縣知縣黄承暄照會稿（1898 年 4 月 6 日，光緒二十四年三月十六日）

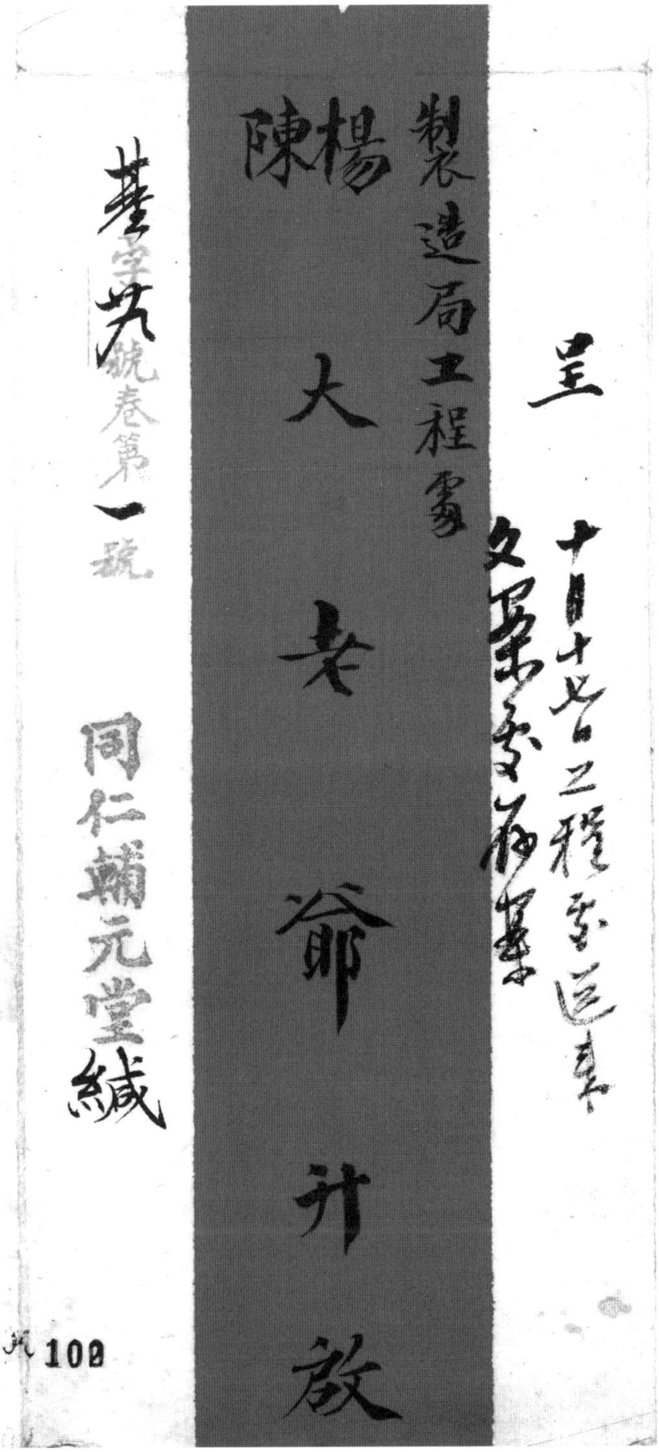
製造局工程處
楊
陳
大老爺升啟
呈
同仁輔元堂緘

同仁輔元堂董事曹基善、汪濤爲善堂公地不妨筑用地價無須請領事致江南機器製造局工程處函（1896年11月21日，光緒二十二年十月十七日）

蔭霖翁公祖大人閣下敬覆者前奉
面諭以製造局北首開築大路應須帶着徽堂舊義塚
沿邊尖角一條董等遵即往看該義塚西南角本
有未埋棺木空地一條似可讓用茲蒙給發應用地
基一分二厘三毫圖式一張並諭是否取價等因董等
會商之下以該塚係是善堂公地奉
憲築寬道路亦屬善舉應讓之地其下似無已埋棺
木不妨築用至於地價無須請領乞將此項地價

105

同仁輔元堂董事曹基善、汪濤爲善堂公地不妨筑用地價無須請領事致江南機器製造局工程處函（1896年11月21日，光緒二十二年十月十七日）

錢文竟可充入築路公費惟叢塚既築大路路

停塚下所埋棺木應請

諭飭該處地保並營路巡勇妥爲照料永遠不准

牛馬喫草踐踏則澤及枯骸

仁施實無既極也專肅謹覆即請

升安

治晚曹基善
汪濤 頓首

105

106

同仁輔元堂董事曹基善、汪濤爲善堂公地不妨筑用地價無須請領事致江南機器製造局工程處函（1896年11月21日，光緒二十二年十月十七日）

敬稟者前次新買馬路地基東首內有同仁輔元堂公地壹尖角計壹分弍

厘叁毫業經聲明俟問明該堂或取價與否再另稟明辦理在案茲據該堂

曹董事等來函云不取價值情愿作為馬路等語理合將原函一併呈請

憲鑒並請

批飭文案房存案是為公便

文案房存案並并卷

十月十七日　工程處呈

103

江南機器製造局工程處爲同仁輔元堂曹董事等來函事致該局總辦稟文（1896 年 11 月 21 日，光緒二十二年十月十七日）

內田單拾肆張賣領甘結叁拾玖紙恭呈

憲鑒批飭立案

十二月二十二日工程處謹呈

104

江南機器製造局工程處爲呈送田單、賣領甘結事致該局總辦呈條（1897 年 1 月 24 日，光緒二十二年十二月二十二日）

巷字光號卷第三號

上海縣來文送回田單基卅

一件照會光緒二十二年十二月份續購地基開送清單並切結田單由

號

稟

申

呈

江南機器製造局稿

咨

照會　上海縣黃

擬發號

行

月日文到	月日發房	三月十六日送稿	月日判發	月日送僉	月廿日發行

107

江南機器製造局爲照會光緒二十二年十二月份續購地基開送清單並切結、田單事致上海縣知縣黄承暄照會稿（1898 年 4 月 6 日，光緒二十四年三月十六日）

為照會事案查本局歷次購買建造廠屋地基均徑開單照會
貴縣查核收作機器局新户各在案茲查本局高昌廟地方增造軍火等棧房續
購民地十九畝一厘四毫每畝洋二百元核共地價洋三千八百二元八角均徑派員督率
該圖地保會同業户丈量明白當將地價洋先後照數發給各該業户收領取具切
結存案並據呈到執業田單十四紙除將各業户具領本局所發地價洋元各
領結存檔備查外相應開單照會並將各户具呈
貴衙門切結十三紙連同田單十四紙轉送為此照會
貴縣煩為查照收作機器局新户開示科則數目移送過局以便照數完糧並
希將切結留存備案其田單仍即移還本局存查望切施行須至照會者

江南機器製造局爲照會光緒二十二年十二月份續購地基開送清單並切結、田單事致上海縣知縣黄承暄照會稿（1898年4月6日，光緒二十四年三月十六日）

計粘單並田單十四紙切結十三紙

今將本局高昌廟增造軍火等棧房添購地基畝數並發給地價洋元開單送請

查核

計開

陸洪池 二十五保十五圖巳字圩 第四百十七號田地二畝一分四釐五毫 計發地價洋四百二十九元

李錫亭 鑑松 又 又第四百十八號田地二畝六分二釐三毫 計發地價洋五百二十四元六角

蘇繼章 又 又第四百十七號田地二畝三分二釐六毫 計發地價洋四百六十五元二角

王耀宗 又 又第四百十五號田地七分二釐三毫 計發地價洋一百四十四元六角

王耀宗 又 又第四百十六號田地一畝二分二釐三毫 計發地價洋二百四十四元六角

108

江南機器製造局爲照會光緒二十二年十二月份續購地基開送清單並切結、田單事致上海縣知縣黄承暄照會稿（1898年4月6日，光緒二十四年三月十六日）

李阿觀　二十五保十五圖巳字圩第四百二十四號田地一畝八釐四毫　計發地價洋二百一十六元八角

李阿觀又　又第四百十六號田地五分　計發地價洋一百元

李秀卿又　又第四百二十五號田地一畝三釐三毫　計發地價洋二百六元六角

李承良又　又第四百二十三、三十三號田地二畝九分六釐七毫　計發地價洋五百九十三元四角

黃敬堂福海又　又第四百二十二號田地一畝七分九釐三毫　計發地價洋三百五十八元六角

黃金榮又　又第四百三十八號田地三分五釐二毫　計發地價洋七十元四角

李桂生又　又第四百三十六號田地一畝三分七釐八毫　計發地價洋二百七十五元六角

黃西耕又　又第四百五十一號田地八分六釐七毫　計發地價洋一百七十三元四角

以上陸洪池等十三戶共計田地十九畝一釐四毫共發地價洋三千八百二元八角係於光緒二

江南機器製造局爲照會光緒二十二年十二月份續購地基開送清單並切結、田單事致上海縣知縣黃承暄照會稿（1898年4月6日，光緒二十四年三月十六日）

十二年分增造軍火等棧房購買應用

光緒二十四年三月十六日

109

江南機器製造局爲照會光緒二十二年十二月份續購地基開送清單並切結、田單事致上海縣知縣黄承暄照會稿（1898 年 4 月 6 日，光緒二十四年三月十六日）

二品頂戴直隸候補道林

[illegible]

三品頂戴候選道蔣

[illegible]

江南機器製造局爲照會光緒二十二年十二月份續購地基開送清單並切結、田單事致上海縣知縣黄承暄照會稿（1898 年 4 月 6 日，光緒二十四年三月十六日）

江南製造總局

二十、江南製造局購買高昌廟地基的契據、地形圖等有關文書

江南製造總局基字第三十一號購買地基增建廠屋卷封面（1898年，光緒二十四年）

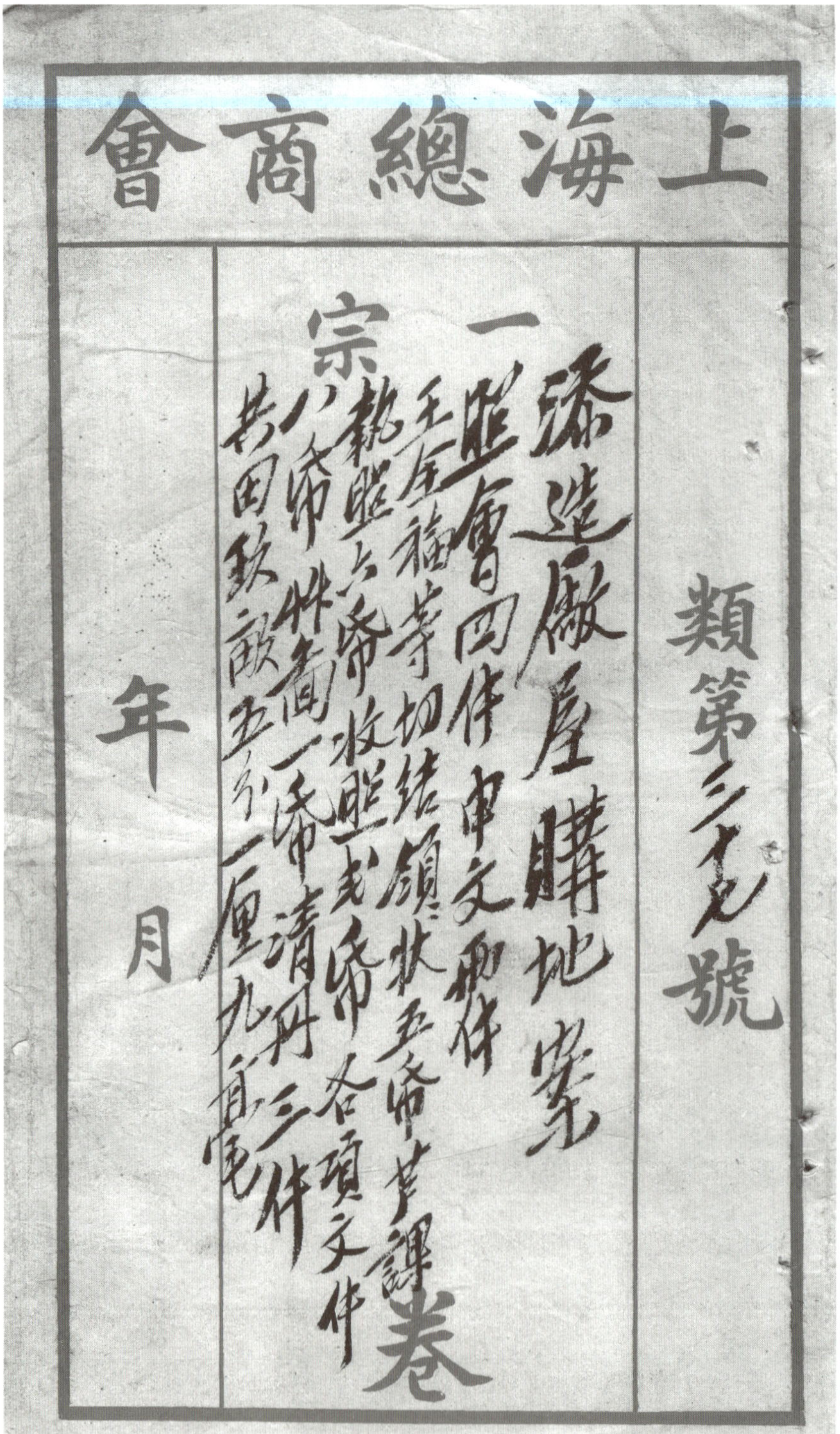

上海總商會第三十七號添造廠屋購地案卷封面（時間不詳）

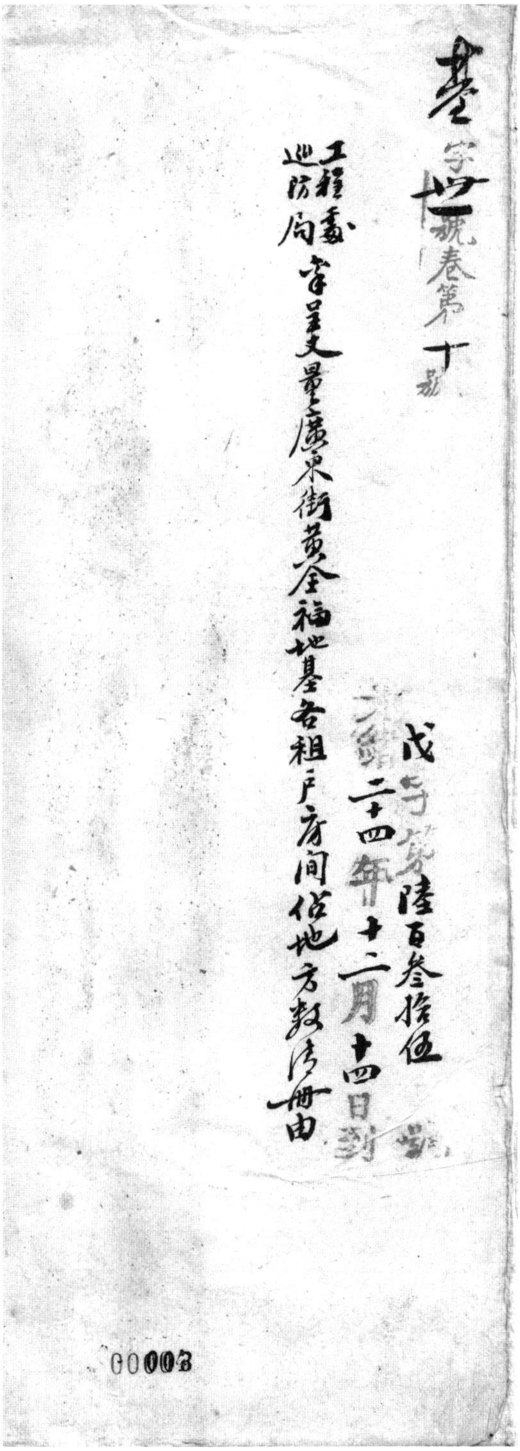
臺字世號卷第十號
戊字第陸百叁拾伍號
光緒二十四年十二月十四日到
工程處
巡防局 稟呈丈量廣東街黃全福地基各租户房間佔地方數清册由
00003

江南機器製造局工程處楊培、巡防局魯國壽爲稟呈丈量廣東街黃全福地基各租户房間占地方數清册事致該局總辦稟文（1899 年 1 月 25 日，光緒二十四年十二月十四日）

敬禀者竊查新買廣東街沿浜黃全福等地基一塊計四畝四分
四釐六毫從前賣主黃全福等早經陸續出租蓋有民房並臨街
市房現既買歸局內管業一切房屋此後或仍照舊出租或令各
租戶拆去均由局中作主與黃全福等無涉伏查此地與九月間
所買陳維榮等地基緊相毗連宜仍照舊出租不拘年限隨要隨
拆所有經租章程仍照江邊碼頭地租辦法按照各戶房主房屋
所佔地基多寡分別丈量刊刷聯單收條按季收租十二月初七

江南機器製造局工程處楊培、巡防局魯國壽爲禀呈丈量廣東街黃全福地基各租户房間占地方數清册事致該局總辦禀文（1899年1月25日，光緒二十四年十二月十四日）

日帶同地保及黃全福等將各戶房屋用英碼皮尺分别從籬根
滴水先量深濶再以一丈見方算成方數每方每年仍遵
憲台前批照派租洋四角五分自明年春季起按季分收以歸一律
茲將此地各戶房主花名房間各佔地基方數繕造清冊肅泐稟
陳是否有當恭懇
大人鑒核伏乞
鈞訓祇遵謹肅泐稟虔請

00058

江南機器製造局工程處楊培、巡防局魯國壽爲稟呈丈量廣東街黃全福地基各租户房間占地方數清册事致該局總辦稟文（1899 年 1 月 25 日，光緒二十四年十二月十四日）

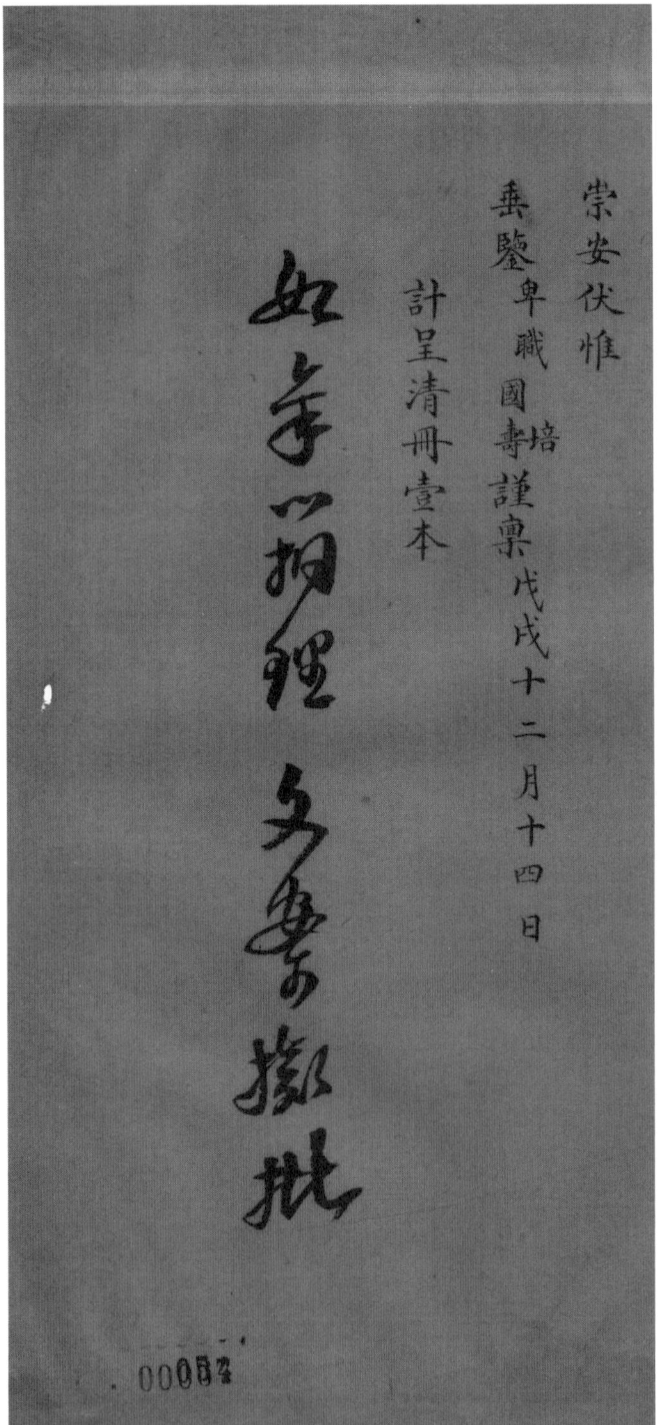

崇安伏惟

垂鑒卑職國壽培謹稟戊戌十二月十四日

計呈清冊壹本

如禀以[illegible]經久[illegible][illegible]批

江南機器製造局工程處楊培、巡防局魯國壽爲稟呈丈量廣東街黄全福地基各租户房間占地方數清册事致該局總辦稟文（1899 年 1 月 25 日，光緒二十四年十二月十四日）

甚字廿號卷第八號

上海縣復文歸基字廿五號卷

一件 照會光緒二十四年分續購地基開送清單並切結 由　　號

稟
申
呈

江南機器製造總局

咨

照會 上海縣王　掛發訖

行

月　日文到
月　日發房
十二月十二日送稿
月　日判發
月十七日送僉
月十八日發行

00005

江南機器製造局爲照會光緒二十四年份續購地基開送清單並切結事致上海縣知縣王豫熙照會稿（1899年1月23日，光緒二十四年十二月十二日）

為照會事案照本局歷次造建廠屋添築廠路購買地基均經開單
照會
貴縣查核收作機器局新户各在案茲查本局在高昌廟地方添購蘆地
四畝四分四釐六毫共價洋二千元業經派員督同該圖地保會同業户
丈量明白當將地價洋元照數發給該業户收領取具切結領狀存案
相應開單照會並將該業户具呈
貴衙門切結一紙連同所呈沙州局收照一張蘆課執照三張
一併轉送為此照會
貴縣煩為查照收作機器局新户開示科則數目移送過局以便照

江南機器製造局爲照會光緒二十四年份續購地基開送清單並切結事致上海縣知縣王豫熙照會稿（1899年1月23日，光緒二十四年十二月十二日）

數完糧並希將切結留存備案仍將收照一張執照三張送還本局

備查望切施行須至照會者

計粘單並切結一紙收照一張執照三張

今將本局在高昌廟地方添購備造廠棧地基畝數並發給地價洋元開

單送請

查核

計開

黃文興 全福 榮桂 二十四保地方十二圖廿第號蘆田地四畝四分四釐六毫計發

地價洋二千元

000005

5

江南機器製造局爲照會光緒二十四年份續購地基開送清單並切結事致上海縣知縣王豫熙照會稿（1899年1月23日，光緒二十四年十二月十二日）

以上係光緒二十四年備添廠棧購買應用

光緒二十四年十二月　日

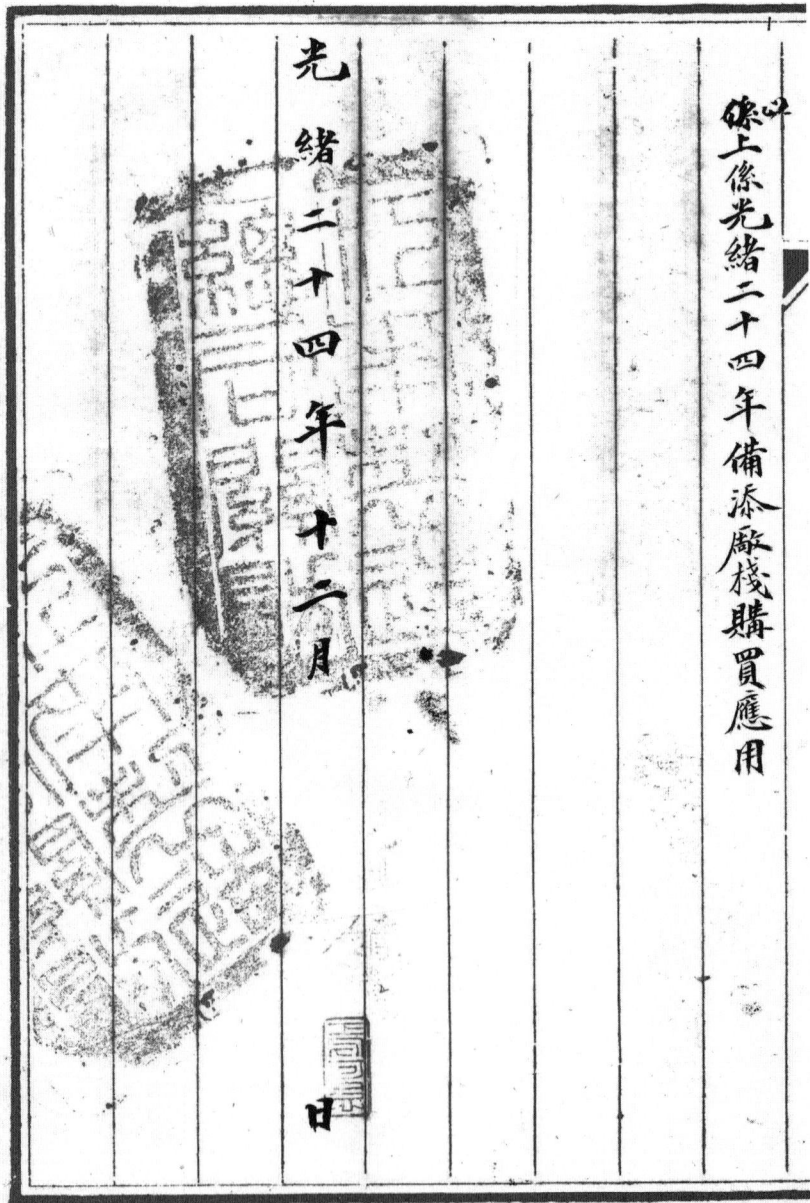

江南機器製造局爲照會光緒二十四年份續購地基開送清單並切結事致上海縣知縣王豫熙照會稿（1899年1月23日，光緒二十四年十二月十二日）

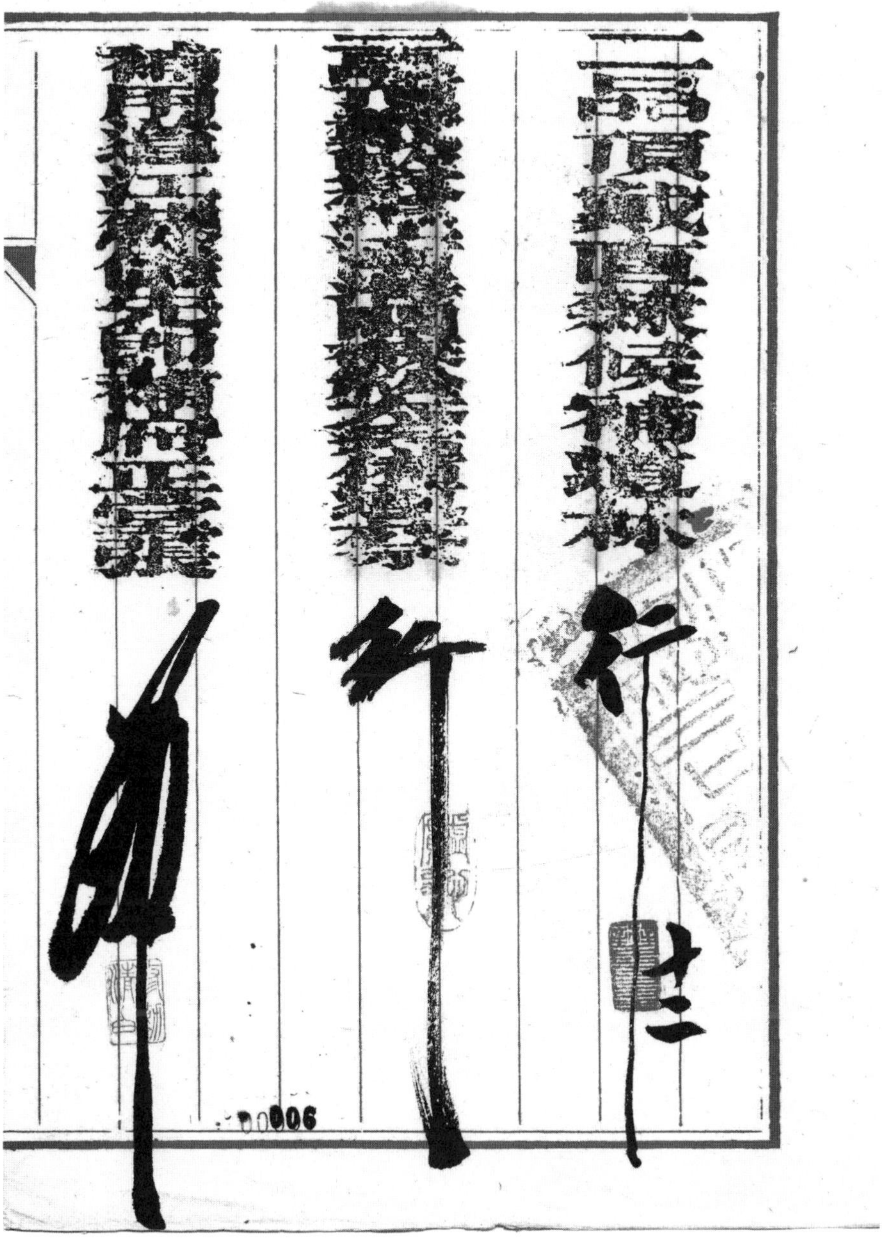

江南機器製造局爲照會光緒二十四年份續購地基開送清單並切結事致上海縣知縣王豫熙照會稿（1899年1月23日，光緒二十四年十二月十二日）

基字世號卷第七號

一件照會地主黃全福賣歸本局蘆地業已加價購定請免傳案由　　號

稟
申
呈

江南機器製造局稿

照會　上海縣王　掛號
移
行

月　日文到	月　日發房	十一月三十日送稿	月　日判發	十二月初五日送僉	十二月初六日發行

江南機器製造局爲照會地主黃全福賣歸該局蘆地業已加價購定請免傳案事致上海縣知縣王豫熙照會稿（1899 年 1 月 10 日，光緒二十四年十一月二十九日）

為照復事案照光緒二十四年十一月二十四日准

貴縣文開奉憲局函諭有二十四保十二圖廣東街陳黃二姓民田共八畝零均願賣歸局產陳姓之地給價已買惟黃全福之田先收定洋索價昂貴居奇不減飭傳地保張惠春地主黃全福到案酌斷等因下縣奉此除飭傳諭遵再行禀復外合先申復仰祈鑒核等因准此查黃全福賣歸本局之地四畝四分四厘六毫嗣經酌加地價已據該地主情願售賣具結領價所有該地保張惠春地主黃全福等應請免其傳案除將賣結等件另行備文送請過户外相應照復為此照會

貴縣煩為查照施行須至照會者

江南機器製造局爲照會地主黄全福賣歸該局蘆地業已加價購定請免傳案事致上海縣知縣王豫熙照會稿（1899 年 1 月 10 日，光緒二十四年十一月二十九日）

光緒二十四年十一月廿九日

江南機器製造局爲照會地主黄全福賣歸該局蘆地業已加價購定請免傳案事致上海縣知縣王豫熙照會稿（1899 年 1 月 10 日，光緒二十四年十一月二十九日）

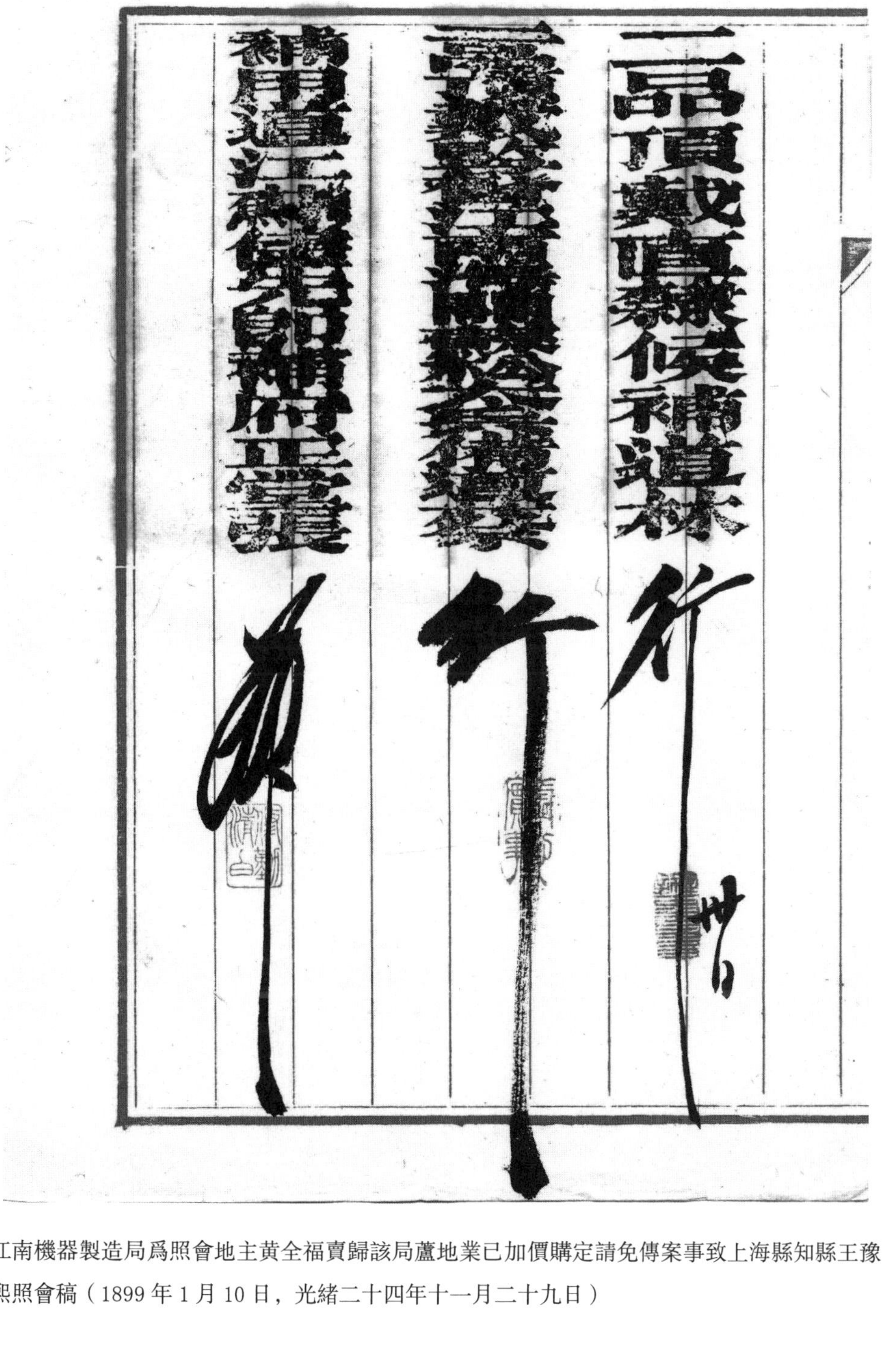

江南機器製造局爲照會地主黃全福賣歸該局蘆地業已加價購定請免傳案事致上海縣知縣王豫熙照會稿（1899 年 1 月 10 日，光緒二十四年十一月二十九日）

此案已了候支應所將找價給領收
之契該段即函稿照會上海縣銷案并
將結送縣備案 十一月十九日

江南機器製造局爲地主黄全福賣歸該局蘆地事批文（1898 年 12 月 31 日，光緒二十四年十一月十九日）

敬啟者：本局購買高昌廟地方黃全福等蘆地四畝四分四厘
六毫，計共地價洋一千元。該地係二十四保方十二圖何字圩第
幾號，續內未據寫明。應請
查明實係某字圩第幾號，迅速開示，以便辦文移縣過戶。
蘆墨上無圩號，謹覆。
貴處，此請
工程處
楊大老爺台鑒
十二月十二日文案處具

江南機器製造局文案處爲請查明該局購買高昌廟地方黃全福等蘆地係二十四保方十二圖何字圩第幾號事致該局工程處函（1899年1月23日，光緒二十四年十二月十二日）

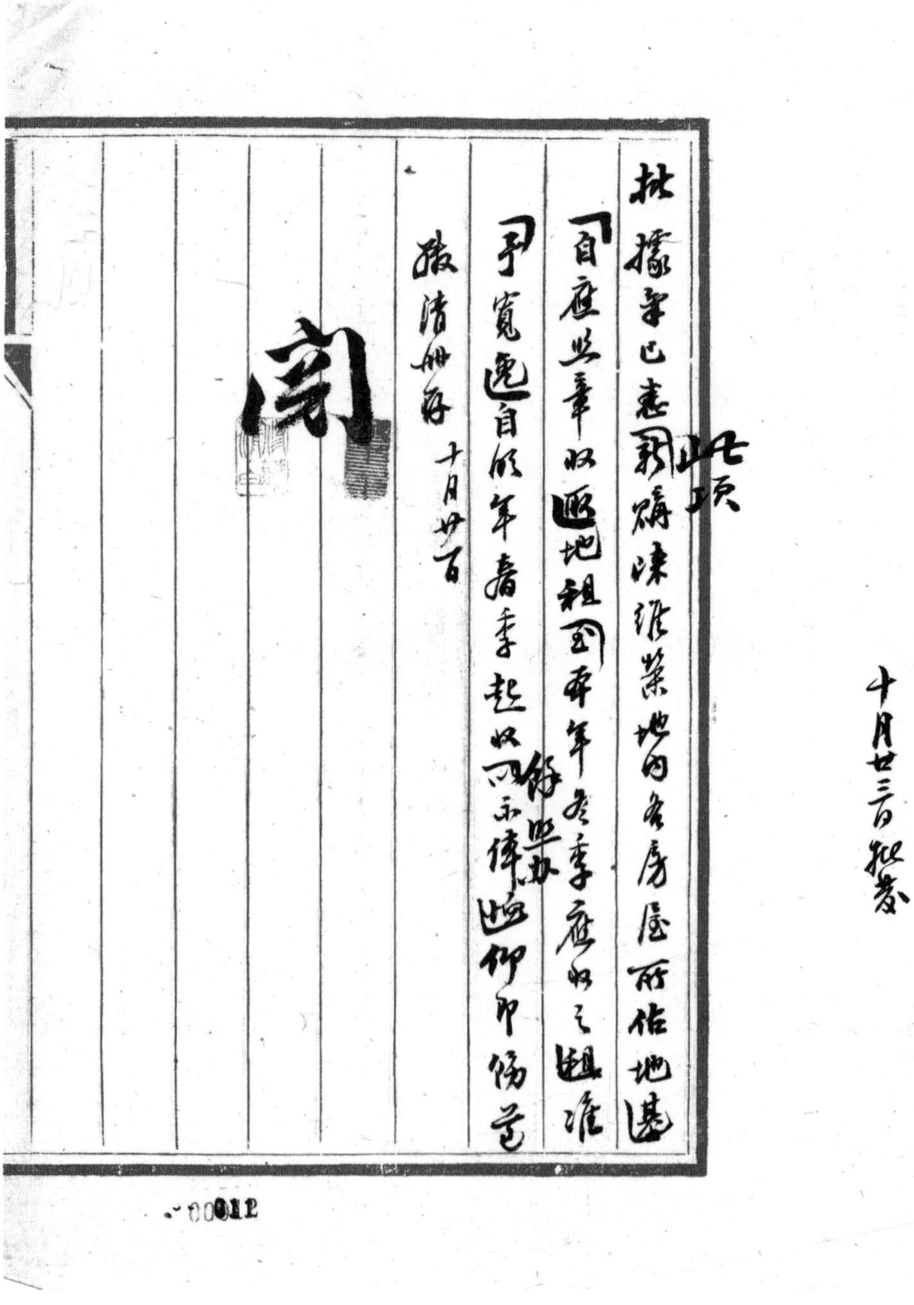

批
據稟已悉。新購此項陳維榮地内各房屋所佔地基，
自應照章收取地租。因本年冬季應收之租，准
予寬免，自明年春季起收，以示體恤。仰即傳飭遵
摺清冊存。十月廿一日

十月廿三日批發

00012

江南機器製造局爲新購陳維榮地内各房屋所占地基收取地租事批文稿（1898 年 12 月 4 日，光緒二十四年十月二十一日）

工程處
巡防局　稟呈丈量陳維榮地基並呈清册由

批

如稟辦理。清册存。

十五

00013

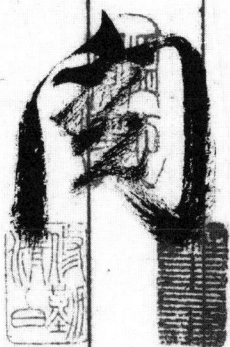

江南機器製造局爲工程處、巡防局稟呈丈量陳維榮地基並呈清册事批文稿（1899年1月26日，光緒二十四年十二月十五日）

存案 十二月十四日

清册

江南機器製造局工程處、巡防局開呈丈量陳維榮等地基核准方數清册（1899 年 1 月 25 日，光緒二十四年十二月十四日）

謹將前買廣東街沿浜陳維榮等地基四畝一分
二釐一毫其上原有各户房主房間披廂分别以
英尺從籬根滴水復行量明丈尺算成方數造具
清冊恭呈
鑒核
計開
盧太　瓦房二間一廂
英尺　深三丈八尺　濶一丈九尺　計七方二二
何文　瓦房二間

江南機器製造局工程處、巡防局開呈丈量陳維榮等地基核准方數清册（1899年1月25日，光緒二十四年十二月十四日）

英尺深三丈闊二丈三尺計六方九

陳維榮　瓦房一間

英尺深三丈八尺闊一丈一尺計四方一四

陳茂松　瓦房一間

英尺深二丈闊一丈一尺計二方二

蔡康　瓦房二間一披

英尺深四丈二尺闊二丈三尺計九方六六

梁弟　瓦房二間一披

英尺深三丈八尺闊一丈一尺計四方一八

江南機器製造局工程處、巡防局開呈丈量陳維榮等地基核准方數清册（1899年1月25日，光緒二十四年十二月十四日）

陳鳳良　瓦房二間

英尺　深一丈九尺　闊二丈二尺　計四方一八

梁阿榮　瓦房三間

英尺　深四丈二尺　闊三丈七尺　計十五方五四

梁阿田　瓦房一間

英尺　深四丈二尺　闊一丈四尺　計五方八八

梁甫　瓦房二間

英尺　深二丈一尺　闊二丈四尺　計五方零四

廣萬隆　瓦房二間

江南機器製造局工程處、巡防局開呈丈量陳維榮等地基核准方數清册（1899年1月25日，光緒二十四年十二月十四日）

英尺深二丈二尺闊二丈二尺計四方八四

何其志　瓦房一間

英尺深四丈二尺闊一丈一尺計四方六二

陳維榮　瓦房一間

英尺深一丈九尺闊二丈二尺計四方一八

梁功甫　瓦房二間

英尺深二丈二尺闊一丈一尺計二方四二

張阿興　瓦房一間

英尺深二丈四尺闊一丈一尺計二方六四

江南機器製造局工程處、巡防局開呈丈量陳維榮等地基核准方數清册（1899年1月25日，光緒二十四年十二月十四日）

楊徐合記　瓦房六間

英尺　深四丈　闊三丈三尺　計十三方二

張阿春　瓦房一間一披

英尺　深四丈　闊一丈二尺　計四方八

又　瓦房二間

英尺　深二丈五尺　闊二丈三尺　計五方七五

袁海潮　瓦房一間

英尺　深二丈三尺　闊一丈二尺　計二方七六

葉阿福　瓦房二間

江南機器製造局工程處、巡防局開呈丈量陳維榮等地基核准方數清册（1899 年 1 月 25 日，光緒二十四年十二月十四日）

英尺深二丈五尺闊二丈三尺計五方七五

陳達生　瓦房二間

英尺深二丈九尺闊一丈三尺計三方七七

黃阿貴　瓦房二間二廂

英尺深三丈七尺闊二丈六尺計九方六二

又　瓦房二間一披

英尺深三丈闊二丈五尺計七方五

姚星甫　瓦房五間二廂

英尺深三丈六尺闊六丈計二十一方六

江南機器製造局工程處、巡防局開呈丈量陳維榮等地基核准方數清冊（1899年1月25日，光緒二十四年十二月十四日）

羅鼎 瓦房二間

英尺深二丈九尺闊二丈二尺計六方三八

又 瓦房三間

英尺深三丈闊三丈八尺計十一方四

又 瓦房二間一廂

英尺深二丈三尺闊三丈五尺計八方零五

又 瓦房一間一披

英尺深三丈二尺闊一丈四尺計四方四八

梁根存 瓦房三間一披二廂

00018

江南機器製造局工程處、巡防局開呈丈量陳維榮等地基核准方數清册（1899年1月25日，光緒二十四年十二月十四日）

英尺深三丈四尺闊四丈計十三方六

徐灼記瓦房一間一厢

英尺深三丈二尺闊一丈五尺計四方八

劉春祥瓦房一間一厢

英尺深三丈二尺闊一丈四尺計四方四八

胡周氏瓦房一間一厢

英尺深三丈二尺闊一丈三尺計四方一六

黄基瓦房一間一厢

英尺深三丈二尺闊二丈二尺計七方零四

江南機器製造局工程處、巡防局開呈丈量陳維榮等地基核准方數清册（1899年1月25日，光緒二十四年十二月十四日）

何志 瓦房一間一廂

英尺 深三丈五尺 闊一丈二尺 計四方二

以上通計貳拾玖戶瓦房陸拾肆間拾叁廂陸

披除道路街衖不計外從籬根滴水量有貳百

貳拾陸方玖捌

江南機器製造局工程處、巡防局開呈丈量陳維榮等地基核准方數清册（1899 年 1 月 25 日，光緒二十四年十二月十四日）

光緒貳拾肆年拾貳月拾肆日呈

00029

江南機器製造局工程處、巡防局開呈丈量陳維榮等地基核准方數清册（1899 年 1 月 25 日，光緒二十四年十二月十四日）

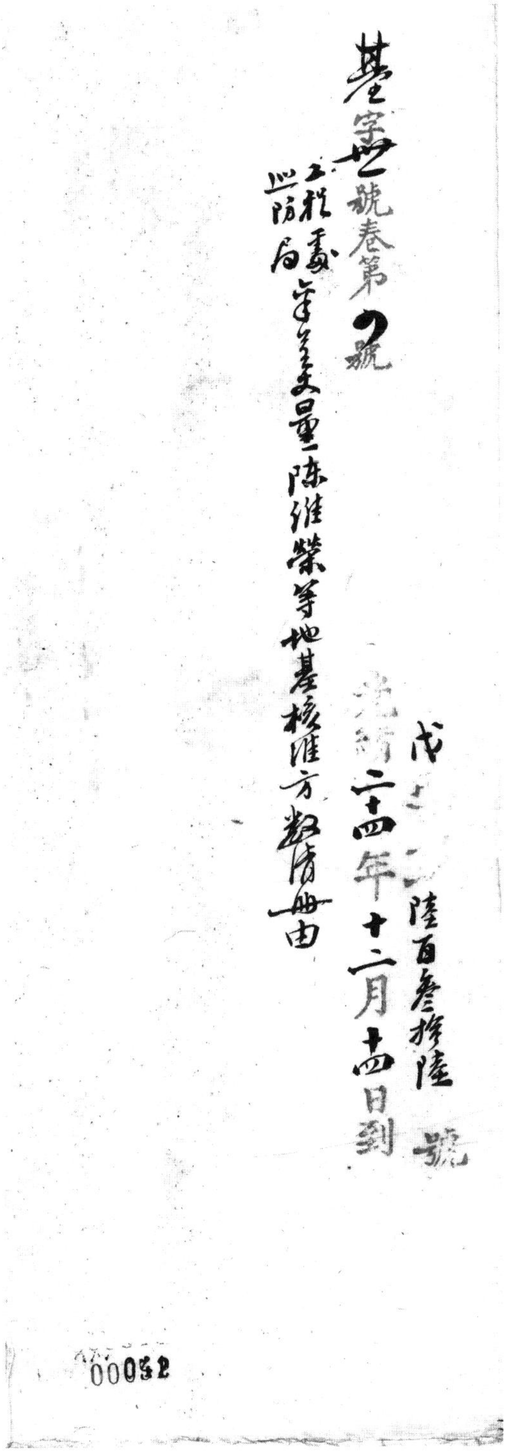

江南機器製造局工程處、巡防局爲稟呈丈量陳維榮等地基核准方數清册事致該局總辦稟文

（1899 年 1 月 25 日，光緒二十四年十二月十四日）

敬稟者竊卑職等十月十九日稟呈為價買陳維榮等民田丈量
各戶房主地基方數清冊壹本內載梁阿榮院內有空地一塊現
查該空地已由梁阿田新造民房一間梁甫新造二間自應復丈
添入梁阿榮現又自將竹笆拆去求請復丈核減並有羅鼎一戶
前係三處合丈方數校多現請分丈方數校少好在此租明年春
季方行開收業於初八日帶同地保復行丈量明晰核准方數種
種與前冊不符之處茲謹另造新冊壹本呈請

江南機器製造局工程處、巡防局爲稟呈丈量陳維榮等地基核准方數清册事致該局總辦稟文
（1899年1月25日，光緒二十四年十二月十四日）

飭發備案日後派租方好據以為憑所有復丈核添核減與前不同

情形理合肅稟具陳叩懇

大人詧核是否有當伏乞

鈞訓祇遵謹肅泐稟虔請

如擬批如稟辦理冊附

崇安伏惟

垂鑒卑職 國壽培謹稟 戊戌十二月十四日

附呈復丈核准清冊壹本

020

江南機器製造局工程處、巡防局爲稟呈丈量陳維榮等地基核准方數清册事致該局總辦稟文

（1899 年 1 月 25 日，光緒二十四年十二月十四日）

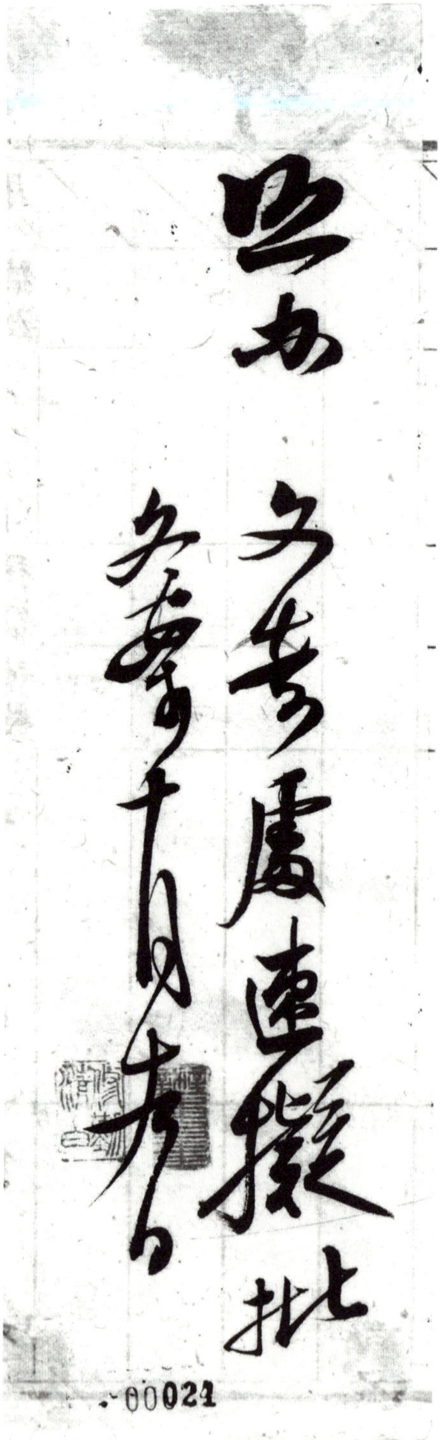
照办
文案處速擬批
文案十月十九日
00024

江南機器製造局爲工程處、巡防局稟復丈量廣東老街沿浜各户事批文稿（1898 年 12 月 2 日，光緒二十四年十月十九日）

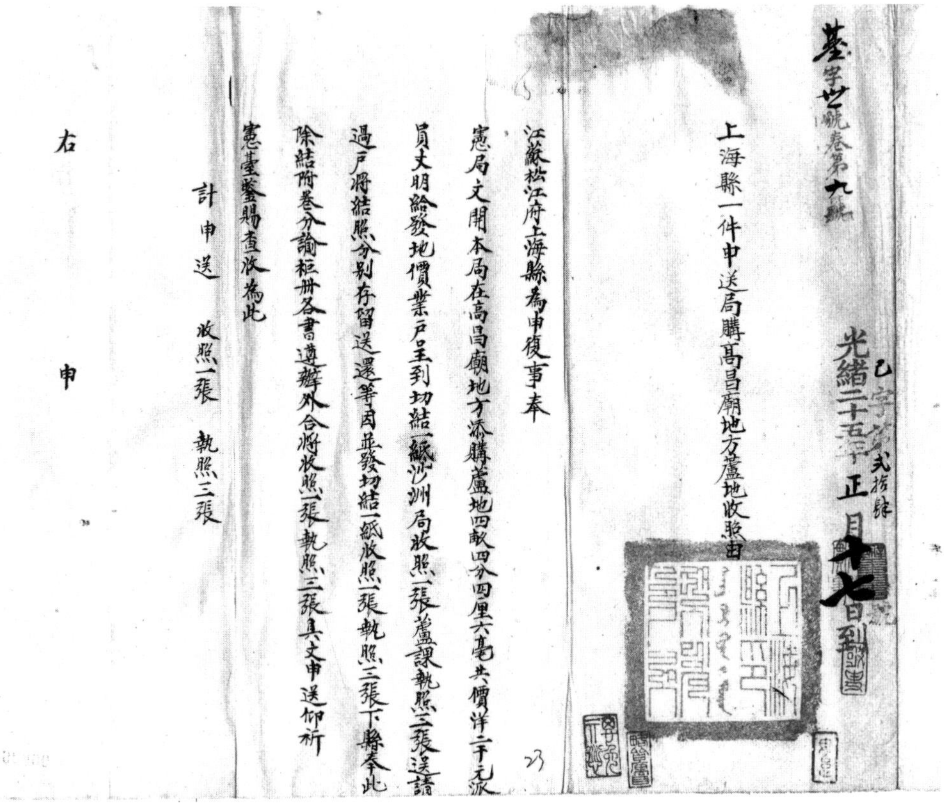

基字廿號卷第九號

上海縣一件申送局購高昌廟地方蘆地收照由

光緒二十五年正月十七日到　乙字第式拾肆號

江蘇松江府上海縣爲申復事奉

憲局文開本局在高昌廟地方添購蘆地四畝四分四厘六毫共價洋二千元派

員丈明給發地價業戶呈到切結一紙沙洲局收照一張蘆課執照三張送請

過戶將結照分别存留送還等因並發切結一紙收照一張執照三張下縣奉此

除結附卷分諭桓册各書遵辦外合將收照一張執照三張具文申送仰祈

憲臺鑒賜查收爲此

計申送　收照一張　執照三張

右　申

上海縣爲申送局購高昌廟地方蘆地收照事致江南機器製造局申文（1899 年 2 月 9 日，光緒二十四年十二月二十九日）

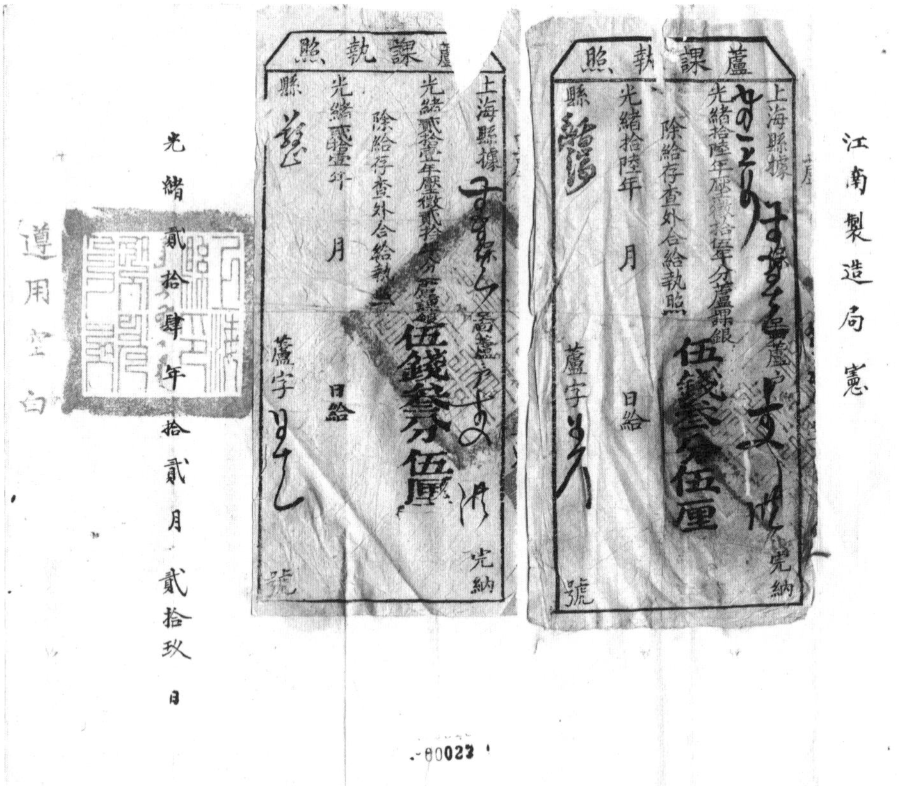
江南製造局憲

蘆課執照
上海縣據
光緒拾陸年應徵拾陸年分蘆課銀
伍錢叁分伍厘
完納
除給存查外合給執照
光緒拾陸年　月　日給
縣
蘆字　號

蘆課執照
上海縣據
光緒貳拾壹年應徵貳拾壹年分蘆課銀
伍錢叁分伍厘
完納
除給存查外合給執照
光緒貳拾壹年　月　日給
縣
蘆字　號

光緒貳拾肆年拾貳月貳拾玖日

遵用空白

上海縣爲申送局購高昌廟地方蘆地收照事致江南機器製造局申文（1899年2月9日，光緒二十四年十二月二十九日）

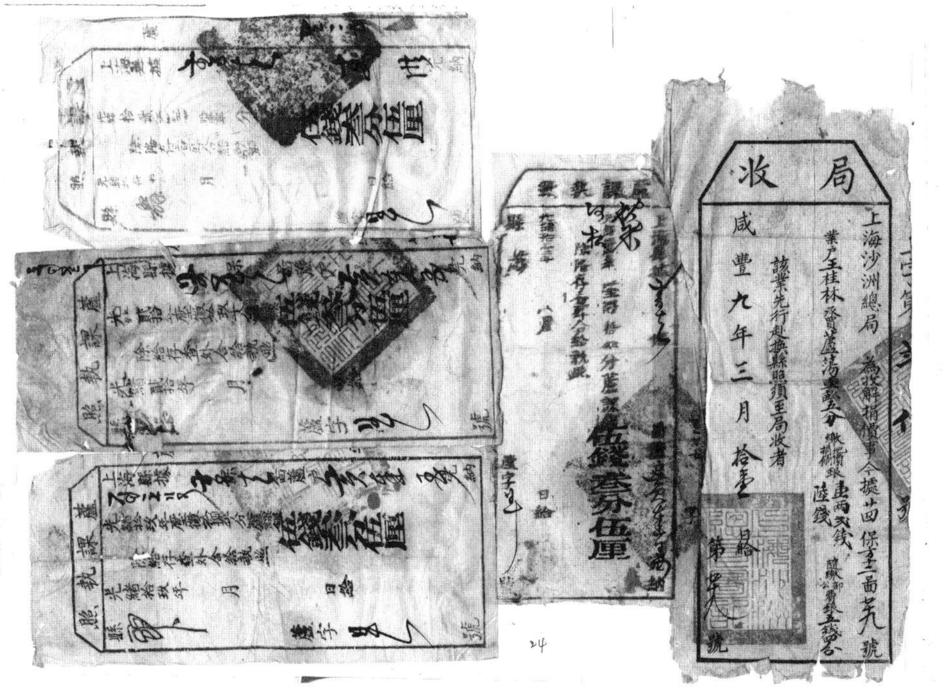

上海縣爲申送局購高昌廟地方蘆地收照事致江南機器製造局申文（1899年2月9日，光緒二十四年十二月二十九日）

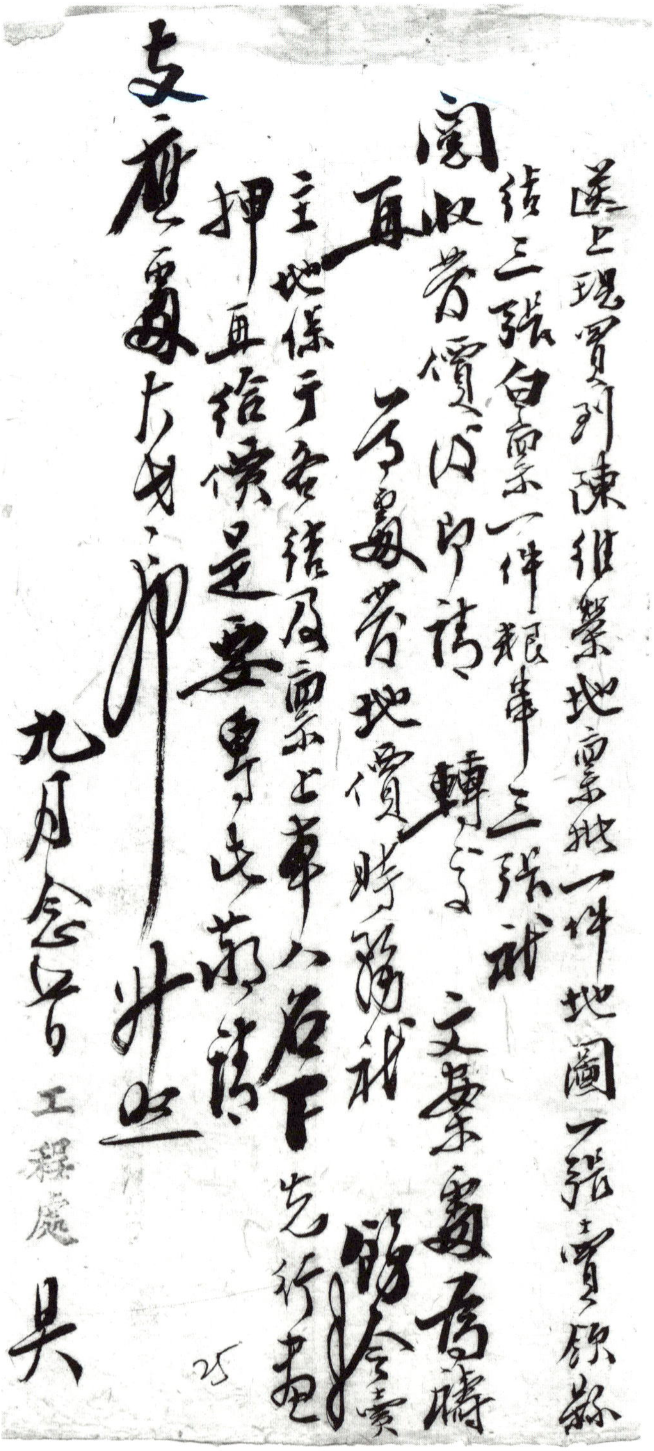

送上現買到陳維榮地稟批一件、地圖一張、賣領縣結三張、白稟一件、糧串三張，祈
閣收，發價內即請 轉交 文案處存。
再，貴處發地價時務祈 飭令賣主、地保于各結及稟上第八名下先行畫押，再給價是要。專此，並請
支應處大老爺升安。
九月念七日 工程處 吳

江南機器製造局工程處爲送交買到陳維榮地稟批、地圖、賣領縣結、白稟、糧串等事致該局支應處函（1898年11月10日，光緒二十四年九月二十七日）

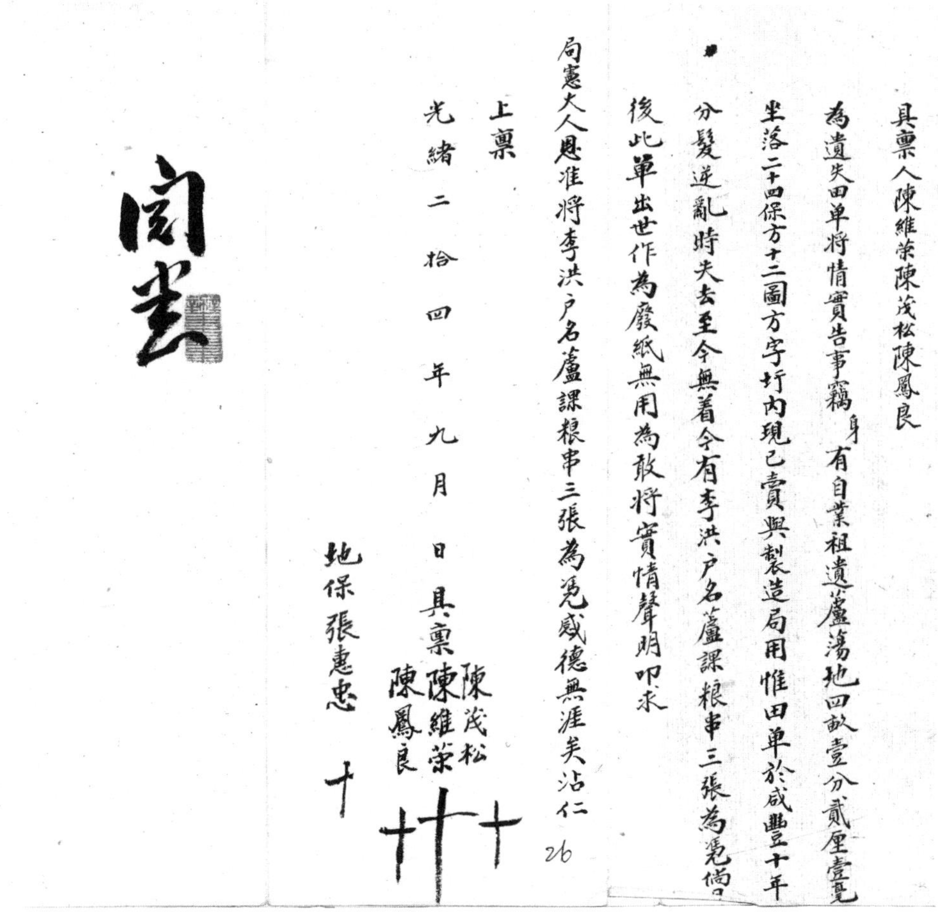

具稟人陳維荣陳茂松陳鳳良
為遺失田单将情實告事竊身 有自業祖遺蘆蕩地四畝壹分貳厘壹毫
坐落二十四保方十二圖方字圩内現已賣與製造局用惟田单於咸豐十年
分髮逆亂時失去至今無着今有李洪户名蘆課粮串三張為憑倘日
後此單出世作為廢紙無用為敢将實情聲明叩求
局憲大人恩准将李洪户名蘆課粮串三張為憑感德無涯矣沾仁
上稟
光緒二拾四年九月日 具稟陳茂松 陳維荣 陳鳳良 十十十
地保張惠忠 十
26
閲悉

陳維榮等爲遺失田單將情實告事致江南機器製造局稟文（1898 年 10 月或 11 月，光緒二十四年九月）

大
人
安
稟

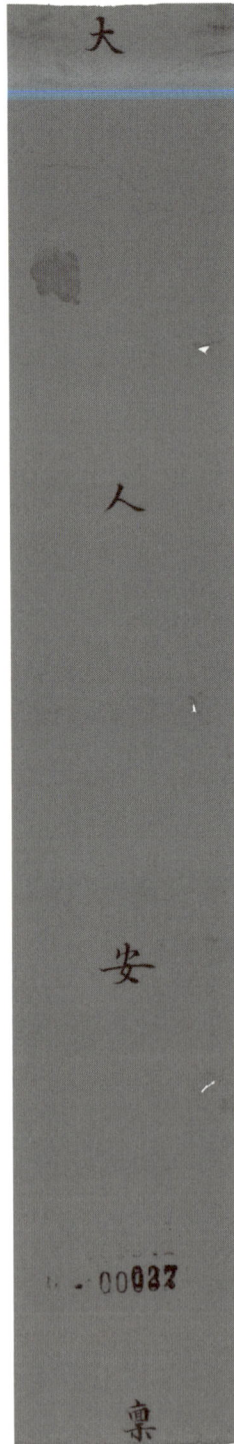

陳維榮等爲遺失田單將情實告事致江南機器製造局稟文（1898 年 10 月或 11 月，光緒二十四年九月）

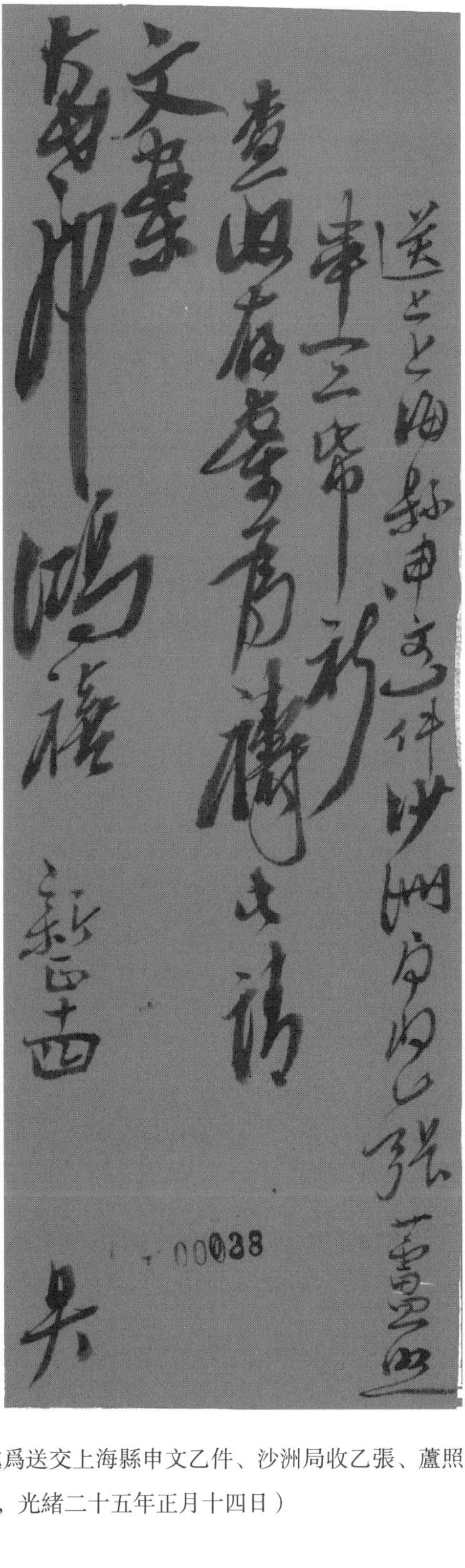
送上上海縣申文乙件沙洲局收乙張蘆照
串三紙祈
查收存案爲禱此請
文案
處升鴻禧
新正十四 吳
00038

江南機器製造局工程處爲送交上海縣申文乙件、沙洲局收乙張、蘆照串三紙事致該局文案處函（1899 年 2 月 23 日，光緒二十五年正月十四日）

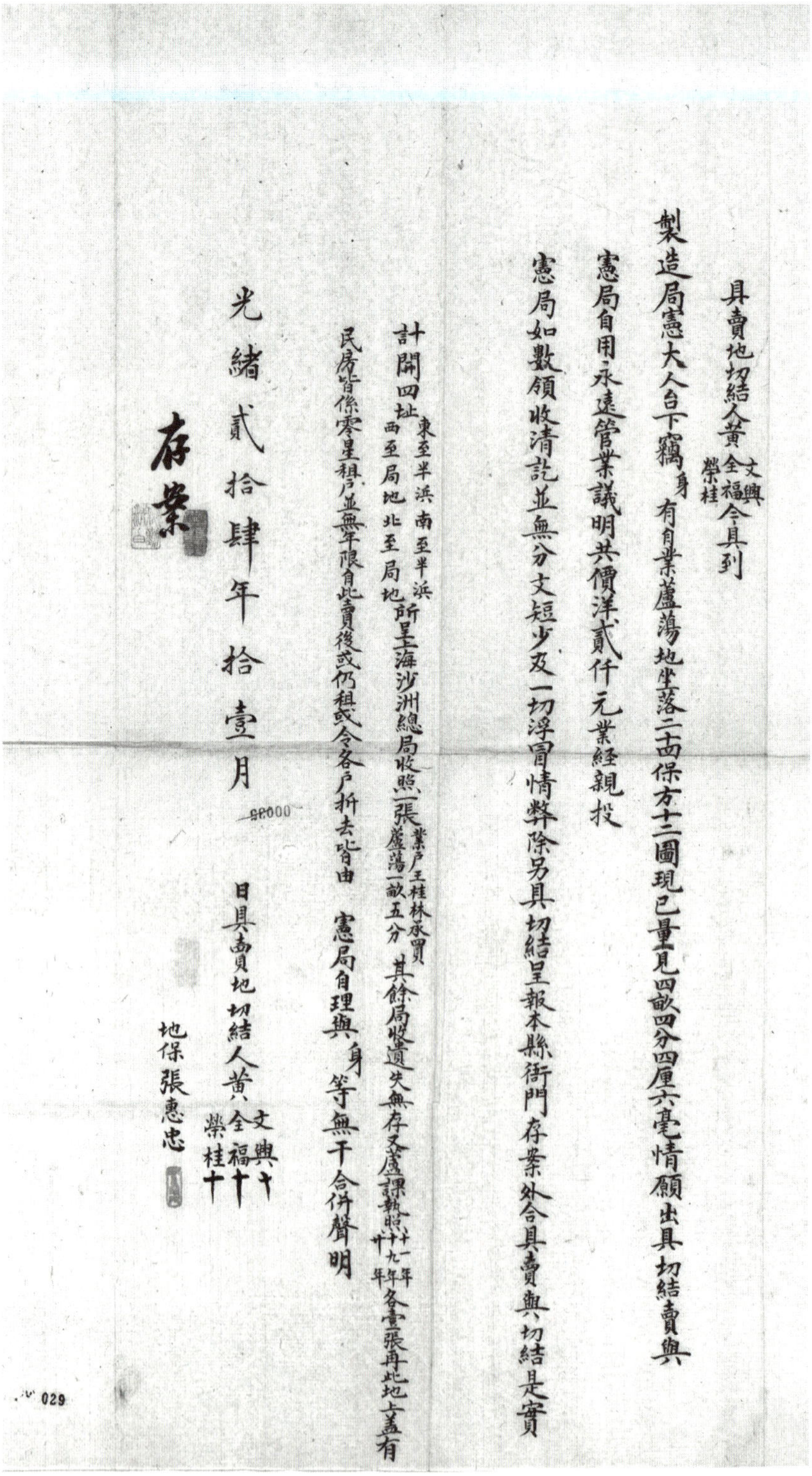
具賣地切結人黃文興 全福 榮桂今具到
製造局憲大人台下竊身有自業蘆蕩地坐落二十四保方十二圖現已量見四畝四分四厘六毫情願出具切結賣與
憲局自用永遠管業議明共價洋貳仟元業經親投
憲局如數領收清訖並無分文短少及一切浮冒情弊除另具切結呈報本縣衙門存案外合具賣與切結是實
計開四址 東至半浜 南至半浜 西至局地 北至局地 所呈海沙洲總局收照一張 業戶王桂林承買 蘆蕩一畝五分 其餘局照遺失無存又蘆課執照十一年十九年各壹張再此地上蓋有
民房皆係零星租戶並無年限自此賣後或仍租或令各戶拆去皆由 憲局自理與身等無干合併聲明
光緒貳拾肆年拾壹月 日具賣地切結人黃文興十 全福十 榮桂十
存案
地保張惠忠

黃全福等具賣地切結（1898 年 12 月或 1899 年 1 月，光緒二十四年十一月）

清

冊

-00030

江南機器製造局工程處、巡防局造呈丈量廣東老街沿浜各户房主房間占地方數清册（1898 年 12 月 2 日，光緒二十四年十月十九日）

謹將現買廣東老街沿浜地基四畝一分二釐一毫其上原有各户房主房間披厢分别以英尺從籬根滴水量明丈尺算明方數造具清册恭呈

鑒核

計開

盧太　瓦房二間一厢

英尺　深三丈八尺　濶一丈九尺　計七方二二

何文　瓦房二間

英尺　深三丈　濶二丈三尺　計六方九

00031

江南機器製造局工程處、巡防局造呈丈量廣東老街沿浜各户房主房間占地方數清册（1898 年 12 月 2 日，光緒二十四年十月十九日）

陳維榮　瓦房一間

英尺深三丈八尺闊一丈一尺計四方一八

陳茂松　瓦房一間

英尺深二丈闊一丈一尺計二方二

蔡康　瓦房二間一披

英尺深四丈二尺闊二丈三尺計九方六六

梁弟　瓦房二間一披

英尺深三丈八尺闊一丈一尺計四方一八

陳鳳良　瓦房二間

英尺深一丈九尺闊二丈二尺計四方一八

梁阿榮　瓦房三間

英尺深四丈八尺闊四丈二尺計二十方零一六

廣萬隆　瓦房二間

英尺深二丈二尺闊二丈二尺計四方八四

何其志　瓦房一間

英尺深四丈二尺闊一丈一尺計四方六二

陳維榮　瓦房一間

英尺深一丈九尺闊二丈二尺計四方一八

江南機器製造局工程處、巡防局造呈丈量廣東老街沿浜各户房主房間占地方數清册（1898 年 12 月 2 日，光緒二十四年十月十九日）

梁功甫　瓦房二間

英尺深二丈二尺闊一丈一尺計二方四二

張阿興　瓦房一間

英尺深二丈四尺闊一丈一尺計二方六四

楊徐合記　瓦房六間

英尺深四丈三尺闊三丈計十三方二

張阿春　瓦房一間一披

英尺深四丈闊一丈二尺計四方八

張阿春　瓦房二間

英尺深二丈五尺闊二丈三尺計五方七六

袁海潮　瓦房一間

英尺深二丈三尺闊一丈二尺計二方七六

葉阿福　瓦房二間

英尺深二丈五尺闊二丈三尺計五方七五

陳達生　瓦房二間

英尺深二丈九尺闊一丈三尺計三方七七

黄阿貴　瓦房二間二廂

英尺深三丈七尺闊二丈六尺計九方六二

00033

江南機器製造局工程處、巡防局造呈丈量廣東老街沿浜各户房主房間占地方數清册（1898年12月2日，光緒二十四年十月十九日）

羅　丁　瓦房七間一披

英尺深八丈二尺　闊九丈五尺　計七十七方九

梁根存　瓦房三間二厢一披

英尺深三丈四尺　闊四丈　計十三方六

徐灼記　瓦房一間一厢

英尺深三丈二尺　闊一丈五尺　計四方八

劉春祥　瓦房一間一厢

英尺深三丈二尺　闊一丈四尺　計四方四八

胡周氏　瓦房一間一厢

江南機器製造局工程處、巡防局造呈丈量廣東老街沿浜各户房主房間占地方數清册（1898年12月2日，光緒二十四年十月十九日）

英尺深三丈二尺闊一丈三尺計四方一六

羅丁　瓦房一間一厢

英尺深三丈二尺闊一丈四尺計四方四八

黃基　瓦房一間一厢

英尺深三丈二尺闊二丈二尺計七方零四

何志　瓦房一間一厢

英尺深三丈五尺闊一丈二尺計四方二

姚星甫　瓦房五間二厢

英尺深三丈六尺闊六丈計二十一方六

江南機器製造局工程處、巡防局造呈丈量廣東老街沿浜各户房主房間占地方數清册（1898年12月2日，光緒二十四年十月十九日）

黄阿貴　瓦房二間一披

英尺深三丈
　　闊二丈五尺　計七方五

以上共計三十户瓦房六十一間十三厢六披

路道街衖不計外從籬根滴水量有貳百七十

二方六二

空地一塊　梁阿榮院内

英尺深二丈四尺
　　闊三丈三尺　計七方九二

光緒貳拾肆年拾月拾玖日造呈

00035

江南機器製造局工程處、巡防局造呈丈量廣東老街沿浜各户房主房間占地方數清册（1898 年 12 月 2 日，光緒二十四年十月十九日）

基字卅號卷第三號

光緒二十四年十月十九日

戊字第五百五拾

工程處
巡防局

單稟一件 並冊

稟復丈量廣東老街沿浜各户房主房間佔地方数造呈清册由

廣東街切

-00033

江南機器製造局工程處楊培、巡防局魯國壽爲稟復丈量廣東老街沿浜各户房主房間占地方數清册事致該局總辦稟文（1898 年 12 月 2 日，光緒二十四年十月十九日）

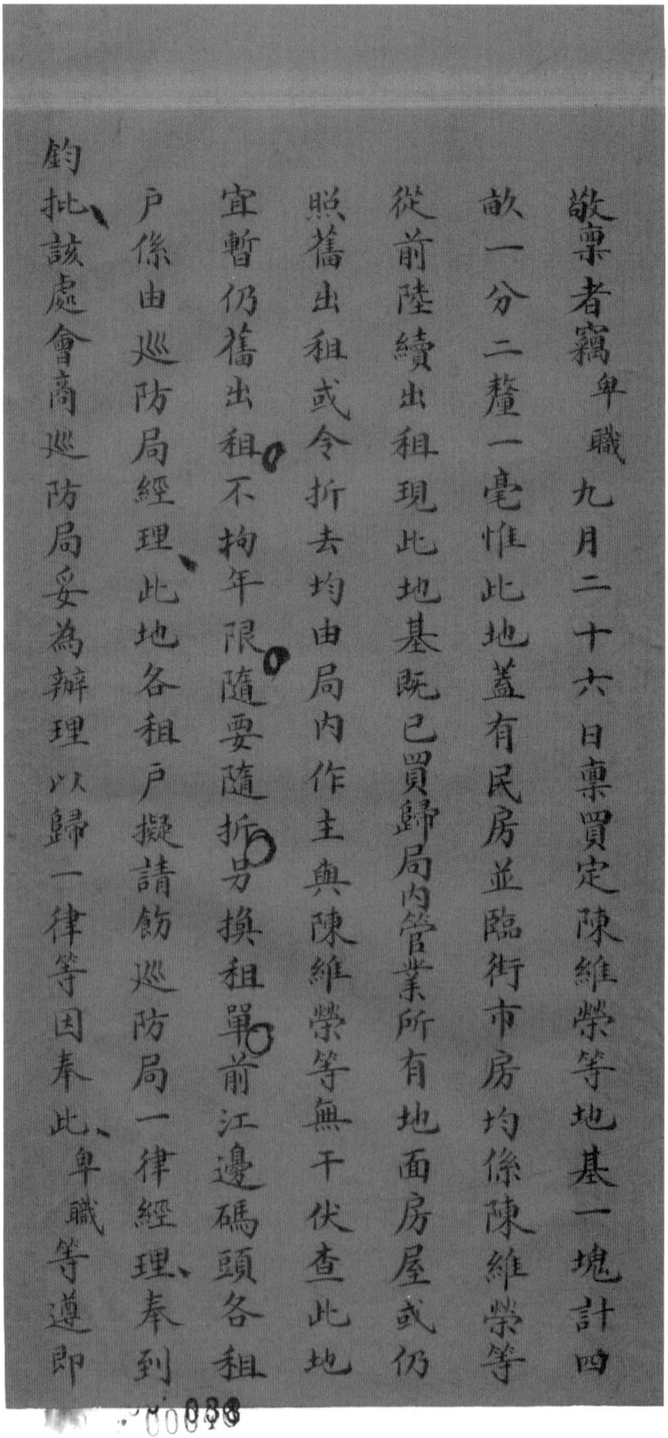
敬稟者竊卑職 九月二十六日稟買定陳維榮等地基一塊計四
畝一分二釐一毫惟此地蓋有民房並臨街市房均係陳維榮等
從前陸續出租現此地基既已買歸局內管業所有地面房屋或仍
照舊出租或令折去均由局內作主與陳維榮等無干伏查此地
宜暫仍舊出租不拘年限隨要隨折另換租單前江邊碼頭各租
戶係由巡防局經理此地各租戶擬請飭巡防局一律經理奉到
鈞批該處會商巡防局妥為辦理以歸一律等因奉此卑職等遵即

江南機器製造局工程處楊培、巡防局魯國壽爲稟復丈量廣東老街沿浜各户房主房間占地方數清册事致該局總辦稟文（1898 年 12 月 2 日，光緒二十四年十月十九日）

會商經租章程擬仍仿照江邊碼頭地租按照各户房主房屋所佔地基多寡分別丈量刊刷聯單收條按季收租十月初四日帶同地保及陳維榮等將各户房屋用英碼皮尺先量深濶再以一丈見方算成方數並據陳維榮等面稱從前地租向至年底始收如局中即由冬季開收則本年春夏秋三季之租更難收討懇求加恩展緩一季可否一俟明春局中再行開辦卑職等覆查無異未敢擁於上聞茲將此地各户房主花名房間各佔地基方數繕

00036

江南機器製造局工程處楊培、巡防局魯國壽爲禀復丈量廣東老街沿浜各户房主房間占地方數清册事致該局總辦禀文（1898年12月2日，光緒二十四年十月十九日）

造清冊每方每年應派租洋若干、及陳維榮等懇求展緩開辦之

處、肅泐禀陳恭懇

查江邊碼頭租價每年每方〤〡起首三年加墊用租費〡〤〡

大人鑒核伏乞

鈞訓祇遵、謹肅泐禀虔請

崇安伏惟

垂鑒卑職國壽培謹禀

戊戌十月十九日

附呈清冊壹本

00037

江南機器製造局工程處楊培、巡防局魯國壽爲禀復丈量廣東老街沿浜各户房主房間占地方數清册事致該局總辦禀文（1898 年 12 月 2 日，光緒二十四年十月十九日）

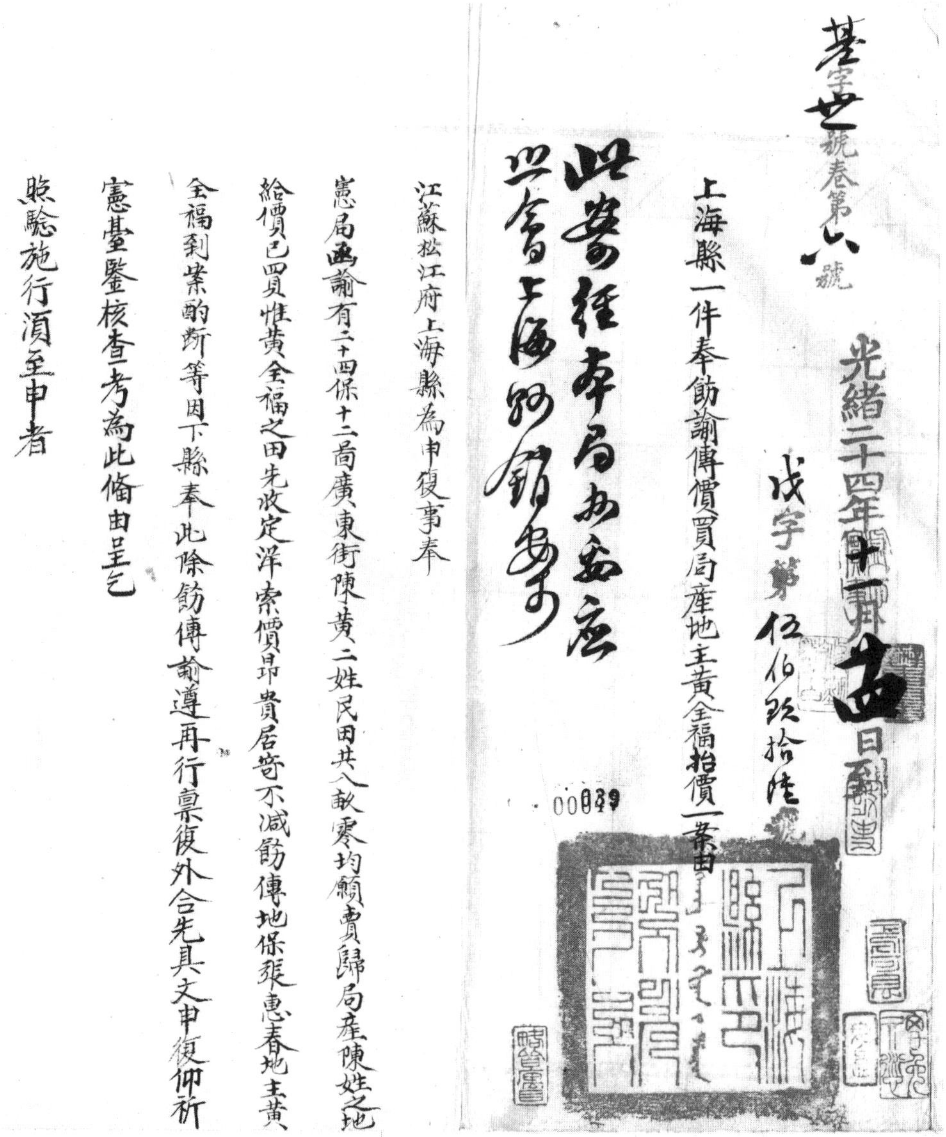

基字廿號卷第六號

光緒二十四年十一月廿日到

戊字第伍伯玖拾陸

上海縣一件奉飭諭傳價買局產地主黃全福抬價一案由

此案經本局派委應
照會上海縣辦妥矣

江蘇松江府上海縣為申復事奉

憲局函諭有二十四保十二啚廣東街陳黃二姓民田共八畝零均願賣歸局產陳姓之地給價已四見惟黃全福之田先收定洋索價昂貴居奇不減飭傳地保張惠春地主黃全福到案酌斷等因下縣奉此除飭傳諭遵再行稟復外合先具文申復仰祈

憲臺鑒核查考為此備由呈乞

照驗施行須至申者

上海縣知縣王豫熙爲奉飭諭傳價買局産地主黄全福抬價一案事致江南機器製造局督辦申文
（1899 年 1 月 3 日，光緒二十四年十一月二十二日）

右

申

督辦江南機器製造局憲

光緒貳拾肆年拾壹月貳拾貳日 知縣王豫熙

上海縣知縣王豫熙爲奉飭諭傳價買局産地主黄全福抬價一案事致江南機器製造局督辦申文

（1899年1月3日，光緒二十四年十一月二十二日）

為札飭事案查上海新世界保十二圖黃全福地基一片計
四畝有零前曾據該地主黃全福將地據向局押洋三百元在案續
經議價購買未妥合行札飭札到該員即行會集圖保
張惠春該地主黃全福妥速商議諭以局中從優擬給
地價連前三百元共英洋二千元之譜如果倘已???即責成前圖執不允
即屬該黃全福有意刁執仰該員即將如何商議不允
情形據實具復以憑核辦切勿延遲速速此札

江南機器製造局爲札飭傳集圖保妥爲購定黃全福地基事致該局工程處楊培、巡防局魯國壽札文稿（1898年12月18日，光緒二十四年十一月初六日）

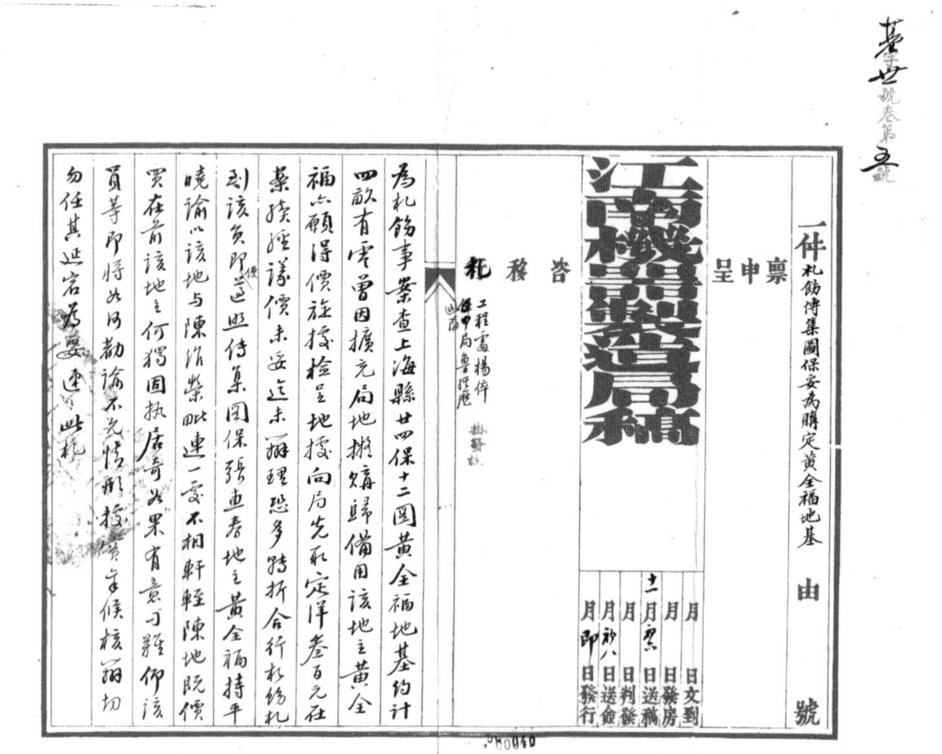

江南機器製造局稿

一件札飭傳集圖保妥為購定黃全福地基由　號

稟　申　呈

咨　移　札

工程處楊倅
巡防保甲局魯經歷

掛發

月　日文到
月　日發房
十一月初六日送稿
月　日判發
月初八日送僉
月即日發行

為札飭事案查上海縣廿四保十二圖黃全福地基約計四畝有零曾因擴充局地撥歸備用該地主黃全福亦願得價旋據檢呈地據向局先取定洋叁百元在案隨經議價未妥迄未辦理恐多轇轕合行札飭札到該員即便遵照傳集圖保張連壽地主黃全福持平曉諭以該地與陳姓紫毗連一處不相軒輊陳地既價買在前該地主何獨固執居奇如果有意刁難仰該員等即將此情勸諭不允情形稟候核辦切勿任其延宕為要速速此札

江南機器製造局爲札飭傳集圖保妥爲購定黃全福地基事致該局工程處楊培、巡防局魯國壽札文稿（1898 年 12 月 18 日，光緒二十四年十一月初六日）

光緒二十四年十一月初六日

江南機器製造局爲札飭傳集圖保妥爲購定黄全福地基事致該局工程處楊培、巡防局魯國壽札文稿（1898年12月18日，光緒二十四年十一月初六日）

二品頂戴直隸候補道林 行

[illegible] 行

[illegible]

江南機器製造局爲札飭傳集圖保妥爲購定黄全福地基事致該局工程處楊培、巡防局魯國壽札文稿（1898 年 12 月 18 日，光緒二十四年十一月初六日）

敬啟者本局價買黃全福善地改壹塊計洋貳仟元正除前已付定洋叁百元外尚應發洋壹千柒百元茲由地保張惠忠帶同賣主黃全福弟兄來領所有領狀前已繳呈即乞

核發不誤為禱

支應處大老爺升鑒

戊戌十一月廿五日

高昌廟巡防局

高昌廟巡防局爲由地保張惠忠帶同賣主黃全福弟兄來領地價事致江南機器製造局支應處函

（1899 年 1 月 6 日，光緒二十四年十一月二十五日）

具領狀人黃文典 全福 榮桂今領到

製造局憲大人台下給發身所賣二十四保方十二圖自業蘆蕩地價洋貳仟元於本日均已親投

憲局如數領訖並無分文短少及一切浮冒情弊除另具賣地切結呈存外合具領收是實

除扣還洋叁百元外餘照發給領 十一月廿七

光緒貳拾肆年拾壹月　日具領狀人黃文典十 全福十 榮桂十

地保張惠忠

45

黃全福等具領狀（1898年12月或1899年1月，光緒二十四年十一月）

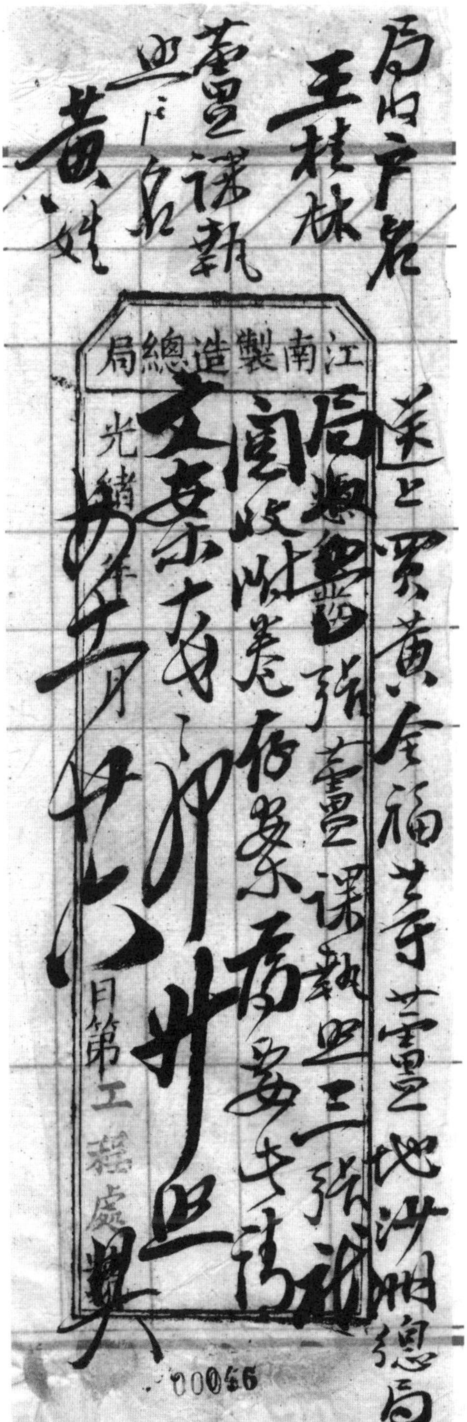

江南機器製造局工程處爲送交買黄全福等蘆地沙洲總局收照乙張、蘆課執照三張事致該局文案處憑條（1899 年 1 月 7 日，光緒二十四年十一月二十六日）

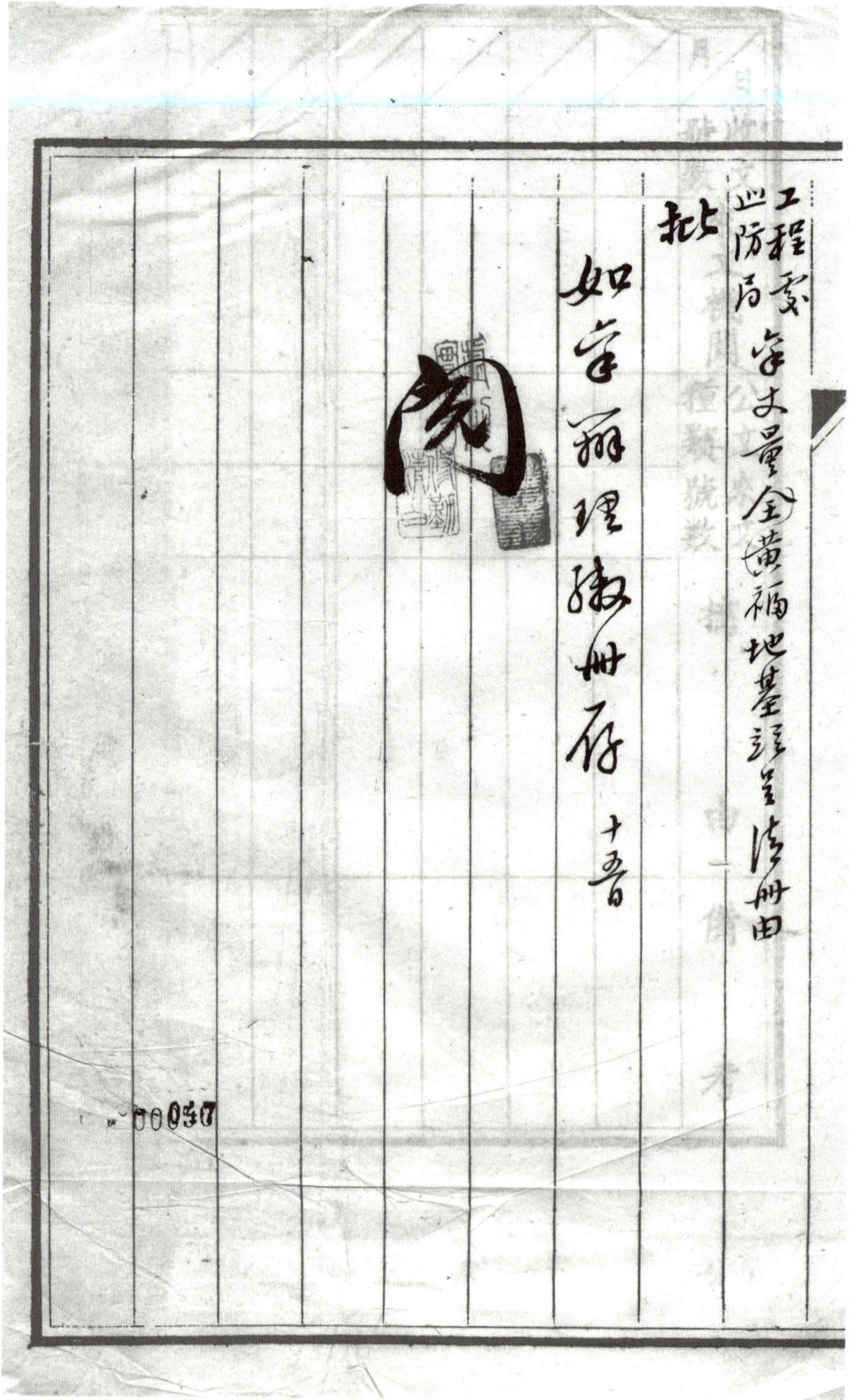

江南機器製造局爲工程處、巡訪局稟丈量黃全福地基並呈清册事批文稿（1899年1月26日，光緒二十四年十二月十五日）

存案十二月十四日

清冊

48

~~00058~~

江南製造總局工程處、巡防局開呈丈量廣東街黄全福地基各租户房間占地方數清册（1899年1月25日，光緒二十四年十二月十四日）

謹將新買廣東街沿浜黃全福等地基四畝四分
四釐六毫其上原有各户房主房間披廂分別以
英尺從籬根滴水量明丈尺算成方數造具清册
恭呈
鑒核
計開
梁發 瓦房一間
英尺深三丈一尺濶一丈五尺計四方六五
梁阿根 瓦房一間一披

00038-2

江南製造總局工程處、巡防局開呈丈量廣東街黃全福地基各租户房間占地方數清册（1899年1月25日，光緒二十四年十二月十四日）

英尺深三丈三尺闊二丈七尺計四方六

何其志　瓦房二間

英尺深二丈闊二丈四尺計四方八

梁桐　瓦房一間

英尺深三丈五尺闊一丈二尺計四方二

施小友　瓦房一間

英尺深三丈二尺闊一丈二尺計三方八四

張春山　瓦房一間

英尺深三丈五尺闊一丈二尺計四方二

98-3

江南製造總局工程處、巡防局開呈丈量廣東街黄全福地基各租户房間占地方數清册（1899 年 1 月 25 日，光緒二十四年十二月十四日）

陸秋汀 瓦房二間

英尺深三丈三尺闊二丈二尺計七方六二

又 瓦房一披

英尺深一丈四尺闊五尺計七尺見方

周肇榮 瓦房二間

英尺深二丈二尺闊二丈八尺計六方一六

沈少卿 瓦房二間

英尺深二丈二尺闊二丈二尺計四方八四

陳維榮 瓦房二間

00049

江南製造總局工程處、巡防局開呈丈量廣東街黃全福地基各租户房間占地方數清册（1899年1月25日，光緒二十四年十二月十四日）

英尺深二丈六尺濶二丈三尺計五方九八

潘金安　瓦房一間

英尺深八尺濶一丈四尺計一方一二

王長順　瓦房二間二披

英尺深三丈七尺濶四丈二尺計十五方五四

楊秋福　瓦房四間

英尺深二丈八尺濶四丈六尺計十二方八八

又　瓦房五間

英尺深三丈濶四丈九尺計十五方七

袁海潮　瓦房一間

英尺深二丈四尺濶一丈四尺計三方三六

又　瓦房八間

英尺深二丈九尺濶九丈一尺計二十六方三九

又　瓦房五間

英尺深二丈三尺濶五丈七尺計十三方一一

黄阿照　瓦房三間

英尺深三丈濶三丈六尺計十方零八

何全志　瓦房一間

江南製造總局工程處、巡防局開呈丈量廣東街黄全福地基各租户房間占地方數清册（1899 年 1 月 25 日，光緒二十四年十二月十四日）

英尺深四丈二尺闊一丈三尺計五方四六
何權志　瓦房一間
英尺深四丈二尺闊一丈三尺計五方四六
何其志　瓦房二間
英尺深四丈二尺闊二丈九尺計十二方一八
李槐根　瓦房一間一廂
英尺深二丈四尺闊二丈計四方八
陳阿灶　瓦房一間一廂
英尺深二丈四尺闊二丈計四方八

柳星隆 瓦房二間

英尺 深二丈二尺 闊二丈四尺 計五方二八

又 瓦房二間

英尺 深三丈四尺 闊二丈 計六方八

黃河清 瓦房二間

英尺 深二丈 闊二丈三尺 計四方六

黃阿狗 瓦房一間

英尺 深二丈三尺 闊一丈四尺 計三方二二

何其志 瓦房二間

.00061

江南製造總局工程處、巡防局開呈丈量廣東街黃全福地基各租户房間占地方數清册（1899年1月25日，光緒二十四年十二月十四日）

英尺深三丈五尺
闊二丈七尺計九方七二
以上通計貳拾肆户瓦房伍拾玖間貳厢肆披
除道路街巷不計外從籬根滴水量有貳百拾
貳方肆伍

江南製造總局工程處、巡防局開呈丈量廣東街黄全福地基各租户房間占地方數清册（1899年1月25日，光緒二十四年十二月十四日）

光緒貳拾肆年拾貳月拾肆日呈

00062

江南製造總局工程處、巡防局開呈丈量廣東街黄全福地基各租户房間占地方數清册（1899年1月25日，光緒二十四年十二月十四日）

基字廿號春第二號

附地工程壹原稟

上海縣復文歸基字廿五號卷

一件 照會光緒二十四年分續購地基開送清單並切結 由 號

江南機器製造總局

稟
申
呈
咨
移
照會 上海縣王

掛號

計抄單結二紙 圖一幅

已送還歸卷

月	日文到
月	日發房
十月初八	日送稿
月	日判發
月十二	日送簽
月十三	日發行

00037

江南機器製造局爲照會光緒二十四年份續購地基開送清單並切結事致上海縣知縣王豫熙照會稿（1898年11月21日，光緒二十四年十月初八日）

為照會事案照本局歷次建造廠屋添築廠路購買地基均經開單照會
貴縣查核收作機器局新户各在案茲查本局在高昌廟地方添購蘆地四畝一分二厘
一毫每畝價洋二百二十元共計洋九百零六元六角二分業經派員督同該圖地保會同業
户丈量明白當將地價洋元照數發給各業户收領取具切結領狀存案相應開單照
會並將各業户具呈
貴衙門切結一紙轉送為此照會
貴縣煩為查照收作機器局新户開示科則數目移送過局以便照數完糧並希將切結
留存備案望切施行須至照會者
計粘單並切結一紙

江南機器製造局爲照會光緒二十四年份續購地基開送清單並切結事致上海縣知縣王豫熙照會稿（1898 年 11 月 21 日，光緒二十四年十月初八日）

地保陳惠忠

今将本局在高昌廟地方添購廠屋地基畝數並發給地價洋元開單送請

查核

計開

陳茂松
陳維鎣　二十四保方十二圖方字圩第二十五號蘆地四畝一分二厘一毫計發地價洋九百零六元六角二分
陳鳳良

以上係光緒二十四年分備添廠屋購買應用

江南機器製造局爲照會光緒二十四年份續購地基開送清單並切結事致上海縣知縣王豫熙照會稿（1898年11月21日，光緒二十四年十月初八日）

光緒二十四年十月初八日

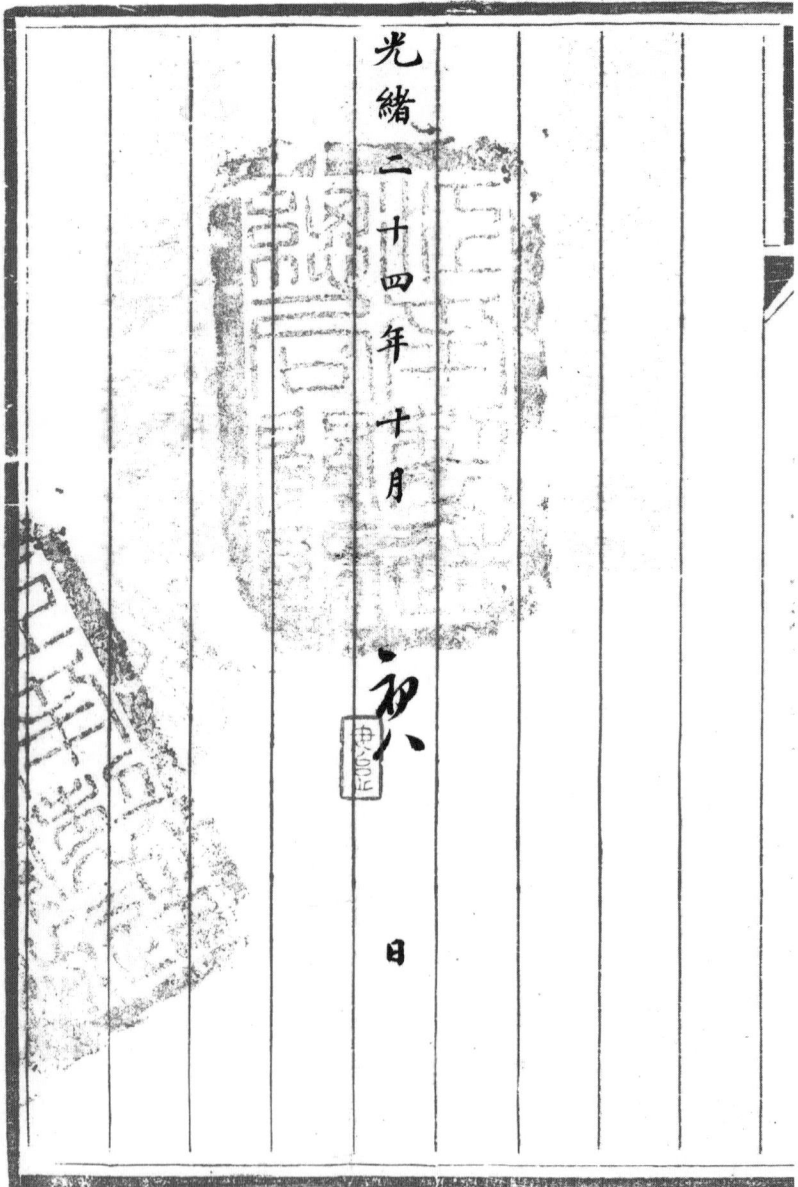

江南機器製造局爲照會光緒二十四年份續購地基開送清單並切結事致上海縣知縣王豫熙照會稿（1898年11月21日，光緒二十四年十月初八日）

二品頂戴直隸候補道林　行

二品頂戴江蘇分巡蘇松太兵備道蔡　行

補用道江蘇儘先補府正堂　[illegible]

江南機器製造局爲照會光緒二十四年份續購地基開送清單並切結事致上海縣知縣王豫熙照會稿（1898 年 11 月 21 日，光緒二十四年十月初八日）

具領狀切結人陳維榮、陳茂松、陳鳳良今領到
製造局憲大人臺下發下身所賣蘆蕩地四畝壹分弍厘壹毫，共價洋九百零陸元陸角貳分，清訖，並無分文短少，
所具領結是實。

光緒二十四年九月　日具賣地領價人　陳茂松　十
陳維榮　十
陳鳳良　十
地保　張惠忠　十

陳維榮等具領狀切結（1898 年 10 月或 11 月，光緒二十四年九月）

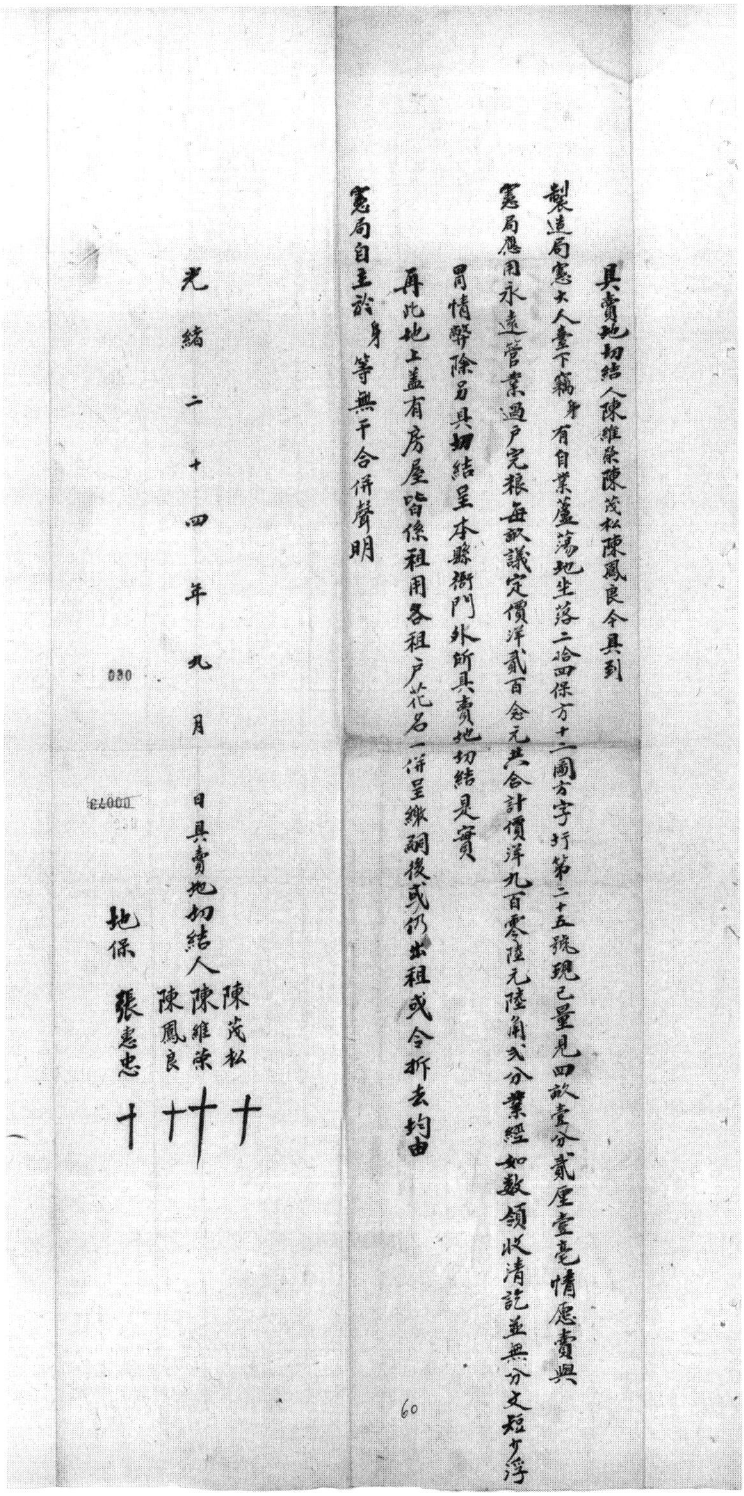

具賣地切結人陳維榮陳茂松陳鳳良今具到
製造局憲大人臺下竊身有自業蘆蕩地坐落二十四保方十二圖方字圩第二十五號現已量見四畝壹分貳厘壹毫情愿賣與
憲局應用永遠管業過戶完粮每畝議定價洋貳百念元共合計價洋九百零陸元陸角弍分業經如數領收清訖並無分文短少浮
冒情弊除另具切結呈本縣衙門外所具賣地切結是實
再此地上蓋有房屋皆係租用各租戶花名一併呈繳嗣後或仍出租或令拆去均由
憲局自主於身等無干合併聲明
光緒二十四年九月　日具賣地切結人　陳茂松　十
陳維榮　十
陳鳳良　十
地保　張忠忠　十

陳維榮等具賣地切結（1898年10月或11月，光緒二十四年九月）

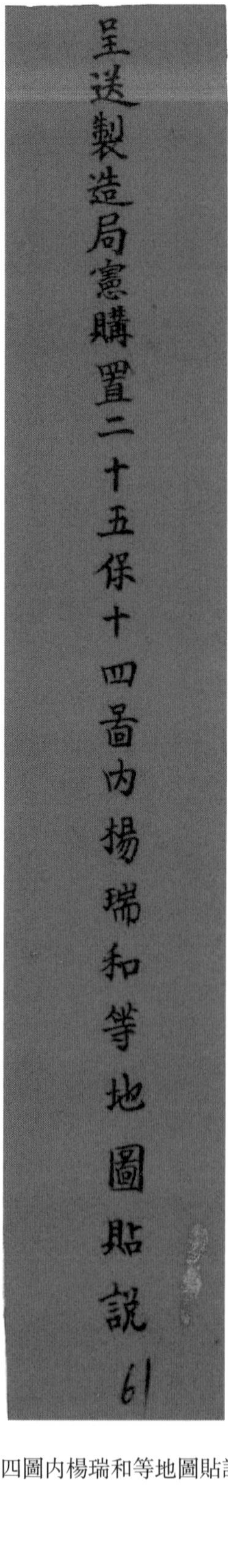
呈送製造局憲購置二十五保十四啚内楊瑞和等地圖貼說
61

呈送製造局憲購置二十五保十四圖内楊瑞和等地圖貼説（1897 年，光緒二十三年）

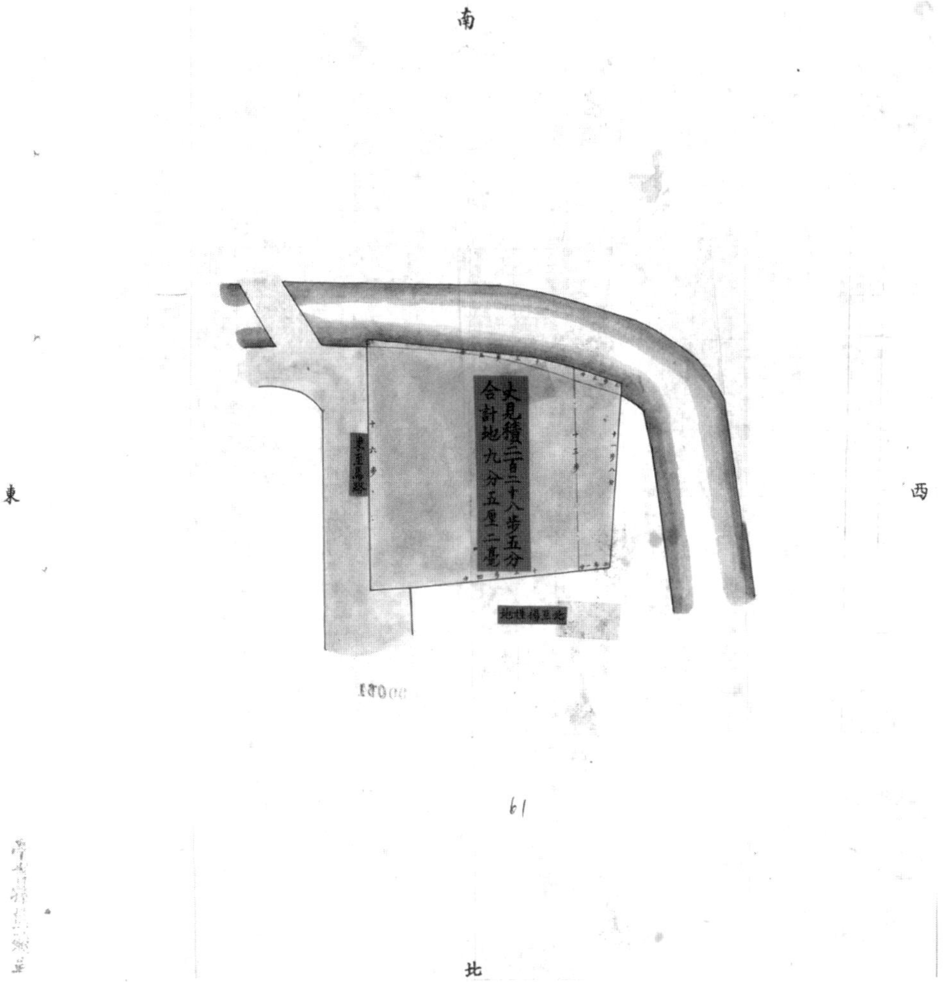

呈送製造局憲購置二十五保十四圖内楊瑞和等地圖貼説（1897 年，光緒二十三年）

繪呈製造局憲購置二十四保方十二啚内陳姓地圖貼説
62

繪呈製造局憲購置二十四保方十二圖内陳姓地圖貼説（1898 年，光緒二十四年）

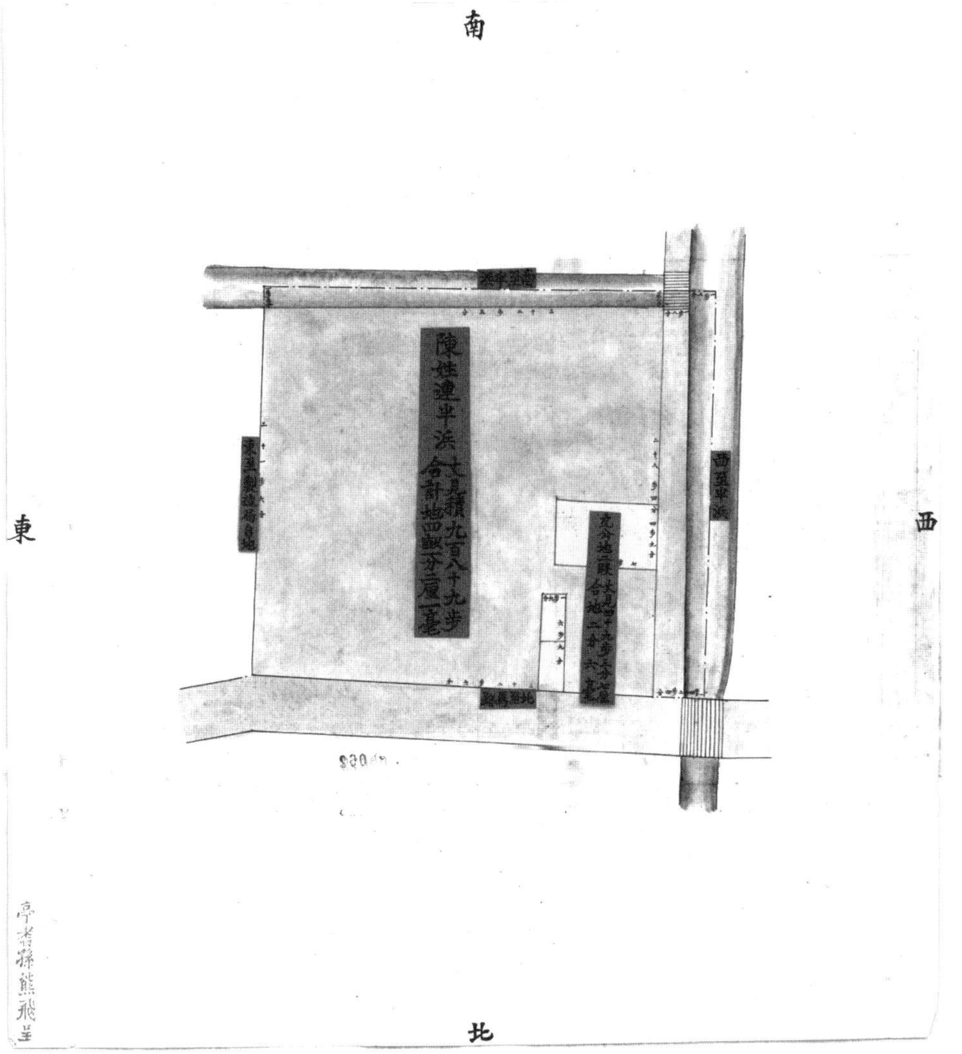

繪呈製造局憲購置二十四保方十二圖内陳姓地圖貼説（1898 年，光緒二十四年）

具賣地切結人楊桂春 楊福生 楊瑞金 楊文榮 楊桂生 楊和尚今具到

製造局憲大人臺下竊身等有自業則田坐落念五保拾四圖第五拾號現已量見計地九分五厘貳毫情愿出具結賣與

憲局起造廠屋每畝議定價銀壹百肆拾圓正合計鷹洋壹百叁拾叁圓貳角捌分正業經親投

憲局如數領收清訖並無分文短少浮冒情弊除另具切結是實

光緒念三年　月　日具賣地切結人楊桂春＋ 楊福生＋ 楊瑞金＋ 楊文榮＋ 楊桂生＋ 楊和尚＋

本圖地保張鳳生

630

000076

63

楊桂春等具賣地切結（1897年，光緒二十三年）

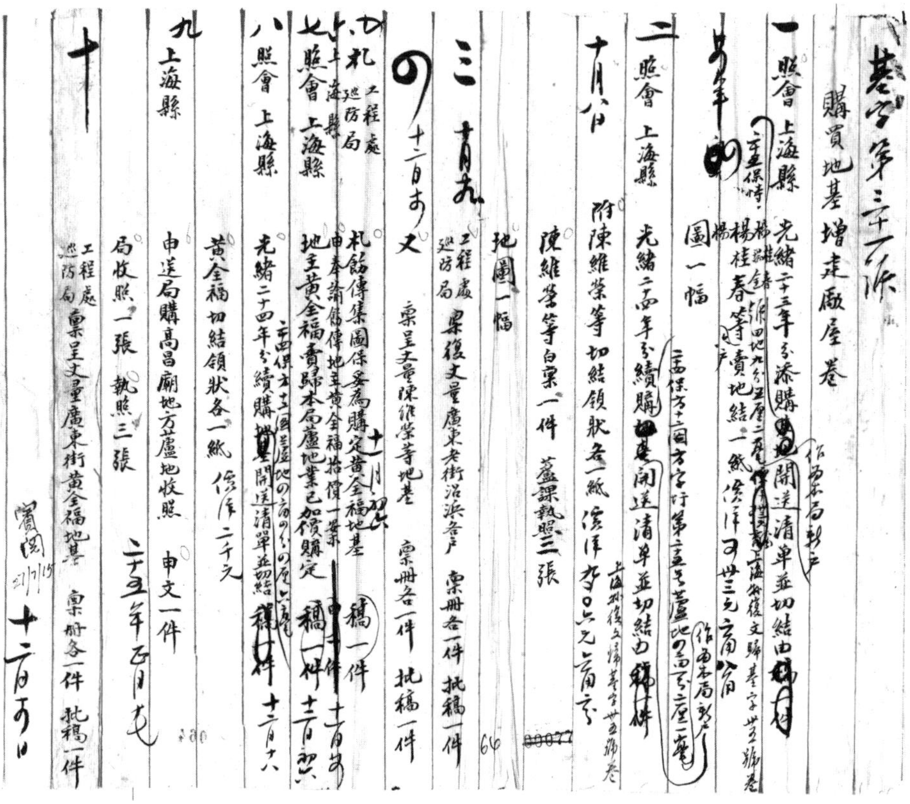

基字第三十一號

購買地基增建廠屋卷

一 照會 上海縣 光緒二十三年十一月添購 開送清單並切結由 稿一件

楊桂春等賣地結一紙 價洋

圖一幅

二 照會 上海縣 光緒二十四年十一月續購 開送清單並切結由 稿一件

十月八日

附陳維榮等切結領狀各一紙 價洋

陳維榮等白稟一件 蘆課執照三張

地圖一幅

三 工程處 巡防局 稟復丈量廣東老街沿浜各户 稟冊各一件 批稿一件

十二月九日

四 十二月十五日 文 稟呈丈量陳維榮等地基 稟冊各一件 批稿一件

六 札 工程處 巡防局 札飭傳集圖保妥爲購定黄金福地基 稿一件

七 照會 上海縣 申奉諭飭傳地主黄金福給價一案 地主黄金福賣歸本局蘆地業已加價購定 稿一件

八 照會 上海縣 光緒二十四年十二月續購 開送清單並切結 稿一件 十二月十六

黄金福切結領狀各一紙 價洋二千元

九 上海縣 申送局購高昌廟地方蘆地收照 申文一件

局收照一張 執照三張

二十五年正月

十 工程處 巡防局 稟呈丈量廣東街黄金福地基 稟冊各一件 批稿一件

十二月

江南製造總局基字第三十一號購買地基增建廠屋卷目録（1898年，光緒二十四年）

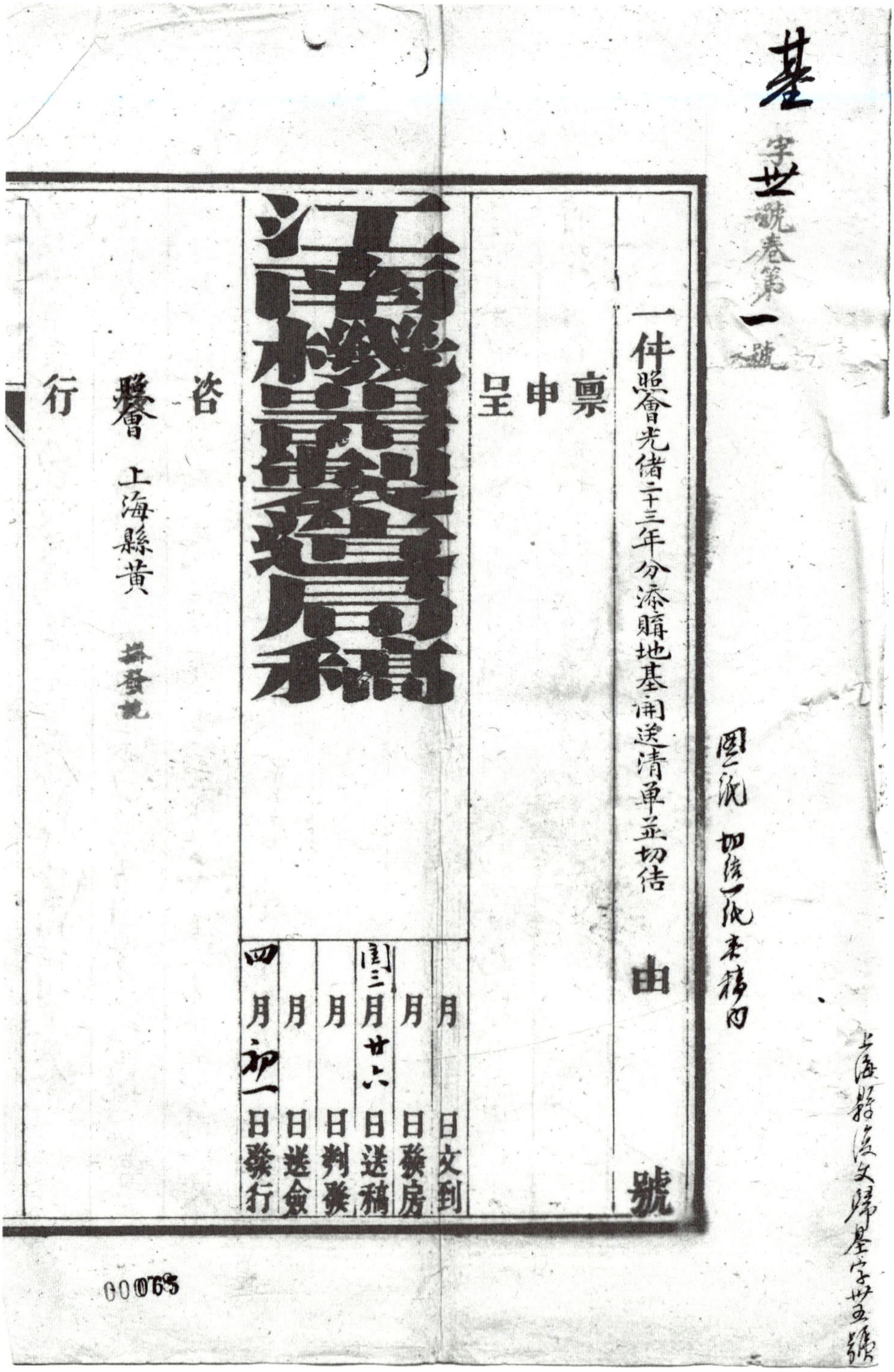

江南機器製造局爲照會光緒二十三年份添購地基開送清單並切結事致上海縣知縣黄承暄照會稿（1898 年 5 月 16 日，光緒二十四年閏三月二十六日）

爲照會事案查本局歷次建造廠屋添築廠路購買地基均經開單照會
貴縣查核收作機器局新戶各在案茲查本局在高昌廟地方添購民地九分五厘三
毫每畝價洋一百四十元核共地價洋一百三十三元二角八分業經派員督率該圖地保會
同業戶丈量明白當將地價洋元照數發給各業戶收領取具切結存案相應開單
照會並將該各業戶具呈
貴衙門切結一紙轉送爲此照會
貴縣煩爲查照收作機器局新戶開示科則數目移送過局以便照數完粮並希
將切結留存備案望切施行須至照會者
計粘單一紙切結一紙

江南機器製造局爲照會光緒二十三年份添購地基開送清單並切結事致上海縣知縣黃承暄照會稿（1898年5月16日，光緒二十四年閏三月二十六日）

張鳳生

今將本局在高昌廟地方添購廠屋地基畝數並發給地價洋元開單送請

查核

計開

楊桂春　楊福生　楊瑞金
楊大榮　楊桂生　楊和尚
二十五保十四圖恃字圩第五十號田地九分五厘二毫計發地價洋一百三十三元二角八分

以上楊福生等六戶公賣田地九分五厘二毫發地價洋一百三十三元二角八分係光緒二十三年分添建廠屋購買應用

江南機器製造局爲照會光緒二十三年份添購地基開送清單並切結事致上海縣知縣黄承暄照會稿（1898年5月16日，光緒二十四年閏三月二十六日）

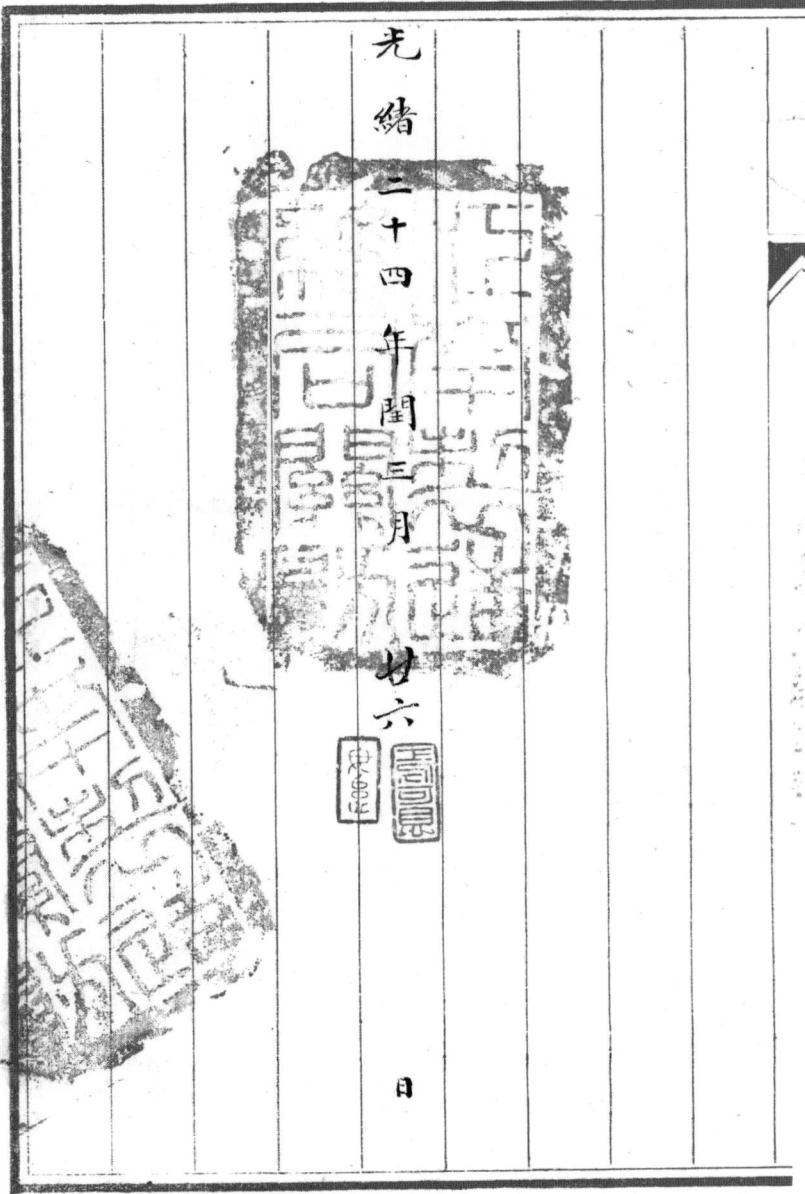

光緒二十四年閏三月廿六日

江南機器製造局爲照會光緒二十三年份添購地基開送清單並切結事致上海縣知縣黄承暄照會稿（1898年5月16日，光緒二十四年閏三月二十六日）

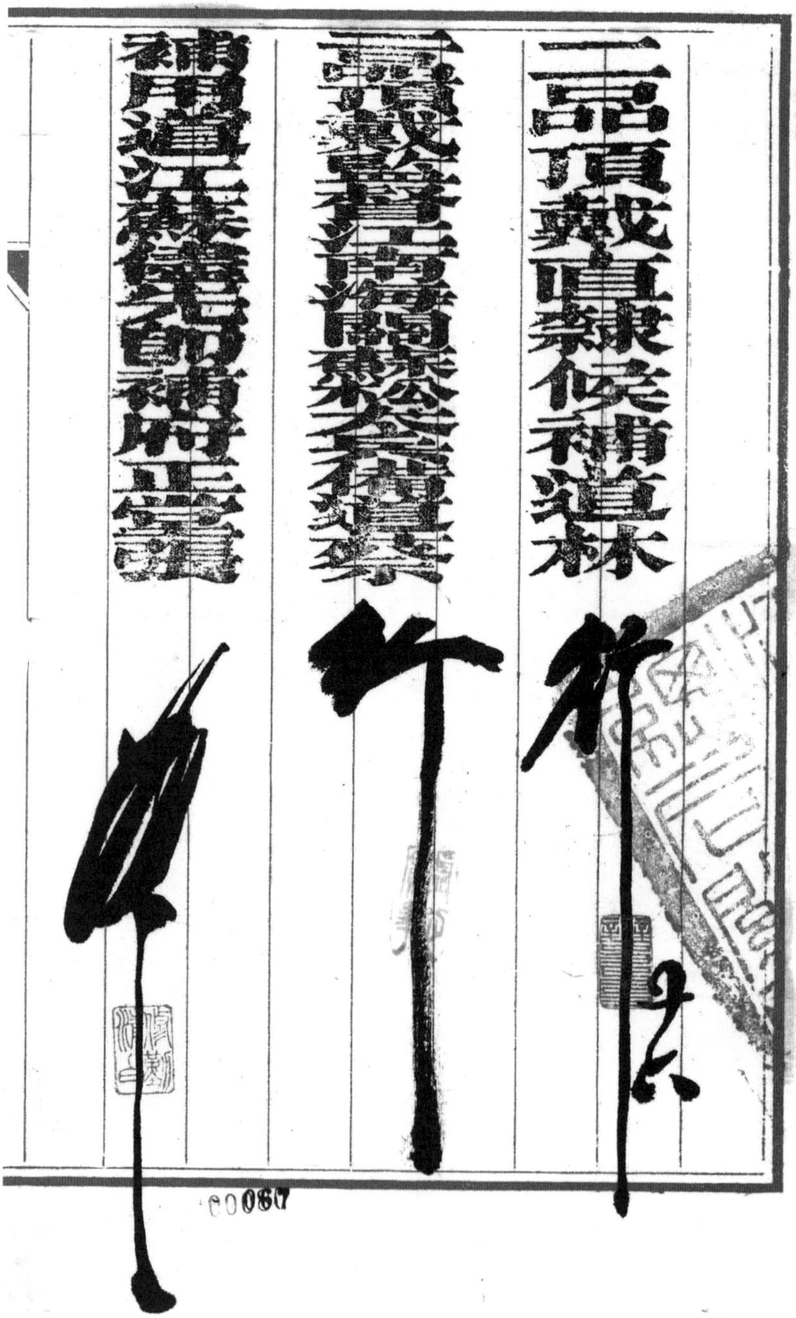
二品頂戴直隸候補道林

江南機器製造局爲照會光緒二十三年份添購地基開送清單並切結事致上海縣知縣黄承暄照會稿（1898 年 5 月 16 日，光緒二十四年閏三月二十六日）

二十一、江南製造局購買高昌廟地基的契據及田單等有關文書

基字收號卷第〇號

具賣地切結人楊關榮今具到

製造局憲大人臺下竊身有自業則田坐落二十五保十四啚特字圩第叁拾陸肆號現丙共量見叁畝伍分柒厘叁毫正情愿出具切結賣與

憲局作為公用每畝議定價銀洋壹伯陸拾伍元合計足銀洋伍伯捌拾玖元伍角四分五厘正業經親赴

憲局如數領收清訖並無分文短少浮冒情弊除另具切結呈報

本縣衙門存案查辦外合具賣地切結是實

光緒貳拾五年柒月　日具賣地切結人楊關榮十

本啚地保　張鳳堂

001

楊關榮具賣地切結（1899年8月或9月，光緒二十五年七月）

荎字陸號卷第弍號

具領狀人楊關榮今領到

製造局憲大人臺下給發身所賣二十五保十四啚特字圩第叁拾肆陸號自業地叁畝伍分柒厘叁毫正通足價銀洋伍伯捌拾

玖元伍角四分伍厘正於本日均已親投

憲局如數領收清訖並無分文短少浮冒情弊除另具賣地切結呈存外合具領狀是實

光緒弍拾五年柒月　日具領狀人楊關榮　十

本啚地保　張鳳笙

002

楊關榮具領狀（1899年8月或9月，光緒二十五年七月）

荃字順號春第弍號

具賣地切結人楊桂春今具到

製造局憲大人臺下竊身有自業則田坐落二十五保十四啚特字圩第叁拾柒號現已量見肆分陸厘捌毫正情愿出具切結賣于

憲局作為公用每畝議定價銀洋壹伯陸拾五元正合計通足價銀洋柒拾柒元貳角貳分正業經親投

憲局如數領收清訖並無分文短少浮冒情弊除另具賣地切結呈報

本縣衙門存案查辦外合具賣地切結是實

光緒弍拾五年柒月　日具賣地切結人　楊桂春十

本啚地保　張鳳堂

楊桂春具賣地切結（1899 年 8 月或 9 月，光緒二十五年七月）

荃字收號叁第弍號

具領狀人楊桂春今領到

製造局憲大人臺下給發身所賣二十五保十四畐恃字圩第叁拾柒號自業地肆分陸厘捌毫正通足價銀洋柒拾柒元弍角

弍分正於本日均已親投

憲局如數領收清訖並無分文短少浮冒情弊除另具賣地切結呈存外合具領狀是實

光緒弍拾五年柒月　日具領狀人楊桂春十

本畐地保　張鳳笙

00004

楊桂春具領狀（1899 年 8 月或 9 月，光緒二十五年七月）

荃字㕔號卷第弍號

具賣地切結人楊阿德今具到

製造局憲大人臺下竊身有自業則田坐落二十五保十四啚恃字圩第叁拾陸〔四〕號現兩共量見柒分正情願出具切結賣與

憲局作為公用每畝議定價銀洋壹伯陸拾五元正合計足價洋壹伯拾五元五角正業經親投

憲局如數領收清訖並無分文短少浮冒情弊除另具賣地切結呈報

本縣衙門存案查辦外合具賣地切結是實

光緒弍拾五年柒月　日具賣地切結人楊阿德十

本啚地保　張鳳坒

楊阿德具賣地切結（1899 年 8 月或 9 月，光緒二十五年七月）

莖字收號卷第弍號

00005

具領狀人楊阿德今領到

製造局憲大人臺下給發身所賣二十五保十四啚特字圩第叁拾陸四號自業地柒分正通足價銀洋壹伯拾五元五角正

於本日均已親投

憲局如數領收清訖並無分文短少浮冒情弊除另具賣地切結呈存外合具領狀是實

光緒弍拾五年柒月　日具賣地領狀人楊阿德　十

本啚地保　張鳳笙

906

楊阿德具領狀（1899年8月或9月，光緒二十五年七月）

荃字收號卷第弍號

具賣地切結人孔文春今具到

製造局憲大人臺下竊身有自業則田坐落二十五保十四啚特字圩第叁拾柒號現已量見五分玖厘柒毫正情愿出具賣地切結賣與

憲局作為公用每畝議定價銀洋壹伯陸拾五元正合計通足價銀洋玖拾捌元五角五厘正業經親投

憲局如數領收清訖並無分文短少浮冒情弊除另具賣地切結呈報

本縣衙門存案查辦外合具賣地切結是實

光緒弍拾五年柒月　日具賣地切結人孔文春 十

本啚地保張鳳笙

孔文春具賣地切結（1899年8月或9月，光緒二十五年七月）

荳字收號卷第弍號

具領狀人孔文春今領到

製造局憲大人臺下結發身所賣二十五保十四啚恃字圩第叁拾柒號自業地五分玖厘柒毫通足價銀洋玖拾捌元五角五厘正

於本日均已親投

憲局如數領收清訖並無分文短少浮冒情弊除另具賣地切結存照外合具領狀是實

光緒弍拾五年柒月　日具領狀人孔文春　十

本啚地保張鳳坔

00008

孔文春具領狀（1899年8月或9月，光緒二十五年七月）

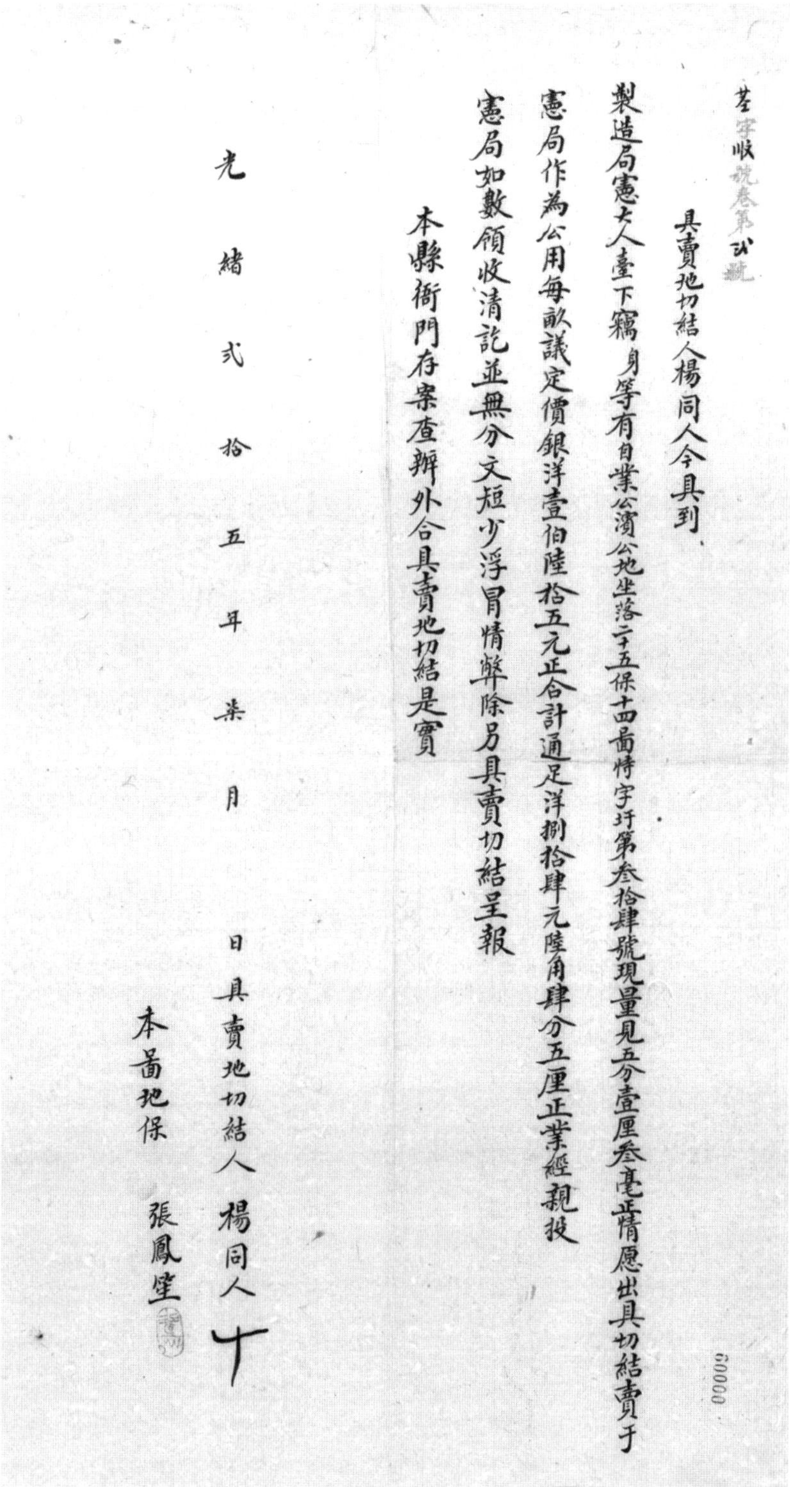

茎字收號卷第弍號

具賣地切結人楊同人今具到

製造局憲大人臺下竊身等有自業公濟公地坐落二十五保十四啚特字圩第叁拾肆號現量見五分壹厘叁毫正情愿出具切結賣于

憲局作為公用每畝議定價銀洋壹伯陸拾五元正合計通足洋捌拾肆元陸角肆分五厘正業經親投

憲局如數領收清訖並無分文短少浮冒情弊除另具賣切結呈報

本縣衙門存案查辦外合具賣地切結是實

光緒弍拾五年柒月　日具賣地切結人　楊同人　十

本啚地保　張鳳堂

00009

楊同人具賣地切結（1899 年 8 月或 9 月，光緒二十五年七月）

荅字啜號卷第以號

具領狀人楊同人今領到

製造局憲大人臺下給發身等所賣二十五保十四啚特字圩第叁拾四號自業公濱公地五分壹厘叁毫正通足價銀洋捌拾肆元陸角肆分五厘

正於本日均已親投

憲局如數領收清訖並無分文短少浮冒情弊除另具責地切結呈存外合具領狀是實

光緒貳拾五年柒月　日具領狀人　楊同人　十

本啚地保　張鳳笙

00010

楊同人具領狀（1899年8月或9月，光緒二十五年七月）

萑字賑號卷第貳號

00012

具賣地切結人楊阿榮今具到

製造局憲大人臺下竊身有自業則田壹塊坐落二十五保十四啚恃字圩第叁拾四號現量見叁分弍厘弍毫情愿出賣地切結賣予

憲局作為公用每畝議定價銀洋壹伯陸拾伍元正合計足銀洋五拾叁元壹角叁分正業經親投

憲局如數領收清訖並無分文短少浮冒情弊除另具切結呈報

本縣衙門存案查辦外合具賣地切結是實

光緒貳拾五年柒月　日具賣地切結人楊阿榮 十

本啚地保　張鳳笙

楊阿榮具賣地切結（1899 年 8 月或 9 月，光緒二十五年七月）

荃字順號卷第廿號

00011

具領狀人楊阿榮今領到

製造局大人臺下結發身所責二十五保十四啚恃字圩第叁拾四號自業地叁分弍厘弍毫通足價銀洋五拾叁元壹角叁分

正於本日均已親投

憲局如數領收清訖並無分文短少浮冒情弊除另具責地切結呈存外合具領狀是實

光緒弍拾五年柒月　日具領狀人　楊阿榮　十

本啚地保　張鳳笙

012

楊阿榮具領狀（1899年8月或9月，光緒二十五年七月）

茬字[illegible]號卷第卅號

00013

具賣地切結人楊火全今具到

製造局憲大人臺下竊 身有自業則田坐落二十五保十四啚恃字圩第叁拾四號現已量見貳分玖厘五毫正情愿出具切結賣于

憲局作為公用每畝議定銀價洋壹伯陸拾五元正合計具足價洋肆拾捌元陸角柒分五厘正業經親投

憲局如數領收清訖並無分文短少浮冒情弊除另具賣地切結呈報

本縣衙門存案查辦外合具賣地切結是實

光緒弍拾五年柒月 日具賣地切結人楊火全 十

本啚地保 張鳳笙

013

楊火全具賣地切結（1899年8月或9月，光緒二十五年七月）

00014

差字順號卷第弍號

具領狀人楊火全今領到

製造局憲大人臺下給發身所賣二十五保十四啚特字圩第叁拾肆號自業地貳分玖厘五毫正通足價銀洋肆拾捌元陸角

柒分五厘正於本日均已親投

憲局如數領收清訖並無分文短少浮冒情弊除另具賣地切結呈存外合具領狀是實

光緒弍拾五年柒月　日具領狀人楊火全 十

本啚地保張鳳玺

014

楊火全具領狀（1899年8月或9月，光緒二十五年七月）

基字暇地叁第弍號

具賣地切結人顧金龍今具到

製造局憲大人臺下竊身有自業則田坐落二十五保十四啚侍字圩第叁拾四號現已量見肆分壹厘柒毫正情愿出具切結賣于

憲局作爲公用每畝議定價銀洋壹佰陸拾五元合計足價洋陸拾捌元捌角五厘正業經親赴

憲局如數領收清訖並無分文短少浮冒情弊除另具賣地切結呈報

本縣衙門存案查辦外合具賣地切結是實

光緒弍拾五年柒月　日具賣地切結人顧金龍　十

本啚地保張鳳笙

00015

顧金龍具賣地切結（1899年8月或9月，光緒二十五年七月）

荃字收號卷第弍號

具領狀人顧金龍今領到

製造局憲大人臺下給發身所賣二十五保十四啚特字圩第叁拾肆號自業地肆分壹厘柒毫正通足價洋陸拾捌元捌角

五厘正於本日均已親投

憲局如數領收清訖並無分文短少浮冒情弊除另具賣地切結呈存外合具領狀是實

光緒弍拾五年柒月　日具領狀人顧金龍　十

本啚地保張鳳笙

顧金龍具領狀（1899年8月或9月，光緒二十五年七月）

基字帐號春第弍號

具賣地切結人喬全生今具到

製造局憲大人臺下竊身有自業則田坐落二十五保十四啚特字圩第叁拾捌號現已量見壹分陸毫情愿出具切結賣于

憲局作為公用每畝議定價銀洋壹佰陸拾五元正合計足洋拾柒元四角玖分正業經親赴

憲局如數領收清訖並無分文短少浮冒情弊除另具賣地切結呈報

本縣衙門存案查辦外合具賣地切結是實

光緒弍拾五年柒月　日具賣地切結人喬全生十

本啚地保　張鳳堂

00017

喬全生具賣地切結（1899年8月或9月，光緒二十五年七月）

荳字贩號卷第弍號

具領狀人喬全生今領到

製造局憲大人臺下給發身所賣二十五保十四啚恃字圩第叁拾捌號自業地壹分陸毫正通足價洋拾柒元肆角

玖分正於本日均已親投

憲局如數領收清訖並無分文短少浮冒情弊除另具賣地切結呈存外合具領狀是實

光緒弍拾五年柒月　日具領狀人喬全生十

本啚地保張鳳鑾

00018

喬全生具領狀（1899 年 8 月或 9 月，光緒二十五年七月）

基字收號卷第弍號

00019

具賣地切結人黃全福今具到

製造局憲大人臺下竊身有自業則田坐坐二十五保十四啚特字圩第叁拾捌號現量見五分五厘五毫正情愿出具賣地切結賣與

憲局作為公用每畝議定價銀洋壹伯陸拾五元正合計通足價銀洋玖拾壹元五角柒分五厘正業經親投

憲局如數領收清訖並無分文短少浮冒情弊除另具賣地切結呈報

本縣衙門存案查辦外合具賣地切結是實

光緒弍拾五年柒月　日具賣地切結人黃全福十

本啚地保　張鳳笙

010

黃全福具賣地切結（1899 年 8 月或 9 月，光緒二十五年七月）

基字收號卷第弍號

00020

具領狀人黃全福今領到

製造局憲大人臺下給發身所賣二十五保十四啚特字圩第叁拾捌號自業地五分五厘五毫正通足價洋玖拾壹元五角柒

分五厘於本日均已親投

憲局如數領收清訖並無分文短少浮冒情弊除另具賣地切結呈存外合具領狀是實

光緒貳拾五年柒月　日具領狀人黃全福十

本啚地保張鳳笙

020

黃全福具領狀（1899 年 8 月或 9 月，光緒二十五年七月）

00021

基字叚號卷第貳號

具賣地切結人楊小弟今具到

製造局憲大人臺下竊身有自業則田坐落二十五保十四啚特字圩第叁拾壹號現已量見壹畝壹分壹厘陸毫正情愿出具結賣與

憲局作為公用每畝議定價銀洋壹伯陸拾五元正合計通足價銀洋壹伯捌拾肆元壹角肆分正業經親投

憲局如數領收清訖並無分文短少浮冒情弊除另具賣地切結呈報

本縣衙門存案查辦外合具賣地切結是實

光緒貳拾五年柒月　日具賣地切結人　楊小弟十

本啚地保　張鳳笙

021

楊小弟具賣地切結（1899年8月或9月，光緒二十五年七月）

000.22

荃字㕸號叁第弍號

具領狀人楊小弟今領到

製造局憲大人臺下給獲身所賣二十五保十四啚特字圩第叁拾壹號自業地壹畝壹分壹厘陸毫正通足價銀洋壹佰捌拾肆元壹角肆分

於本日均已親投

憲局如數領收清訖並無分文短少浮冒情弊除另具賣地切結呈存外合具領狀是實

光緒弍拾五年柒月　日具領狀人楊小弟十

本啚地保張鳳堂

022

楊小弟具領狀（1899年8月或9月，光緒二十五年七月）

芏字收號卷第卅號

具賣地切結人楊福生今具列

製造局憲大人臺下竊身有自業則田坐落二十五保十四畕恃字圩第叁拾四號現已量見壹畝五分捌厘貳毫正情愿出具切結賣于

憲局作為公用每畝議定價銀洋壹伯陸拾五元正合計通足價洋貳伯陸拾壹元叁分正業經親投

憲局如數領收清訖並無分文短少浮冒情弊除另具賣地切結呈報

本縣衙門存案查辦外合具賣地切結是實

光緒式拾五年柒月　　日具賣地切結人楊福生十

本畕地保　張鳳笙

楊福生具賣地切結（1899 年 8 月或 9 月，光緒二十五年七月）

荃字版號叁第式號

具領狀人楊福生今領到

製造局憲大人臺下給發身所賣二十五保十四啚將字圩第叁拾四號自業地壹畝五分捌厘貳毫正通足價銀洋貳伯陸拾壹元叁分正

於本日均已親授

憲局如數領收清訖並無分文短少浮冒情弊除另具賣地切結呈存外合具領狀是實

光緒弍拾五年柒月　日具賣地領狀人楊福生十

本啚地保　張鳳堂

00075

楊福生具領狀（1899年8月或9月，光緒二十五年七月）

茎字服號叁第貳號

具賣地切結人楊火金今具到

製造局憲大人臺下竊身有自業則田坐落二十五保十四啚恃字圩第叁拾四號現量見叁分玖厘捌毫正情愿出具切結賣與

憲局作為公用每畝議定價銀洋壹伯陸拾五元正合計足價洋陸拾五元陸角柒分正業經親投

憲局如數領收清訖並無分文短少浮冒情弊除另具賣地切結呈報

本縣衙門存案查辦外合具賣地切結是實

光緒貳拾五年柒月　日具賣地切結人楊火金十

本啚地保　張鳳笙

楊火金具賣地切結（1899年8月或9月，光緒二十五年七月）

基字收號卷第貳號

具領狀人楊火金今領到

製造局憲大人臺下給發身所賣二十五保十四啚恃字圩第叁拾肆號自業地叁分玖厘捌毫正通足價銀洋陸拾伍

元陸角柒分正於本日均已親投

憲局如數領收清訖並無分文短少浮冒情弊除另具賣地切結呈存外合具領狀是實

光緒貳拾五年柒月　日具領狀人楊火金十

本啚地保張鳳笙

00026

楊火金具領狀（1899年8月或9月，光緒二十五年七月）

垄字收號叁第弍號

具賣地切結人楊掌南今具到

製造局憲大人臺下竊身有自業則田坐落二十五保十四啚恃字圩第叁拾四號現量見陸厘四毫正情願出具結賣與

憲局作為公用每畝議定價銀洋壹伯陸拾五元正合計足銀洋壹拾元五角陸分正業經親投

憲局如數領收清訖並無分文短少浮冒情弊除另具切結呈報

本縣衙門存案查辦外合具賣地切結是實

光緒貳拾五年柒月　日具賣地切結人楊掌南十

本啚地保　張鳳笙

楊掌南具賣地切結（1899年8月或9月，光緒二十五年七月）

荃字收號卷第弍號

具領狀人楊掌南今領到

製造局憲大人臺下給發身所賣二十五保十四啚恃字圩第叁拾四號自業地陸厘四毫通足價銀洋壹拾元五角陸分正

於本日均已親投

憲局如數領收清訖並無分文短少浮冒情弊除另具賣地切結呈存外合具領狀是實

光緒貳拾五年柒月　日具領狀人楊掌南十

本啚地保張鳳笙

00028

楊掌南具領狀（1899年8月或9月，光緒二十五年七月）

坐字㕡號卷第貳號

具賣地切結人楊順發今具到

製造局憲大人臺下竊身有自業則田坐落二十五保十四啚恃字圩第叁拾四陸號現量見壹畝貳分壹厘柒毫正情愿出具切結賣予

憲局作為公用每畝議定價銀洋壹伯陸拾五元正合計通足價洋貳伯元零捌角五厘正業經親赴

憲局如數領收清訖並無分文短少浮冒情弊除另具賣地切結呈報

本縣衙門存案查辦外合具賣地切結是實

光緒貳拾五年柒月　日具賣地切結人　楊順發　十

本啚地保　張鳳笙

楊順發具賣地切結（1899年8月或9月，光緒二十五年七月）

荃字順號卷第弍號

具領狀人楊順發今領到

製造局憲大人臺下給發身所賣二十五保十四啚特字圩第叁拾陸號自業地壹畝貳分壹厘柒毫正通足價銀洋貳伯

元零捌角五厘正於本日均已親投

憲局如數領收清訖並無分文短少浮冒情弊除另具賣地切結呈存外合具領狀是實

光緒貳拾五年柒月　日具領狀人楊順發　十

本啚地保張鳳笙

楊順發具領狀（1899 年 8 月或 9 月，光緒二十五年七月）

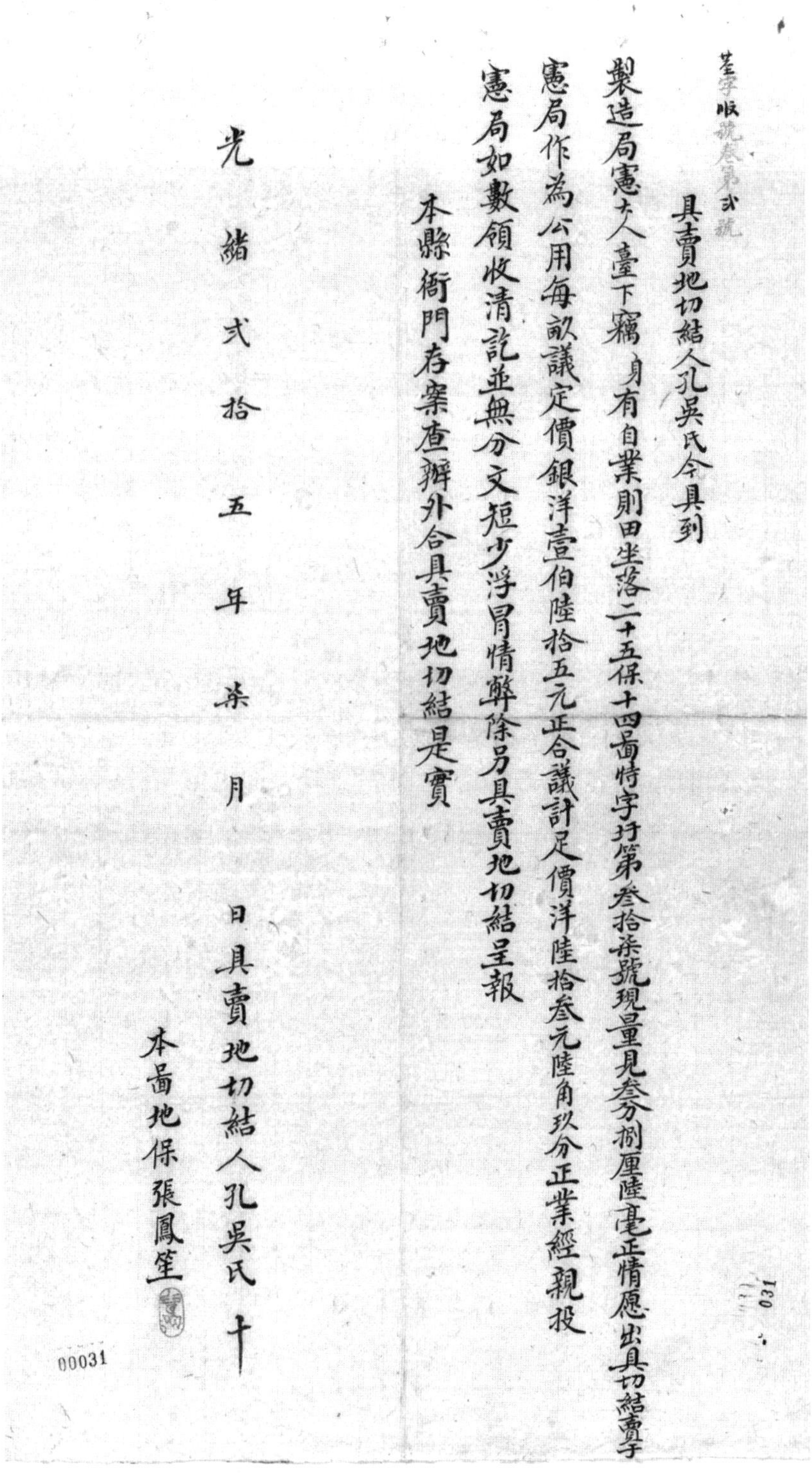

荃字收號卷第弍號

具賣地切結人孔吳氏今具到

製造局憲大人臺下竊身有自業則田坐落二十五保十四啚特字圩第叁拾柒號現量見叁分捌厘陸毫正情愿出具切結賣于

憲局作為公用每畝議定價銀洋壹伯陸拾五元正合議計足價洋陸拾叁元陸角玖分正業經親投

憲局如數領收清訖並無分文短少浮冒情弊除另具賣地切結呈報

本縣衙門存案查辦外合具賣地切結是實

光緒貳拾五年柒月　日具賣地切結人孔吳氏　十

本啚地保張鳳笙

00031

031

孔吳氏具賣地切結（1899年8月或9月，光緒二十五年七月）

茎字收號叁第貳號

具領狀人孔吳氏今領到

製造局憲大人臺下給發 身所賣二十五保十四啚特字圩第叁拾柒號現量見自業地叁分捌厘陸毫通足價洋陸拾

叁元陸角玖分正於本日均已親投

憲局如數領收清訖並無分文短少浮冒情弊除另具賣地切結呈存外合具領狀是實

光緒弍拾五年柒月 日具領狀人 孔吳氏 十

本啚地保 張鳳笙

032

00032

孔吴氏具領狀（1899年8月或9月，光緒二十五年七月）

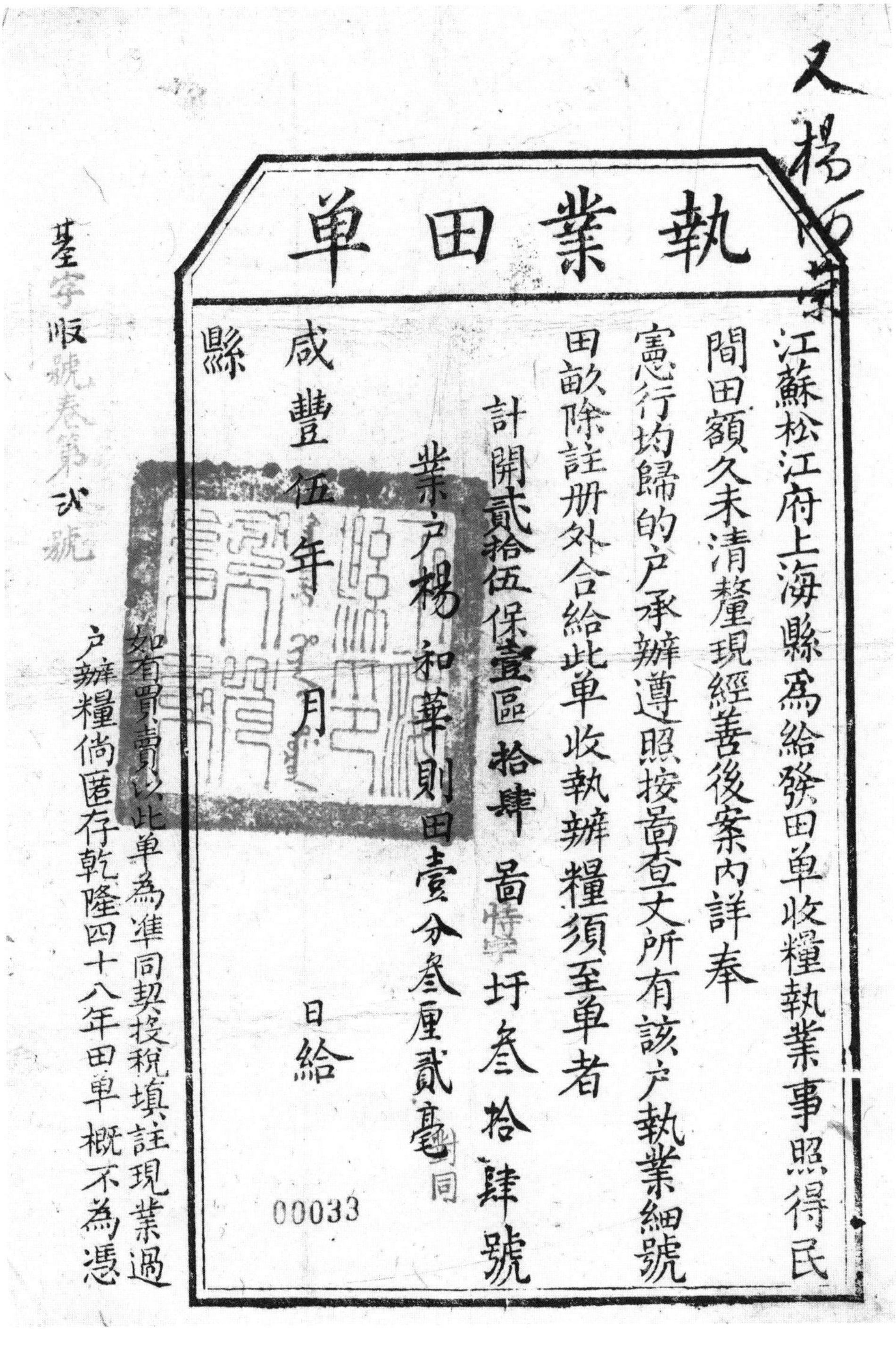

執業田單

江蘇松江府上海縣爲給發田单收糧執業事照得民
間田額久未清釐現經善後案内詳奉
憲行均歸的户承辦遵照按啚查丈所有該户執業細號
田畝除註册外合給此单收執辦糧須至单者
計開貳拾伍保壹區拾肆啚特字圩叁拾肆號
業户楊和華則田壹分叁厘貳毫
咸豐伍年　月　日給
縣
如有買賣以此单為準同契投稅填註現業過
户辦糧倘匿存乾隆四十八年田单槪不為憑
荃字暇號卷第弍號
00033

楊和華執業田單（1855 年，咸豐五年）

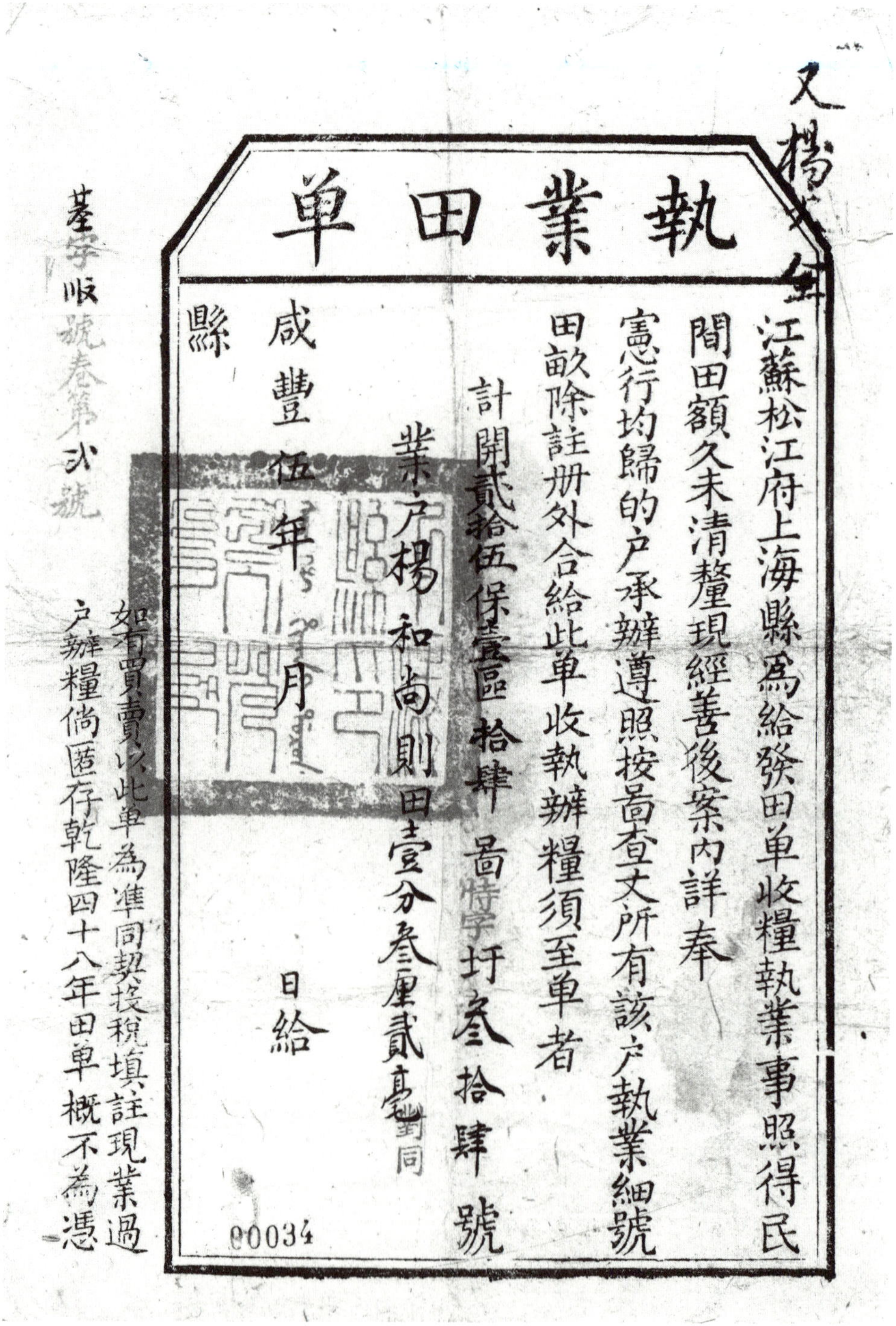

又楊×年

執業田单

江蘇松江府上海縣爲給發田单收糧執業事照得民
間田額久未清釐現經善後案内詳奉
憲行均歸的户承辦遵照按啚查丈所有該户執業細號
田畝除註册外合給此单收執辦糧須至单者
計開貳拾伍保壹區拾肆啚特字圩叁拾肆號
業户楊和尚則田壹分叁厘貳毫　對同
咸豐伍年　月　日給
縣
00034

如有買賣以此单為準同契投税填註現業過
户辦糧倘匿存乾隆四十八年田单概不為憑

基字號春第弍號

楊和尚執業田單（1855 年，咸豐五年）

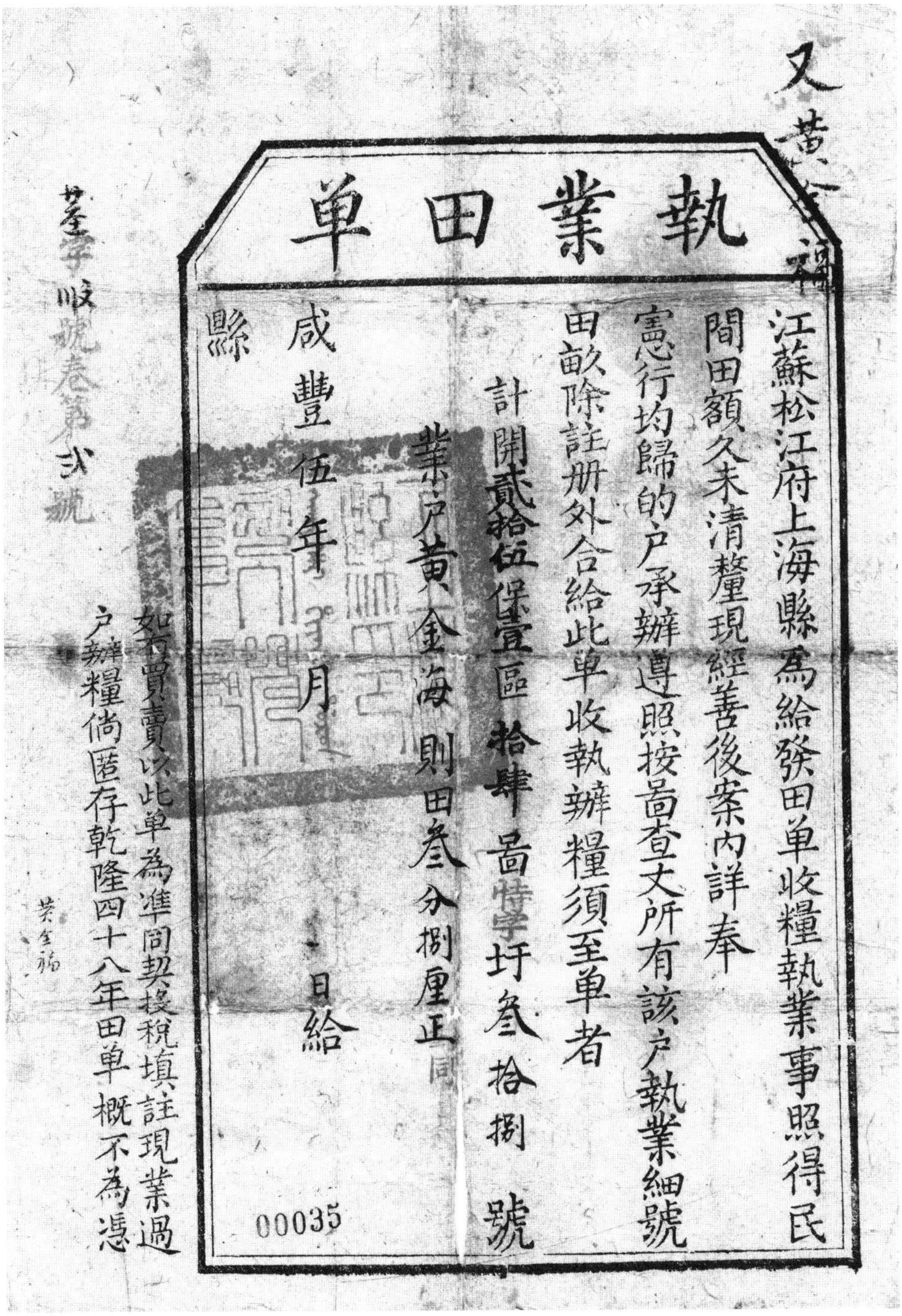

執業田单

江蘇松江府上海縣為給發田单收糧執業事照得民
間田額久未清釐現經善後案内詳奉
憲行均歸的户承辦遵照按啚查丈所有該户執業細號
田畝除註册外合給此单收執辦糧須至单者
計開貳拾伍保壹區拾肆啚特字圩叁拾捌號
業户黄金海 則田叁分捌厘正
咸豐伍年 月 日給
縣
如有買賣以此单為凖同契投税填註現業過
户辦糧倘匿存乾隆四十八年田单概不為憑

00035

黄金海執業田單（1855 年，咸豐五年）

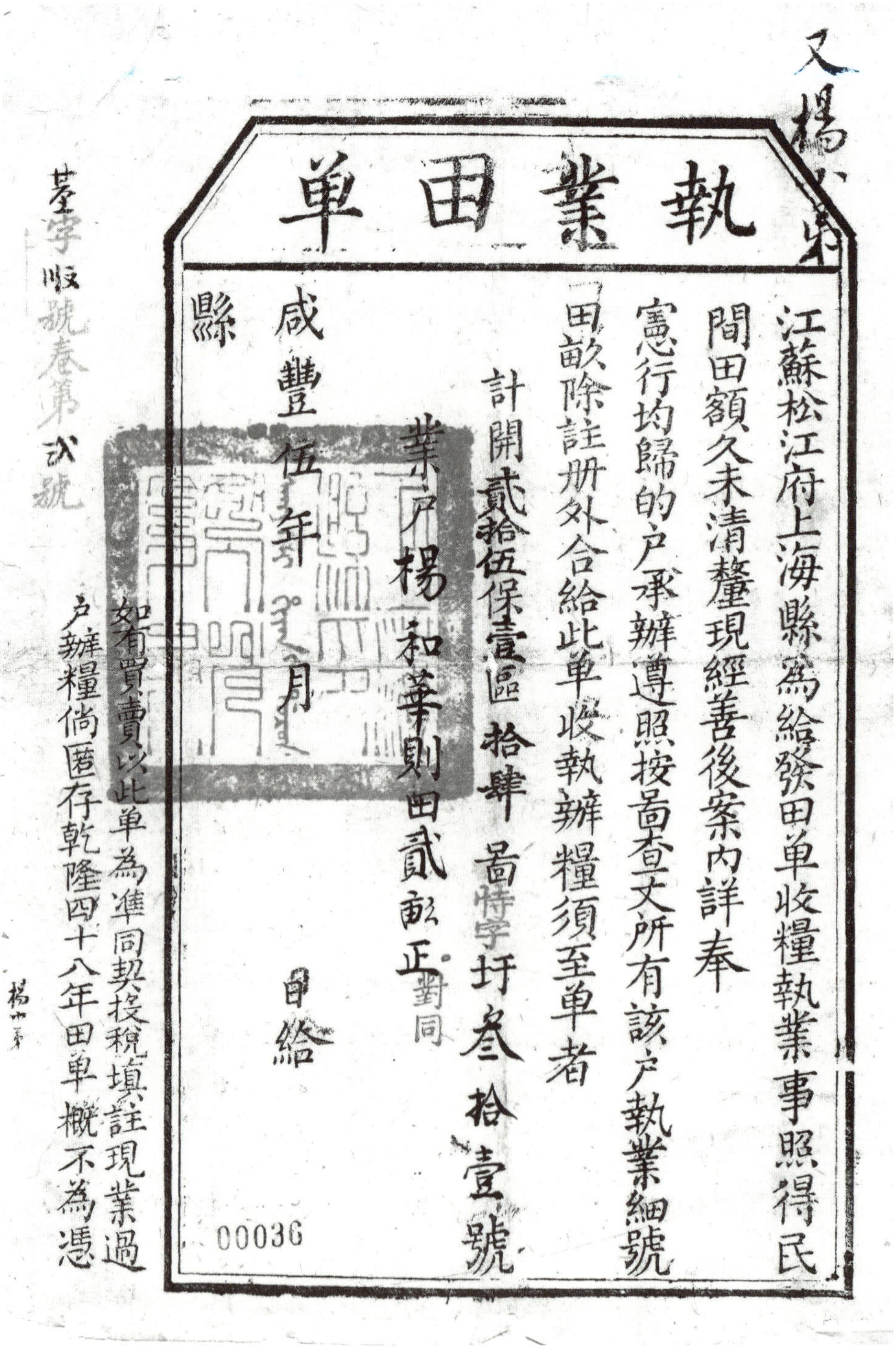

又楊…

執業田单

江蘇松江府上海縣為給發田单收糧執業事照得民
間田額久未清釐現經善後案内詳奉
憲行均歸的户承辦遵照按啚查丈所有該户執業細號
田畝除註册外合給此单收執辦糧須至单者
計開貳拾伍保壹區拾肆啚特字圩叁拾壹號
業户楊和華則田貳畝正　對同
咸豐伍年　月　日給
縣

如有買賣以此单為準同契投稅塡註現業過
户辦糧倘匿存乾隆四十八年田单概不為憑

茎字收號卷第弍號

00036

楊和華

楊和華執業田單（1855年，咸豐五年）

又楊禎

執業田單

江蘇松江府上海縣爲給發田單收糧執業事照得民
間田額久未清釐現經善後案内詳奉
憲行均歸的户承辦遵照按啚查丈所有該户執業細號
田畝除註册外合給此單收執辦糧須至單者

計開 貳拾伍保壹區拾肆 啚 特字圩 叁拾肆 號

業户 周徐氏 則田 壹畆五分 同

咸豐伍年 月 日給

縣

如有買賣以此单為準同契投稅填註現業過
户辦糧倘匿存乾隆四十八年田单概不為憑

基字㕆號卷第弍號

00037

周徐氏執業田單（1855 年，咸豐五年）

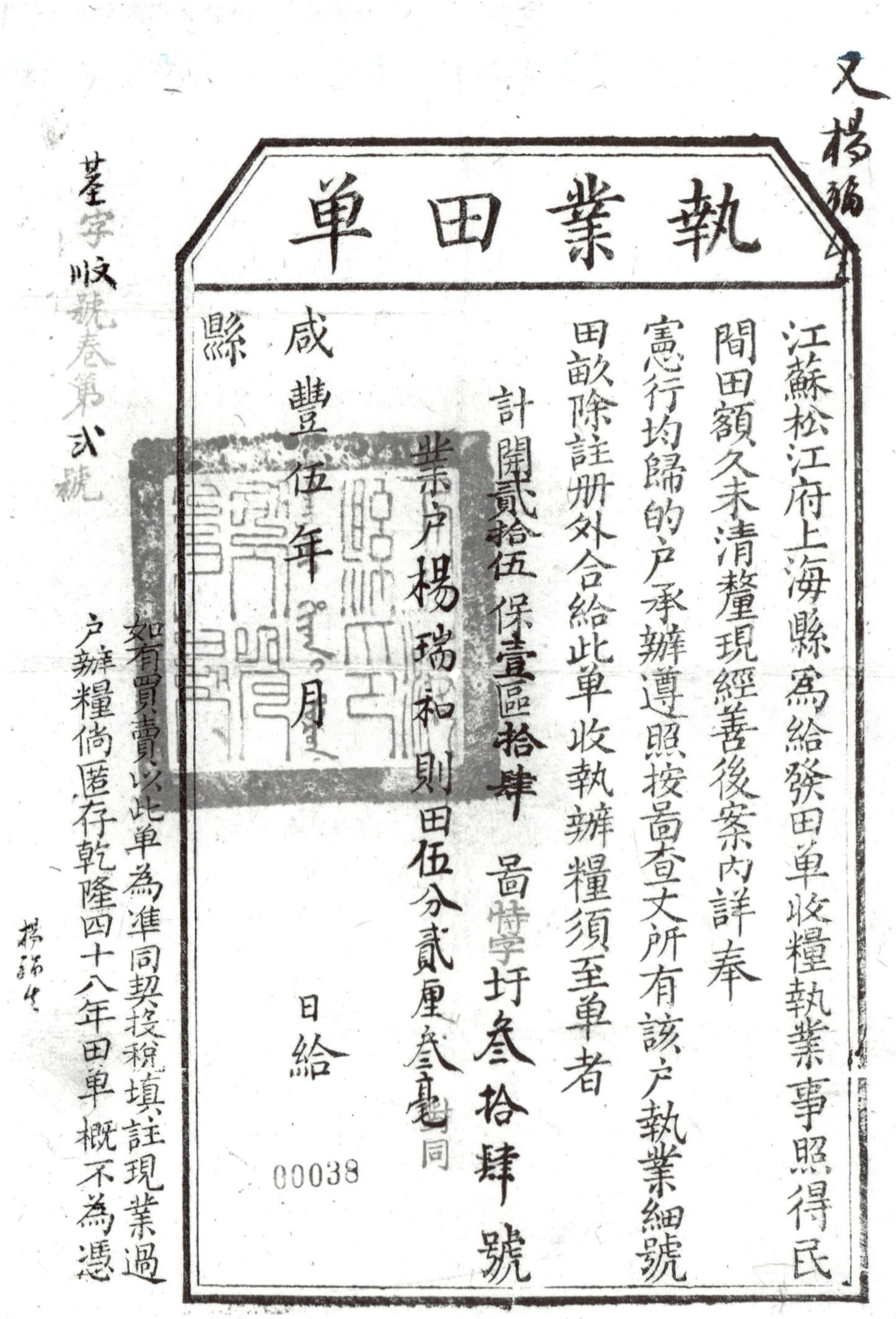
又楊猶

執業田单

江蘇松江府上海縣為給發田单收糧執業事照得民
間田額久未清釐現經善後案內詳奉
憲行均歸的户承辦遵照按啚查丈所有該户執業細號
田畝除註册外合給此单收執辦糧須至单者
計開貳拾伍保壹區拾肆啚特字圩叁拾肆號
業户楊瑞和則田伍分貳厘叁毫 同
咸豐伍年 月 日給
縣
00038

如有買賣以此单為準同契投稅填註現業過
户辦糧倘匿存乾隆四十八年田单概不為憑

楊瑞生

基字收號卷第弍號

楊瑞和執業田單（1855 年，咸豐五年）

執業田單

江蘇松江府上海縣爲給發田单收糧執業事照得民
間田額久未清釐現經善後案内詳奉
憲行均歸的户承辦遵照按啚查丈所有該户執業細號
田畝除註册外合給此单收執辦糧須至单者

計開貳拾伍保壹區拾肆啚侍字圩叁拾肆號
業户楊鳳生則田壹畝伍分壹厘壹毫同

咸豐伍年　月　日給

堂字　收　號　卷第　貳號

00039

如有買賣以此单為準同契投稅填註現業過
户辦糧倘匿存乾隆四十八年田单概不為憑

楊鳳生執業田單（1855 年，咸豐五年）

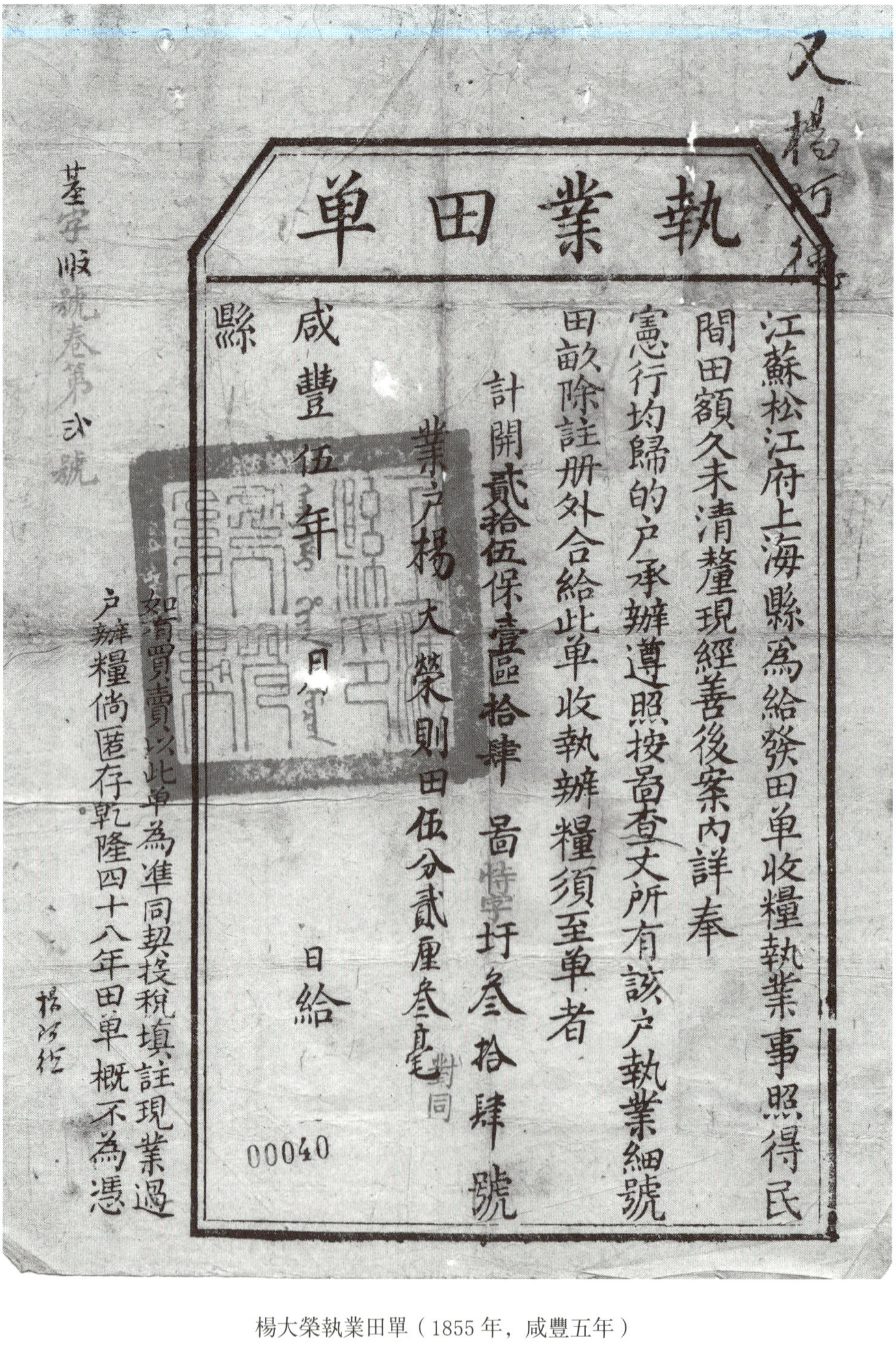
執業田單

江蘇松江府上海縣爲給發田单收糧執業事照得民
間田額久未清釐現經善後案内詳奉
憲行均歸的户承辦遵照按啚查丈所有該户執業細號
田畝除註册外合給此单收執辦糧須至单者
計開貳拾伍保壹區拾肆啚 特字圩叁拾肆號
業户楊大榮則田伍分貳厘叁毫
咸豐伍年 月 日給
縣
如有買賣以此单為凖同契投稅填註現業過
户辦糧倘匿存乾隆四十八年田单概不為憑
00040

楊大榮執業田單（1855年，咸豐五年）

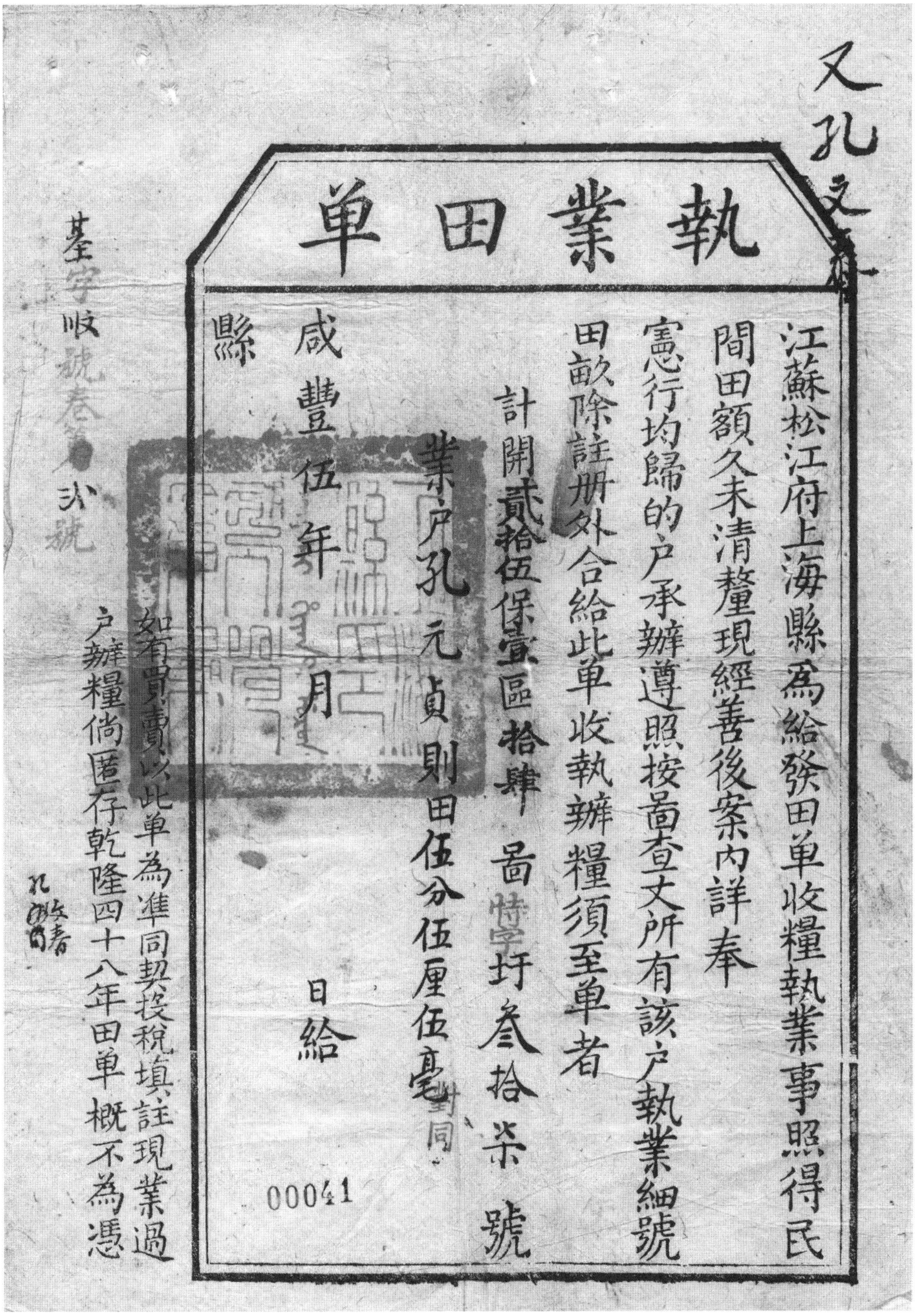
執業田单

江蘇松江府上海縣爲給發田单收糧執業事照得民
間田額久未清釐現經善後案内詳奉
憲行均歸的户承辦遵照按啚查丈所有該户執業細號
田畝除註册外合給此单收執辦糧須至单者
計開貳拾伍保壹區拾肆　啚　特字圩叁拾柒號
業户孔元貞則田伍分伍厘伍毫
咸豐伍年　月　日給
縣
00041
如有買賣以此单為準同契投稅填註現業過
户辦糧倘匿存乾隆四十八年田单概不為憑

孔元貞執業田單（1855 年，咸豐五年）

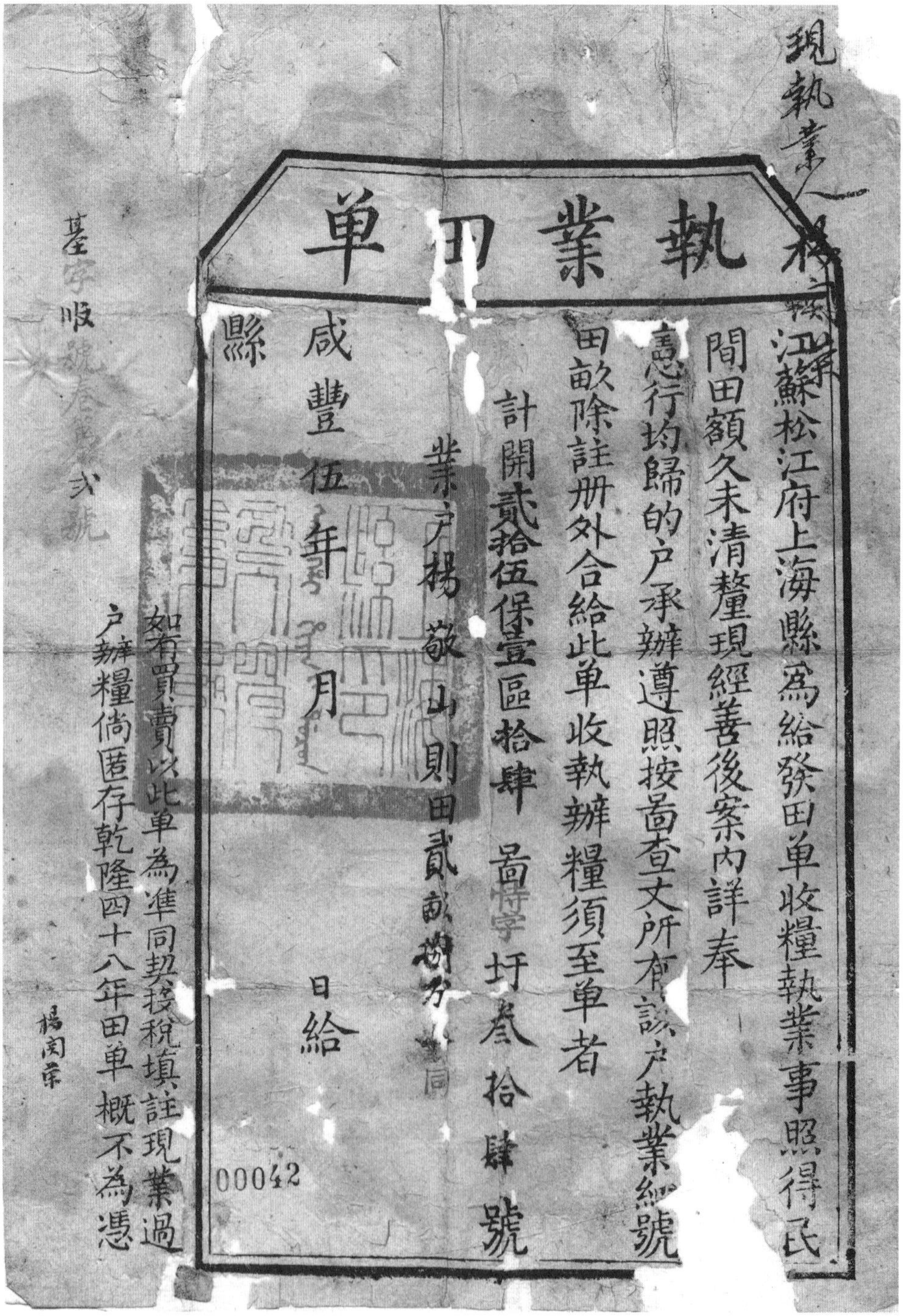

現執業

執業田單

江蘇松江府上海縣為給發田单收糧執業事照得民
間田額久未清釐現經善後案内詳奉
憲行均歸的户承辦遵照按啚查丈所有該户執業經號
田畝除註册外合給此单收執辦糧須至单者
計開貳拾伍保壹區拾肆 啚得字 圩叁拾肆號
業户楊敬山則田貳畝捌分 同
咸豐伍年 月 日給
縣
如有買賣以此单為準同契投稅填註現業過
户辦糧倘匿存乾隆四十八年田单概不為憑
基字 號 弍號
楊肉榮
00042

楊敬山執業田單（1855年，咸豐五年）

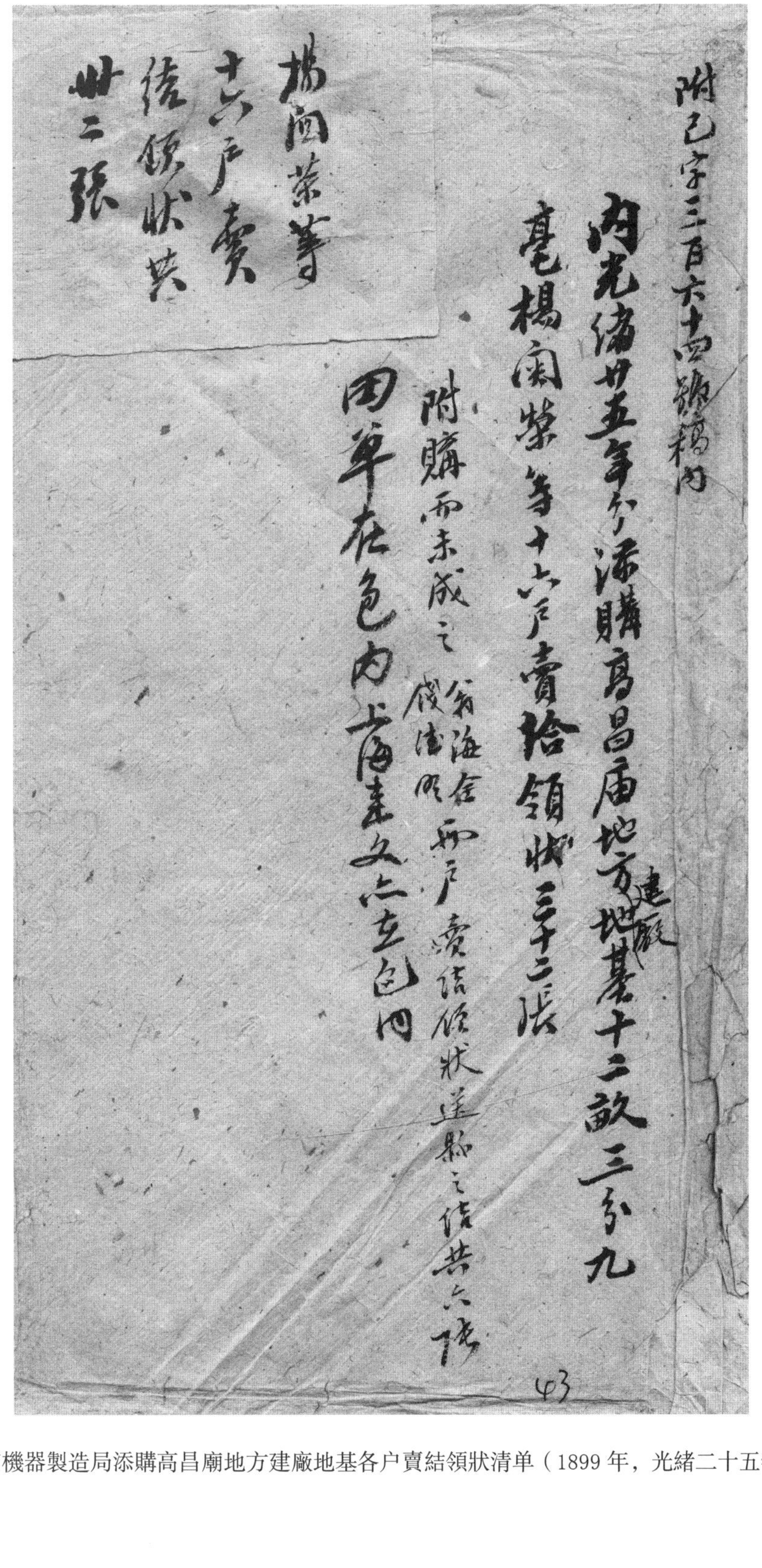
附己字三百六十四號稿內
內光緒廿五年分添購高昌廟地方建廠地基十二畝三分九
毫楊阿榮等十六戶賣給領狀三十二張
附購而未成之翁海金兩戶賣結領狀並縣之結共六張
田單在包內上海縣文亦在包內
楊阿榮等十六戶賣結領狀共卅二張
43

江南機器製造局添購高昌廟地方建廠地基各户賣結領狀清单（1899年，光緒二十五年）

00044

垦字呅號卷第弍

具賣地切結人錢德明今具到

製造局憲大人臺下竊身有自業則田坐落二十五保十四啚精字圩第叁拾柒號現量見叁分捌厘肆毫正情愿出具切結賣于

憲局作為公用每畝議定價銀洋壹伯陸拾五元正合計足價銀洋陸拾叁元叁角陸分正業經親投

憲局如數領收清訖並無分文短少浮冒情弊除另具賣地切結呈報

本縣衙門存案查辦外合具賣地切結是實

光緒弍拾五年柒月　日具賣地切結人　錢德明十

本啚地保　張鳳笙

440

錢德明具賣地切結（1899年8月或9月，光緒二十五年七月）

基字收號叁第式號

具領狀人錢德明今具到

製造局憲大人臺下給發月所賣二十五保十四啚恃字圩第叁拾柒號自業地叁分捌厘肆毫正通足價銀洋陸拾叁元叁角

陸分正於本日均已親投

憲局如數領收清訖並無分文短少浮冒情弊除另具賣地切結呈存外合具領狀是實

光緒式拾五年柒月　日具領狀人錢德明十

本啚地保張鳳笙

錢德明具領狀（1899 年 8 月或 9 月，光緒二十五年七月）

00046

壹字陙號卷第弍拾

具賣地切結人錢德明今具到

縣正堂大老爺案下竊身有自業則田坐落二十五保十四啚特字圩第叁拾柒號現量見叁分捌厘肆毫情愿出具切結賣于

製造局作為公用每畝議定價銀洋壹伯陸拾五元正合計足價洋陸拾叁元叁角陸分正業經親赴

製造局如數領收清訖並無分文短少浮冒情弊理合具此賣地切結呈請

憲鑒存案

光緒弍拾五年柒月　日具賣地切結人錢德明十

本啚地保　張鳳笙

046

錢德明具賣地切結（1899 年 8 月或 9 月，光緒二十五年七月）

荃字畈號卷第弍

具賣地切結人翁海全今具到

縣正堂大老爺案下竊身有自業則田坐落二十五保十四啚特字圩第叁拾柒號現已量見肆分肆厘捌毫正情願出具切結賣于

製造局作為公用每畝議定價銀洋壹伯陸拾五元正合計足價洋柒拾叁元玖角弍分正業經親赴

製造局如數領訖並無分文短少浮冒情弊理合具此賣地切結呈請

憲鑒存案

光緒弍拾五年柒月　日具賣地切結人翁海全十

本啚地保張鳳笙

040

00047

翁海全具賣地切結（1899年8月或9月，光緒二十五年七月）

芏字帳號卷第弍號

具賣地切結人翁海全今具到

製造局憲大人臺下竊 身有自業則田坐落二十五保十四啚特字圩第叁拾柒號現量見肆分肆厘捌毫正情愿出具切結賣于

憲局作為公用每畝議定價銀洋壹伯陸拾五元正合計通足價銀洋柒拾叁元玖角弍分正業經親投

憲局如數領收清訖並無分文短少浮冒情弊除另具賣地切結呈報

本縣衙門存案查辦外合具賣地切結是實

光緒貳拾五年柒月　日具賣地切結人　翁海全　十

本啚地保　張鳳堂

840

00048

翁海全具賣地切結（1899年8月或9月，光緒二十五年七月）

基字收號叁第弍號

具領狀人翁海全今領到

製造局憲大人臺下給發身所賣二十五保十四啚恃字圩第叁拾柒號自業地肆分肆厘捌毫正通足價銀洋柒拾叁元玖角

貳分正於本日均已親投

憲局如數領收清訖並無分文短少浮冒情弊除另具賣地切結呈存外合具領狀是實

光緒弍拾五年柒月　日具領狀人　翁海全十

本啚地保　張鳳笙

00049

翁海全具領狀（1899年8月或9月，光緒二十五年七月）

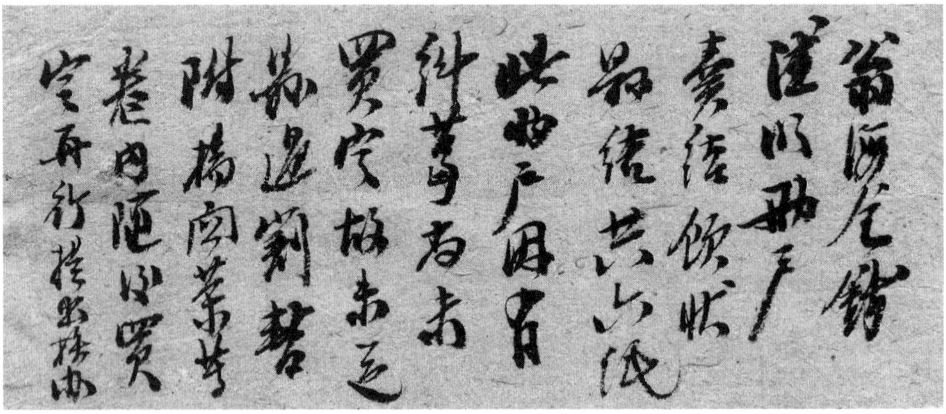

江南機器製造局工程處爲翁海全、錢德明兩户賣結領狀縣結事簽條（1899 年 8 月或 9 月，光緒二十五年七月）

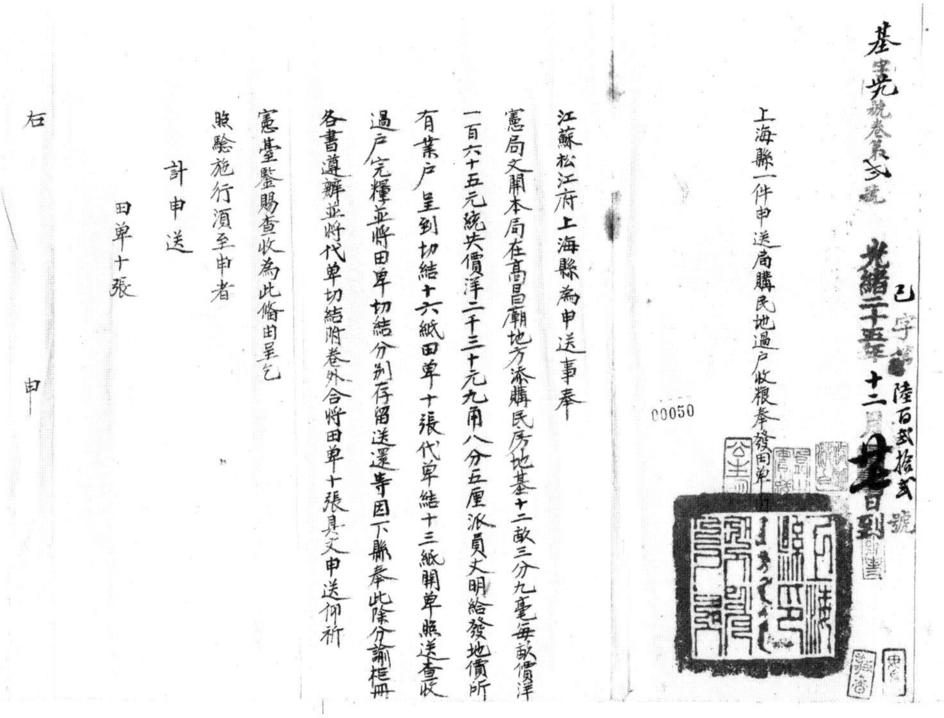

基字光號卷第弍號
光緒二十五年十二月廿六日到
己字第陸百弍拾弍號
上海縣一件申送局購民地過户收粮奉發田單由
江蘇松江府上海縣爲申送事。奉
憲局文開：本局在高昌廟地方添購民房地基十二畝三分九毫，每畝價洋
一百六十五元，統共價洋二千三十九元九角八分五厘，派員丈明，給發地價。所
有業户呈到切結十六紙、田單十張、代單結十三紙，開單照送，查收
過户完糧，並將田單、切結分別存留、送還等因。下縣。奉此，除分諭柜册
各書遵辦，並將代單、切結附卷外，合將田單十張具文申送，仰祈
憲臺鑒賜查收。爲此備由呈乞
照驗施行。須至申者。
計申送
田單十張
右　申

代理上海縣知縣戴運寅爲申送局購民地過户收糧奉發田單事致江南機器製造局申文（1900年1月26日，光緒二十五年十二月二十六日）

奏辦江南機器製造局憲

光緒貳拾伍年拾貳月貳拾陸日代理知縣戴運寅

遵用空白

050

代理上海縣知縣戴運寅爲申送局購民地過户收糧奉發田單事致江南機器製造局申文（1900 年 1 月 26 日，光緒二十五年十二月二十六日）

尚有一二户因墳地稍有轇轕文
參知照工程處速查明設再
行定擬九月初十日

·00051

江南機器製造局爲尚有一二户因墳地稍有轇轕事批文（1899 年 10 月 14 日，光緒二十五年九月初十日）

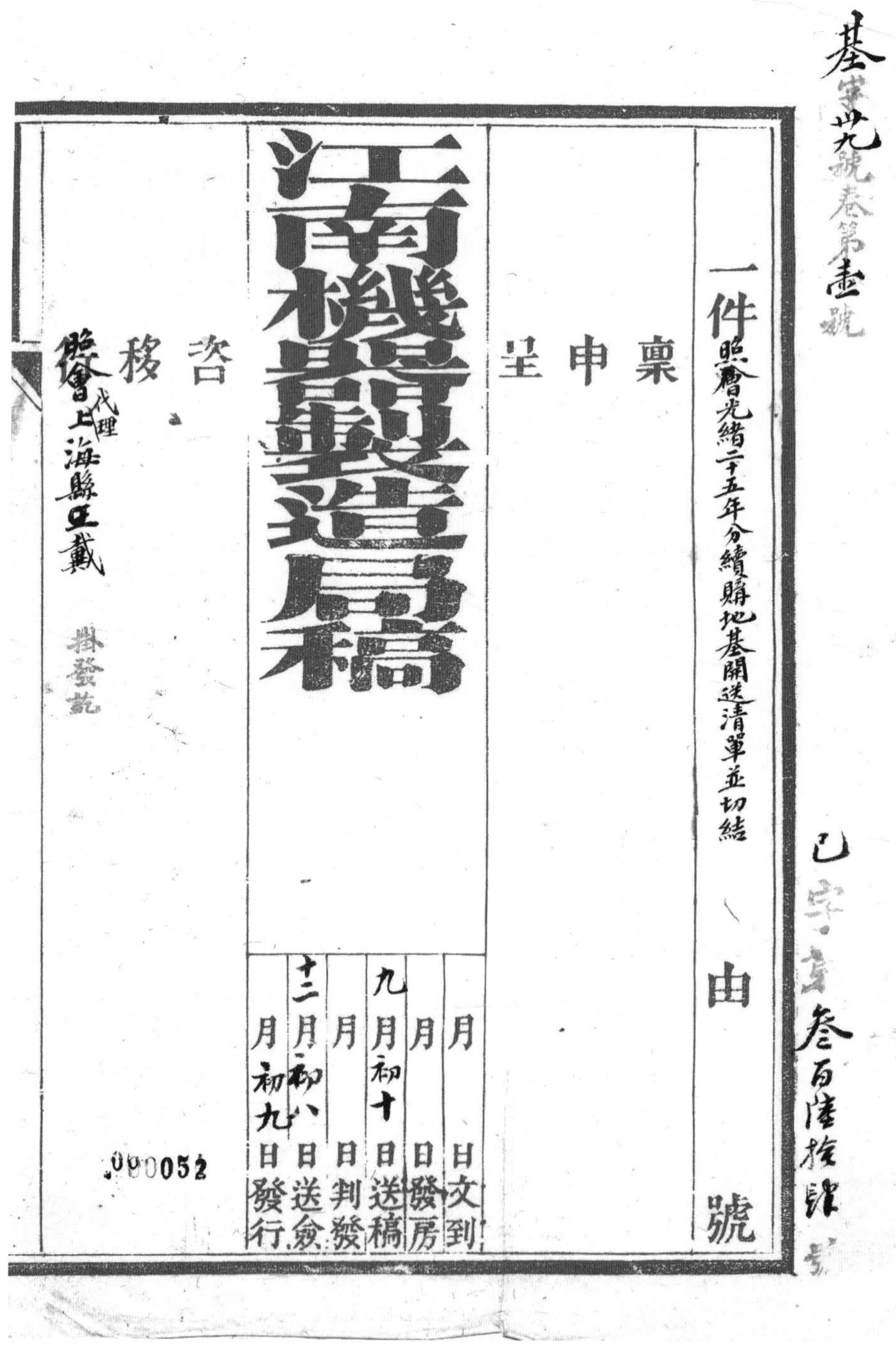
基字卅九號卷第壹號

一件照會光緒二十五年分續購地基開送清單並切結　由　號

己字年叁百陸拾肆號

江南機器製造局稿

稟　申　呈

咨　移　照會代理上海縣正戴

掛發訖

月　日文到

月　日發房

九月初十日送稿

月　日判發

十二月初八日送僉

月初九日發行

000052

江南機器製造局爲照會光緒二十五年份續購地基開送清單並切結事致代理上海縣知縣戴運寅照會稿（1899 年 10 月 14 日，光緒二十五年九月初十日）

發目並吏

並吏

為照會事案照本局歷次建造廠屋添築廠路等用購買地基均經開單照會

貴縣查核收作機器局新戶各在案茲查本局在高昌廟地方添購民房地基十二畝三分□□□□毫每

畝價洋一百六十五元統共價洋二千四十三元九角八分五厘業經派員督同該圖地保亭

耆會同業戶丈量明白除地上房屋另行給價收買外當將地價洋元照數發給各該業戶

收領取具切結領狀存案相應開單照會並將各業戶具呈

貴衙門切結十六紙田單十張代單結十三紙一併轉送為此照會

貴縣煩為查照收作機器局新戶開示科則數目移送過局以便照數完糧並希將其田單十張代單結十三紙仍請送還過局歸卷備查

切結留存備案望切施行須至照會者

計粘單並切結十六紙田單十張代單結十三紙

江南機器製造局爲照會光緒二十五年份續購地基開送清單並切結事致代理上海縣知縣戴運寅照會稿（1899 年 10 月 14 日，光緒二十五年九月初十日）

今將本局在高昌廟地方添購建廠地基各戶名畝數並發給地價洋元開單送請

查核

計開

楊關榮　二十五保十四圖恃字圩第三十四六號地三畝五分七厘三毫　計發地價洋五百八十九元五角四分五厘

翁海全　又　第三十七號地四分四厘八毫　計發地價洋七十三元九角二分

楊桂春　又　第三十七號地四分六厘八毫　計發地價洋七十七元二角二分

楊阿德　又　第三十四六號地七分　計發地價洋一百十五元五角

孔文春　又　第三十七號地五分九厘七毫　計發地價洋九十八元五角五厘

楊同人　又　第三十四號地五分一厘三毫　計發地價洋八十四元六角四分五厘

江南機器製造局爲照會光緒二十五年份續購地基開送清單並切結事致代理上海縣知縣戴運寅照會稿（1899 年 10 月 14 日，光緒二十五年九月初十日）

楊阿榮 又 第三十四號地三分二厘二毫計發地價洋五十三元一角三分 ○

楊火全 又 第三十四號地二分九厘五毫計發地價洋四十八元六角七分五厘 ○

顧金龍 又 第三十四號地四分一厘七毫計發地價洋六十八元八角五厘 ○

喬全生 又 第三十八號地一分六毫計發地價洋十七元四角九分 ○

黄全福 又 第三十八號地五分五厘五毫計發地價洋九十一元五角七分五厘 ○

楊小弟 又 第三十一號地一畝一分一厘六毫計發地價洋一百八十四元一角四分 ○

楊福生 又 第三十四號地一畝五分八厘二毫計發地價洋二百六十一元三分 ○

楊火金 又 第三十四號地三分九厘八毫計發地價洋六十五元六角七分 ○

楊掌南 又 第三十四號地六厘四毫計發地價洋十元五角六分 ○

江南機器製造局爲照會光緒二十五年份續購地基開送清單並切結事致代理上海縣知縣戴運寅照會稿（1899 年 10 月 14 日，光緒二十五年九月初十日）

楊順發　又　第三十四六號地一畝二分五厘七毫計發地價洋二百元八角五厘　○

錢德明　又　第三十七號地三分八厘四毫計發地價洋六十三元三角六分　○

孔吳氏　又　第三十七號地三分八厘六毫計發地價洋六十三元六角九分　○

以上係光緒二十五年備添廠地購買應用

光緒二十五年九月　初十

00057

江南機器製造局爲照會光緒二十五年份續購地基開送清單並切結事致代理上海縣知縣戴運寅照會稿（1899 年 10 月 14 日，光緒二十五年九月初十日）

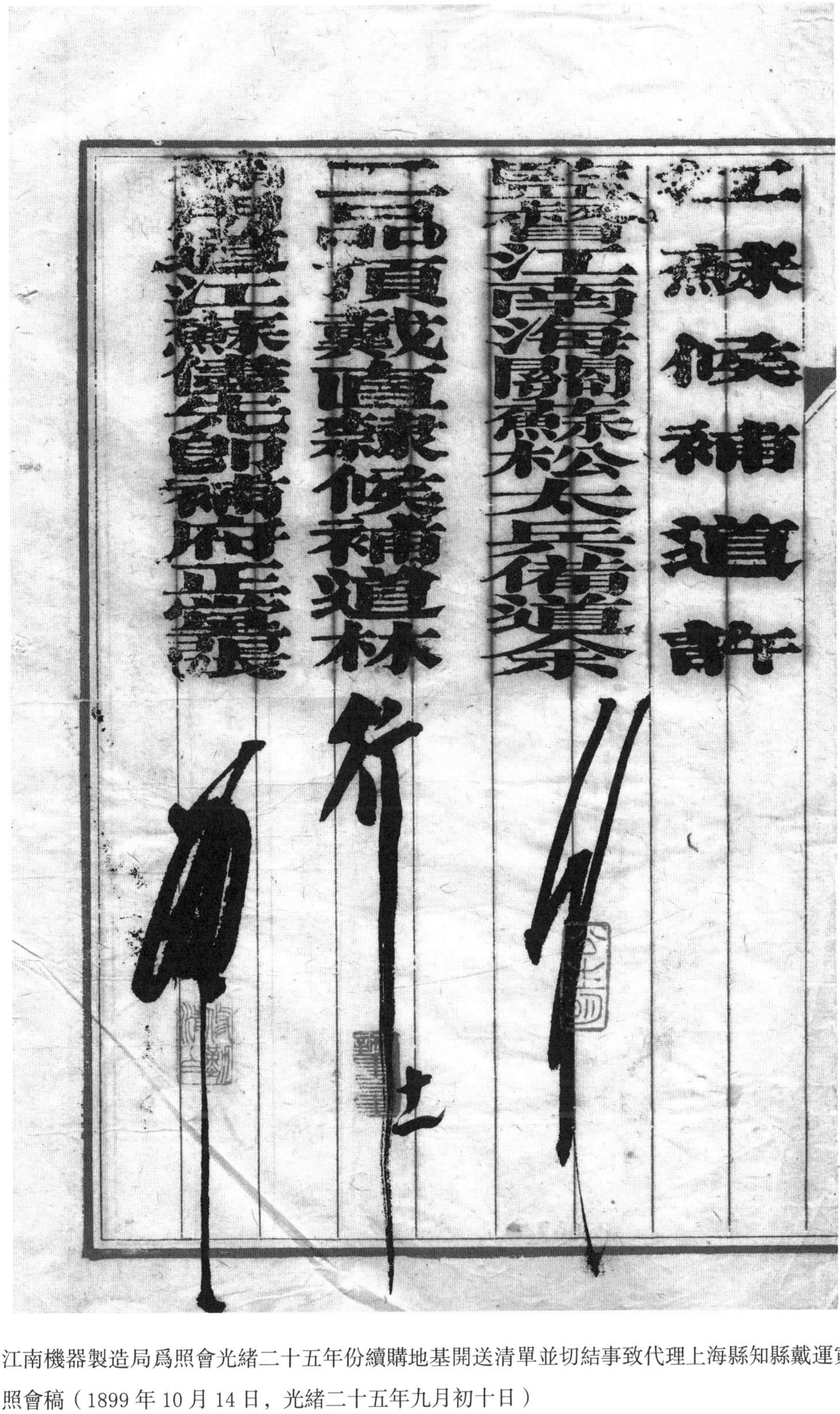
江蘇候補道許
署江南海關分巡蘇松太兵備道余
二品頂戴直隸候補道林
[illegible]江蘇[illegible]府正堂[illegible]

江南機器製造局爲照會光緒二十五年份續購地基開送清單並切結事致代理上海縣知縣戴運寅照會稿（1899 年 10 月 14 日，光緒二十五年九月初十日）

遵查翁海全一户有意留難尚未領價擬請
飭文案處於過户文内將此户先行除去○其餘均無轇轕理合稟復
恭候
批示祇遵
九月十一日工程處謹呈

文案查照　一日

十一月初二日工程處來文
據云錯註明一户共已十六户

053

江南機器製造局工程處爲遵查翁海全一户有意留難尚未領價事稟復（1899年10月15日，光緒二十五年九月十一日）

文案處
大老爺 公啓 并照
附呈清單一張

江南製造總局

憑條發送上煉鋼廠後新買民地田單計
十張又無單及單少地多各户結十三張均送處
封即望
拾收核辦爲荷此請
光緒廿五年十二月初二日第工程處號

054

江南機器製造局工程處爲送上煉鋼廠後新買民地田單又無單及單少地多各户結事致該局文案處憑條并附呈清單（1900年1月2日，光緒二十五年十二月初二日）

新買鍊鋼廠後民地十六户 田單十張

又無單及單少地多各户結十三張 内楊順發楊大金合單共結一張

楊福生 單地對 無結

楊小弟 單多地少 無結

再翁海全 錢德明兩户不願賣均未領價不在十六户内

055

江南機器製造局工程處爲送上煉鋼廠後新買民地田單又無單及單少地多各户結事致該局文案處憑條并附呈清單（1900年1月2日，光緒二十五年十二月初二日）

基字第三十九號共一宗

購買地基建造廠屋卷

照會 上海縣 光緒二十五年分續購地基開送清單並田單切結 四件

上海縣 申送局購民地過戶收粮奉發田單由 十件

附 楊閑榮等執業田單十張

楊閑榮等十六戶賣結領狀三十二張

工程處簽條三紙 粘貼照會稿內

又購買未定之 翁海全 錢德明 兩戶 賣結 領狀 送縣之結 共六紙

00058

江南製造總局基字第三十九號購買地基建造廠屋卷目録（1899年，光緒二十五年）

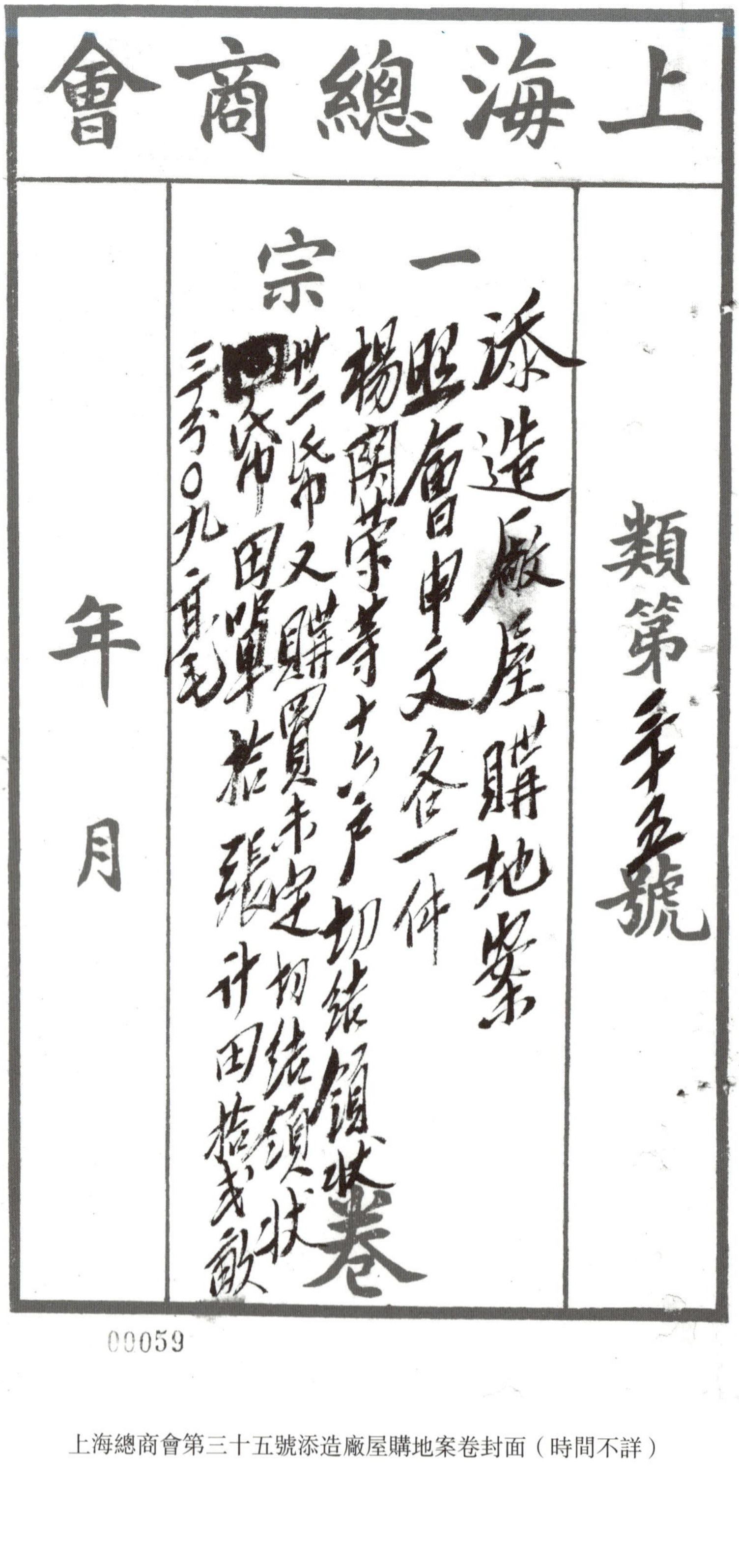

上海總商會

類第卅五號

添造廠屋購地案

照會申文各一件

楊阿榮等十六戶切結領狀

卅二戶又購買未定切結領狀

號田單拾張計田拾弍畝

三千六〇九元〇毛

一宗

卷

年 月

00059

上海總商會第三十五號添造廠屋購地案卷封面（時間不詳）

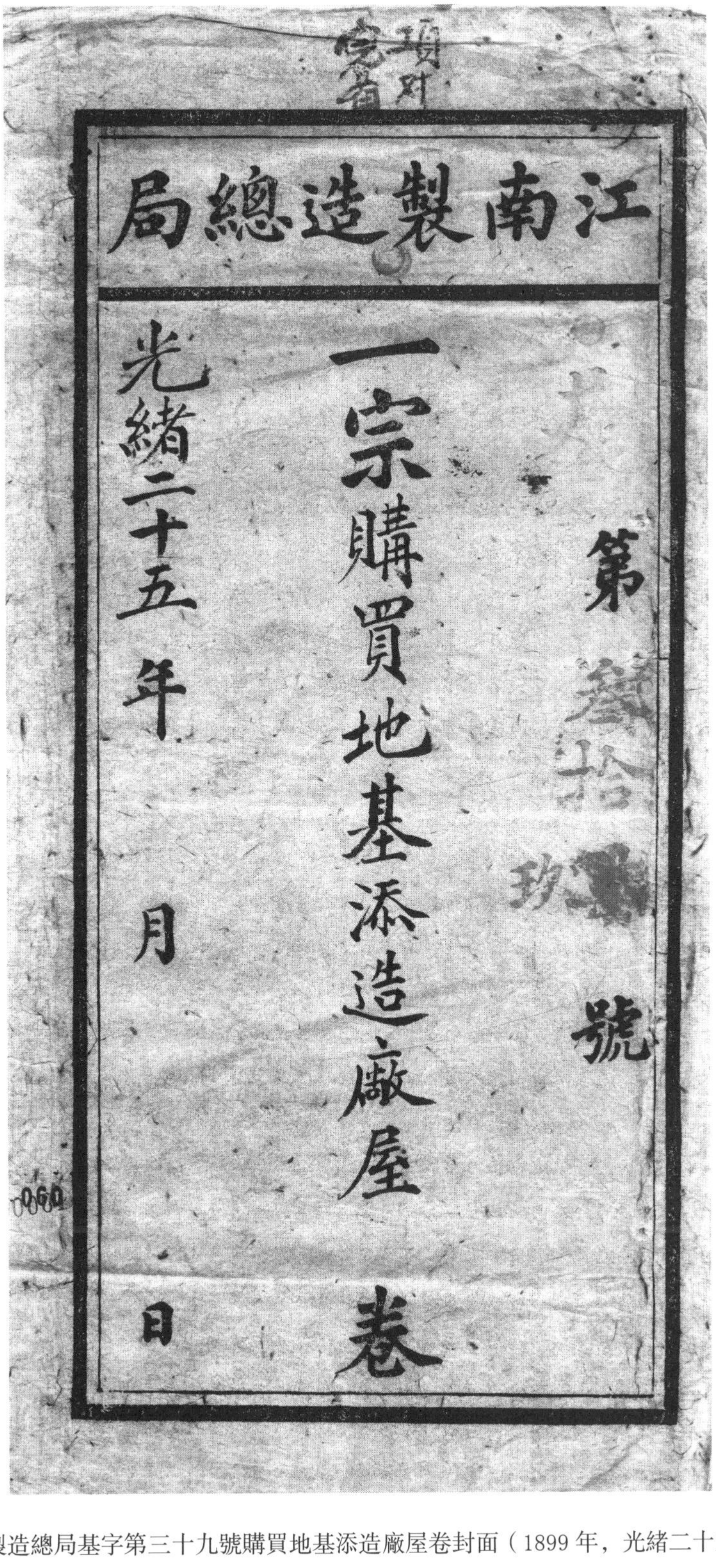
江南製造總局

第叁拾玖號

一宗購買地基添造廠屋卷

光緒二十五年　月　日

江南製造總局基字第三十九號購買地基添造廠屋卷封面（1899 年，光緒二十五年）

江南製造總局

二十二、江南製造局購買高昌廟地基的契據及田單等有關文書

上海總商會

類第六拾六號

一　　宗

奚友坤等田產由局購買案

照會申文各一件

田單代單三張

奚友坤等三戶切結三張

共田三畝一分五厘二毫

卷

年　　月

001

上海總商會第六十六號奚友坤等田產由局購買案卷封面（時間不詳）

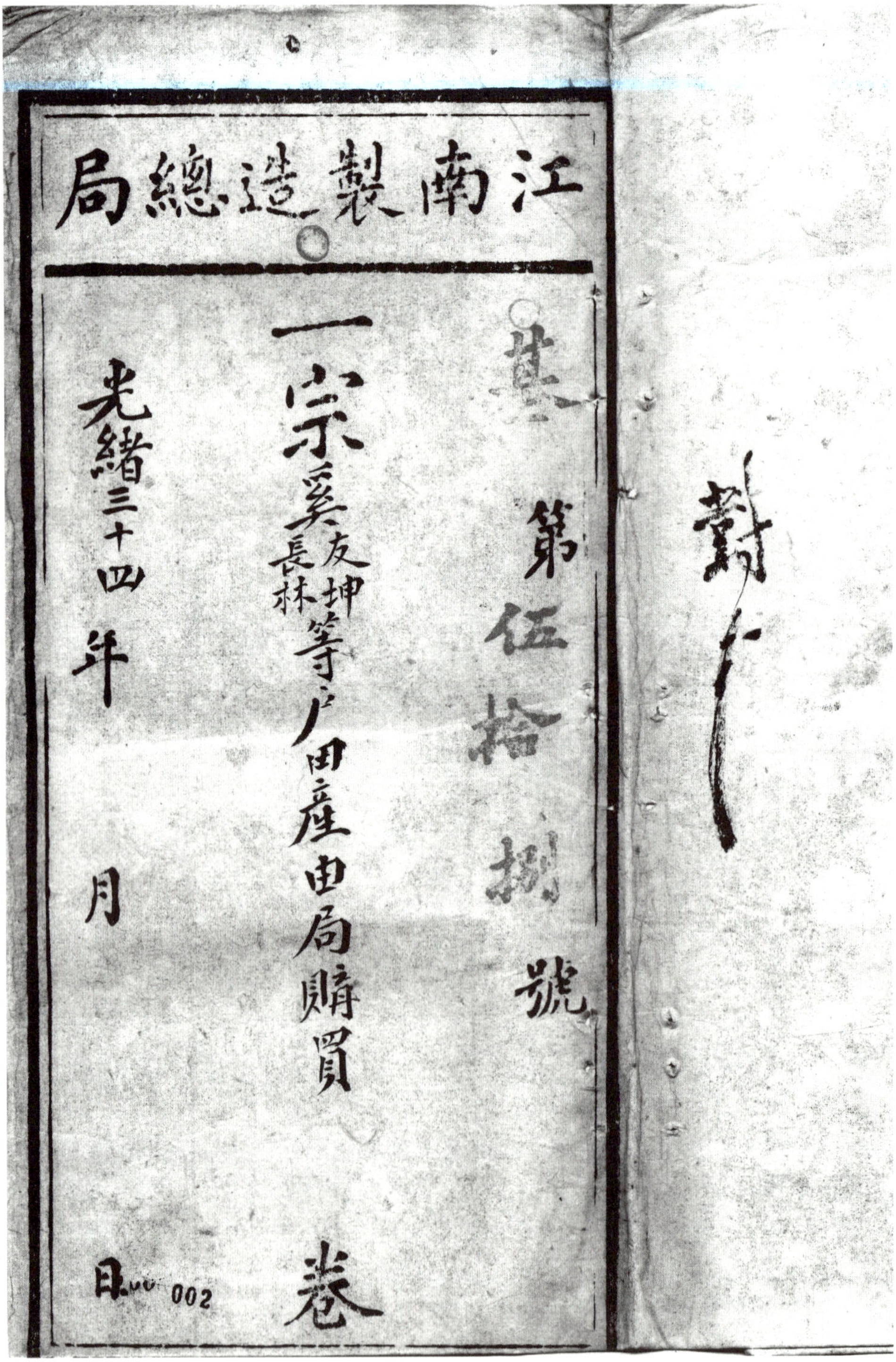

江南製造總局基字第五十八號奚友坤、奚長林等户田産由局購買卷封面（1908 年，光緒三十四年）

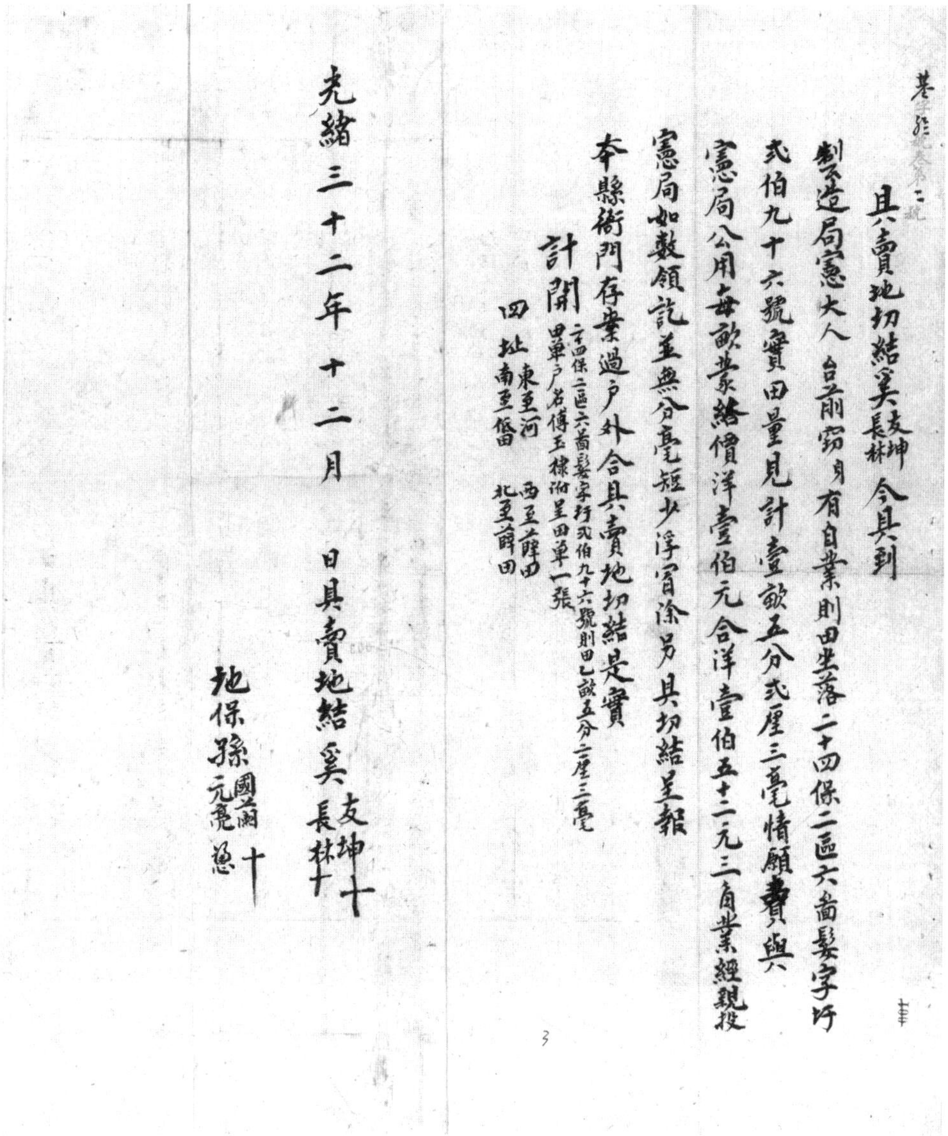

基字號[illegible]第二號

具賣地切結奚友坤、長林今具到

製造局憲大人台前，窃身有自業則田坐落二十四保二區六啚髮字圩弍伯九十六號實田量見計壹畝五分弍厘三毫，情願賣與

憲局公用，每畝業給價洋壹伯元，合洋壹伯五十二元三角，業經親投

憲局如數領訖，並無分毫短少浮冒，除另具切結呈報

本縣衙門存案過戶外，合具賣地切結是實。

計開 二十四保二區六啚髮字圩弍伯九十六號則田乙畝五分二厘三毫 田單戶名傅玉棣附呈田單一張

四址 東至河 西至薛田 南至徭田 北至薛田

光緒三十二年十二月 日具賣地結奚友坤十 長林十

地保孫國藩 元亮 憑 十

奚友坤、奚長林具賣地切結（1907 年 1 月或 2 月，光緒三十二年十二月）

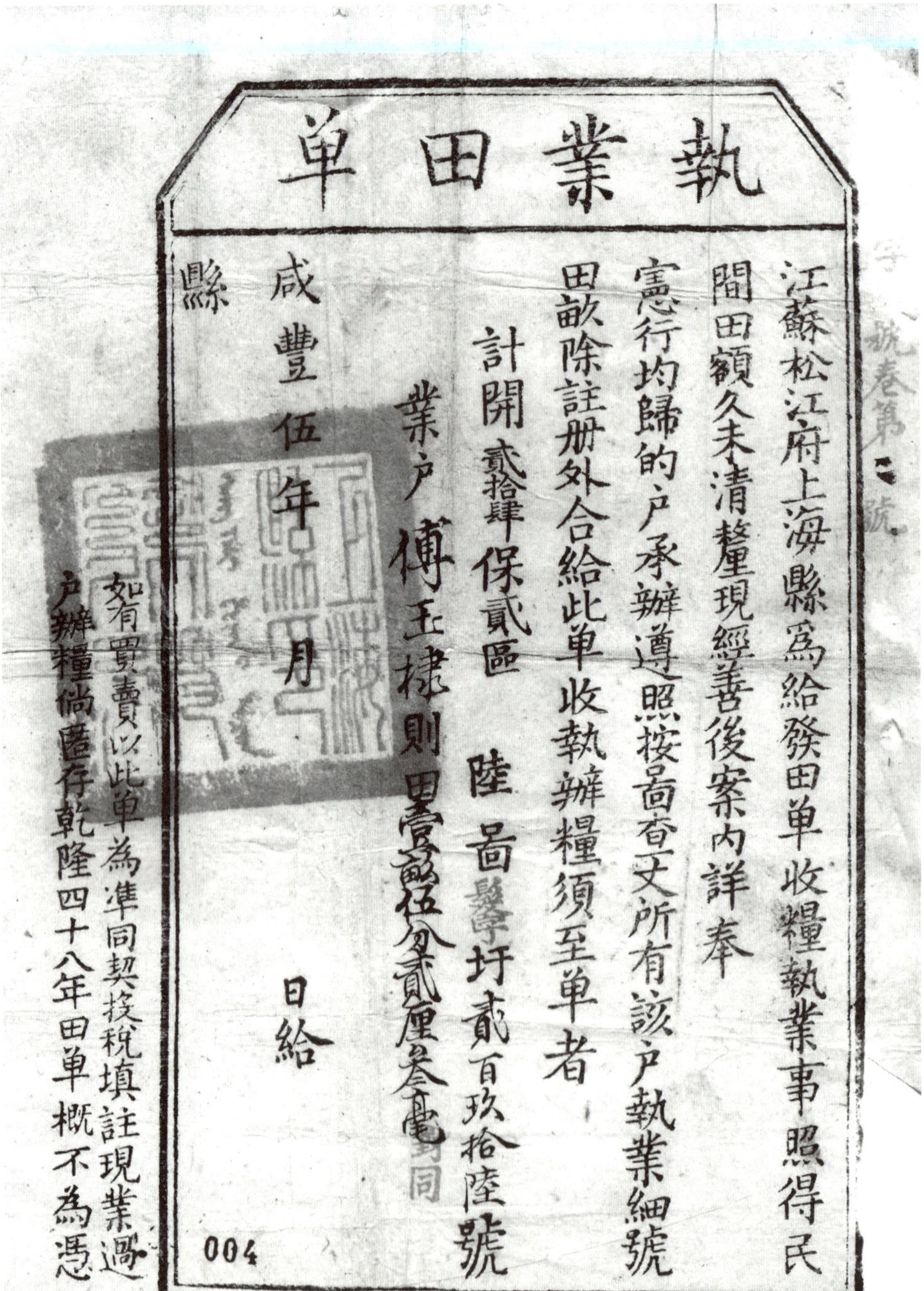
執業田單

江蘇松江府上海縣為給發田单收糧執業事照得民
間田額久未清釐現經善後案内詳奉
憲行均歸的户承辦遵照按啚查丈所有該户執業細號
田畝除註册外合給此单收執辦糧須至单者
計開 貳拾肆保貳區 陸 啚 圩 貳百玖拾陸號
業户 傅玉棣 則田壹畝伍分貳釐叁毫
咸豐伍年 月 日給
縣
如有買賣以此单為準同契投税填註現業過户辦糧倘匿存乾隆四十八年田单概不為憑
004

傅玉棣執業田單（1855 年，咸豐五年）

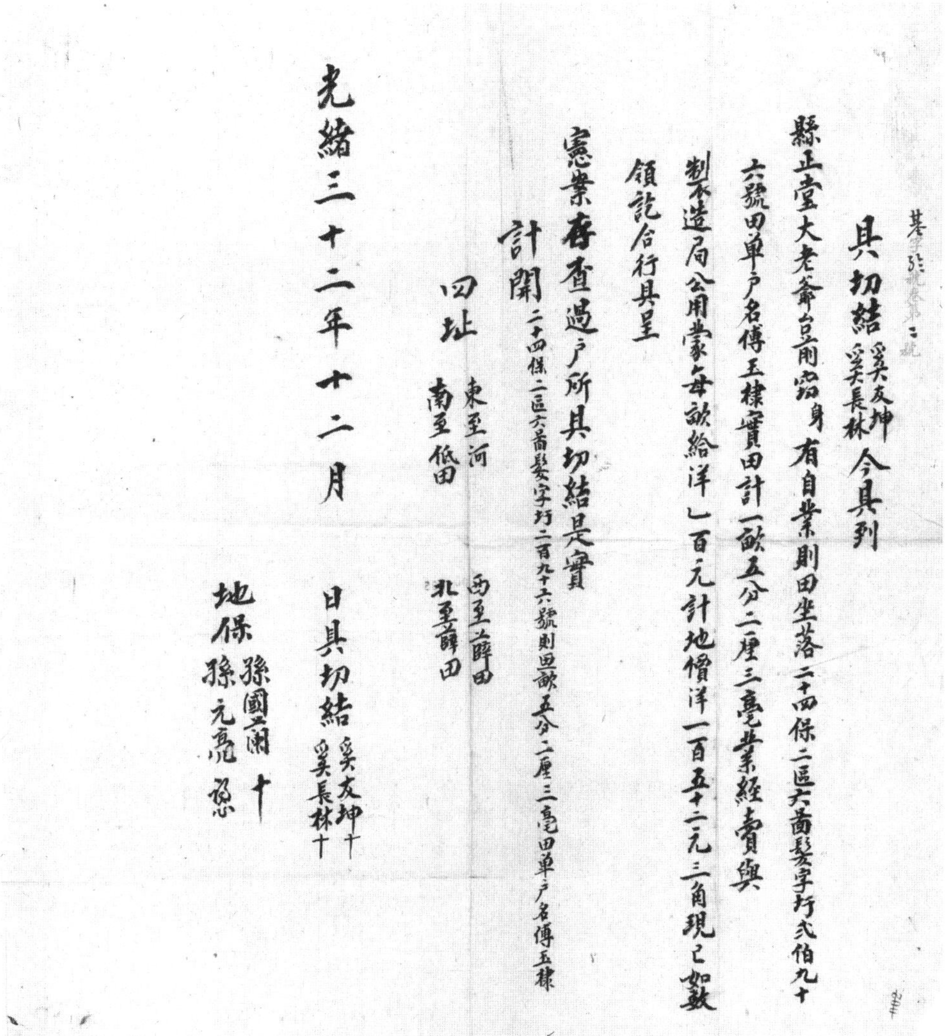
具切結 奚友坤 奚長林 今具列
縣正堂大老爺台前 窃身有自業則田坐落二十四保二區六啚髮字圩弍伯九十
六號田單戶名傅玉棣實田計一畝五分二厘三毫茲業經賣與
製造局公用 蒙每畝給洋〻百元 計地價洋一百五十二元三角 現已如數
領訖 合行具呈
憲案 存查過戶 所具切結是實
計開 二十四保二區六啚髮字圩二百九十六號則田畝五分二厘三毫田單戶名傅玉棣
四址 東至河 西至薛田 南至低田 北至薛田
光緒三十二年十二月 日具切結 奚友坤十 奚長林十
地保 孫國蘭十 孫元亮

奚友坤、奚長林具切結（1907 年 1 月或 2 月，光緒三十二年十二月）

甚字非號叁第三號

具分賣地切結人薛春和、薛鑒坤、吳行全、吳錫卿、吳尚荣等

今具到

製造局憲大人台前，窃身等有自業則田坐落二十四保二區六啚

髮字圩薛春和等田單內分賣實田量見合共田壹分八厘七毫

情願賣與

憲局公用作出入便行之路，蒙給每畝分價洋十元，合計洋十八元七角，自業

已親投

憲局如數領訖，並無分毫短少浮冒，除另具切結呈報

本縣衙門存案過戶外，合具賣地切結是實。

計開 其田坐落二十四保二區六啚髮字圩實田一分八厘七毫，計洋十八元七角

四址 東至製造局田 南至吳薛田 西至火藥庫河 北至吳薛田

6

光緒三十二年十二月 日具分賣地切結 薛春和十 吳行全十 薛鑒坤十 吳錫卿十 吳尚荣十

地保 周照明 孫國蘭十 孫元亮

薛春和等具分賣地切結（1907年1月或2月，光緒三十二年十二月）

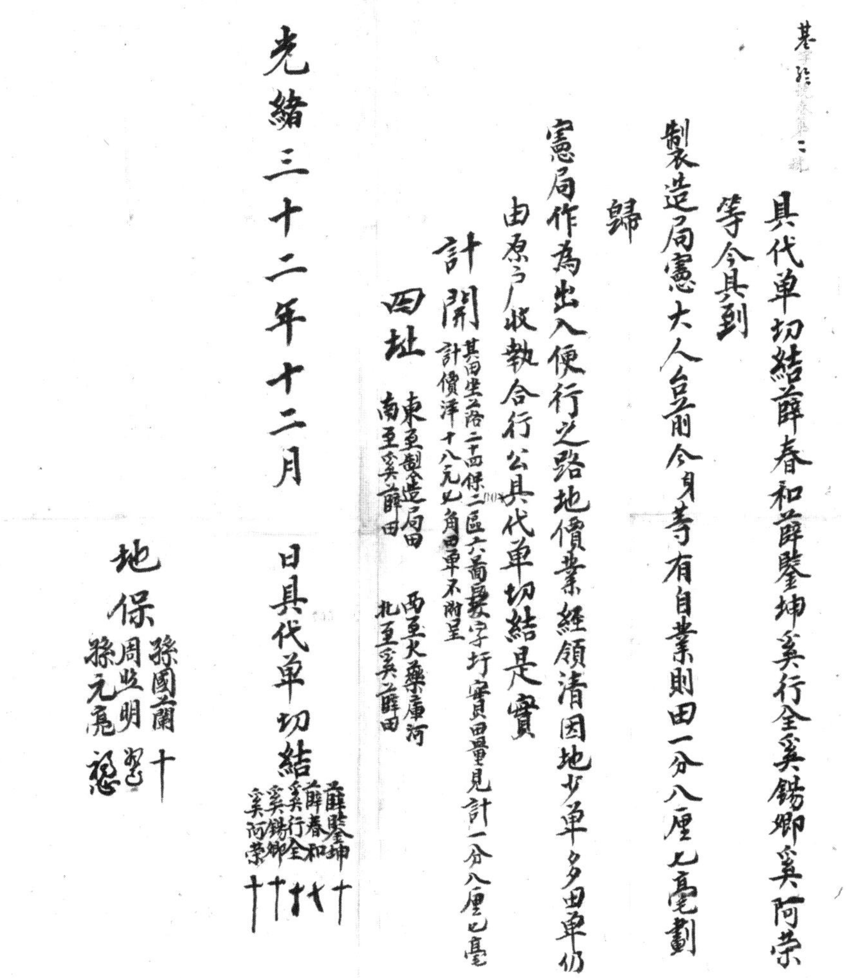

具代单切结薛春和、薛鑒坤、奚行全、奚錫卿、奚阿荣等，今具到
製造局憲大人台前。今身等有自業則田一分八厘乙毫，劃歸
憲局作為出入便行之路，地價業經領清，因地步单多，田单仍由原户收執，合行公具代单切结是實。
計開：其田坐廿二保二區六啚□字圩，寔貝田量見計一分八厘乙毫，計價洋十八元七角，田单不附呈。
四址：東至製造局田，西至火藥庫河，南至奚薛田，北至奚薛田。
光緒三十二年十二月　日具代单切结　薛鑒坤十　薛春和十　奚行全十　奚錫卿十　奚阿荣十
地保　孫國蘭十　周□明　孫元亮

薛春和等具代單切結（1907年1月或2月，光緒三十二年十二月）

江南製造總局

奉批[illegible]二號

具賣地切結奚阿炳
俞士昌今具到

製造局憲大人台前，窃身有自業熟地坐落二十四保二區六啚髮字

圩實田量見計壹畝四分四釐弍毫，情願賣與

憲局公用，每畝蒙給價洋一百元，合計洋壹伯四十四元弍角，業

經親投

憲局如數領訖，並無分毫短少浮冒，除另具切結呈報

本縣衙門存案過戶外，合具賣地切結是實。

計開 其田坐落二十四保二區六啚髮字圩面熟地一畝四分四釐二毫，奚阿炳實田三分六釐六毫，計洋三十六元六角；俞士昌實田一畝七釐六毫，計洋一百零七元六角

四址 東至奚田 南至奚田 西至茅盧灘 北至火藥庫河

光緒三十二年十二月　日具賣地切結奚阿炳 十
俞士昌 十

地保 孫國蘭 十
周照明 押
孫元亮 押

8

奚阿炳、俞士昌具賣地切結（1907年1月或2月，光緒三十二年十二月）

基字[illegible]二號

具代单切結俞士昌、奚阿炳今具到

製造局憲大人台前竊身有自業熟地坐落二十四保二區六畨髮字圩量見壹畝四分四厘二毫現已賣與

憲局公用地價業經領清田单遺失無存单出應即作廢合具

代单切結是實

計開

其田坐落二十四保二區六畨髮字圩內熟地一畝四分四厘二毫奚阿炳實田三分六厘六毫計洋三十六元六角俞士昌實田一畝[illegible]七厘六毫計洋一百零七元六角

四地

南至奚田　北至河岸

西至蘆灘　東至奚田

光緒三十二年十二月　日具代单切結俞士昌、奚阿炳　十　十

地保　孫國爾　十

周照明　押

孫元亮　押

9

俞士昌、奚阿炳具代單切結（1907 年 1 月或 2 月，光緒三十二年十二月）

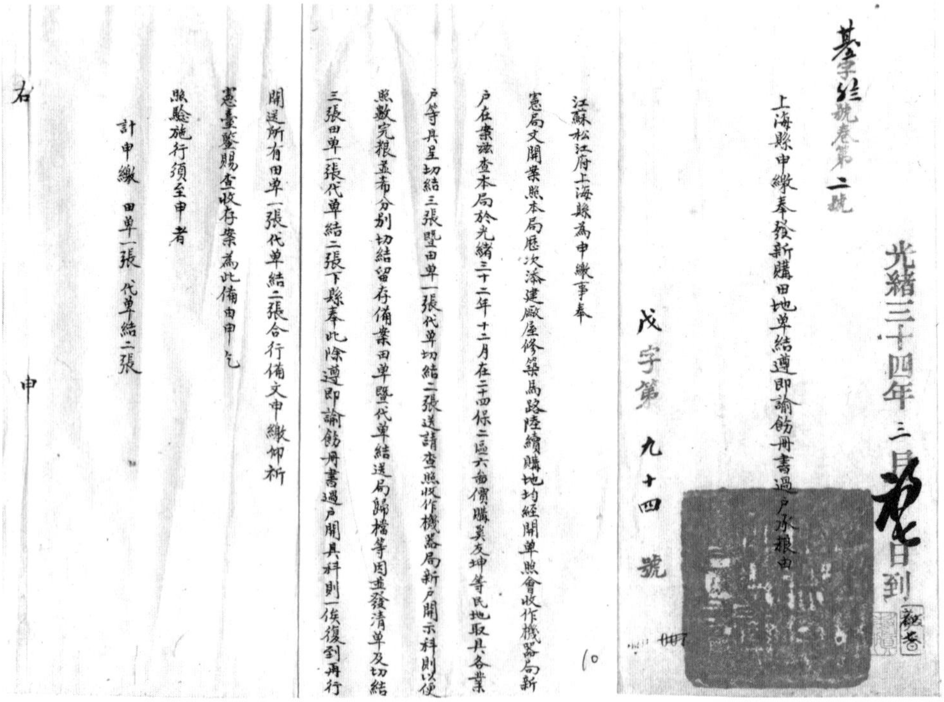

基字 號卷第二號

上海縣申繳奉發新購田地单結遵即諭飭冊書過户承粮由

光緒三十四年三月 日到

戊字第九十四號

江蘇松江府上海縣為申繳事奉

憲局文開案照本局歷次添建廠屋修築馬路陸續購地均經開单照會收作機器局新

户在案兹查本局於光緒三十二年十二月在二十四保二區六畆價購吴友坤等民地取具各業

户等具呈切結三張暨田单一張代单切結二張送請查照收作機器局新户開示科則以便

照數完粮並希分别切結留存備案田单暨代单結送局歸檔等因並發清单及切結

三張田单一張代单結二張下縣奉此除遵即諭飭冊書過户開具科則一俟復到再行

開送所有田单一張代单結二張合行備文申繳仰祈

憲臺鑒賜查收存案為此備由申乞

照驗施行須至申者

計申繳 田单一張 代单結二張

右 申

上海縣知縣李超瓊爲申繳奉發新購田地單結遵即諭飭册書過户承糧事致江南機器製造局總辦申文（1908 年 4 月 5 日，光緒三十四年三月初五日）

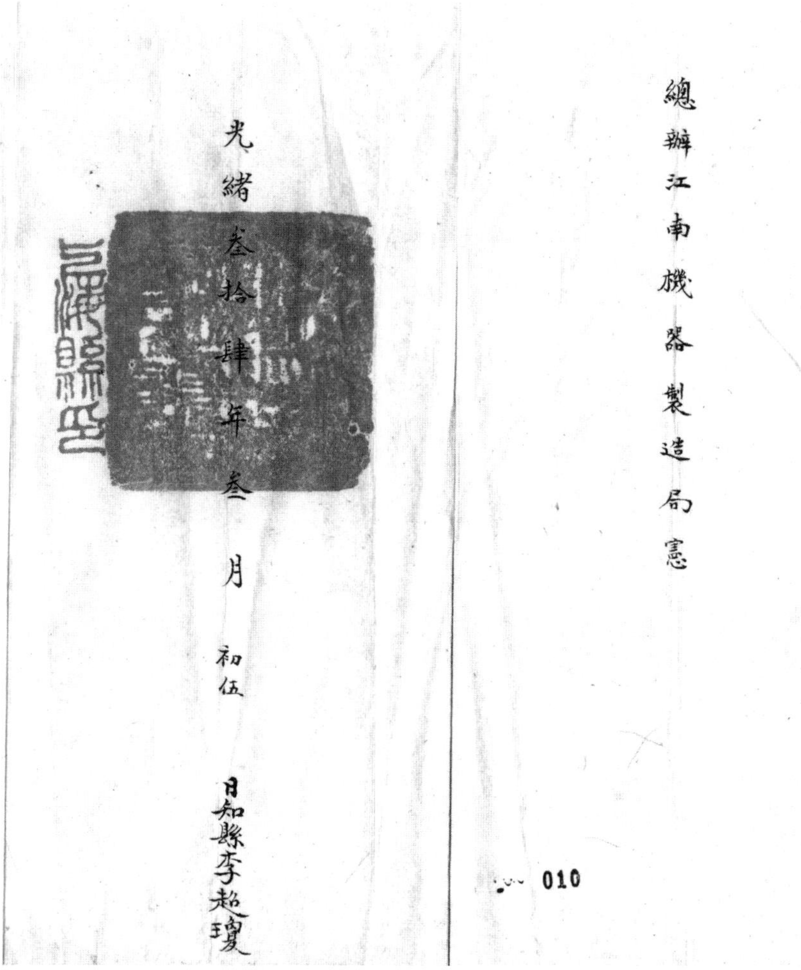

總辦江南機器製造局憲

光緒叁拾肆年叁月初伍日知縣李超瓊

010

上海縣知縣李超瓊爲申繳奉發新購田地單結遵即諭飭册書過户承糧事致江南機器製造局總辦申文（1908 年 4 月 5 日，光緒三十四年三月初五日）

内壹件 田單一張 代單結二張

光緒叁拾肆年叁月 初伍 日申

照驗

014

上海縣知縣李超瓊爲申繳奉發新購田地單結遵即諭飭册書過户承糧事致江南機器製造局總辦申文（1908 年 4 月 5 日，光緒三十四年三月初五日）

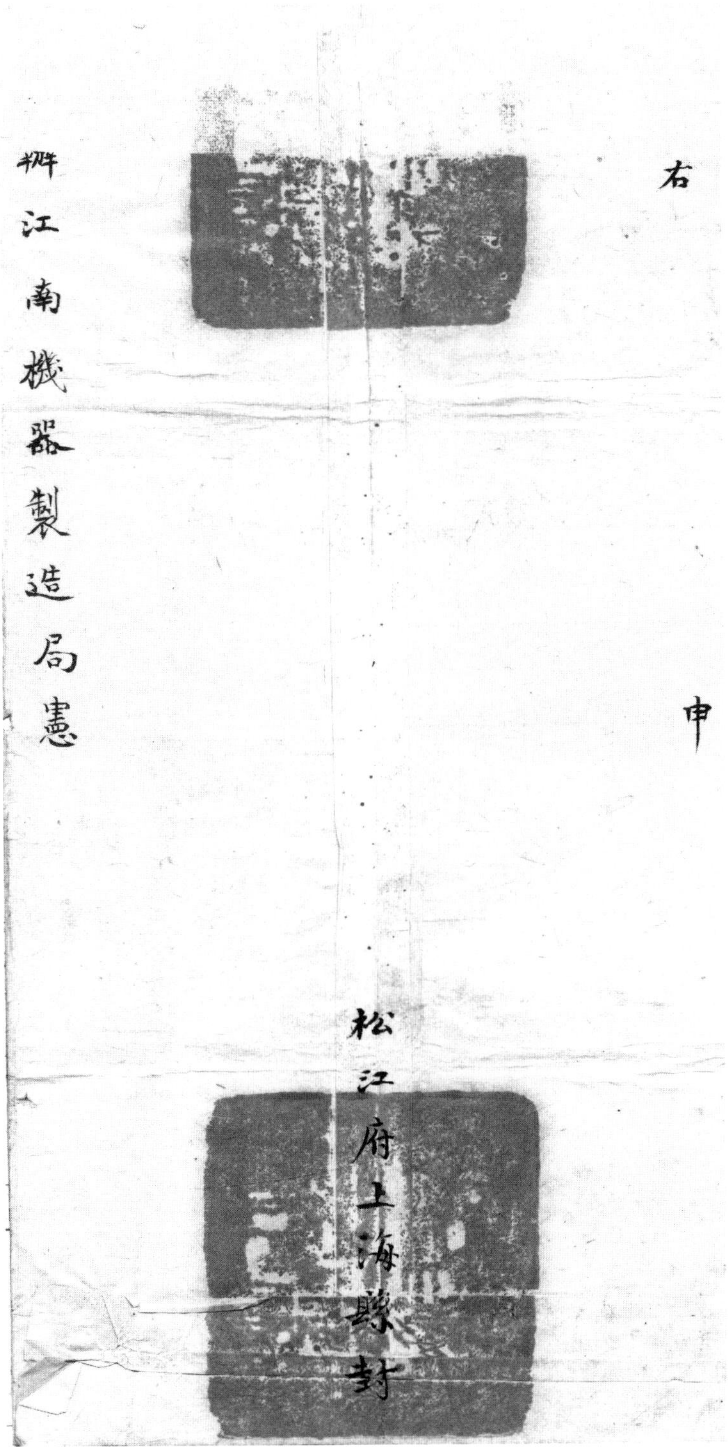
右申
松江府上海縣封
辦江南機器製造局憲

上海縣知縣李超瓊爲申繳奉發新購田地單結遵即諭飭册書過户承糧事致江南機器製造局總辦申文（1908年4月5日，光緒三十四年三月初五日）

基字　號卷第一號

附結八張田單一張

戊字第三十九號

一件照會光緒三十二年局購基地開送清單切結並將田單一張代單二張送請立案移還由

稟

申

詳

江南機器製造總局稿

咨

移

照會上海縣

月　日文到

正月廿八日送稿

月　日判發

二月初一日送僉

月初二日發行

011

江南機器製造總局爲照會光緒三十二年局購基地開送清單切結並將田單一張代單二張送請立案移還事致上海縣知縣李超瓊照會稿（1908 年 2 月 29 日，光緒三十四年正月二十八日）

為照會事、案照本局歷次添建廠屋、修築馬路、陸續購買基地、均
經開單照會
貴縣、查核收作機器局新户在案、茲查本局於光緒三十二年十二
月、在
貴治二十四保二區六圖髮字圩價購奚友坤奚長林自業則田一畝五
（原單傅玉棣名）
分二厘三毫、每畝價洋一百元、共發價洋一百五十二元三角、又價購
薛春和薛鑒坤奚行全奚錫卿奚阿榮等五户自業則田一分
八厘七毫、每分價洋十元、共發價洋十八元七角、又價購奚阿炳俞
士昌自業熟田一畝四分四厘二毫、每畝價洋一百元、共發價洋一百四

012

江南機器製造總局爲照會光緒三十二年局購基地開送清單切結並將田單一張代單二張送請立案移還事致上海縣知縣李超瓊照會稿（1908年2月29日，光緒三十四年正月二十八日）

十四元二角，業經派員督同該處地保會同各業户分别丈量明白，除將所購之田，劃交局用，並將應發正價，分給祇領，取具切結三張存案外，相應開單照會，並將各該業户等具呈
貴衙門切結三張，轉送察核。查奚友坤、奚長林所賣則田一畝五分二厘三毫，據送領執咸豐五年由縣頒發髮字二百九十六號田單一張；（原名傅玉林）薛春和等五户所賣則田一分八厘七毫，禀稱地少單多，單仍由原户收執，具呈代單切結一紙；奚阿炳、俞士昌等兩户所賣熟田一畝四分四厘二毫，禀稱田單遺失，具呈代單切結一紙，存局備案。茲特一並送請查驗，並請將代單緣由，分别立案，爲此合行照會

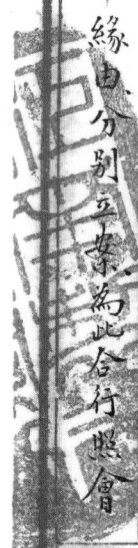

江南機器製造總局爲照會光緒三十二年局購基地開送清單切結並將田單一張代單二張送請立案移還事致上海縣知縣李超瓊照會稿（1908年2月29日，光緒三十四年正月二十八日）

貴縣，請煩查照，將該田收作機器局新户，開示科則數目移局，

以憑完粮，並希將具呈

貴衙門切結三張，留存備案，田單一張，代單切結二張，於立案

後，移送過局，俾便歸檔，具紉

公誼，須至照會者，

計粘單並各業户具呈 貴衙門切結三張，田單一張，代單切

結二張，

計開，

二十四保二區六圖髮字圩奚友坤 長林則田一畝五分二厘三毫，每畝價洋一百

013

江南機器製造總局爲照會光緒三十二年局購基地開送清單切結並將田單一張代單二張送請立案移還事致上海縣知縣李超瓊照會稿（1908 年 2 月 29 日，光緒三十四年正月二十八日）

元、共發田價洋一百五十二元三角、

又薛春和、鑒坤、奚錫卿、行全、阿荣則田一分八厘七毫、每分價洋十元、共發田價洋十八元七角、

又奚阿炳、俞士昌則田一畝四分四厘二毫、每畝價洋一百元、共發田價洋一百四十四元二角、

光緒三十四年正月廿六日

江南機器製造總局爲照會光緒三十二年局購基地開送清單切結並將田單一張代單二張送請立案移還事致上海縣知縣李超瓊照會稿（1908 年 2 月 29 日，光緒三十四年正月二十八日）

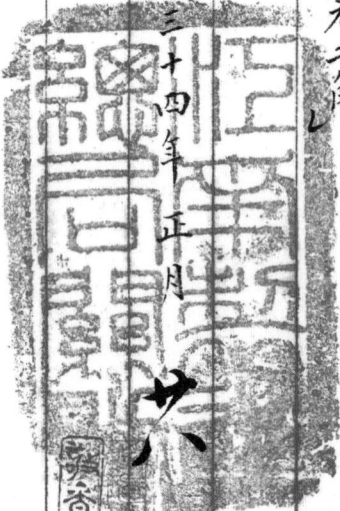

二品銜監督江南海關兼松太兵備道梁　行

頭品頂戴軍機處存記欽命補用道張　行

江南機器製造總局爲照會光緒三十二年局購基地開送清單切結並將田單一張代單二張送請立案移還事致上海縣知縣李超瓊照會稿（1908 年 2 月 29 日，光緒三十四年正月二十八日）

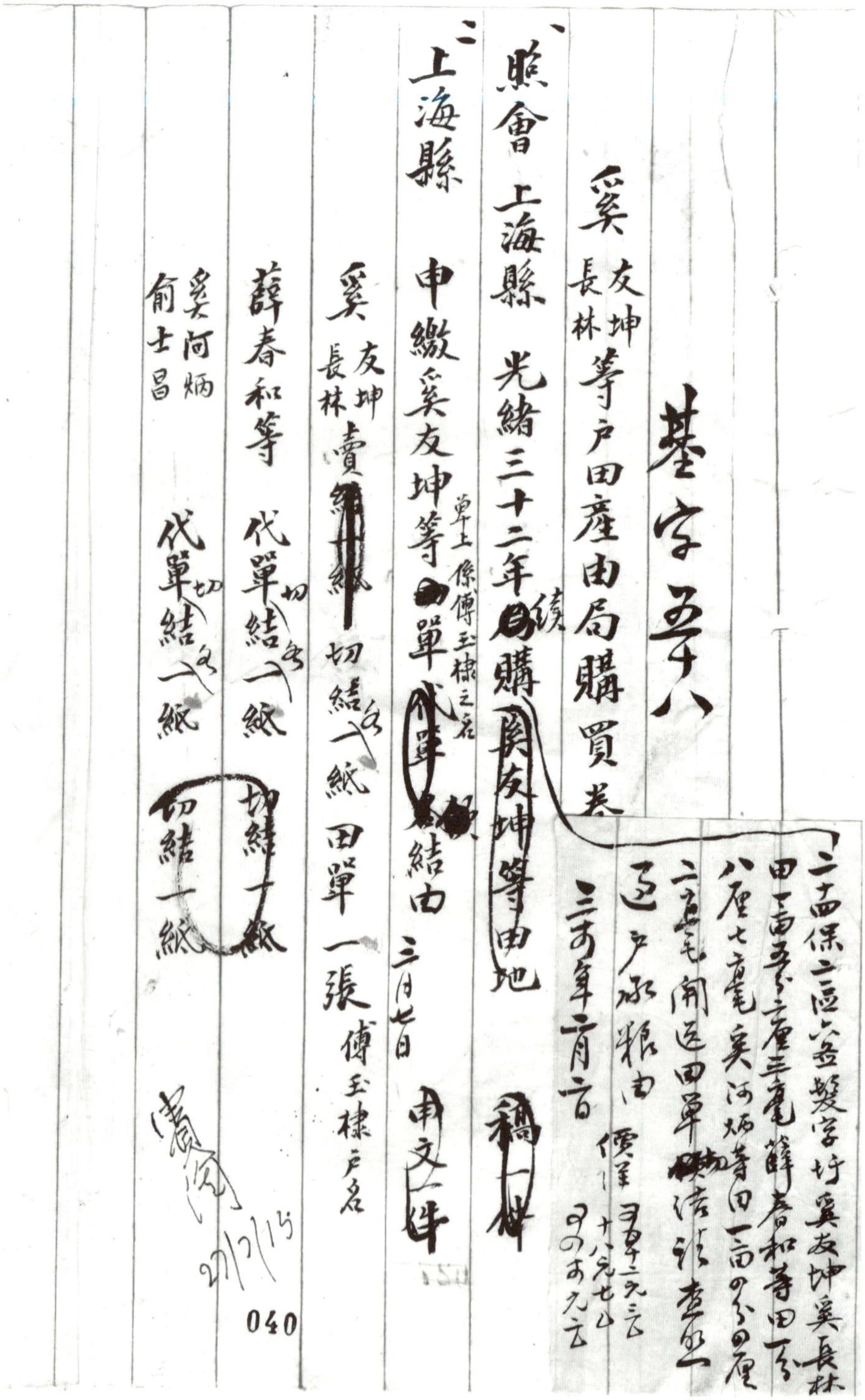

基字五十八

奚友坤、長林等户田產由局購買卷

一、照會 上海縣 光緒三十二年續購奚友坤等田地 稿一件

二、上海縣 申繳奚友坤等（單上係傅玉棣之名）單式結由 三月七日 申文一件

奚友坤、長林 賣絕 切結一紙 田單一張 傅玉棣户名

薛春和等 代單切結一紙

奚阿炳、俞士昌 代單切結一紙

切結一紙 切結一紙

[illegible]

040

江南製造總局基字第五十八號奚友坤、奚長林等户田産由局購買卷目録（1908 年，光緒三十四年）

江南製造總局

二十三、江南製造局購買高昌廟地基的契據及糧串等文書

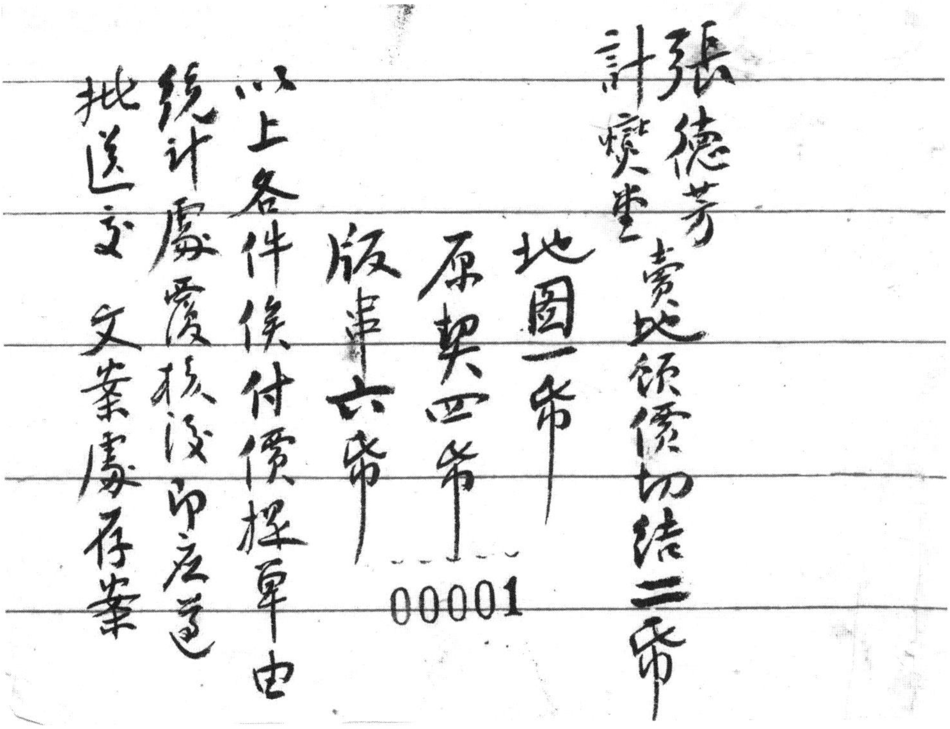

張德芳
計燮堂賣地領價切結二紙
地圖一紙
原契四紙
版串六紙
00001
以上各件係付價探草由
統計處覆核後即應遵
批送交 文案處存案

張德芳、計燮堂賣地契據清單（1910年，宣統二年）

基字七十四

一支應處函復張陸芳壽兩户地價已悉如滬局轉咨照送切結等件由

上邑二十五保十五圖持字圩第三號 單户唐後楊田畝割出七分九厘一毫 價洋七百九元六角本 又計大舊田四分六厘六毫 價洋二百八十元零

附領結失單切結四本 原契四本 領串小串圖一

00002

江南製造總局基字第七十四號購買新高昌廟屋後基地卷目録（1911年，宣統三年）

敬啟者二十六日奉基字八號卷第一號

局憲批巡防局稟奉　諭價購新高昌廟後張德芳等田地賣結

地圖由奉　批支應核明地價找發圖結各件送文案照案辦理

等因並發張德芳計樊堂賣地領價切結二紙地圖一紙原契四紙

縣串六紙到敝處奉此除將應給張德芳計樊堂兩户地價及還

稽費共洋八百十四元三角發巡防局轉給外合將賣地領價切結及

契圖印串等件遵批一併送交

貴處應請

查收照案辦理爲荷此請

查張德芳地領字內註明[illegible]七分九厘一毛

每畝洋六百元應共洋四百七十[illegible]元[illegible]角　核

文案處

大老爺　台照

計送張德芳計樊堂賣地領價切結二紙　地圖一紙

原契四紙係唐桂夫賣與周名下　上海縣版串六紙

支應處具　庚戌十二月二十九日

敬啓者四月二十一日准　巡防局李送到張德芳計樊堂聲

明遺失田單切結二紙前來查核兩户係上年價賣

新高昌廟後田地之人所有賣地切結地圖原契

版串等件曾於上年十二月廿九日送交

貴處在案茲准送到前項切結二紙相應照案轉送

貴處請煩檢存檔案爲荷此請

文案處

大老爺　台安

附張德芳計樊堂聲明遺失田單切結二紙

支應處具　辛亥四月廿一日

江南製造總局支應處爲張德芳等兩户地價已發巡防局轉給並送切結等件事致該局文案處函

（1911年1月29日、1911年5月19日，宣統二年十二月二十九日、宣統三年四月二十一日）

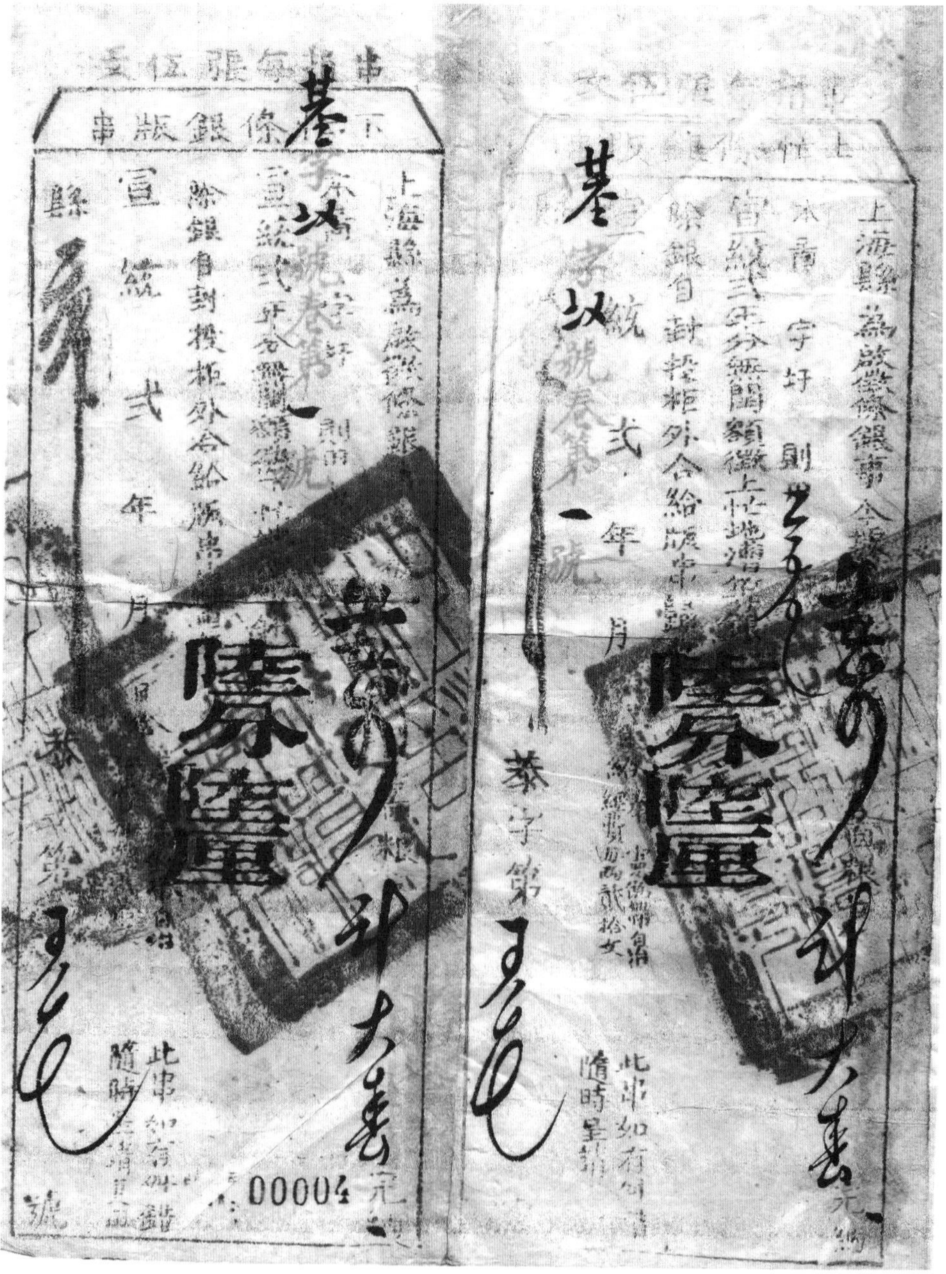

計大春版串（1910年，宣統二年）

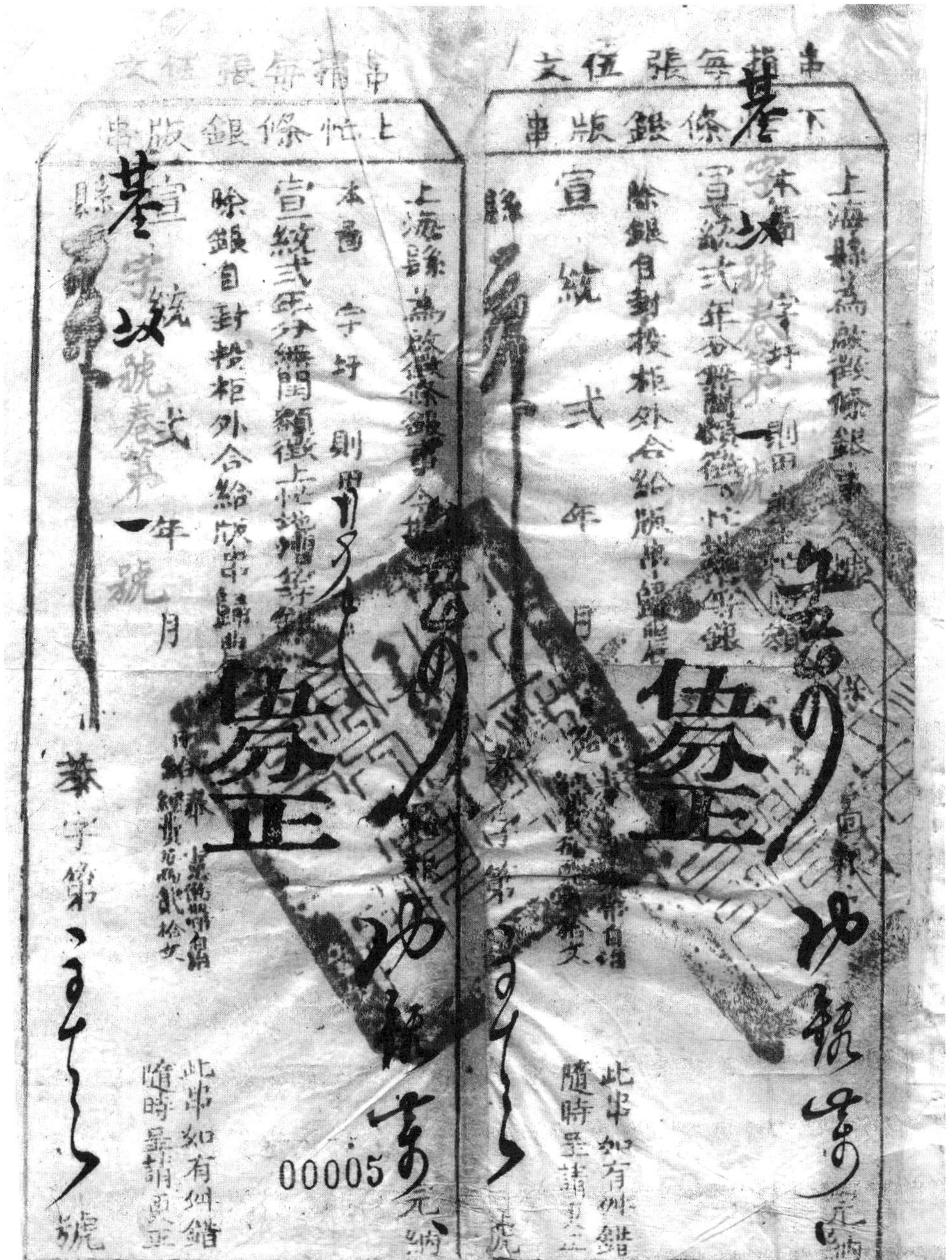

周錦榮版串（1910 年，宣統二年）

周錦榮版串（1906 年，光緒三十二年）

周錦榮版串（1906 年，光緒三十二年）

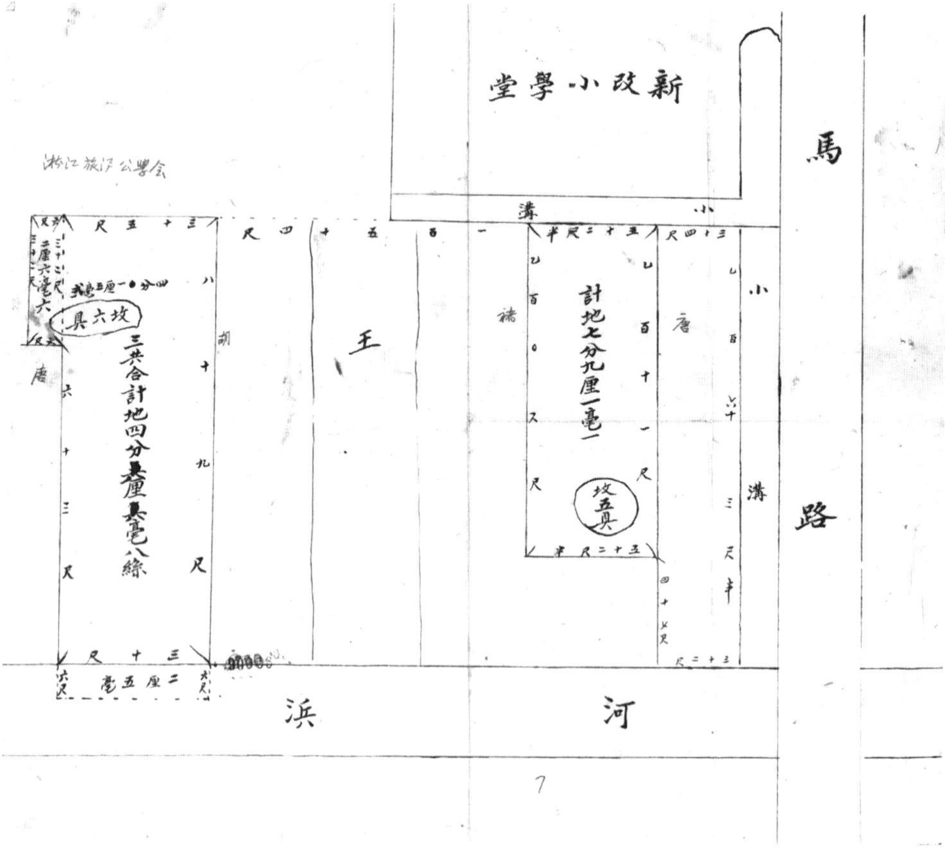

江南機器製造局購買新高昌廟屋後基地地圖（1910年，宣統二年）

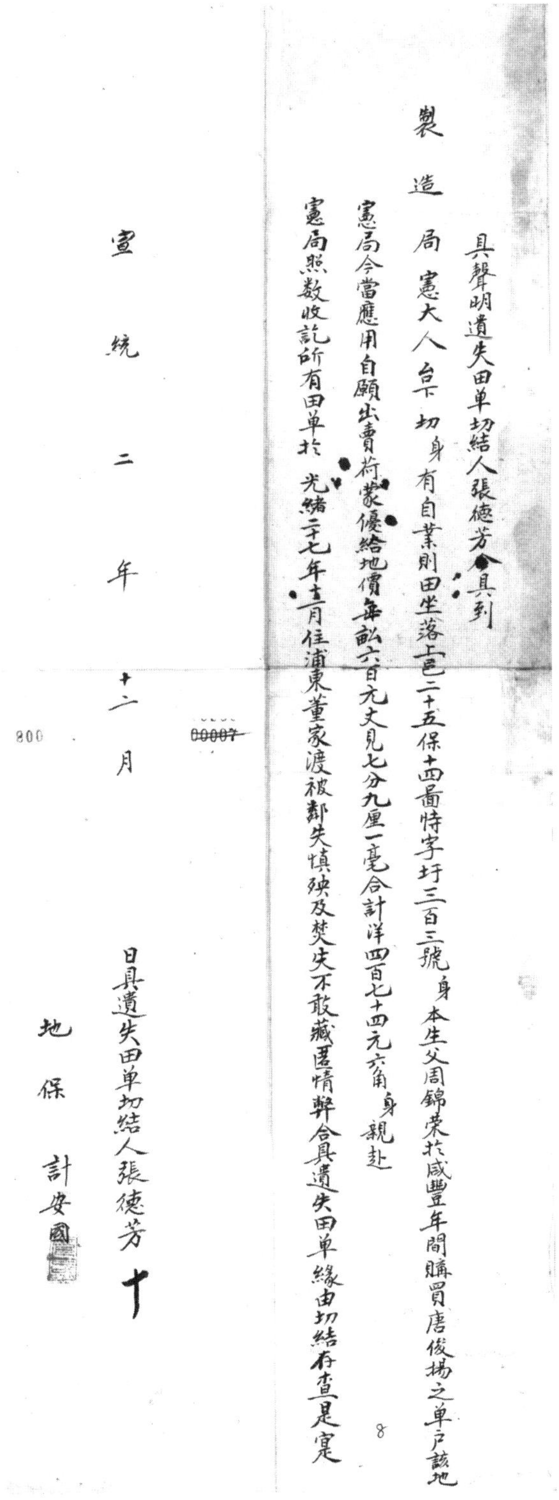

具聲明遺失田單切結人張德芳今具到
製造局憲大人台下切身有自業則田坐落上邑二十五保十四啚特字圩三百三號身本生父周錦榮於咸豐年間購買唐俊揚之單戶該地
憲局今當應用自願出賣荷蒙優給地價每畝六百元丈見七分九厘一毫合計洋四百七十四元六角身親赴
憲局照數收訖所有田單於光緒二十七年十二月往浦東董家渡被竊失慎殃及焚失不敢藏匿情弊合具遺失田單緣由切結存查是寔
宣統二年十二月日具遺失田單切結人張德芳十
地保計安國

張德芳具遺失田單切結（1911年1月，宣統二年十二月）

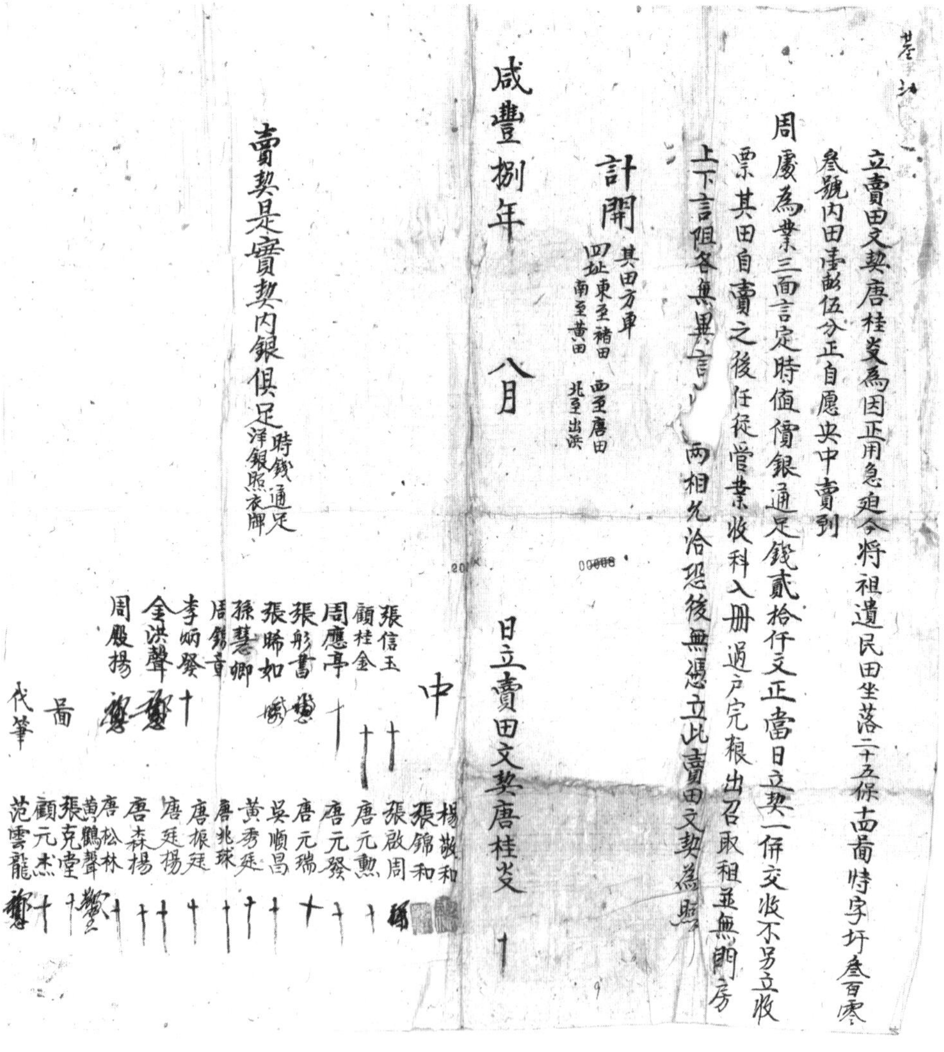

立賣田文契唐桂炎爲因正用急迫今將祖遺民田坐落二十五保十四啚時字圩叁百零
叁號内田壹畝伍分正自愿央中賣到
周慶爲業三面言定時値價銀通足錢貳拾仟文正當日立契一併交收不另立收
票其田自賣之後任從管業收科入册過户完粮出召取租並無門房
上下言阻各無異言
兩相允洽恐後無憑立此賣田文契爲照
計開
其田方單
四址東至舖田 西至唐田
南至黄田 北至出浜
咸豐捌年
八月
日立賣田文契唐桂炎 十
中
張信玉 十
顧桂金 十
周應亭 十
張彤書
張晞如
孫慧卿
周錫章
李炳發 十
金洪聲
周殷揚
楊敬和
張錦和
張啟周
唐元勲 十
唐元發 十
唐元瑞 十
吳順昌 十
黄秀廷 十
唐兆琛 十
唐振廷 十
唐廷揚 十
唐森揚 十
唐松林
黄鶴聲
張克堂 十
顧元杰 十
范雲龍
啚
代筆
賣契是實契内銀俱足
時錢通足
洋銀照衣脚

唐桂炎立賣田文契（1858 年 9 月或 10 月，咸豐八年八月）

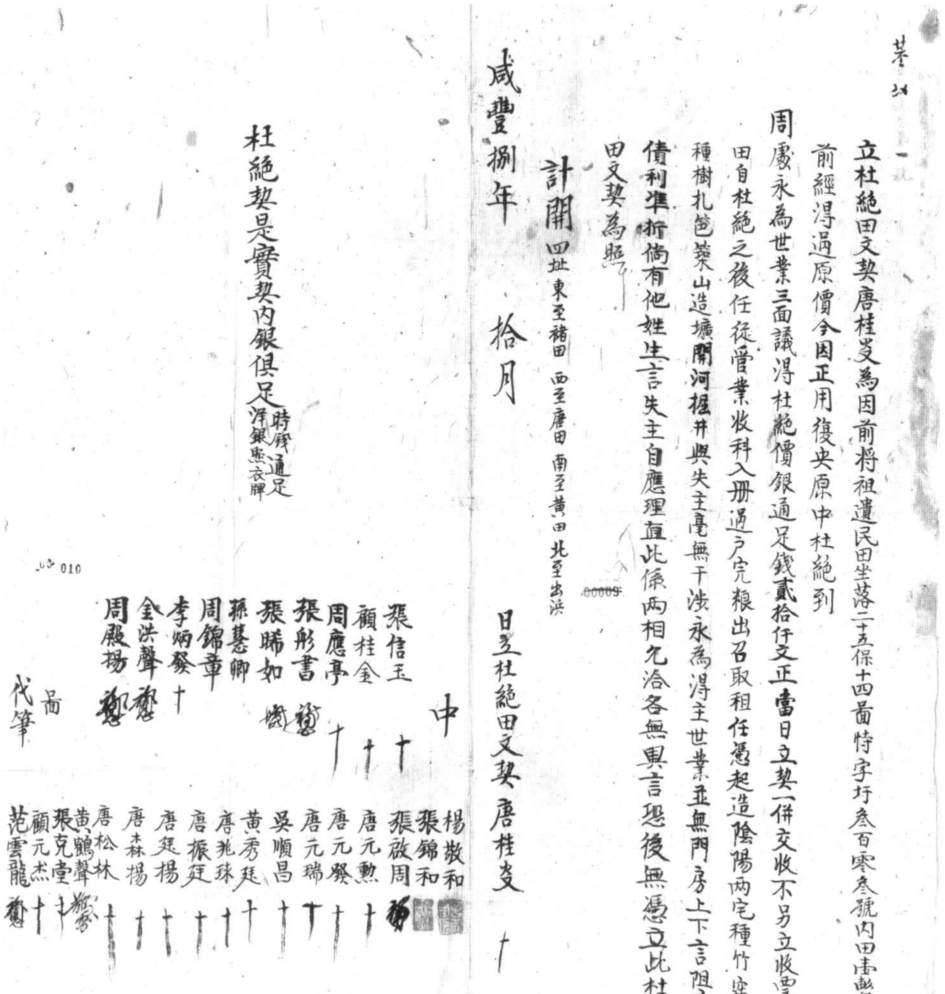

立杜絶田文契唐桂芟為因前將祖遺民田坐落二十五保十四啚恃字圩叁百零叁號内田壹畝伍分正
前經渇過原價今因正用復央原中杜絶到
周處永為世業三面議得杜絶價銀通足錢貳拾仟文正當日立契一併交收不另立收票其
田自杜絶之後任從管業收科入册過戶完粮出召取租任憑起造陰陽兩宅種竹穿楊
種樹扎笆築山造壙開河掘井與失主毫無干涉永為得主世業並無門房上下言阻亦無
債利準折倘有他姓生言失主自應理直此係兩相允洽各無異言恐後無憑立此杜絶
田文契為照
計開四址 東至褚田 西至唐田 南至黄田 北至出浜
咸豐捌年 拾月 日立杜絶田文契 唐桂芟 十
中 張信玉 顧桂金 周應亭 張彤書 張晞如 孫慕卿 周錦章 李炳發 金洪聲 周殿揚
楊敬和 張錦和 張啟周 唐元勳 唐元發 唐元瑞 吴順昌 黄秀廷 唐兆珠 唐振廷 唐廷揚 唐森揚 唐松林 黄鶴聲 張克堂 顧元杰 范雲龍
代筆 畄
杜絶契是實契内銀俱足 時錢通足 洋銀照衣牌

唐桂炎立杜絶田文契（1858 年 11 月或 12 月，咸豐八年十月）

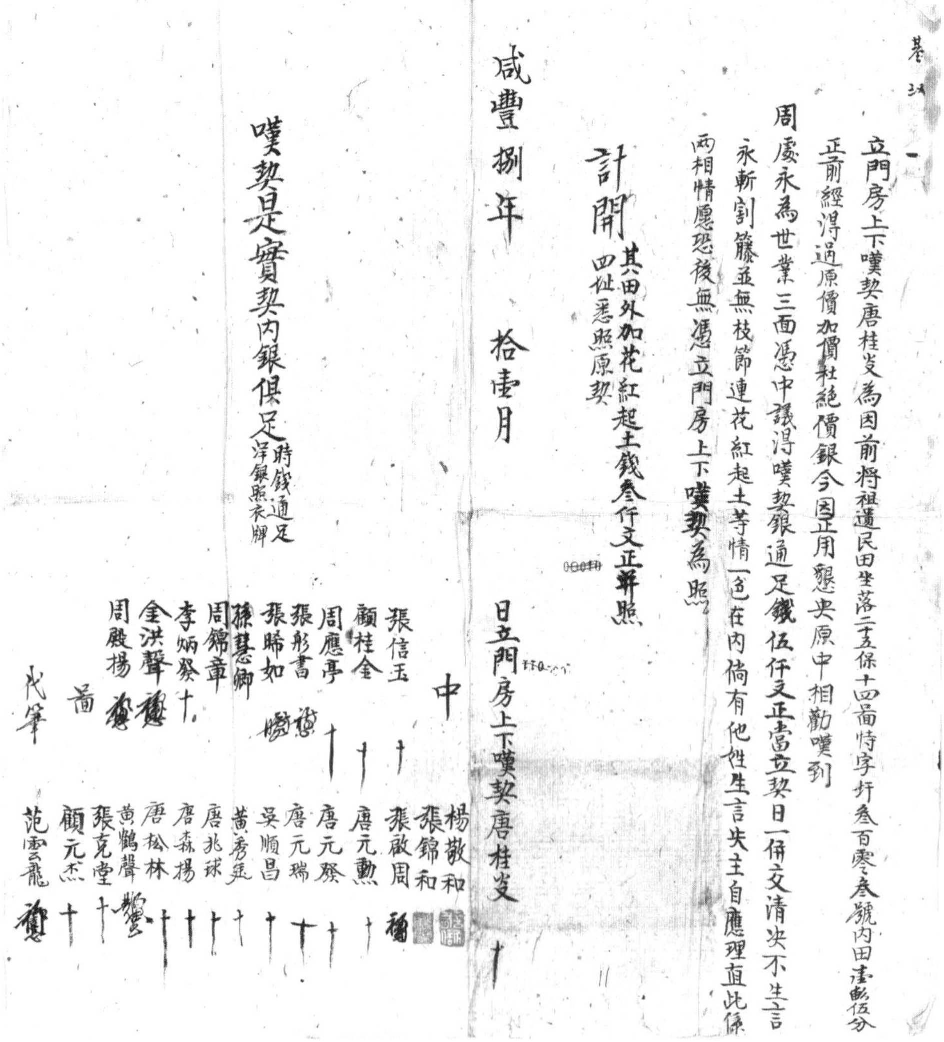

叁玖 一

立門房上下嘆契唐桂炎為因前將祖遺民田坐落二五保十四啚恃字圩叁百零叁號内田壹畝伍分正前經得過原價加價杜絶價銀今因正用懇央原中相勸嘆到周處永為世業三面憑中議得嘆契銀通足錢伍仟文正當立契日一併交清決不生言永斬割籐並無枝節連花紅起土等情一包在内倘有他姓生言失主自應理直此係兩相情愿恐後無憑立門房上下嘆契為照

計開 其田外加花紅起土錢叁仟文正并照
四址悉照原契

咸豐捌年　拾壹月　日立門房上下嘆契唐桂炎 十

中 楊敬和 張錦和 張啟周 唐元勳 唐元發 吳順昌 黃秀廷 唐兆球 唐森揚 唐松林 黃鶴聲 張克堂 顧元杰 范雲龍

張信玉 顧桂金 周應亭 張彤書 張晞如 孫慧卿 周錦章 李炳發 金洪聲 周殿揚

代筆

嘆契是實契內銀俱足 時錢通足 洋銀照衣脚

唐桂炎立門房上下嘆契（1858 年 12 月或 1859 年 1 月，咸豐八年十一月）

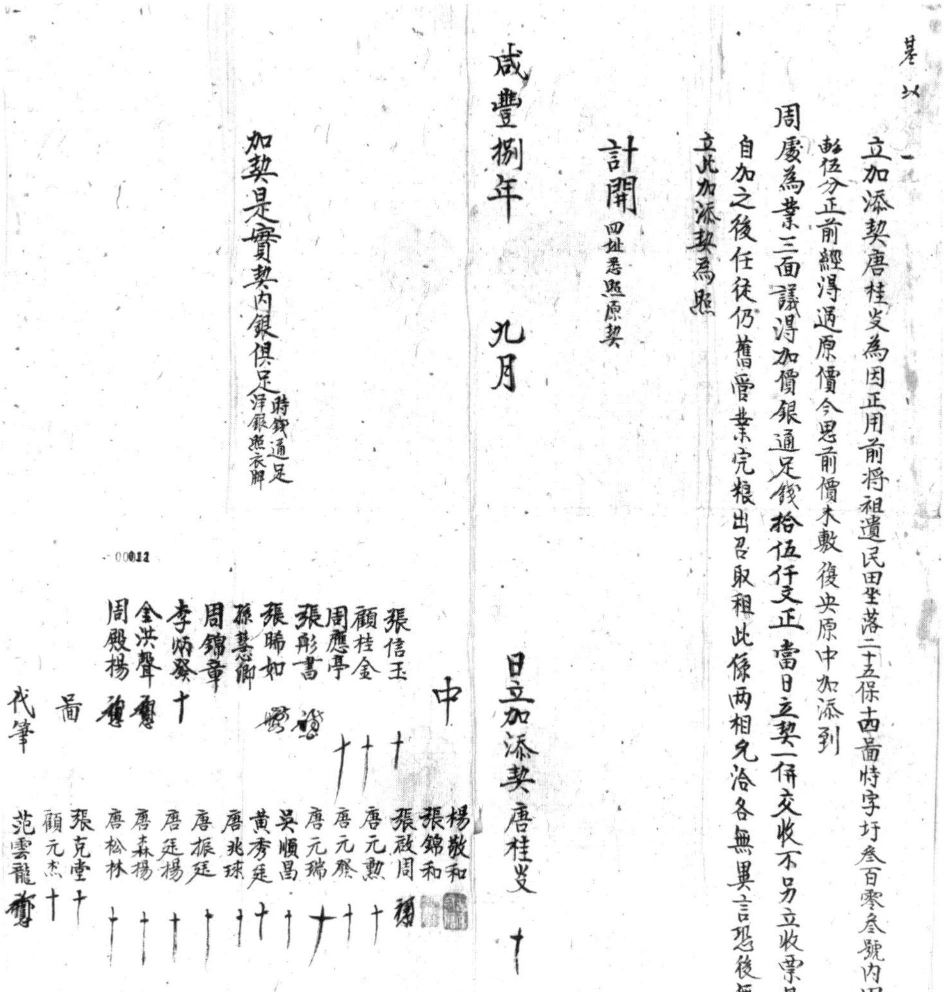
基以 一

立加添契唐桂炎為因正用，前將祖遺民田坐落二十五保十四啚特字圩叁百零叁號內田壹畝伍分正，前經得過原價，今思前價未敷，復央原中加添到
周慶為業，三面議得加價銀通足錢拾伍仟文正，當日立契一併交收，不另立收票，其田
自加之後，任徒仍舊管業完粮，出召取租，此係兩相允洽，各無異言，恐後無憑，
立此加添契為照

計開 四址悉照原契

咸豐捌年 九月 日立加添契 唐桂炎 十

加契是實，契內銀俱足 時錢通足，洋銀照衣脚

中 張信玉 十 顧桂金 十 周應亭 十 張彤書 張晞如 孫慧卿 周錦章 李炳發 十 金洪聲 周殿揚

楊敬和 張錦和 張啟周 唐元勳 十 唐元發 十 唐元瑞 十 吳順昌 十 黃秀廷 十 唐兆球 十 唐振廷 十 唐廷揚 十 唐森揚 十 唐松林 十 張克堂 十 顧元杰 十

代筆 范雲龍

唐桂炎立加添契（1858年10月或11月，咸豐八年九月）

江南製造總局

具賣地領價切結人張德芳今具到

製造局憲大人台下今身將祖遺坐落上邑二十五保十四圖內恃字圩第三百三號單戶唐俊揚原田一畝伍分內劃出丈見柒分玖厘一毫自願賣與

憲局應用每畝給價洋陸百元合計價洋肆百柒拾肆元陸角陸分該田內坟墓灰葬共五棺業已遷清照局章每棺遷費錢拾弍千文共計錢陸拾千文

今蒙共給洋伍百貳拾貳元貳角捌分身如數領訖呈繳上首原契四紙本生父名糧串周錦榮四紙田單遺失倘有匿存轉賣情弊身甘願究辦合併聲明所具

賣地領價切結是實

該田四址　東至褚田　南至局地　西至唐田　北至出浜

宣統貳年拾貳月　日具賣地領價切結人張德芳 十

地保許安國

013

13

00012

張德芳具賣地領價切結（1911 年 1 月，宣統二年十二月）

具聲明遺失田單切結人計燮堂今具到

製造局憲大人台下切身有祖遺則田坐落上邑二十五保十四圖特字圩第三百一號身祖計大春单户該地今當

憲局應用自願出賣荷蒙優給地價每畝洋陸百元丈見四分六厘六毫八絲合計洋二百八十九八分身親赴

憲局如數收訖所有田單於髮逆擾亂時避難遺失不敢藏匿合具遺失田單緣由切結存查是寔

宣統二年十二月日具遺失田單切結人計燮堂 十

地保 計安國

00013

14

計燮堂具遺失田單切結（1911 年 1 月，宣統二年十二月）

015

具賣地領價切結人計燮堂今具到

製造局憲大人台下今身將祖遺坐落上邑二十五保十西啚恃字圩第三百一號單戶計大春則田丈見四分六厘六毫八絲自願賣與

憲局應用每畝給價洋陸百元合計價洋貳百捌拾元捌分該田內坟墓磚葬三棺灰葬四棺業已遷清言明未與局地相連共貼給遷費洋拾貳元今蒙共

給洋貳百玖拾貳元捌分身如數領訖再田單遺失呈繳上首根串兩紙倘有匿存田單轉賣情弊身甘願究辦合併聲明具賣地領價切結是實

該田四址 東至 南至 西至 北至出浜

宣統貳年拾貳月 具賣地領價切結人計燮堂十

地保 計安國

00015 15

計燮堂具賣地領價切結（1911 年 1 月，宣統二年十二月）

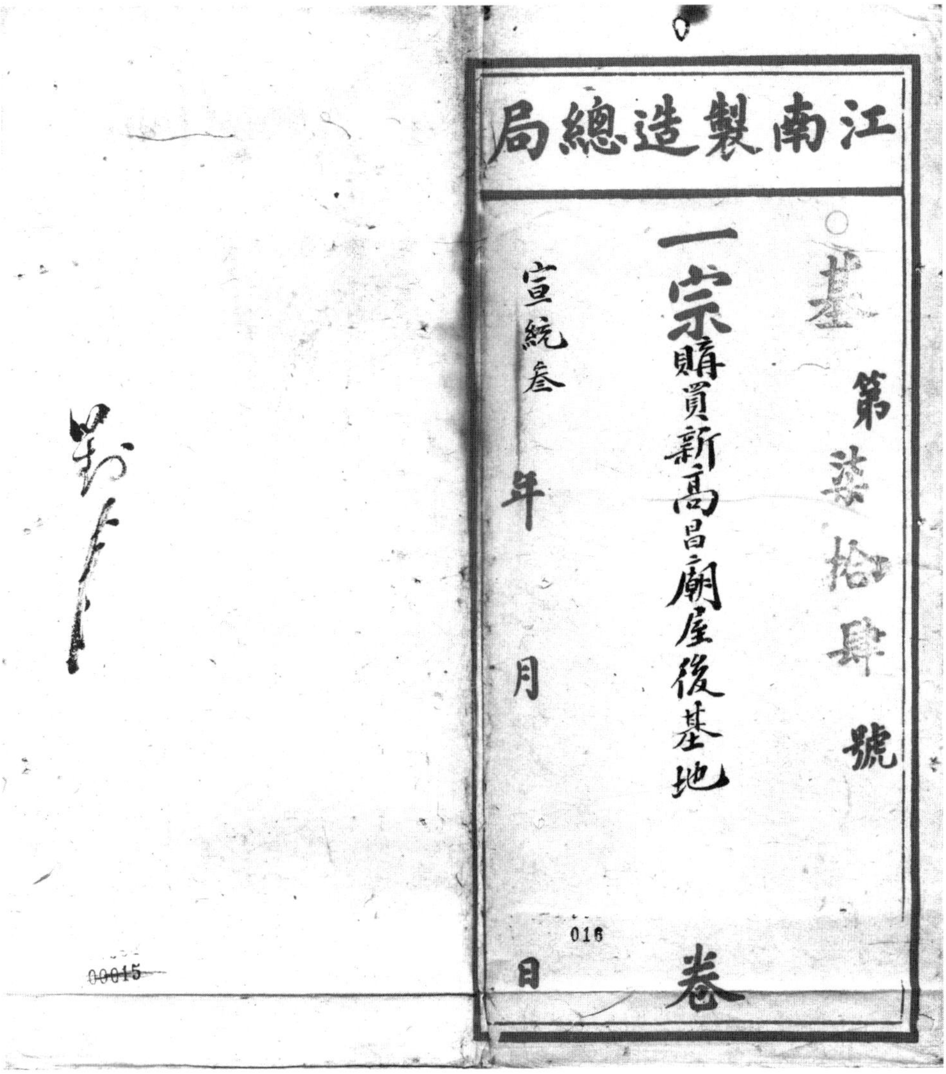

江南製造總局基字第七十四號購買新高昌廟屋後基地卷封面（1911 年，宣統三年）

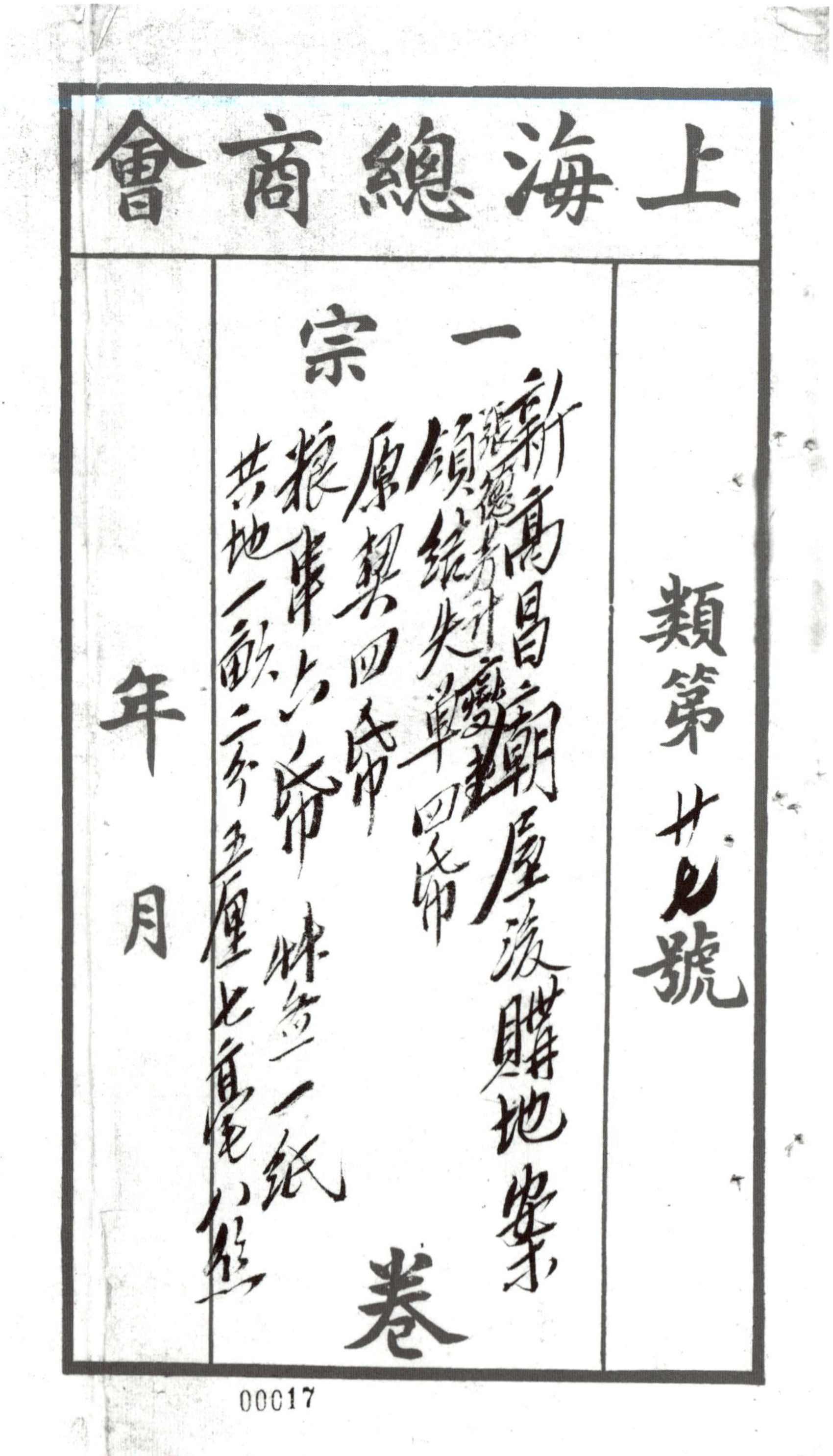

上海總商會

類第廿七號

一宗

新高昌廟屋後購地案卷

張德芬計產業

領結失單四帋

原契四帋

糧串六帋　地圖一紙

共地一畝二分五厘七毫八絲

年　月

00017

上海總商會第二十七號新高昌廟屋後購地案卷封面（時間不詳）

江南製造總局

二十四、浙江旅滬學會商請江南製造局將新高昌廟廟基及餘地撥充該會應用的往來文書

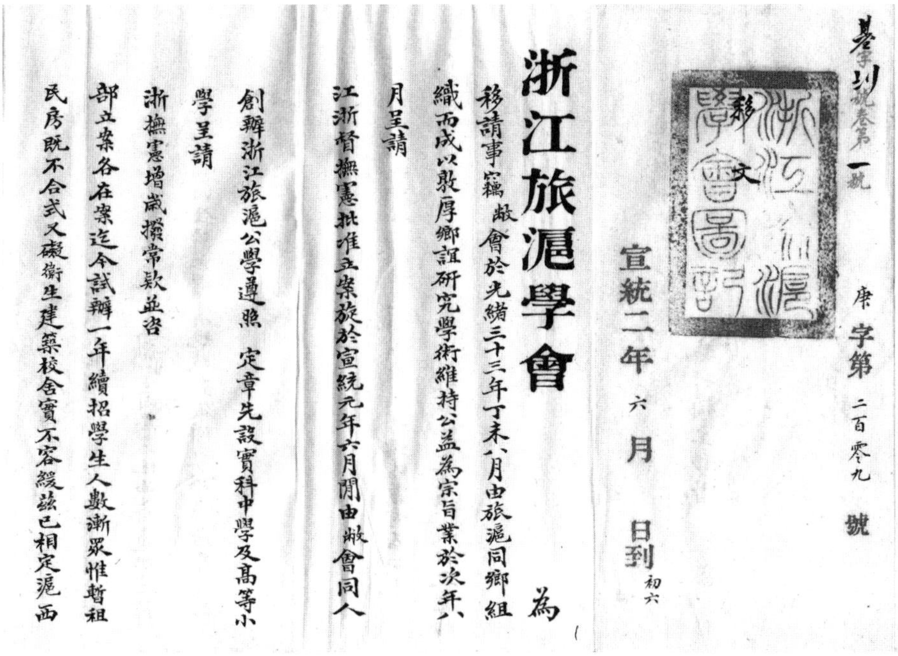

基字卅號卷第一號

庚字第二百零九號

浙江旅滬學會圖記

移文

宣統二年六月初六日到

浙江旅滬學會 為

移請事竊敝會於光緒三十三年丁未八月由旅滬同鄉組織而成以敦厚鄉誼研究學術維持公益為宗旨業於次年八月呈請

江浙督撫憲批准立案旋於宣統元年六月間由敝會同人創辦浙江旅滬公學遵照 定章先設實科中學及高等小學呈請

浙撫憲增歲撥常款並咨

部立案各在案迄今試辦一年續招學生人數漸眾惟暫租民房既不合式又礙衛生建築校舍實不容緩茲已相定滬西

浙江旅滬學會爲移請將新高昌廟廟基餘地撥充公學應用事致江南製造局總辦張士珩移文

（1910 年 7 月 12 日，宣統二年六月初六日）

新老高昌廟東隅坐落二十五保十四啚恃字圩民田十畝有零正
擬繪圖興築以冀早觀厥成惟據工程司再三規畫因地形
長狹支配為難且出路又復偪窄因思該地西首適毗連新
高昌廟前以住持不守清規被封後所有該廟房屋及餘
地等均由
貴局管轄查該地約計三畝左右核諸
貴局地小不足迴旋移之敝校廣廈頓增千萬可否仰乞
恩賜將新高昌廟廟基及餘地等撥充公學校址之用俾
幪永庇寒士顏歡
貴總辦樂育為懷必能
洞見下情俯如所請也為此備文移請
貴總辦請煩查照核准施行須至移者
右　　移

浙江旅滬學會爲移請將新高昌廟廟基餘地撥充公學應用事致江南製造局總辦張士珩移文
（1910年7月12日，宣統二年六月初六日）

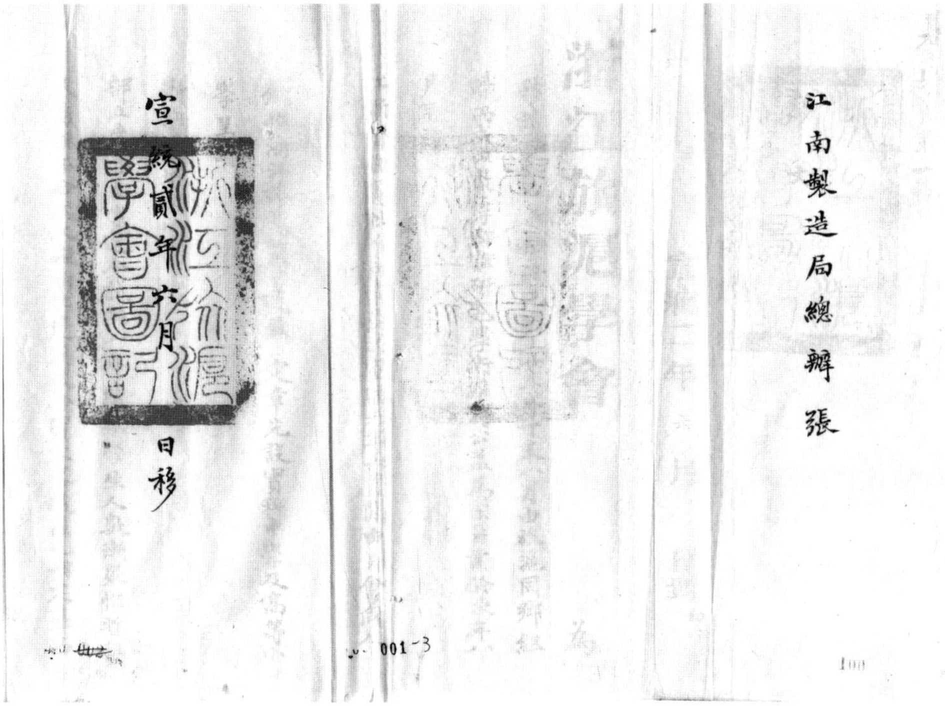

浙江旅滬學會爲移請將新高昌廟廟基餘地撥充公學應用事致江南製造局總辦張士珩移文
（1910年7月12日，宣統二年六月初六日）

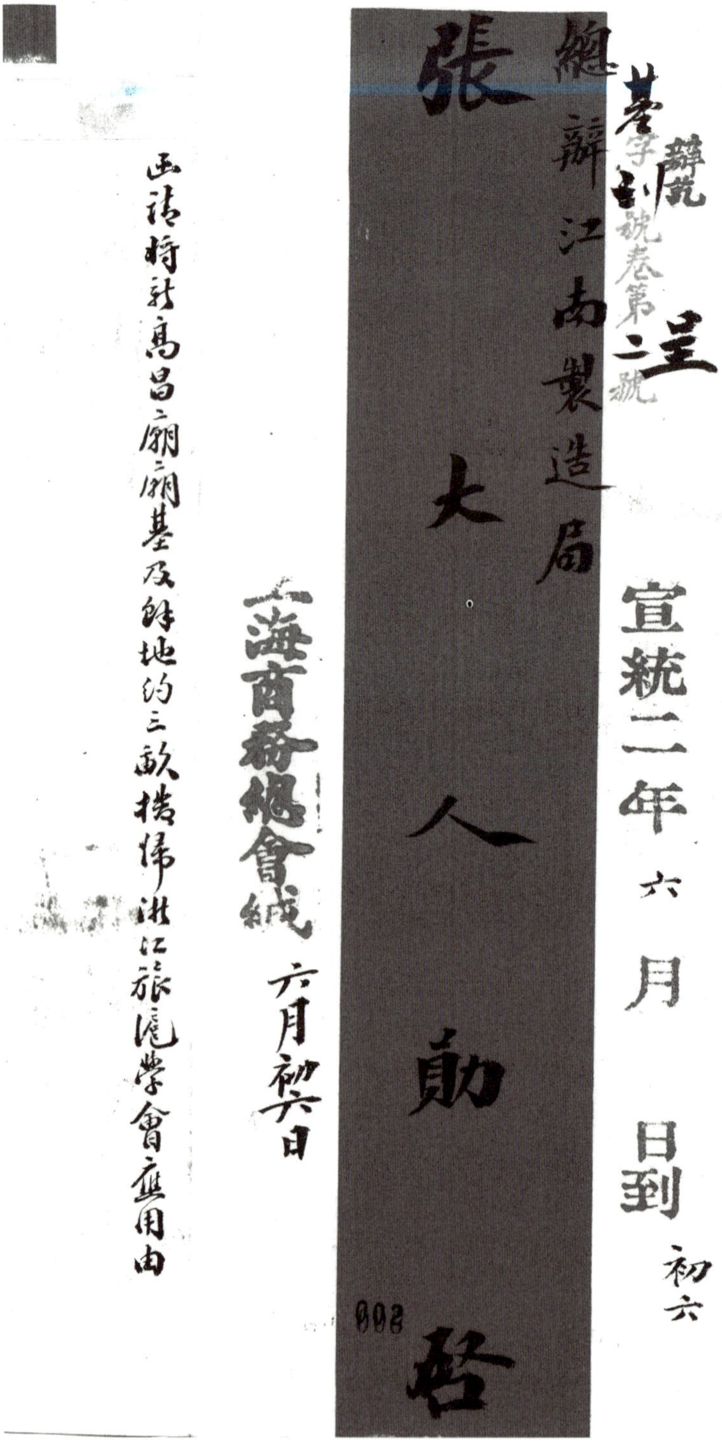
總辦江南製造局
張大人勛啓
呈
宣統二年六月　日到　初六
上海商務總會緘　六月初六日
函請將新高昌廟廟基及餘地約三畝撥歸浙江旅滬學會應用由

上海商務總會周晉鑣爲函請將新高昌廟廟基及餘地約三畝撥歸浙江旅滬學會應用事致江南製造局總辦張士珩（弢樓）函（1910年7月12日，宣統二年六月初六日）

弢樓
仁兄觀察大人閣下敬啓者頃得浙江旅滬學會
來函稱本會剏辦旅滬公學迄今已閲一年學生
漸多校舍逼窄亟應建築新校爲持久計現在
相定滬西新老高昌廟東隅民田十畝有零正擬
繪圖興工輒以地形狹長出口偪仄布置爲難惟
西首適毗連新高昌廟舊地該廟前年因事被
封所有廟基及餘地等約計三畝左右悉由
江南製造局管轄刻擬移文製造局商請酌撥

004

上海商務總會周晉鑣爲函請將新高昌廟廟基及餘地約三畝撥歸浙江旅滬學會應用事致江南製造局總辦張士珩（弢樓）函（1910年7月12日，宣統二年六月初六日）

因思製造局　張總辦必與我公相知有素可否
加函轉懇以資贊助等語竊查該地既毗連
貴局所轄之新高昌廟廟中佛像殿庭荒涼
已久且與
貴局距離尤遥若蒙移充公學校址在
貴局玉我於成不惜階前盈尺在公學獲茲片
土頓增廣廈萬千素仰我
公維持公益力贊鴻圖若荷

005

上海商務總會周晉鑣爲函請將新高昌廟廟基及餘地約三畝撥歸浙江旅滬學會應用事致江南製造局總辦張士珩（弢樓）函（1910年7月12日，宣統二年六月初六日）

惠賁則吾浙祁祁學子咸託
帡幪矣鑣忝列會董樂觀厥成鵠聽
德音無任延眆專泐敬
廿安惟
詧不備　　教弟周晉鑣頓首　六月初六日

306

上海商務總會周晉鑣爲函請將新高昌廟廟基及餘地約三畝撥歸浙江旅滬學會應用事致江南製造局總辦張士珩（弢樓）函（1910 年 7 月 12 日，宣統二年六月初六日）

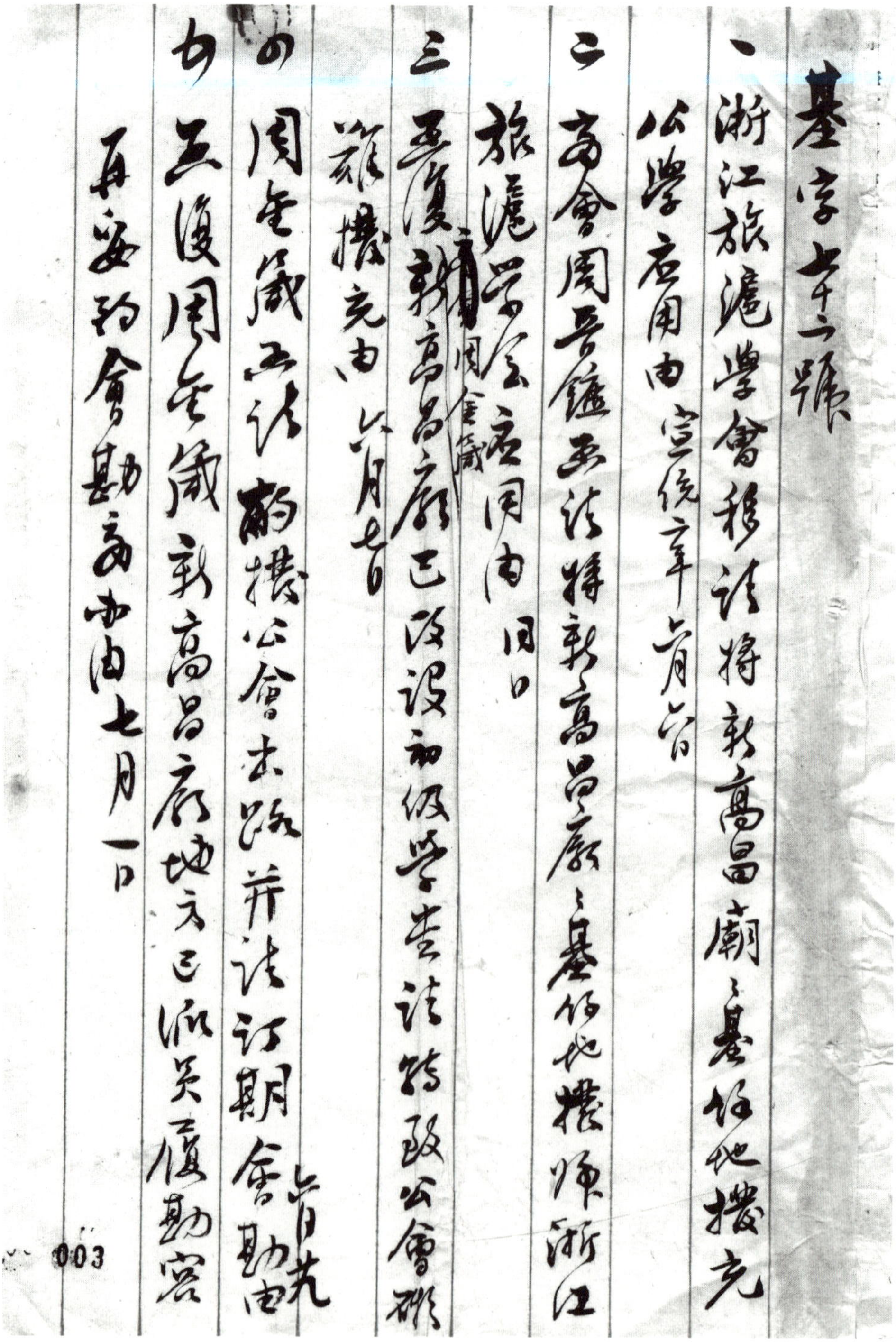

江南製造總局基字第七十二號浙江旅滬學會商撥高昌廟房産並會勘出路卷目録（1910 年，宣統二年）

弢樓仁兄觀察大人閣下　敬啟者前奉
惠函知高昌廟基
貴局擬造兵工小學校舍未便移撥　敝學會所辦之浙
江旅滬公學惟公學擇定校基向有出路一條直達馬
路在老高昌廟之後新高昌廟照墻之前聞
公謂此路應如何分配方為兩便囑　敝學會推定代表
約期會勘之處務望
迅賜的期以便　敝學會會員趨

007

上海商務總會周晋鑣爲函請酌撥公學出路并請訂期會勘事致江南製造局總辦張士珩（弢樓）函（1910年8月3日，宣統二年六月二十八日）

前聆
教事關教育一切務希
逾格成全不勝盼禱之至專泐祇請
升安惟
詧不宣
教弟周晋鑣頓首　六月廿八日

008

上海商務總會周晋鑣爲函請酌撥公學出路并請訂期會勘事致江南製造局總辦張士珩（弢樓）函（1910年8月3日，宣統二年六月二十八日）

江南機器製造局公函稿

致
稟
復上海商務總會周

宣統二年六月初六日送稿判發
初七發行

一件函復新高昌廟已改設初級學堂請轉致公會原諒由

金箴仁兄大人閣下、敬復者、頃承
函示、浙江旅滬學會在高昌廟側購地建築旅滬
公學新校、囑將敝局所轄新高昌廟移讓公
學擴充校地等因、具徵
貴學會關心桑梓、興學育材之意、亟思贊成以襄

009

江南製造局總辦張士珩爲函復新高昌廟已改設初級學堂請轉致公會原諒事復上海商務總會周晉鑣（金箴）函稿（1910年7月12日，宣統二年六月初六日）

盛舉、並副

雅囑、惟查新高昌廟、原係敝局購地建築、照

章完糧、嗣因廟祝不妥、由官發封、遂由商

閔道、飭縣啟封、仍由敝局自行收回、應用局中陸

續購置地畝、歷經報

部有案、近年

陸軍部考察尤嚴、現有局廠基址、又均繪圖列

表、專案具報、且敝局兵工藝徒、各學堂外、另

有初級學堂一所、專收局外附近居民子弟、

江南製造局總辦張士珩爲函復新高昌廟已改設初級學堂請轉致公會原諒事復上海商務總會周晋鑣（金箴）函稿（1910年7月12日，宣統二年六月初六日）

分科教授，為兵工小學之預備，向係借用局中

李曾鑑堂為校室，並未建設專校，本屬權宜

之計。前年高昌廟基收回後，即經派人看守，並

擬提調員匠等公議，將廟屋酌加修治，改為

初級學堂，俾鑑堂不致諠囂，而初級亦有專

校，自是一舉兩得，經已飭令工程股修理移設。

所商務撥旅滬公學一節，再四籌思，無從報

命，尚乞

鑒原，並轉致。

江南製造局總辦張士珩爲函復新高昌廟已改設初級學堂請轉致公會原諒事復上海商務總會周晉鑣（金箴）函稿（1910年7月12日，宣統二年六月初六日）

貴學舍諸乞原諒，冒任禱幸。專復，敬請

公安，諸希

鑒照。　愚弟張珩頓首

王道鈞繕校

江南製造局總辦張士珩爲函復新高昌廟已改設初級學堂請轉致公會原諒事復上海商務總會周晉鑣（金箴）函稿（1910 年 7 月 12 日，宣統二年六月初六日）

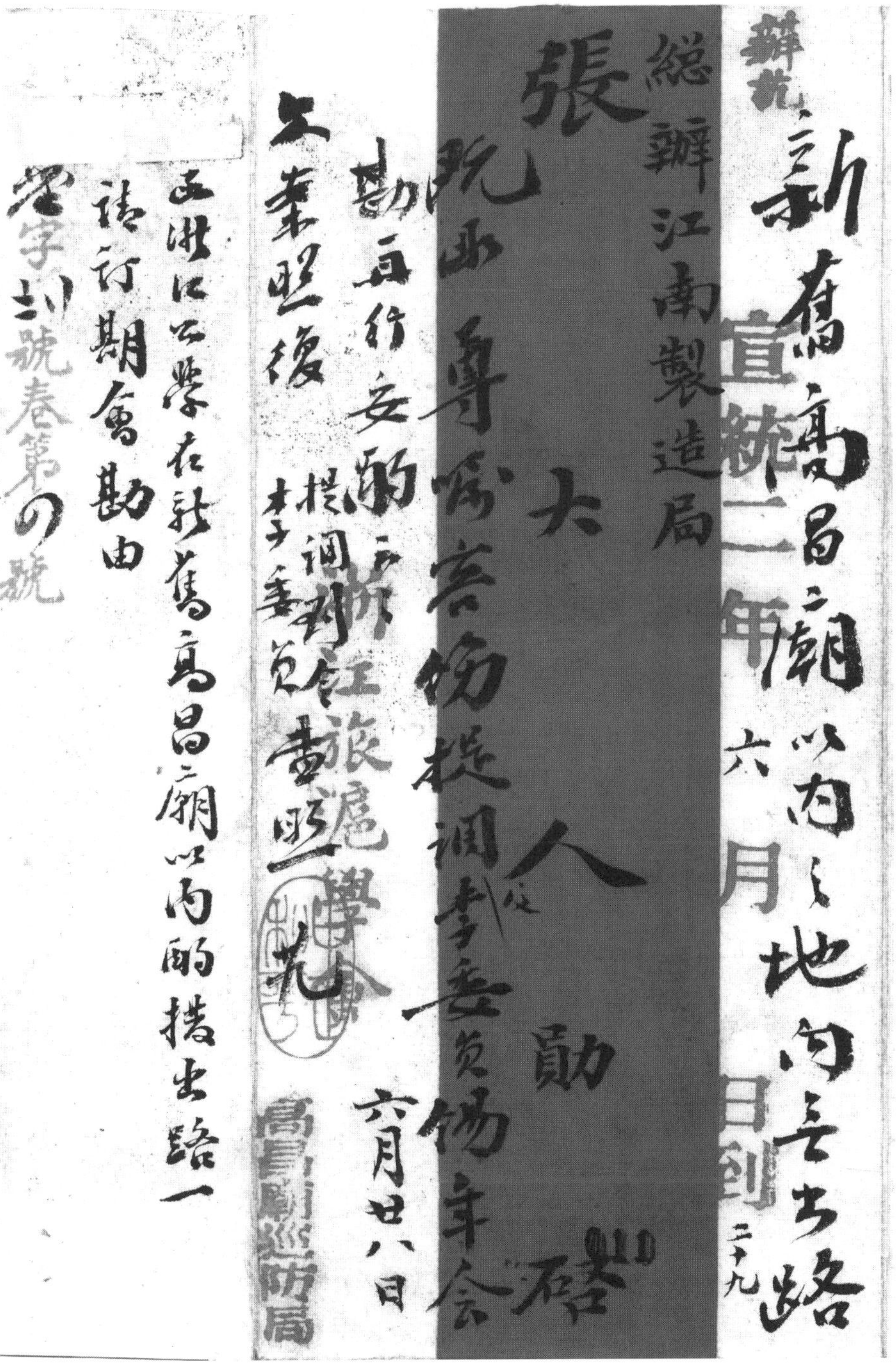
辦抗二六
新舊高昌廟以內之地內另出路
宣統二年六月 日到 二十九
總辦江南製造局
張大人勳啓
既函尊處咨飭提調李委員協同會
勘再行妥酌 六月廿八日
文案照復 提調劉令 李委員 查照
浙江旅滬學會
高昌廟巡防局
函浙江公學在新舊高昌廟以內酌撥出路一
請訂期會勘由
字 號卷第 號

江南製造局總辦張士珩爲函浙江公學在新舊高昌廟以內酌撥出路一條請訂期會勘事批文

（1910 年 8 月 4 日，宣統二年六月二十九日）

江南機器製造局公函稿

致
稟
復 浙江旅滬學會周

宣統二年七月初一日 送稿 判發 發行

一件 為復新老高昌廟地方已派員履勘容再妥酌會勘商辦由 印

金箴仁兄大人閣下，敬復者，昨承
函商浙江旅滬學會出路，擬訂期會勘，如何分
配等因。查新老高昌廟五里以內之地，向無出路，
惟既承
示，弟處現已飭令提調會同高昌廟巡防局員李[illegible]

江南製造局總辦張士珩爲函復新老高昌廟地方已派員履勘容再妥酌會勘商辦事復浙江旅滬學會周晉鑣（金箴）函稿（1910年8月5日，宣統二年七月初一日）

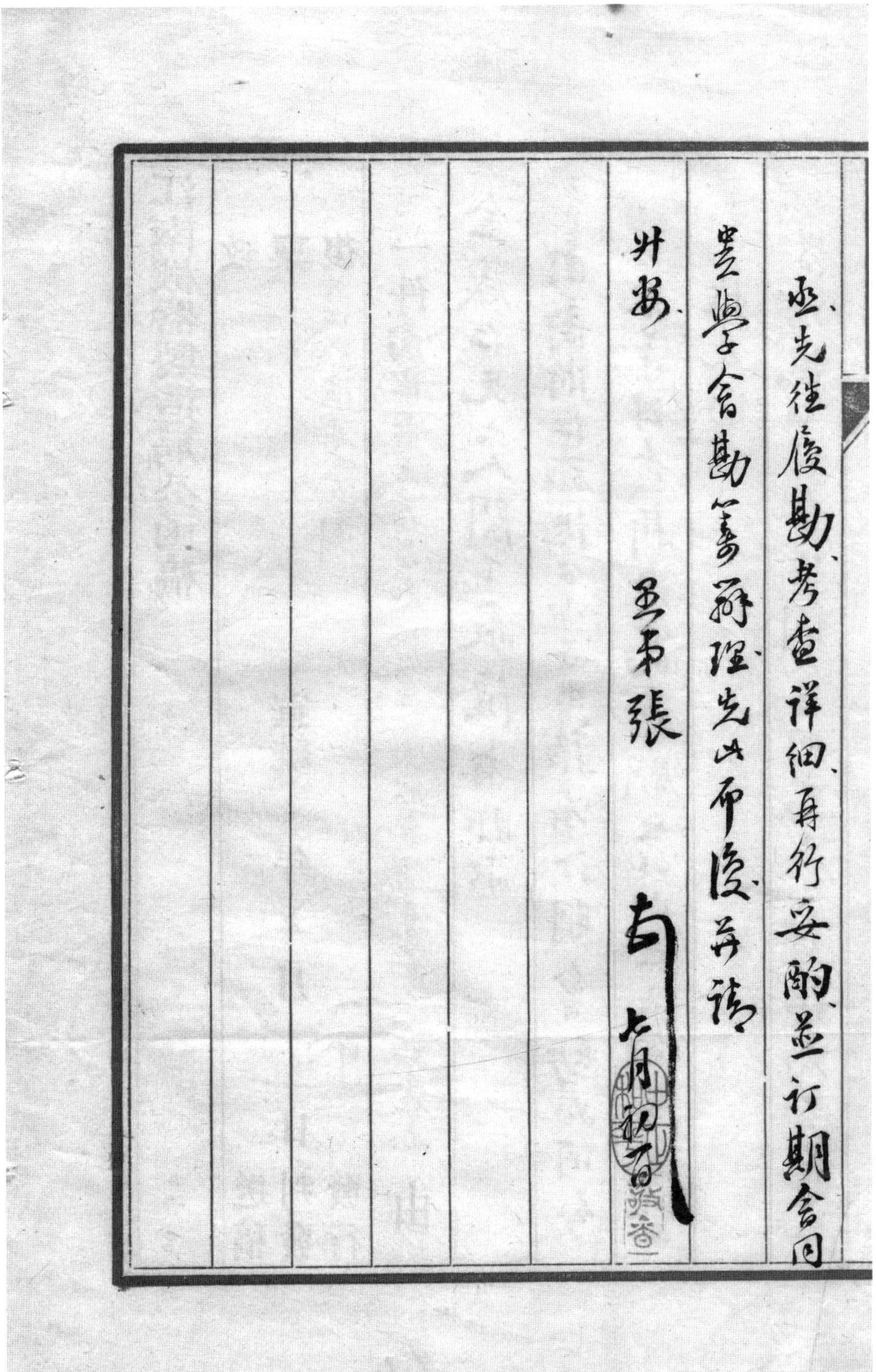

亟先往履勘、考查詳細、再行妥酌、並訂期會同
貴學會勘籌辦理、先此布復、並請
升安
世弟張
七月初一日

江南製造局總辦張士珩爲函復新老高昌廟地方已派員履勘容再妥酌會勘商辦事復浙江旅滬學會周晉鑣（金箴）函稿（1910年8月5日，宣統二年七月初一日）

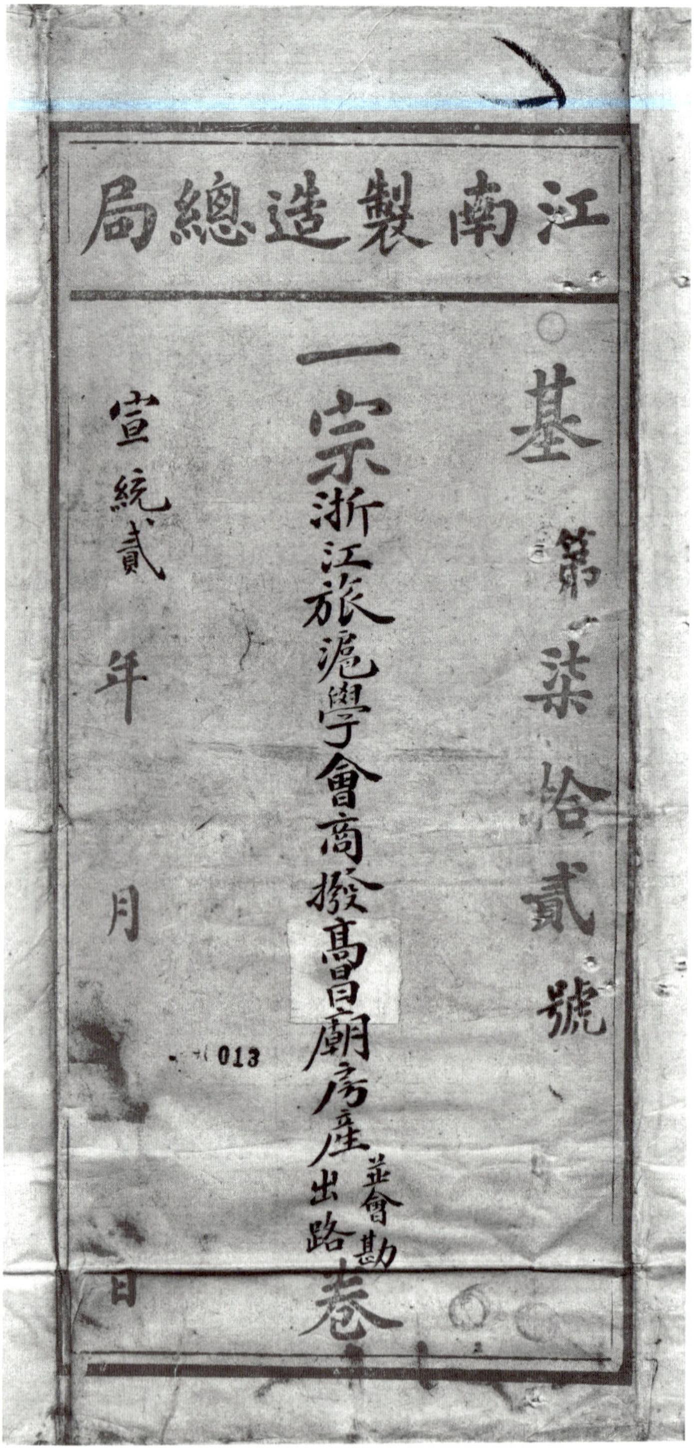
江南製造總局

基第柒拾貳號

一宗浙江旅滬學會商撥高昌廟房產並會勘出路卷

宣統貳年　月　日

013

江南製造總局基字第七十二號浙江旅滬學會商撥高昌廟房產並會勘出路卷封面（1910年，宣統二年）

上海總商會

類第五十六號

浙江旅滬學會商撥高昌廟房產礙難照准案

卷

來往公函三件

宗 浙江旅滬學會楊文一件

年 月

014

上海總商會第五十六號浙江旅滬學會商撥高昌廟房產礙難照准案卷封面（時間不詳）

江南製造總局

二十五、江南製造局購買鍋爐廠西首土地的契據等有關文書

上海總商會

類第四拾九號

一宗

鍋爐廠西首購地案

照會一件 代單據壹紙

什畫西紙

顧炳銓等十六戶切結領狀

三十三紙 共田拾七畝五分一釐四

卷

年 月

001

上海總商會第四十九號鍋爐廠西首購地案卷封面（時間不詳）

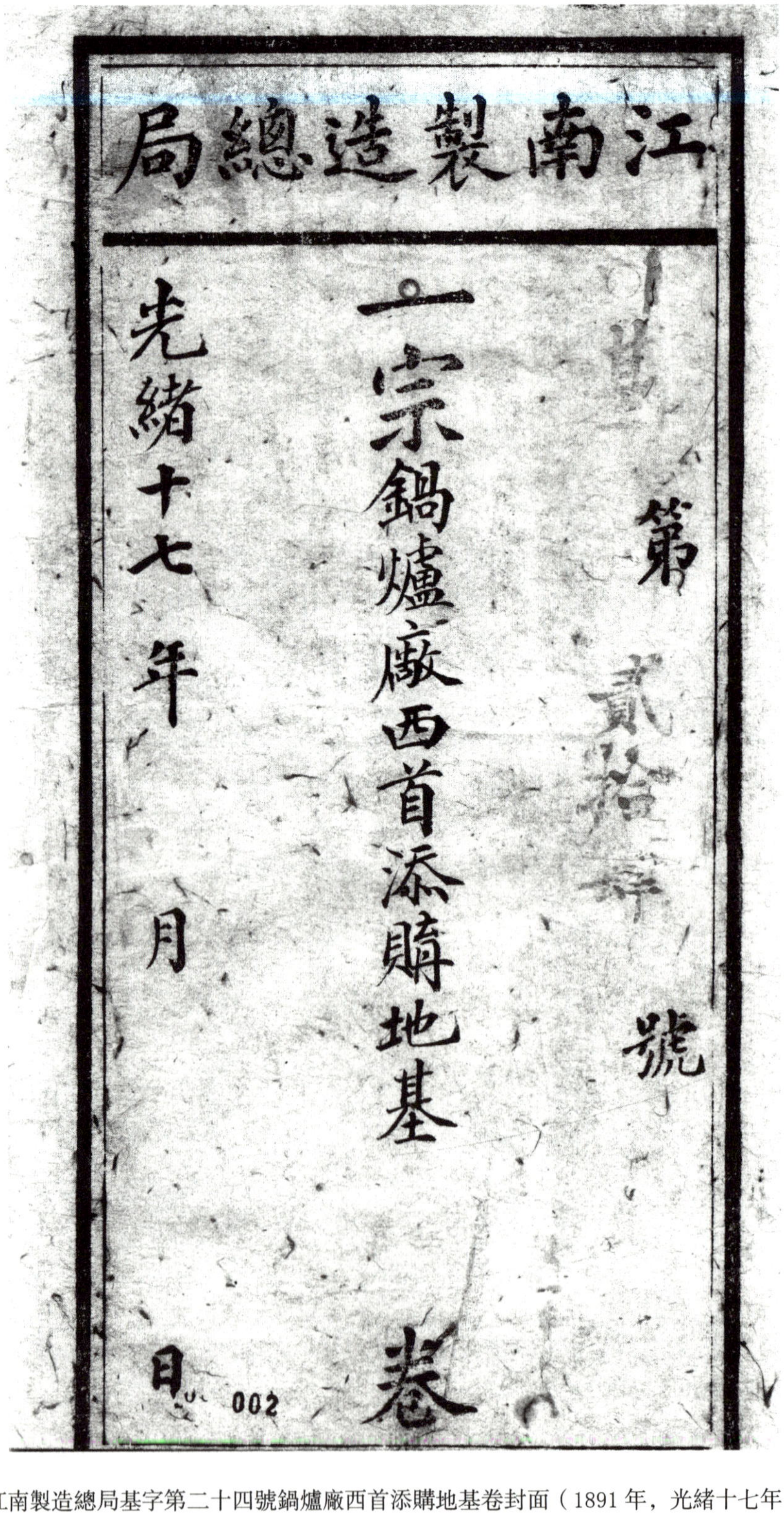
江南製造總局

第貳拾肆號

一宗鍋爐廠西首添購地基卷

光緒十七年　月　日

002

江南製造總局基字第二十四號鍋爐廠西首添購地基卷封面（1891年，光緒十七年）

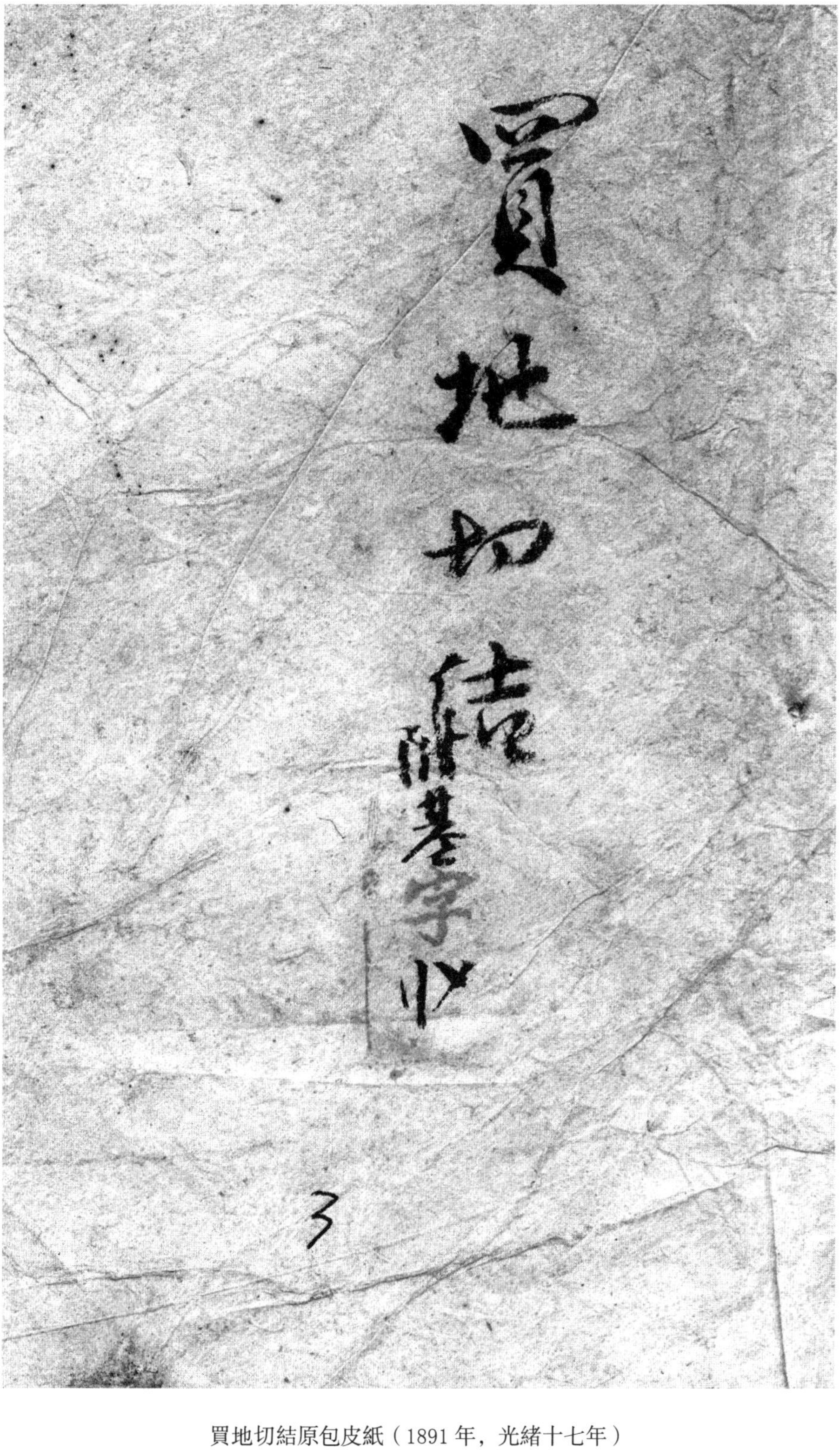

買地切結原包皮紙（1891 年，光緒十七年）

基字収號卷第乙號

一件照會續購地畝將業户切結送請備案 由 號

稟

申

呈

江南機器製造局稿

咨

照會 上海縣黃

照發訖

行

月日文到

月日發房

四月初七日送稿

月日判發

月日送僉

月初十日發行

008

4

江南機器製造局爲照會續購地畝將業户切結送請備案事致上海縣知縣黃承暄照會稿（1893 年 5 月 22 日，光緒十九年四月初七日）

為照會事照得本局建造廠屋先後購買民地均經開單照會
貴縣收作機器局户完納粮賦各在案茲准
貴縣申請完納光緒十八年分條漕等項清揭內開十四圖機器局户有上則田一十六畝
六分六厘二毫係由地保張掌南囑令冊書收入等語查本局上年在鍋爐廠西首
等處添購民地共二十七畝五分八厘四毫五絲核共地價錢一千零二十二千二百九十三文
又給移植樹木工本等項錢一百九十千五百五十四文當經分給各業户祇領取具切
結存案今既由
貴縣將前項地畝於光緒十八年分收作機器局户其應完條漕茲已如數另文
彙送相應開單並將業户切結備文轉送為此照會

江南製造總局

江南機器製造局爲照會續購地畝將業户切結送請備案事致上海縣知縣黄承暄照會稿（1893 年 5 月 22 日，光緒十九年四月初七日）

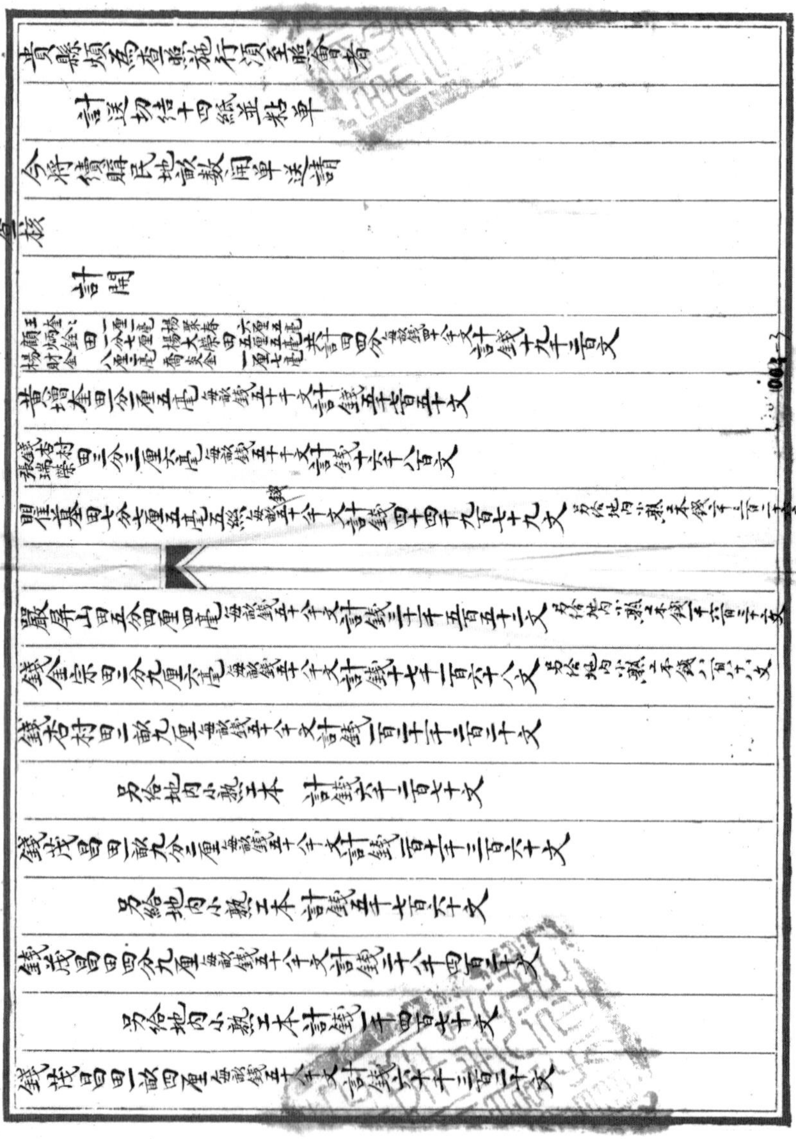
貴縣煩爲查照施行須至照會者
計送切結十四紙並粘單
今將續購民地畝數開單送請
查核
計開
楊顧王財鴻金金銓 田一畝二分一釐七毫 楊大寶春 田一畝五分五釐 共計田四分 每畝錢五十千文 計錢十九千三百文
黄增奎田四分一釐五毫 每畝錢五十千文 計錢二十千七百五十文
張瑞芳錢杏村 田三分三釐六毫 每畝錢五十千文 計錢十六千八百文
明佳基田七分七釐五毫五絲 每畝錢五十千文 計錢四十四千九百七十九文 另給地內小熟工本錢二千三百三十文
嚴屏山田五分四釐四毫 每畝錢五十千文 計錢二十七千五百五十文 另給地內小熟工本錢一千六百三十文
錢金宗田三分九釐六毫 每畝錢五十千文 計錢十七千一百六十八文 另給地內小熟工本錢八百八十文
錢杏村田二畝九釐 每畝錢五十千文 計錢一百二十千三百二十文
另給地內小熟工本 計錢六千二百七十文
錢茂昌田二畝九分三釐 每畝錢五十千文 計錢一百十三千三百六十文
另給地內小熟工本 計錢五千七百六十文
錢茂昌田四分九釐 每畝錢五十千文 計錢二十八千四百三十文
另給地內小熟工本 計錢一千四百七十文
錢茂昌田一畝四釐 每畝錢五十千文 計錢六十二千三百二十文

江南機器製造局爲照會續購地畝將業户切結送請備案事致上海縣知縣黄承暄照會稿（1893 年 5 月 22 日，光緒十九年四月初七日）

另給地內小熟工本計錢三千一百二十文

錢文達田一畝九分一厘每畝錢五十八千文計錢一百十千七百八十文

另給地內小熟工本計錢五千七百三十文

李煥濤田二畝二分四厘每畝錢五十八千文計錢一百二十九千九百二十文

另給地內小熟工本計錢六千七百二十文

李阿方田八分四厘八毫每畝錢五十八千文計錢四十九千一百八十四文

另給地內小熟工本計錢二千五百四十四文

王占奎
王昆和田四畝五分八厘每畝錢五十八千文計錢二百六十五千六百四十文

另給地內小熟工本計錢十三千七百四十文
移植菓樹工本計錢四十二千文

005

江南製造總局

江南機器製造局爲照會續購地畝將業户切結送請備案事致上海縣知縣黄承暄照會稿（1893 年 5 月 22 日，光緒十九年四月初七日）

又給大小桃樹柿樹共一百九十三株價值計錢一百三千二百文

以上共地十七畝五分八釐四毫五絲均坐落二十五保十四圖核共地價錢一千零十二千二百九十三文又給小熟並移植菓樹工本等項錢一百九十五千四百五十四文所有地畝業由 貴縣於光緒十八年分收作機器局户完納條漕今將各户切結照送備案合並登明

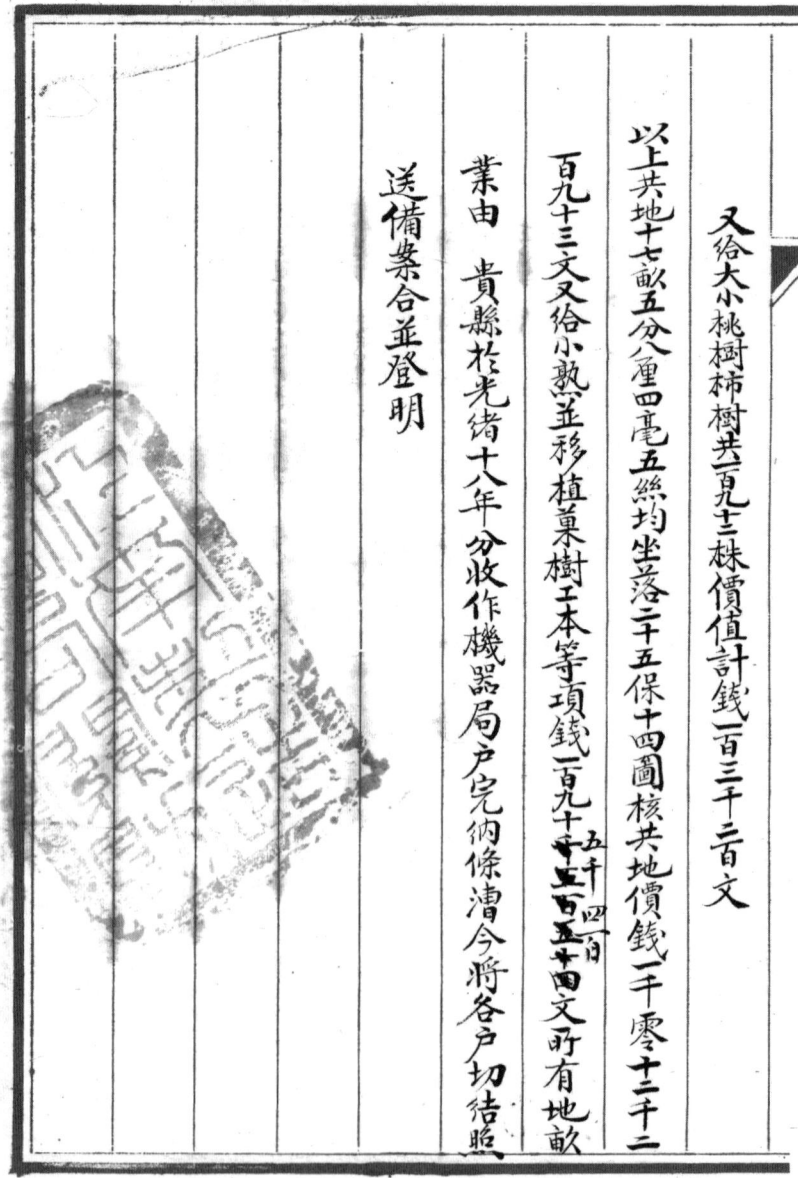

江南機器製造局爲照會續購地畝將業户切結送請備案事致上海縣知縣黄承暄照會稿（1893 年 5 月 22 日，光緒十九年四月初七日）

光緒十九年四月初七日

006

江南機器製造局爲照會續購地畝將業户切結送請備案事致上海縣知縣黄承暄照會稿（1893 年 5 月 22 日，光緒十九年四月初七日）

二品頂戴江蘇即補道劉 行

[illegible]

補用道江南候補府正堂張 行

八月初五到

江南機器製造局爲照會續購地畝將業户切結送請備案事致上海縣知縣黄承暄照會稿（1893 年 5 月 22 日，光緒十九年四月初七日）

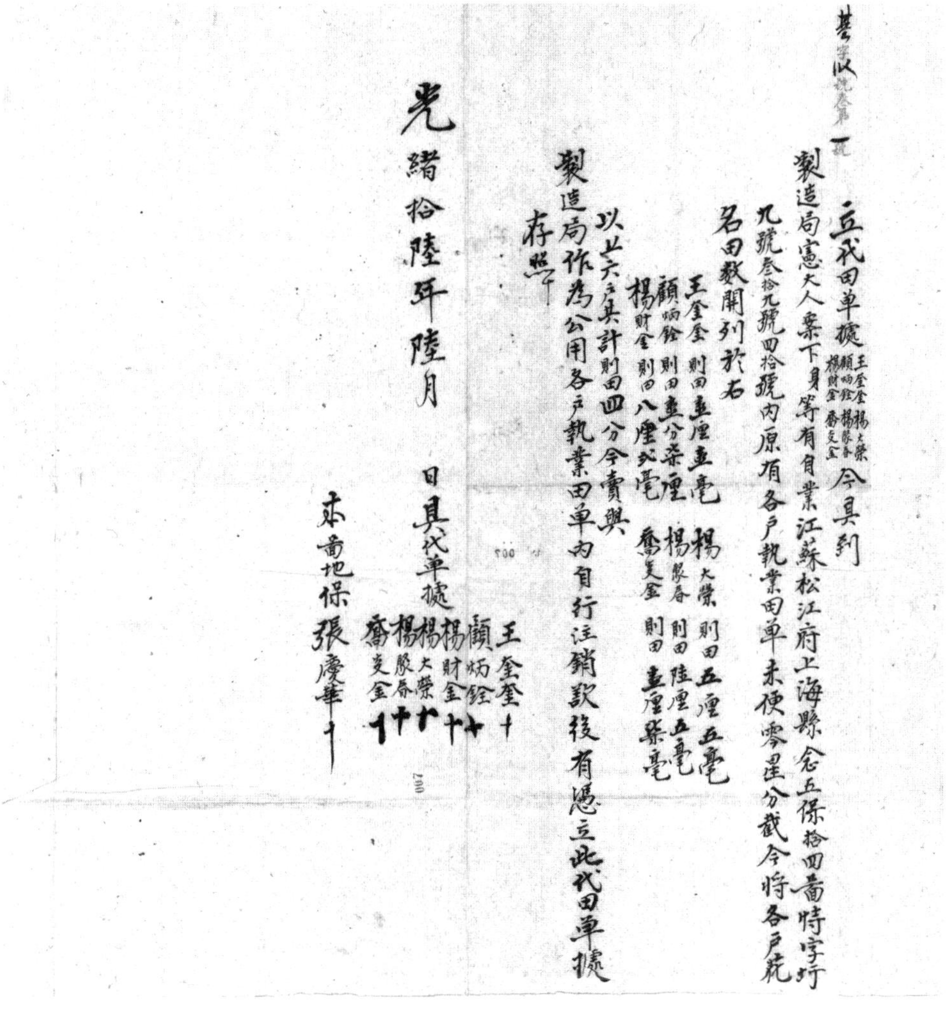

甚字叺號叁第一號

立代田單據王奎奎、楊大榮、顧炳銓、楊服春、楊財金、喬支金今具到

製造局憲大人案下身等有自業江蘇松江府上海縣念五保拾四啚特字圩九號叁拾九號四拾號內原有各戶執業田單未便零星分截今将各戶花名田數開列於右

王奎奎 則田壹厘壹毫　楊大榮 則田五厘五毫

顧炳銓 則田壹分柒厘　楊服春 則田陸厘五毫

楊財金 則田八厘弍毫　喬支金 則田壹厘玖毫

以上六戶共計則田四分今賣與

製造局作為公用各戶執業田單內自行注銷款後有憑立此代田單據存照

光緒拾陸年陸月　日具代單據　王奎奎十　顧炳銓十　楊財金十　楊大榮十　楊服春十　喬支金十

本啚地保張慶華十

王奎奎等立代田單據（1890 年 7 月或 8 月，光緒十六年六月）

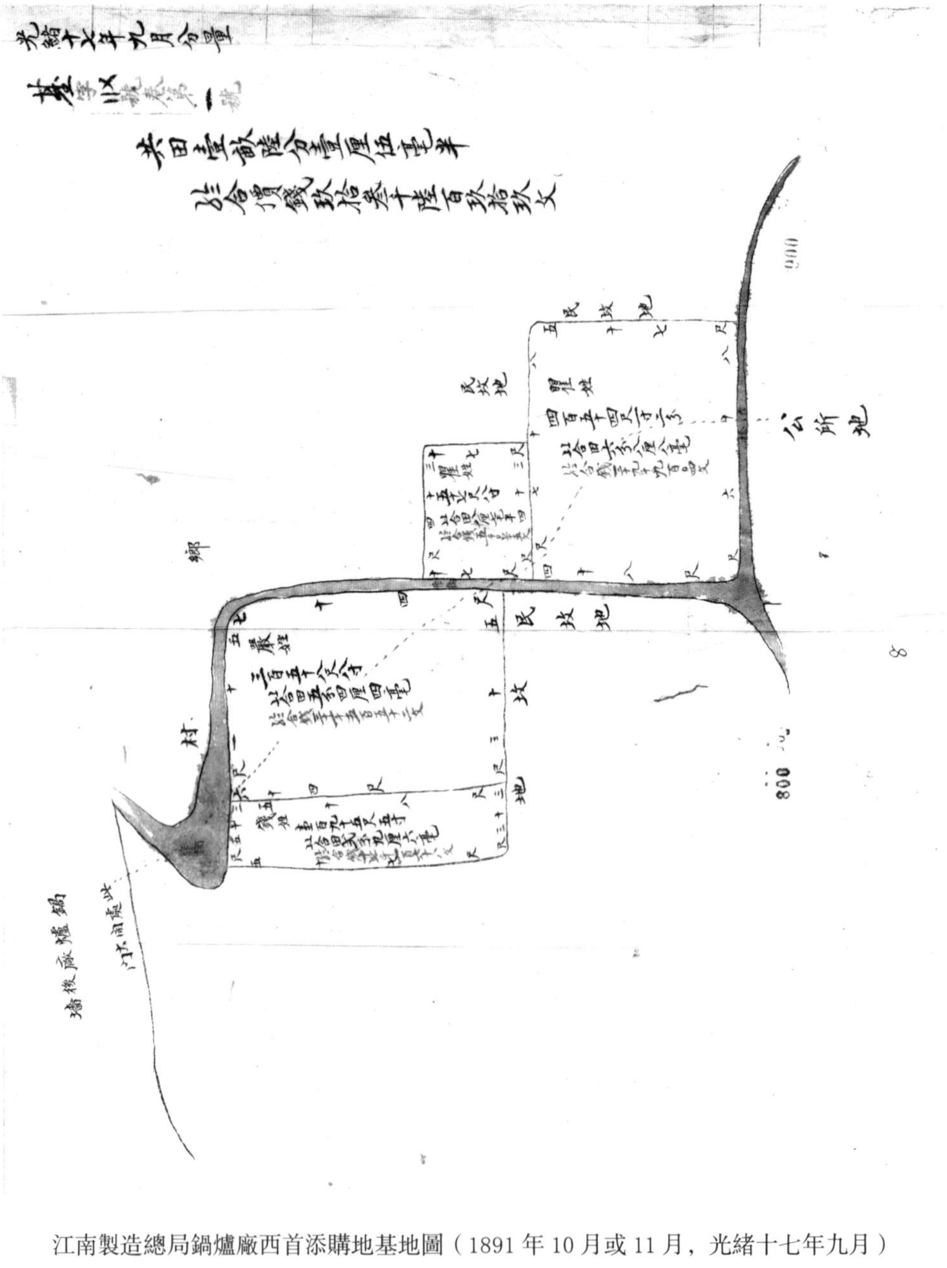

江南製造總局鍋爐廠西首添購地基地圖（1891 年 10 月或 11 月，光緒十七年九月）

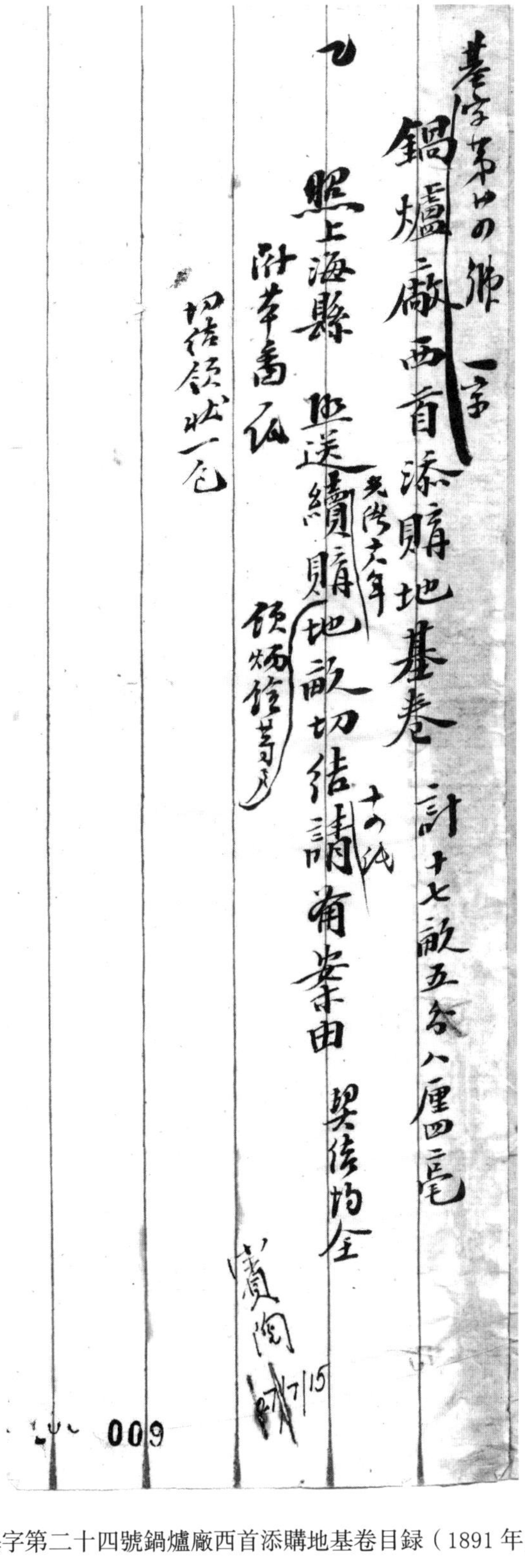
基字第廿四號 一宗
鍋爐廠西首添購地基卷 計十七畝五分八釐四毫
照上海縣照送續購地畝切結請備案由 光緒十七年 十六紙 契據均全
附草圖一紙
領炳鋐簽
切結領狀一包
資閱 7/15
009

江南製造總局基字第二十四號鍋爐廠西首添購地基卷目録（1891 年，光緒十七年）

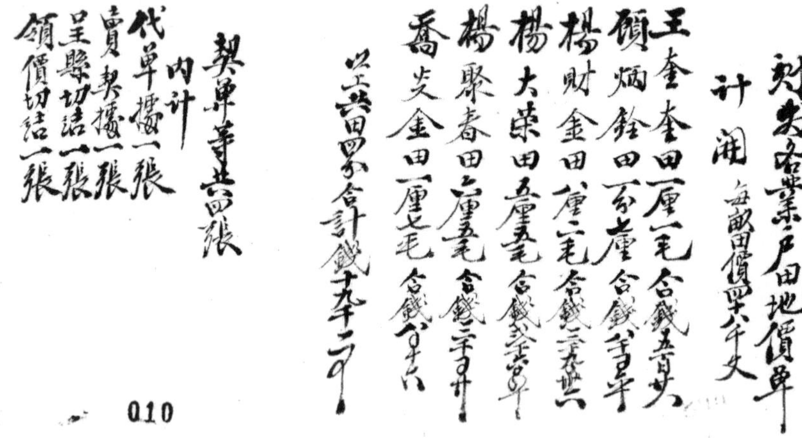
對發各業户田地價單
計開 每畝田價四十八千文
王奎 奎田一厘一毛 合錢五百廿八
顧炳 銓田一分一厘 合錢五千二百八十
楊財 金田一厘二毛 合錢五百七十六
楊大榮 田五厘五毛 合錢二千六百四十
楊聚春 田六厘五毛 合錢三千一百廿
喬炎 金田一厘七毛 合錢八百十六
以上共田四分合計錢十九千二百
契單等共四張
内計
代單據一張
賣契據一張
呈縣切結一張
領價切結一張
010

江南製造總局給發各業户田地價單（1891 年，光緒十七年）

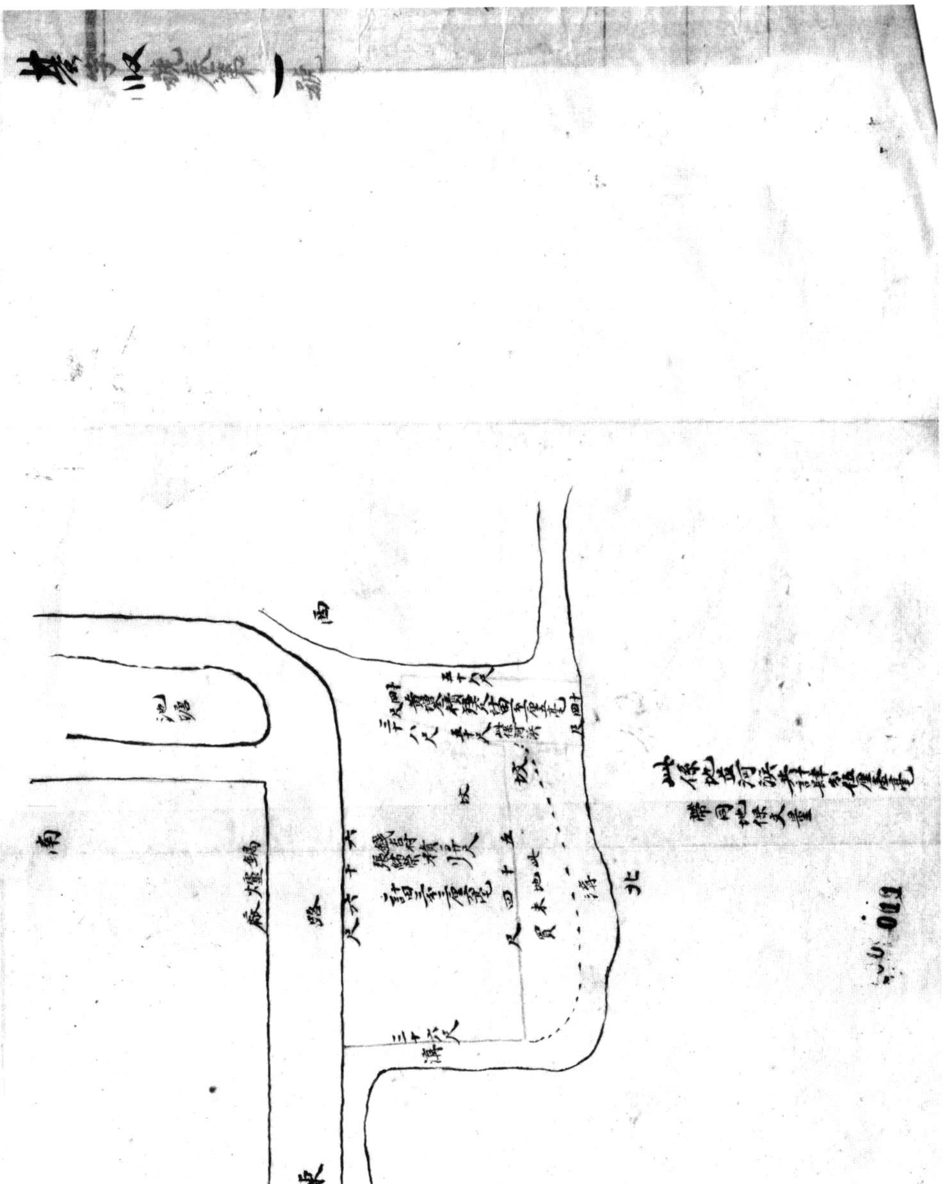

江南製造總局鍋爐廠西首添購地基地圖（1891 年，光緒十七年）

十九年四月已會上海縣

光緒十七年添購地基

計地一十七畝五分八厘四毫五絲

業地價錢一千〇二十二千二百九十三文

又移樹工一百九十五千四百文

已錄簿

012

江南製造總局鍋爐廠西首添購地基給價清單（1893 年 5 月 22 日，光緒十九年四月初七日）

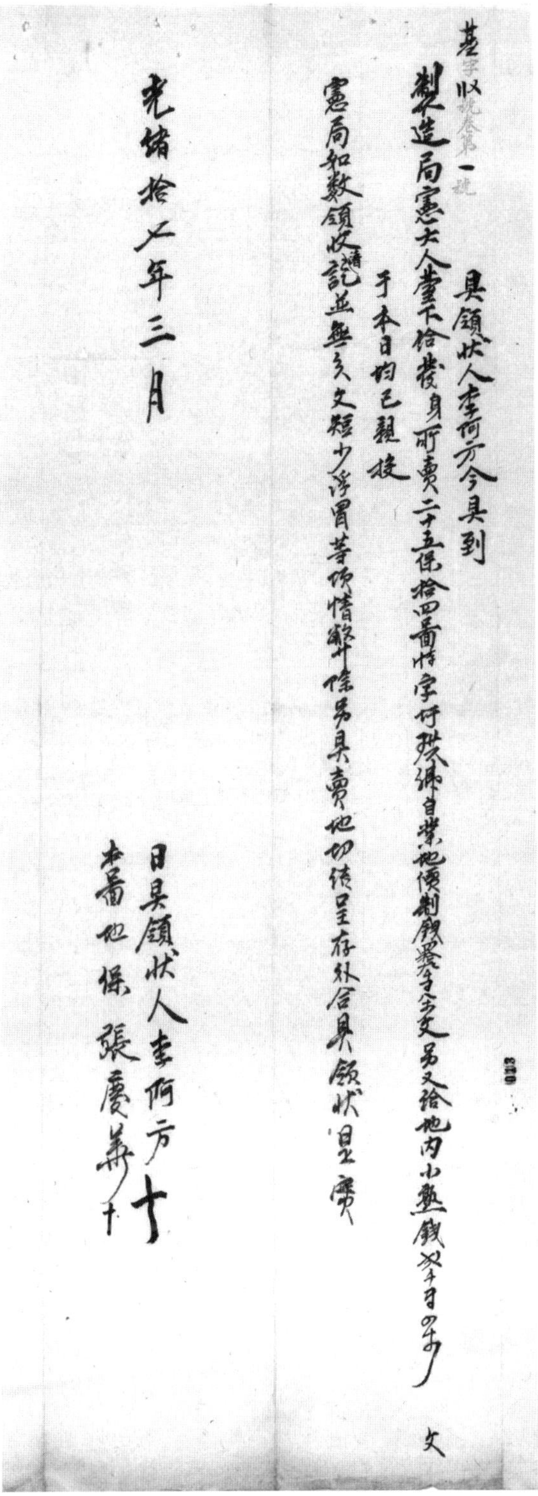

李阿方具領狀（1891 年 4 月或 5 月，光緒十七年三月）

基字收號卷第一號

具賣地切結人李阿方今具到

製造局憲大人臺下竊身有自業則田坐落二十五保拾四啚特字圩[illegible]號現已量見計[illegible]情願出具切結賣與

憲局作為公用每畝議定價錢五拾千文合計足制錢[illegible]文另有給地內小麥貴錢[illegible]文業經親收

憲局如數領收清訖並無分文短少浮冒情弊除另具切結呈報本縣衙門存案備查外合具賣字切結是實

光緒拾柒年三月　日具賣切結人李阿方十

本啚地保張慶華十

李阿方具賣地切結（1891 年 4 月或 5 月，光緒十七年三月）

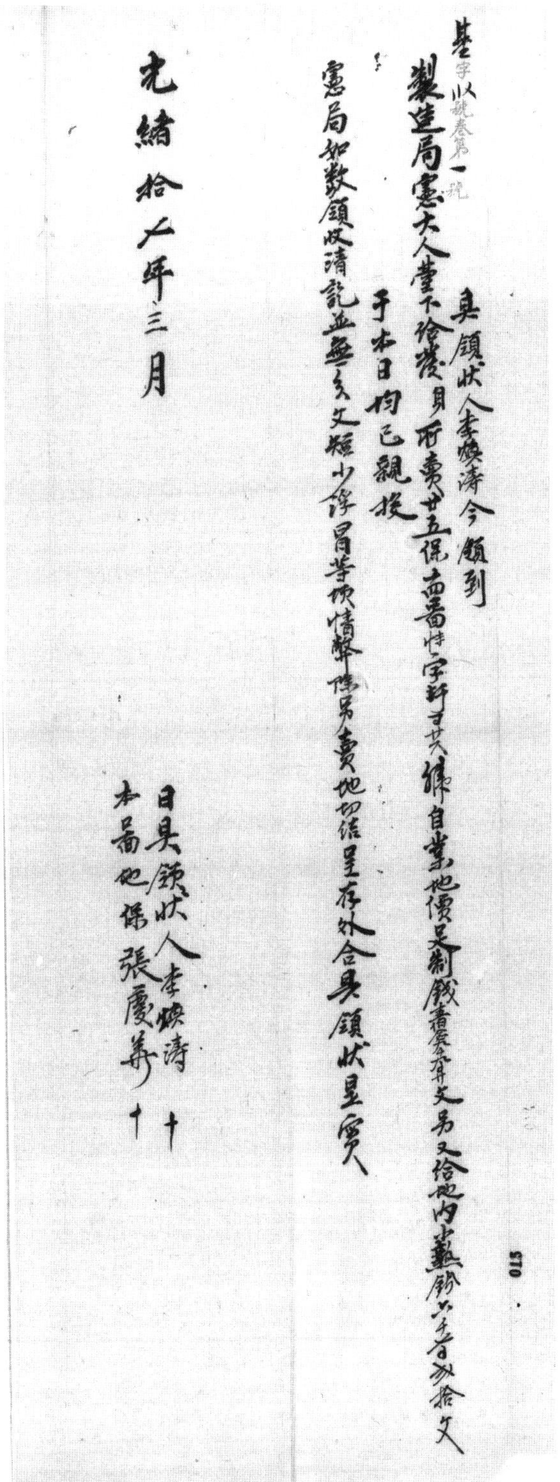

基字㠯號卷第一批

具領狀人李煥濤今領到

製造局憲大人臺下給發貝所賣廿五保西局忭字圩寸廿六號自業地價足制錢[illegible]文另又給地內土墳[illegible]文

于本日均已親接

憲局如數領收清訖並無分文短少浮冒等項情弊除另具賣地切結呈存外合具領狀呈實

日具領狀人李煥濤 十

本局地保張慶善 十

光緒拾七年三月

李煥濤具領狀（1891 年 4 月或 5 月，光緒十七年三月）

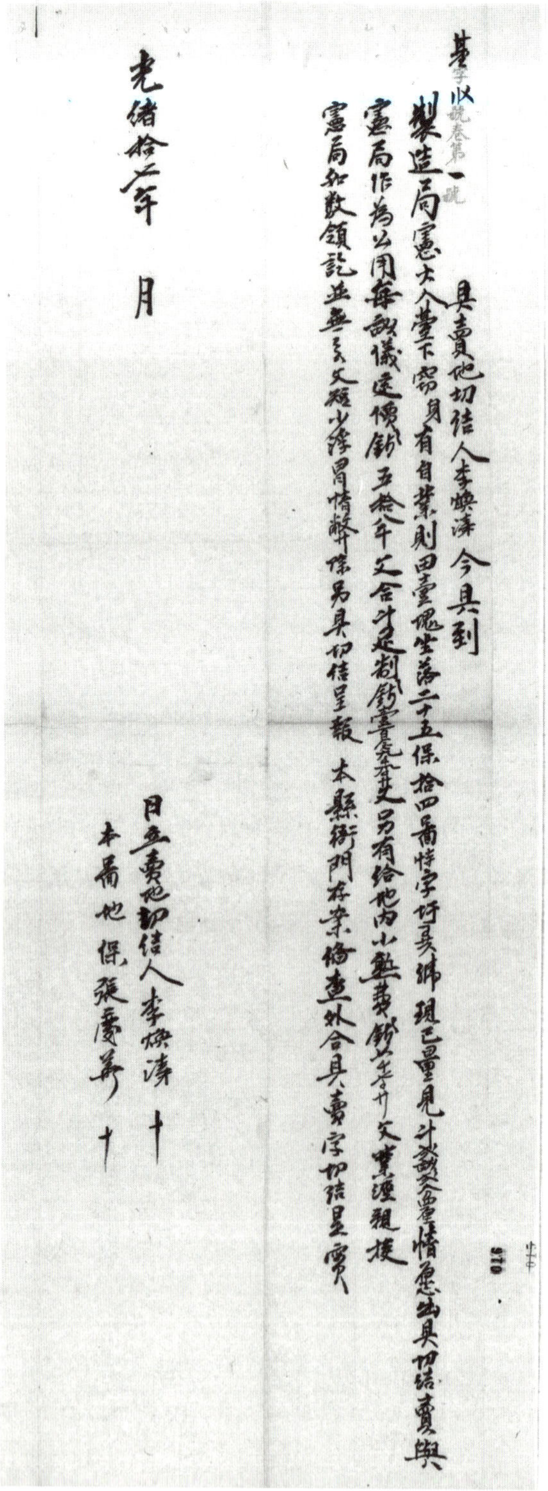
基字收號卷第一號

具賣地切結人李煥濤今具到

製造局憲大人臺下窃身有自業則田壹坵坐落二十五保拾四圖特字圩長號 現已量見計叁畝叁分叁厘情愿出具切結賣與

憲局作為公用每畝議定價錢五拾千文合計足制錢壹百伍拾千文 另有給地內小墳費錢六千廿文業經領楚

憲局如數領訖並無分文短少諸胃情弊除另具切結呈報 本縣衙門存案備查外合具賣字切結是實

光緒拾二年 月 日立賣地切結人李煥濤 十

本圖地保張慶華 十

李煥濤具賣地切結（1891 年，光緒十七年）

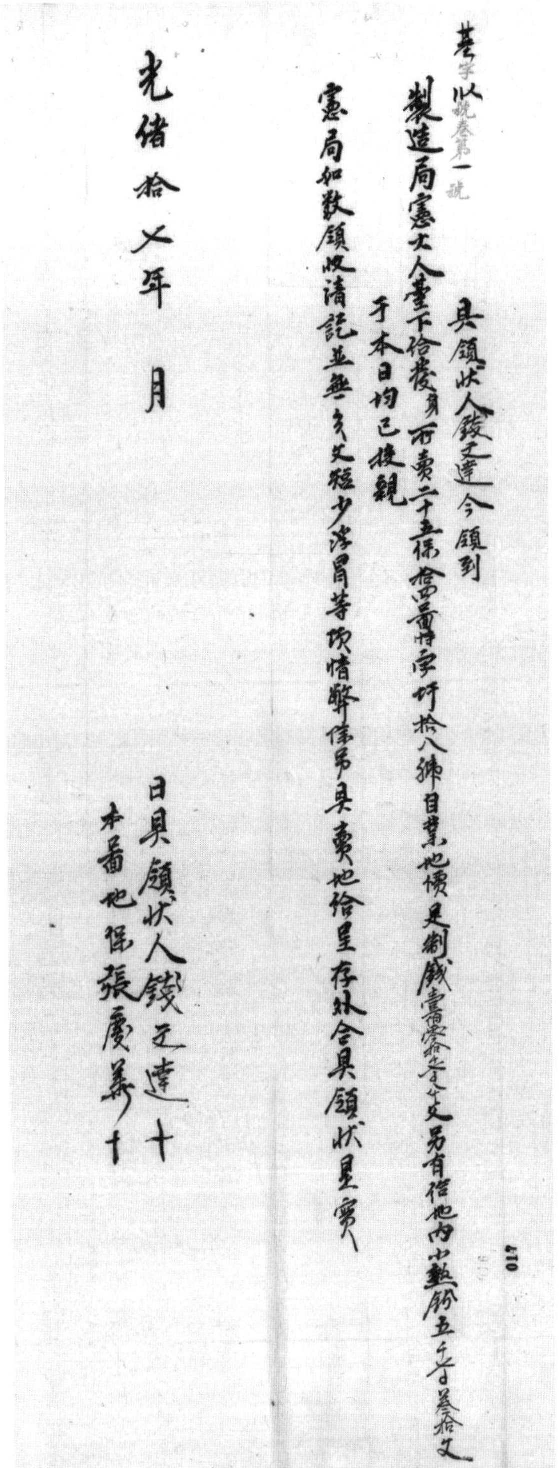
巷字收號卷第一號
具領狀人錢文達今領到
製造局憲大人臺下給發身所賣二十五保念四圖□字圩拾八號田業地價足制錢壹佰零拾叁千文另有借地內小數錢五千叁百叁拾文
于本日均已收親
憲局如數領收清訖並無分文短少涉冒等項情弊係身具賣地給呈存外合具領狀是實
光緒拾七年　月　日具領狀人錢文達十
本圖地保張慶美十
410

錢文達具領狀（1891 年，光緒十七年）

基字收　號卷第一號

具賣地切結人錢文達今具到

製造局大人臺下竊身有自業則田坐落二十五保拾四圖特字圩拾八號，現已量見計數，遵憲情愿出賣，具切結賣與

憲局作為公用，每畝議定價錢五拾八千文，合計足制錢[illegible]文，另有給地內小熟費錢五千[illegible]文，業經領撥

憲局如數領收清訖，並無分文短少，浮冒情弊，除另具切結呈報本縣衙門存案備查外，合具賣字切結是實。

光緒拾柒年　月

日具賣地切結人錢文達十

本圖地保張慶華十

錢文達賣地切結（1891 年，光緒十七年）

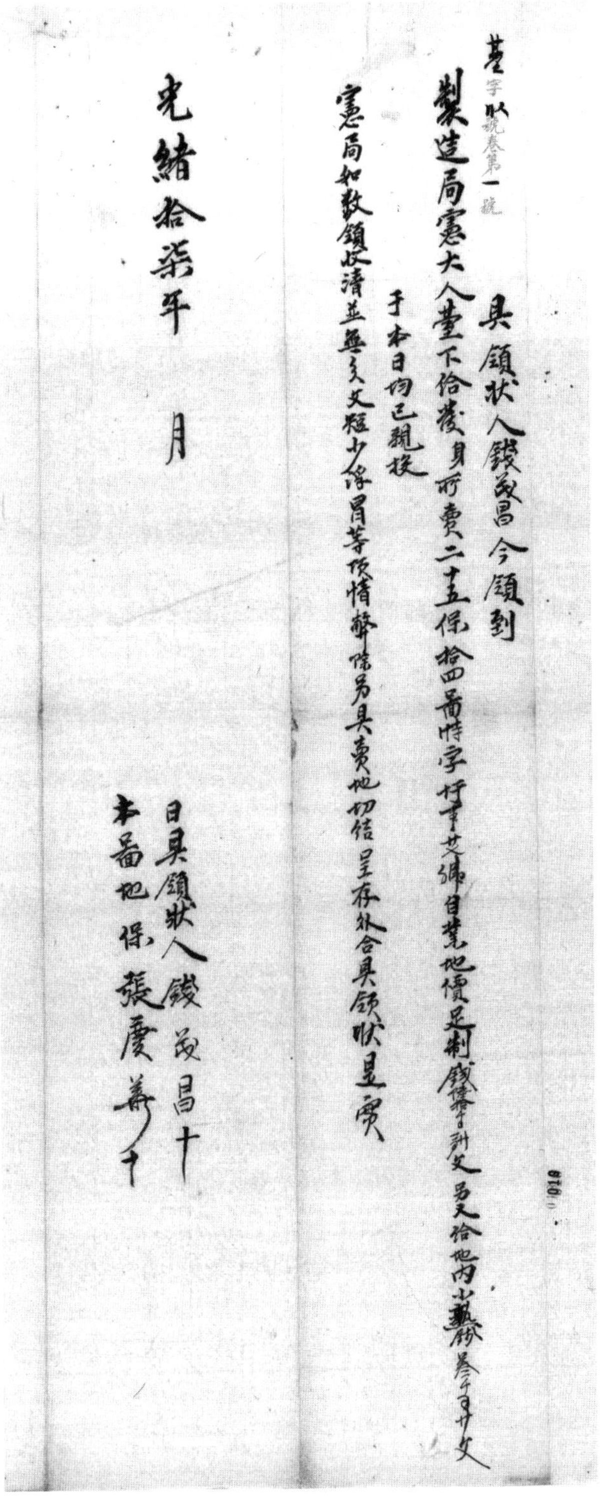

基字卅號卷第一號

具領狀人錢茂昌今領到

製造局憲大人臺下給發身所賣二十五保拾四啚時字圩十艾號自業地價足制錢[illegible]文另又給地內小墳[illegible]文

手本日均已親收

憲局如數領收清楚並無分文短少係昌等頃情弊除另具賣地切結呈存外合具領狀是實

光緒拾柒年　月　日具領狀人錢茂昌十

本啚地保張慶善十

錢茂昌具領狀（1891 年，光緒十七年）

甚字以號卷第一號　具賣地切結人錢茂昌　今具到

製造局憲大人臺下竊身有自業則田坐落二十五保拾四啚時字圩號現已量見計壹畝叁分四厘情愿出具切結賣與

憲局作為公用每畝議定價錢五拾八千文合計足制錢柒拾柒千文另有給地內小熟錢叁千文業經親授

憲局如數領收清訖並無分文短少浮冒情弊除另具切結呈報　本縣衙門存案備查外合具賣字切結是實

光緒拾七年　月　日具賣地切結人錢茂昌十

本啚地保　張慶華十

錢茂昌具賣地切結（1891年，光緒十七年）

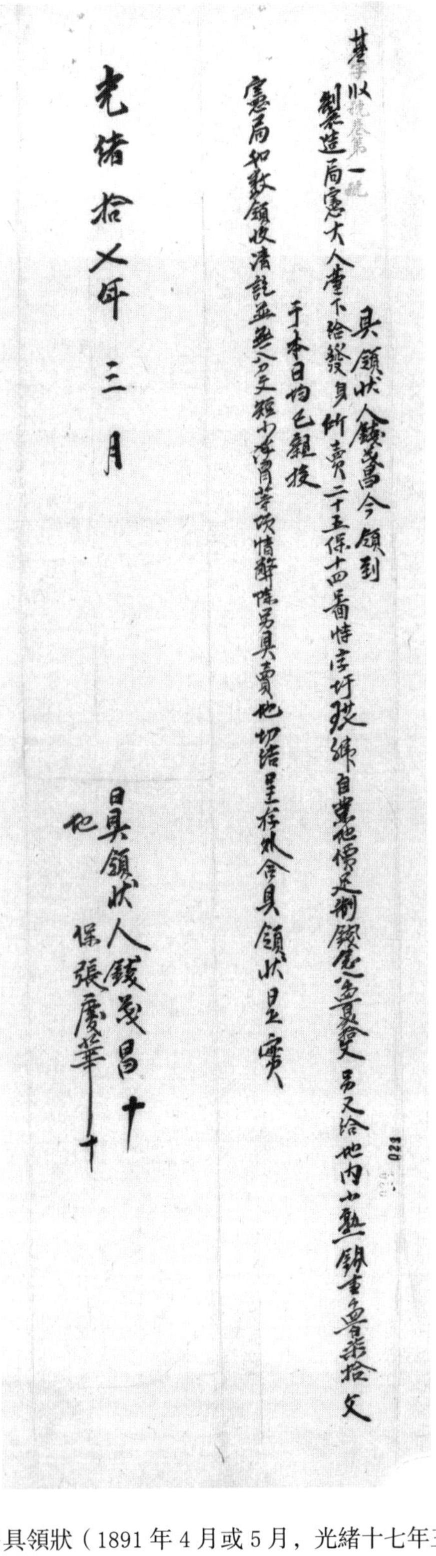
華字收據卷第一號
具領狀人錢茂昌今領到
製造局憲大人臺下給發身價貳二十五保十四圖特字圩號內自業地價足制錢壹百叁文 另又給地內小熟銀重叁拾文
于本日均已親收
憲局如數領收清訖並無人力支雜小等情弊除另具賣地切結呈存外合具領狀呈實
光緒拾柒年 三 月 日具領狀人錢茂昌十
地保張慶華十

錢茂昌具領狀（1891 年 4 月或 5 月，光緒十七年三月）

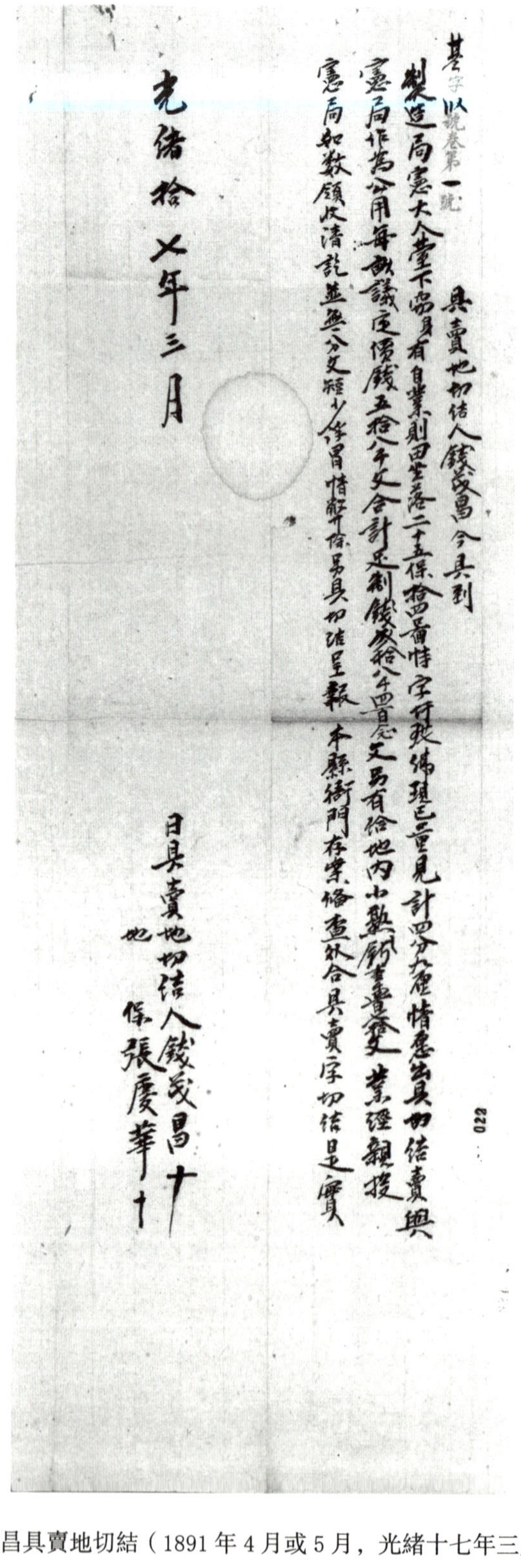

基字卌號卷第一號

具賣地切結人錢茂昌今具到

製造局憲大人臺下，竊身有自業則田壹落二十五保拾四圖特字圩號，佛瑱已量見計四分六厘，情愿出具切結賣與

憲局作爲公用，每畝議定價錢五拾八千文，合計足制錢叁拾八千四百念文，另有給地內小數劈遷費叁文，業經親接

憲局如數領收清訖，並無分文短少，係買情願，所具切結呈報本縣衙門存案備查，外合具賣字切結是實。

光緒拾七年三月　日具賣地切結人錢茂昌十

地保張慶華十

022

錢茂昌具賣地切結（1891 年 4 月或 5 月，光緒十七年三月）

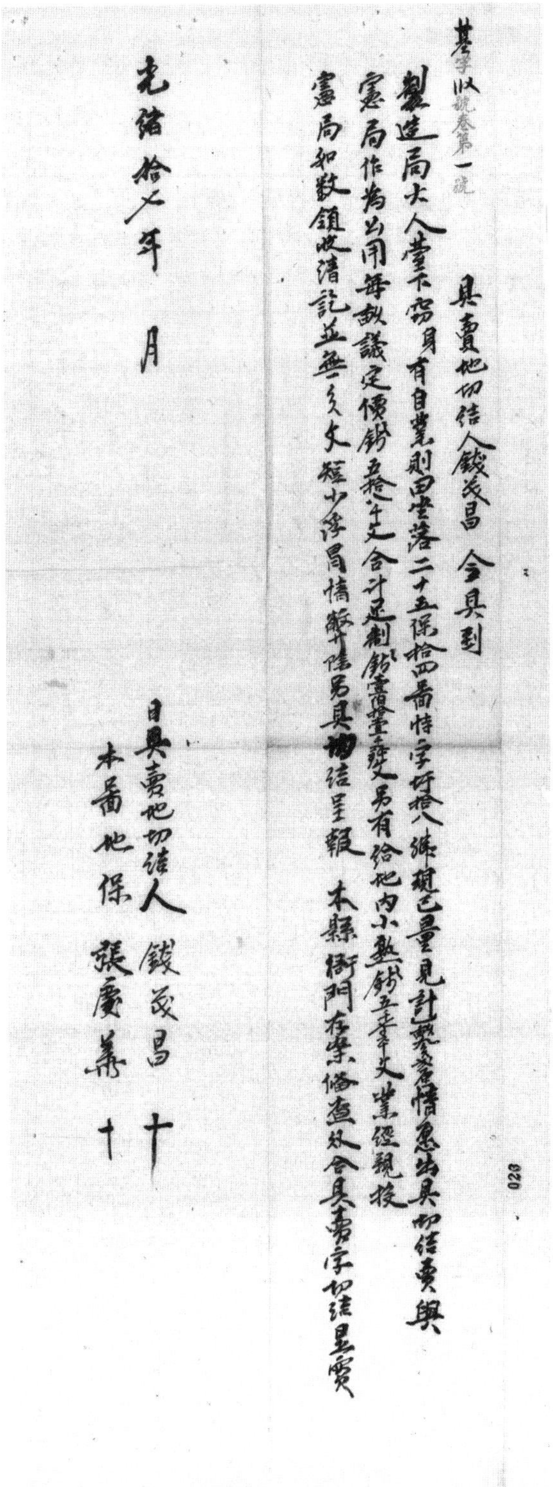

甚字收號卷第一號

具賣地切結人錢茂昌　今具到

製造局大人臺下竊身有自業則田坐落二十五保拾四啚特字圩拾八號現已量見計[illegible]情愿出具切結賣與

憲局作為公用每畝議定價錢五拾千文合計足制錢壹佰[illegible]拾千文另有給地內小墳錢五千文業經親投

憲局如數領收清訖並無分文短少浮冒情弊隱另具切結呈報　本縣衙門存案備查須至具賣字切結是實

日具賣地切結人　錢茂昌　十

本啚地保　張慶義　十

光緒拾七年　月

錢茂昌具賣地切結（1891年，光緒十七年）

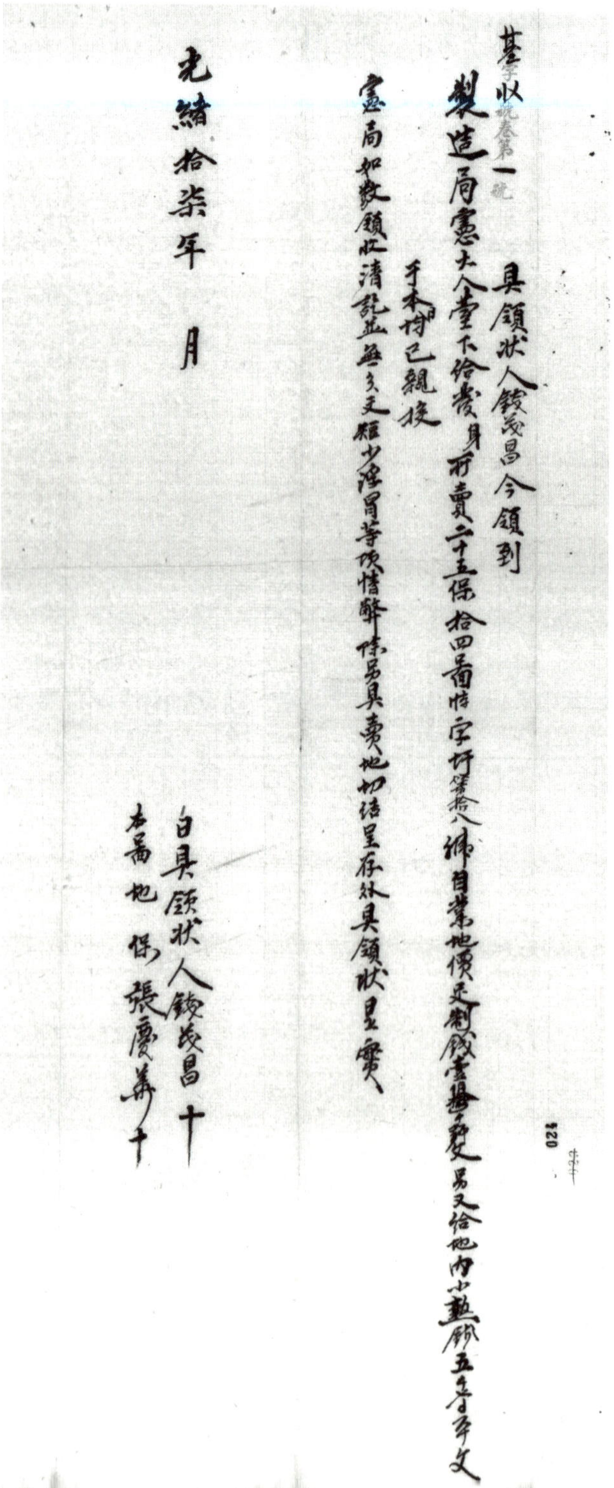

基字收號卷第一號

具領狀人錢茂昌今領到

製造局憲大人臺下給發身所賣二十五保拾四啚陶字圩第拾八號自業地價足制錢壹拾千零文另又給地內小墳錢五千零文

手本均已親收

憲局如數領訖清訖並無分文短少浮冒等項情弊除另具賣地切結呈存外具領狀呈電

光緒拾柒年　月

日具領狀人錢茂昌十

本啚地保張慶義十

錢茂昌具領狀（1891 年，光緒十七年）

基字以號卷第一號

具賣地切結人錢杏村今具到

製造局大人臺下竊身有自業則田坐落二十五保拾四啚情字圩拾八號現已量見計[illegible]情愿出具切結賣與

憲局作為公用每畝議定價錢五拾千文合計足制錢[illegible]文另有給地內小熟麥錢[illegible]拾文業經親接

憲局如數領收清訖並無分文短少浮冒情弊除另具切結呈報本縣衙門存案備查外合具賣字切結是實

光緒拾柒年三月　日具賣地切結人錢杏村十

本啚地保張慶華十

錢杏村具賣地切結（1891年4月或5月，光緒十七年三月）

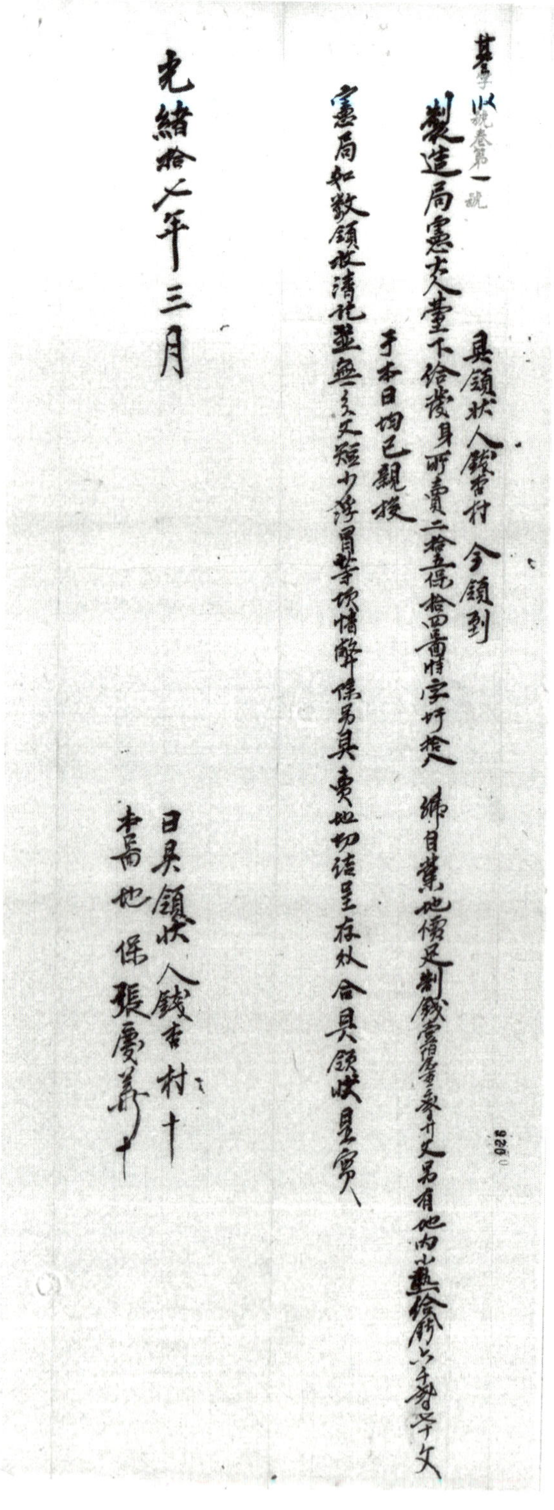
具領狀人錢杏村 今領到
製造局憲大人臺下給發身所賣二拾五保拾四圖情字圩拾入號自業地價足制錢壹佰叁拾叁千文另有地內山墳拾阡六千肆百文
手本日均已親領
憲局如數領收清訖並無短少浮冒等項情弊保另具甘切結呈存此合具領狀是實
光緒拾柒年三月 日具領狀人錢杏村十
本圖地保張慶餘十

錢杏村具領狀（1891 年 4 月或 5 月，光緒十七年三月）

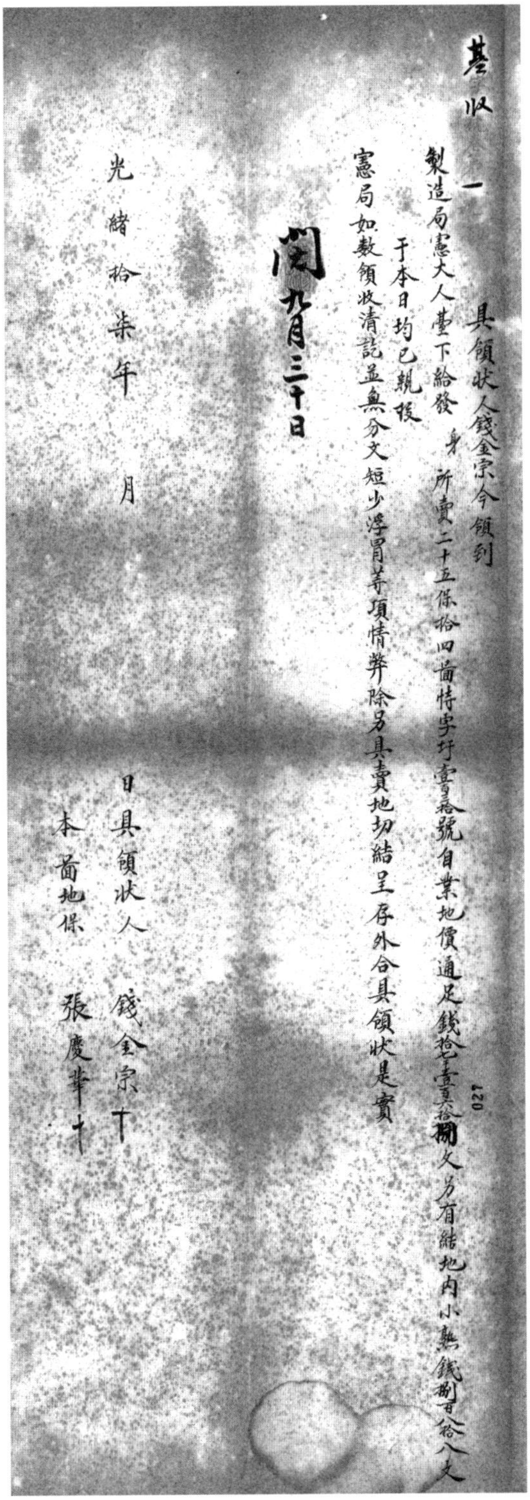
基收

一

具領狀人錢金宗今領到

製造局憲大人臺下給發 身所賣二十五保拾四啚恃字圩壹百叁拾號自業地價通足錢拾弍千壹百陸拾捌文另有結地內小熟錢捌百拾八文

于本日均已親收

憲局如數領收清訖並無分文短少浮冒等項情弊除另具責地切結呈存外合具領狀是實

閏九月三十日

光緒拾柒年　月　日具領狀人　錢金宗　十

本啚地保　張慶華　十

錢金宗具領狀（1891年，光緒十七年）

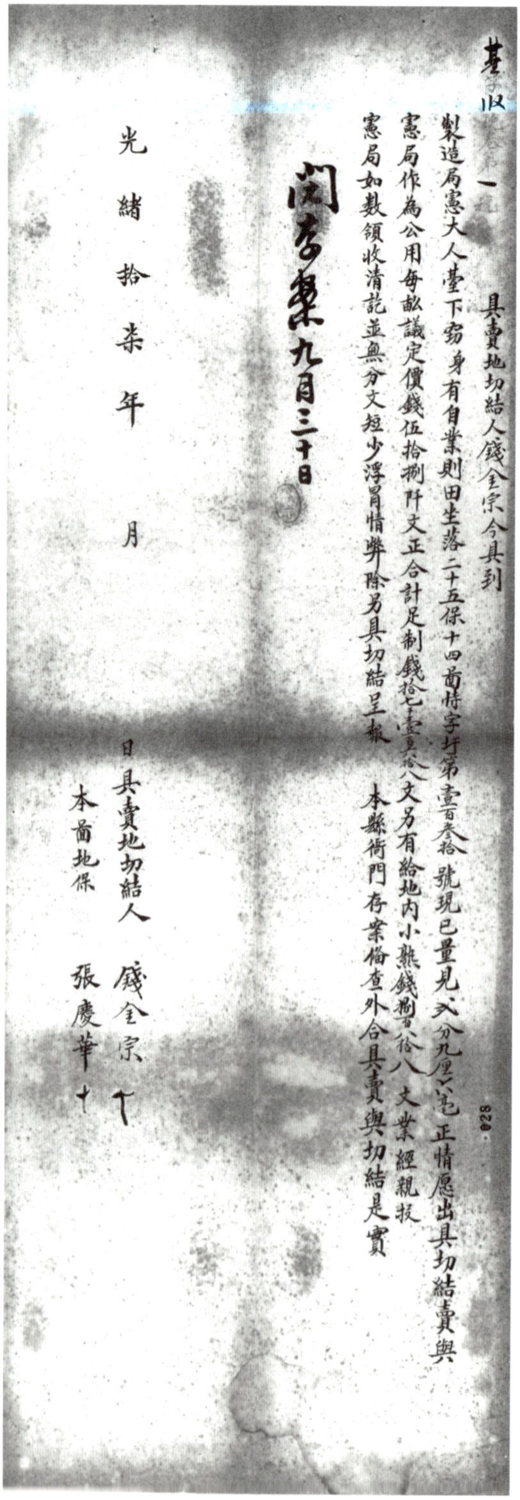
基字収……第一號

具賣地切結人錢金宗今具到

製造局憲大人臺下竊身有自業則田坐落二十五保十四啚恃字圩第壹百叁拾號現已量見弍分九厘六毫正情愿出具切結賣與

憲局作為公用每畝議定價錢伍拾捌仟文正合計足制錢拾七千壹百六拾八文另有給地內小熟錢捌百拾八文業經親投

憲局如數領收清訖並無分文短少浮冒情弊除另具切結呈報本縣衙門存案備查外合具賣與切結是實

閲存案九月三十日

光緒拾柒年　月　日具賣地切結人　錢金宗　十

本啚地保　張慶華　十

028

錢金宗具賣地切結（1891 年，光緒十七年）

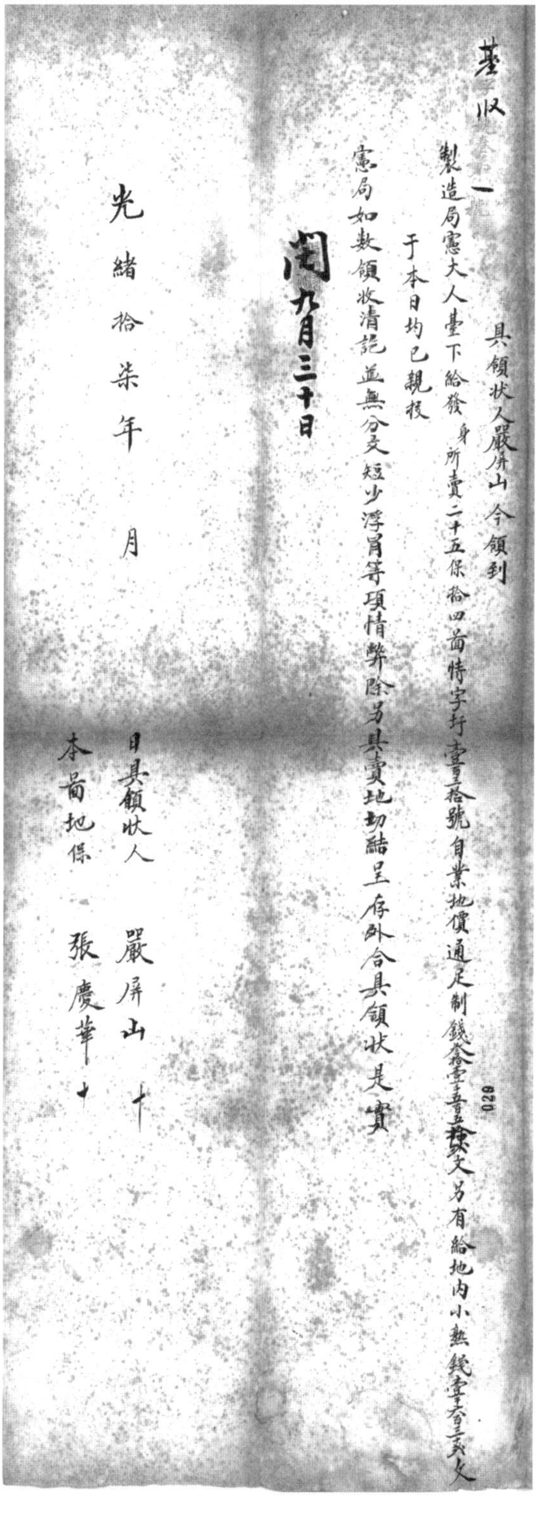

墨收 一

具領狀人嚴屏山今領到

製造局憲大人臺下給發身所賣二十五保拾四啚特字圩壹百拾號自業地價通足制錢叁拾壹千壹百五拾文另有給地内小熟錢壹千叁百三拾文

于本日均已親投

憲局如數領收清訖並無分文短少浮冒等項情弊除另具賣地切結呈存外合具領狀是實

閏九月三十日

光緒拾柒年　月　日具領狀人　嚴屏山　十

本啚地保　張慶華　十

嚴屏山具領狀（1891 年，光緒十七年）

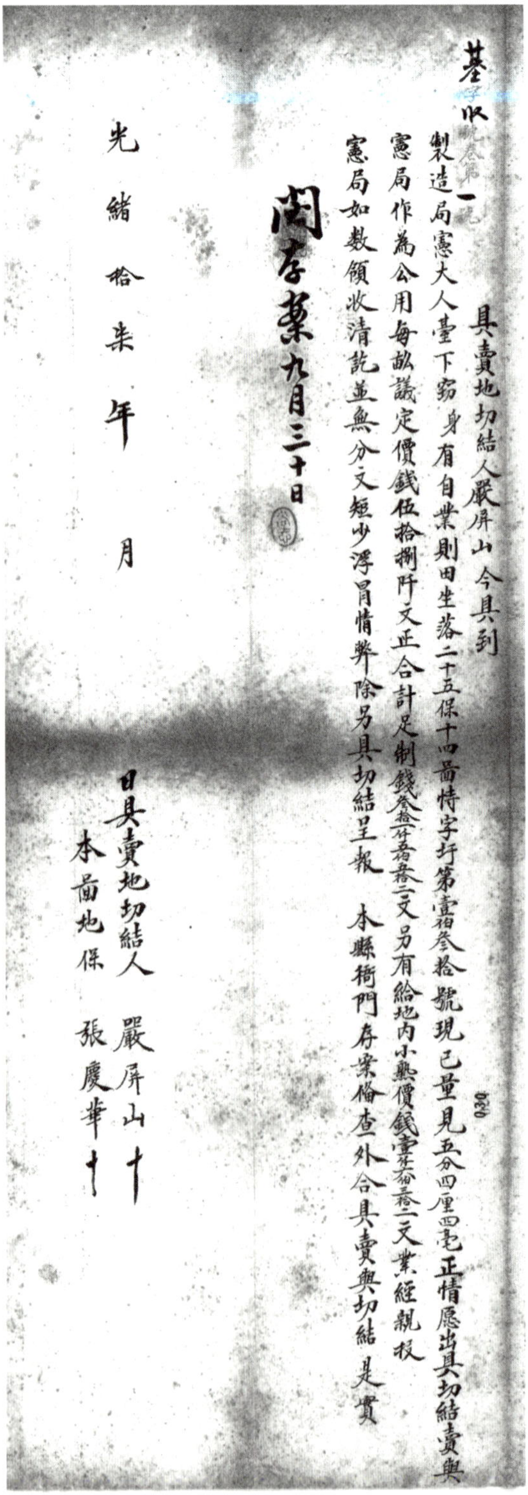

基字收號叁第一號

具賣地切結人嚴屏山今具到

製造局憲大人臺下竊身有自業則田坐落二十五保十四啚恃字圩第壹佰叁拾號現已量見五分四厘四毫正情愿出具切結賣與

憲局作爲公用每畝議定價錢伍拾捌仟文正合計足制錢叁拾仟肆佰肆拾二文另有給地内小熟價錢壹仟伍佰肆拾二文業經親投

憲局如數領收清訖並無分文短少浮冒情弊除另具切結呈報　本縣衙門存案備查外合具賣與切結是實

閱存案　九月三十日

光緒拾柒年　月　日具賣地切結人　嚴屏山　十

本啚地保　張慶華　十

嚴屏山具賣地切結（1891 年，光緒十七年）

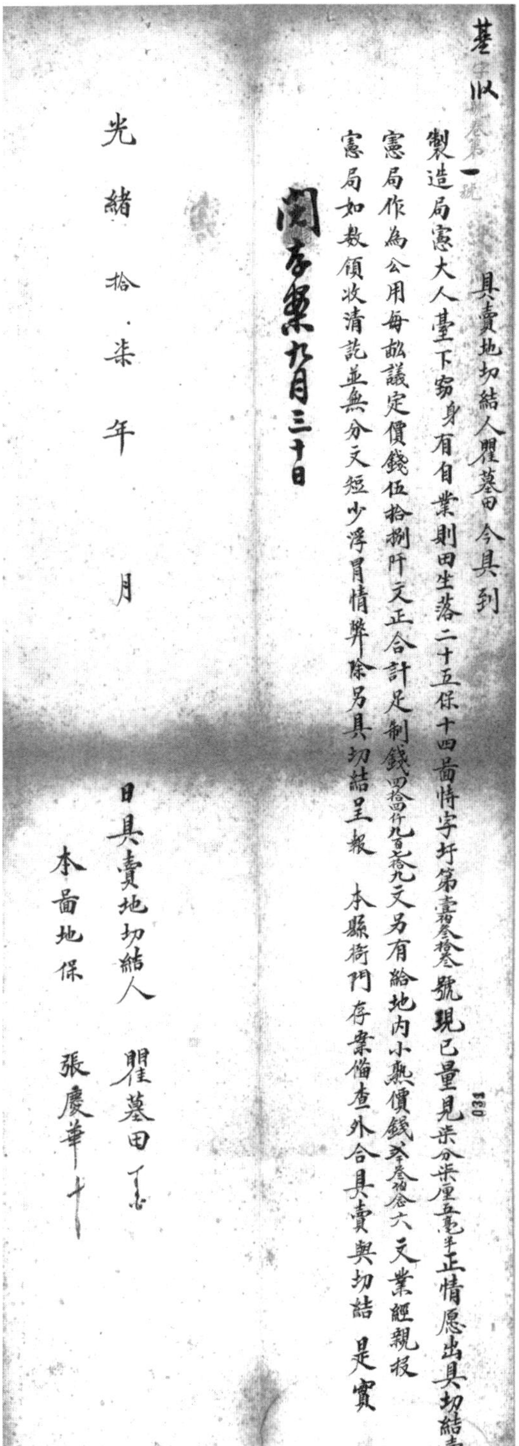

墓字臥號叁第一號

具賣地切結人瞿墓田今具到

製造局憲大人臺下竊身有自業則田坐落二十五保十四啚恃字圩第壹百叁拾叁號現已量見柒分柒厘五毫半正情愿出具切結賣與

憲局作為公用每畝議定價錢伍拾捌仟文正合計足制錢四拾四仟九百叁拾九文另有給地内小熟價錢叁仟叁佰叁拾六文業經親投

憲局如數領收清訖並無分文短少浮冒情弊除另具切結呈報本縣衙門存案備查外合具賣與切結是實

閏存案九月三十日

光緒拾柒年　月　日具賣地切結人　瞿墓田

本啚地保　張慶華

瞿墓田具賣地切結（1891年，光緒十七年）

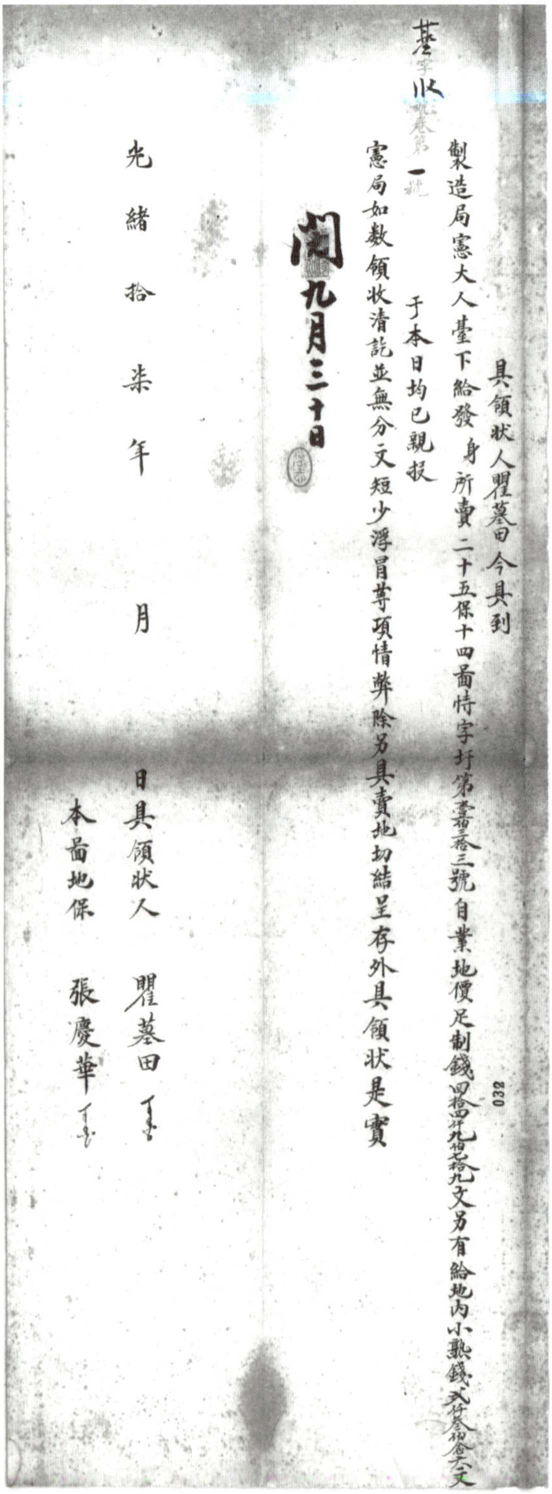

墓字收號卷第一號

具領狀人瞿墓田今具到

製造局憲大人臺下給發身所賣二十五保十四啚恃字圩第壹佰叁拾三號自業地價足制錢四拾四千九百七拾九文另有給地內小熟錢弍仟叁佰叁拾六文

于本日均已親收

憲局如數領收清訖並無分文短少浮冒等項情弊除另具賣地切結呈存外具領狀是實

閱 九月三十日

光緒拾柒年　月　日具領狀人　瞿墓田　押

本啚地保　張慶華　押

032

瞿墓田具領狀（1891 年，光绪十七年）

清代江南機器製造局檔案彙編

基字收執叁第一號

具賣地切結人錢杏村張瑞荣今具到

製造局憲大人臺下窃身有自業則田坐落二十五保拾四畨恃字圩第柒拾玖號現已量見叁分叁厘六毫正情愿出具切結賣與

憲局作為公用每畝議定價錢伍拾仟文正合計足制錢拾陸千捌伯文正業經親投

憲局如數領收清訖並無分文短少浮冒情弊除另具切結呈報本縣衙門存案辦查外合具賣與切結是實

038

光緒拾柒年　月　日

具賣地切結人錢杏村十　張瑞荣十

本畨地保張慶華十

錢杏村、張瑞榮具賣地切結（1891年，光緒十七年）

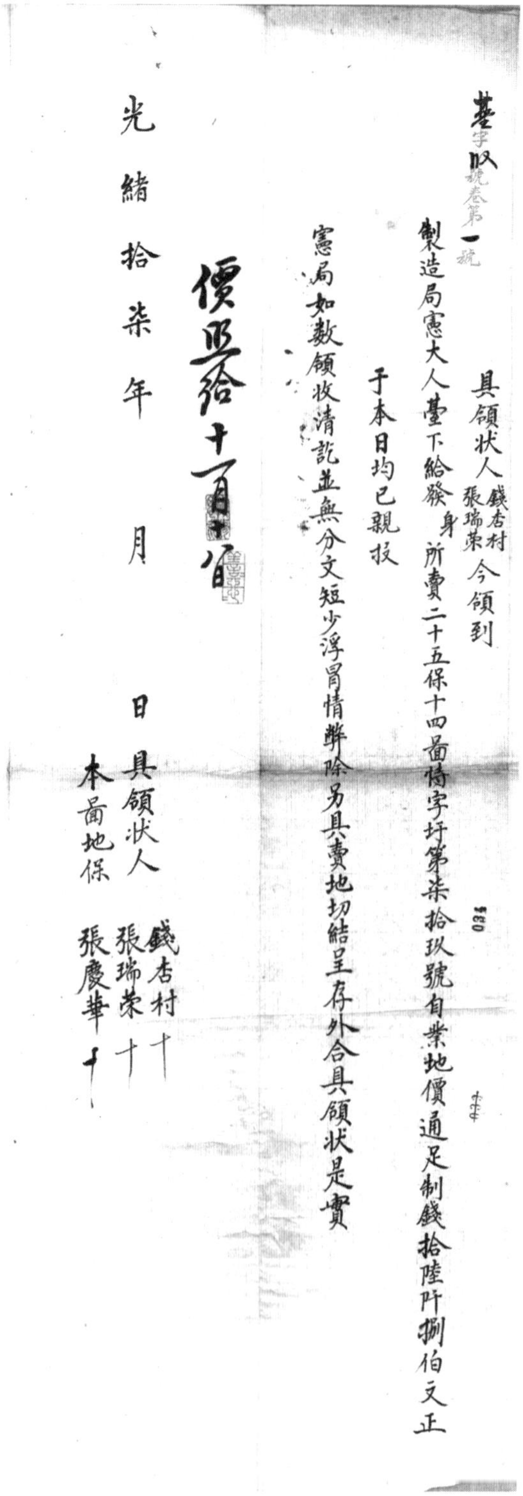

基字叹號卷第一號

具領狀人錢杏村、張瑞榮今領到

製造局憲大人臺下給發身所賣二十五保十四啚恃字圩第柒拾玖號自業地價通足制錢拾陸阡捌伯文正

于本日均已親投

憲局如數領收清訖並無分文短少浮冒情弊除另具賣地切結呈存外合具領狀是實

價照給十月十八日

光緒拾柒年　月　日具領狀人錢杏村十

張瑞榮十

本啚地保張慶華十

錢杏村、張瑞榮具領狀（1891年，光緒十七年）

基字收號卷第一號

具賣地切結人黃增奎今具到

製造局憲大人臺下窃身有自業則田坐落二十五保十四啚恃字圩壹伯叁拾一號現已量見壹分壹厘五毫正情愿出具切結賣與

憲局作爲公用每畝議定價錢伍拾阡文正合計足制錢伍阡柒伯五拾文正業經親收

憲局如數領收清訖並無分文短少浮冒情弊除另具切結呈報本縣衙門存案辦查外合具賣與切結是實

光緒拾柒年　月　日具賣地切結人黃增奎十

本啚地保　張慶華十

黃增奎具賣地切結（1891年，光緒十七年）

荅字收號第一號

具領狀人黃增奎今領到

製造局憲大人臺下給發身所賣二十五保拾四啚恃字圩第壹佰叁拾壹號自業地價通足制錢伍阡柒伯伍拾文正

于本日均已親收

憲局如數領收清訖並無分文短少浮冒等項情弊除另具賣地切結呈存外合具領狀是實

價照給十一月十一日

光緒拾柒年　月　日

具領狀人　黃增奎十

本啚地保　張慶華十

黃增奎具領狀（1891年，光緒十七年）

甚字收號卷第一號

具領狀人王奎奎、顧炳餘、喬吳全、楊大業、楊聚春、楊財全今領到

製造局憲大人臺下給發身所賣念五保十四啚特字圩第九號至九四拾號自業地價

足制錢拾九千叁文，於本月均已親投

憲局如數領收清訖，並無分文短少浮冒等項情弊。除另具責地切結呈存外，合

具領狀是實。

光緒拾六年六月　日具領狀人王奎奎十　顧炳餘十　楊財全十　楊聚春十　楊大業十　喬吳全十

本啚地保張慶華十

王奎奎等具領狀（1890年7月或8月，光緒十六年六月）

具賣地切結王奎奎 顧炳銓 楊財全 楊大業 楊聚春 喬炎金今具到

製造局憲大人臺下竊身有自業則田坐落二十五保拾四啚恃字圩第九號叁拾九號四拾號

現已量見王奎奎 顧炳銓名下田壹厘壹毫 壹分柒厘 楊財全 楊大業名下田捌厘貳毫 五厘五毫 楊聚春 喬炎金名下田陸厘五毫 壹厘柒毫共計肆分情愿出

基字收號卷第一號

具切結賣於

憲局作為公用每畝議定價錢肆拾捌千文計足錢拾玖千貳百文業經親投

憲局如數領收清訖並無分文短少浮冒情弊除另具切結呈報本縣衙門存案備

查外合具此切結是實

光緒拾陸年六月　日具賣地切結人 王奎奎十 顧炳銓 楊財全 楊大業 楊聚春 喬炎金十

本啚地保 張慶華十

038

王奎奎等具賣地切結（1890 年 7 月或 8 月，光緒十六年六月）

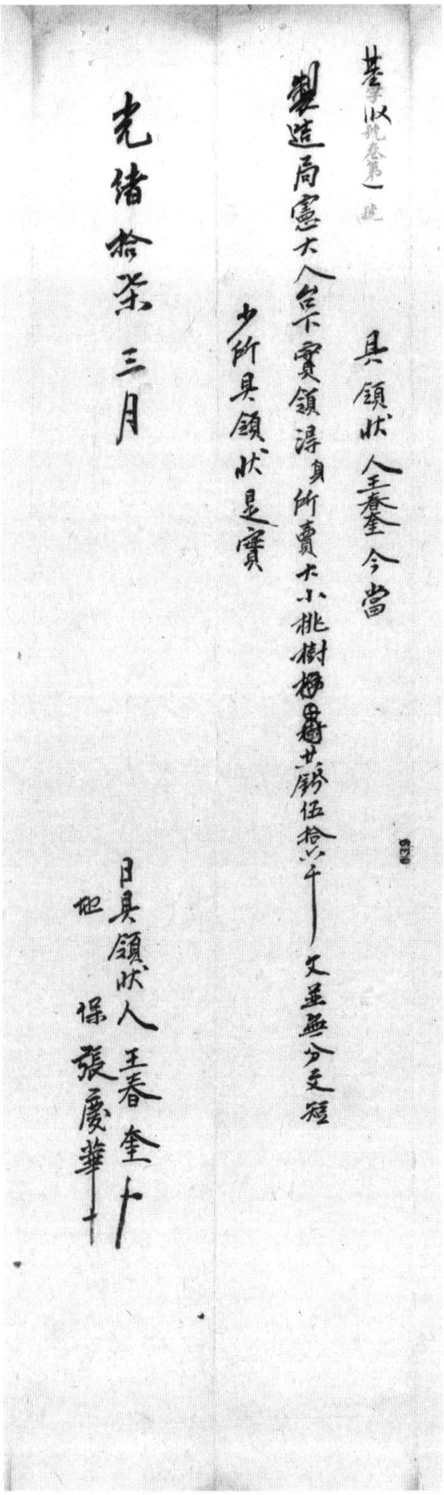
基字〡〤號卷第一號

具領狀人王春奎今當

製造局憲大人台下實領得身所賣大小桃樹梅樹共錢伍拾六千文並無分文短少所具領狀是實

光緒拾柒年三月　日具領狀人王春奎十

地保張慶華十

王春奎具領狀（1891年4月或5月，光緒十七年三月）

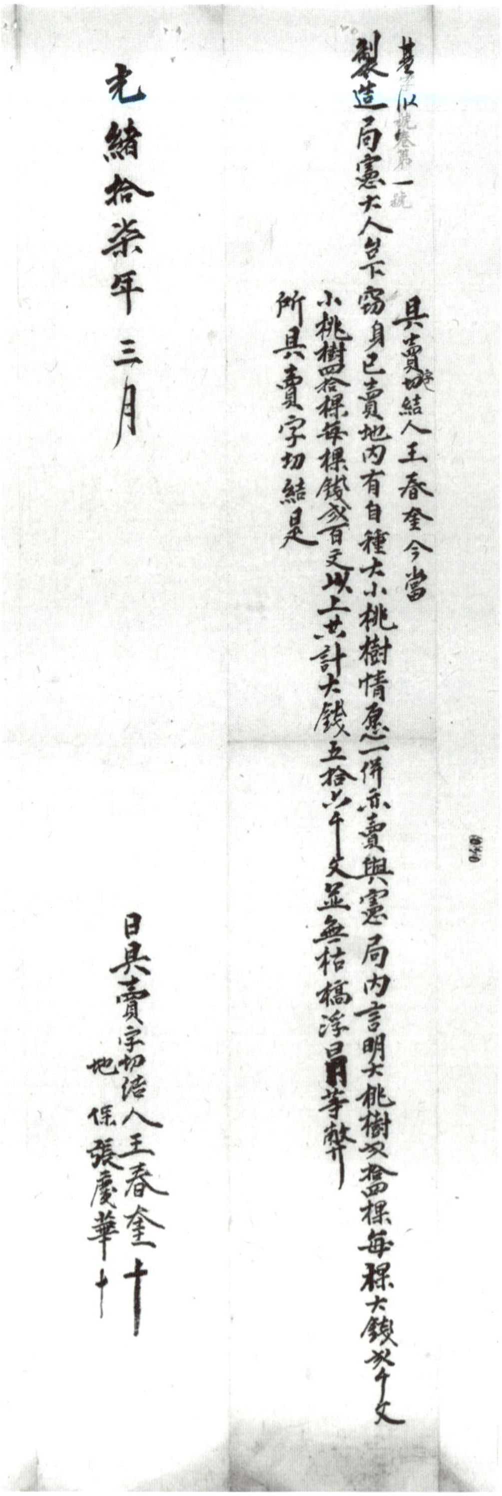

具賣字切結人王春奎今當

製造局憲大人台下窃身已賣地內有自種大小桃樹情愿一併亦賣與憲局內言明大桃樹叁拾四棵每棵大錢叁千文

小桃樹四拾棵每棵錢叁百文以上共計大錢五拾六千文並無枯槁浮冒等弊

所具賣字切結是實

光緒拾柒年三月　日具賣字切結人王春奎　十

地保張慶華　十

王春奎具賣字切結（1891 年 4 月或 5 月，光緒十七年三月）

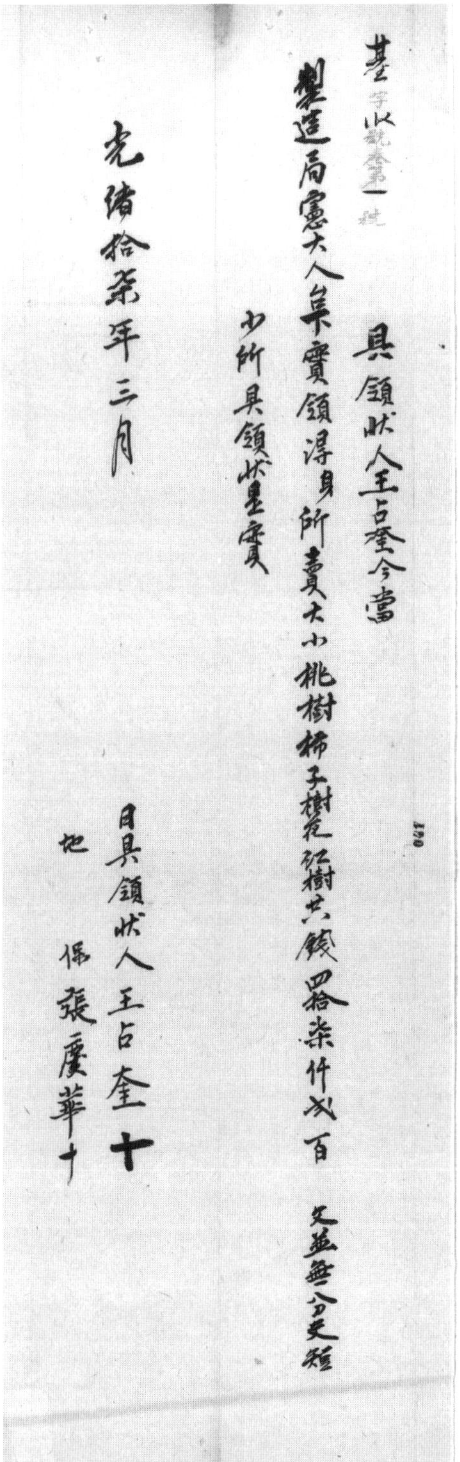

基字收欵本第一號

具領狀人王占奎今當

製造局憲大人案下賣領得身所賣大小桃樹柿子樹花紅樹共錢四拾柒仟弍百文並無分文短

少所具領狀是實

光緒拾柒年三月　日具領狀人王占奎　十

地保　張慶華　十

王占奎具領狀（1891年4月或5月，光緒十七年三月）

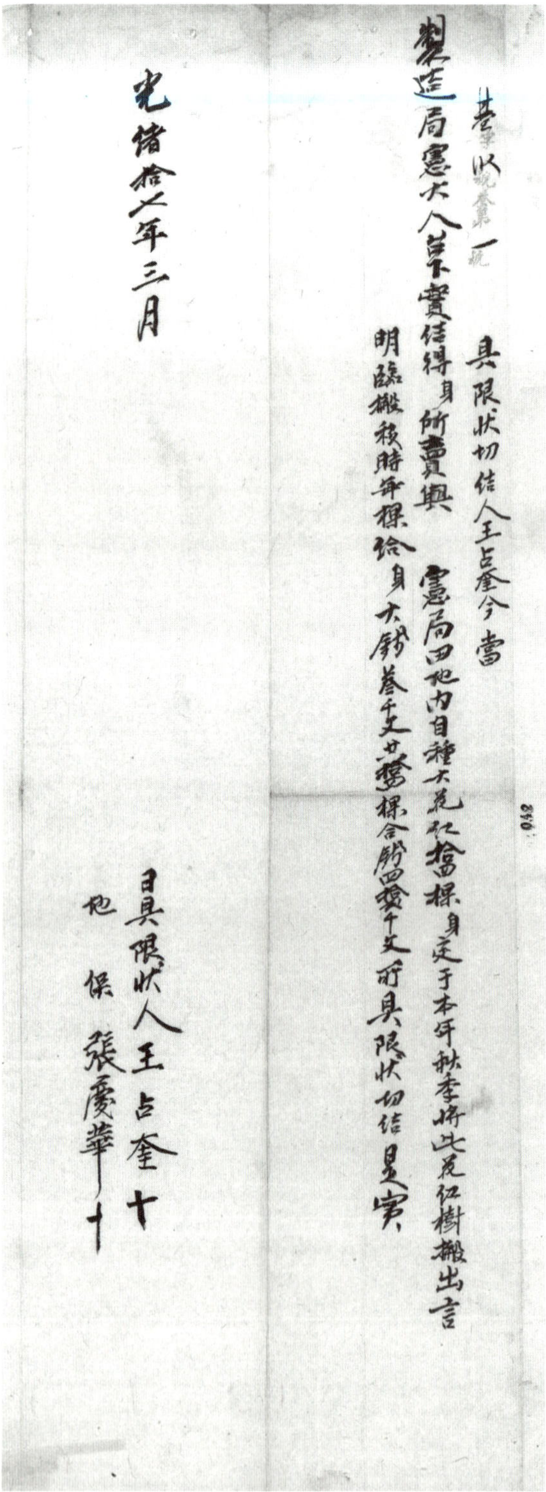

共字收叁第一號

具限狀切結人王占奎今當

製造局憲大人臺下實結得身所賣與 憲局田地內自種大花紅拾四棵身定于本年秋季將此花紅樹搬出言

明臨搬移時每棵給身大錢叁千文共拾肆棵合錢肆拾貳千文所具限狀切結是實

光緒拾七年三月

日具限狀人王占奎 十

地保 張慶華 十

王占奎具限狀切結（1891 年 4 月或 5 月，光緒十七年三月）

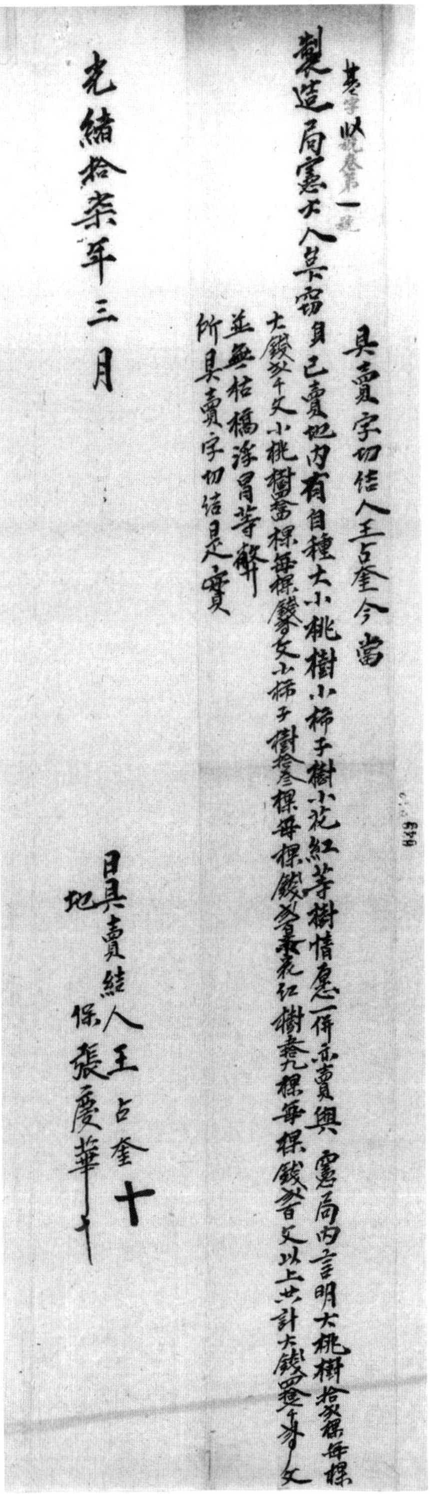

孝字收號卷第一號

具賣字切結人王占奎今當

製造局憲大人台前自己賣地內有自種大小桃樹小柿子樹小花紅等樹情愿一併出賣與

憲局內言明大桃樹拾叁棵每棵

大錢叁千文小桃樹貳棵每棵錢叁文小柿子樹拾叁棵每棵錢叁百五花紅樹叁拾九棵每棵錢叁百文以上共計大錢叁拾叁千叁百文

並無枯槁滲冒等弊

所具賣字切結是實

光緒拾柒年三月　日具賣結人王占奎　十

地保張慶華　十

王占奎具賣字切結（1891 年 4 月或 5 月，光緒十七年三月）

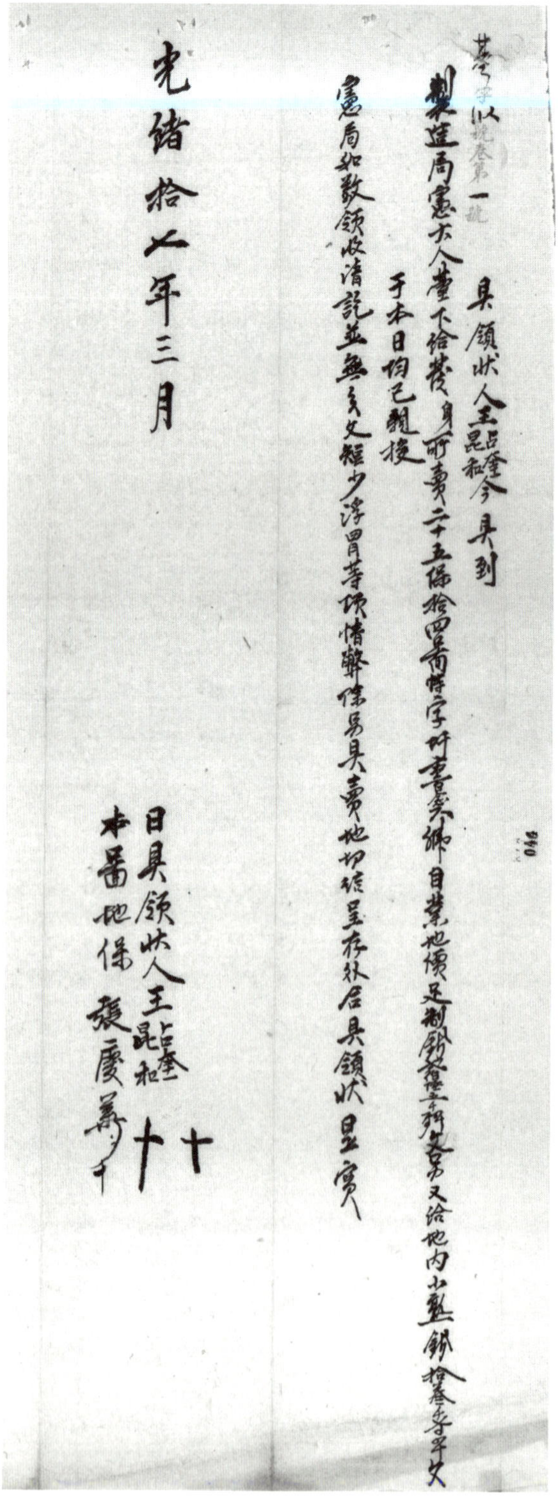

具領狀人王占奎、王昆和，今具到

製造局憲大人臺下給發身所賣二十五保拾四啚□字圩□□號自業地價足制錢□□□千□百□□文，又給地內小墳錢拾叁千□□文

手本日均已親接

憲局如數領收清訖，並無分文短少浮冒等項情弊，除另具賣地切結呈存外，合具領狀呈實。

光緒拾七年三月　日具領狀人王占奎　十
王昆和　十
本啚地保張慶[illegible]　十

王占奎、王昆和具領狀（1891 年 4 月或 5 月，光緒十七年三月）

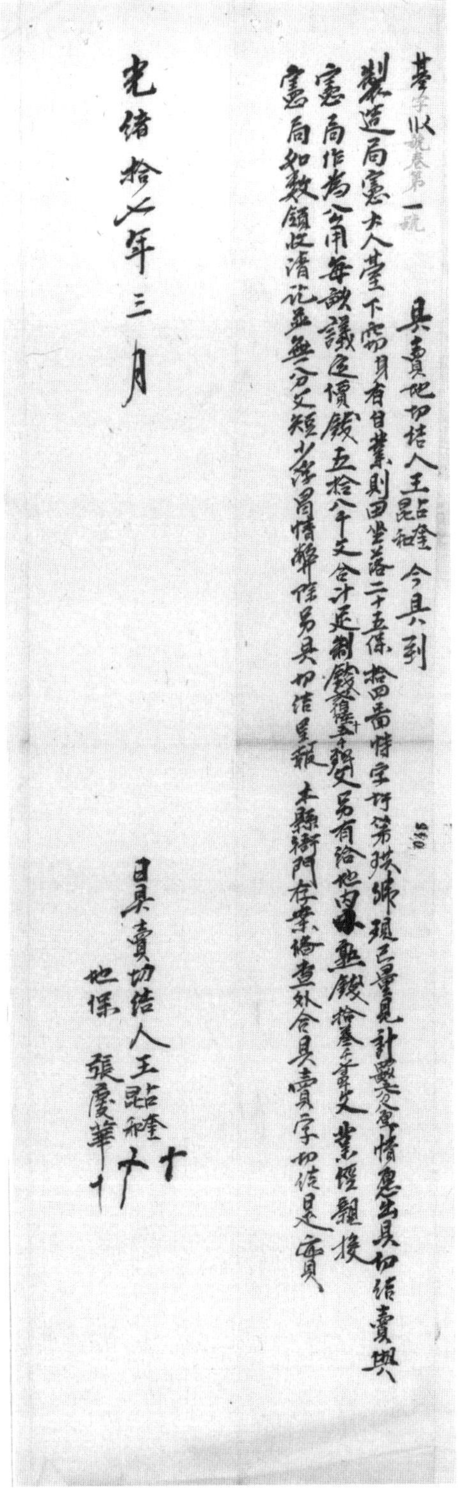

具賣地切結人王占奎、王昆和，今具到
製造局憲大人臺下，竊身有自業則田坐落二十五保十四啚特字圩第[illegible]號，現已量見計畝[illegible]，情愿出具切結賣與
憲局作為公用，每畝議定價錢五拾八千文，合計正制錢[illegible]文，另有給地內[illegible]遷錢拾[illegible]文，業經親接
憲局如數領收清訖，並無分文短少，亦無情弊，除另具切結呈報本縣衙門存案備查外，合具賣字切結是實。

光緒拾柒年三月　日具賣切結人王占奎十
王昆和十
地保張慶華十

王占奎、王昆和具賣地切結（1891 年 4 月或 5 月，光緒十七年三月）

江南製造總局

二十六、江南製造局修築川沙白龍港炮臺的地租及材料等有關文書

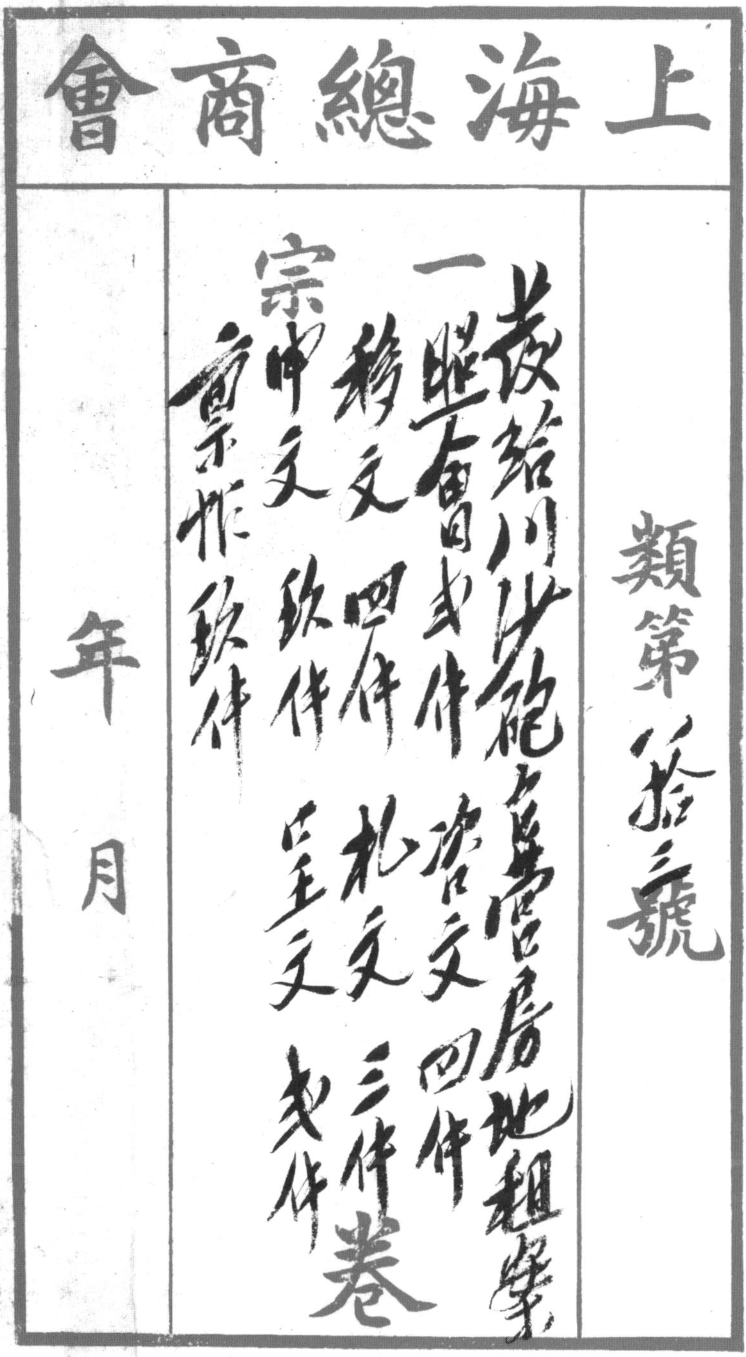

上海總商會

類第八拾三號

發給川沙砲臺營房地租案卷

一照會弍件 咨文四件

移文四件 札文三件

宗申文玖件 呈文弍件

稟示批玖件

年 月

001

上海總商會第八十三號發給川沙炮臺營房地租案卷封面（時間不詳）

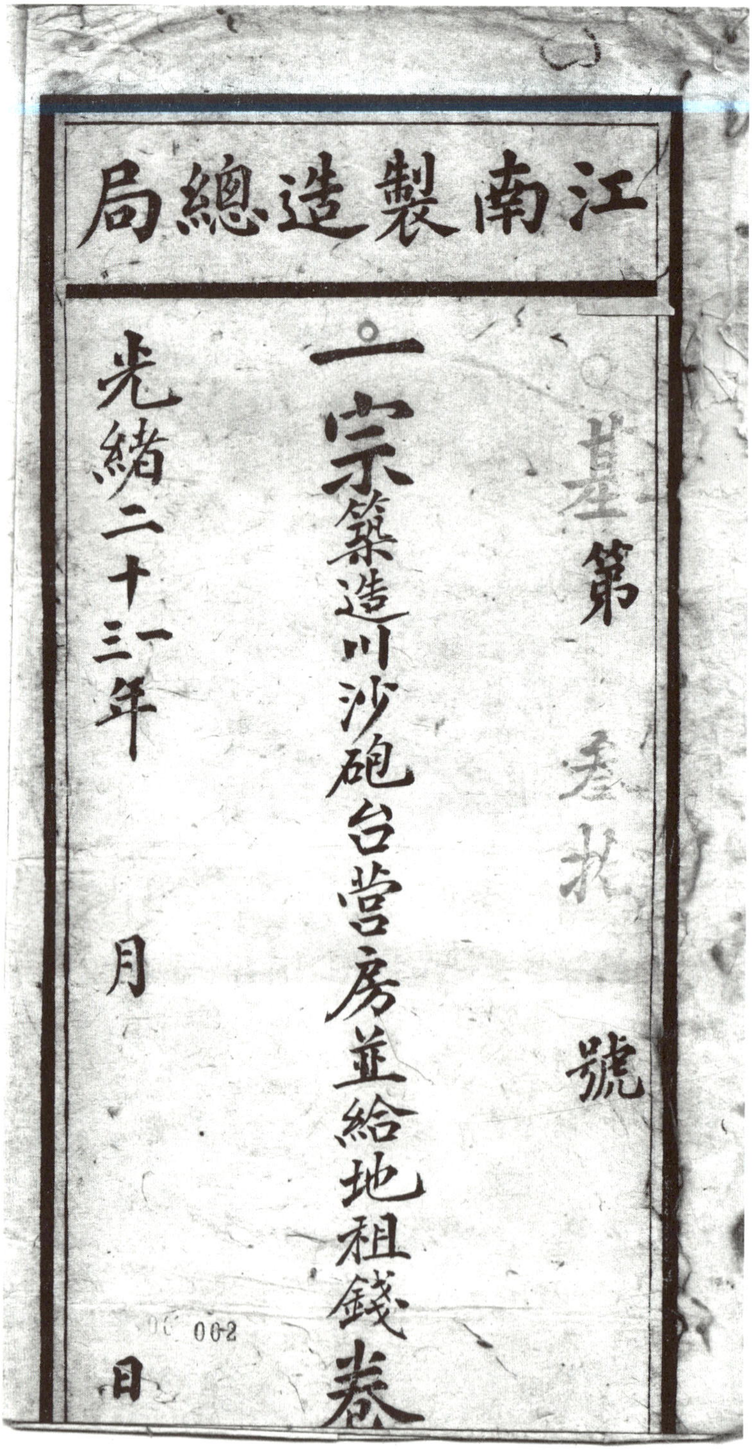
江南製造總局

基第叁拾號

一宗築造川沙砲台營房並給地租錢卷

光緒二十三年　月　日

江南製造總局基字第三十號築造川沙炮臺營房並給地租錢案卷封面（1895—1897年，光緒二十一年—光緒二十三年）

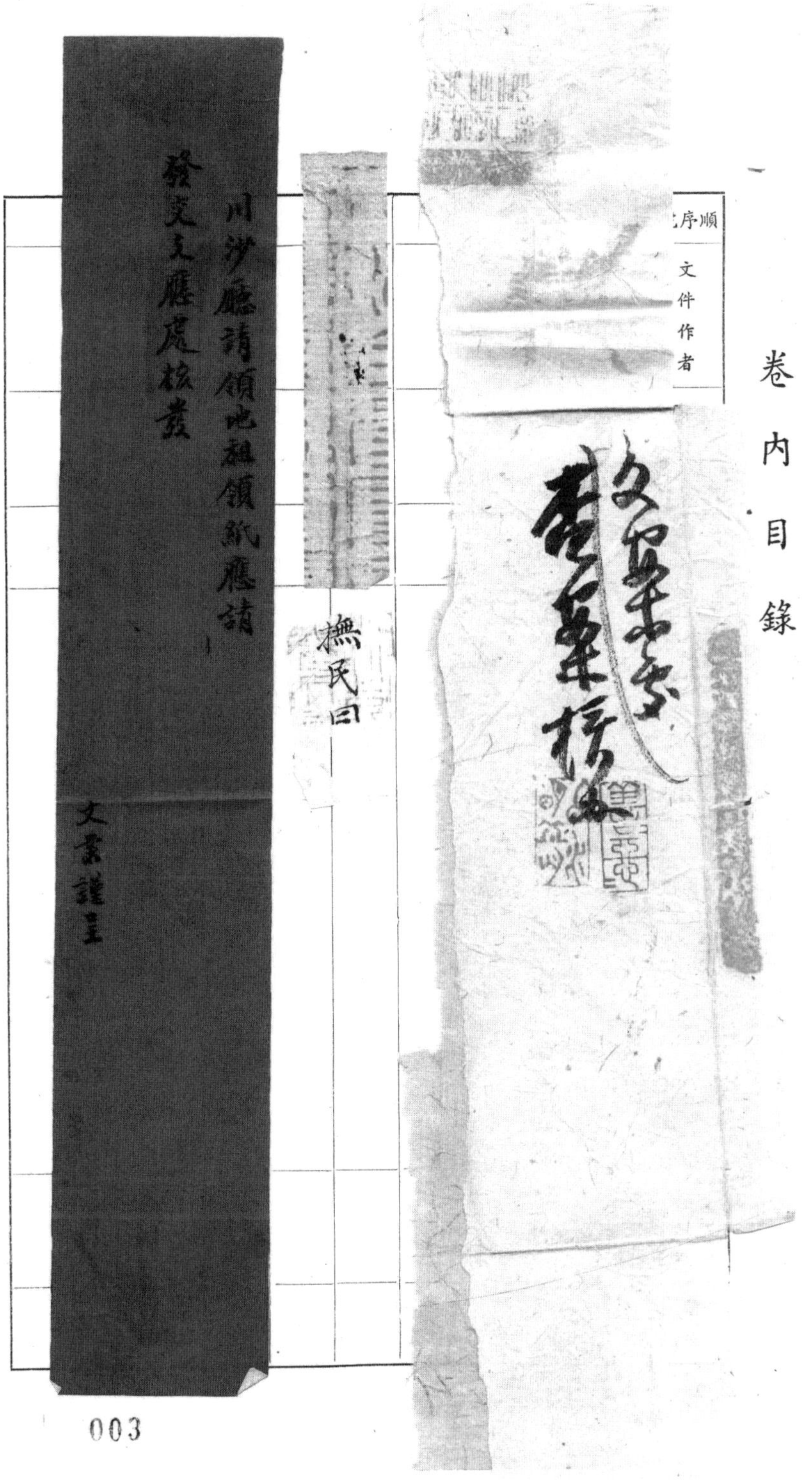
川沙廳請領地租領紙應請
發交支應處核發
文案謹呈
撫民
003

江南製造總局文案處爲川沙廳請領地租領紙應請發交支應處核發事簽條（時間不詳）

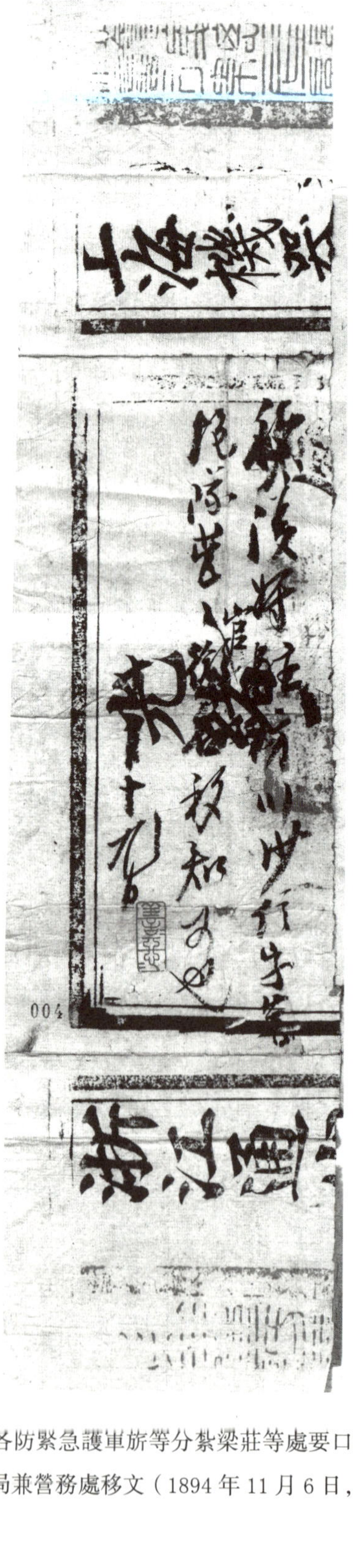

浙江通省海防營務處爲移知各防緊急護軍旂等分紮梁莊等處要口請飭取貴省駐防處所營移官銜名移還備案事致上海機器局兼營務處移文（1894 年 11 月 6 日，光緒二十年十月初九日）

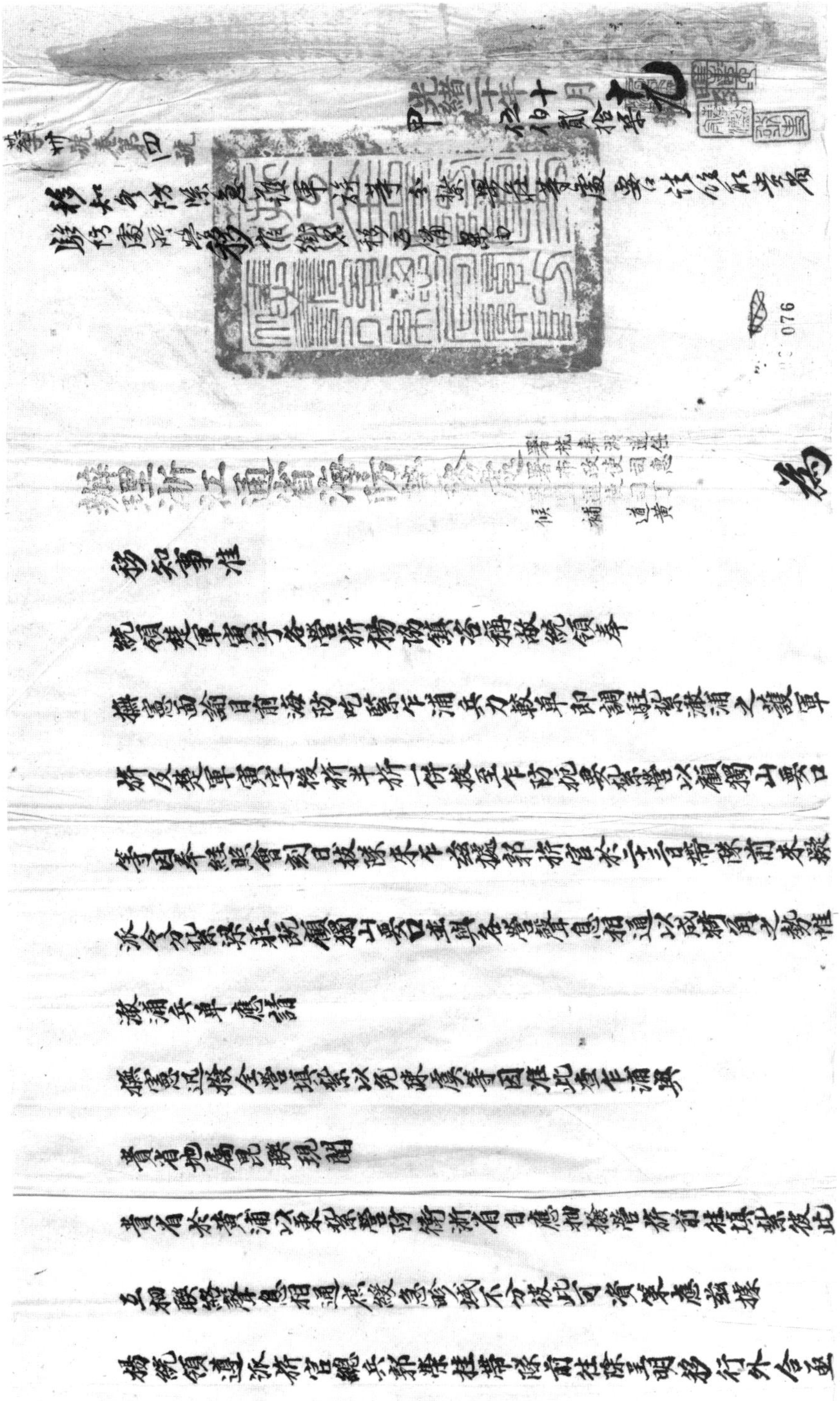

浙江通省海防營務處爲移知各防緊急護軍旂等分紮梁莊等處要口請飭取貴省駐防處所營移官銜名移還備案事致上海機器局兼營務處移文（1894年11月6日，光緒二十年十月初九日）

移知為此合移

貴局請煩查照並請飭取

貴省駐防處所營官銜名移還備查施行須至移者

右　　　　　　　　　　移

上海機器局兼營務處

光緒二十年十月初九日

浙江通省海防營務處爲移知各防緊急護軍旂等分紥梁莊等處要口請飭取貴省駐防處所營移官銜名移還備案事致上海機器局兼營務處移文（1894 年 11 月 6 日，光緒二十年十月初九日）

江南籌防總局爲咨復白龍港炮臺工料銀兩業經劃交支應局撥還歸墊事致咨江南機器製造總局咨文（1896年11月4日，光緒二十二年九月二十九日）

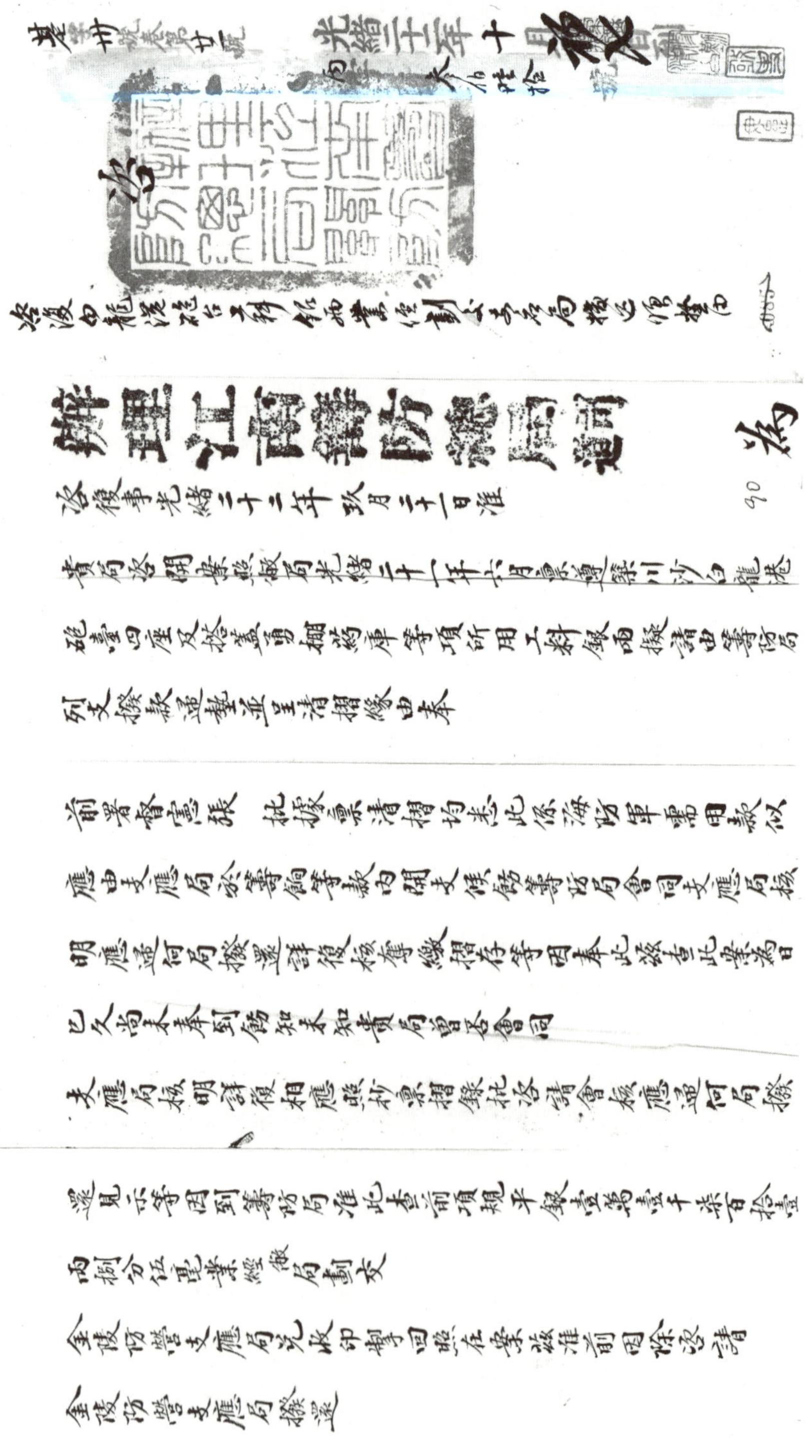

咨復白龍港砲台工料銀兩業經劃交支應局撥還歸墊由

辦理江南籌防總局司道 為

咨復事光緒二十二年玖月二十一日准

貴局咨開案照敝局光緒二十一年六月稟遵築川沙白龍港

砲臺四座及搭蓋勇棚葯庫等項所用工料銀兩擬請由籌防局

列支撥款還墊並呈清摺緣由奉

前署督憲張 批據稟清摺均悉此係海防軍需用款似

應由支應局於籌餉等款內開支候飭籌防局會同支應局核

明應還何局撥還詳復核奪繳摺存等因奉此茲查此案為日

已久尚未奉到飭知未知貴局曾否會同

支應局核明詳復相應照抄稟摺錄批咨請會核應還何局撥

還見示等因到籌防局准此查前項規平銀壹萬壹千柒百拾壹

兩捌分伍釐業經敝局劃交

金陵防營支應局兑收印製回照在案茲准前因除咨請

金陵防營支應局撥還

江南籌防總局為咨復白龍港炮臺工料銀兩業經劃交支應局撥還歸墊事致江南機器製造總局咨文（1896 年 11 月 4 日，光緒二十二年九月二十九日）

貴局遥塾外相應咨復爲此合咨

貴局請煩查照施行須至咨者

右

咨

江南機器製造總局

光緒二十二年玖月二十九日咨

金陵防營支應局撥還建築白龍港砲台等用款規銀壹萬壹千柒百拾壹兩八分五毫已於十月初五日由源豐潤劃來款票已經照數收賬此復

十月十四日支應處具

江南籌防總局爲白龍港炮臺工料銀兩業經劃交支應局撥還歸墊事致江南機器製造總局咨文

（1896年11月4日，光緒二十二年九月二十九日）

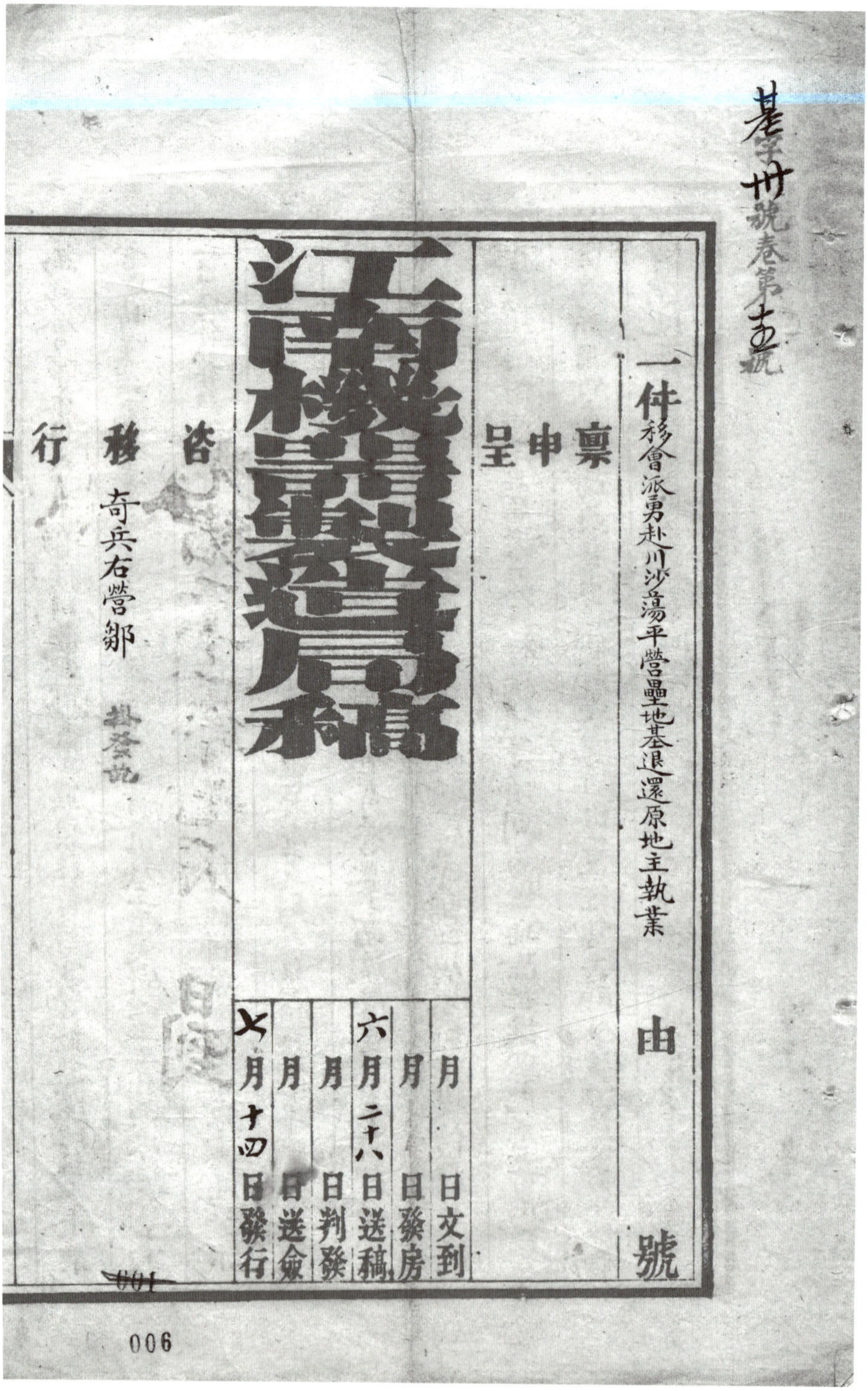

差字卅號卷第十五號
一件移會派勇赴川沙蕩平營壘地基退還原地主執業 由 號
稟
申
呈
咨
移
行
江南機器製造局稿
奇兵右營鄒
月 日文到
月 日發房
六月二十八日送稿
月 日判發
月 日送僉
七月十四日發行
006

江南機器製造局爲移會派勇赴川沙蕩平營壘地基退還原地主執業事致奇兵右營管帶鄒理堂移文稿（1895年8月14日，光緒二十一年六月二十四日）

為移會事本年六月十五日據川沙廳陳丞家熊稟称奇兵營營盤操場地租上年築營之時經該處董事會營議定每年每畝租價錢三千文定以三九月兩次給發本年三月應發春租經卑職將該營租價彙同砲營應給地租併案開摺稟蒙憲局批示其時正值上忙啟徵各業户等候不及紛紛赴營及到廳懇領租價卑職不得已將兩營應給地租先行籌墊給領在案茲查奇營業已回滬營房尚未拆卸營壘亦未蕩平稟祈催令奇兵營鄒管帶趕將營壘蕩平竹木拆下變價歸墊地租如有盈餘解還憲局不敷再行補領等情到局據此除批據稟已悉奇兵營營房所用竹木等項亟應由該廳就地變價出售一經售去即令（由奇）該營派勇蕩平營壘地基退還原地主執業此繳批發外相應移會為此合移

江南機器製造局爲移會派勇赴川沙蕩平營壘地基退還原地主執業事致奇兵右營管帶鄒理堂移文稿（1895 年 8 月 14 日，光緒二十一年六月二十四日）

貴管帶煩爲查照一俟川沙廳將竹木等項變價售去即派哨弁率領勇丁

前往蕩平營壘以便退還地基望切施行須至移者

光緒二十一年六月　廿四　日

典良

江南機器製造局爲移曾派勇赴川沙蕩平營壘地基退還原地主執業事致奇兵右營管帶鄒理堂移文稿（1895年8月14日，光緒二十一年六月二十四日）

一品頂戴江蘇候補道潘

[illegible]

補用道[illegible]候補府[illegible]

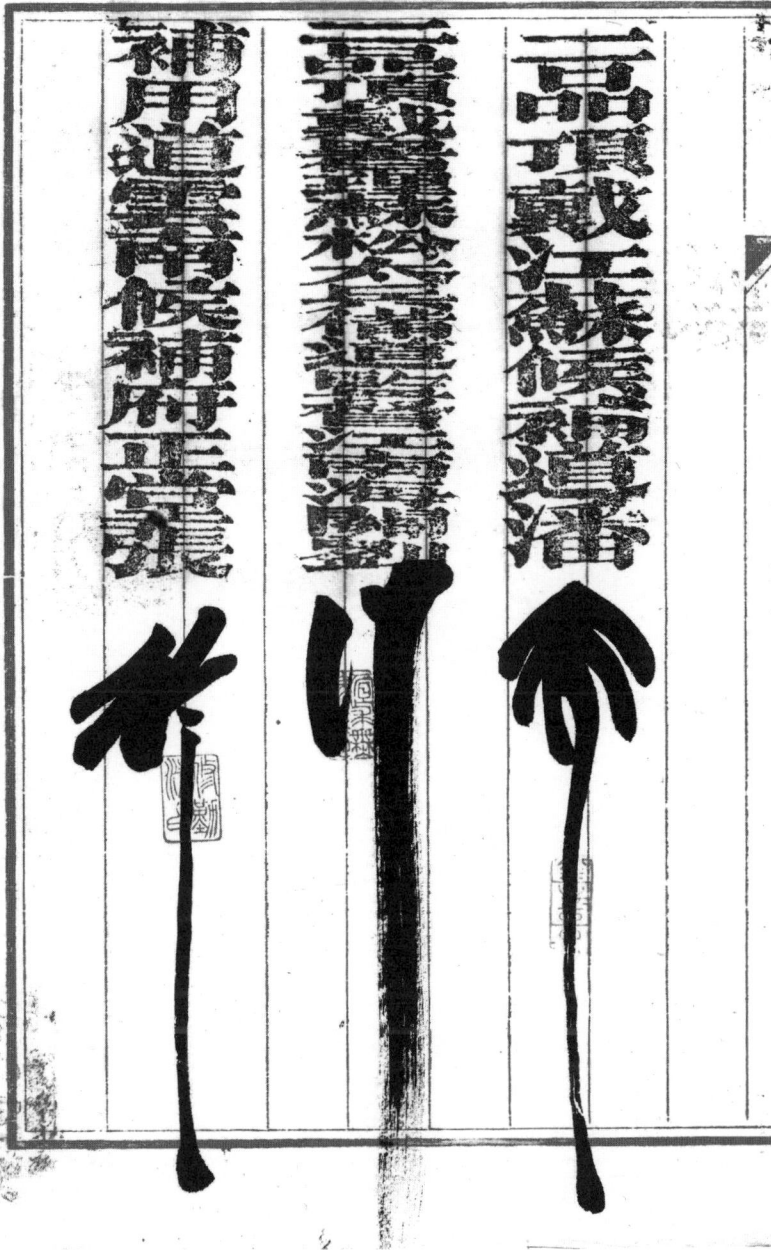

江南機器製造局爲移會派勇赴川沙蕩平營壘地基退還原地主執業事致奇兵右營管帶鄒理堂移文稿（1895 年 8 月 14 日，光緒二十一年六月二十四日）

是字卅號春第十八號

一件照會川沙砲隊營光緒二十二年春季地租錢文請飭差來局照領由

號

稟
申
呈

江南機器製造局爲

咨
照會
特用府川沙撫民府陳
行

月日文到	月日發房	六月初四日送稿	月日判發	月日送僉	月初七日發行

附川沙同知申文一件，丙號，照領一紙

008

江南機器製造局爲照會川沙炮隊營光緒二十二年春季地租錢文請飭差來局照領事致川沙同知陳家熊照會稿（1896年7月14日，光緒二十二年六月初四日）

為照會事案准
貴廳文開切照砲隊營地租每忙應給錢二十三千八百六十五文前經稟明三九月給發茲
據業戶朱文榮等請給光緒二十二年春季地租錢文前來理合具文申請仰祈鑒賜
核發等因准此查川沙砲隊營地租前經發至光緒二十一年秋季止在案茲准來文
自應將二十二年春季租錢二十三千八百六十五文照案發給除印領存查外相應照
覆為此照會
貴廳煩為查照飭差赴本局支應處領回轉給施行須至照會者

江南機器製造局爲川沙炮隊營光緒二十二年春季地租錢文請飭差來局照領事致川沙同知陳家熊照會稿（1896 年 7 月 14 日，光緒二十二年六月初四日）

光緒二十二年六月初四日

009 ~~004~~

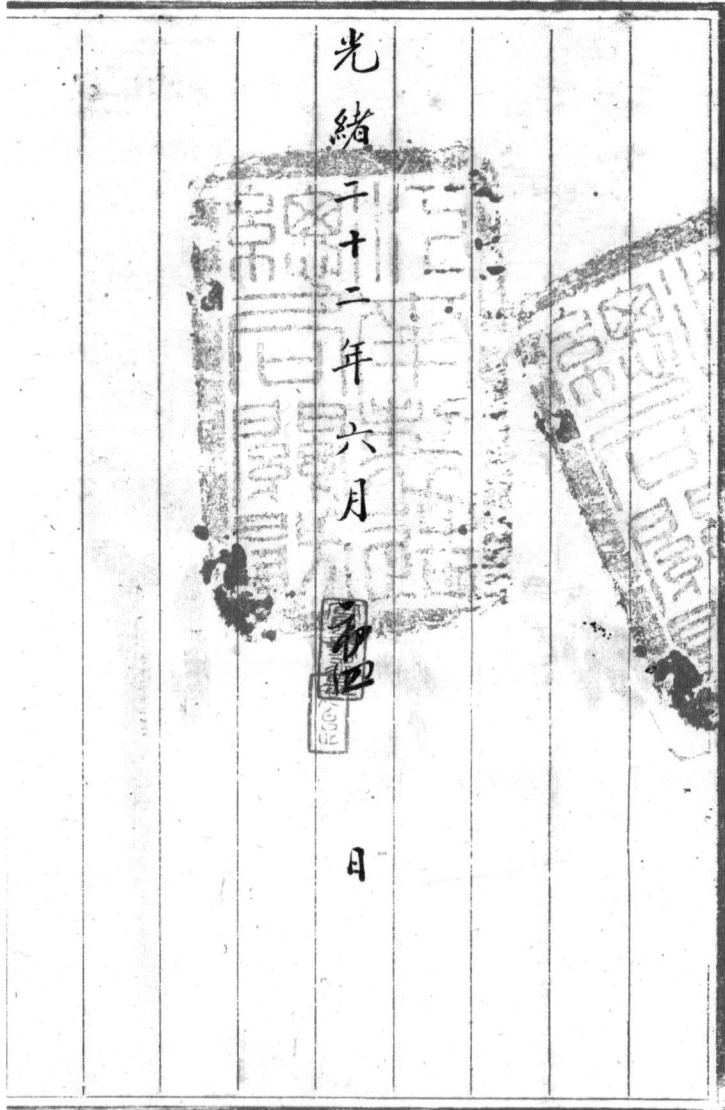

江南機器製造局爲照會川沙炮隊營光緒二十二年春季地租錢文請飭差來局照領事致川沙同知陳家熊照會稿（1896 年 7 月 14 日，光緒二十二年六月初四日）

二品頂戴江蘇即補道劉

江南機器製造局爲照會川沙炮隊營光緒二十二年春季地租錢文請飭差來局照領事致川沙同知陳家熊照會稿（1896 年 7 月 14 日，光緒二十二年六月初四日）

甚字廿號卷第九號

一件稟明遵飭運回川沙所設砲位擬將砲台葯房一併拆卸租地給還請示祇遵由 號

稟 兩江督憲劉 照發

申

呈

江南機器製造局稿

咨

務

行

月 日文到

月 日發房

六月十一日送稿

月 日判發

月 日送僉

月十四日發行

~~005~~

010

江南機器製造局爲稟明遵飭運回川沙所設炮位擬將炮臺藥房一并拆卸租地給還請示祇遵事致兩江總督劉坤一稟文及兩江總督劉坤一批復（1896 年 7 月 21 日、8 月 8 日，光緒二十二年六月十一日、六月二十九日）

敬稟者竊職局前稟川沙砲台駐勇裁撤後擬將砲位仍運回局並遵移滬軍營派勇看
守砲台葯房由旋奉
前署大臣張　批開據稟已悉仰即轉移遵照繳等因奉此遵即移會蘇松太道暨
滬軍營遵照辦理旋經滬軍營派撥營勇前往川沙駐紮看守在案伏查該處原設
一百磅子快砲二尊一百四十磅子阿姆斯脫郎砲二尊年前運往之時以途次間隔小港數
道而鄉間橋梁單薄不能任重當經酌量修葺稍加木植撑柱方克運往現在歷時
稍久橋木漸將損壞若使再遲時日則橋身漸朽運載又多周折因經移請蘇松太
道酌撥滬軍營勇協同職局工匠水工於日內赶緊前往搬運回局以免遲誤惟砲台四
座係由地面打樁上鋪厚板就砲位大小較準制作上下皆用螺絲鋏条層叠鈎绾今將

江南機器製造局爲稟明遵飭運回川沙所設炮位擬將炮臺藥房一并拆卸租地給還請示祇遵事致兩江總督劉坤一稟文及兩江總督劉坤一批復（1896年7月21日、8月8日，光緒二十二年六月十一日、六月二十九日）

搬移砲位必將上下螺絲鐵條全行起動其砲架方能移下此後地橋木板既已起鬆
仍聽其散置原處勢必易於朽爛即或將來須就原處設砲亦必重加興作方始
能用似不如即行拆卸仍將木料運回以免廢棄其台旁藥房既爲存儲藥彈
之區必須完固周密若日久空閑而海濱風雨難保無攤塌之虞後此需用之時仍
必大興工作擬請一併拆去並將屋料運回以備他用租地給還原業以節糜費
將來如須設台再行酌量重建轉覺較爲合算前撥看守營勇即請撤還
歸伍昨已先將大概電請籌防局代陳
鈞聽所有僂悉情形理合稟明是否有當仰祈
大人鑒核訓示祗遵實爲公便專肅寸稟祗請

江南機器製造局爲稟明遵飭運回川沙所設炮位擬將炮臺藥房一并拆卸租地給還請示祗遵事致兩江總督劉坤一稟文及兩江總督劉坤一批復（1896 年 7 月 21 日、8 月 8 日，光緒二十二年六月十一日、六月二十九日）

崇安伏乞

慈鑒

謹禀

光緒二十二年六月十一日

江南機器製造局爲禀明遵飭運回川沙所設炮位擬將炮臺藥房一并拆卸租地給還請示祇遵事致兩江總督劉坤一禀文及兩江總督劉坤一批復（1896 年 7 月 21 日、8 月 8 日，光緒二十二年六月十一日、六月二十九日）

二品頂戴江蘇補用道劉

012

江南機器製造局爲禀明遵飭運回川沙所設炮位擬將炮臺藥房一并拆卸租地給還請示祇遵事致兩江總督劉坤一禀文及兩江總督劉坤一批復（1896 年 7 月 21 日、8 月 8 日，光緒二十二年六月十一日、六月二十九日）

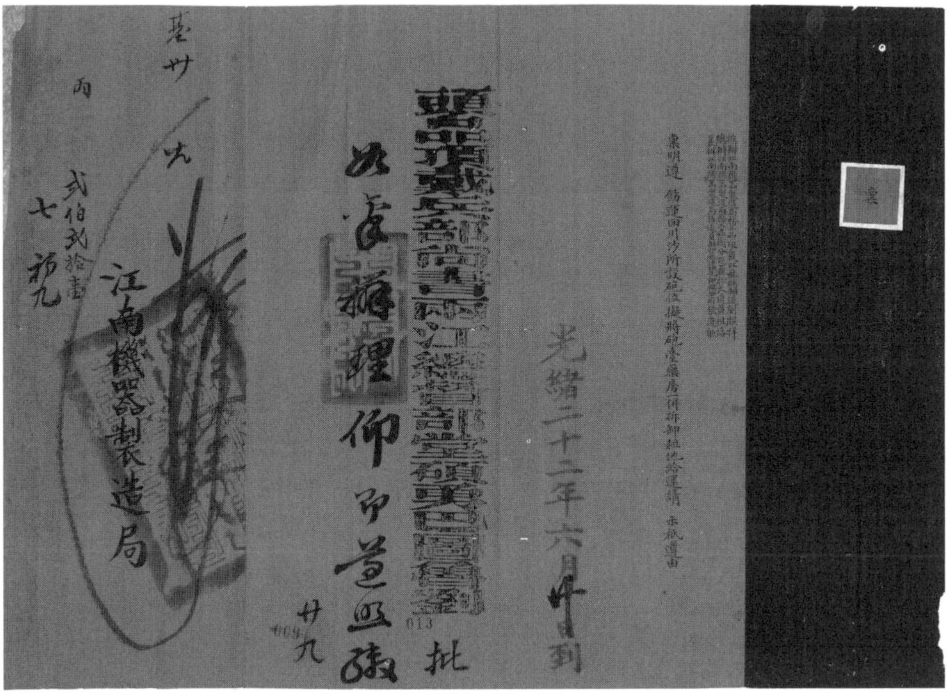

江南機器製造局爲稟明遵飭運回川沙所設炮位擬將炮臺藥房一并拆卸租地給還請示祗遵事致兩江總督劉坤一稟文及兩江總督劉坤一批復（1896 年 7 月 21 日、8 月 8 日，光緒二十二年六月十一日、六月二十九日）

廿差字卅號卷第廿號

一件咨敝局前造川沙白龍港砲台等項所用工料銀兩迅請会核詳復撥款歸墊並抄稟由 號

稟 申 呈

江南機器製造局稿

月 日文到	月 日發房	九月初六日送稿	月 日判發	月 日送僉	月十三日發行

咨 移 行

江南籌防局、金陵防營支應局

照發訖

014 010

江南機器製造局爲咨該局前造川沙白龍港炮臺等項所用工料銀兩迅請會核詳復撥款歸墊並抄稟事致江南籌防局、金陵防營支應局咨文稿（1896 年 10 月 12 日，光緒二十二年九月初六日）

爲咨請事案照敝局光緒二十一年六月稟遵築川沙白龍港砲台四座及搭蓋勇棚葯庫等項所用工料銀兩擬請飭由籌防局列支撥款歸墊並呈清摺緣由奉

前署督憲張　批據稟清摺均悉此係海防軍需用款似應由支應局於籌餉等款內開支候飭籌防局會同支應局核明應歸何局撥還詳復核奪繳摺存等因奉此茲查此案爲日已久尚未奉到飭知未知

貴局曾否會同

支應籌防局核明詳復相應照抄稟摺錄批咨會爲此合咨

貴局請煩查照迅賜會核敝局墊造川沙砲台等項工料銀一萬一千七百十一兩八分五毫應歸何局撥還即日詳復撥款歸墊並希抄稿見示至紉公誼望切

江南機器製造局爲咨該局前造川沙白龍港炮臺等項所用工料銀兩迅請會核詳復撥款歸墊並抄稟事致江南籌防局、金陵防營支應局咨文稿（1896 年 10 月 12 日，光緒二十二年九月初六日）

施行須至咨者

計抄粘

光緒二十二年九月　日

015 ~~011~~

江南機器製造局爲咨該局前造川沙白龍港炮臺等項所用工料銀兩迅請會核詳復撥款歸墊並抄稟事致江南籌防局、金陵防營支應局咨文稿（1896 年 10 月 12 日，光緒二十二年九月初六日）

二品頂戴江蘇即補道劉

[illegible]

[illegible]

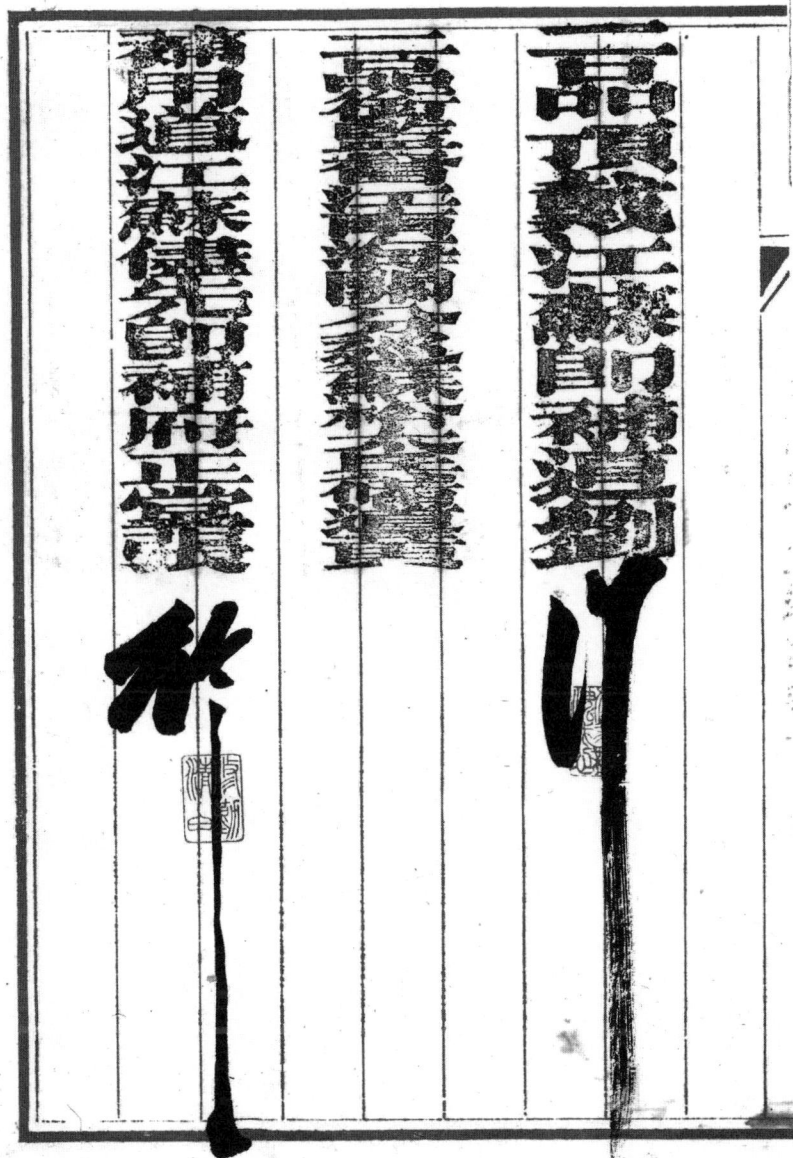

江南機器製造局爲咨該局前造川沙白龍港炮臺等項所用工料銀兩迅請會核詳復撥款歸墊並抄稟事致江南籌防局、金陵防營支應局咨文稿（1896年10月12日，光緒二十二年九月初六日）

甚字卅號卷第廿一號

一件稟前造川沙白龍港砲台等項墊用工料銀両請飭籌防支應両局核復撥還歸款由　號

南洋大臣劉

稟　申　呈

江南機器製造局稿

咨　移　行

月　日文到

月　日發房

九月初六日送稿

月　日判發

月　日送僉

月十一日發行

~~012~~

016

江南機器製造局爲稟前造川沙白龍港炮臺等項墊用工料銀兩請飭籌防、支應兩局核復撥還歸款事致南洋大臣劉坤一稟文稿（1896 年 10 月 12 日，光緒二十二年九月初六日）

敬稟者竊照光緒二十一年六月職局稟遵築川沙白龍港砲台四座及搭蓋勇棚彙

庫等項所用工料銀兩擬請飭由籌防局列支撥款歸墊並呈清摺緣由奉

前署督憲張　批據稟及清摺均悉此係海防軍需用款似應由支應局於籌

餉等款内開支候飭籌防局會同支應局核明應歸何局撥還詳復核奪繳

清摺存等因奉此茲查此案爲日已久尚未奉到

未知兩局曾否詳復

飭知亦未准兩局移會理合具稟仰祈

憲台俯念　職局款項支絀待用孔殷

迅賜催令籌防支應兩局將　職局墊造川沙白龍港砲台等項工料銀一萬一千七百

十一兩八分五毫即日核明應歸何局撥還詳候

江南機器製造局爲稟前造川沙白龍港炮臺等項墊用工料銀兩請飭籌防、支應兩局核復撥還歸款事致南洋大臣劉坤一稟文稿（1896年10月12日，光緒二十二年九月初六日）

大人察核飭遵照撥歸款實為公便專肅寸稟恭敬

鈞安伏乞

垂鑒

謹稟

光緒二十二年九月　　日

017

江南機器製造局爲稟前造川沙白龍港炮臺等項墊用工料銀兩請飭籌防、支應兩局核復撥還歸款事致南洋大臣劉坤一稟文稿（1896年10月12日，光緒二十二年九月初六日）

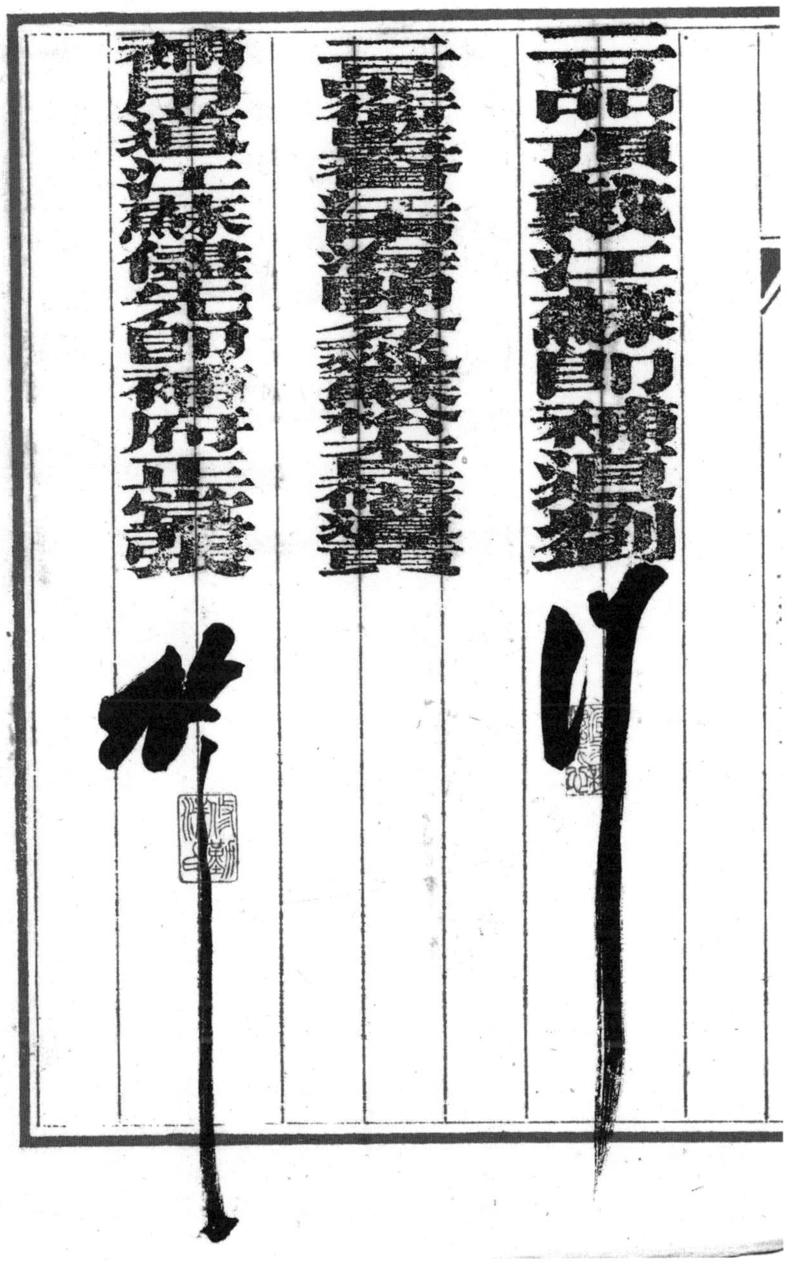

江南機器製造局爲稟前造川沙白龍港炮臺等項墊用工料銀兩請飭籌防、支應兩局核復撥還歸款事致南洋大臣劉坤一稟文稿（1896 年 10 月 12 日，光緒二十二年九月初六日）

基字卅號 春字第廿五號

一件申報咨復收到代造川沙白龍港砲台等項工料銀兩 由 號

稟
申 南洋大臣劉 發
呈

江南機器製造局稿

咨
移 江南籌防局、金陵防營支應局 發
行

月 日文到
月 日發房
十一月初一日送稿
月 日判發
月 日送僉
月初六日發行

018

江南機器製造局爲申報、咨復收到代造川沙白龍港炮臺等項工料銀兩事致南洋大臣劉坤一申文稿、致江南籌防局金陵防營支應局咨文稿（1896年12月5日，光緒二十二年十一月初一日）

爲申報事竊照職局稟前造川沙白龍港砲台等項墊用工料銀兩請飭籌
防支應兩局核復撥還緣由奉
憲台批開此項築台等項銀兩前據籌防支應兩局會詳應用支應局核撥
登除歸籌防局入收造報當經
張署部堂批飭遵照辦理在案據稟前情仰即遵照移撥歸款具報繳並准
江南籌防局咨同前由茲於本年十月十四日准金陵防營支應局咨解前項墊造
川沙砲台等項工料銀一萬一千七百十一兩八分五毫各等因奉准此當將解到前項
工料規平銀一萬一千七百十一兩八分五毫如數兑收歸款除咨復籌防支應兩局外
理合申報仰祈

江南機器製造局爲申報、咨復收到代造川沙白龍港炮臺等項工料銀兩事致南洋大臣劉坤一申文稿、致江南籌防局金陵防營支應局咨文稿（1896年12月5日，光緒二十二年十一月初一日）

憲台鑒核爲此呈乞

照驗施行須至申者

爲咨復事案照敝局稟前造川沙白龍港砲台等項墊用工料銀兩請飭

籌防支應兩局核復撥還歸款緣由奉

兩江督憲劉　批開云云仝上至仰即遵照移撥歸款具報繳並准

貴江南籌防局咨同前由茲於本年十月十四日准

金陵防營支應局咨解前項墊造川沙砲台等項云云仝上至如數兑收歸款除申報

兩江督憲劉　暨咨復

金陵防營支應局外相應咨復爲此合咨

貴江南籌防局並印掣回照先交源豐潤銀號賫回

019

~~015~~

江南機器製造局爲申報、咨復收到代造川沙白龍港炮臺等項工料銀兩事致南洋大臣劉坤一申文稿、致江南籌防局金陵防營支應局咨文稿（1896年12月5日，光緒二十二年十一月初一日）

貴局請煩查照施行須至咨者

光緒二十二年十一月初一日

江南機器製造局爲申報、咨復收到代造川沙白龍港炮臺等項工料銀兩事致南洋大臣劉坤一申文稿、致江南籌防局金陵防營支應局咨文稿（1896年12月5日，光緒二十二年十一月初一日）

二品頂戴新授江蘇蘇松太道劉

[illegible]

[illegible]

020

江南機器製造局爲申報、咨復收到代造川沙白龍港炮臺等項工料銀兩事致南洋大臣劉坤一申文稿、致江南籌防局金陵防營支應局咨文稿（1896年12月5日，光緒二十二年十一月初一日）

基字卅號卷第廿六號

川沙廳申一件內註呈印領一紙

一件照會發給川沙砲台營房光緒二十二年秋季地租銭文由　號

稟
申
呈

江南機器製造局稿

咨
照會
行

川沙廳

月　日文到
月　日發房
十二月初七日送稿
月　日判發
月　日送僉
月十四日發行

1021

江南機器製造局爲照會發給川沙炮臺營房光緒二十二年秋季地租錢文事致川沙廳照會稿
（1897年1月6日，光緒二十二年十二月初四日）

爲照會事案准

貴廳文開窃照砲台營房地租前經禀明按春秋兩届給發每届應給錢二十三千八百六十五文茲據卑廳業户朱文榮等請給光緒二十二年秋季地租錢文前來申請核發等因並送到印領一紙准此查川沙砲台營房地租業經本局發至本年春季止在案茲准前因除印領存查外相應將秋季租錢二十三千八百六十五文如數撥發爲此照會

貴廳煩爲查照點收轉給施行須至照會者

計發足制錢二十三千八百六十五文

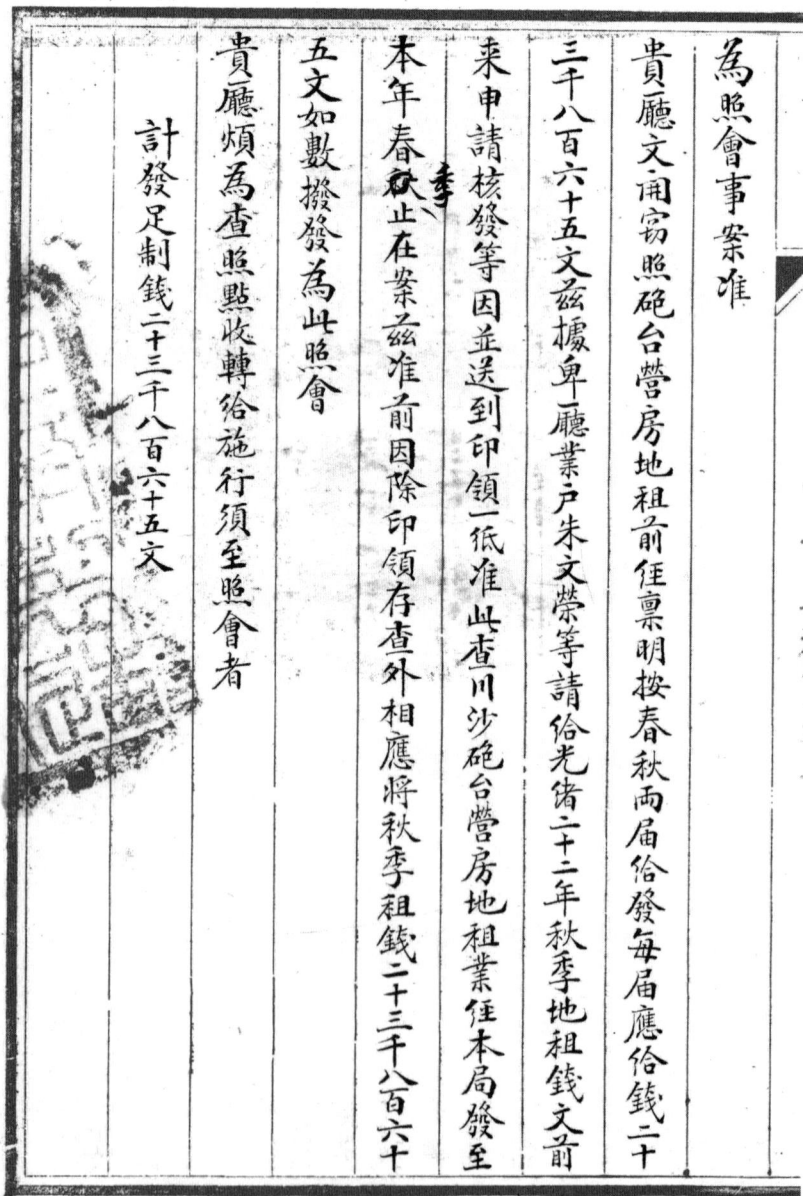

江南機器製造局爲照會發給川沙炮臺營房光緒二十二年秋季地租錢文事致川沙廳照會稿

（1897 年 1 月 6 日，光緒二十二年十二月初四日）

光緒二十二年十二月　日

畫

022

~~018~~

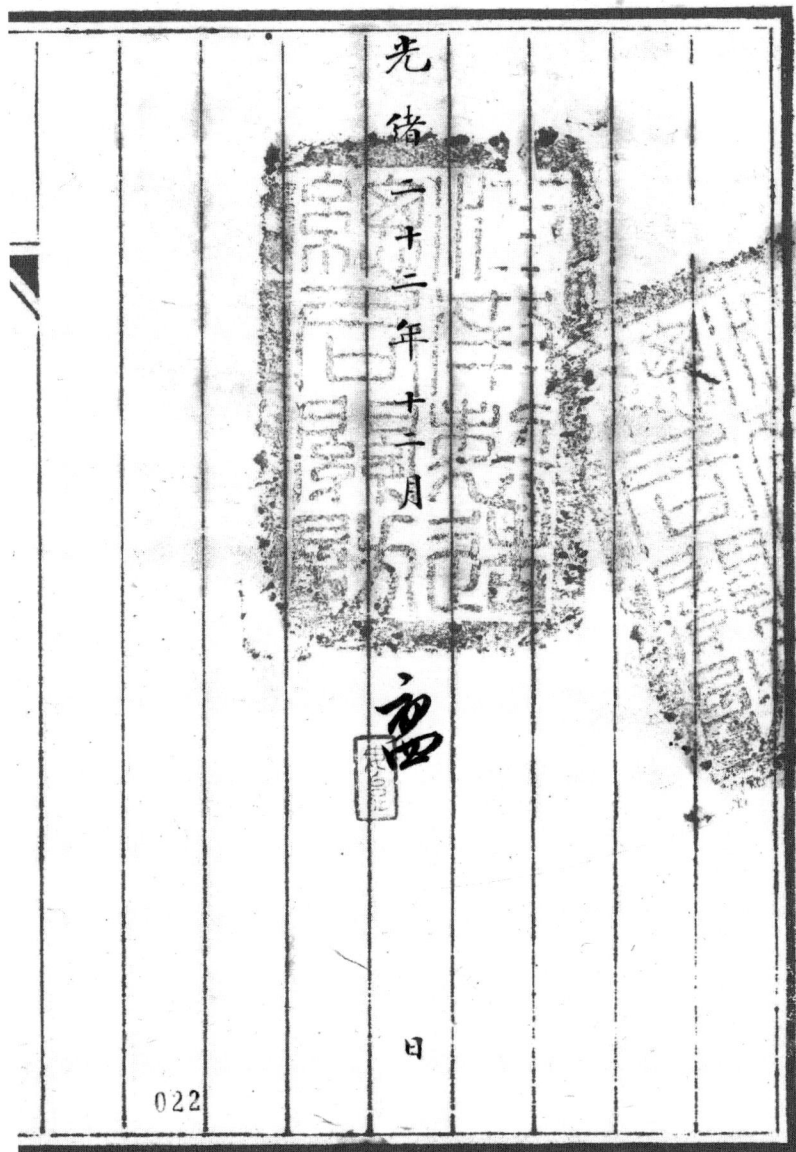

江南機器製造局爲照會發給川沙炮臺營房光緒二十二年秋季地租錢文事致川沙廳照會稿

（1897年1月6日，光緒二十二年十二月初四日）

二品頂戴新授蘇松太道劉 [illegible]

[illegible]

[illegible]

[illegible]

江南機器製造局爲照會發給川沙炮臺營房光緒二十二年秋季地租錢文事致川沙廳照會稿

（1897 年 1 月 6 日，光緒二十二年十二月初四日）

甚字卅號卷第廿八號

一件札飭川沙砲台葯房軍器房請派兵役照管並將營房拆卸變價給還民地由 號

稟 申 呈

江南機器製造局稿

札

川沙撫民府陳

掛發號

移 行

月 日文到	月 日發房	三月二十五日送稿	月 日判發	月 日送僉	月廿九日發行

023

~~019~~

江南機器製造局爲札飭川沙炮臺藥房軍器房派兵役照管並將營房拆卸變價給還民地事致川沙同知陳家熊札文稿（1897年4月24日，光緒二十三年三月二十三日）

為札飭事案查本局前因日事辦防在川沙欽公塘築立砲台安設大砲四尊撥營駐守嗣因事定營勇砲位均已先後稟准撤回所有砲台營房等尚未拆動昨經派令工程處委員楊倅培等帶匠前往察看能否拆卸就近變價以免盤運之費查覆核辦去後茲據覆稱勘明砲台四座並台旁彈藥房板木一切並無朽壞營房內有藥房一所軍器房兩所亦尚齊全其餘哨棚均皆倒塌查該處砲台四座及營內藥彈軍器各房原建木料一項有計銀四千餘兩之多工程極為堅固可經數十年之久此時拆變以舊料抵工價計已無甚贏餘既不合算又屬可惜況川沙白龍港等處為海防要隘不若將砲台四座及營盤內之藥房軍器房三所一併存留以備緩急一面知照川沙廳飭令該處地甲汛兵妥為照管其餘營房即由川沙廳派人拆卸將草竹門窗零星木料變

江南機器製造局爲札飭川沙炮臺藥房軍器房派兵役照管並將營房拆卸變價給還民地事致川沙同知陳家熊札文稿（1897年4月24日，光緒二十三年三月二十三日）

價留爲照管砲台藥房地保汛兵等犒賞之用是否有當候酌奪等情前來據此察核所議各節均尚妥當應即照辦除批示外相應備文照請爲此照會貴廳請煩爲查照嚴飭該處地甲汛兵將砲台四座及營基内藥房軍器房三所隨時妥爲照管不得稍有損失並將營棚全行拆卸變價留備犒賞營地給還原主所有地租即於春季截止營基内雖有藥房軍器房未拆而地面不及一百方尺未成畝數應否需給租錢併希酌量辦理須至照會者

024

江南機器製造局爲札飭川沙炮臺藥房軍器房派兵役照管並將營房拆卸變價給還民地事致川沙同知陳家熊札文稿（1897 年 4 月 24 日，光緒二十三年三月二十三日）

光緒二十三年三月廿三日

江南機器製造局爲札飭川沙炮臺藥房軍器房派兵役照管並將營房拆卸變價給還民地事致川沙同知陳家熊札文稿（1897 年 4 月 24 日，光緒二十三年三月二十三日）

江南機器製造局爲札飭川沙炮臺藥房軍器房派兵役照管並將營房拆卸變價給還民地事致川沙同知陳家熊札文稿（1897 年 4 月 24 日，光緒二十三年三月二十三日）

基字卅號春第卅乙號

一件札發川沙營地光緒二十三年春季租錢二十三千八百六十五文由

號

稟
申
呈

江南機器製造局稿

咨
移
札川沙廳

掛發訖

月　日文到
月　日發房
六月初六日送稿
月　日判發
月　日送僉
月初十日發行

06 026

江南機器製造局爲札發川沙營地光緒二十三年春季租錢二十三千八百六十五文事致川沙廳札文稿（1897年7月4日，光緒二十三年六月初五日）

爲札發事照得光緒二十三年五月十八日據該廳申稱竊照砲隊營地租前
經稟明按春秋兩屆給發每屆應給地錢二十三千八百六十五文茲據卑廳
業户朱文榮等請給光緒二十三年春季地租錢前來理合申請核發再
營房已奉折營基已給還所留砲台及軍火房爲地無多以後無須再給地
租合併聲明等因並印領到局據此查前駐川沙砲隊營勇棚營门等現已
折去所有本年春季地租錢文自應照發以後無須再給除印領一紙存查外
爲此合將地租錢文札發札到該廳即便遵照將發去制錢二十三千八百
六十五文查收給領毋違此札

計發制錢二十三千八百六十五文

024

江南機器製造局爲札發川沙營地光緒二十三年春季租錢二十三千八百六十五文事致川沙廳札文稿（1897 年 7 月 4 日，光緒二十三年六月初五日）

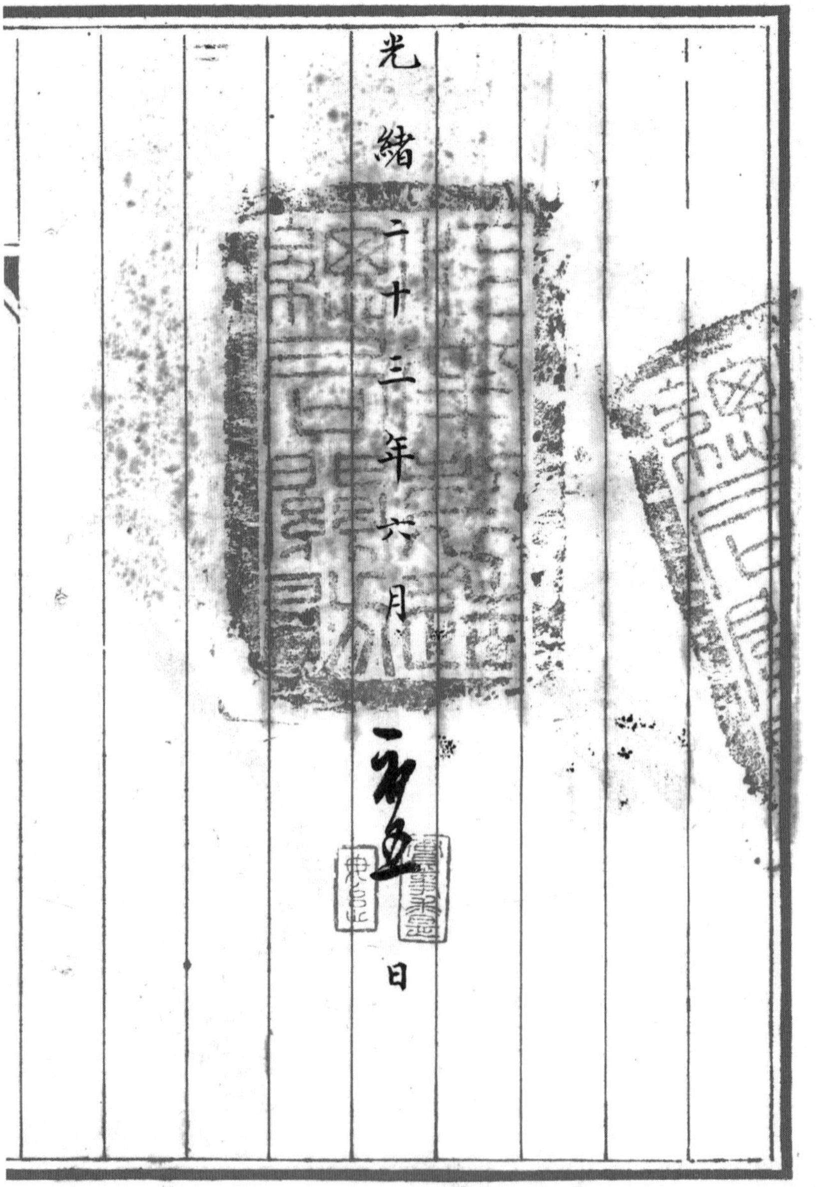

光緒二十三年六月　　日

06 027

江南機器製造局爲札發川沙營地光緒二十三年春季租錢二十三千八百六十五文事致川沙廳札文稿（1897 年 7 月 4 日，光緒二十三年六月初五日）

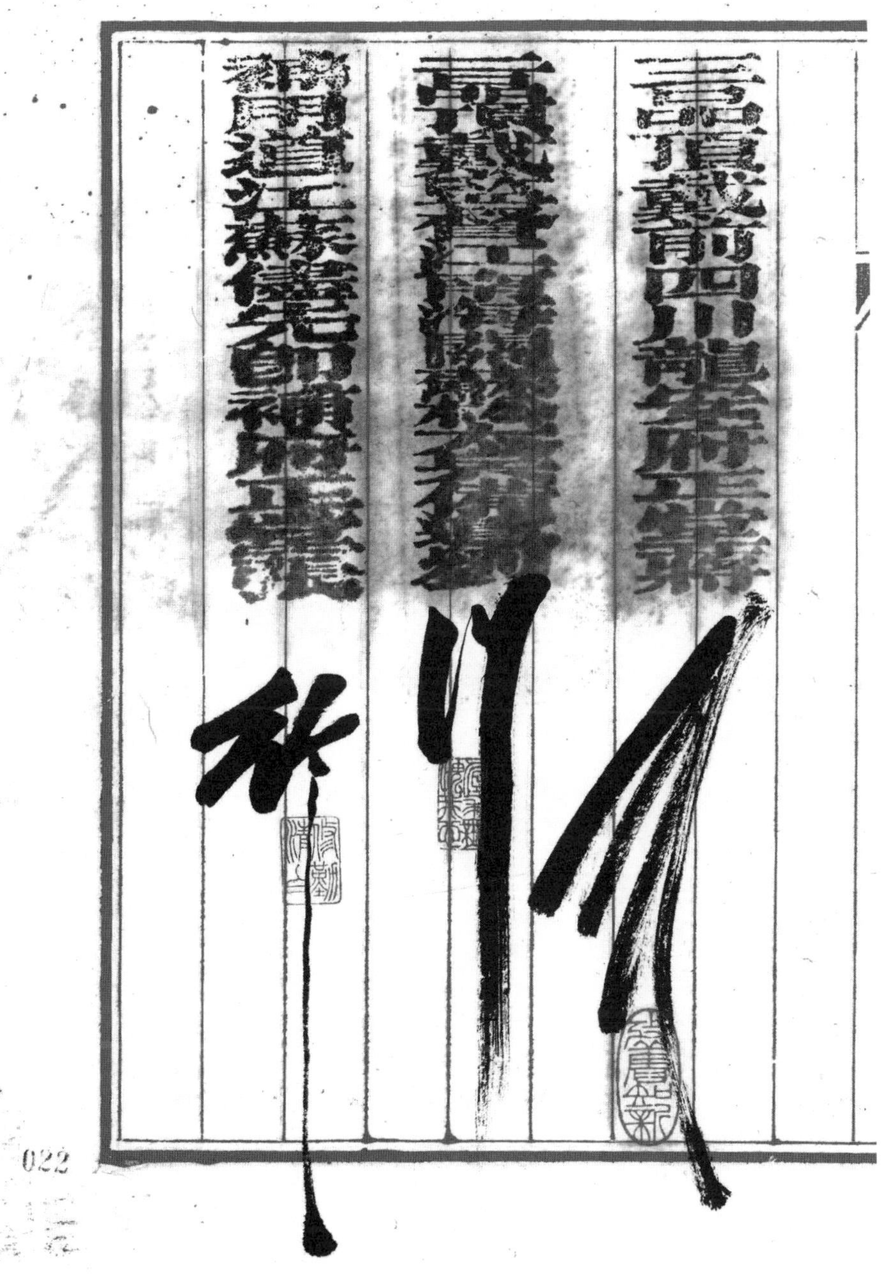

江南機器製造局爲札發川沙營地光緒二十三年春季租錢二十三千八百六十五文事致川沙廳札文稿（1897 年 7 月 4 日，光緒二十三年六月初五日）

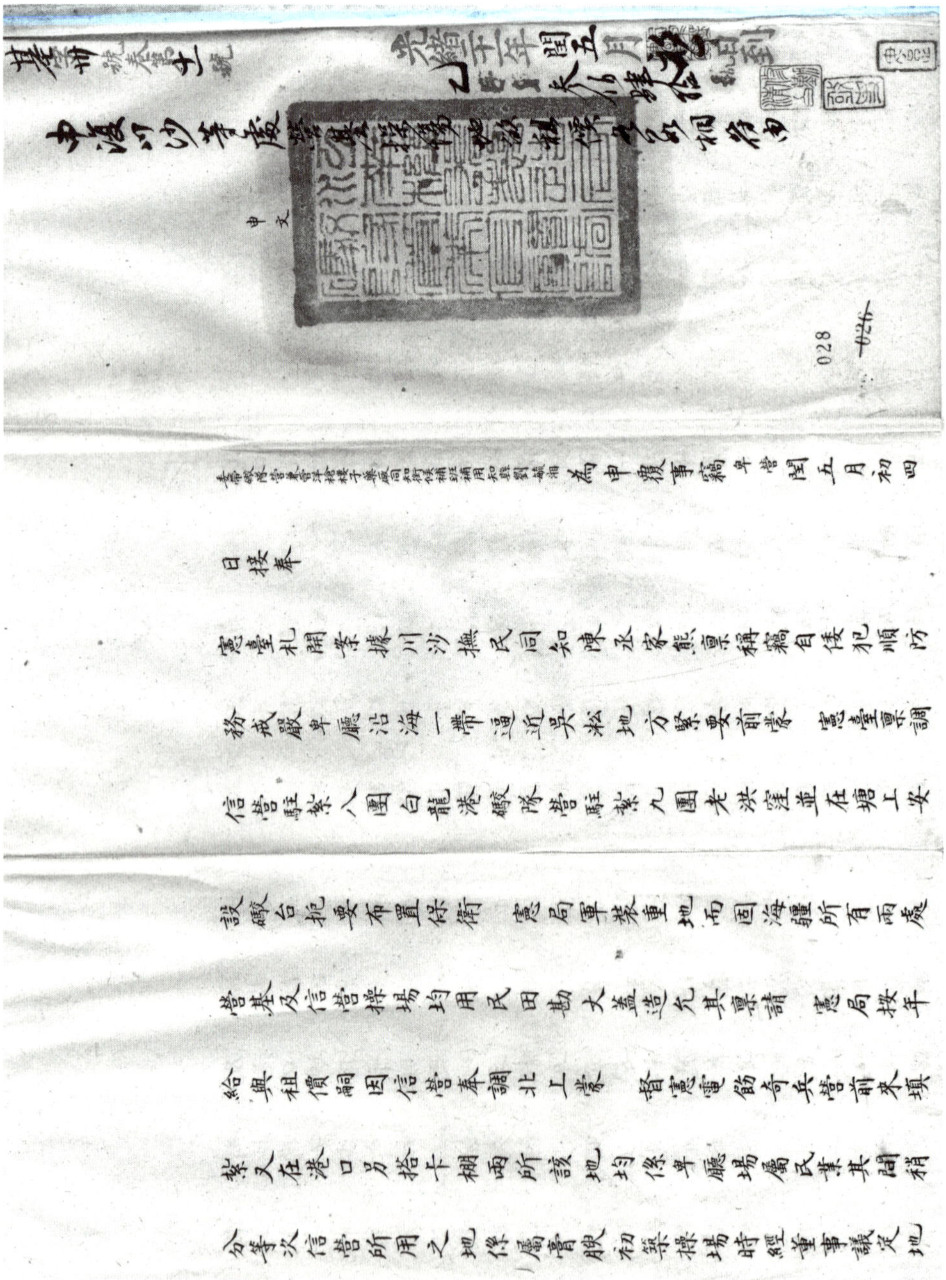

炮隊營管帶劉毓湘爲申復川沙等處營基操場地畝租價各數相符事致江南機器製造局總辦申文

（1895年6月29日，光緒二十一年閏五月初七日）

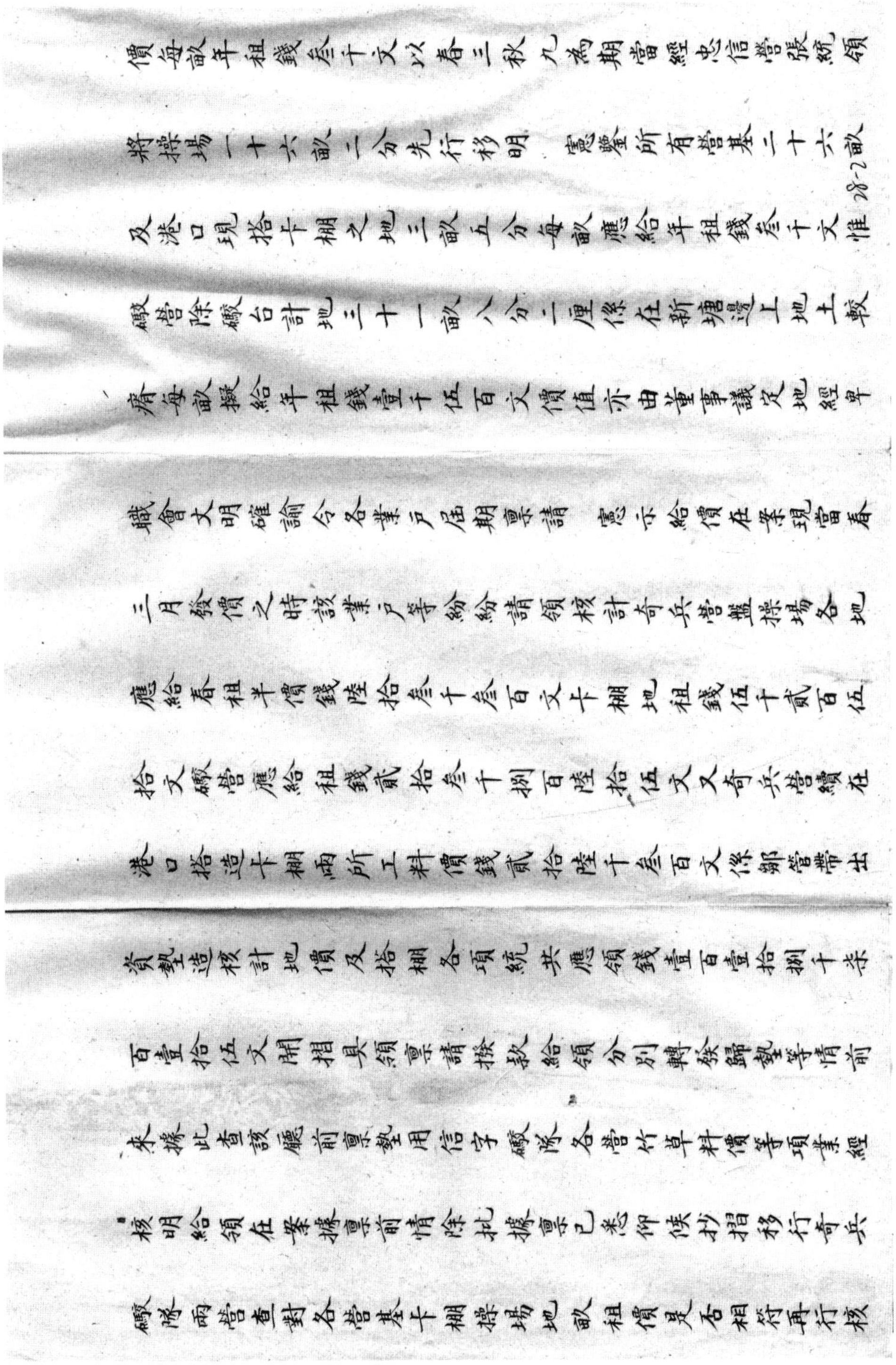
價每畝年租錢叁千文以春三秋九為期當經忠信營張統領
將操場一十六畝二分先行移明　憲鑒所有營基二十六畝 28-2
及港口現搭卡棚之地三畝五分每畝應給年租錢叁千文惟
礮營除礮台計地三十一畝八分二厘係在新塘邊上地土較
瘠每畝擬給年租錢壹千伍百文價值亦由董事議定地經卑
職會文明確諭令各業戶屆期稟請　憲示給價在案現當春
三月發價之時該業戶等紛紛請領核計奇兵營盤操場各地
應給春租半價錢陸拾叁千叁百文卡棚地租錢伍千貳百伍
拾文礮營應給租錢貳拾叁千捌百陸拾伍文又奇兵營續在
港口搭造卡棚兩所工料價錢貳拾陸千叁百文係鄒管帶出
資墊造核計地價及搭棚各項統共應領錢壹百壹拾捌千柒
百壹拾伍文開摺具領稟請撥款給領分別轉發歸墊等情前
來據此查該廳前稟墊用信字礮隊各營竹草料價等項業經
核明給領在案據稟前情除批據稟已悉仰候抄摺移行奇兵
礮隊兩營查對各營基卡棚操場地畝租價是否相符再行核

炮隊營管帶劉毓湘爲申復川沙等處營基操場地畝租價各數相符事致江南機器製造局總辦申文

（1895 年 6 月 29 日，光緒二十一年閏五月初七日）

給轉發歸墊此繳摺領存印發弁移會奇兵營外合行抄摺札
飭札到該營即便遵照將摺開各地畝租價查對是否相符即
日稟覆以憑核給毋延特札等因奉此卑職謹即遵札照抄摺
所開各地畝租價與卑營幫帶馮國士逐一查對悉與從前邀
同該處董事業户眼同丈量各地畝議定租價各數一切相符
今值應給春租半價之期除奇兵營應給營盤操場各地畝春
租半價錢共陸拾叁千叁百文又應給搭造卡棚兩所各地畝
春租半價錢伍千貳百伍拾文又應給鄒管帶墊用錢貳拾陸
千叁百文外所有卑營營盤基地實應給春租半價錢貳拾叁
千捌百陸拾伍文為此備文申覆伏乞
俯賜鑒核施行須至申者

28-3

炮隊營管帶劉毓湘爲申復川沙等處營基操場地畝租價各數相符事致江南機器製造局總辦申文（1895年6月29日，光緒二十一年閏五月初七日）

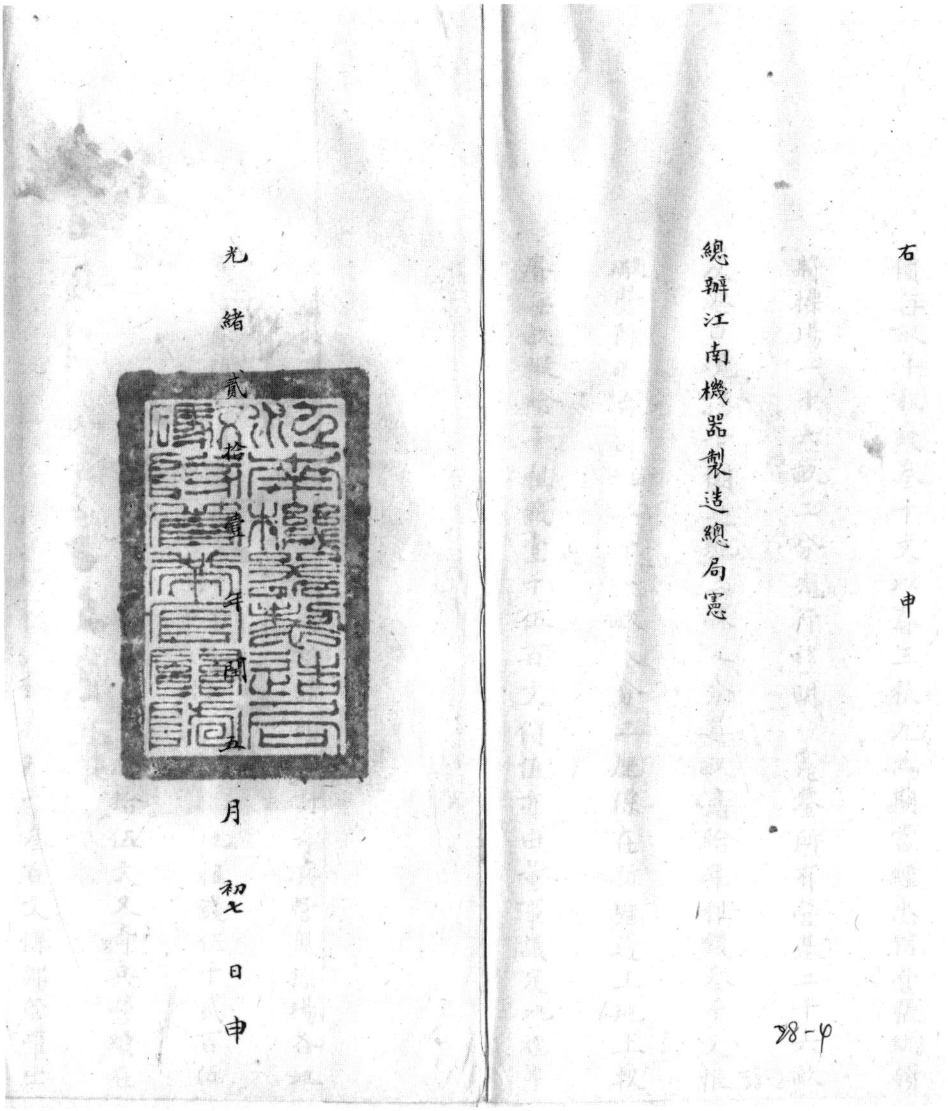

右申

總辦江南機器製造總局憲

光緒貳拾壹年閏五月初七日申

28-4

炮隊營管帶劉毓湘爲申復川沙等處營基操場地畝租價各數相符事致江南機器製造局總辦申文

（1895 年 6 月 29 日，光緒二十一年閏五月初七日）

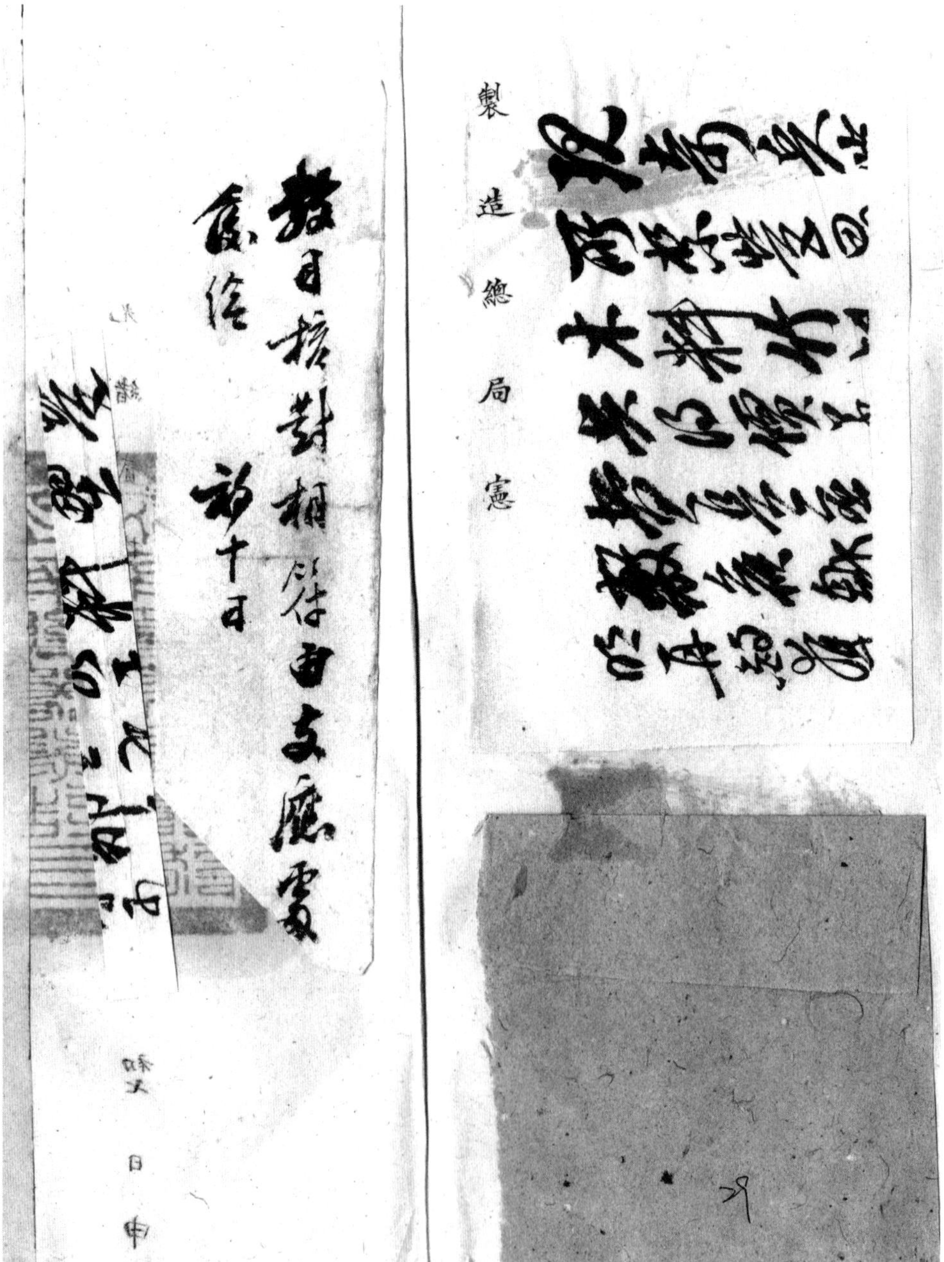
製造總局憲

炮隊營管帶劉毓湘爲申復川沙等處營基操場地畝租價各數相符事致江南機器製造局總辦申文
（1895年6月29日，光緒二十一年閏五月初七日）

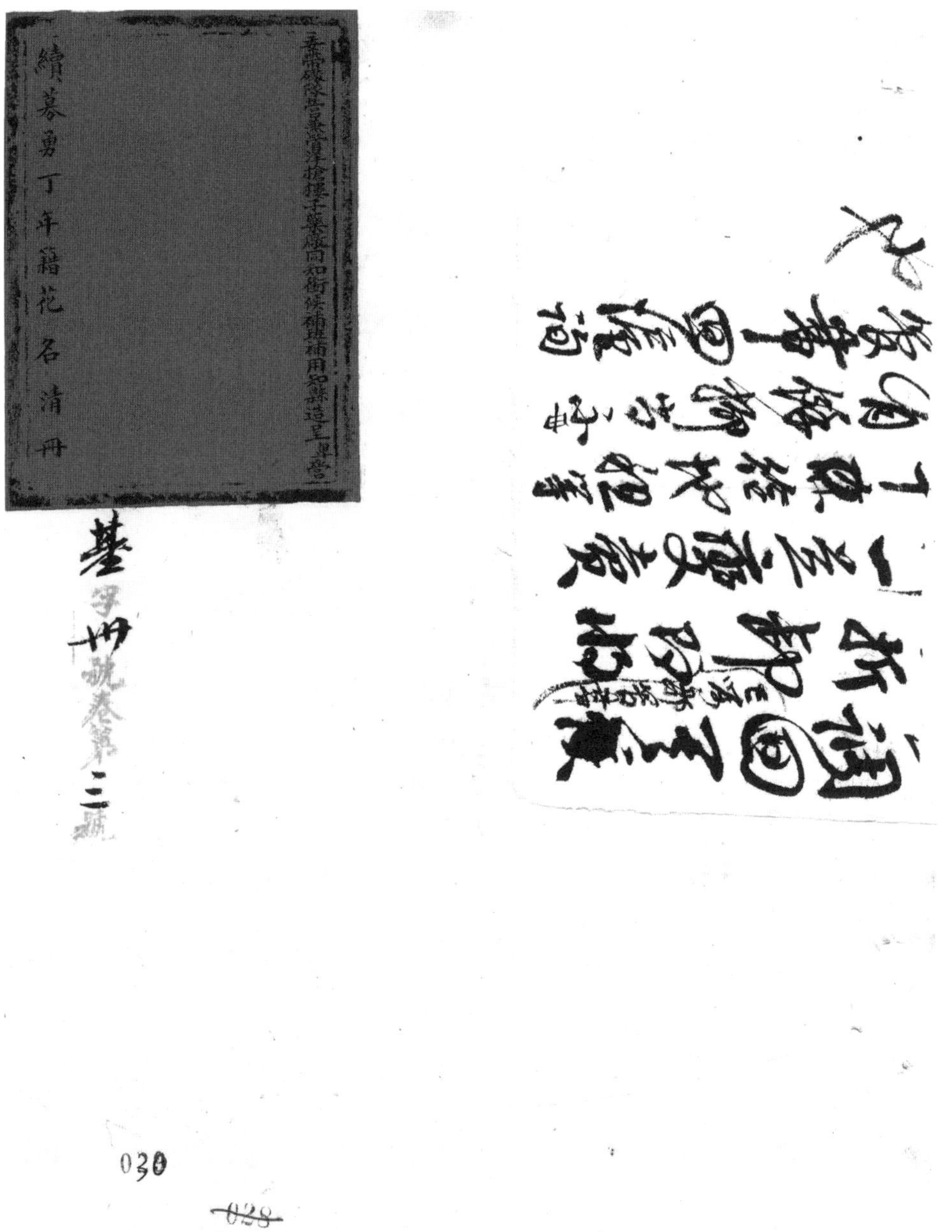

續募勇丁年籍花名清冊

炮隊營管帶劉毓湘造呈該營續募勇丁年籍花名清冊及批文（1894 年 10 月 23 日，光緒二十年九月二十五日）

委帶礮隊營兼管洋槍樓子藥廠同知銜候補班補用知縣劉毓湘為呈造清冊事竊委帶 前奉

憲台札諭添募精壯勇丁一百八十名遵即於十三日募就精壯勇丁一百五十四名繕具清冊呈請點驗在案所有未滿額數勇丁二十六名謹遵陸續募就勇丁二十六名造具清冊呈請

核驗施行須至清冊者

計開

徐從明 年二十八歲安徽合肥縣人

謝貴廷 年三十歲係湖南湘鄉縣人

向起十 年二十六歲湖南湘鄉縣人

李右明 年二十八歲湖南湘鄉縣人

龍鎮標 年二十七歲湖南湘鄉縣人

朱有盛 年二十六歲湖北蘄水縣人

胡貴亭 年二十六歲湖南湘陰縣人

031

~~029~~

炮隊營管帶劉毓湘造呈該營續募勇丁年籍花名清册及批文（1894 年 10 月 23 日，光緒二十年九月二十五日）

馬貴麟年二十五歲湖北蘄水縣人

朱貴和年二十一歲湖南湘鄉縣人

周井堂年三十二歲湖南湘鄉縣人

李澤東年三十歲係湖南邵陽縣人

劉春蛟年二十四歲湖南湘鄉縣人

劉勝堂年二十三歲湖南寧鄉縣人

劉義發年二十二歲湖南湘鄉縣人

朱南宣年二十五歲湖南湘鄉縣人

李芳榮年二十四歲湖南湘鄉縣人

劉春桂年三十三歲湖南湘鄉縣人

炮隊營管帶劉毓湘造呈該營續募勇丁年籍花名清册及批文（1894年10月23日，光緒二十年九月二十五日）

成賢喬　年十六歲係湖南湘鄉縣人

李興邦　年十七歲係湖南湘陰縣人

李桂森　年二十四歲湖南湘鄉縣人

馬春福　年二十八歲湖南湘鄉縣人

凌恢咸　年二十八歲湖南長沙縣人

蕭永揚　年十八歲係湖南衡陽縣人

譚梅村　年二十六歲湖南湘潭縣人

鄧紫廷　年三十四歲湖南湘潭縣人

袁友堂　年二十六歲湖南寧鄉縣人

炮隊營管帶劉毓湘造呈該營續募勇丁年籍花名清册及批文（1894年10月23日，光緒二十年九月二十五日）

光緒二十年九月二十五日呈

032-3

~~031~~

炮隊營管帶劉毓湘造呈該營續募勇丁年籍花名清冊及批文（1894年10月23日，光緒二十年九月二十五日）

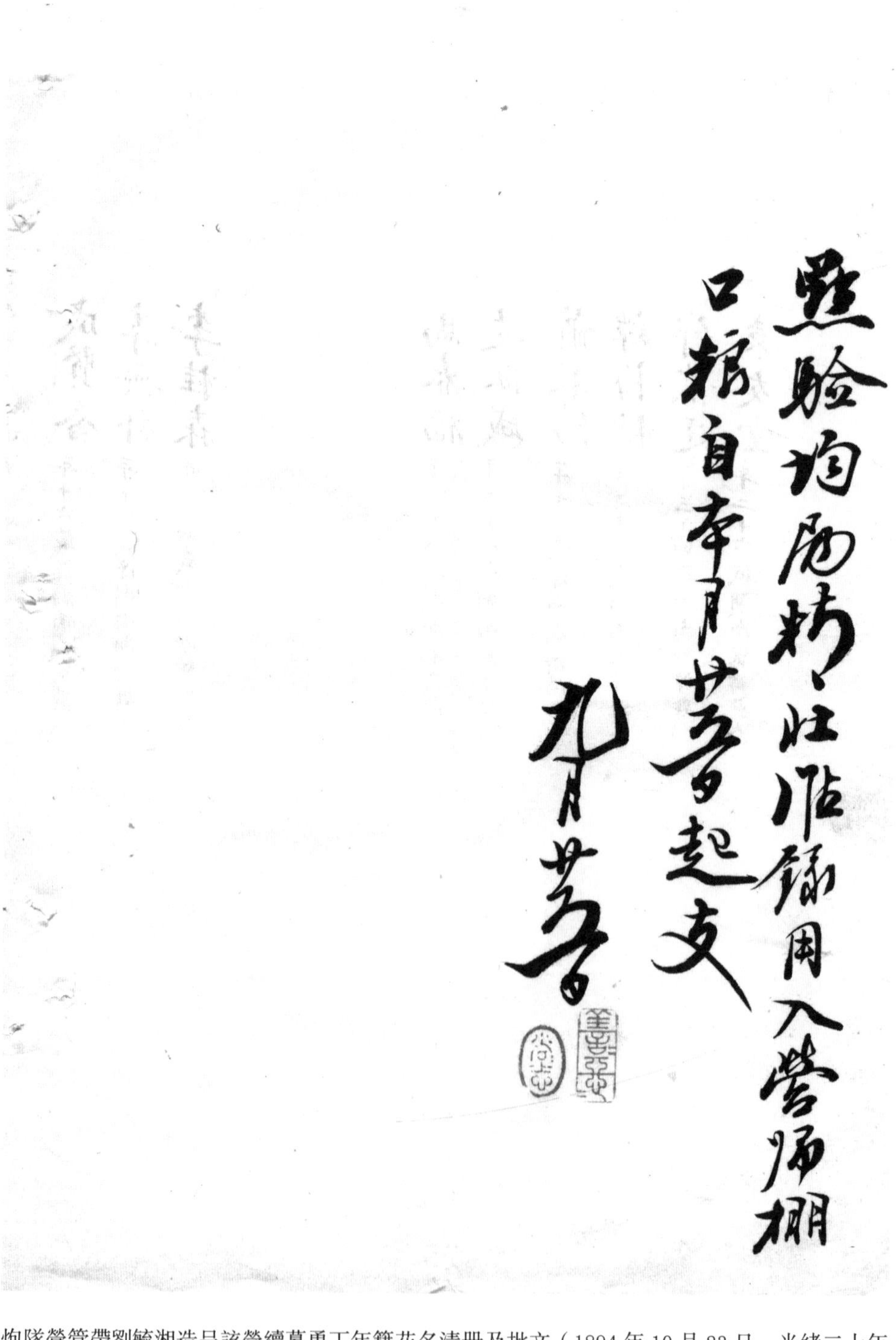
既驗均甚精壯准錄用入營歸棚
口糧自本月廿五日起支
九月廿五日

炮隊營管帶劉毓湘造呈該營續募勇丁年籍花名清册及批文（1894 年 10 月 23 日，光緒二十年九月二十五日）

基字卅號卷第六號

一件移會准奇兵營申報移交周家渡遺壘白蓮涇砲台砲位等項由　　號

稟
申
呈

江南機器製造局稿

咨
移
行

統領滬軍營提督軍門蕭

掛發訖

月　日文到
月　日發房
正月二十五日送稿
月　日判發
月　日送僉
月廿九日發行

033 ~~032~~

江南機器製造局爲移會准奇兵營申報移交周家渡遺壘白蓮涇炮臺炮位等項事致滬軍營管帶蕭鎮江移文稿（1895年2月19日，光緒二十一年正月二十五日）

為移會事案照光緒二十一年正月二十日准
管帶奇兵右營鄒　文開竊卑營前奉函開赴川沙填紮信營遺壘等因遵於本
年正月初三日撥隊到防申報在案所遺浦東周家渡地方營壘一座營房營门俱全
地基共三十六畝五分七厘靶道地畝已函請上海縣過丈估值營内木望樓一座紅望燈一
盞紅望旗一面火藥瓦房一间江邊木碼頭一箇碼頭上卡房一间桅桿一根白蓮涇砲台
一座棚子兩箇更棚一箇大砲兩尊零件子葯等項一併移交滬軍營接管等因報
明前來准此相應移會為此合移
貴統領請煩查照施行須至移者

江南機器製造局爲移會准奇兵營申報移交周家渡遺壘白蓮涇炮臺炮位等項事致滬軍營管帶蕭鎮江移文稿（1895年2月19日，光緒二十一年正月二十五日）

光緒二十一年正月廿五日

034 - 033

江南機器製造局爲移會淮奇兵營申報移交周家渡遺壘白蓮涇炮臺炮位等項事致滬軍營管帶蕭鎮江移文稿（1895年2月19日，光緒二十一年正月二十五日）

二品頂戴江蘇候補道潘　會

[illegible]　銜

[illegible]　移

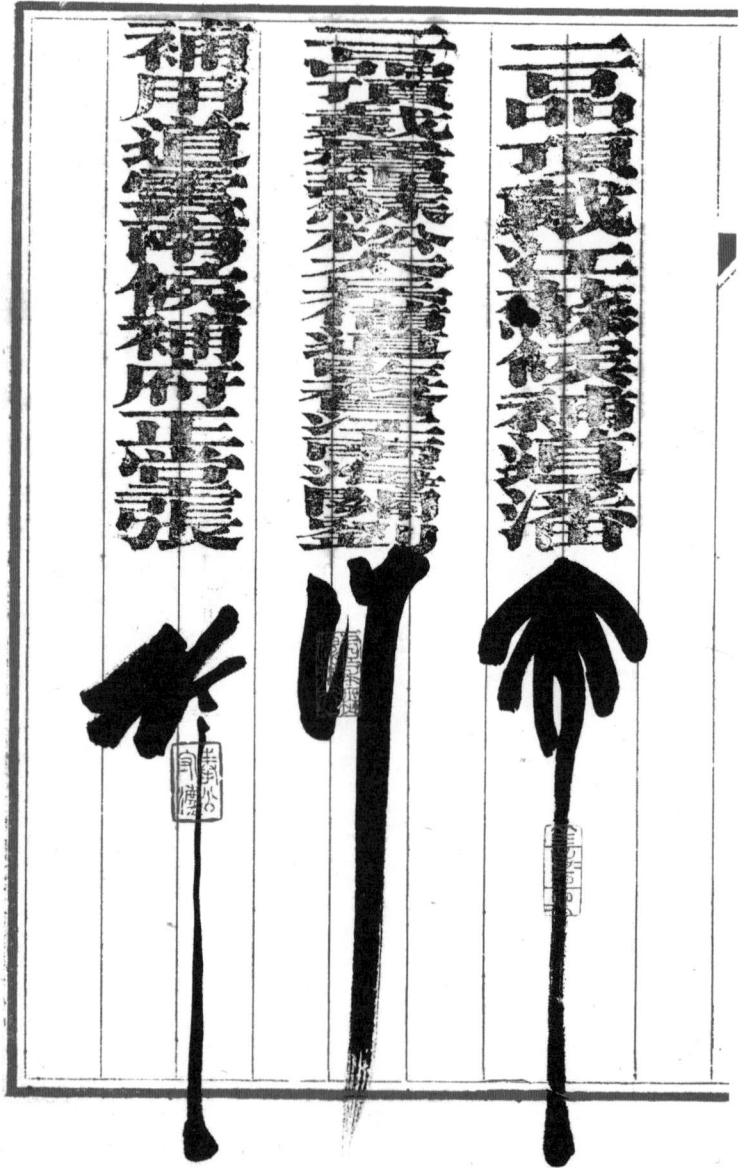

江南機器製造局爲移會淮命兵營甲報移交周家渡遺壘白蓮涇炮臺炮位等項事致滬軍營管帶蕭鎮江移文稿（1895年2月19日，光緒二十一年正月二十五日）

基字卅號卷第乙號

一件咨覆駐防川沙海塘營官銜名

由

號

江南機器製造局稿

稟

申

呈

咨　浙江通省海防營務處

掛號發訖

移

行

月　日文到	月　日發房	二月初五日送稿	月　日判發	月　日送僉
月初五日發行				

-034

035

江南機器製造局爲咨覆駐防川沙海塘營官銜名事致浙江通省海防營務處咨文稿（1895年3月1日，光緒二十一年二月初五日）

為咨覆事案准
貴營務處移開准
統領楚軍寅字各營旂揚協鎮咨稱敝統領奉
撫憲面諭目前海防吃緊乍浦兵力較單即調駐紮澉浦之護軍旂及楚軍
寅字後旂半旂一併拔至乍防扼要紮營以顧獨山要口等因奉經照會刻
日拔隊來乍茲據鄢旂官於二十三日帶隊前來擬派令分紮梁莊既顧獨
山要口並與各營声息相通以成犄角之勢惟澉浦兵單應請
撫憲迅撥全營填紮以免疏虞等因准此查乍浦與貴省地屬毘連現
聞貴省於黃浦以東紮營防衛浙省自應抽撥營旂前往填紮彼此互相聯

江南機器製造局爲咨覆駐防川沙海塘營官銜名事致浙江通省海防營務處咨文稿（1895年3月1日，光緒二十一年二月初五日）

络声息相通庶援急畛域不分彼此可資策應兹准
楊統領遵派旂官總官兵郭營榮桂帶隊前往除呈明移行外移局查
照飭取駐防處所營官銜名移還備查等因准此查蘇省駐防川沙海塘
一營係晉帶督標奇兵右營侯補鄒參將理堂又川沙白龍港砲台係
晉帶敝局砲隊營江蘇補用知縣劉令毓湘相應備文咨覆為此合咨
貴營務處請煩查照施行須至咨者

江南機器製造局爲咨覆駐防川沙海塘營官銜名事致浙江通省海防營務處咨文稿（1895 年 3 月 1 日，光緒二十一年二月初五日）

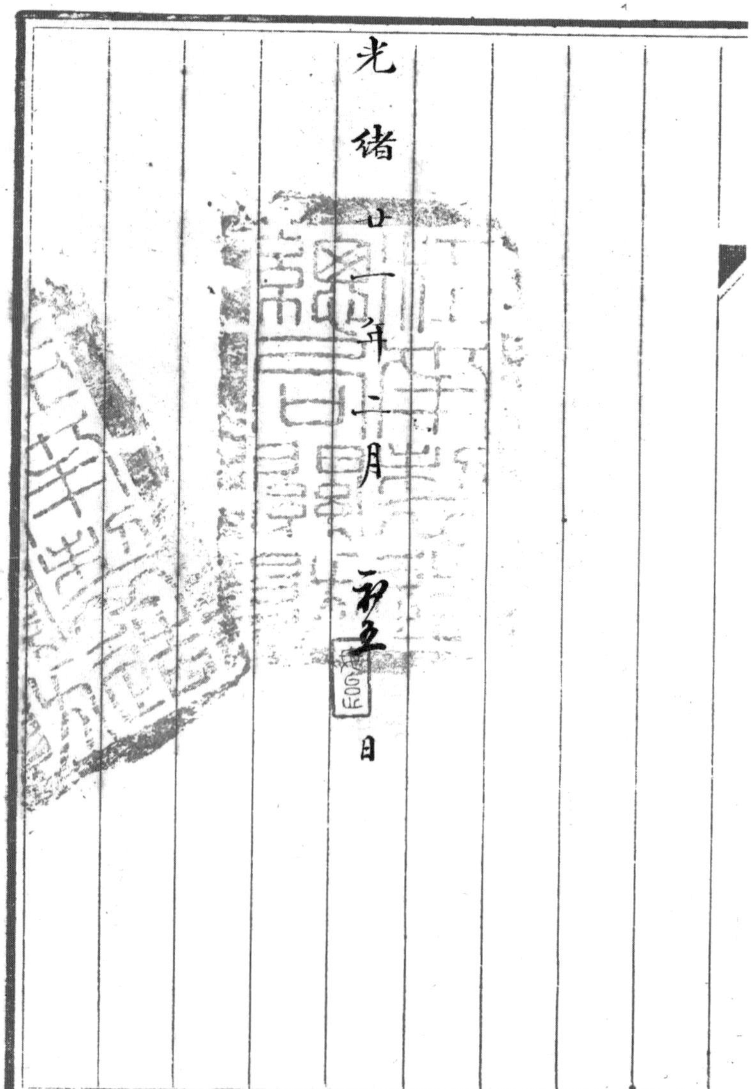
光緒廿一年二月初五日

江南機器製造局爲咨覆駐防川沙海塘營官銜名事致浙江通省海防營務處咨文稿（1895 年 3 月 1 日，光緒二十一年二月初五日）

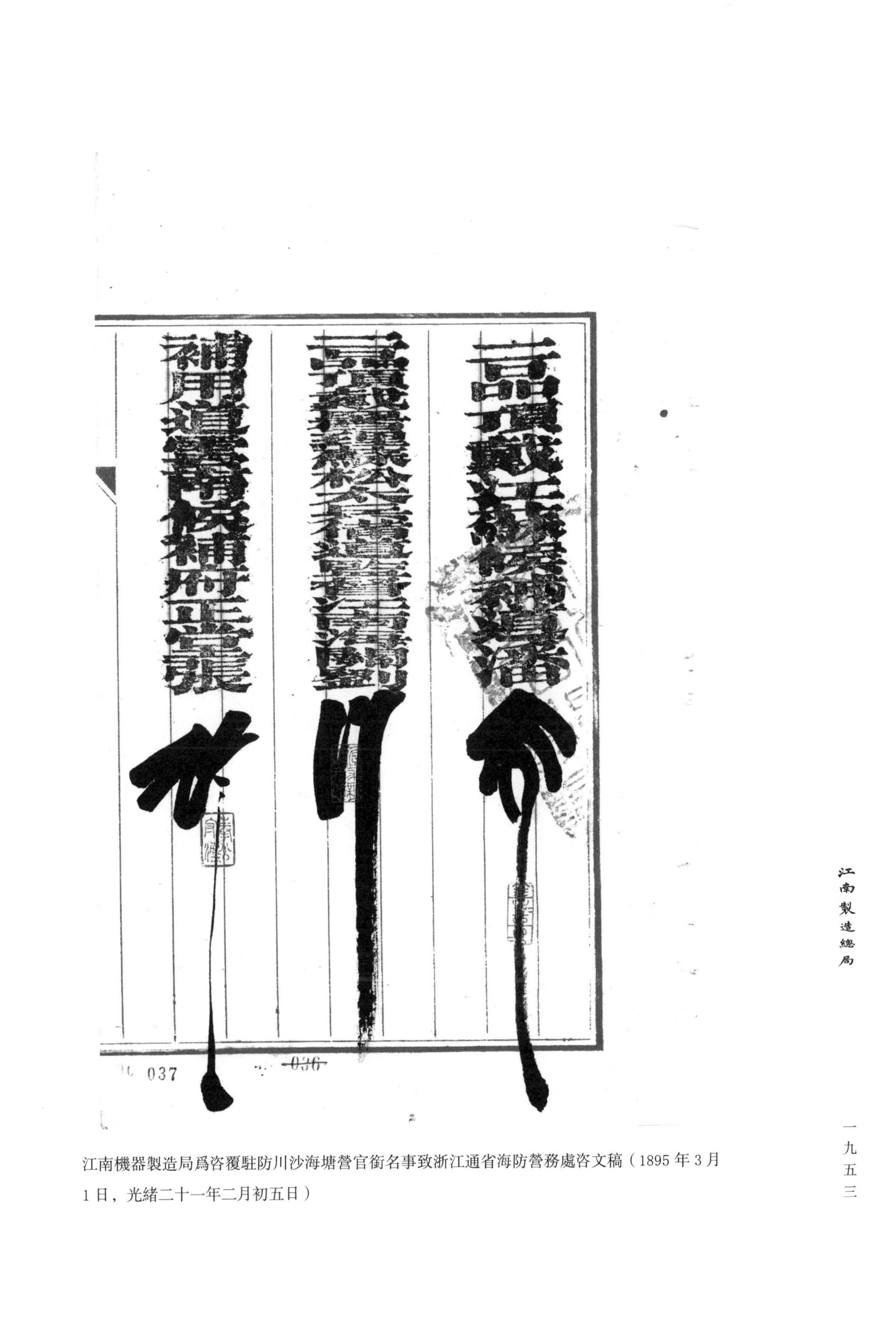

二品頂戴江蘇候補道潘

[illegible]

[illegible]

037 ~~036~~

江南機器製造局爲咨覆駐防川沙海塘營官銜名事致浙江通省海防營務處咨文稿（1895 年 3 月 1 日，光緒二十一年二月初五日）

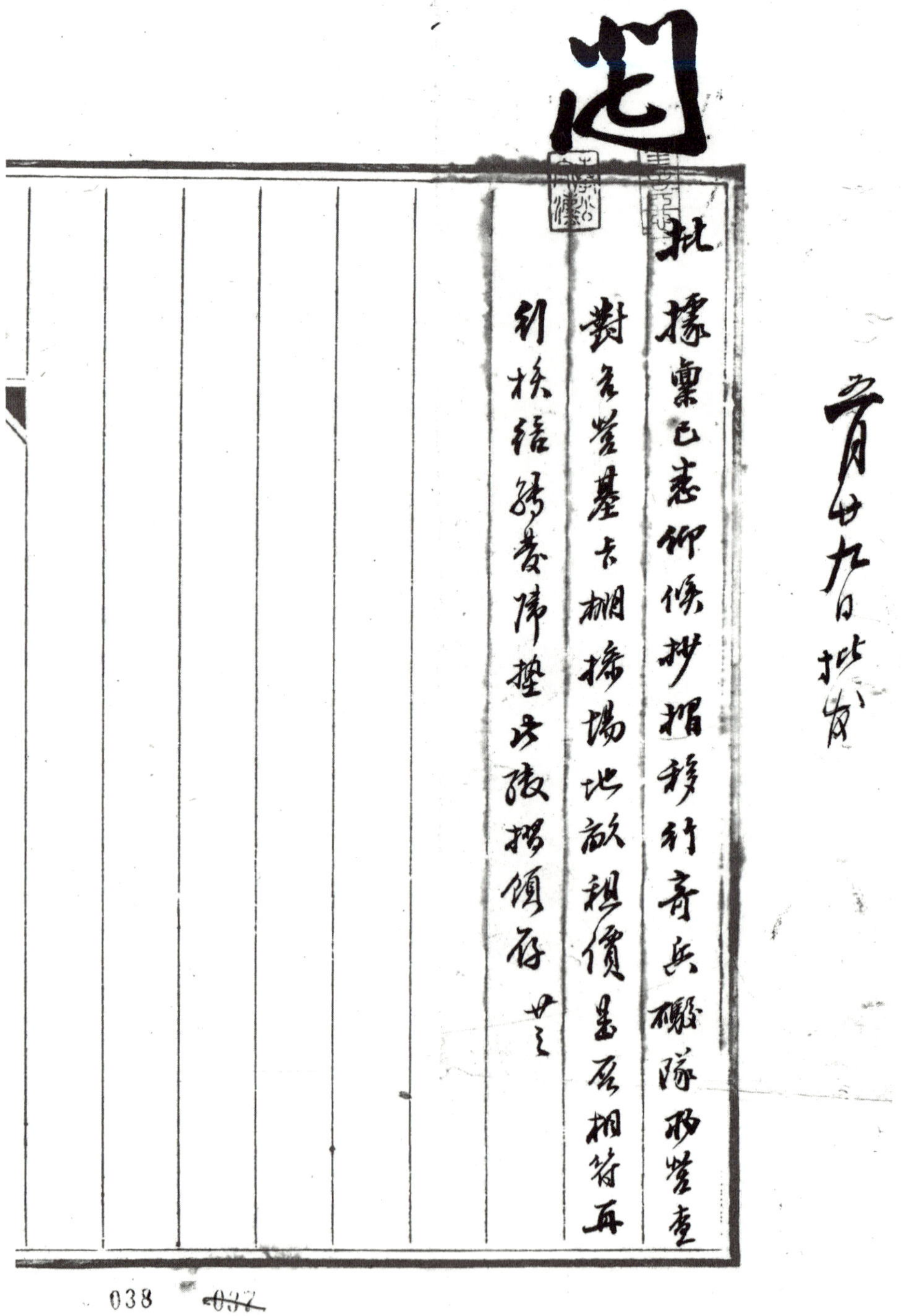

閱

批

據稟已悉仰候抄摺移行奇兵礮隊兩營查對各營基卡棚操場地畝租價是否相符再行核給飭發補墊此張摺領存 廿三

五月廿九日批發

038 ~~037~~

江南機器製造局關於川沙同知陳家熊爲稟營盤炮營操場租用民田并墊用卡棚工料各價懇請撥款給領並呈清摺事稟文的批文稿（1895 年 6 月 15 日，光緒二十一年五月二十三日）

晷字卅號卷第十號

一件移請札飭查對川沙白龍港老洪窪等處營基卡棚操場各地畝租價由

號

稟

申

呈

江南機器製造局稿

咨

移 管帶奇兵營鄒

札 管帶炮隊營劉

掛發訖

月 日文到

月 日發房

五月二十六日送稿

月 日判發

月 日送僉

又五月廿四日發行

039 ~~038~~

江南機器製造局爲移請、札飭查對川沙白龍港、老洪窪等處營基卡棚操場各地畝租價事致奇兵營管帶鄒理堂移文稿、致炮隊營管帶劉毓湘札文稿（1895年6月18日，光緒二十一年五月二十六日）

爲移請札飭事案據川沙撫民同知陳丞家熊稟称窃自倭犯順防務戒嚴車廳沿海一帶
逼近吳淞地方緊要前蒙憲台稟調信字營駐紮八團白龍港炮隊營駐紮九團老洪
窪並在塘工安設炮台扼要布置保衛憲局軍裝重地而固海疆所有兩處營基及信
營操場均用民田勘丈蓋造允其稟請憲局按年給與租價嗣因信營奉調北上蒙
督憲電飭奇兵營前來填紮又在港口另搭卡棚兩所該地均係車廳場屬民業其間
稍分等次信營所用之地係屬膏腴初築操場時经董事議定地價每畝年租錢三
千文以春三秋九爲期當经忠信營張統領將操場一十六畝二分先行移明憲鑒所
有營基二十六畝及港口現搭卡棚之地三畝五分每畝應給年租錢三千文惟炮營除炮
台計地三十一畝八分二厘係在新塘邊上地土較瘠每畝擬給年租錢一千五百文價值亦由

江南機器製造局爲移請、札飭查對川沙白龍港、老洪窪等處營基卡棚操場各地畝租價事致奇兵營管帶鄒理堂移文稿、致炮隊營管帶劉毓湘札文稿（1895年6月18日，光緒二十一年五月二十六日）

董事議定地經卑職會丈明確諭令各業户届期禀請憲示給價在案現當春三月發

價之時該業户等紛紛請領核計奇兵營盤操場各地應給春租半價錢六十三千

三百文卡棚地租錢五千二百五十文炮營應給租錢二十三千八百六十五文又奇兵營續

在港口搭造卡棚兩所工料價錢二十六千三百文係鄒副將管帶出資墊造核計地價及

搭棚各項統共應領錢一百一十八千七百一十五文開摺具領禀請撥款給領分別轉發歸

墊等情前來據此查該廳前禀墊用信字炮隊各營竹草料價等項業經核明給

領在案據禀前情除批據禀已悉仰候抄摺移行奇兵炮隊兩營查對各營基卡棚

操場地畝租價是否相符再行核給轉發歸墊此繳摺領存印發並札飭炮隊移會奇兵營外相應合行

抄摺移会爲此合移札飭札到該營即便遵照將摺開各地畝租價查對是否相符即日禀覆以憑核給毋延持札

040

江南機器製造局爲移請、札飭查對川沙白龍港、老洪窪等處營基卡棚操場各地畝租價事致奇兵營管帶鄒理堂移文稿、致炮隊營管帶劉毓湘札文稿（1895年6月18日，光緒二十一年五月二十六日）

貴營請煩查照摺開各地畝租價是否相符即日見覆以憑核給望切施行須至移者

計抄摺

今將奇兵炮隊兩營營盤奇營操場租用民田並墊用卡棚各價開具業户花名畝分清單抄送

查核

計開

徐順蘭田四畝應給春租錢六千文　馬財生田三畝应給春租錢四千五百文

馬金英田二畝应給春租錢三千文　奚敬蘭田三畝应給春租錢四千五百文

馬德華田一畝应給春租錢一千五百文　龔生華田二分应給春租錢三百文

陳立昌田三畝应給春租錢四千五百文

江南機器製造局爲移請、札飭查對川沙白龍港、老洪窪等處營基卡棚操場各地畝租價事致奇兵營管帶鄒理堂移文稿、致炮隊營管帶劉毓湘札文稿（1895 年 6 月 18 日，光緒二十一年五月二十六日）

以上係奇兵營操場共田十六畝二分每年每畝租錢三千文應給春租半價錢二十四千三百文

朱文榮田二畝五分應給春租錢三千七百五十文　張阿四田一畝應給春租錢一千五百文

朱香觀田二畝五分應給春租錢三千七百五十文　朱羅氏田四畝應給春租錢六千文

黃和尚田三畝應給春租錢四千五百文　朱蔡氏田二畝應給春租錢三千文

盧張生田二畝應給春租錢三千文　鄔陸氏田四畝應給春租錢六千文

黃玉蘭田一畝應給春租錢一千五百文　陳鄔氏田四畝應給春租錢六千文

以上係奇兵營營地共田二十六畝每年每畝租錢三千文應給春租半價錢三十九千文

王有生田二畝應給春租錢三千文　馬二和田一畝五分應給春租錢二千二百五十文

以上係奇兵營搭造卡棚兩所共田三畝五分每年每畝租錢三千文應給春租半價

041 ~~010~~

江南機器製造局爲移請、札飭查對川沙白龍港、老洪窪等處營基卡棚操場各地畝租價事致奇兵營管帶鄒理堂移文稿、致炮隊營管帶劉毓湘札文稿（1895年6月18日，光緒二十一年五月二十六日）

錢五千二百五十文，其卡棚工料係鄒管帶副將墊用，計錢二十六千三百文，應請一併給領歸墊。

黃學周田五分五厘，應給春租錢八百二十五文。

衛谷鳴田三分七厘，應給春租錢五百五十五文。

張阿東田九厘，應給春租錢一百三十五文。

張秋帆、張祥德、陳阿美、張阿珠田十九畝二厘，應給春租錢二十八千五百三十文。

黃成勛田七分七厘，應給春租錢一千一百五十五文。

黃南江田一畝二分九厘，應給春租錢一千九百三十五文。

黃茂全田六分，應給春租錢九百文。

徐了頭田五分一厘，應給春租錢七百六十五文。

黃仲生田四分八厘，應給春租錢七百二十文。

陳鳳祥、孫邦基、孫福堂田一畝六厘，應給春租錢一千五百九十文。

陳建蘭田二分九厘，應給春租錢四百三十五文。

陳春山田六畝，應給春租錢九千文。

徐阿海田四分一厘，應給春租錢六百十五文。

陳建周田八厘，應給春租錢一百二十文。

徐秀華田三分，應給春租錢四百五十文。

江南機器製造局爲移請、札飭查對川沙白龍港、老洪窪等處營基卡棚操場各地畝租價事致奇兵營管帶鄒理堂移文稿、致炮隊營管帶劉毓湘札文稿（1895年6月18日，光緒二十一年五月二十六日）

以上係炮營營盤所有基地共田三十一畝八分二厘每年每畝租錢一千五百文應給春租

半價錢二十三千八百六十五文

以上奇兵營統共租用民田四十五畝七分應給春租半價錢六十八千五百五十文又

墊用卡棚工料錢二十六千三百文炮隊營租用民田三十一畝八分二厘應給半

價錢二十三千八百六十五文統共應領錢一百一十八千七百一十五文合併聲明

042

~~041~~

江南機器製造局爲移請、札飭查對川沙白龍港、老洪窪等處營基卡棚操場各地畝租價事致奇兵營管帶鄒理堂移文稿、致炮隊營管帶劉毓湘札文稿（1895年6月18日，光緒二十一年五月二十六日）

光緒二十一年五月廿六日

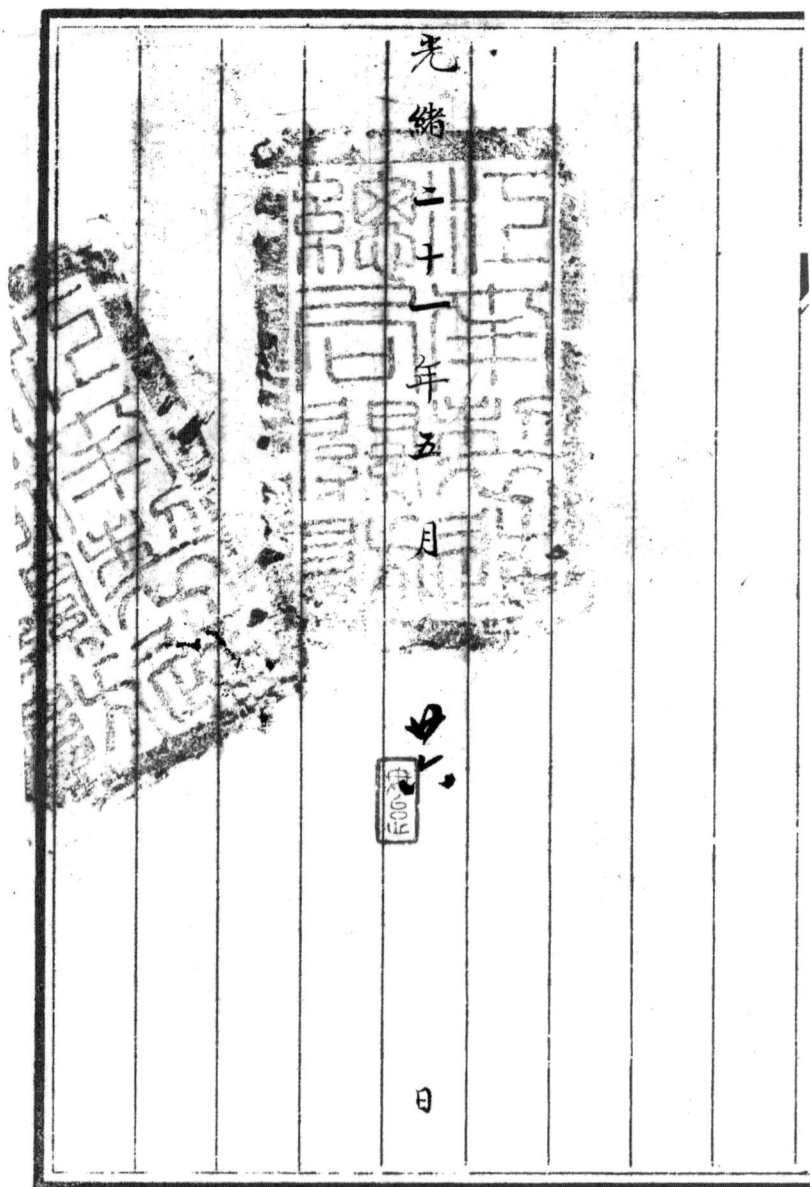

江南機器製造局爲移請、札飭查對川沙白龍港、老洪窪等處營基卡棚操場各地畝租價事致奇兵營管帶鄒理堂移文稿、致炮隊營管帶劉毓湘札文稿（1895 年 6 月 18 日，光緒二十一年五月二十六日）

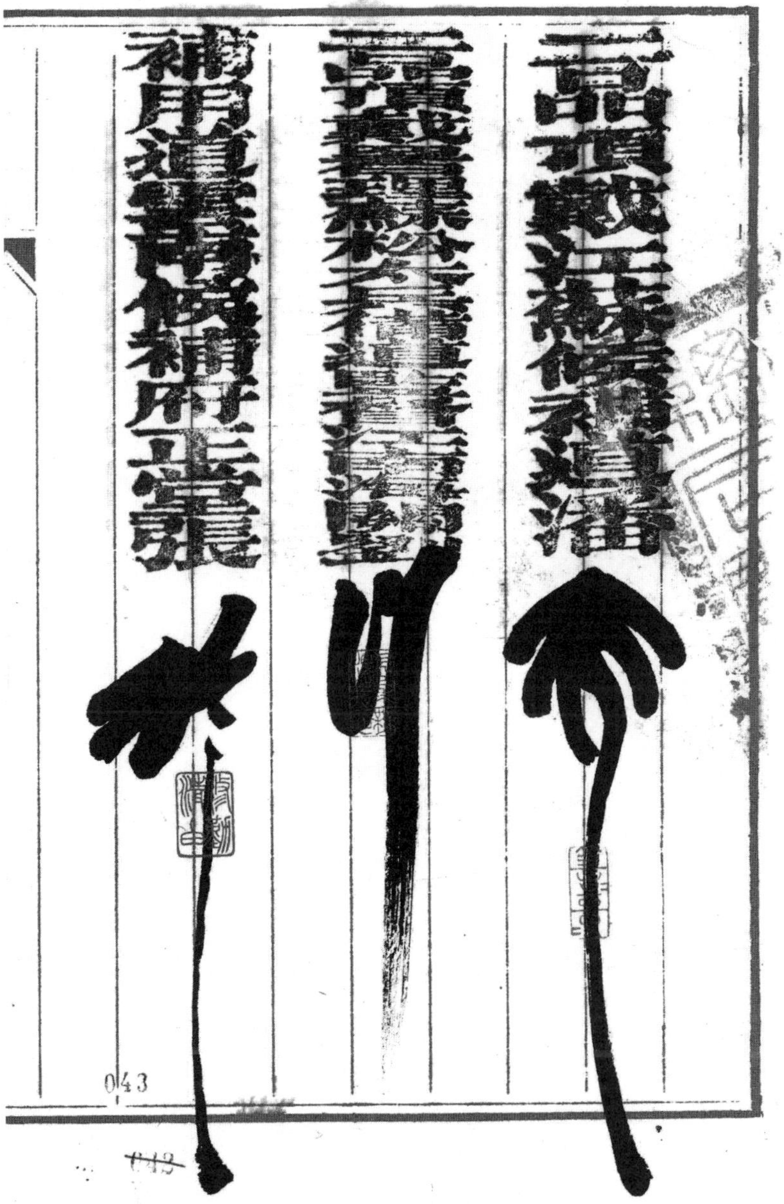

江南機器製造局爲移請、札飭查對川沙白龍港、老洪窪等處營基卡棚操場各地畝租價事致奇兵營管帶鄒理堂移文稿、致炮隊營管帶劉毓湘札文稿（1895年6月18日，光緒二十一年五月二十六日）

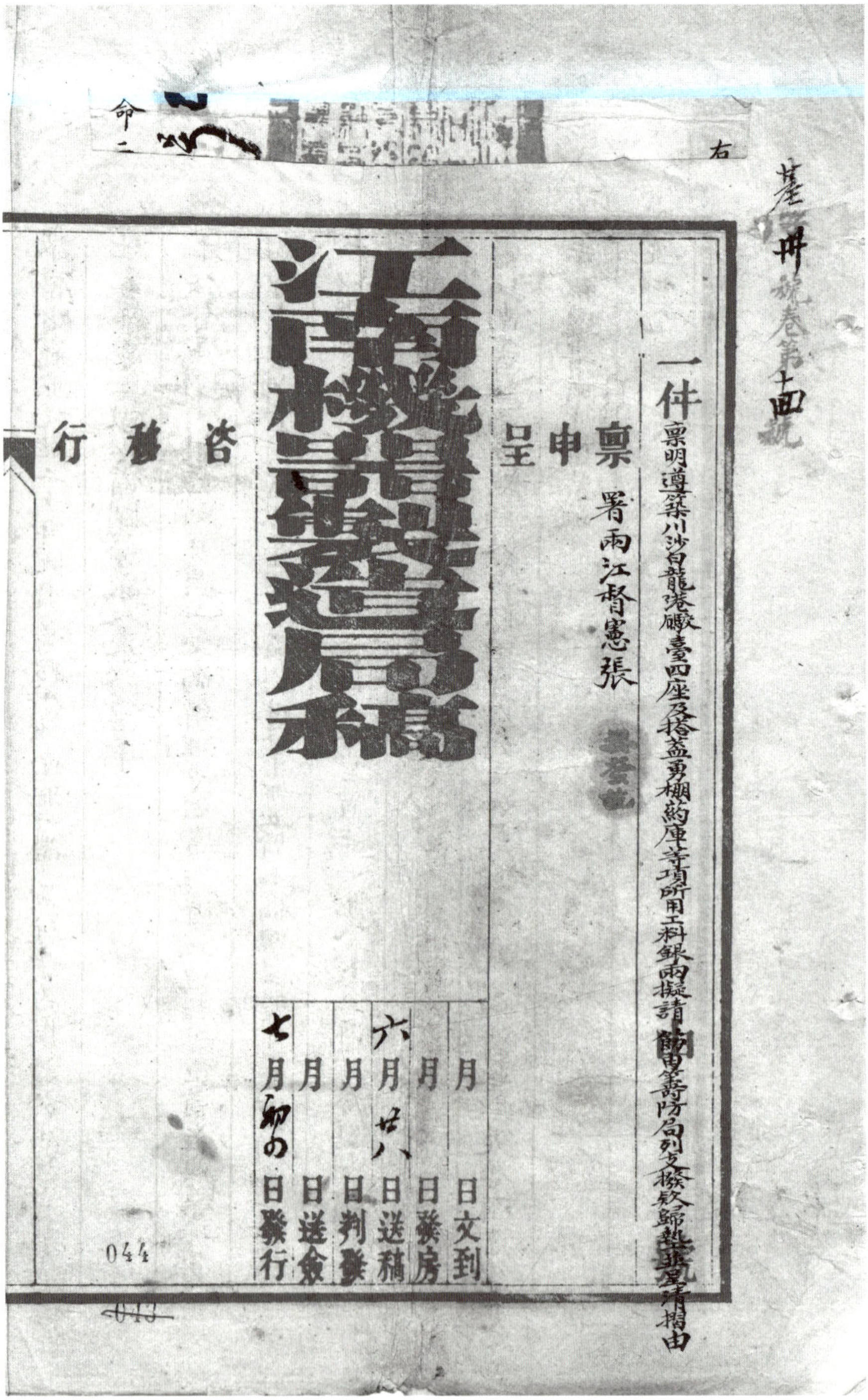

一件 稟明遵築川沙白龍港礮臺四座及搭蓋勇棚葯庫等項所用工料銀兩擬請飭由籌防局列支撥款歸墊並呈清摺由

稟 署兩江督憲張

申

呈

咨

移

行

江南機器製造局稿

月 日文到

月 日發房

六月廿八日送稿

月 日判發

月 日送僉

七月初四日發行

044

江南機器製造局爲稟明遵築川沙白龍港炮臺四座及搭蓋勇棚藥庫等項所用工料銀兩擬請飭由籌防局列支撥款歸墊並呈清摺事致署兩江總督張之洞稟文稿（1895 年 8 月 18 日，光緒二十一年六月二十八日）

敬禀者竊照光緒二十年九月籌防川沙南滙一帶海堤案内擬請於川沙白龍港
地方築臺安礮以備攔擊敵人來路禀奉
本任督憲劉　批飭剋日興工妥爲辦理等因當經遵照運料派匠前往興築派勇
駐守在案嗣查該處礮臺四座並搭造藥庫五所木橋四座暨守臺勇棚等項工料
一切統共由　職局墊用規平銀一萬一千七百十一兩八錢分五毫理合繕開清摺禀祈
大人俯賜察核所有前項墊用工料銀兩擬請
轉飭江南籌防局查照歸入籌防經費内列支如數撥還職局俾清墊款是否有當伏候
訓示祗遵專肅寸禀恭敂
鈞安仰乞

江南機器製造局爲禀明遵築川沙白龍港炮臺四座及搭蓋勇棚藥庫等項所用工料銀兩擬請飭由籌防局列支撥款歸墊並呈清摺事致署兩江總督張之洞禀文稿（1895年8月18日，光緒二十一年六月二十八日）

垂鑒　謹稟

計呈清摺一扣

謹將興築川沙白龍港礮臺四座及搭蓋勇棚藥庫等項所用工料銀數繕摺呈請

憲鑒

計開

代造川沙白龍港礮臺四座內二座每座長二十八尺寬三十二尺高六尺又二座每

座長二十八尺寬二十四尺高六尺又子藥庫四所每所寬一十尺深七尺高六尺

又總藥庫一所寬一十六尺深一十四尺高七尺半又軍裝庫一所寬一十六尺深二十

四尺高一十一尺又木橋四座內三座每座寬一十二尺長三十尺又一座寬六尺長

045 ~~044~~

江南機器製造局爲稟明遵築川沙白龍港炮臺四座及搭蓋勇棚藥庫等項所用工料銀兩擬請飭由籌防局列支撥款歸墊並呈清摺事致署兩江總督張之洞稟文稿（1895 年 8 月 18 日，光緒二十一年六月二十八日）

四十五尺並搭造守臺勇棚等項工料及租用民地領用料物搬運廠位物件到臺

船力夫力一切用欵內計

松木板八萬四千七百四十四尺三寸　計規平銀二千八百八十一兩三錢四厘五毫

松木枋一千一百三十一尺　計規平銀四十兩一錢五分五毫

啟口松板八百三十二尺三寸　計規平銀三十五兩七錢八分六厘七毫

白松木一千三百二十四尺　計規平銀四十六兩三錢四分

鈹抄木二萬六千一百四十九尺　計規平銀九百四十一兩三錢六分四厘

東洋松板二千四十尺半　計規平銀三百三十八兩七錢二分三厘

椰杉板一千四百四十七尺半　計規平銀八十六兩八錢五分

江南機器製造局爲稟明遵築川沙白龍港炮臺四座及搭蓋勇棚藥庫等項所用工料銀兩擬請飭由籌防局列支撥款歸墊並呈清摺事致署兩江總督張之洞稟文稿（1895年8月18日，光緒二十一年六月二十八日）

大小全木一千三百八十六根　計規平銀一千三百四十九兩二錢

檀木一百九十五磅　計規平銀一兩三錢六分五厘

樟木一十四尺　計規平銀七錢

羅馬銕條三百一十四磅　計洋一十八元八角四分

英銕條二百九十七磅半　計洋一十一元九角

英銕板三十九磅　計洋一元九角五分

洋銕皮一百一十一磅　計洋六元六角六分

白銕瓦二百四十磅　計洋一十四元八角八分

銕釘一千五百八十磅　計洋七十九元

046 ~~015~~

江南機器製造局爲稟明遵築川沙白龍港炮臺四座及搭蓋勇棚藥庫等項所用工料銀兩擬請飭由籌防局列支撥款歸墊並呈清摺事致署兩江總督張之洞稟文稿（1895年8月18日，光緒二十一年六月二十八日）

白銕釘一千四百三十四磅　計洋一百四十三元四角

銕螺絲釘二千一百六十箇　計洋一十元八角

白銕螺絲一千五十五磅　計洋一百五十八元二角五分

銕羊眼二百三十一磅　計洋二十三元一角

銕門環搭扣四副　計洋二角四分

銕洋門鎖三十八把　計洋一十五元二角

鋼鋤鏟五十八把　計洋二十六元五角

鋼斧二把　計洋三元

鎈刀七把　計洋二元八角

江南機器製造局爲稟明遵築川沙白龍港炮臺四座及搭蓋勇棚藥庫等項所用工料銀兩擬請飭由籌防局列支撥款歸墊並呈清摺事致署兩江總督張之洞稟文稿（1895年8月18日，光緒二十一年六月二十八日）

剪刀二把　計洋三角
點錫二磅三兩　計洋六角七分五厘
銅鉸鏈二十四副　計洋六元
銅插銷二副　計洋四角
銅暗門鎖一把　計洋四角
紫銅釘一百八十六磅　計洋八十三元七角
銅螺絲釘二千八百箇　計洋一十六元五角
紫銅絲一十斤　計洋三元二角
銅水管二枝　計洋三元八角

047　~~046~~

江南機器製造局爲稟明遵築川沙白龍港炮臺四座及搭蓋勇棚藥庫等項所用工料銀兩擬請飭由籌防局列支撥款歸墊並呈清摺事致署兩江總督張之洞稟文稿（1895 年 8 月 18 日，光緒二十一年六月二十八日）

銅油壺三把　計洋二元四角
毛竹二千一百四十根　計洋二百六十四元五角
石竹四十六根　計洋九角二分
蘆柴五萬八千二百四十四斤　計洋一百一十六元四角八分八厘
稻草八萬二千二百七十六斤　計洋一百四十七元九角一分六厘八毫
籐黄四百一十四斤　計洋一十二元四角二分
廣箴一十四斤　計洋四角九分
外國黄沙泥二萬一千六百斤　計規平銀二百八十兩八錢
本地黄沙三萬三千六百斤　計洋一十一元六角

江南機器製造局爲禀明遵築川沙白龍港炮臺四座及搭蓋勇棚藥庫等項所用工料銀兩擬請飭由籌防局列支撥款歸墊並呈清摺事致署兩江總督張之洞禀文稿（1895年8月18日，光緒二十一年六月二十八日）

石片一十一萬七千六百斤	計洋八十二元六角
新放磚二千塊	計洋九元六角
黄道磚一萬八千一百塊	計洋一十六元七角九分
砂磚二塊	計洋一角
石灰一千斤	計洋八元五角
粗帋三百斤	計洋四元二角
東洋皮紙七千五百張	計洋二十二元五角
黑砂皮三千六百八十二張	計洋七十三元六角四分
黑松煤二千磅	計洋一十二元

048 ~~047~~

江南機器製造局爲稟明遵築川沙白龍港炮臺四座及搭蓋勇棚藥庫等項所用工料銀兩擬請飭由籌防局列支撥款歸墊並呈清摺事致署兩江總督張之洞稟文稿（1895 年 8 月 18 日，光緒二十一年六月二十八日）

木炭四百八十磅 計洋二元八角八分

豆油五百一十二磅 計洋三十五元八角四分

梓油一十一磅 計洋七角七分

牛油四十磅 計洋四元

茶油八百五十四磅 計洋八十五元四角

打拉油一千一百六十八磅 計洋一十二元八角四分八厘

明油三十斤 計洋四元二角

漆油二百八十磅 計洋一十六元八角

白漆一百四十磅 計洋一十五元四角

江南機器製造局爲稟明遵築川沙白龍港炮臺四座及搭蓋勇棚藥庫等項所用工料銀兩擬請飭由籌防局列支撥款歸墊並呈清摺事致署兩江總督張之洞稟文稿（1895年8月18日，光緒二十一年六月二十八日）

黑漆一百一十二磅　計洋八元九角六分
紫漆三十八磅　計洋三元四分
紅粉一百一十二磅　計洋八元九角六分
洋碱水二十八磅　計洋二元五角二分
松香水一千三百八十三磅　計洋三十四元五角七分五厘
洋燭四十二枝　計洋一元一角七分六厘
牛燭一百四十斤　計洋二十二元四角
洋皂二百六磅　計洋八元二角四分
洋顏料五塊　計洋一元五角

049 ~~048~~

江南機器製造局爲稟明遵築川沙白龍港炮臺四座及搭蓋勇棚藥庫等項所用工料銀兩擬請飭由籌防局列支撥款歸墊並呈清摺事致署兩江總督張之洞稟文稿（1895 年 8 月 18 日，光緒二十一年六月二十八日）

墨皮二磅　計洋一角八分
鉛筆一十二枝　計洋一元二角
畫圖蠟布七十二尺　計洋七元九角二分
麻綫五十六磅　計洋四元四角八分
絡麻二百三十五磅　計洋一十一元七角五分
洋麻線一十磅　計洋四元
麻蓬線一百三磅半　計洋三十一元五分
麻蓬布二百一尺　計洋一十六元八分
法蘭絨布二千七百四十六尺　計洋一百六十四元八角八分

江南機器製造局爲稟明遵築川沙白龍港炮臺四座及搭蓋勇棚藥庫等項所用工料銀兩擬請飭由籌防局列支撥款歸墊並呈清摺事致署兩江總督張之洞稟文稿（1895年8月18日，光緒二十一年六月二十八日）

黄麻繩九百一十八磅　計洋七十二元四角四分

白麻繩一千八百五十三磅　計洋三百一十五元一分

油繩二十九磅　計洋五元二角二分

棉紗五百二十五磅　計洋五十二元五角

棉紗帶七百九十三餅　計洋七十一元三角七分

棉紗繩半磅　計洋二角七分五厘

扁燈芯三百九十六條　計洋一元五角八分四厘

馬口鐵洋油燈二十六箇　計洋五元二角

馬口鐵方玻璃燈四十七箇　計洋六元五角八分

050

江南機器製造局爲稟明遵築川沙白龍港炮臺四座及搭蓋勇棚藥庫等項所用工料銀兩擬請飭由籌防局列支撥款歸墊並呈清摺事致署兩江總督張之洞稟文稿（1895年8月18日，光緒二十一年六月二十八日）

鋑絲玻璃燈一十箇　計洋三元
巡捕燈九箇　計洋一十元八角
玻璃燈罩八十九箇　計洋一元七角八分
燈籠六十箇　計洋三元
漆刷四十把　計洋一十二元八角
猪鬃一斤　計洋一元
狼尾八箇　計洋一元一角二分
大竹茅篷一十六張　計洋一十九元二角
竹籮四十箇　計洋八元八角

江南製造總局

江南機器製造局爲稟明遵築川沙白龍港炮臺四座及搭蓋勇棚藥庫等項所用工料銀兩擬請飭由籌防局列支撥款歸墊並呈清摺事致署兩江總督張之洞稟文稿（1895年8月18日，光緒二十一年六月二十八日）

竹掃六十把　計洋三元六角
竹箕二千三百六十四箇　計洋一百七十七元三角
竹槓棒一百四十四根　計洋一十一元五角二分
竹扁擔二百三十根　計洋九元二角
竹篙七十根　計洋一十元五角
小木轆轤二十箇　計洋七角
木水桶一十二箇　計洋二元四角
小洋磅秤一架　計洋七元
洋布雨衣帽三十套　計洋三十三元

051

江南機器製造局爲稟明遵築川沙白龍港炮臺四座及搭蓋勇棚藥庫等項所用工料銀兩擬請飭出籌防局列支撥款歸墊並呈清摺事致署兩江總督張之洞稟文稿（1895 年 8 月 18 日，光緒二十一年六月二十八日）

皮更帽四頂　計洋一元八角四分

羊皮更衣一十三件　計洋八十元

棉篷布廠衣四件　計洋一百七十七元四角四分四厘

藍斜紋洋布夾帳篷九頂　計洋二百七十元

以上料物共規平銀六千二兩五錢八分三厘七毫
洋三千三百六元三角九分一厘八毫共合規平銀二千五百一十二兩八錢五分七厘七毫

廣木匠九百九十九工半　計洋六百一十二元一角七分五厘

本地木匠二千七百三工　計錢七百五十千七百七十文

鋸匠八百六十二工　計錢二百一十五千五百文

廠匠三百五十七工半　計洋二百二十六元二角二分六厘

江南機器製造局爲稟明遵築川沙白龍港炮臺四座及搭蓋勇棚藥庫等項所用工料銀兩擬請飭由籌防局列支撥款歸墊並呈清摺事致署兩江總督張之洞稟文稿（1895年8月18日，光緒二十一年六月二十八日）

熟鍊匠一十五工　計洋一十元五角

竹匠一千三百三十三工半　計錢二百九十三千三百七十文

小工六千八百一十工　計錢一千五百三十二千二百五十文

搬運料物礮位到川沙礮臺船夫力　計洋一百五十二元八角六分 錢二百二十九千三百五十文

包做竹屋八間工料　計洋一百三元九角三分二厘

租工匠住房五間 計四箇月租價　計錢一十六千九百文

租用民地三十一畝八分二厘租價　計錢二十三千八百六十五文

以上工匠工食并地租等項共洋一千一百五元五角九分三厘 錢三千六十二千五文 合規平銀八百四十兩二錢五分七毫 二千三百五十五兩三錢八分八厘四毫

前項造川沙礮臺統共用規平銀壹萬壹千柒百壹拾壹兩八分伍毫

江南機器製造局爲稟明遵築川沙白龍港炮臺四座及搭蓋勇棚藥庫等項所用工料銀兩擬請飭由籌防局列支撥款歸墊並呈清摺事致署兩江總督張之洞稟文稿（1895年8月18日，光緒二十一年六月二十八日）

光緒二十一年六月廿八日

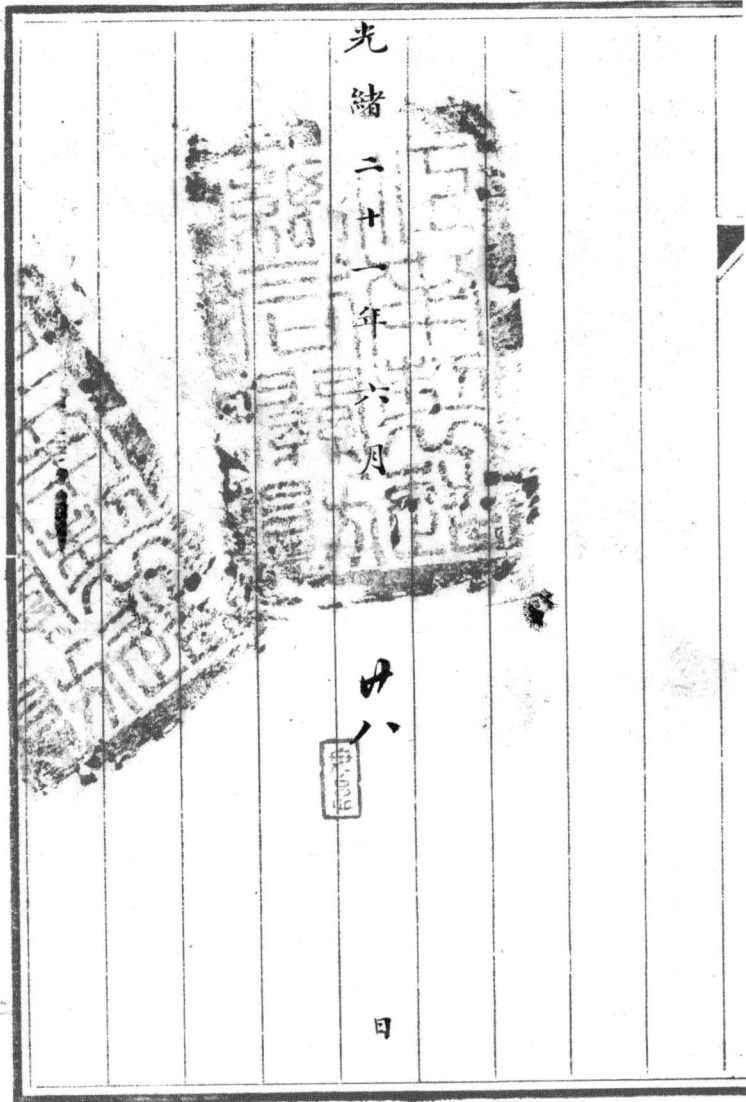

江南機器製造局爲稟明遵築川沙白龍港炮臺四座及搭蓋勇棚藥庫等項所用工料銀兩擬請飭由籌防局列支撥款歸墊並呈清摺事致署兩江總督張之洞稟文稿（1895年8月18日，光緒二十一年六月二十八日）

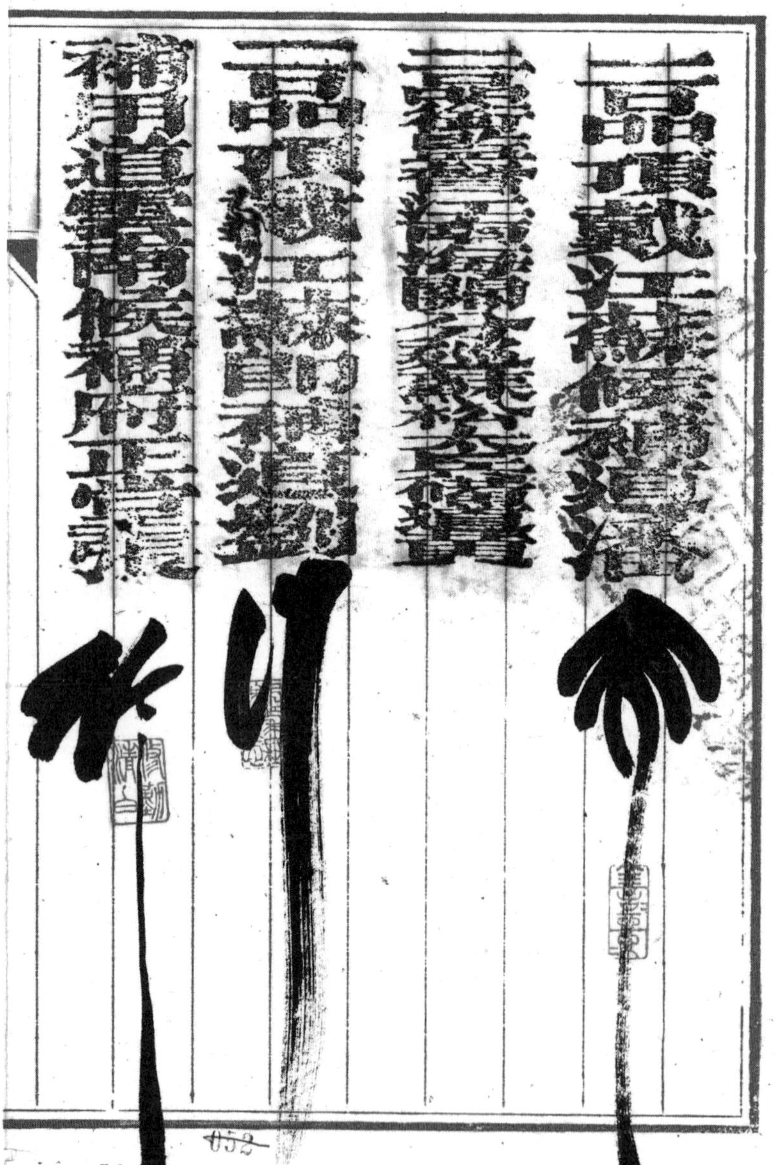

江南機器製造局爲禀明遵築川沙白龍港炮臺四座及搭蓋勇棚藥庫等項所用工料銀兩擬請飭由籌防局列支撥款歸墊並呈清摺事致署兩江總督張之洞禀文稿（1895 年 8 月 18 日，光緒二十一年六月二十八日）

文案擬札炮隊營添募炮
勇壹伯捌拾名補足五百營制調
兩隊往川沙請發炮位
九月初五日

~~053~~

054

江南機器製造局文案處爲炮隊營添募炮勇事簽條（1894年10月3日，光緒二十年九月初五日）

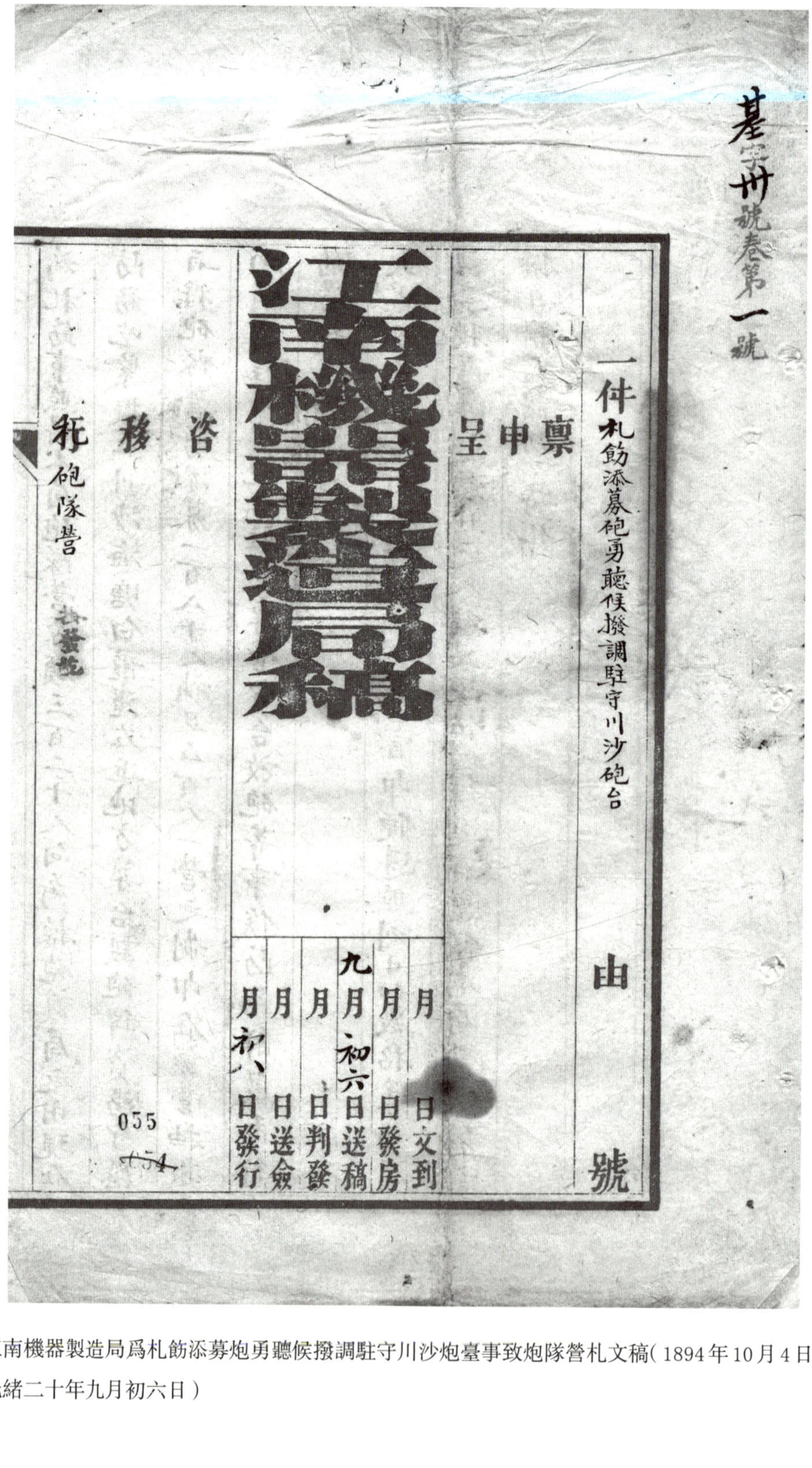

江南機器製造局爲札飭添募炮勇聽候撥調駐守川沙炮臺事致炮隊營札文稿（1894年10月4日，光緒二十年九月初六日）

為札飭事照得本局砲隊營原額三百二十人向為操砲護局之用現在防務吃緊擬在川沙海塘白龍港左近地方築台設砲俾資防守應再將砲隊營勇添募一百八十人補足五百人一營之制即在該營抽撥兩哨前往川沙砲台駐紮專管守台放砲等事俟防務解嚴即行酌量裁減除稟明北洋督部堂南洋爵帥大憲外為此合行札飭札到該營官即便遵照刻日如數招募務須認真挑選年輕精壯之人編入隊伍一經選齊稟候本局點閱以便調撥毋稍延誤切切特札

江南機器製造局爲札飭添募炮勇聽候撥調駐守川沙炮臺事致炮隊營札文稿（1894年10月4日，光緒二十年九月初六日）

光緒二十年九月初六日

056 027

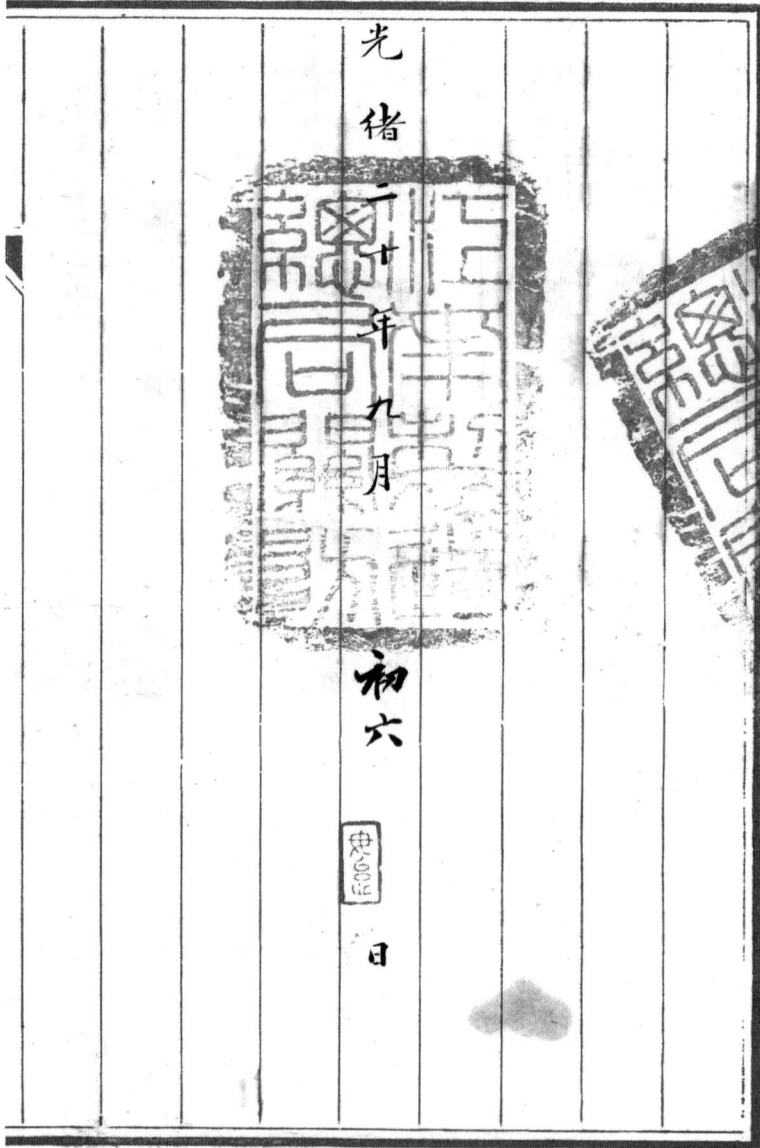

江南機器製造局爲札飭添募炮勇聽候撥調駐守川沙炮臺事致炮隊營札文稿（1894年10月4日，光緒二十年九月初六日）

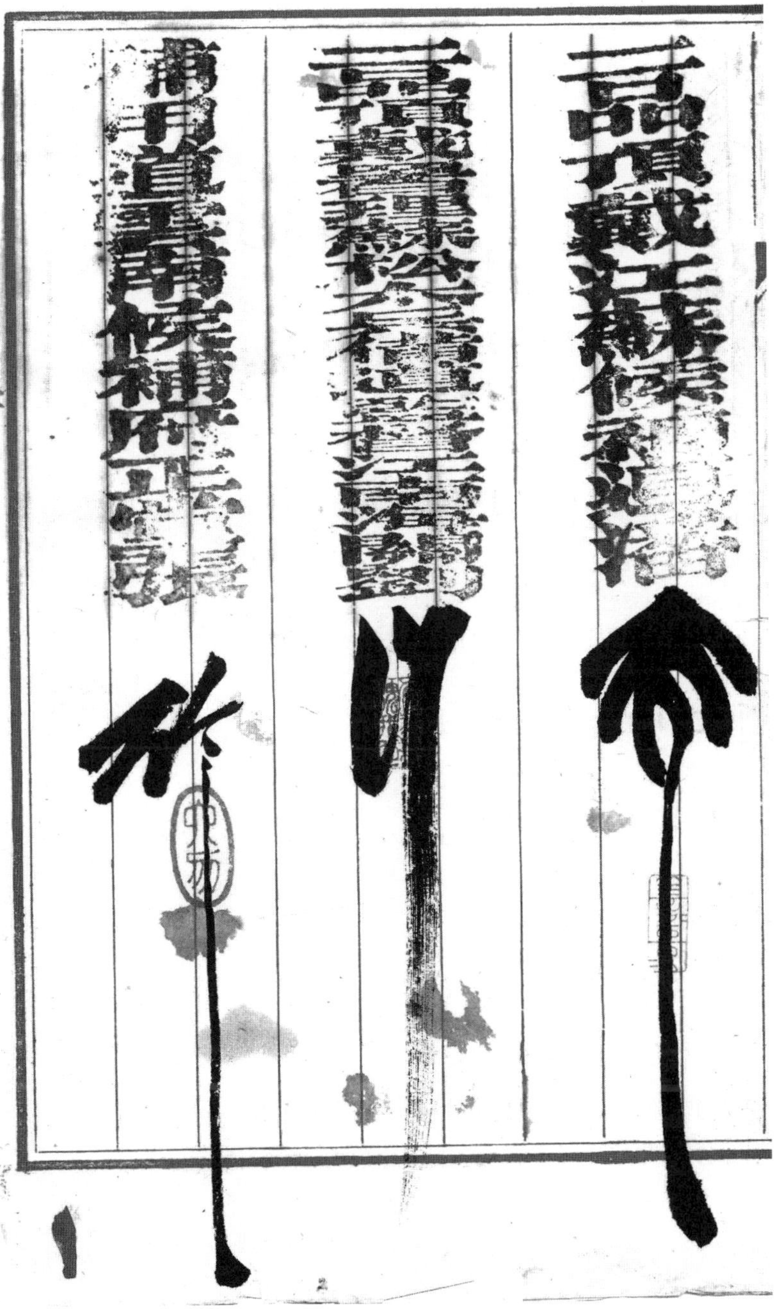

江南機器製造局爲札飭添募炮勇聽候撥調駐守川沙炮臺事致炮隊營札文稿（1894年10月4日，光緒二十年九月初六日）

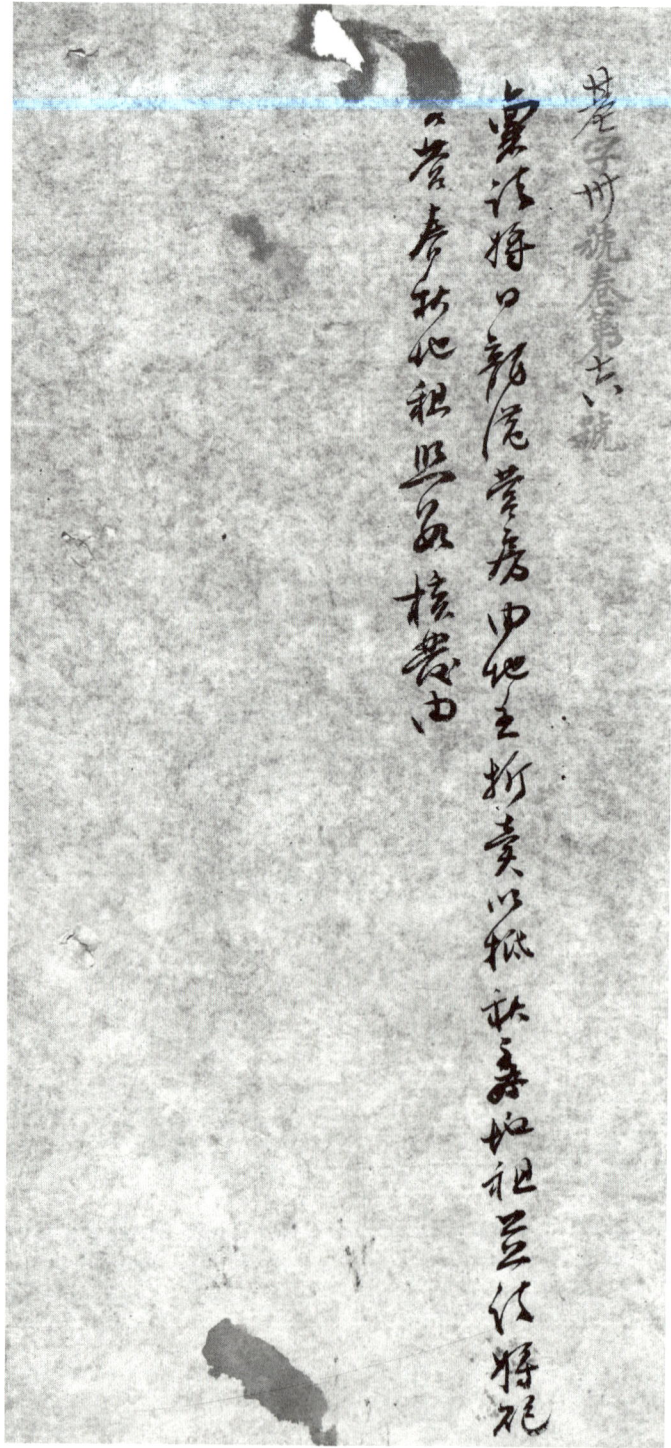

甚字卅號卷第六號

稟請將白龍港營房由地主拆賣以抵秋季地租並請將炮
隊營春秋地租照數核發由

川沙同知陳家熊爲稟請將白龍港營房由地主拆賣以抵秋季地租並請將炮隊營春秋地租照數核發事致江南機器製造局稟文（1895年10月16日，光緒二十一年八月二十八日）

敬稟者竊照卑境白龍港駐紮之奇兵營前因和議克成奉調回滬當經卑職稟奉
憲示營房由廳變價出售歸償地租蕩平營壘地基退還原地主執業等因奉經卑職遵照
辦理惟因此項營房竹木上年搭造之時均由滬地閔行一帶購來此次變價出售卑境地方
褊小苦無買主雖有一二竹木小行前去估看僉稱屋面之草朽爛無用竹子均已枯脆間有木
柱根下又復霉爛照此情形變價本極細微加以拆運人工費用甚鉅拆下後又無買主必致虧
折成本衆口一詞無人顧問各地主又急求領地時來催請若由卑職雇人拆賣不特稽延時日
更慮得不償失後諭城鄉各董與該地業主朱文榮等面商即將竹木由地主拆賣變價歸
墊嗣據該董復稱地主朱文榮等初猶不允後因急於收地愿領此房作爲秋租所有營壘

川沙同知陳家熊爲稟請將白龍港營房由地主拆賣以抵秋季地租並請將炮隊營春秋地租照數核發事致江南機器製造局稟文（1895 年 10 月 16 日，光緒二十一年八月二十八日）

若俟奇營之兵前來平毀不獨往返需時且房屋已經拆去兵來又須另覓房屋居住不免
多生周折各地主亦愿多雇人夫自行平毀卑職輾轉思維除此之外别無他法祇得允其所請
除取朱榮等切結附卷外合肅稟陳仰祈
大人鑒核示遵再砲隊營地基春租前由卑職籌墊給發彙同奇兵營地租具稟請領在案現值給
發秋租之期各地主紛紛請領理合開具摺領稟乞
核明將砲營秋租錢二十三千八百六十五文連同前次卑職墊發春租錢二十三千八百六十
五文核發下廳以便轉給並還前墊寔為公便再卑職前墊白龍港奇兵營春季地
租錢六十八千五百五十文現已撤營卑職情願賠貼至砲營閑現已留防將來年復一

川沙同知陳家熊爲稟請將白龍港營房由地主拆賣以抵秋季地租並請將炮隊營春秋地租照數核發事致江南機器製造局稟文（1895 年 10 月 16 日，光緒二十一年八月二十八日）

年卑職缺苦應求
憲局賞給恭請
勛安伏乞
垂鑒卑職家熊謹稟
計稟呈
清摺壹扣　印領壹紙

八

川沙同知陳家熊爲稟請將白龍港營房由地主拆賣以抵秋季地租並請將炮隊營春秋地租照數核發事致江南機器製造局稟文（1895年10月16日，光緒二十一年八月二十八日）

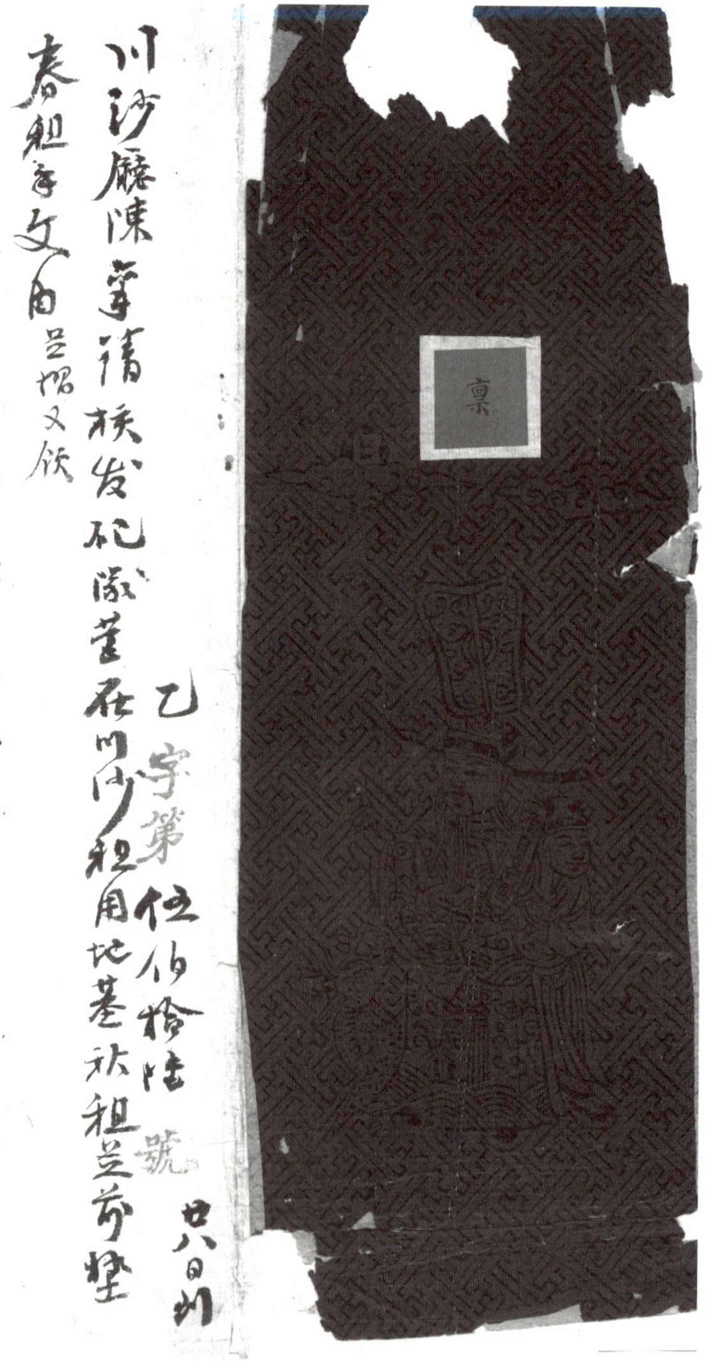

川沙同知陳家熊爲稟請將白龍港營房由地主拆賣以抵秋季地租並請將炮隊營春秋地租照數核發事致江南機器製造局稟文（1895 年 10 月 16 日，光緒二十一年八月二十八日）

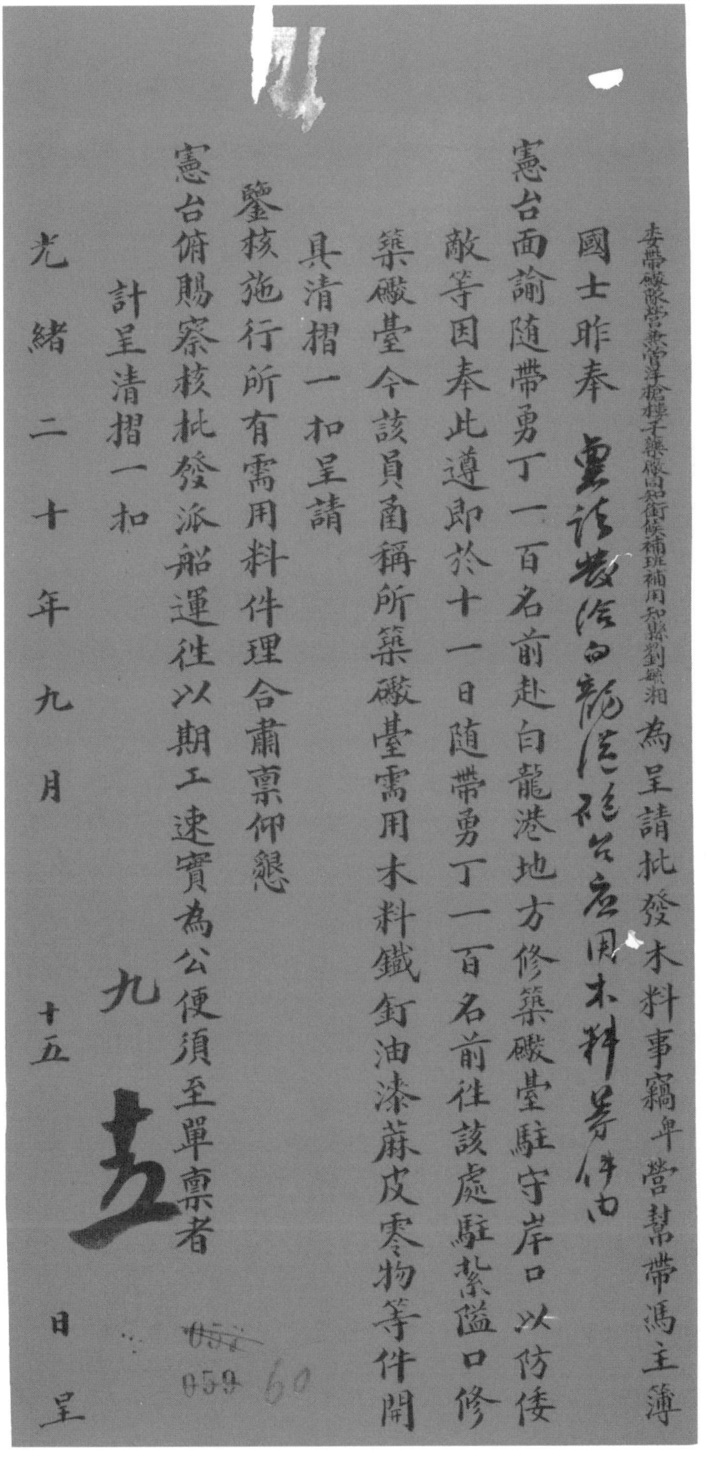

委帶礮隊營兼管洋槍隊子藥礮台同知銜候補班補用知縣劉毓湘　為呈請批發木料事竊卑營幫帶馮主簿

國士昨奉　稟請發給白龍港砲台應用木料等件由

憲台面諭隨帶勇丁一百名前赴白龍港地方修築礮臺駐守岸口以防倭

敵等因奉此遵即於十一日隨帶勇丁一百名前往該處駐紮隘口修

築礮臺今該員面稱所築礮臺需用木料鐵釘油漆蔴皮零物等件開

具清摺一扣呈請

鑒核施行所有需用料件理合肅稟仰懇

憲台俯賜察核批發派船運往以期工速實為公便須至單稟者

計呈清摺一扣　九　十五

光緒二十年九月十五日呈

~~058~~ 059 60

礮隊營管帶劉毓湘爲稟請發給白龍港炮臺應用木料等件事致江南機器製造局稟文（1894年10月11日，光緒二十年九月十五日）

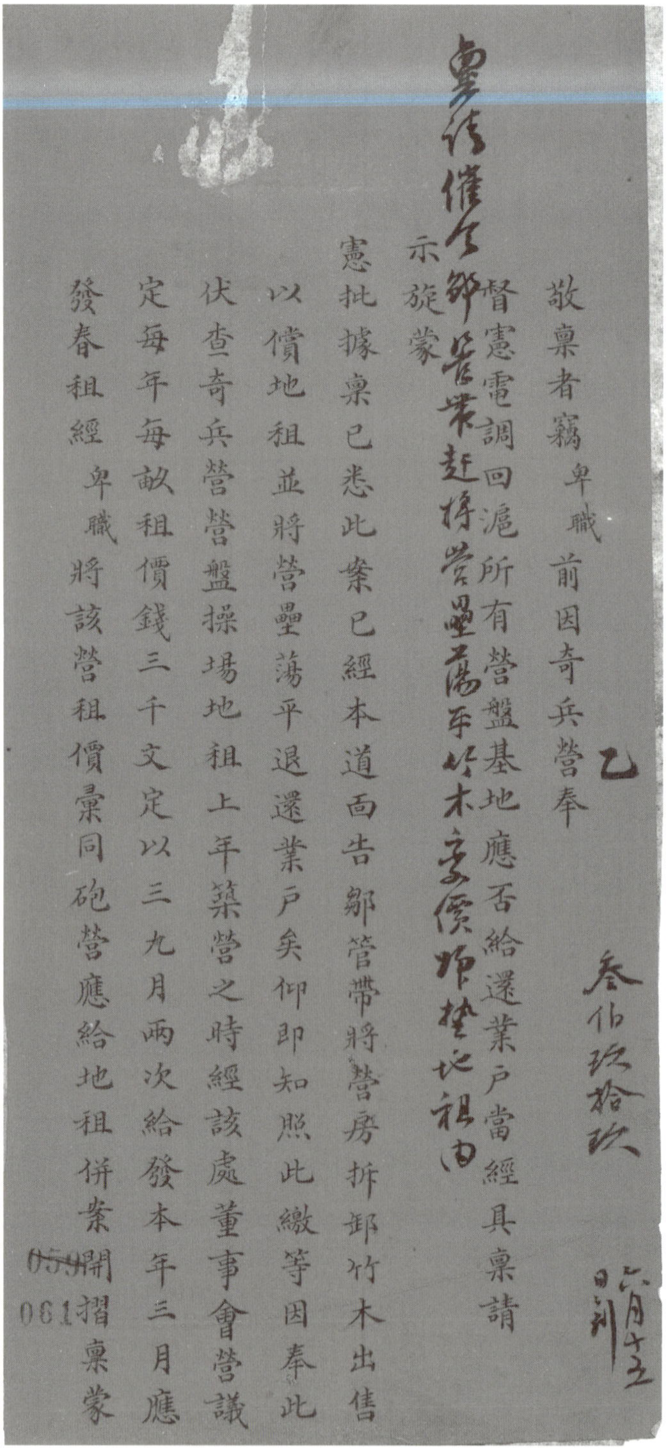
乙
叁佰玖拾玖
敬稟者竊卑職前因奇兵營奉
督憲電調回滬所有營盤基地應否給還業戶當經具稟請
示旋蒙
憲批據稟已悉此案已經本道函告鄒管帶將營房拆卸竹木出售
以償地租並將營壘蕩平退還業戶矣仰即知照此繳等因奉此
伏查奇兵營營盤操場地租上年築營之時經該處董事會營議
定每年每畝租價錢三千文定以三九月兩次給發本年三月應
發春租經卑職將該營租價彙同砲營應給地租併案開摺稟蒙
稟催鄒管帶趕將營壘蕩平竹木變價歸墊地租由
六月十五日到
~~059~~
061

川沙同知陳家熊爲稟請催令鄒管帶趕將營壘蕩平竹木變價歸墊地租事致江南機器製造局稟文
（1895年8月5日，光緒二十一年六月十五日）

憲局批示據稟已悉仰候抄摺移行奇兵礮隊兩營查對各基卡棚
操場地畝租價是否相符再行核給轉發歸墊此繳摺領存等因
其時正值上忙啓徵各業户等候不及紛紛赴營及到廳懇領租
價卑職誠恐愚民無知因此疑慮生衅不得已將兩營應給地租
先行籌[illegible]給領在案兹奉前因查奇營業已回滬營房尚未拆卸
營壘亦未蕩平理合肅稟陳明仰祈
大人鑒核催令奇兵營鄒管帶赶將營壘蕩平竹木拆下變價歸墊地
租如有盈餘解還

川沙同知陳家熊爲稟請催令鄒管帶趕將營壘蕩平竹木變價歸墊地租事致江南機器製造局稟文
（1895年8月5日，光緒二十一年六月十五日）

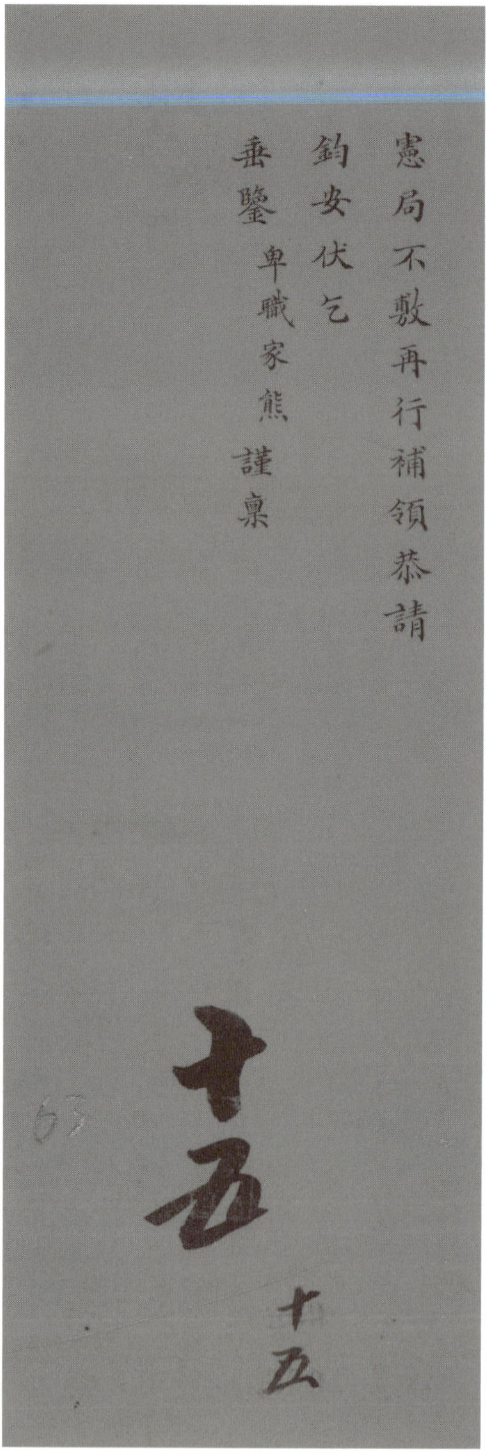
憲局不敷再行補領恭請
鈞安伏乞
垂鑒 卑職家熊謹禀
十五
十五
63

川沙同知陳家熊爲禀請催令鄉管帶趕將營壘蕩平竹木變價歸墊地租事致江南機器製造局禀文
（1895年8月5日，光緒二十一年六月十五日）

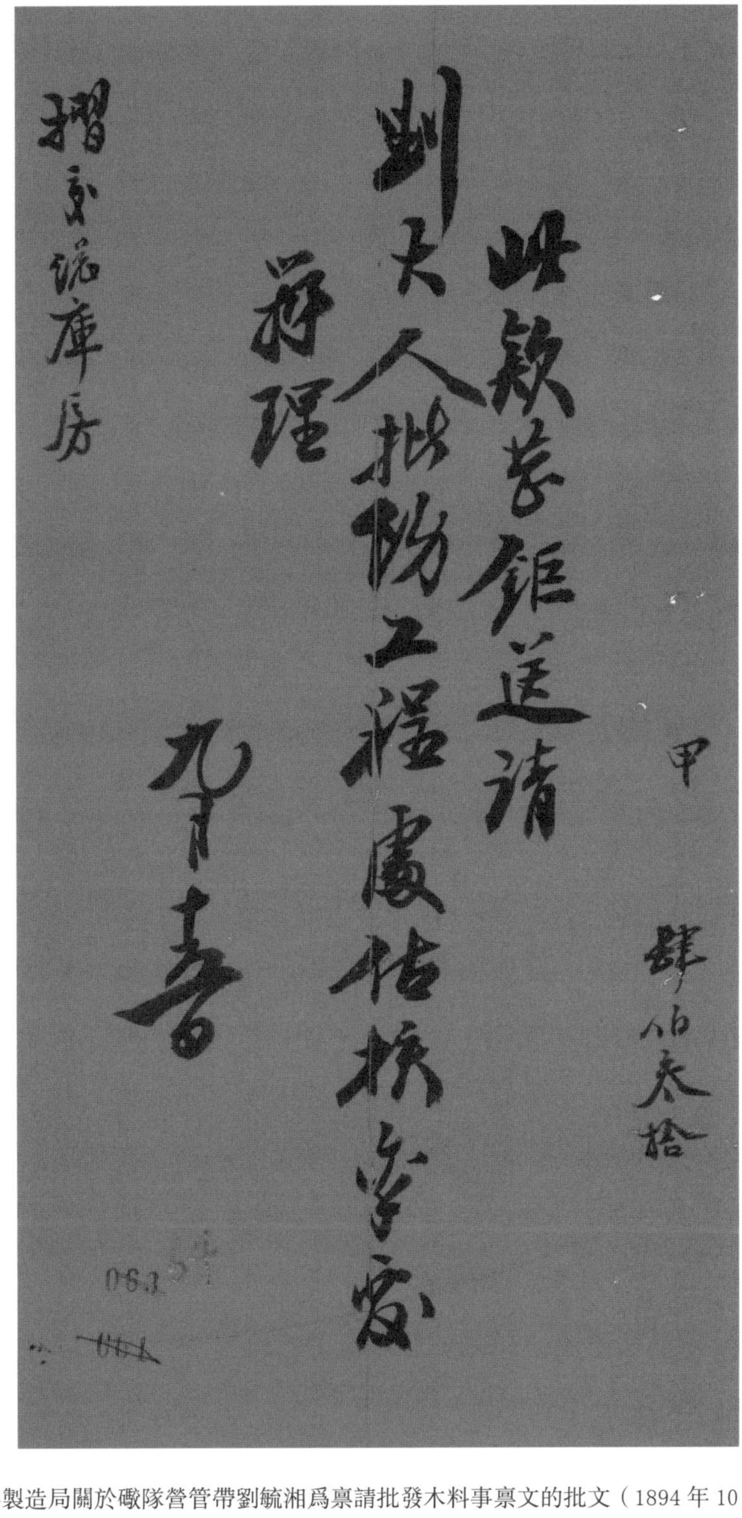

甲　肆伯叁拾

此款業經送請

劉大人批飭工程處估核發

辦理

九月十五

摺交總庫房

江南機器製造局關於礮隊營管帶劉毓湘爲稟請批發木料事稟文的批文（1894 年 10 月 11 日，光緒二十年九月十五日）

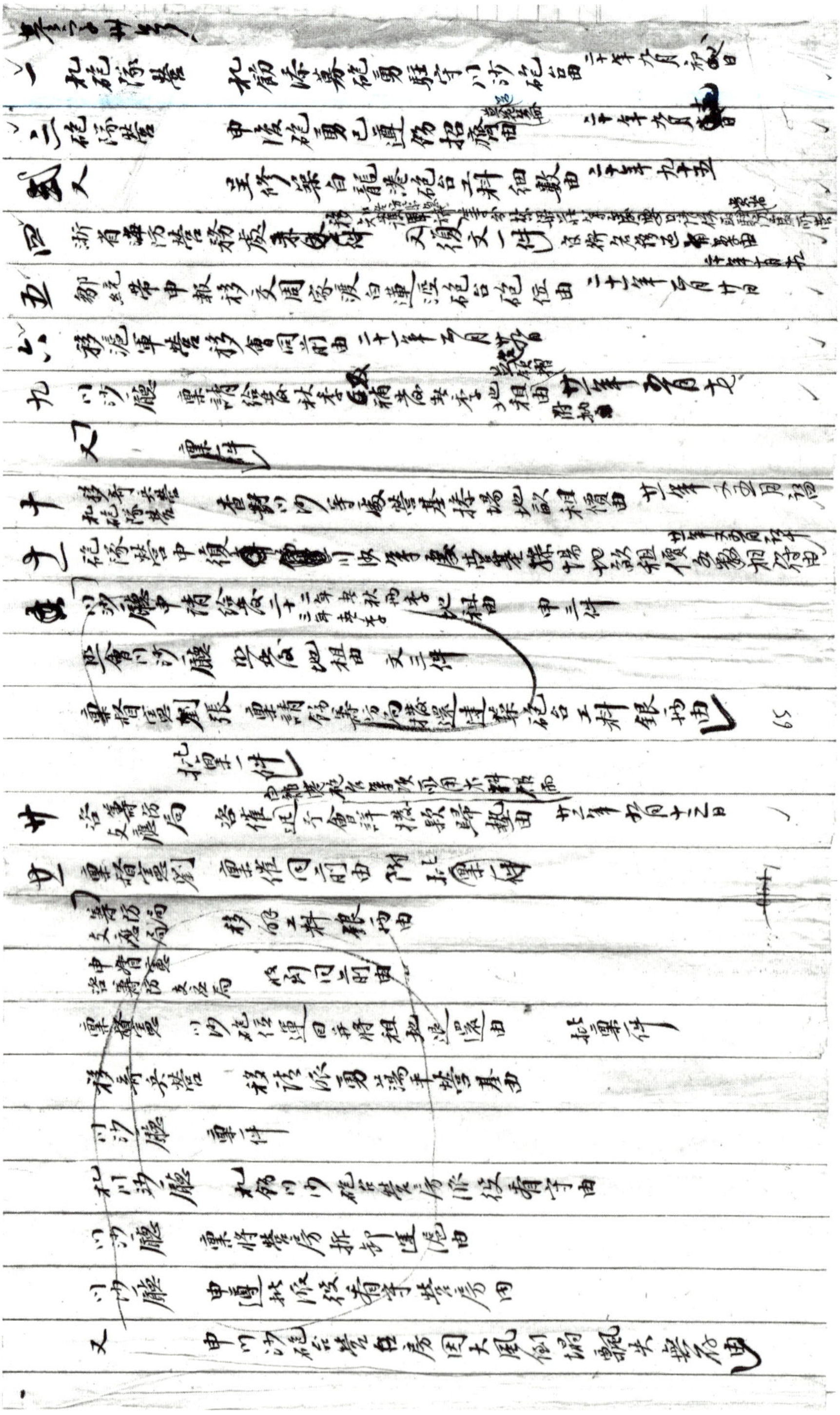

江南製造總局基字第三十號築造川沙炮臺營房並給地租錢案卷目録（1895—1897年，光緒二十一年—光緒二十三年）

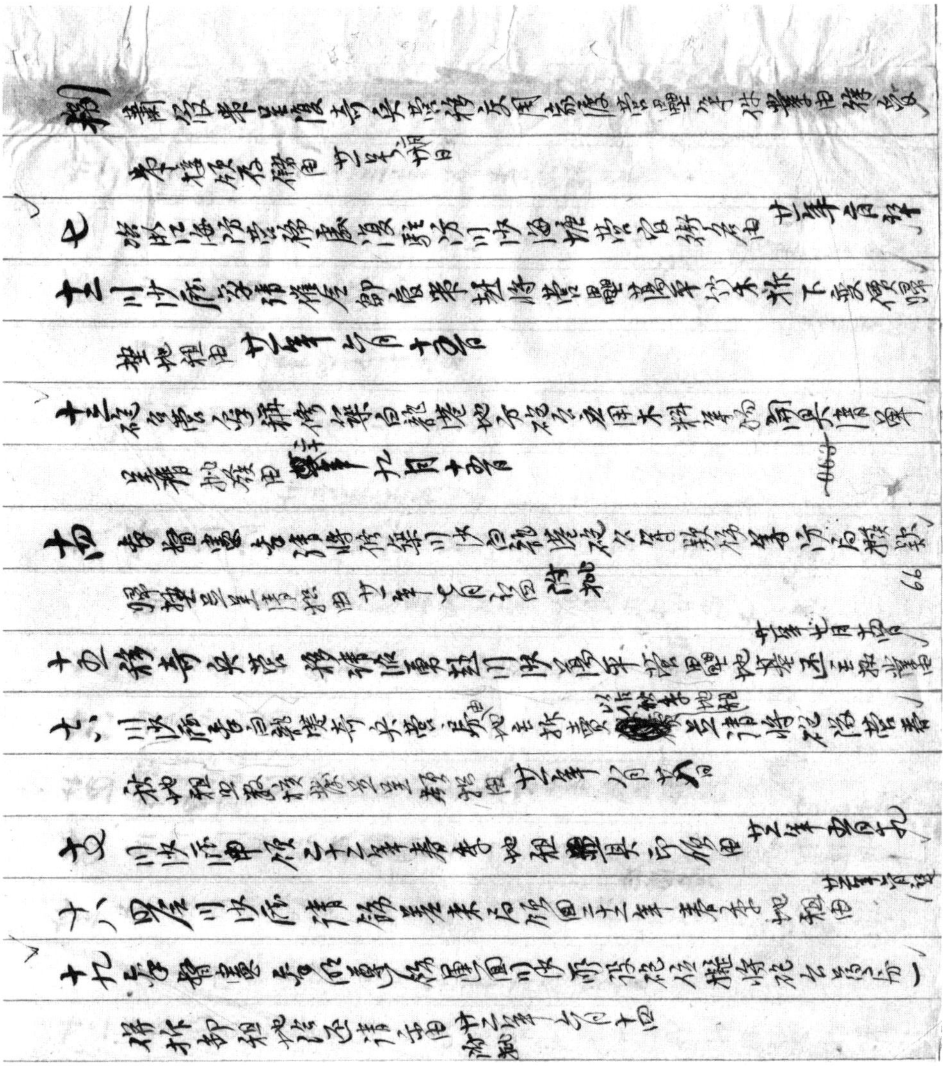

江南製造總局基字第三十號築造川沙炮臺營房並給地租錢案卷目録（1895—1897年，光緒二十一年—光緒二十三年）

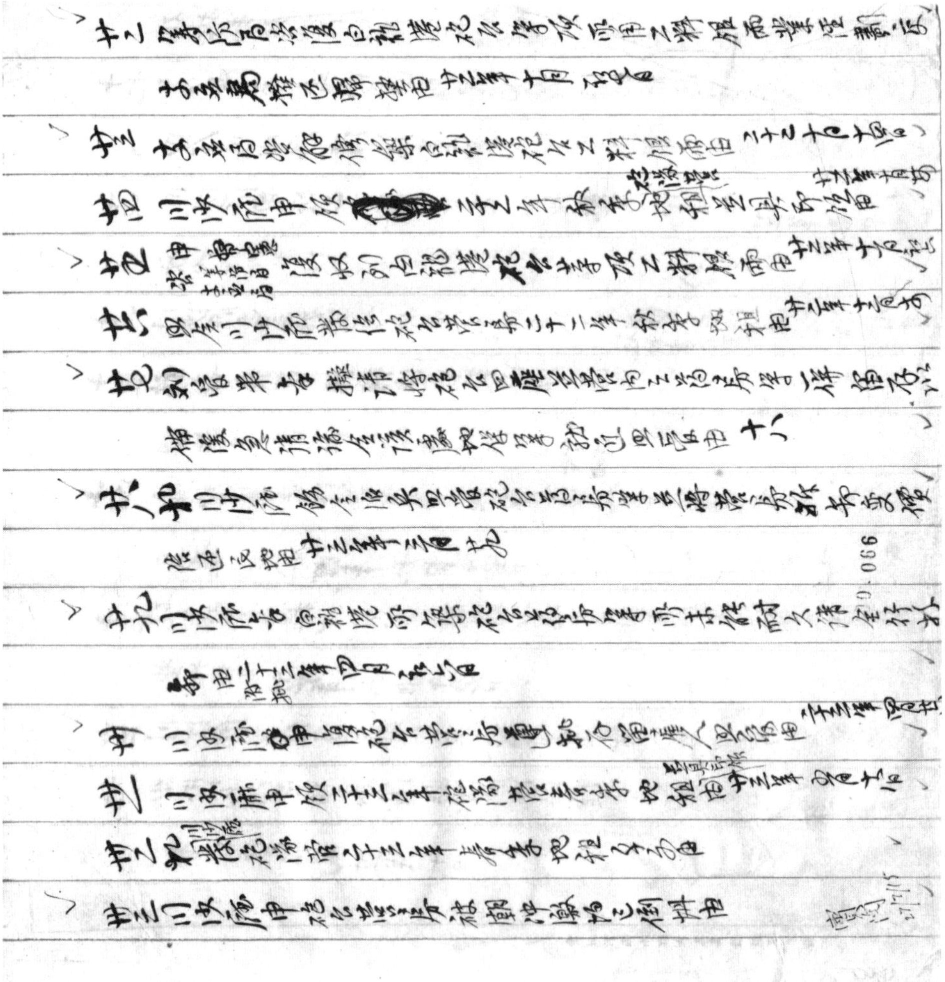

江南製造總局基字第三十號築造川沙炮臺營房並給地租錢案卷目録（1895—1897年，光緒二十一年—光緒二十三年）

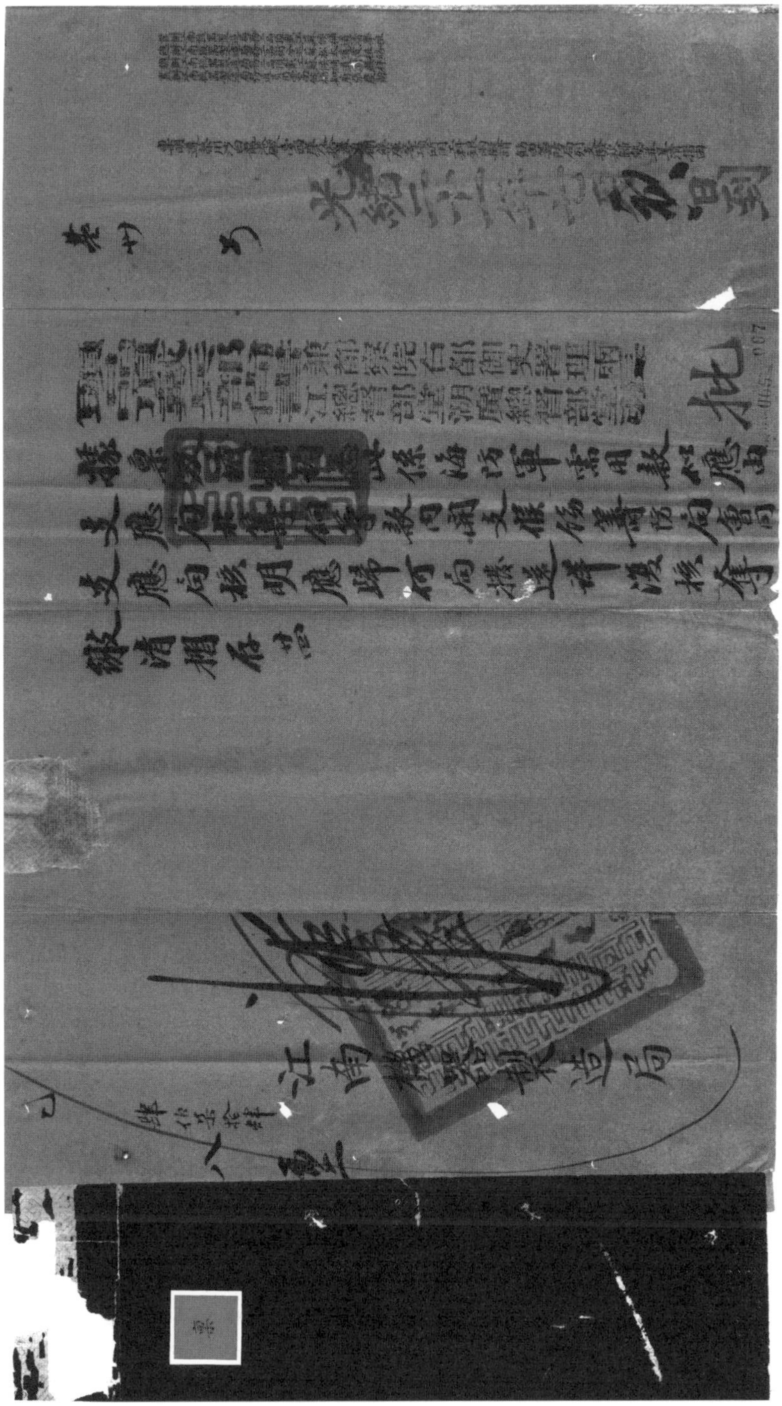

署兩江總督張之洞關於江南機器製造局爲稟明遵筑川沙白龍港礮臺四座及搭蓋勇棚藥庫等項所用工料銀兩擬請飭由籌防局列支撥款歸墊並呈清摺事稟文的批復（1895 年 8 月 27 日，光緒二十一年七月初八日）

三品銜在任候補知府川沙撫民同知陳家熊謹

基字卌號卷第九號

稟營盤砲營操場租用民田並墊用卡棚工料各價懇請撥款給領並呈清摺由

光緒廿一年五月 七

憲諭給發秋季及補發本季地租並呈修摺由

大人閣下敬稟者竊自倭人犯順防務戒嚴卑廳沿海一帶逼近吳淞地方緊要前蒙

憲臺稟調信字營駐紮八團白龍港砲隊營駐紮九團老洪窪並在塘上安設砲台扼要布置保衛

憲局軍裝重地兩固海疆所有兩處營基及信營操場均用民田勘丈蓋造先其稟請

憲局按年給與租價嗣因信營奉調北上蒙

督憲電飭奇兵營前來填紮又在港口另搭卡棚兩所該地均係卑廳場屬民業其間稍分等次信營

所用之地係屬膏腴初築操場時經董事議定地價每畝年租錢三千文以春三秋九為期當經忠信營

張統領將操場一十六畝二分先行移明

憲鑒所有營基二十六畝及港口現搭卡棚之地三畝五分每畝應給年租錢三千文惟砲營除砲台計地

三十一畝八分二厘係在新塘邊上地土較瘠每畝擬給年租錢一千五百文價值亦由董事議定地經卑職會

丈明確諭令各業戶屆期稟請

憲示給價在案現當春三月發價之時該業戶等紛紛請領核計奇兵營盤操場各地應給春租半價錢

六十三千三百文卡棚地租錢五千二百五十文砲營應給租錢二十三千八百六十五文又奇兵營續在港

口搭造卡棚兩所工料價錢二十六千三百文係鄒副將出資墊造核計地價及搭棚各項統共應領

068

~~066~~

川沙同知陳家熊爲稟營盤炮營操場租用民田并墊用卡棚工料各價懇請撥款給領並呈清摺事致江南機器製造局稟文（1895 年 6 月 4 日，光緒二十一年五月十二日）

錢一百一十八千七百一十五文理合開具領摺稟請仰祈

大人鑒核俯賜撥款給領轉發歸墊寔為公便恭請

崇安伏乞

垂鑒卑職家熊謹稟

計呈

清摺壹扣　印領壹紙

光緒貳拾壹年伍月拾貳日

川沙同知陳家熊爲稟營盤炮營操場租用民田并墊用卡棚工料各價懇請撥款給領並呈清摺事致江南機器製造局稟文（1895 年 6 月 4 日，光緒二十一年五月十二日）

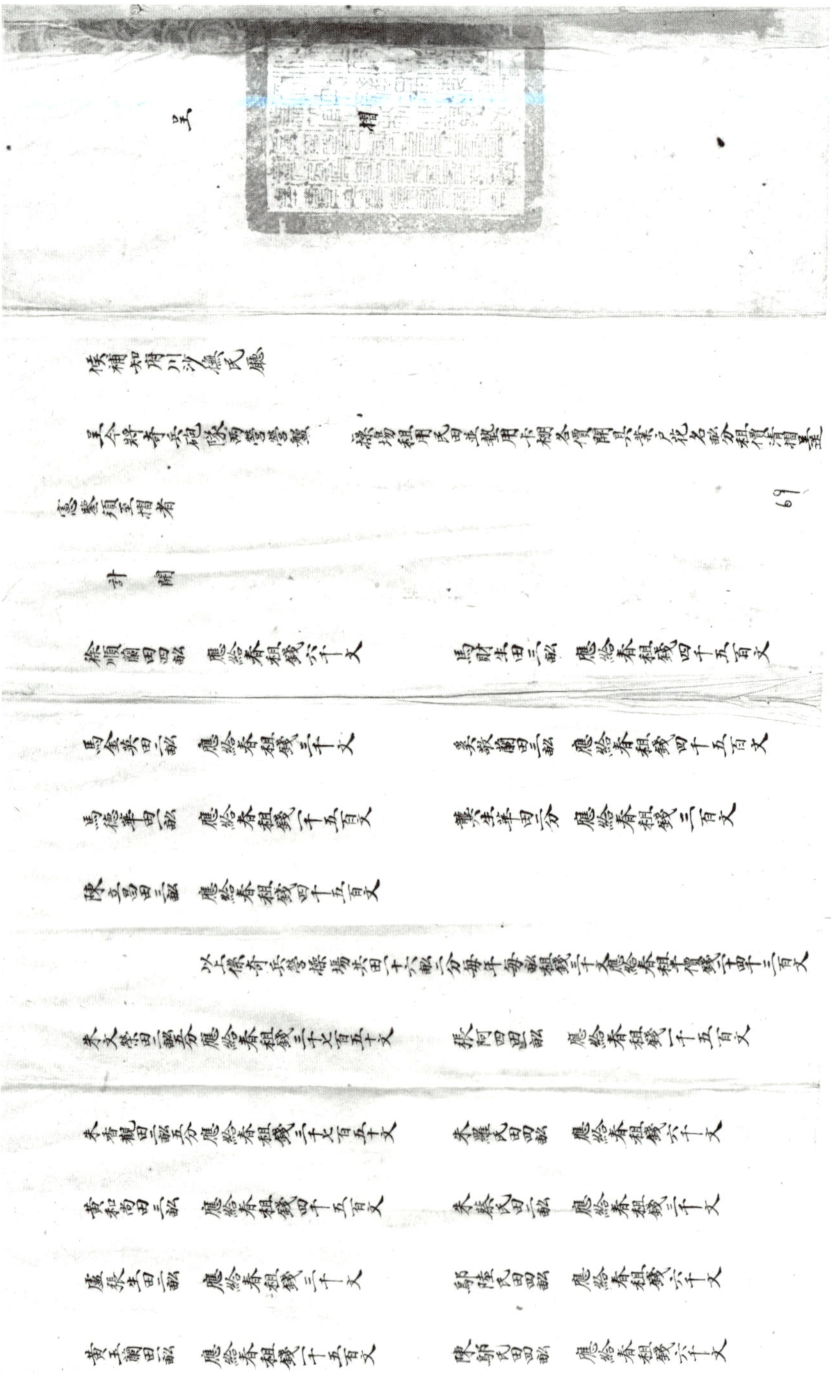

呈

摺

候補知府川沙撫民廳

呈令將奇兵砲隊兩營營盤　操場租用民田並墊用卡棚各價開具業户花名畝分租價清摺呈

憲鑒須至摺者

計開

徐順蘭田四畝　應給春租錢六千文

馬財生田三畝　應給春租錢四千五百文

馬金英田二畝　應給春租錢三千文

吳啟蘭田三畝　應給春租錢四千五百文

馬德華田一畝　應給春租錢一千五百文

龔生華田二分　應給春租錢三百文

陳立昌田三畝　應給春租錢四千五百文

以上係奇兵營操場共田十六畝二分每年每畝租錢三千文應給春租半價錢二十四千三百文

朱文榮田二畝五分應給春租錢三千七百五十文

張阿四田一畝　應給春租錢一千五百文

朱香觀田二畝五分應給春租錢三千七百五十文

朱羅氏田四畝　應給春租錢六千文

黄和尚田三畝　應給春租錢四千五百文

朱蔡氏田二畝　應給春租錢三千文

盧張生田二畝　應給春租錢三千文

鄔陸氏田四畝　應給春租錢六千文

黄玉蘭田一畝　應給春租錢一千五百文

陳鄔氏田四畝　應給春租錢六千文

以上係奇兵營營地共田二十六畝每年每畝租錢三千文應給春租半價錢三十九千文

川沙同知陳家熊呈送奇兵、炮隊兩營營盤操場租用民田並墊用卡棚各價開具業户花名畝分租價清摺（1895年6月4日，光緒二十一年五月十二日）

王有生田二畝　應給春租錢三千文　　馬二和田一畝五分　應給春租錢二千二百五十文

以上係奇兵營搭造卡棚所用田三畝五分，每年每畝租錢三千文，應給春租半價錢五千

二百五十文，其卡棚工料係劉副將墊用，計錢二十六千三百文，應請一併給領歸墊

黃學周田五分五厘　應給春租錢八百二十五文　　衛介鳴田三分七厘　應給春租錢五百五十五文

張阿東田九厘　應給春租錢一百三十五文　　[illegible]田十九畝二厘　應給春租錢二十八千五百三十文

黃成勛田七分七厘　應給春租錢一千一百五十五文　　黃南江田一畝二分九厘　應給春租錢一千九百三十五文

黃茂全田六分　應給春租錢九百文　　徐了頭田五分一厘　應給春租錢七百六十五文

黃仲生田四分八厘　應給春租錢七百二十文　　[illegible]田一畝六厘　應給春租錢一千五百九十文

陳建勛田二分九厘　應給春租錢四百三十五文　　陳春山田六畝　應給春租錢九千文

徐阿海田四分一厘　應給春租錢六百十五文　　陳建周田八厘　應給春租錢一百二十文

徐秀華田三分　應給春租錢四百五十文

以上係炮營營盤所有基地共田三十一畝八分二厘，每年每畝租錢一千五百文，應給春租半

價錢二十三千八百六十五文

以上奇兵營、炮營共租用民田四十五畝七分，共應給春租半價錢六十八千五百五十文，又墊用卡

棚工料錢二十六千三百文，炮營租用民田三十一畝八分二厘，應給半價錢二十三千八百六十

五文，統共應領錢一百十八千一百十五文，合併聲明

川沙同知陳家熊呈送奇兵、炮隊兩營營盤操場租用民田並墊用卡棚各價開具業户花名畝分租價清摺（1895 年 6 月 4 日，光緒二十一年五月十二日）

光緒貳拾壹年伍月拾貳日 呈

069-3

川沙同知陳家熊呈送奇兵、炮隊兩營營盤操場租用民田並墊用卡棚各價開具業户花名畝分租價清摺（1895 年 6 月 4 日，光緒二十一年五月十二日）

候補知府川沙撫民同知今於

與印領寔領得奇兵炮隊兩營營盤操場春租地價錢九十二千四百一十五文又奇兵營續

造卡棚工料錢二十六千三百文二共應領錢一百一十八千七百一十五文中無浮揑合具印領是寔

光緒貳拾壹年伍月　日同知陳家熊

070

川沙同知陳家熊具領得奇兵、炮隊兩營營盤操場春租地價錢又奇兵營續造卡棚工料錢印領

（1895 年 6 月，光緒二十一年五月）

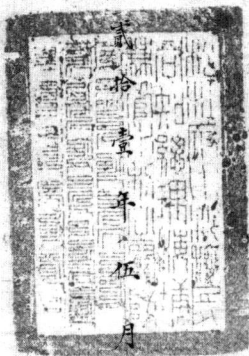

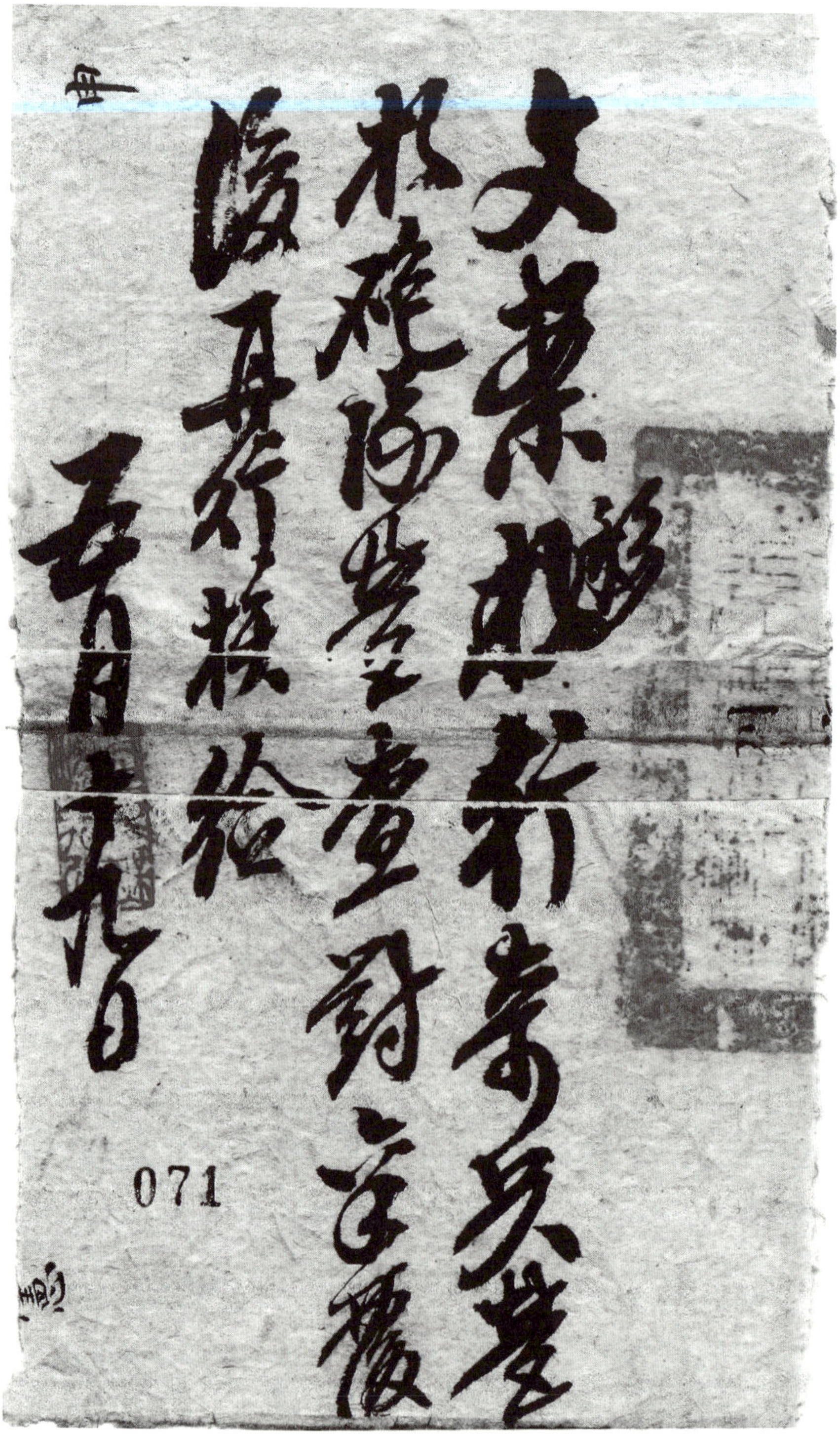

江南機器製造局關於川沙同知陳家熊爲稟營盤炮營操場租用民田并墊用卡棚工料各價懇請撥款給領並呈清摺事稟文的批文（1895 年 6 月 11 日，光緒二十一年五月十九日）

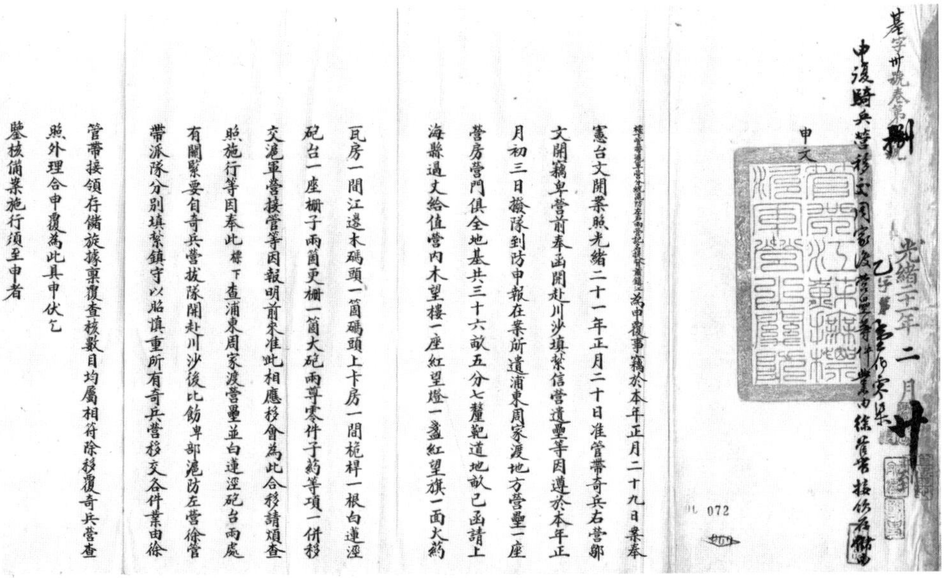

基字卅號春第　號

申復騎兵營移交周家渡營壘等件業由徐管帶接領存儲

光緒二十一年二月廿

申文

[illegible]蕭鎮江為申覆事竊於本年正月二十九日案奉
憲台文開案照光緒二十一年正月二十日准管帶奇兵右營鄒
文開竊卑營前奉函開赴川沙填紮信營遺壘等因遵於本年正
月初三日撥隊到防申報在案所遺浦東周家渡地方營壘一座
營房營門俱全地基共三十六畝五分七釐靶道地畝已函請上
海縣過丈給值營內木望樓一座紅望燈一盞紅望旗一面火藥
瓦房一間江邊木碼頭一箇碼頭上卡房一間桅桿一根白蓮涇
砲台一座柵子兩箇更柵一箇大砲兩尊零件子藥等項一併移
交滬軍營接管等因報明前來准此相應移會為此合移請煩查
照施行等因奉此標下查浦東周家渡營壘並白蓮涇砲台兩處
有關緊要自奇兵營拔隊開赴川沙後比飭卑部滬防左營徐管
帶派隊分別填紮鎮守以昭慎重所有奇兵營移交各件業由徐
管帶接領存儲旋據稟覆查核數目均屬相符除移覆奇兵營查
照外理合申覆為此具申伏乞
鑒核備案施行須至申者

滬軍營管帶蕭鎮江爲申復騎兵營移交周家渡營壘等件業由徐管帶接領存儲事致江南機器製造局總辦申文（1895 年 3 月 14 日，光緒二十一年二月十八日）

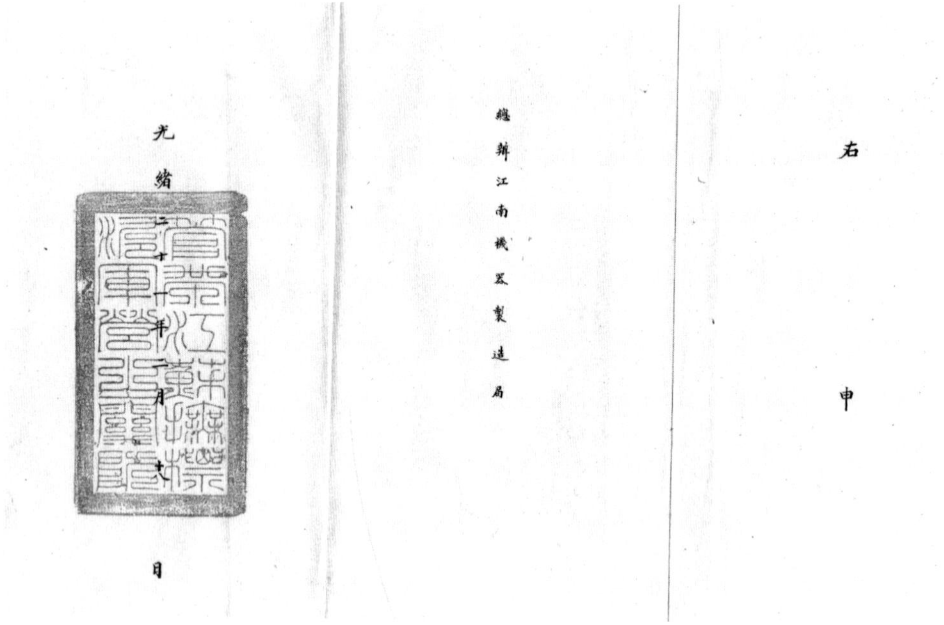

右　　申

總辦江南機器製造局

光緒二十一年二月十八日

滬軍營管帶蕭鎮江爲申復騎兵營移交周家渡營壘等件業由徐管帶接領存儲事致江南機器製造局總辦申文（1895 年 3 月 14 日，光緒二十一年二月十八日）

江南機器製造局爲營房所用竹木變價事批文（1895 年 8 月 5 日，光緒二十一年六月十五日）

光緒貳拾壹年陸月拾肆日申

江南機器製造局爲營房所用竹木變價事批文（1895 年 8 月 5 日，光緒二十一年六月十五日）

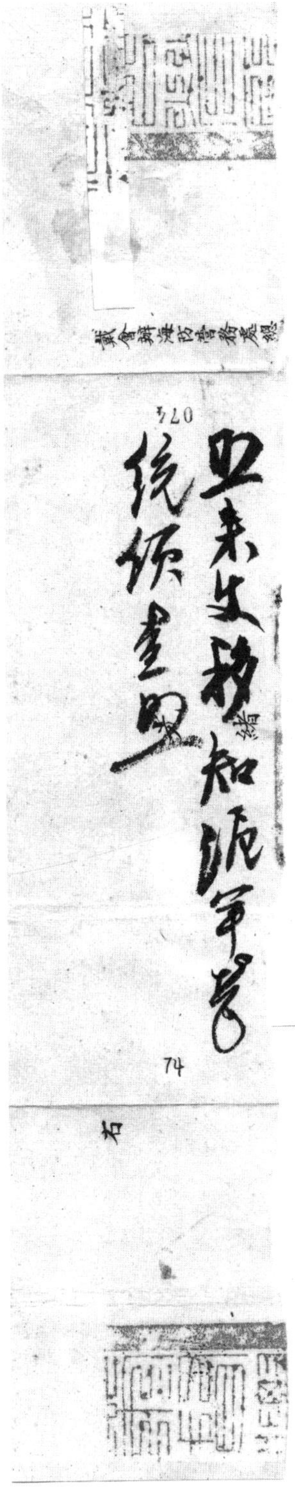

江南機器製造局爲照來文移知滬軍營統領查照事批文（時間不詳）

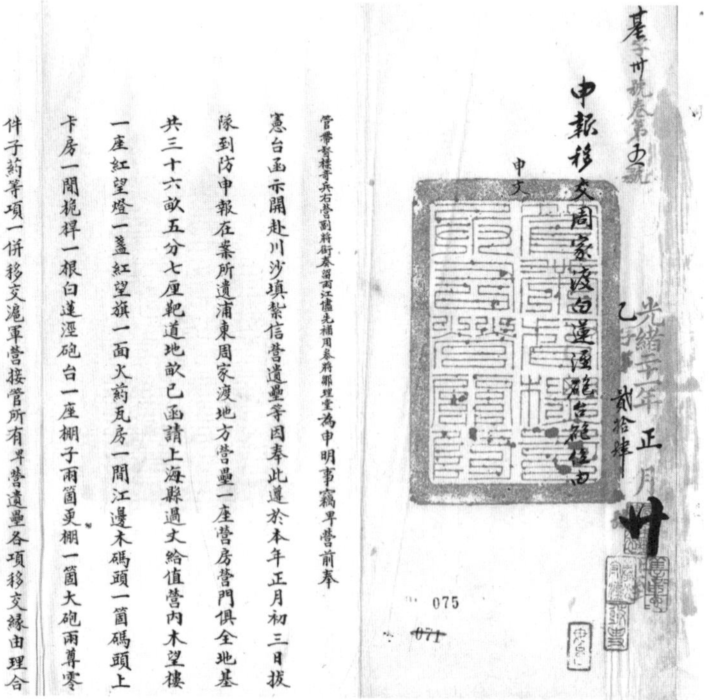
申報移交周家渡白蓮涇砲台砲位由
光緒二十一年正月廿
乙字貳拾肆
申文
管帶督標奇兵右營副將銜奏留兩江儘先補用參將鄒理堂為申明事竊卑營前奉
憲台函示開赴川沙填紮信營遺壘等因奉此遵於本年正月初三日拔
隊到防申報在案所遺浦東周家渡地方營壘一座營房營門俱全地基
共三十六畝五分七厘靶道地畝已函請上海縣過丈給值營內木望樓
一座紅望燈一盞紅望旗一面火藥瓦房一間江邊木碼頭一箇碼頭上
卡房一間桅桿一根白蓮涇砲台一座棚子兩箇更棚一箇大砲兩尊零
件子藥等項一併移交滬軍營接管所有卑營遺壘各項移交緣由理合
備文申明為此具申伏乞
憲台鑒核施行須至申者
右　　申

奇兵右營管帶鄒理堂爲申報移交周家渡白蓮涇炮臺炮位事致江南機器製造局總辦劉琪祥申文
（1895 年 2 月 11 日，光緒二十一年正月十七日）

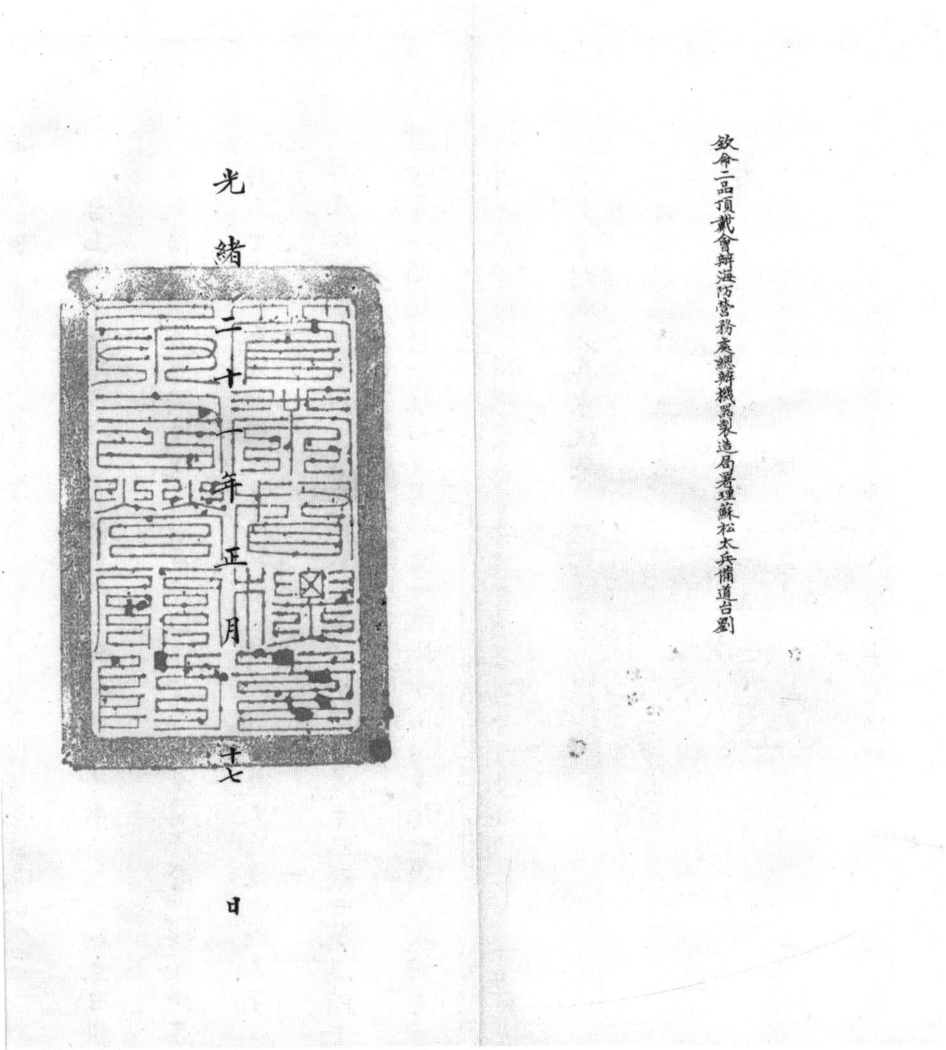

欽命二品頂戴會辦海防營務處總辦機器製造局署理蘇松太兵備道台劉

光緒二十一年正月十七日

奇兵右營管帶鄒理堂爲申報移交周家渡白蓮涇炮臺炮位事致江南機器製造局總辦劉琪祥申文
（1895 年 2 月 11 日，光緒二十一年正月十七日）

閱

清白劉

批　據禀已悉奇兵營營房所用竹木等項亟應就地變價出售一經售去即令該營派勇蕩平營壘地基退還原地主執業仰即遵照辦理此繳　六月十七日

由該廳

甚字卅號卷第十二

卅日繕發

~~073~~ 077

江南機器製造局關於川沙同知陳家熊爲禀請催令鄒管帶趕將營壘蕩平竹木變價歸墊地租事禀文的批文稿（1895年8月7日，光緒二十一年六月十七日）

其字卅□卷第七號

九月十一日繕發

批

来牘具悉。所有寺兵營營房竹草既已朽爛，自難與價。今由產業主自行拆賣，以抵租年地租，並自將營壘蕩平，免多周折，辦理極為妥善。其寺年地租由廳捐廉發給，尤見急公。至隊營地租自應由局給發，將來在該營經費項下開支。計本年寺款兩季地租錢共四十七千七百三十文，已飭本局支應處如數發給，仰即差人來局領取可也。此復。

九月初九日

079 ~~075~~

江南製造總局

江南機器製造局關於川沙同知陳家熊爲申報該廳沿海所筑炮臺營房因日晒雨淋逐漸霉爛又經六月中旬大風海潮衝激均已倒坍飄失無存事申文的批文稿（1901年10月20日，光緒二十七年九月初九日）

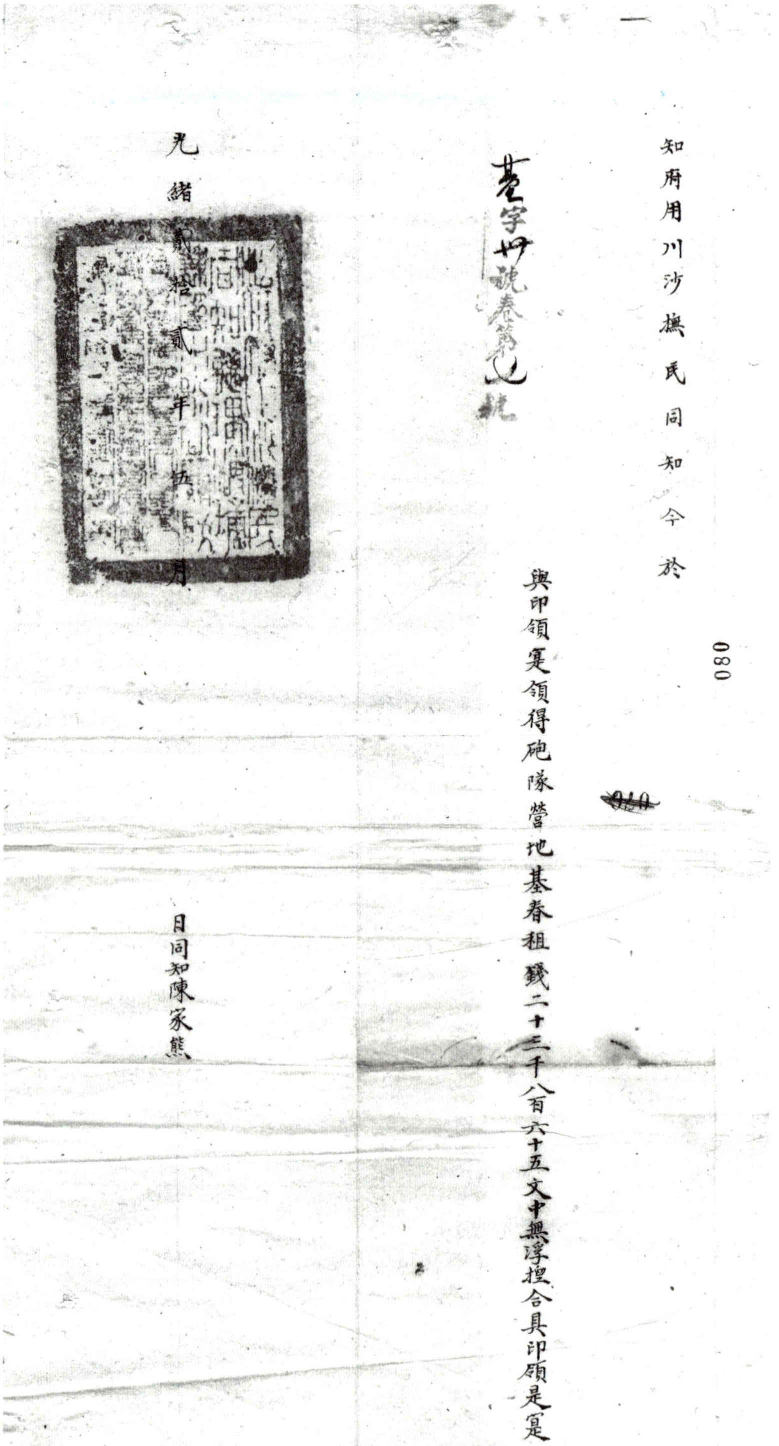

知府用川沙撫民同知今於
與印領實領得砲隊營地基春租錢二十二千八百六十五文中無浮捏合具印領是寔
光緒貳拾貳年伍月
日同知陳家熊
080

川沙同知陳家熊具領得炮隊營地基春租錢印領（1896 年 6 月，光緒二十二年五月）

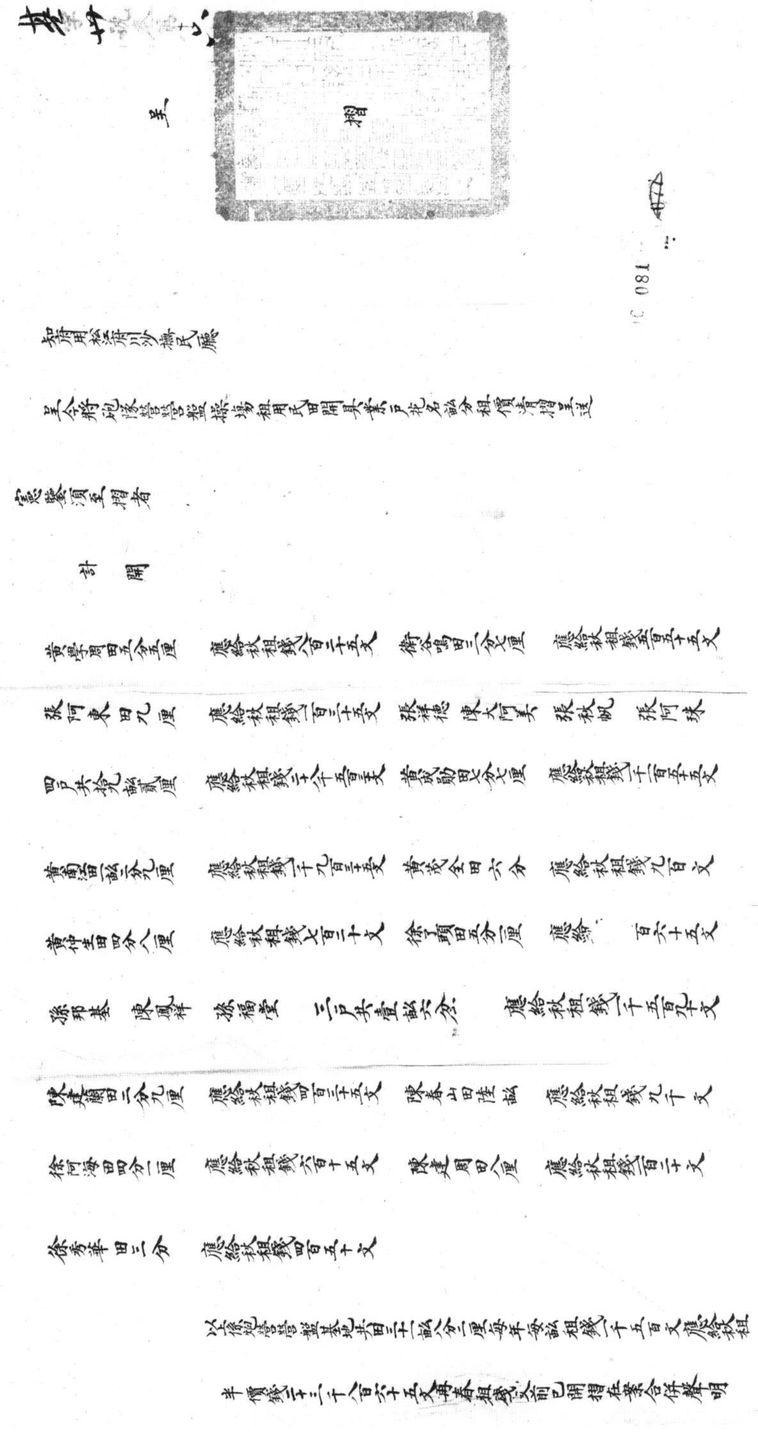

呈

摺

知府用陞補川沙撫民廳

呈今將炮隊營營盤操場租用民田開具業户花名畝分租價清摺呈送

憲鑒須至摺者

計開

黃學周田五分五厘　應給秋租錢八百二十五文　衛金鳴田三分七厘　應給秋租錢五百五十五文

張阿東田九厘　應給秋租錢一百三十五文　張祥德　陳大阿美　張秋帆　張阿珠

四户共捻九畝貳厘　應給秋租錢十三千五百三十文　黃政勛田七分七厘　應給秋租錢一千一百五十五文

黃勛臣田一畝二分九厘　應給秋租錢一千九百三十五文　黃茂全田六分　應給秋租錢九百文

黃仲生田四分八厘　應給秋租錢七百二十文　徐子勛田五分一厘　應給　百六十五文

孫邦基　陳鳳祥　孫福堂　三户共壹畝六分　應給秋租錢二千五百九十文

陳建蘭田二分九厘　應給秋租錢四百三十五文　陳春山田陸畝　應給秋租錢九千文

徐阿海田四分一厘　應給秋租錢六百十五文　陳建周田八厘　應給秋租錢一百二十文

徐秀華田三分　應給秋租錢四百五十文

以上係炮營營盤基地共田二十一畝八分二厘每年每畝租錢一千五百文應給秋租

半價錢二十三千八百六十五文再春租錢文前已開摺在案合併聲明

川沙同知陳家熊開具呈送炮隊營營盤操場租用民田業户花名畝分租價清摺（1895年9月或10月，光緒二十一年八月）

光緒貳拾壹年捌月　　日呈

川沙同知陳家熊開具呈送炮隊營營盤操場租用民田業户花名畝分租價清摺（1895 年 9 月或 10 月，光緒二十一年八月）

江南製造總局

基字廿號春第卅號

三品銜道員用在任候補知府松江府川沙撫民同知今於

與印領寔領得炮臺營地基春季租錢貳拾叁千捌百陸拾伍文中無浮擦

合具印領是實

光緒貳拾叁年伍月拾肆日同知陳家熊

川沙同知陳家熊具領得炮臺營地春季租錢印領（1897年6月13日，光緒二十三年五月十四日）

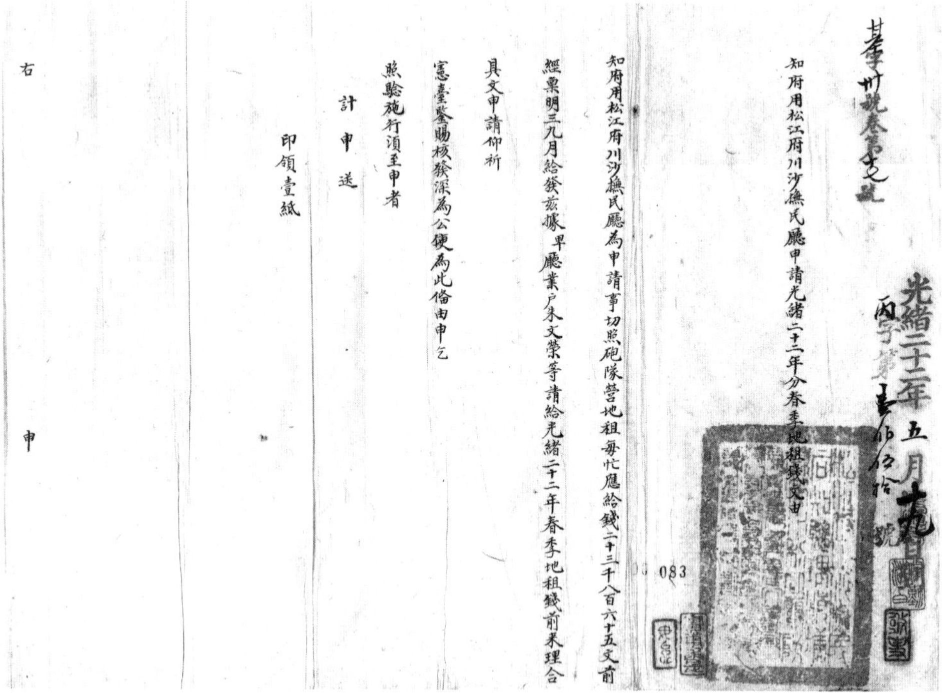
知府用松江府川沙撫民廳申請光緒二十二年分春季地租錢文由

光緒二十二年五月

知府用松江府川沙撫民廳為申請事切照砲隊營地租每忙應給錢二十三千八百六十五文前
經稟明三九月給發茲據早廳業户朱文榮等請給光緒二十二年春季地租錢前來理合
具文申請仰祈
憲臺鑒賜核發深為公便為此備由申乞
照驗施行須至申者
計申送
印領壹紙
右 申

川沙同知陳家熊爲申請光緒二十二年份春季地租錢文事致江南製造總局總辦申文（1896 年 6 月 20 日，光緒二十二年五月初十日）

辦理製造總局 憲
光緒貳拾貳年伍月
日同知陳家熊
支應處照發

川沙同知陳家熊爲申請光緒二十二年份春季地租錢文事致江南製造總局總辦申文（1896 年 6 月 20 日，光緒二十二年五月初十日）

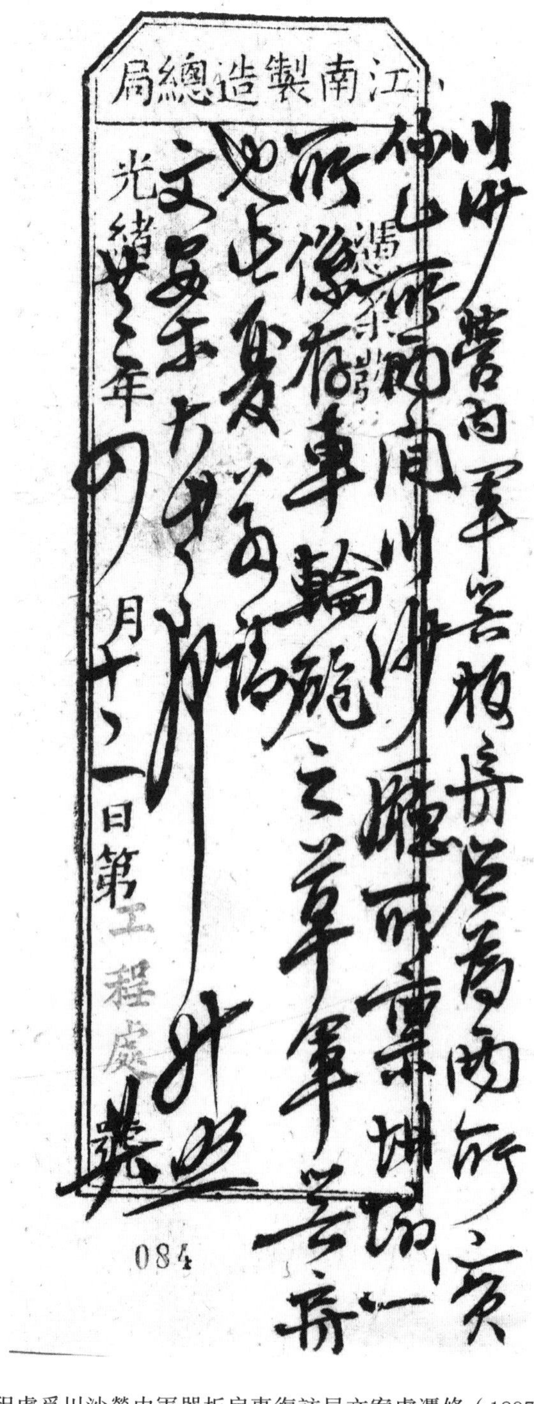

江南製造總局
光緒廿三年四月十二日第工程處號
084

江南機器製造局工程處爲川沙營内軍器板房事復該局文案處憑條（1897 年 5 月 13 日，光緒二十三年四月十二日）

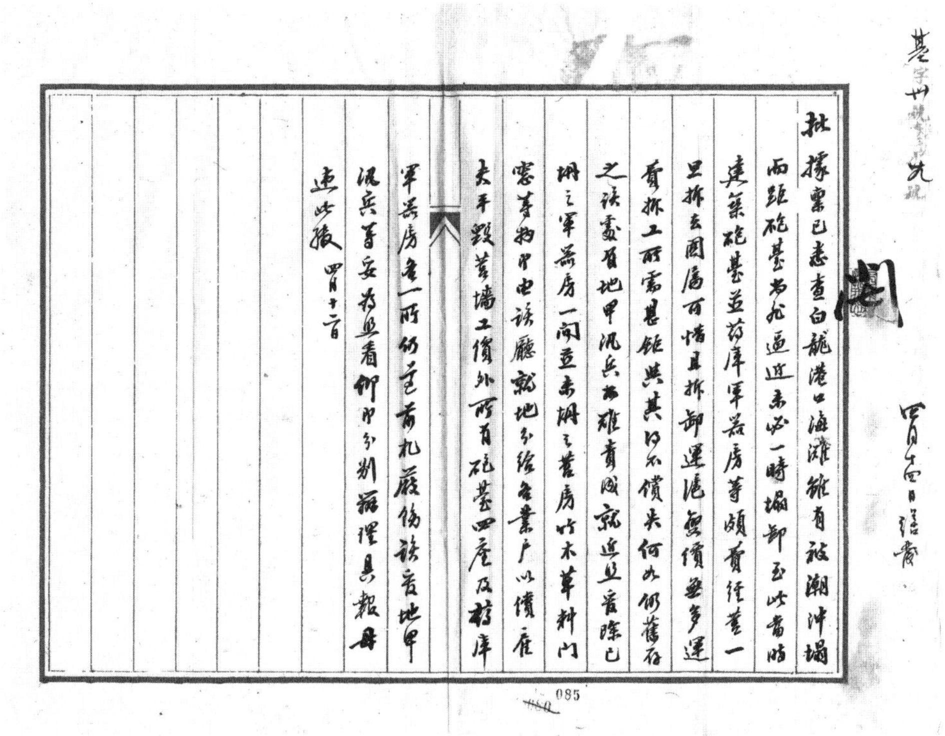
批據稟已悉查白龍港口海灘雖有被潮沖塌
而距砲臺尚覺遥遠未必一時塌卸至此當時
建築砲臺並藥庫軍器房等頗費經營一
旦拆去固屬可惜且拆卸運滬變價無多運
費拆工所需甚鉅與其得不償失何如仍舊存
之該處貿地甲汛兵亦難責成就近照管除已
坍之軍器房一間並未坍之舊房竹木草料門
窗等物即由該廳就地分給各業戶以償應
去平毀舊墻工價外所有砲臺四座及藥庫
軍器房各一所仍著前札飭該管地甲
汛兵等妥為照看仰即分別辦理具報毋
違此繳 四月十二日

085

江南機器製造局關於川沙同知陳家熊爲稟白龍港所築炮臺藥房等所未能耐久請賜全行拆卸批示事稟文的批文稿（1897 年 5 月 13 日，光緒二十三年四月十二日）

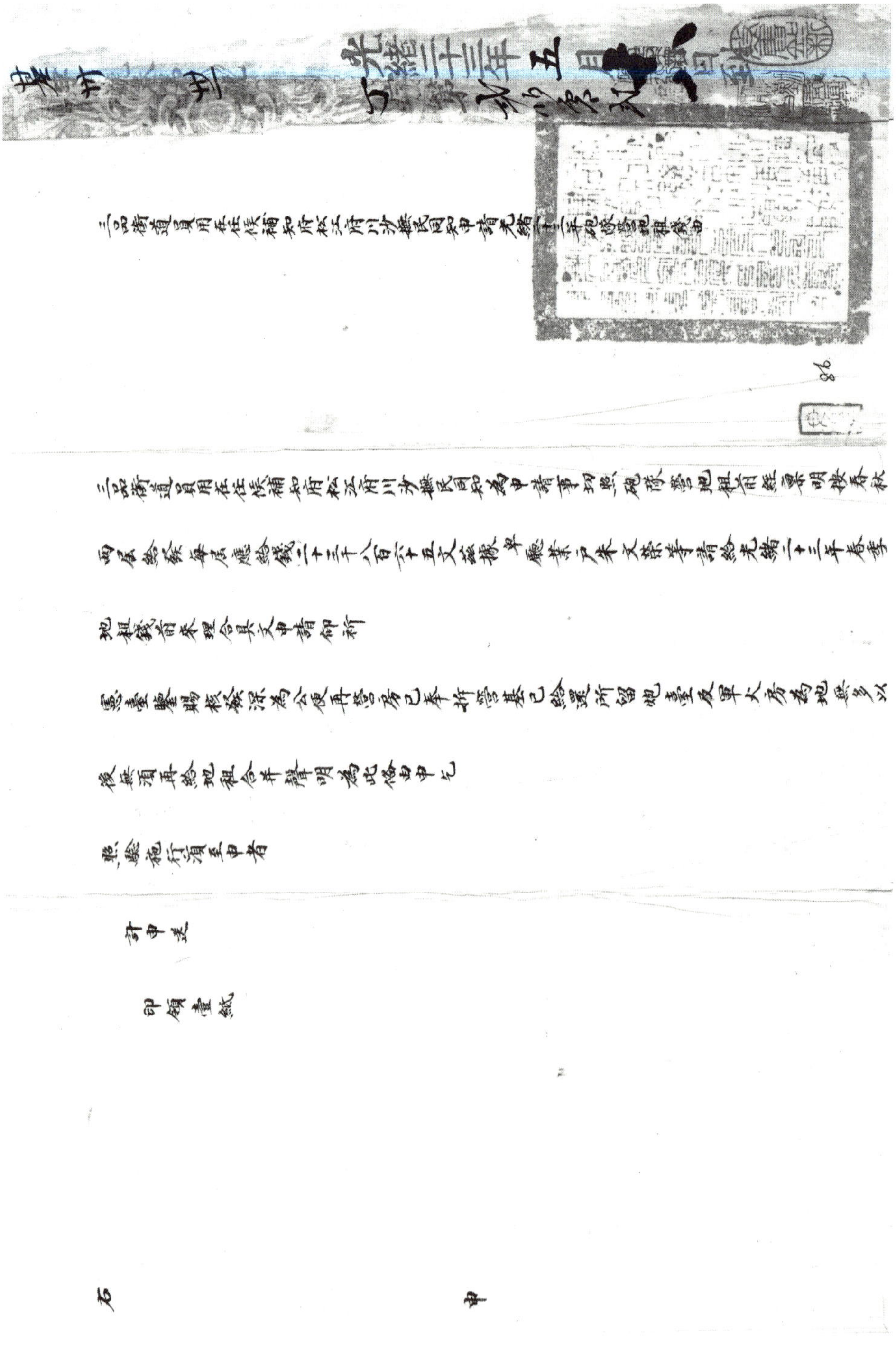
光緒二十三年五月 日

三品銜道員用在任候補知府松江府川沙撫民同知申請光緒二十三年炮隊營地租錢由

三品銜道員用在任候補知府松江府川沙撫民同知為申請事。切照炮隊營地租前經稟明按春秋兩季總發，每季應繳錢二十三千八百六十五文。茲據卑廳業戶朱文宗等請繳光緒二十三年春季地租錢前來，理合具文申請，仰祈
憲臺鑒賜核發，深為公便。再營房已奉拆，營基已經還河，留地臺及軍火房為地無多，以後無須再繳地租，合并聲明。為此備由申乞
照鑒施行。須至申者。

計申送
印領壹紙

右 申

川沙同知陳家熊爲申請光緒二十三年炮隊營地租錢事致江南機器製造局總辦申文（1897 年 6 月 13 日，光緒二十三年五月十四日）

總辦江南機器製造局憲

86-2

光緒貳拾叁年伍月拾肆日同知陳家熊

~~081~~ 039

川沙同知陳家熊爲申請光緒二十三年炮隊營地租錢事致江南機器製造局總辦申文（1897 年 6 月 13 日，光緒二十三年五月十四日）

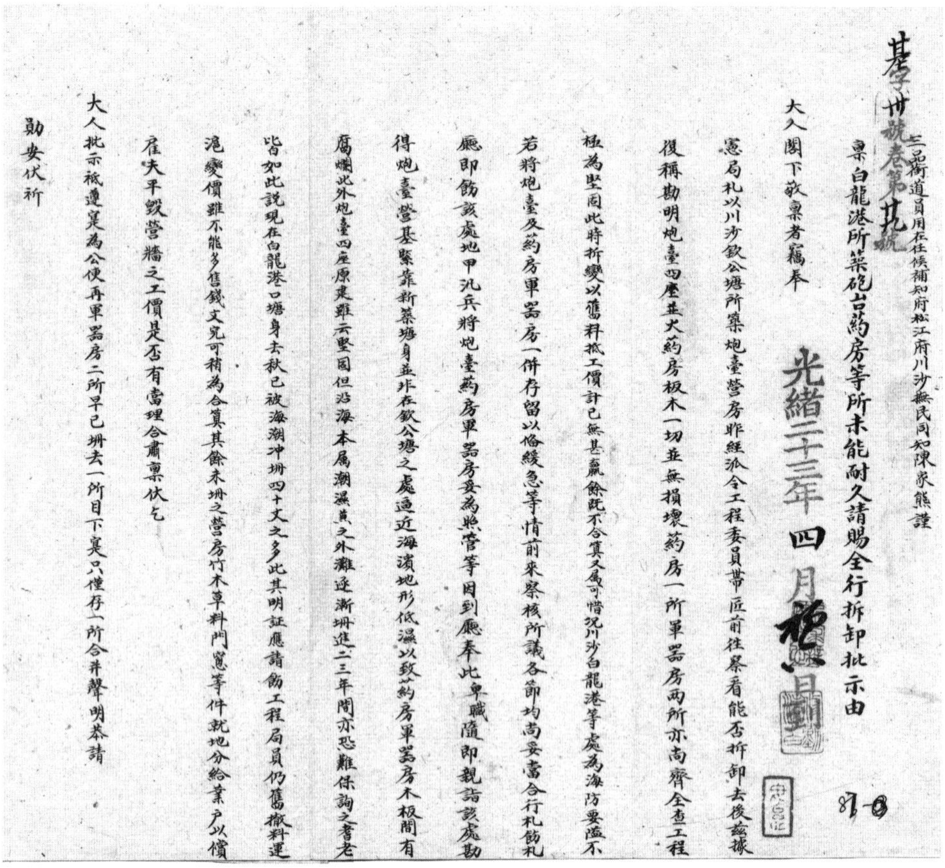

基字卅號卷第芄號

三品銜道員用在任候補知府松江府川沙撫民同知陳家熊謹

稟白龍港所築砲台葯房等所未能耐久請賜全行拆卸批示由

大人閣下敬稟者竊奉

憲局札以川沙欽公塘所築炮臺營房昨經派令工程委員帯匠前往察看能否拆卸去後茲據

復稱勘明炮臺四座並大葯房板木一切並無損壞葯房一所軍器房兩所亦尚齊全查工程

極爲堅固此時拆變以舊料抵工價計已無甚贏餘既不合算又屬可惜況川沙白龍港等處爲海防要隘不

若將炮臺及葯房軍器房一併存留以備緩急等情前來察核所議各節均尚妥當合行札飭札

廳即飭該處地甲汎兵將炮臺葯房軍器房妥爲照管等因到廳奉此卑職隨即親詣該處勘

得炮臺營基緊靠新築塘身並非在欽公塘之處逼近海濱地形低濕以致葯房軍器房木板間有

腐爛此外炮臺四座原建雖云堅固但沿海本屬潮濕貢之外灘逐漸坍進二三年間亦恐難保詢之耆老

皆如此說現在白龍港口塘身去秋已被海潮冲坍四十丈之多此其明証應請飭工程局員仍舊撤料運

滬變價雖不能多售錢文究可稍爲合算其餘未坍之營房竹木草料門窻等件就地分給業户以償

雇夫平毁營牆之工價是否有當理合肅稟伏乞

大人批示祗遵寔爲公便再軍器房二所早已坍去一所目下寔只僅存一所合并聲明恭請

勛安伏祈

光緒二十三年四月初五日

81-8

川沙同知陳家熊爲稟白龍港所築炮臺藥房等所未能耐久請賜全行拆卸批示事致江南機器製造局稟文（1897年5月6日，光緒二十三年四月初五日）

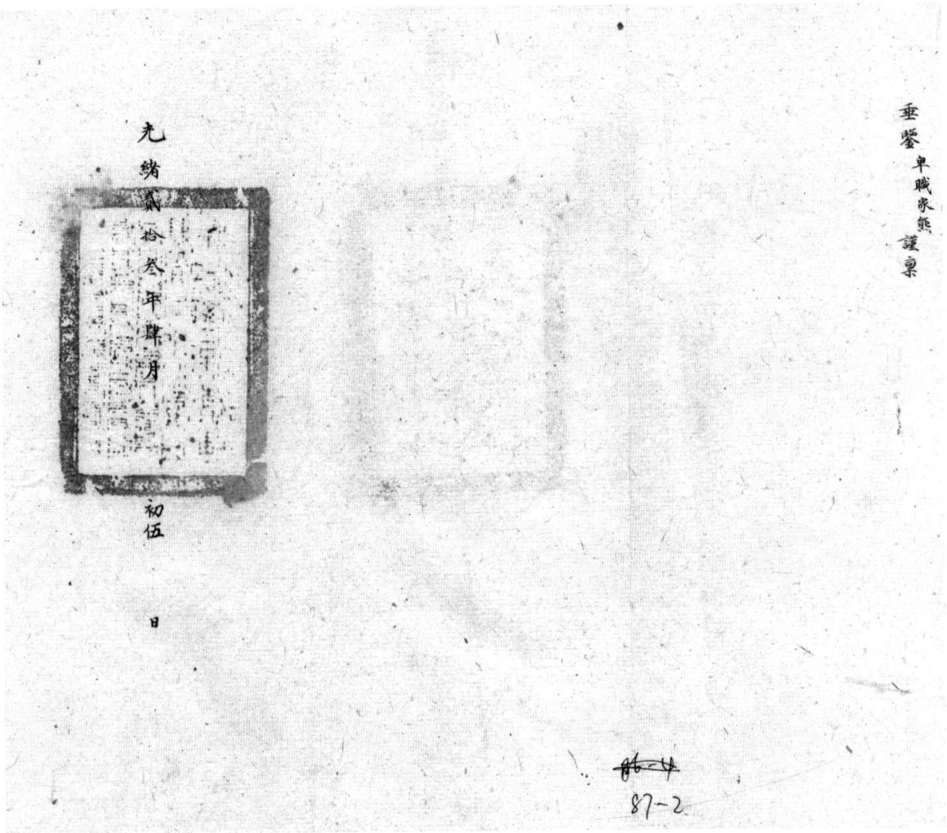
垂鑒 卑職家熊謹稟
光緒貳拾叁年肆月初伍日
~~86-4~~
87-2

川沙同知陳家熊爲稟白龍港所築炮臺藥房等所未能耐久請賜全行拆卸批示事致江南機器製造局稟文（1897 年 5 月 6 日，光緒二十三年四月初五日）

知府用川沙撫民同知今於

與印領是領得砲台營地基秋租錢二十三千八百六十五文中無浮

基字卅號卷第廿號

支應給發 十月廿四日

扣合具印領是寔

光緒貳拾貳年拾月　日同知陳家熊

880

82

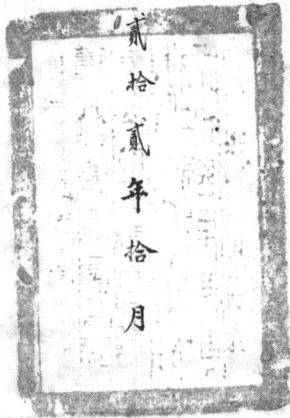

川沙同知陳家熊具領得炮臺營地基秋租錢印領（1896 年 11 月，光緒二十二年十月）

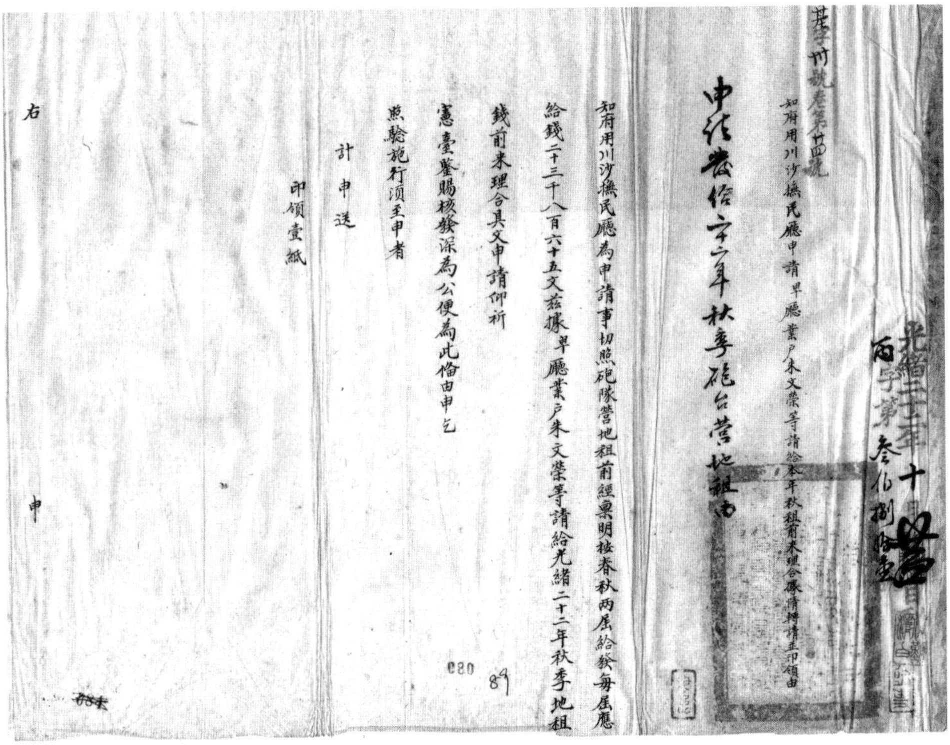
光緒二十二年十月 丙字第叁佰捌拾壹號

其字卅號卷第廿四號

知府用川沙撫民廳申請早廳業户朱文榮等請給本年秋租前來理合據情轉請並印領由

申請發給廿二年秋季砲台營地租由

知府用川沙撫民廳爲申請事切照砲隊營地租前經稟明按春秋兩届給發每届應給錢二十三千八百六十五文茲據早廳業户朱文榮等請給光緒二十二年秋季地租錢前來理合具文申請仰祈

憲臺鑒賜核發深爲公便爲此備由申乞

照驗施行須至申者

計申送

印領壹紙

右

申

080 89

川沙同知陳家熊爲申請該廳業户朱文榮等請給本年秋租前來理合據情轉請並印領事致江南機器製造局總辦申文（1896 年 11 月 16 日，光緒二十二年十月十二日）

總辦江南機器製造局憲

光緒貳拾貳年拾月拾貳日同知陳家熊

川沙同知陳家熊爲申請該廳業户朱文榮等請給本年秋租前來理合據情轉請並印領事致江南機器製造局總辦申文（1896 年 11 月 16 日，光緒二十二年十月十二日）

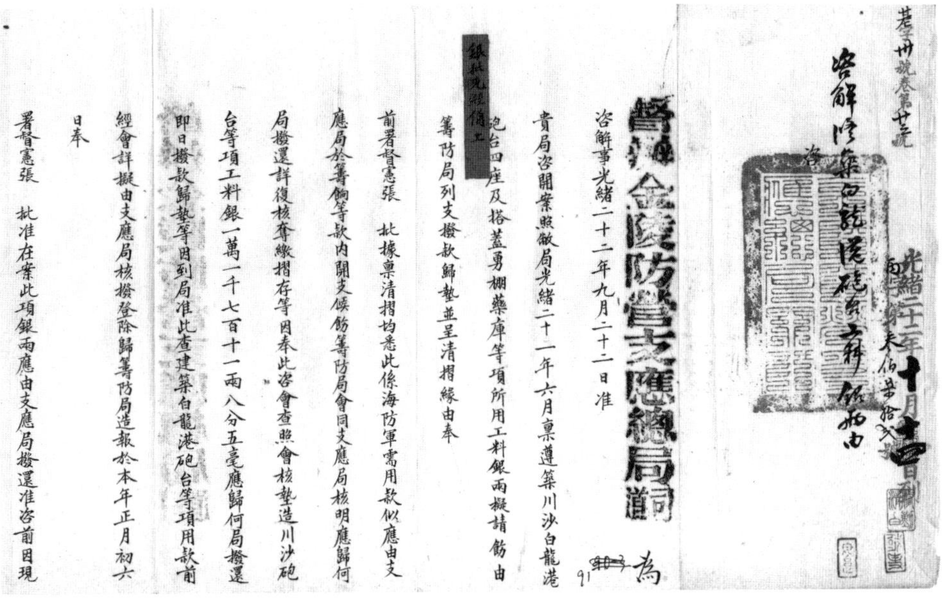

咨解修築白龍港砲台工料銀兩由

光緒二十二年十月十四日到

督辦金陵防營支應總局司道 為

咨解事光緒二十二年九月二十二日准

貴局咨開案照敝局光緒二十一年六月稟蓮築川沙白龍港砲台四座及搭蓋勇棚藥庫等項所用工料銀兩擬請飭由籌防局列支撥款歸墊並呈清摺緣由奉

前署督憲張 批據稟清摺均悉此係海防軍需用款似應由支應局於籌餉等款內開支候飭籌防局會同支應局核明應歸何局撥還詳復核奪繳摺存等因奉此咨會查照會核墊造川沙砲台等項工料銀一萬一千七百十一兩八分五毫應歸何局撥還即日撥款歸墊等因到局准此查建築白龍港砲台等項用款前經會詳擬由支應局核撥登除歸籌防局造報於本年正月初六日奉

署督憲張 批准在案此項銀兩應由支應局撥還准咨前因現

金陵防營支應總局爲咨解修築白龍港炮臺工料銀兩事致江南機器製造總局咨文（1896 年 11 月 15 日，光緒二十二年十月十一日）

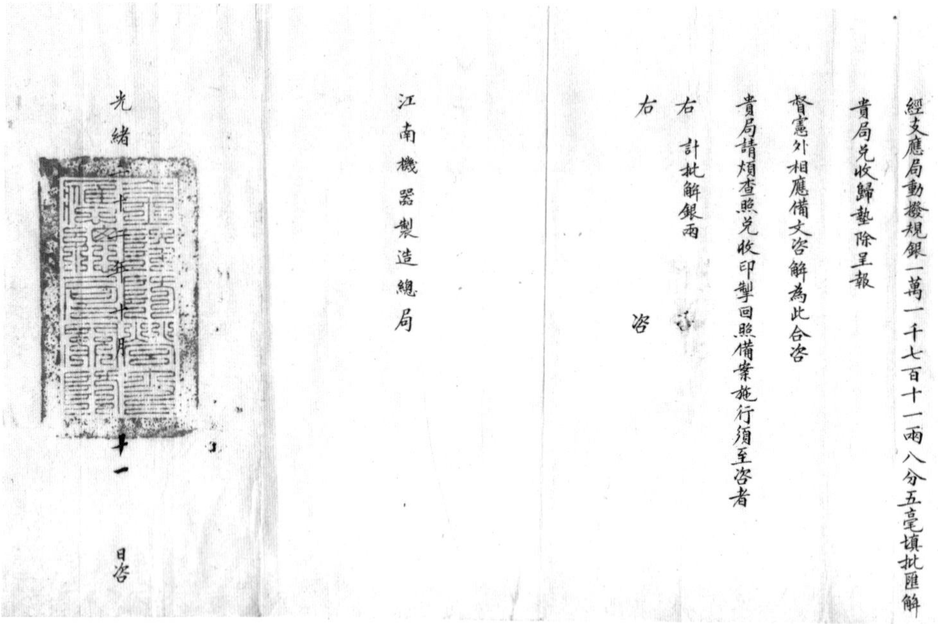
經支應局動撥規銀一萬一千七百十一兩八分五毫填批匯解
貴局兑收歸墊除呈報
督憲外相應備文咨解為此合咨
貴局請煩查照兑收印掣回照備案施行須至咨者
右 計批解銀兩
右 咨
江南機器製造總局
光緒二十二年十月十一日咨

金陵防營支應總局爲咨解修築白龍港炮臺工料銀兩事致江南機器製造總局咨文（1896 年 11 月 15 日，光緒二十二年十月十一日）

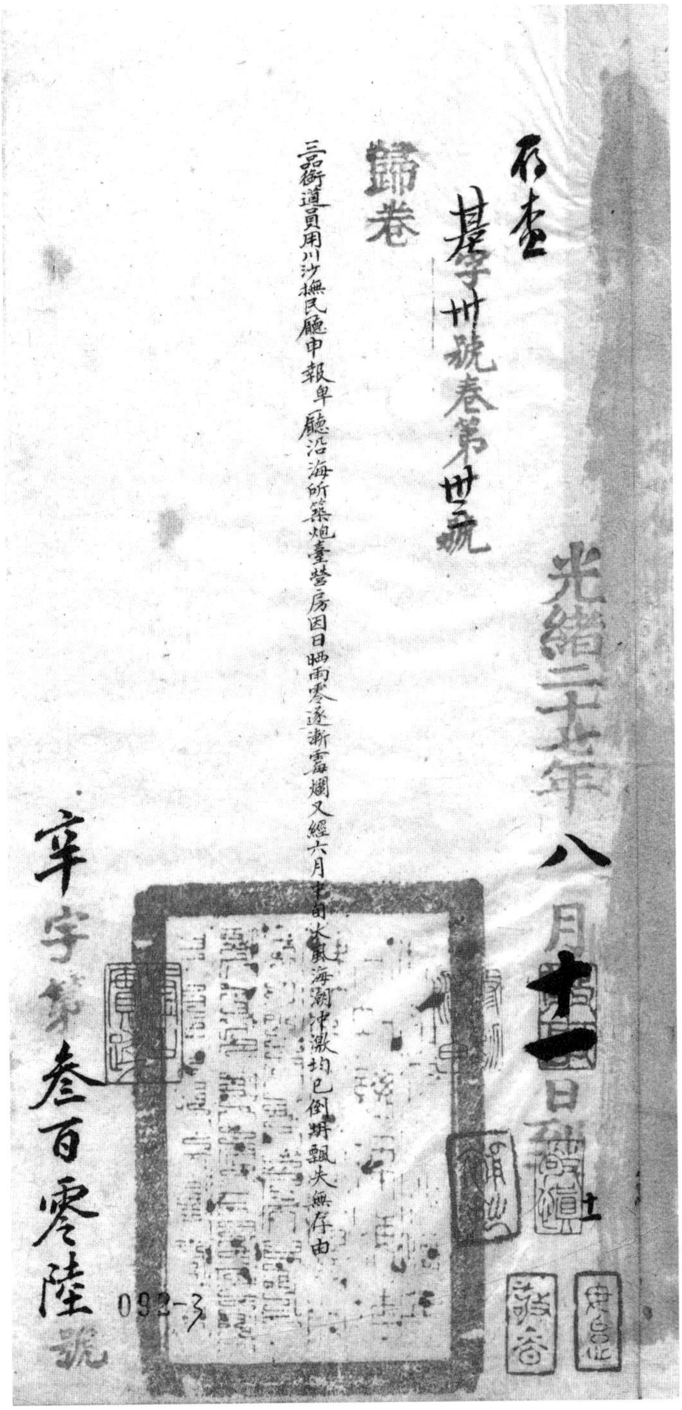
光緒二十七年八月十一日到

存查

基字卅號卷第卅三號

歸卷

三品銜道員用川沙撫民廳申報卑廳沿海所築炮臺營房因日晒雨零逐漸霉爛又經六月中旬大風海潮沖激均已倒坍飄失無存由

辛字第叁百零陸號

092-3

川沙同知陳家熊爲申報該廳沿海所筑炮臺營房因日晒雨零逐漸霉爛又經六月中旬大風海潮衝激均已倒坍飄失無存事致江南機器製造局總辦申文（1901 年 9 月 17 日，光緒二十七年八月初五日）

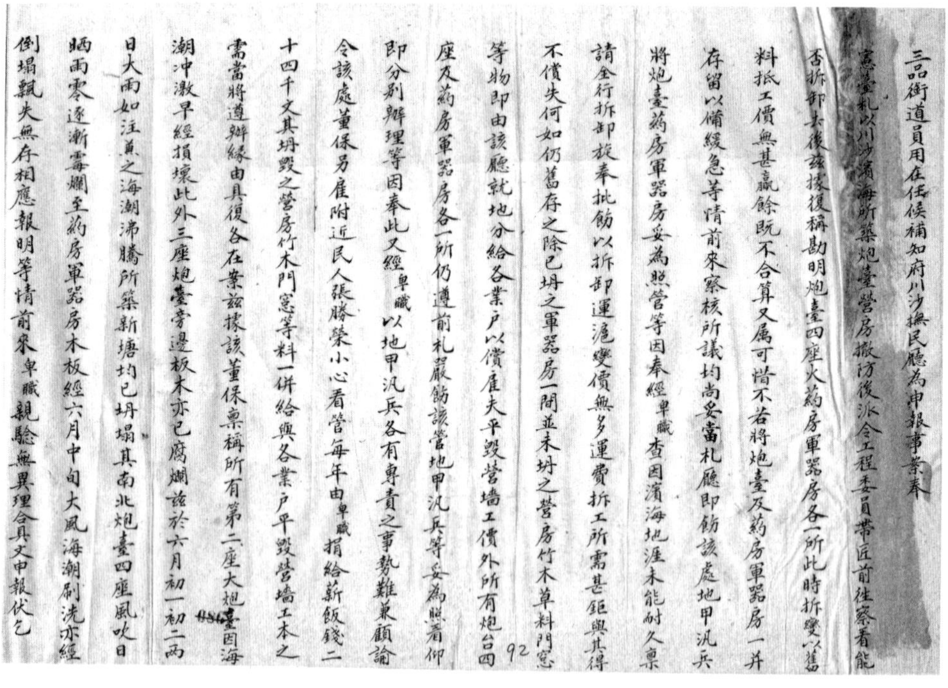

三品銜道員用在任候補知府川沙撫民廳爲申報事案奉
憲臺札以川沙濱海所築炮臺營房撤防後派令工程委員帶匠前往察看能
否拆卸去後茲據復稱勘明炮臺四座火藥房軍器房各一所此時拆變以舊
料抵工價無甚贏餘既不合算又屬可惜不若將炮臺及藥房軍器房一并
存留以備緩急等情前來察核所議均尚妥當札廳即飭該處地甲汛兵
將炮臺藥房軍器房妥爲照管等因奉經卑職查因濱海地滙未能耐久稟
請全行拆卸旋奉批飭以拆卸運滬變價無多運費拆工所需甚鉅與其得
不償失何如仍舊存之除已坍之軍器房一間並未坍之營房竹木草料門窗
等物即由該廳就地分給各業戶以償雇夫平毀營墻工價外所有炮台四
座及藥房軍器房各一所仍遵前札嚴飭該管地甲汛兵等妥爲照看仰
即分别辦理等因奉此又經卑職以地甲汛兵各有專責之事勢難兼顧諭
令該處董保另雇附近民人張勝榮小心看管每年由卑職捐給薪飯錢二
十四千文其坍毀之營房竹木門窗等料一併給與各業戶平毀營墻工本之
需當將遵辦緣由具復各在案茲據該董保稟稱所有第二座大炮臺因海
潮冲激早經損壞此外三座炮臺旁邊板木亦已腐爛兹於六月初一初二兩
日大雨如注兼之海潮沸騰所築新塘均已坍塌其南北炮臺四座風吹日
晒雨零逐漸霉爛至藥房軍器房木板經六月中旬大風海潮刷洗亦經
倒塌飄失無存相應報明等情前來卑職親驗無異理合具文申報伏乞

川沙同知陳家熊爲申報該廳沿海所筑炮臺營房因日晒雨零逐漸霉爛又經六月中旬大風海潮衝激均已倒坍飄失無存事致江南機器製造局總辦申文（1901 年 9 月 17 日，光緒二十七年八月初五日）

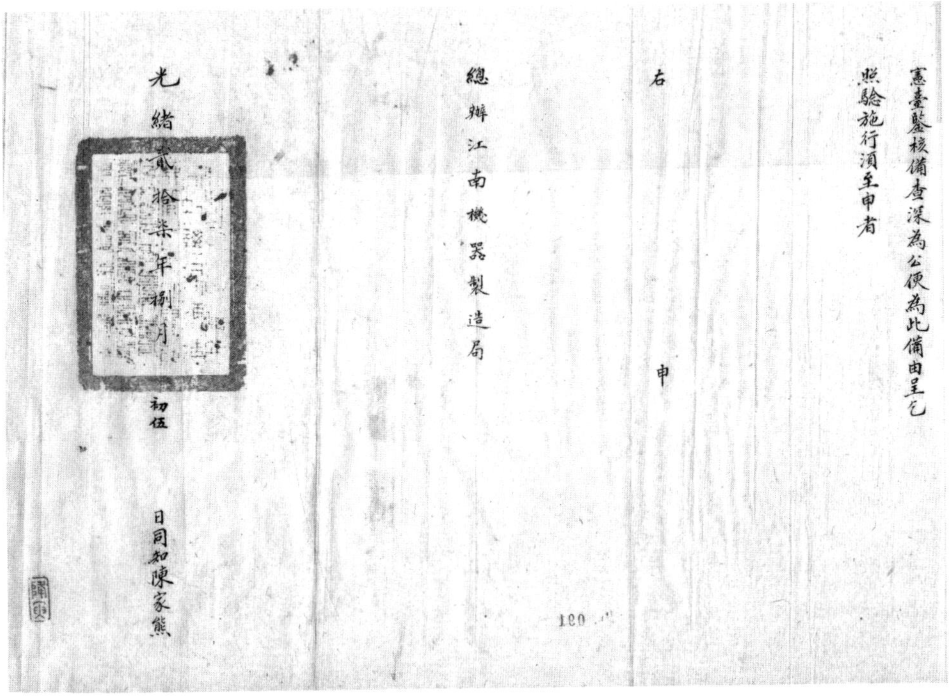
憲臺鑒核備查深為公便為此備由呈乞
照驗施行須至申者
右
申
總辦江南機器製造局
光緒貳拾柒年捌月初伍日同知陳家熊
180

川沙同知陳家熊爲申報該廳沿海所筑炮臺營房因日晒雨零逐漸霉爛又經六月中旬大風海潮衝激均已倒坍飄失無存事致江南機器製造局總辦申文（1901 年 9 月 17 日，光緒二十七年八月初五日）

兩江總督劉坤一關於江南機器製造局爲稟前造川沙白龍港炮臺等項墊用工料銀兩請飭籌防、支應兩局核復撥還歸款稟文的批文（1896 年 10 月 21 日，光緒二十二年九月十五日）

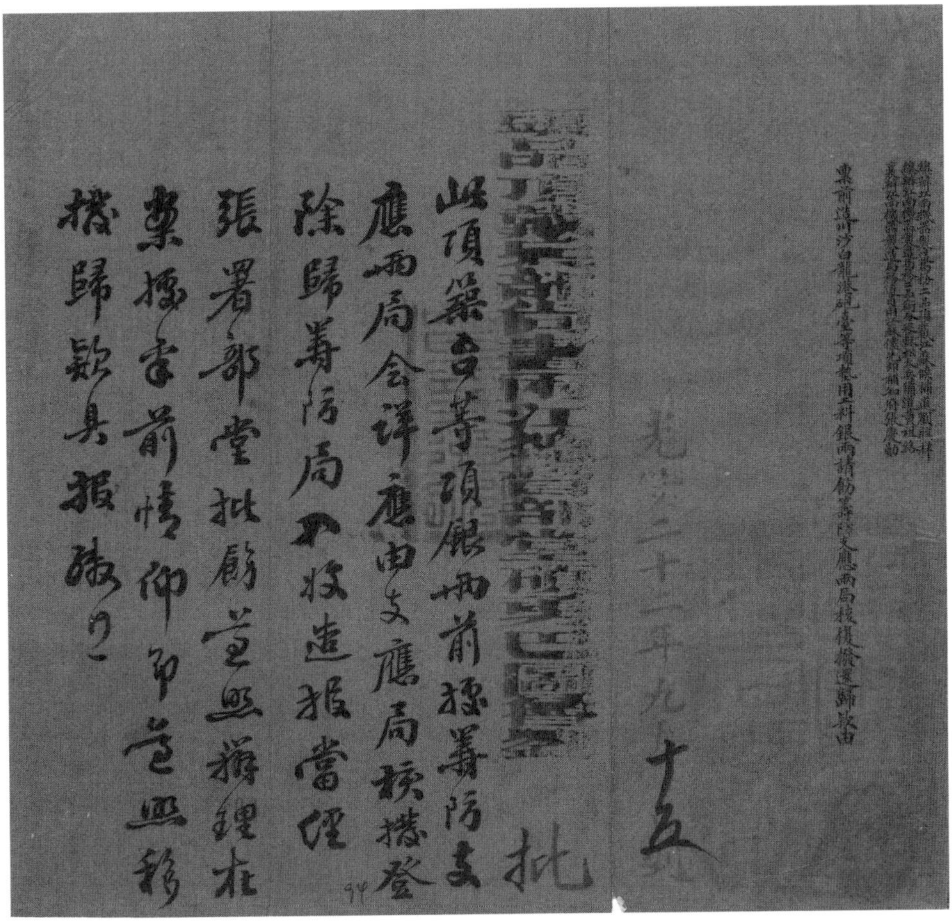

稟前造川沙白龍港砲臺等項墊用工料銀兩請飭籌防支應兩局核復撥還歸款由

光緒二十二年九月十五

批

此項築台等項銀兩前據籌防支應兩局會詳應由支應局核撥登除歸籌防局印收造報當經張署部堂批飭並照辦理在案據稟前情仰即並照移撥歸款具報繳

兩江總督劉坤一關於江南機器製造局爲稟前造川沙白龍港炮臺等項墊用工料銀兩請飭籌防、支應兩局核復撥還歸款稟文的批文（1896 年 10 月 21 日，光緒二十二年九月十五日）

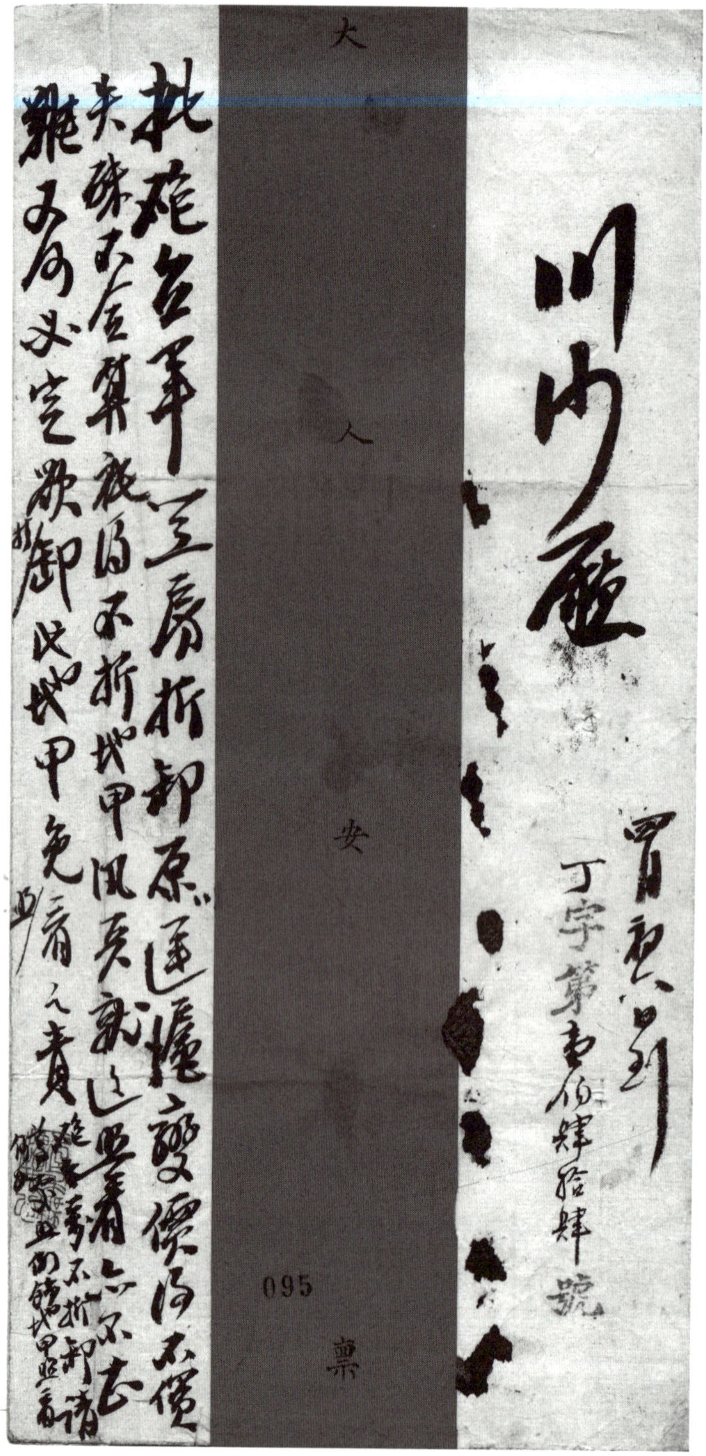
川沙廳
丁字第壹佰肆拾肆號
大人安稟
095

江南機器製造局關於川沙同知陳家熊爲稟白龍港所築炮臺藥房等所未能耐久請賜全行拆卸批示事稟文的批文稿（1897年5月，光緒二十三年四月）

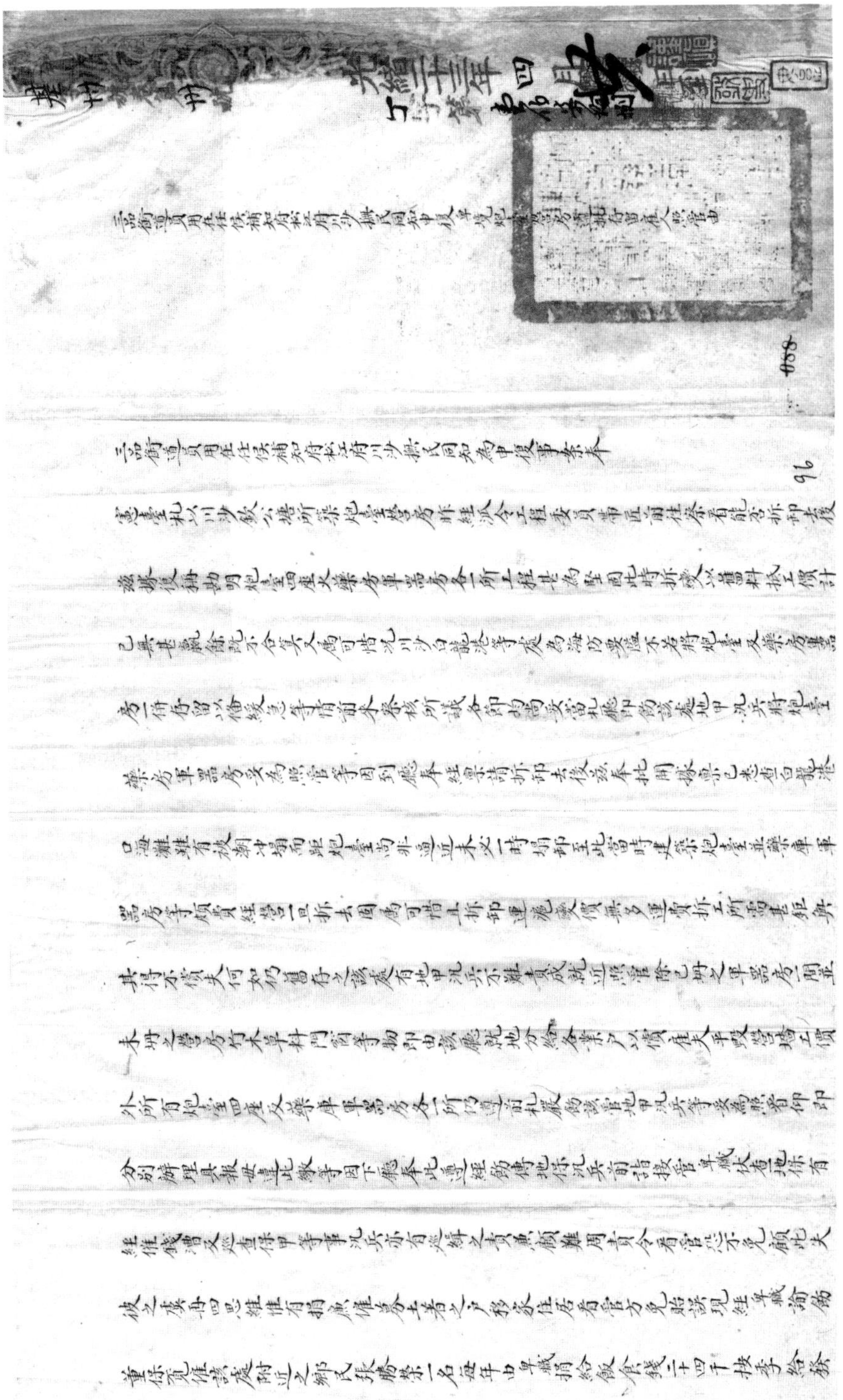

川沙同知陳家熊爲申復該境炮臺營房遵批存留雇人照管事致江南機器製造局總辦申文（1897年5月23日，光緒二十三年四月二十二日）

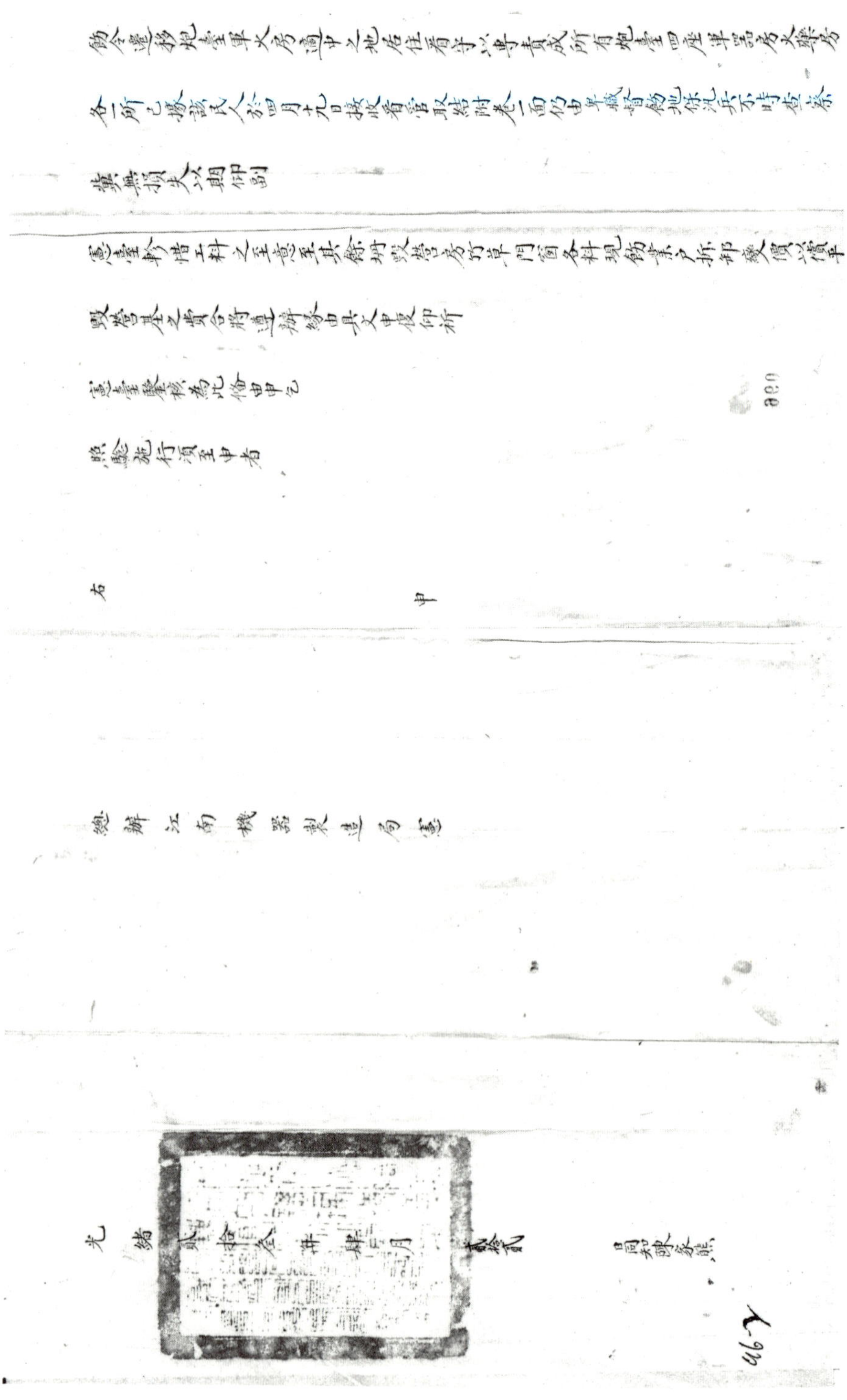

飭令遷移炮臺軍火房適中之地居住看守以專責成所有炮臺四座軍器房火藥房各一所已據該民人於四月十九日接收看管取結附卷一面仍由卑職督飭地保汛兵不時查察冀無損失以期仰副

憲臺軫惜工料之至意至其餘坍毀營房竹草門窗各料現飭業户拆卸變價以償平毀營基之費合將遵辦緣由具文申復仰祈

憲臺鑒核為此備由申乞

照驗施行須至申者

右 申

總辦江南機器製造局憲

光緒貳拾叁年肆月 貳拾貳

同知陳家熊

川沙同知陳家熊爲申復該境炮臺營房遵批存留雇人照管事致江南機器製造局總辦申文（1897年5月23日，光緒二十三年四月二十二日）

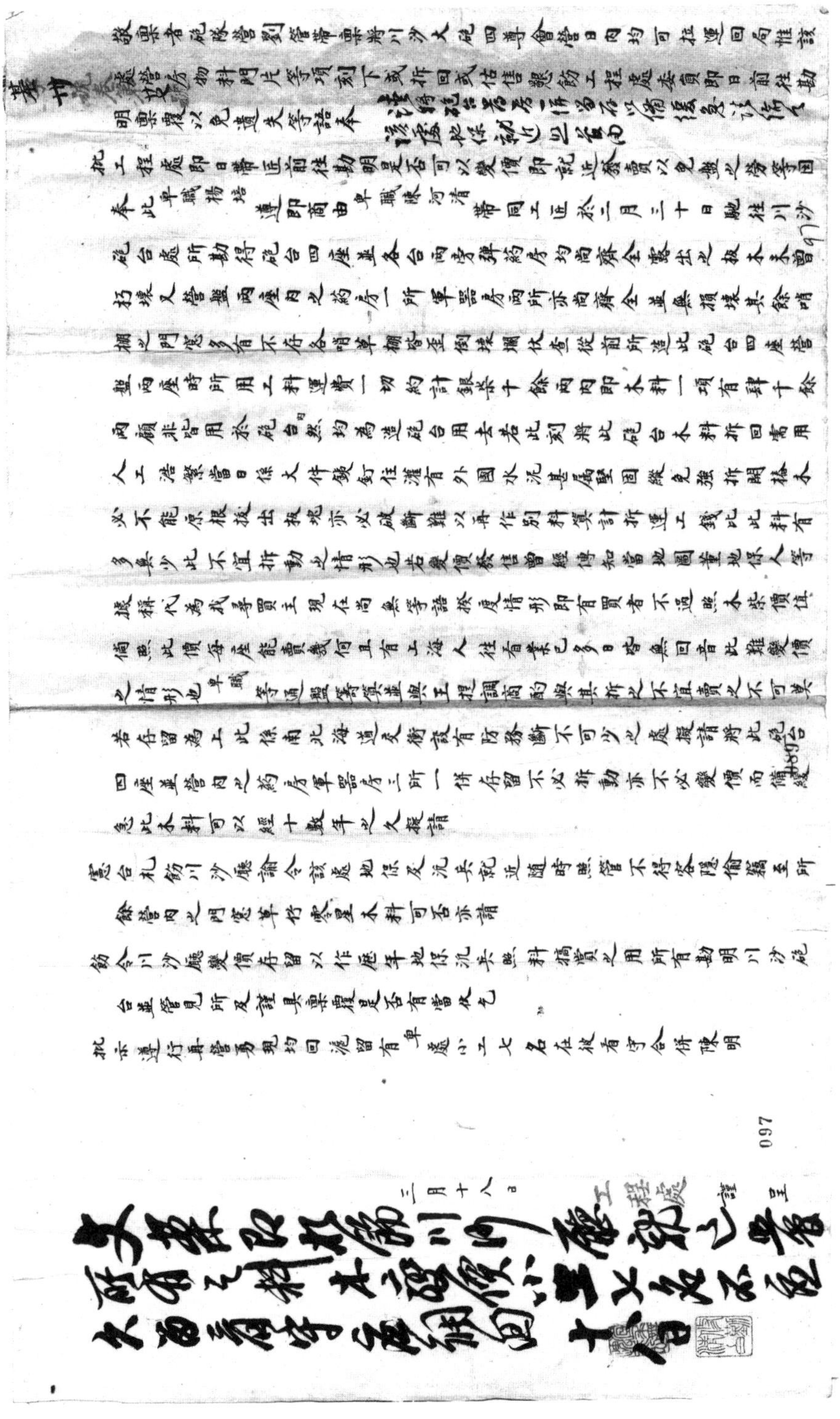

江南機器製造局工程處爲請將炮臺藥房一并留存以備緩急並諭令該處地保就近照管事致該局總辦稟文（1897年4月19日，光緒二十三年三月十八日）

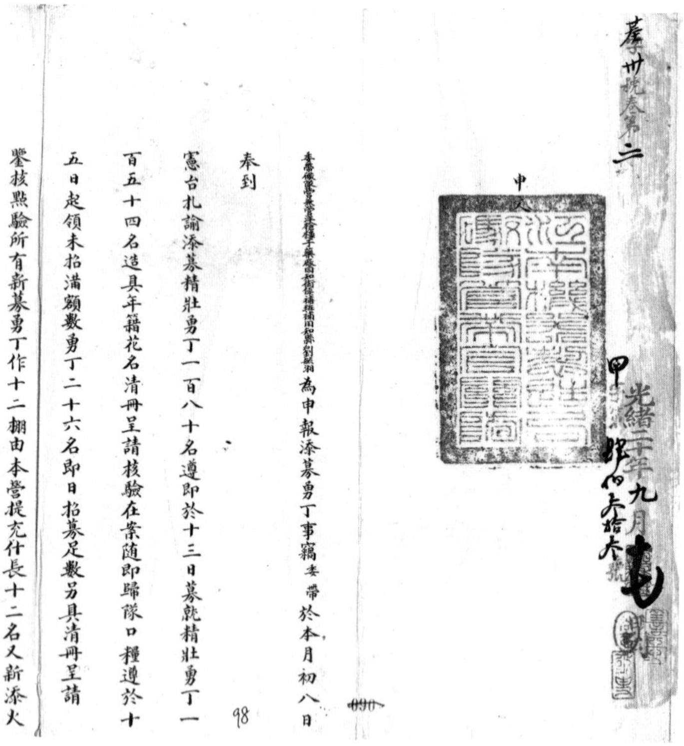
羣字卅號卷第二

光緒二十年九月

為申報添募勇丁事竊委帶 於本月初八日

奉到

憲台札諭添募精壯勇丁一百八十名遵即於十三日募就精壯勇丁一

百五十四名造具年籍花名清冊呈請核驗在案隨即歸隊口糧遵於十

五日起領未招滿額數勇丁二十六名即日招募足數另具清冊呈請

鑒核點驗所有新募勇丁作十二棚由本營提充什長十二名又新添火

夫十二名每棚計什長正勇十一名分駐四哨每哨添派三棚餘剩勇丁

四十八名添補四哨各隊理合具文申報伏乞

憲台察核施行須至申者

右　　　　申

礮隊營管帶劉毓湘爲申報添募勇丁事致江南機器製造局總辦申文（1894 年 10 月 14 日，光緒二十年九月十六日）

總辦江南機器製造總局憲

光緒二十年九月十六日申

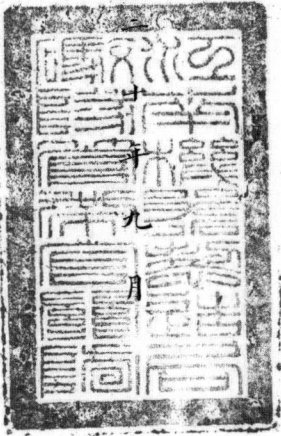

礮隊營管帶劉毓湘爲申報添募勇丁事致江南機器製造局總辦申文（1894年10月14日，光緒二十年九月十六日）

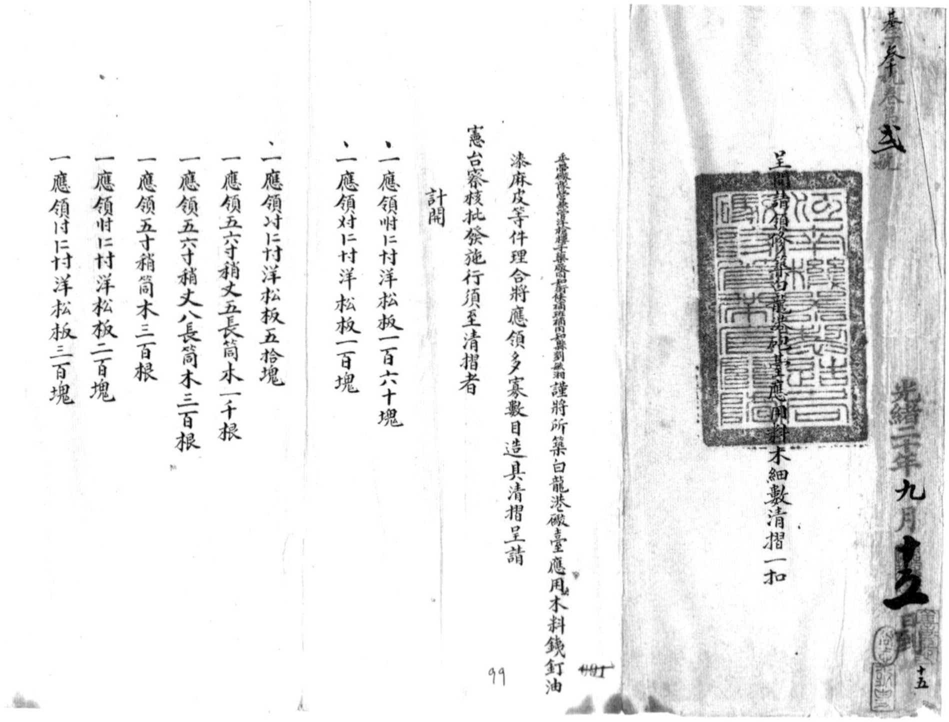
呈開請領修築白龍港礮臺應用料木細數清摺一扣

光緒二十年九月十五日

礮隊營管帶花翎補用副將劉毓湘謹將所築白龍港礮臺應用木料鐵釘油漆麻皮等件理合將應領多寡數目造具清摺呈請

憲台察核批發施行須至清摺者

計開

一應領卅に寸洋松板一百六十塊

一應領対に寸洋松板一百塊

一應領対に寸洋松板五拾塊

一應領五六寸稍丈五長筒木一千根

一應領五六寸稍丈八長筒木三百根

一應領五寸稍筒木三百根

一應領卅に寸洋松板二百塊

一應領l に寸洋松板三百塊

礮隊營管帶劉毓湘呈開請領修築白龍港礮臺應用料木細數清摺一扣（1894 年 10 月 13 日，光緒二十年九月十五日）

一應領八尺東洋松板五百塊
一應領五分柳杉板五百塊
一應領蔴篷布六十碼
一應領小油繩二十磅
一應領伍寸吋銅螺絲二十包
一應領吋小銅螺絲十包
一應領五寸六寸鐵釘各三桶
一應領四寸三寸鐵釘各二桶
一應領一寸五寸鐵釘各一桶
一應領五分徑接長封忖鐵螺絲各一千副
一應領五分徑接長忖封鐵螺絲各三百副
一應領蔴皮兩捆
一應領巳麻油四桶
一應領白漆一桶
一應領紅漆一桶
一應領黑漆一桶
一應領漆油一桶
一應領大小漆箒二十把

礟隊營管帶劉毓湘呈開請領修築白龍港礟臺應用料木細數清摺一扣（1894年10月13日，光緒二十年九月十五日）

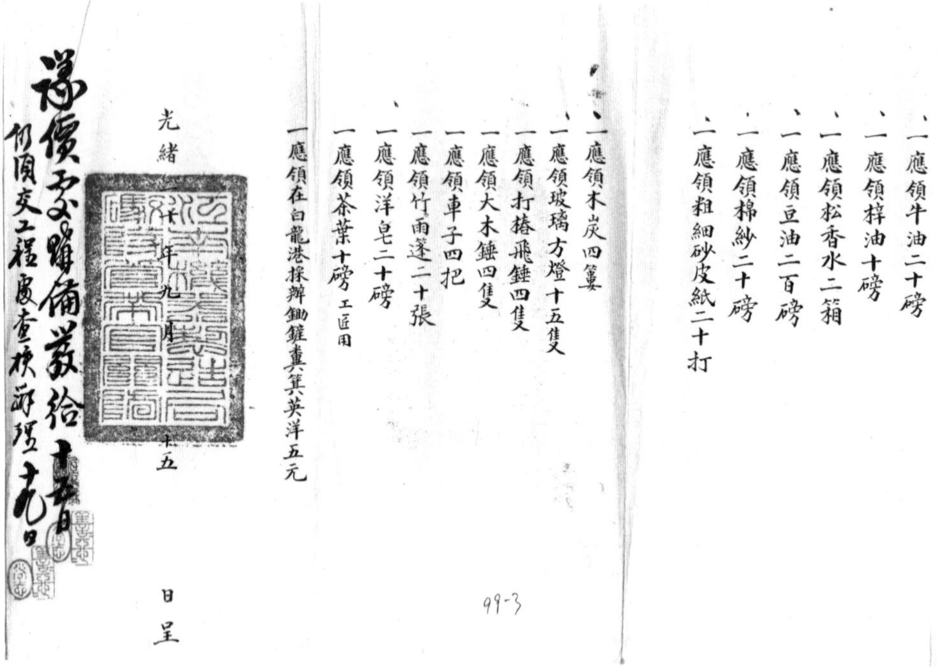

一、應領牛油二十磅
一、應領梓油十磅
一、應領松香水二箱
一、應領豆油二百磅
一、應領棉紗二十磅
一、應領粗細砂皮紙二十打
一、應領木炭四簍
一、應領玻璃方燈十五隻
一、應領打樁飛錘四隻
一、應領大木錘四隻
一、應領車子四把
一、應領竹雨蓬二十張
一、應領洋皂二十磅
一、應領茶葉十磅 工匠用
一、應領在白龍港採辦鋤鏟畚箕英洋五元

光緒二十年九月十五日呈

准候票照備發給 十五日
仰候交工程處查核辦理 十九日

99-3

礮隊營管帶劉毓湘呈開請領修築白龍港礮臺應用料木細數清摺一扣（1894 年 10 月 13 日，光緒二十年九月十五日）